SV

Adolf Muschg
Kinderhochzeit

Roman

Suhrkamp Verlag

© Suhrkamp Verlag Frankfurt am Main 2008
Alle Rechte vorbehalten, insbesondere das
des öffentlichen Vortrags, der Übertragung
durch Rundfunk und Fernsehen
sowie der Übersetzung, auch einzelner Teile.
Kein Teil des Werkes darf in irgendeiner Form
(durch Fotografie, Mikrofilm oder andere Verfahren)
ohne schriftliche Genehmigung des Verlages reproduziert
oder unter Verwendung elektronischer Systeme
verarbeitet, vervielfältigt oder verbreitet werden.
Satz: Libro, Kriftel
Druck: Pustet, Regensburg
Printed in Germany
Erste Auflage 2008
ISBN 978-3-518-42032-4

1 2 3 4 5 6 – 13 12 11 10 09 08

Kinderhochzeit

Gewidmet dem Andenken meiner Halbgeschwister
Hedwig, Walter, Elsa und Hans

In manchen Tönen ist die Nachtigall noch Vogel, dann steigt sie über ihre Klasse hinüber und scheint jedem Gefiederten andeuten zu wollen, was eigentlich singen heiße.

Goethe: Wahlverwandtschaften, aus Ottiliens Tagebuch

Prolog

Sie saß zurückgesunken im Schaukelstuhl, leicht abgedreht gegen das rechte Ohr der Rücklehne, als habe sie etwas vertraulich mit ihm zu besprechen. Dahin war ihr Kopf nicht gefallen, er war *gebettet* worden, mit Sorgfalt, wie ihre Arme auf die beiden Stützen. Die Linke lag auf, ohne sich festzuhalten, und ebenso locker hatte sich die Rechte nach oben geöffnet. Sie trug ein kurzes weißes Sommerkleid ohne Ärmel und hatte die Füße gekreuzt, die nackt und klein waren wie die eines Kindes. Auf dem Schoß hielt sie einen großen Strauß Mohn in verschiedenen Rot- und Gelbtönen, doch verbarg er den schwarzroten Fleck auf der linken Brust nicht ganz, der keine Blüte war.

Der Mann, der eingetreten war, stand sprachlos vor dem Bild, aber nicht eigentlich überrascht, gerade als sei es ihm schon einmal begegnet.

Kommissar Emil Isele, seit der Schulzeit von seinen Freunden Ämil genannt – auf der zweiten Silbe zu betonen –, war an diesem Morgen, dem 15. Dezember 2003, eigentlich nur ins Büro gekommen, um seinen Schreibtisch aufzuräumen. Aber bevor der Nachfolger aufgetaucht war, meldete Selma, die Sekretärin, ganz entgeistert den Todesfall in der Johann-Peter-Hebel-Straße. Imogen Selber-Weiland, die Erbin des Bühlerschen Vermögens, war in ihrer Stadtwohnung von der griechischen Haushaltshilfe erschossen aufgefunden worden.

Ämil Isele hatte die Ankunft des Nachfolgers nicht abgewartet. Er alarmierte das für die Aufnahme eines Gewaltverbrechens benötigte Personal, vom Notarzt bis zum Fotografen, und gab die Adresse an, zu der er sich selbst zu Fuß auf den Weg machte, denn sie lag nur zwei Blocks vom Präsidium entfernt. Das Treppenhaus des mehrstöckigen Backsteinbaus war schon von Mietern belagert, die bei seinem Anblick verstummten. Keuchend stieg er in den sechsten Stock und hätte fast die Griechin überrannt, die hinter der nur angelehnten Wohnungstür auf einem Stuhl saß.

Da saß sie unverändert, als die aufgebotenen Diensttuenden eintrafen, einer nach dem andern. Sie fanden Ämil in den Anblick des Opfers vertieft, verzichteten darauf, ihn anzusprechen, zogen Handschuhe über und begannen ihre Routine in den übrigen Räumen der Dachwohnung. Einer hob den Hörer des Telefons im Entree ab; der Amtston war einen Augenblick lang das Vernehmlichste in der geschäftigen Stille. Von der Straße hörte man den Lärm des aufkommenden Berufsverkehrs und dahinter das Grundgeräusch des Rheins, verstärkt durch das nahe Wehr.

Die Tote trug kurzes Haar, und ihre Maske war nur noch der entfernte Schimmer des vertrauten Gesichts. Es leuchtete von Abwesenheit. Ihre Augen verrieten nur, daß sie nicht schlief, denn unter den vergrößert wirkenden Lidern waren sie noch einen Spalt offen. Aber man hätte auf die Knie gehen müssen, um hineinzusehen, und das gehörte sich nicht. Hie und da schwebte ein Mohnblütenblatt auf den Parkettboden; um den Schaukelstuhl hatten sich schon lose Gruppen der bunten Tupfer gebildet. Das Fenster stand offen, ein kalter Hauch strich ins Zimmer. Und je länger Ämil die Tote betrachtete, um so tiefer befremdete ihn ihr Gesicht. Denn plötzlich trug es den Ausdruck so vollkommenen Glücks, daß er die Augen niederschlug.

Auch dieser Raum war ihm nicht fremd, obwohl er sich sicher war, ihn noch nie betreten zu haben. Es gab zu vieles, was er wiedererkannte; Imos weißes Kleid, den Schaukelstuhl, die zwei Reihen Trockenpflanzen an der Wand, eingestellt in auffallend stilvolle Vasen. Wer konnte sich an so viele Einzelheiten erinnern, wenn nicht der Täter? War er selbst schon hier gewesen und wußte wieder nichts davon?

Ende September hatte Ämil eine dienstliche Unterredung mit seiner vorgesetzten Behörde in Lörrach gehabt; merkwürdigerweise konnte er sich an das Gesicht des Justizrats nicht erinnern, aber die Stimme hatte er nur zu gut im Ohr, die ihm eine vorgezogene Pensionierung nahelegte, obwohl zur regulären nur noch drei Jahre fehlten. Aber sein Verhalten sei jetzt doch zu auffällig geworden. Seine Selbstgespräche machten den Mitarbeitern Angst. Davon wußte Ämil gar nichts? Das war es ja eben! Der Mann verschrieb ihm eine amtsärztliche Untersuchung, mit Tests und vielen Fragen; und am Ende hatte ihn der Arzt mit einem Klaps auf die Schulter verabschiedet: schwer in Ordnung, Ämil. Dann erhielt er den schriftlichen Bescheid: nach Prüfung aller Daten sei man zum Befund »endogene Depression« gelangt. Angesichts seiner Verdienste sehe man von sofortiger Suspendierung ab und biete ihm einen unbefristeten Urlaub an, beginnend am 1. Januar kommenden Jahres, den man dann stufenlos und unauffällig in den endgültigen Abschied vom Amt werde übergehen lassen. Gezeichnet: Vogel. Er hatte zurückgeschrieben: unter diesen Umständen ziehe er es vor, schon vor Weihnachten abzutreten. Gezeichnet: Isele. Göhler, den Nachfolger, hatte er wissen lassen, daß er ihm am Montag die Akten übergeben werde.

Konnte ihm dazwischen etwas unterlaufen sein, wovon er vielleicht so wenig wußte wie von seinen Selbstgesprächen?

Während die Kollegen nebenan mit Spurensicherung beschäftigt waren, verfolgte Ämil seine eigene Spur. Das Verwirrende war, daß sie zugleich im Bereich des Möglichen lag – und des ganz und gar Unmöglichen. Und doch erschrak er beim Gedanken, daß er Maro, die griechische Haushälterin, genau so, vielleicht auf dem gleichen Stuhl, vor der Tür hatte sitzen sehen. Aber war ihr glattes Haar mit Chignon nicht dunkel gewesen statt grau? Und wie hätte sie so sitzen bleiben können, wenn er eingedrungen wäre, um ihrer Herrschaft etwas anzutun?

Verräterisch war auch der Zweig mit den zitronengelben

und katzenkopfförmigen Blättern, den er in der blauen Glasvase stehen sah. Er stammte vom Tulpenbaum, *Liriodendron tulpifera,* und Ämil sah ihn noch wie heute aus dem hell gefurchten Stamm sprießen, von dem er ihn gebrochen hatte. Die Äste waren zu hoch oben, und er reichte nicht hinauf. Es mußte also eine ganze Weile her sein; ja, damals war er noch in der Quarta gewesen. Er hatte den Zweig zum Andenken an den Abend gebrochen, an dem Imo zum ersten Mal mit ihm getanzt hatte, im weißen Kleid, und ebenso barfuß, wie sie jetzt vor ihm saß. Aber es war fünfzig Jahre her.

Frau Constanze hatte die Mitschüler ihrer Tochter Imogen zu einem Sommerfest im Park eingeladen – oder eigentlich ihre Eltern; diese durften in der Villa übernachten, die Jugend im Kutscherhaus. Der Krieg war noch kaum richtig vorbei, aber man brauchte nur ans andere Ende Nieburgs zu fahren, dann betrat man einen Ort, wo noch nie ein Krieg stattgefunden hatte. Er lag hinter dem hohen Eisenzaun mit vergoldeten Spitzen und dem Bühlerschen Familienwappen am Tor; es zeigte den Kopf eines Einhorns hinter drei grünen Bergen.

Nun begann die Erinnerung zu fließen:

Der sanfte Hügel, mit dem das Gelände zur Villa anstieg, strahlte durch die Nacht, die nie ganz dunkel werden wollte. Die Wasserspiele des Brunnens am Ende des Rondells warfen Silbersäulen aus, auf der Höhe brannten Windlichter auf festlich gedeckten Tischen, und dazwischen, auf halber Höhe und von Fackeln umlodert, war eine Bühne aufgestellt, auf der die Band spielte, in blauen Blazern und beigefarbenen Hosen. Paare stiegen zwischen den Festplätzen auf und ab, und Ämil, im Gefühl, nicht dazuzugehören, verzog sich ins Wäldchen, um hinter den Stämmen die Villa leuchten zu sehen, die sein Urgroßvater gebaut hatte. Sie war ein Schloß mit einem runden Säulenbau in der Mitte und zweistöckigen Flügeln. Aber nur der linke, die sogenannte Herrenseite, war richtig hell; hier waren die Eltern untergebracht, in Abwesenheit des Patriarchen Christoph Bühler und seiner Gattin Antoinette, die sich in Amerika aufhielten, zu Besuch bei Präsident Eisenhower. Im rechten Flügel, der Frauenseite, brannte kaum Licht; hier lag Lennie, der Schwiegersohn der Bühlers, krank, aber er war auch der Englischlehrer der Klasse und hatte nicht zugelassen, daß das Fest abgesagt werde. Seine Frau Constanze blieb souverän und unberührbar; sie war jetzt die Herrin des Hauses, und wenn sie in ihrem stahlblauen, hinten tief ausgeschnittenen Kleid durch Gäste und Personal schritt, öffnete sich eine Gasse der Ehrfurcht. Iring, das Wunderkind, ließ sich nicht blicken; seine Mutter war als Pflegerin Lennies angestellt, und da er ihm jede Nacht vorlesen mußte, hatte auch er ein Zimmer in der Villa. Ferry sagte: der braucht nur durch die Tür zu gehen, dann kann er sie vögeln.

Aber Imo war ja die ganze Zeit auf dem Fest. Sie tanzte unermüdlich, sogar mit Ämils Vater, und Ämil hatte sich aus Scham hinter dem Büffet verkrochen; aber sie entdeckte ihn, nahm ihn, ohne sich um seine Verwirrung zu kümmern, bei der Hand, zog ihn über die Treppe zur Bühne hinab und schlüpfte ihm in den Arm. Er war noch in keiner Tanzstunde gewesen, trotzdem gab sie sich seiner Führung hin, als hätte er etwas dergleichen zu bieten, und schließlich vergaß er sogar die Sorge um ihre nackten Füße. Sie schienen den Boden kaum berühren zu müssen, während Imo gewichtlos, ein Blütenblatt, an seiner Brust schwebte. Von ihm aus hätte der Tanz immer so weitergehen können, aber plötzlich stand sie still und sagte:

Ferry. Dieser Ferry!

Ferry Springmann tanzte mit ihrer Mutter.

Kein Erwachsener hatte Frau Constanze aufzufordern gewagt. Nun aber hatte sich Ferry, fast einen Kopf kleiner, vor ihr verneigt und führte sie zum Tanz. Mit gekonnten Schritten holte er sie aus der Reserve und entfesselte sie; an zwei Fingern seiner gestreckten Hand drehte sie Figuren, eine verwegener als die andere, und wenn sie ihn zu fliehen schien, zog er sie gebieterisch wieder an die Brust. Frau Constanze lachte im-

mer noch, doch ihr Gesicht war gerötet. Ein solches Paar
kannte man nur aus dem Kino, und das durfte man eigentlich
noch gar nicht besuchen. Imo aber hatte zu klatschen begonnen, ihr Kleid schwang im Takt ihrer Hände. Hie und da lächelte sie, im Einverständnis mit etwas vollkommen Gelunge-
nem. Die Damen und auch schon viele Dämchen balancierten
auf hohen Absätzen: Imo brauchte nicht einmal Schuhe. Und
der süße Schmerz, mit dem Ämil auf ihre bloßen Füße starrte,
war ihm heute so gegenwärtig wie damals. Ja, sie mußte tanzen. Aber nicht mit ihm.

Ferry? Ach, der alte Ferry mit seinen Schrammen im Gesicht, der war kein Ladykiller mehr. Dafür hätte er vierzehn
bleiben müssen. Ämil aber war es wieder, in diesem Augenblick.

Die Tanzpausen wurden länger. Ämil hatte Imo nicht aus
den Augen gelassen. Aber sie tanzte nur noch einmal, mit ihrer
Mutter. Es war Ferrys Vater, der Doktor Springmann, der sie
dazu aufgefordert hatte. Er selbst war kriegsbeschädigt. Natürlich konnten es die Frauen am besten. Frau Constanze war
die Stärkste, aber mit Imo im Arm wirkte sie gehemmt, und
glücklich sah sie nicht aus. Mitten im Tanz hielt sie ein und
klatschte in die Hände. Ein Uhr! rief sie, Bettzeit für junge
Damen und Herren! Wir Alten bleiben noch ein Weilchen
sitzen. Gute Nacht, Kinder, wir sehen uns beim Frühstück!

Und in diesem Augenblick wußte Ämil wieder, wo er Maro
genau so sitzen gesehen hatte wie jetzt: im Parterre des Kutscherhauses, vor der Tür, hinter der die Mädchen schliefen. Sie
dachten natürlich gar nicht ans Schlafen, solange die Jungen
im Oberstock rumorten. Maro aber hielt auf ihrem Stuhl
strenge Wache, bis sich die Unruhe gelegt hatte. Ämil war
gleich in den Schlafsack gekrochen und hatte die Augen zugemacht. Nun war Imo weit weg, in der Villa; und Iring
brauchte nur durch die Tür zu gehen.

Im Nebenraum war es still geworden. Hatte Ämil wieder
zu laut gedacht?

Am Sommerfest war er als erster wieder auf den Beinen gewesen. Er hatte sich am Quartier der Mädchen vorbeigeschlichen, in den Park, der von Tau glänzte. Sonntagsfrühe, das Jubeln der Vögel. Die Villa lag im ersten Sonnenlicht; im Taxusgebüsch stieß er auf einen Gummifinger mit gerolltem Rand. Im Oberstock, auf der Frauenseite, war ein Fenster offen, das zweite von außen; darin schaukelte Imos weißes Kleid. Darunter lag ein Blumenbeet. Im Schutz hohen Rittersporns drückte sich Ämil an die Hauswand und horchte angespannt, eine ungemessene Zeit. Erst als er eine Frauenstimme laut beten hörte, verdrückte er sich schnell. War Lennie gestorben? Aber das Frühstück, zu dem sich Eltern und Kinder allmählich zusammenfanden, verlief unauffällig. Lachsschinken, vielerlei Sorten Brot und Käse, schwarzer Johannisbeersaft, Yoghurt mit Aroma, so tafelte man damals nur in der Schweiz. Was man nicht essen konnte, durfte man mitnehmen; es gab Kartons in Schwänchenform mit dem Bühlerschen Wappen. Endlich hüpfte Imogens Kleid durch die Stämme, jetzt war es gelb, und im Arm trug sie einen Strauß hellblauen Rittersporns; Ämil war rot geworden. Um den Strauß einzustellen, stieg sie neben ihm auf die Bank, und ihr Rocksaum tanzte an seiner Schulter.

Als man aufbrach, war er nochmals ins Gehölz zurückgeschlichen und hatte das Zweiglein vom Tulpenbaumstamm gebrochen; zu Hause preßte er es zwischen den Blättern des Schulatlasses.

Davon ist Australien grün geworden.

Hast du etwas gesagt? fragte sein Kollege und streckte den Kopf durch die Tür.

Nein, sagte Ämil.

Sieht nach einem Liebhabermord aus, sagte der Kollege.

Laß so was keinen Menschen hören, Jürgen, sagte Ämil.

Das Tulpenbaumblatt mußte längst zu Staub zerfallen sein. Aber der Goldzweig im Totenzimmer leuchtete wie frisch. Es hing sogar noch eine einzelne Blüte daran. Was für ein Herbst, in dem sie noch so spät aufgegangen war, und wie gern hätte er sie selbst gepflückt.

Er hatte damals den Plan, für Imo ein Album anzulegen, mit allen Pflanzen, die in ihrem Park wuchsen. Lennie hatte ihn auf die Idee gebracht. Ämil hatte seinen Vater in die Villa begleitet – im Jahr des Ungarnaufstands 1956; es ging um den Bau des neuen Rathauses, für den Isele III. den Auftrag besaß. Darüber sprach er regelmäßig mit Frau Constanze, denn ohne sie ging zu Nieburg gar nichts. Ämils bange Hoffnung, Imo zu Hause anzutreffen, erfüllte sich nicht, vielleicht begegnete er ihr im Park. Aber bevor er zum Rondell absteigen konnte, wurde er angerufen. Iring? fragte eine Stimme aus dem Schatten; es war Lennie im Schaukelstuhl, der unter dem Tulpenbaum saß – in *diesem* Schaukelstuhl, ja. – Ich bin nicht Iring. – Aber jemand bist du doch. – Emil Isele. – Ach, Emil Isele. Und ich dachte schon, Sie sind der Faun, der sich immer im Lorbeer versteckt. Haben Sie es eilig? Setzen Sie sich doch einen Augenblick zu mir.

Die Sie-Form, zu der man berechtigt geworden war; die Verwechslung; die Blindheit des Lehrers; seine Demut, und auch noch der Faun – alles war Ämil überaus peinlich. Lennie hatte zu unterrichten aufgehört, seit er seine Schüler nicht mehr erkennen konnte. Zuvor hatte ihn ein Fahrer zur Schule gebracht, in Gesellschaft seiner Pflegerin, Irings Mutter, und sie hatte ihn auch wieder abgeholt. Inzwischen war sie entlassen, auf Constanzes Betreiben, wie Ämil von seinem Vater wußte, sie vertrug diesen Iring im Haus nicht mehr. So war er mit seiner Mutter in eine Stadtwohnung gezogen. Doch als Lennie »Iring!« rief, hatte Ämil am Ton gehört, wie sehr er ihn vermißte. Nun war Ämil nur Ämil, kein Geniekind. Lennie ließ es ihn nicht fühlen. Er war ungewohnt weich. Seine Einsamkeit war mit Händen zu greifen; er würde nicht mehr lange leben.

Warum hatten sie über Bäume gesprochen? Der fast Blinde konnte sie nur noch als Schatten sehen, aber er kannte ihre

Namen, auch die lateinischen, und wußte ihre Geschichte. Sie waren von weit her, aus Asien und Amerika, und schon ausgewachsen gewesen, als Emil Rathenau sie hier hatte einpflanzen lassen. Ämil faßte sich in Geduld; es konnte nicht schaden, wenn er bei Imos Vater Punkte sammelte. Beim Abschied fragte er, ob er noch ein wenig botanisieren dürfe; er wolle ein Herbarium anlegen. Das hatte er dann auch getan, aber zu seiner Adressatin war das Album nie gelangt. Ämil, bald Abiturient, fürchtete, sich nur noch lächerlich zu machen. Damals war Imo mit Iring so eng, daß kein Blatt zwischen die beiden gepaßt hätte, schon gar nicht ein Bündel grauen Löschpapiers mit gepreßtem Dörrgemüse.

Wo war es hingekommen? Und wie konnten sie hier alle wieder auferstanden sein, liebevoll in Vasen geordnet: Ginkgo und Pawlonia, Zeder und Sequoia und, herausleuchtend, der Zweig vom Tulpenbaum? Die Pflanzen hatten die Villa verlassen; sie waren mit Imo in die Wohnung zurückgekehrt, wo ihre Eltern die ersten Ehejahre verbracht hatten. Nun bildeten die Gewächse, erdelos und ohne Schatten, einen Garten, in dem Imo zur Ruhe gebettet worden war. Von wem? Ämil hatte Iring nicht ersetzen können; aber nun hatten sich alle beide erübrigt; jemand war gekommen und hatte ein so zauberhaftes Herbstlicht über Imos Gesicht ausgegossen, daß es in Glück vergangen war.

Nein, ich war es nicht, sagte Ämil jetzt so laut, daß er selbst es hören mußte; inzwischen ließ sich die Spurensicherung nebenan nicht mehr stören. Ich nicht. Und er spürte, wie ihm die Tränen kamen.

Er hätte sie noch einmal in den Arm nehmen können. Das erlaubte er sich nicht.

Frau Maria Ioannides? hörte er nebenan sagen. Achtundsiebzig, ist das korrekt? Wann hatten Sie den letzten Kontakt mit Frau Selber?

Ämil trat unter die Tür. Jürgen, überlaß das mir. Ich kenne Maro, ich befrage sie selbst.

In diesem Augenblick begann das Handy der Kollegin zu tirilieren. »Üb immer Treu und Redlichkeit.«

Für Sie, sagte sie und hielt ihm das Gerät hin.

Müssen Sie den Nagel in der Lippe tragen? Immer wenn ich Sie ansehe, tut mir der Mund weh.

Dann sehen Sie mich doch nicht an. Hier, der Chef.

Wie sich die Dienstmütze auf ihrer Lockenfülle festhielt, blieb ein Rätsel.

Ämil? fragte Göhler, der Nachfolger. Rührt bitte nichts an. Ich komme sofort.

Aha, sagte Ämil. Wieso?

Pardon, aber du könntest befangen sein.

Wieso nicht gleich verdächtig?

Der andere lachte. Ich komme in zwei Minuten.

Ämil sah sich um und sagte laut: Wenn ihr sie wegbringt, laßt ihr die Blumen.

Sie müssen vom Täter sein, sagte der Kollege. Wir überprüfen sie.

Weißt du, was eine Pietätsbeschwerde ist?

Eine – was? erwiderte der Mann verdutzt.

Das Schlimmste, was deiner Karriere passieren kann. Laßt ihr die Blumen! Das ist keine Weisung. Es ist eine Bitte.

Die Kamera am Auge, rückte der Fotograf Fuß vor Fuß in den Trockengarten vor und blitzte unaufhörlich. Ämil verließ die Wohnung. Auf der Treppe wurde er mehrfach angesprochen. In der Haustür standen zwei Beamte, draußen hatten sich Passanten versammelt. Ein Tatort! Sogar der Rettungswagen stand schon bereit.

Ämil Isele ging auf die andere Straßenseite. Da stand er beinahe niemandem im Weg. Er blickte zu der Häusergruppe hinauf, fünf Backsteinblocks, der mittlere weiß geschlämmt; zuoberst das offene Fenster.

Urgroßvater Isele I. hatte diese Häuser aufgerichtet. Isele II., genannt der Große, hatte in den zwanziger Jahren fast ganz Nieburg gebaut, Bühlers Fabriken und seine Arbeitersiedlungen eingeschlossen. Isele III., Ämils Vater, hatte nach dem Zweiten Weltkrieg die Grenzen in die Schweiz und ins Elsaß überschritten und unbemerkt auch seine eigenen. Ende der siebziger Jahre war die Generalunternehmung im Treibsand fauler Kredite untergegangen. Mutter war schon 1972 gestorben; danach glaubte Vater über sich hinauswachsen zu müssen. Er stand, schon vor dem Konkurs, plötzlich allein in der Welt und faßte den Entschluß, sich in eine andere abzusetzen, durch gezielte Einführung von Kohlenmonoxid in seinen gut verschlossenen Bentley. Er hatte wohl geglaubt, daß die aufgelaufenen Schulden durch den Verkauf des Geschäfts zu decken wären, und Ämil war dazu verurteilt, diesen Irrtum lebenslänglich zu bedienen. Um ein Ehrenmann zu bleiben, gab er seine Galerie in Lörrach auf – spezialisiert auf Fumetti und Fotoromanzen – und stieg in die Verwaltungslaufbahn ein. Aber der Schnauzer, den er sich in der *Szene* hatte wachsen lassen, blieb stehen, und sein *nom de guerre* – Ämil, auf der zweiten Silbe zu betonen – ging ihm immer noch nach, als er im Polizeidienst der Vaterstadt zum Kommissar aufgestiegen war. Ohne die Förderung durch Frau Constanze Bühler, die der Baumeister-Dynastie eine zwar sprunghafte, aber notfalls energische Treue hielt, wäre aus Isele IV. vielleicht nichts weiter als ein Stadtstreicher geworden, der Passanten angepumpt hätte. – Doch sie zog ihn in den Beirat ihrer Stiftung zur Verbesserung Nieburgs und machte seine bürgerliche Position stoßsicher. Für den Außendienst eher ungeeignet, erwarb er sich in der grenzüberschreitenden Drogenfahndung Meriten, die andere höher einschätzten als er selbst. Denn er leistete sich nie die Illusion, daß ein Riegel, den man dem Schwarzmarkt da und dort vorschieben kann, das Gesetz von Angebot und Nachfrage außer Kraft setzt.

Er war Junggeselle geblieben, dem die ältere Schwester bis zu ihrem Tod den Haushalt geführt hatte. Seither lebte er allein im Stammsitz der Familie, den Isele etwa gleichzeitig mit der Johann-Peter-Hebel-Straße erbaut hatte, Imogens letzter Adresse. Das Haus mit zwölf Zimmern hätte früher als verwunschen gegolten, aber Ämil war stolz darauf, es immer noch halten zu können, auch allein.

Er hatte keinen Mantel mitgenommen. Schon seit einer Stunde stand er jetzt, zunehmend unbeachtet, auf der andern Straßenseite inmitten einer Gruppe dicker Mäntel, die angeregt spekulierten, und fror.

Als Göhler eintraf, ohne Martinshorn, aber mit Blaulicht, war sich Ämil plötzlich sicher, wo er die Tote schon früher gesehen hatte. Über dem Schreibtisch seines Vaters hing das letzte Gesicht, das man vor hundert Jahren einer ertrunkenen jungen Frau abgenommen hatte, der »Inconnue de la Seine«. Isele III. hatte die Maske als Soldat aus dem besetzten Paris mit nach Hause gebracht. Ihr glückliches Lächeln hatte der Tod stehenlassen.

Aber war es das Lächeln Imogens?

Als Ämil klargeworden war, daß er ihr Gesicht nicht mehr sehen wollte, kamen ihm noch einmal die Tränen, Tränen der Wut.

Es war kein Sarg, nur eine leere Trage, die im Eingang verschwand und nach ein paar Minuten belegt wieder herauskam. Das menschengroße Objekt, das in den Rettungswagen geschoben wurde, war verpackt. Ämil bahnte sich einen Weg zum Fahrzeug, und als die Tote festgeschnallt war, stieg er zu. He da! schrie der junge Beamte und wollte ihn zurückzerren; er erkannte Ämil und ließ ihn los, verlegen lachend, doch ohne Entschuldigung.

Als die Tür verriegelt wurde, saß Ämil auf dem Notsitz neben der Toten. Der Leichensack war mit einem Schloß gesichert, die Blumen waren gewiß nicht mitgekommen. Mohn. Bei ihm hätte es Rittersporn sein müssen. Wenn der Wagen eine Kurve fuhr, stützte Ämil eine Hand auf den verborgenen Leib und spürte eine Spur Nachgeben in seiner Festigkeit.

Imo, Imo. Sie hieß Imogen. Doch wie der Name korrekt auszusprechen war, wußte er auch jetzt noch nicht.

Erstes Buch

1 Das Geständnis

In den ersten Stunden des Jahres 2003 – Klaus und Manon waren nach Istanbul gefahren, hatten mit einer italienischen Reisegruppe auf das neue Jahr angestoßen und waren um zwei Uhr morgens in ihr Hotel zurückgekehrt, Agatha Christies verstaubtes *Pera Palace Hotel* – war Manon aus der Tür des Badezimmers getreten, in ihrem weißen Pyjama, den er ihr Judo-Outfit nannte. Er hatte, bereits geduscht und immer noch nackt, den Knoten ihres Gürtels (schwarz) zu lösen begonnen, als sie ihn hastig aufs Bett zog und ihre Arme um ihn schlang, um ihn an jeder weiteren Bewegung zu hindern. Sie preßte ihren Kopf gegen sein Gesicht, und er hörte sie – leise, doch sehr verständlich – in sein Brusthaar flüstern:

Klaus, ich habe mich verliebt.

Er hatte aufgehört zu atmen.

Stirb jetzt nicht. Das macht mir keinen Eindruck.

Sie hatte sich an ihm festgehalten, während ihr Leib zu beben anfing, als schüttle sie ein unbezwingliches Lachen. Doch was folgte, war ein singendes Weinen, ihr Körper wurde weich, die Zeichen der Hingabe konnten nur trügen, er wußte es nur zu gut. Doch das Fleisch stellte sich dumm und überfuhr die ungehütete Schwelle mit einem hilflos heftigen Stoß. Über ihrem gedehnten Hals sah er ein abgewendetes, in Fremde versiegeltes Gesicht, das sich immer schneller von ihm entfernte. Bevor es ganz verschwinden konnte, schloß er die Augen und konnte zu stürzen nicht aufhören, in eine todfinstere, aber vollkommene Gewißheit.

In eine Frau.

In eine Frau.

Ihr Haar kitzelte seine Wange unerträglich, doch er rührte sich nicht.

Seit wann?

Morgen sind es drei Wochen.

Im Dezember war Manon nach Stuttgart zu einem Histo-rikerkongreß gefahren, um ein Referat zu halten: menschen-rechtliche Aspekte der schweizerisch-deutschen Zusam-menarbeit im Zweiten Weltkrieg, namentlich der am Ober-rhein ansässigen Firmen in Schweizer Besitz. Sie wollte Erkundigungen über den Verbleib eines gewissen Achim Tob-ler einziehen. Das hatte sie vergessen, was nicht ihre Art war; sie hatte auch nicht daran gedacht, sich zu entschuldigen.

In eine Frau.

Stirb jetzt nicht, damit machst du mir keinen Eindruck. So ernsthaft war sie darauf gefaßt, ihn tödlich zu verletzen.

Verstehst du mich?

Nein.

Aber es *stimmt.* Du mußt mich leben lassen, Klaus.

Ja dann.

Sie nahm seinen Kopf bei den Haaren. So alt, wie du aus-siehst, wirst du nie, hatte zu den schärferen Witzen in ihrem Repertoire gehört. Sie starrte ihm in die Augen, erst das eine, dann das andere. Sie begann zu lachen, ungläubig, dann immer heftiger. Dazu packte sie ihn und ruhte nicht, bis sie ihn keu-chend auf den Rücken gedrückt hatte, begann auf ihm zu tanzen, schrie wie ein Kind, und ihre Augen strömten über von Tränenwasser.

Danach hielt sie sich an ihm fest, bis sie eingeschlafen war. Er blieb wach und wußte: das war die Abschiedshochzeits-nacht. Kein einziges Mal hatte sie ihn »Tabis« genannt. Jetzt war er Klaus, für immer, noch nicht ledig, nur frei.

Manon hatte ihm nach ihren Flitterwochen ein mit Schwei-zerkreuzen besetztes Band – sie nannte es: den Hosenbandor-den – geschenkt, damit er seine Schlüssel nicht zum dritten Mal verliere.

Als zwölfjähriger Pfadfinder hatte er an einem Fähnlein-Lager im Tessin teilgenommen und schon am ersten Tag das Messer verloren, das ihm sein Freund Tobias geschenkt hatte. Es war ein schon damals legendäres Schweizer Armeemesser, hatte in der Tasche von Tobias' Vater die Grenzbesetzung mitgemacht, und Klaus hatte es während der Zugfahrt in der Faust gewärmt. Mit einem solchen Messer wagte er sich sogar zu den Pfadfindern, zu denen ihn nichts zog als Moms dringender Wunsch, er möge eine rechte Bubenkindheit erleben. Das Fähnlein hatte drei Zelte auf einer Kiesbank aufgeschlagen, und Sunny, der Fähnleinführer, hatte einen Kahn organisiert, den man bei einem Fischer in Ascona abholen wollte, um die Wildnis des Deltas zu erforschen. Klaus, das Einzelkind, hatte sich vor der Übernachtung mit vier andern auf engem Raum heimlich gefürchtet, aber man hatte bis in die tiefe Nacht am Lagerfeuer gesessen und Lieder wie »Kein schöner Land in dieser Zeit« gesungen oder »Wir lagen vor Madagaskar und hatten die Pest an Bord«.

Erst beim Kriechen in den Schlafsack stellte er fest, daß das Messer fehlte. Er war sicher gewesen, es beim Zeltbau noch gehabt zu haben. Sein Platz war der zweithinterste, und er durchwühlte erst den Rucksack, nicht weil er darin das Messer zu finden erwartete, sondern weil einstweilen kein anderer Ort zum Suchen übrigblieb. Nach Mitternacht kroch er über die Kameraden ins Freie, um den Platz um das Lagerfeuer abzusuchen, dessen Glut sie eben auf Männerart gelöscht hatten. Die Wache bei der Schweizerfahne, die erlahmt im Sternenhimmel hing, war eingeschlafen. Er nahm ihre Taschenlampe, um das Gebüsch zu durchkämmen, und geriet in verzweifelte Erregung. Denn etwas sagte ihm, daß er gleich aufgeben könne; das Messer sei schon so gut wie verloren. Es war eine laue Herbstnacht, Erlen und Silberweiden standen regungslos im Rest von Licht, das von einer schon flacher liegenden Mondsichel ausging, auch von der Besiedlung um den See, die nur hier im Delta eine Lache von Finsternis be-

stehen ließ. Die bläulichen Lichtpunkte gegenüber gehörten
schon zu Italien, eine weite Fremde zwinkerte ihm über das
gläserne Wasser zu: was suchst du hier? Er stand da, als wäre
ihm mit dem Messer alles abhanden gekommen, worauf ein
Mensch bauen kann.

Das Messer blieb auch am nächsten Morgen verloren. Sunny gab nach dem Kakao-Frühstück einen Suchbefehl aus. Die
Gruppe kam ihm träge nach, schlurfte mit gesenktem Blick
durch die nähere Umgebung; daß keiner sein eigenes Zeug
abklopfte, verstand sich von selbst. Sie kamen nicht aus Häusern, in denen man es nötig gehabt hätte, ein Armeemesser zu
stehlen, und zum Beweis streckte dieser und jener Klaus das
seine hin; nur Seppli, der aus einfachen Verhältnissen stammte,
hatte auch kein Schweizermesser, aber es gehörte zum pfade-
rischen Anstand, nicht gerade ihn als Dieb zu verdächtigen.
Was sollte das überhaupt, Klaus' Messer war alt, und sein
Vater war reich genug, es ihm zu ersetzen. Auch lockte der
Kahn und mußte bis zehn Uhr abgeholt sein.

Sunny erklärte schließlich, das Messer werde sich schon
finden; Klaus bestand darauf, allein weiterzusuchen. Er wurde
zur Wache bestimmt, die Gruppe verschwand im Ufergehölz,
und Klaus setzte sich auf eine Kiesbank, welche die Sonne zu
wärmen begann. Über die Wasserfläche trug die Luft einen
Glockenschlag, stolpernd fiel der nächste ein, als müßte Klaus
noch eingeschärft werden, was er bis auf den Grund seines
Daseins empfand: er *hatte* nicht verloren, er *war* es.

Für diesen Zustand fand er erst Jahre später einen Namen:
»wildes Weh«. Der Ausdruck war ihm aus einem Gedicht von
Heine zugefallen, mit dem Schluß: »Ich glaube die Wellen
verschlingen / am Ende Schiffer und Kahn«. Die Bemerkung
des Deutschlehrers, daß »Schiffer und Kahn« ein Bankhaus
gewesen seien, dessen Konkurs der Dichter ironisch in sein
Untergangsmärchen eingeflochten habe, machte Klaus nicht
irre. Er hatte sich selbst angewöhnt, Schicksalsschläge nicht
wehleidig, sondern mit Ironie zu behandeln. Das wurde so

etwas wie sein Markenzeichen am Gymnasium: Klaus war profund, aber witzig. Das »wilde Weh« wurde nicht gelinder, im Gegenteil, als er mit einem von Tobias' Lieblingssätzen bekannt geworden war: »Wer findet, hat nicht richtig gesucht.« Es war phänomenal, was Klaus im Lauf eines gewöhnlichen Tages zu suchen fähig war, auch wenn es auf der Hand lag oder vor seiner Nase.

Auch sein Messer war damals im Schlafstroh wieder aufgetaucht, wohin es beim Einrichten des Zeltes aus der Tasche seiner kurzen Hose gerutscht sein mußte. Es war Seppli, der es ihm triumphierend entgegenhielt, nachdem sie bereits die erste Kahnfahrt im Dschungel hinter sich hatten. Es war Klaus längst bewußt, daß er nicht ins Tessin gefahren war, um etwas zu erleben, sondern um etwas zu verlieren, das durch den Verlust sein Bestes, sein Ganzes wurde.

Darum machte ihn die Erleichterung über das wiedergefundene Messer weder gut noch ganz. Sie enttäuschte ihn sogar; als müßte dem Satz: es ist da! wie ein Schatten der andere folgen: war's das schon? Die Not zuvor, das war *er* gewesen oder was ihm am eigensten war: also der Verlust.

Das sollte sich immer wieder bestätigen: der Schuldige, der die Umgebung mit Verlegen und Verlieren aufhielt, war kein anderer als er selbst. Doch das Schuldbewußtsein gewöhnte er sich ab. Gegen das Verlieren war kein Kraut gewachsen. Aber auch wenn das Weh nicht mehr wild war, es blieb.

Er hatte – wie Manon glaubte – »den Stier bei den Hörnern gepackt«, als er sich dazu verurteilte, Berufssoldat zu werden, statt Student zu bleiben. Das Einzelkind als Fähnleinführer, als Ausbilder zum Nichtverlieren! Wie sehr diese Lebenszeit – sie dauerte immerhin ein paar Jahre – ihre Richtigkeit hatte, wußte er allein. Manon hielt ihren Spott darüber für unschädlich. Aber schon, als sie ein Liebespaar geworden waren, hütete er ein Geheimnis vor ihr, das seine stille Kraftquelle geworden war. In Worte gefaßt, hätte es lauten können: Lerne das Gefundene zu behandeln als das Gesuchte. Er hatte im Militärdienst nichts verloren und war sich nichts zu suchen bewußt; das war das Beste daran. Er bekam, was ihm Mom gegönnt und darum verschrieben hatte: eine verlängerte Bubenjugend. Aber sie trainierte ihn für ein unbekanntes Leben. Dieses Training hatte ihn nicht vor Verlust geschützt, aber vor der Not, ihn ganz ernst zu nehmen.

Auch die Ehe mit Manon hatte er im Gefühl ihrer *schönen* Unnötigkeit begonnen. In diesem Luxus war er mit ihr scheinbar einig gewesen. Und doch: im Augenblick, da es ausgesprochen war – *Klaus, ich habe mich verliebt!* –, holte ihn der Lebensverlust ein, mit einem lautlosen, doch betäubenden Schlag. *Er*, Klaus, war nicht nötig; der Verlust war es und setzte sich an seine Stelle. Und Klaus war verloren wie damals das Messer des Tobias am nächtlichen Maggia-Delta. Wenn das ein Glück war: diesmal verkleidete es sich gut, denn er hatte sich nie so nackt gefühlt wie bei Manons Überfall mit Lachen und Weinen.

Das war ihr Neujahr in Istanbul, und auf dem Rückflug verlangte Klaus die Scheidung.

In der Zürcher Wohnung erwartete ihn der eingeschriebene Brief eines Rechtsanwalts, des Testamentsvollstreckers seines Vaters. Klaus hatte seinen Vater vor fünfzehn Jahren zum letzten Mal gesehen, als Mom gestorben war. Das eigenem Begräbnis im vergangenen November war er ferngeblieben. Nun wurde ihm mitgeteilt, daß er geerbt habe, nämlich Schulden in Höhe von vierhunderttausend Franken. Das war der zweite Schlag, und er verwandelte wildes Weh in reine Ironie.

Die schlägst du aus! sagte Manon, die Juristin.

Er straft mich für das Legat meiner Großmutter. Er fand, es gehöre mir nicht, und eigentlich hatte er recht.

Willst du ihm das Geld etwa ins Grab nachwerfen? fragte Manon fassungslos. Bist du verrückt? Es ist alles, was du hast!

Das wäre schlimm, antwortete er. Zwar lächelte sie über

seine Eitelkeit, doch sie mißtraute ihr tief. Er spürte es am fast furchtsamen Respekt, mit dem sie ihn behandelte, bis er auf den Verdacht kam, sie halte ihn für krank.

2 Zwei Ehen

1996 hatten sie sich kennengelernt. Nach seinem Abschied vom Militärdienst hatte er, schon bald dreißig, Geschichte zu studieren angefangen, da er an sein früheres Fach – Linguistik – nicht mehr anknüpfen wollte. Eine Verbindung gab es doch. Er hatte am »Schweizerischen Idiotikon« gearbeitet, einem Mundart-Wörterbuch, das im 19. Jahrhundert in der Annahme begründet worden war, daß den Dialekten des Landes ein absehbares Ende beschieden sei. Sie erwies sich dann als so irrig, daß das Wörterbuch lange nicht über die ersten Bände hinauskam und seither mit seiner eigenen Revision beschäftigt blieb, ohne davon je aktuell zu werden.

Nichts mehr für einen abgedankten Instruktor der Übermittlungstruppen. Dann lieber gleich freiwillig ins geschichtliche Fach, und es traf sich, daß er an unerwarteter Stelle dem Enkel des »Idiotikon«-Begründers Ludwig Tobler begegnete. Dr. iur. Achim Tobler war, wie schon sein Vater (Pionier der Kinderheilkunde), Reichsdeutscher geworden, ein studierter Staatsrechtler, der in SS-Uniform wieder in Berührung mit seinem alten Vaterland kam, als er die Betriebsleitung des Aluminiumwerks Rheinfelden übernahm. Er interessierte die Bergier-Kommission, die von der Schweizer Regierung eingesetzt wurde, um die Neutralitätspolitik des Landes im Zweiten Weltkrieg aufzuarbeiten. In einer Arbeitsgruppe erhielt auch Klaus als Tobler-Forscher seinen bescheidenen Platz.

Gewichtiger war der Arbeitsbereich der habilitierten Juristin Manon de Montmollin, die sich mit staats-, organisations- und menschenrechtlichen Aspekten der Neutralitätspolitik befaßte. Die stilsichere Frau war nicht nur wissenschaftlich eine Zierde der Kommission, und jedermann verdächtigte sie einer Liaison mit ihrem über sechzigjährigen, in seinem Charme ungebrochenen Präsidenten, mit dem sie die französische Muttersprache teilte.

Klaus kam eines Märzabends in den Fall, es wo nicht besser, so doch anders zu wissen. Manon, die er zuvor nur von ferne bewundert hatte, saß zufällig neben ihm im selben Film (Kurosawas *Madadayo!*), und die ungesuchte Nähe ergab eine so wohltuende Übereinstimmung, daß es natürlich war, danach miteinander zu essen und der Einvernehmlichkeit eine Fortsetzung in Manons Wohnung zu bescheren. Sie sei noch niemandes leichte Beute gewesen, hatte sie ihn gewarnt; dann wäre er gern dieser Niemand, entgegnete er, das stimme zu seinem Selbstverständnis.

Sie versicherte ihm erst viel später, »so etwas habe es bei ihr noch nie gegeben«. Es dauerte Wochen, bis sie selbst zu glauben wagte, Sinnenglück müsse nicht in Abhängigkeit ausarten. Klaus, den sie inzwischen, wie seine Jugendfreunde, Tabis nannte, schien ihr Gewähr gegen vertrauliche Gewohnheiten zu bieten. Er nahm sich zurück und wurde davon nicht unansehnlich. Daß er im bürgerlichen Sinne noch nicht selbständig war – er schien sich ein ewiges Studium leisten zu können –, tat ihr nicht weh. In ihrer Kanzlei hätte sie mühelos auch für zwei verdient, außerdem hatte sie einen Lehrauftrag an der Universität. Doch kam es selten vor, daß er sich von ihr einladen ließ. Er war überhaupt schwer zu beschenken und reizte damit ihren Einfallsreichtum, gewissermaßen ihre Galanterie.

An seiner Altstadtwohnung gab es nichts auszusetzen, und auch sein Geschmack für nicht mehr ganz Neue Sachlichkeit störte sie nicht. So geschah es, daß sie, als ihr Vermieter Eigenbedarf geltend machte, zu Klaus zog, was keineswegs definitiv gemeint war. Den Unterschied zwischen Besitz und Eigentum hatte sie ihm schon früher auseinandergesetzt. Auch in der gemeinsamen Wohnung blieb es seine Sache, für Küche und

Haushalt, Staubsauger und Bügeleisen aufzukommen. Immerhin übernahm sie seine Buchhaltung. Während sie mit einem Wort wie »Liebe« sparsam umging, gefiel es ihr, Klaus bei unpassender Gelegenheit – für die passenden hatte er selbst zu sorgen – peinlich zu befragen: Bist du noch verliebt? *nur* verliebt? auch passioniert? würdest du für mich sterben? bist du von mir *besessen*? Aber bitte *bis zum Wahnsinn*! Wenn alles gutging, war die Liebe im Alltag durch Witz ausreichend vertreten, Manons Lehnübersetzung für *esprit*. Es störte sie nicht ernsthaft, wenn er zu erkennen gab, daß ihm ihre Gefühle – unter welchem Namen immer – *schmeichelten*. So viel Gefälligkeit durfte sein.

Auch ihre Hochzeit war ganz witzig. Auf dem Standesamt holten sie einen Trauzeugen von der Gasse, der andere war Bergier. Die Kommission hatte gerade ihren Bericht über die Schweiz und das Totengold herausgebracht; eine Zunftstube lieferte den Rahmen für Bergiers melancholisch geschliffenen Glückwunsch. Der Grandseigneur brachte auf französisch seine Genugtuung zum Ausdruck, daß die Arbeit seiner Truppe hier und heute in der vollen *Gegenwart* angekommen sei. Zugleich mache dieser Tag Manons Verbindung mit Klaus erst eigentlich *historisch*. Er erlaube sich, auch ihren mythologischen Charakter zu bemerken. Denn in jedem neuen Menschenpaar trete dem mitempfindenden Auge zugleich das erste und damit das Wunder der Schöpfung entgegen, und von einem Sündenfall könne diesmal keine Rede sein...

Man stellte launige Zusammenhänge her zwischen Tell, über den Bergier ein Buch geschrieben hatte, dem Schützen Klaus, der es der anspruchsvollen Manon endlich getroffen habe, und der eigenen Befreiungstat nicht *vom*, sondern *zum* Patriotismus – wenn man diesen im Geist der Aufklärung verstehen dürfe: endlich sei der Apfel, den Tell seinem Sohn vom Kopf geschossen habe, zur Frucht der Erkenntnis geworden. Und wer das Wort »Erkenntnis« biblisch verstehe, wisse auch um seine erotische Bedeutung. Doch der Satz »Und

Adam erkannte sein Weib« sei kein einmaliges Projekt, sondern ein bis heute – wie der Gender-Disput beweise – unvollendetes. Offenbar müsse Adam sich selbst besser kennengelernt haben, um Eva erkennen zu können, und dazu wünsche man dem Brautpaar viel Glück.

So der Sprecher der Arbeitsgruppe »Raubgold«, der auf Manon selbst ein Auge geworfen hatte. Bergier hatte auch durchblicken lassen, daß man sich nicht von *jedem* Mythos gleich leichten Herzens trenne – etwa dem von Manons Unberührbarkeit. Ein heikles Kompliment, das aber bei fortgeschrittenem Abend, als Bergier um den ersten Tanz mit Manon bat, niemand mehr bei nüchternem Licht betrachtete. Immerhin war zu Klaus schon die Nachrede gedrungen, daß er »hauptsächlich schön«, darum als Begleiter einer Frau »wie Manon« entweder gar nicht oder nur zu sehr geschaffen sei. Die Unterstellung focht ihn nicht an, bis sie ihm aus ihrem eigenen Mund wieder begegnete: »Du bist so wohlgeraten«, sagte sie, an ihm niederblickend, »bist du auch echt?«

Warum traf ihn dieser Witz immer noch, als wäre etwas Wahres daran? Sein von Manon ironisch zitierter »militärischer Hintergrund« hatte ihn gelehrt, das, was er nicht hatte, dahingestellt sein zu lassen und das Leben nicht als Laufbahn zu verstehen, sondern als Gewinn von Tag zu Tag. Man hätte diesen Geist auch sportlich nennen können, doch Manon gefiel es, ihn eine Spielernatur zu nennen und des Leichtsinns zu bezichtigen. Dabei war die Offiziersschule für einen, der früher den Waffengebrauch hatte verweigern wollen, kein geringes Stück Selbstüberwindung gewesen, auch kein ganz unpassender Ersatz für das Gefängnis, dem er sich durch seine Volte entzog: wenn schon gefangen, dann richtig! Nach seiner Brevetierung war Mom gestorben, und er hatte sich sogar zur Laufbahn eines Berufsmilitärs entschlossen, eine Lebensperiode, über die er nie zu sprechen bereit war. Zu einem Fortbildungskurs war er mit einem Gefühl des Schwindels eingerückt, der sogar die verordnete Bettruhe zu einem Alptraum machte. Der Neurologe konnte einen lebensbedrohlichen Befund nicht ausschließen; zwar bestätigte er sich glücklicherweise nicht, aber zuvor war Klaus schon für dienstuntauglich erklärt worden, und nach dem Ende des kalten Kriegs kam die Behörde nicht mehr auf seinen Fall zurück. Der Schwindel hatte seinen Dienst getan. Geblieben war, daß Klaus immer noch gut und sogar gerne schoß und ein verlorenes Messer entbehren konnte. In Moms Augen wäre er wohl gar »ein Mann« geworden; in seinen eigenen Augen war es ihm angemessen gleichgültig. Daß er verwundbar blieb, hatte ihm Manons Geständnis allerdings deutlich genug gemacht, und nun besaß er auch kein Vermögen mehr. Erst hatte er die Scheidung verlangt; nun kam er für die Schulden des Vaters auf. Bei dieser Ehrensache zeigte sich sein »militärischer Hintergrund«, und der Spott darüber war Manon vergangen.

Aber jetzt hatte sie schönere Sorgen. Schon früher hatte sie in der Kanzlei oft bis in alle Nacht gearbeitet; im Januar begann sie, ihre Abwesenheit um ganze Tage zu verlängern. Christiane hatte in Zürich-Hottingen ein Haus gekauft, Manon half es einrichten und hatte dort selbst ein *Pied-à-terre*. War Christiane nicht Coiffeuse? Ja, sie besaß eine Niederlassung in Paris und in Toronto, nächstens auch in Zürich. Auch das *Pied-à-terre* entpuppte sich als großzügige Dachwohnung, die erst Toilettensachen und Kleider, dann Bücher, endlich auch einzelne Möbel offenbar mühelos aufnahm. Was nicht nur Manons Besitz war, was sie auch als ihr Eigentum betrachtete, begann in den nächsten Wochen stückweise aus der gemeinsamen Wohnung abzuwandern. Auch der Citroën wurde beim Umzug immer mehr ihr Wagen; dem jungen Mann, der ihr vor der Haustür beim Laden half, war er schon als Boten der Bergier-Kommission begegnet. Dort hatte man Klaus den »schönen Achim« genannt, nach dem Tobler-Medaillon, das er zum Palast des Berichts beigesteuert hatte. Dieser selbst war bereits zur moralischen Schmuckfassade geschrumpft; gerade noch sichtbar, wenn man die Schweiz von außen betrachtete, verschwunden wie eine Fata Morgana, wenn man ihr Inneres betrat.

Manons eigene Erscheinung dagegen hatte sich verändert. Ihr glattes kastanienbraunes Haar war jetzt schwarz gefärbt und wirkte mit seinem Blaustich nobel erstarrt. Die Augenpartie war neu gearbeitet, mit starken Wimpern und auf Striche reduzierten Brauen. Sie machten, mit der Blässe des Teints, ihr Gesicht zur schönen Maske, und Klaus gab sich Mühe, sie nicht mehr als eine *Spur* vulgär zu finden. Die Lippen, eher gebleicht als geschminkt, demonstrierten das Unberührbare ihrer Sinnlichkeit. Ihre Garderobe brauchte Manon kaum zu ändern: in der Strenge ihrer Eleganz hatte sich die *andere* Frau, die sie jetzt war, schon früher angedeutet. Nur der Schmuck war neu. Onyx und Silber, bis zum Ring an ihrer Hand. Der Ehering war weggekommen; Klaus hatte den seinen nicht entfernt. Einmal hatte sie von »Christian« gesprochen, und er wurde etwas irre: er hatte sich Manon als den männlichen Partner in ihrer Beziehung vorgestellt. Schon auf die Andeutung reagierte sie gereizt. Konnte er es nicht lassen, *typisch* zu sein?

Von ihrer Kanzlei konnte sie sich nicht ebenso distanzieren, auch nicht von ihrem Lehrauftrag. Sie war nicht grenzenlos beweglich wie Christian oder Christiane. Diese flog von einem Erdteil zum andern und konnte nicht voraussagen, wie lange New York sie festhalten würde, oder Tokyo, oder Sydney. Klaus lernte zwar nicht Christiane kennen, aber ihren Terminkalender. In den Beziehungspausen bekam er Manon zu sehen, fast mehr als früher. Es kam vor, daß sie anrief: sie habe Lust zu kochen. Ob sie vorbeikommen könne? Sie ließ sich sogar *Candlelight* gefallen, die Duftkerzen dafür brachte sie mit. Es kam ihr darauf an, sich zu zeigen, wie sie immer schon gern gewesen wäre. Ihre *Saltimbocca alla milanese* schmeckte reell, und er nahm in Kauf, daß sie – »entschuldige!« – im alten Eheschlafzimmer verschwand, wenn das Handy klingelte. Wie erlöst kam sie an den Tisch zurück,

auf dem das neue Lieblingsgericht kalt geworden war; sie
blieb warm. Und enorm hilfsbereit, auch professionell. Was
hatte sich Klaus nur angetan, als er für Vaters Schulden auf-
kam! Gib zu, du hast es für deine Mutter getan. Du hast mir
nie richtig von ihr erzählt.

Du hast dich nicht dafür interessiert.

Ihre Augen waren weit geöffnet; was sollte aus ihm werden.
Dafür wollte sie nicht verantwortlich sein.

Bitte erzähl. Von deinen Eltern.

Regina war eine junge Frau aus dem Wallis, die in Fribourg
eine Lehre als Floristin machte. Ihre arglose Schönheit blieb
nicht unbemerkt von den Studenten, die in einer Verbindung
ihre Kommerse feierten, und einer namens Erich, vulgo
Schmatz, der sich seiner Tüchtigkeit bei Frauen rühmte, hatte
sie mehr als einmal zu einer geselligen Zusammenkunft eingeladen. Ihr Respekt vor Akademikern war grenzenlos, und
sie ließ sich von Erich eng betanzen – »sieden« hieß das bei
Jugendlichen der fünfziger Jahre. Reginas Jungfräulichkeit
wurde Gegenstand einer Wette zwischen den jungen Herren,
Erich gewann und ließ es sich nicht nehmen, seinen Triumph
im Kreis der Mitbewerber zu begießen und ihnen Regina qua-
si als Verlobte vorzuführen. Sie war Alkohol nicht gewohnt;
nach Mitternacht hatte sie sich so viel davon einflößen lassen,
daß sie nur noch taumeln und kichern konnte. Es war Fast-
nacht, und die Corona veranstaltete in einem hupenden Pulk
eine Art Heimführung der Braut – es ging zu Erichs sturmfrei
genannter Bude. Dort machte sich dieser über die fast Be-
wußtlose her, dann auch alle andern, sieben an der Zahl. Gewalt mußten sie gar nicht brauchen – das hätten sie *nie* getan.
Danach war einer so humorlos, das Abenteuer dem Studen-
tenseelsorger zu beichten. Der zitierte Erich zu einem Priva-
tissimum und verurteilte ihn dazu, die arme Seele ernsthaft
heimzuführen. Damit eilte es, denn Regina war schwanger,
und wenn sie nicht sagen konnte, von wem, so mußte doch

der eine dafür geradestehen, bei Strafe sozialer Ächtung in der ganzen katholischen Schweiz. Abtreibung kam nicht in Frage, der Kindsvater kam aus guter Familie, in dieser Hinsicht hatte es keine Not.

So mußte im September, als das Brautkleid die Rundung noch versteckte, Hochzeit gefeiert werden, im schönen Rapperswil. Die Corona im Vollwichs glänzte mit Kantus und tadellosem Comment, worauf man sich ins Wintersemester verfügte, Erich Marbach nach St. Gallen, wo der frischgebakkene Ehemann mit der werdenden Mutter eine kleine, doch feine Wohnung bezog. Regina belegte Kurse allgemeinbildenden Inhalts, bevor sie im Dezember mit einem Klaus genannten Sohn niederkam. Die berufsbedingten Umzüge ihres Gatten machte sie tapfer mit, bis zu seinem Aufstieg in die Chefetage eines Zürcher Discount-Versandgeschäfts. Für Haushalt und Urlaub bedurfte er einer Infrastruktur, die Regina klaglos verkörperte, manchmal auch mit erträglichem Mutwillen. Sie nahm sich etwa einen Flirt mit Arbeitskollegen oder gar Vorgesetzten ihres Mannes heraus, was dieser akzeptierte, solange es ihm förderlich war. Schließlich war er durch Reginas Vorleben gewitzigt, an das er sie gelegentlich mahnen mußte. Sein Gegenrecht handhabe er diskret, er wußte jetzt, wie man Frauen zu nehmen hat. Am rechten Seeufer hatte er sich schon als Student ein Grundstück gesichert, das er jetzt mit einem EFH im Bungalowstil überbauen ließ. Er nannte es »mein Nest«, und die abgebrochene Floristin polsterte es mit dem nötigen Grün. Goldthuja und Goldzypressen waren ihr Lieblingsgewächs, und so wurde der Umschwung immer präsentabler. Er hatte sein Nest, sie ihr Reich. Wenn Klaus in der Schule war, machte sie die Gartenpflege zum Dauerhobby. Ihr »grüner Daumen« war berühmt, und die Freigebigkeit, mit der sie selbstgebundene Buketts verteilte, machte sie beliebt. Im übrigen lernte sie Arabisch und übte sich in der Schönschrift verschiedener Kulturen. Mit einem jungen Koreaner unterhielt sie eine unschuldige Hausfreundschaft, die Erich mit einem unerträglichen Eklat beendete. Er hatte inzwischen ein Alkoholproblem, das zwar die Ehe belastete, ihm aber erleichterte, ihren Pflichten nachzukommen, bis ihn Regina, für einmal entschieden, davon ein für allemal entband.

Von da an konnte er für seine zunehmende Aushäusigkeit auch moralische Gründe geltend machen. Die Ehe blieb ungeschieden, des Kindes wegen, das sich immer mehr in der benachbarten Wohngemeinschaft junger Leute aufhielt. Klaus las vielversprechend früh, war aber von Pa gar nicht, von Mom nur ungern zum Reden zu bringen. Die Förderung ihres Einzelkindes lag Regina am Herzen, und die Ruhe dafür holte sie sich, als sie mehr Zeit für sich selbst hatte, in einer Yoga-Schule ab, die ihrem Hang zur Depression entgegenwirkte. Als Klaus auf dem Gymnasium war, erlaubte sie sich Aufenthalte in einem Ashram im Tößtal, dann auch in geistigen Zentren im Schwarzwald, einmal gar in Poona. Sie hatte sich davon überzeugt, daß Klaus im Nachbarhaus gut aufgehoben war, namentlich bei der alten Frau, die dort den Haushalt führte, aber auch das Regiment. Regina hatte sie erst als Hexe gefürchtet, dann aber als Weise Frau kennengelernt, die Klaus in ihren anregenden Menschenkreis aufgenommen hatte. Der Bungalow wurde für Klaus zum Schlafaufenthalt, aber Regina wußte immer noch dafür zu sorgen, daß Haus und Garten keine Verödung anzusehen war.

Die »Soldanella«, der eigentliche Schauplatz seiner Kindheit, war ein Haus der Gründerzeit, im Stil eines Loire-Schlößchens erbaut. Die Gastwirtschaft mit Kegelbahn und kleinbürgerlicher Küche hatte nach dem Zweiten Weltkrieg schließen müssen, und nach dem Tod des letzten Wirts hatte sein junger Sohn Tobias die Liegenschaft mit Hilfe der alten Haushälterin Felicitas, genannt Fee, übernommen und allmählich einen Kreis von Freunden angezogen. Sie waren ewige Studenten oder verkrachte Genies, die in der aufgelassenen Wirtschaft eine Insel edlen Nichtsnutzes bildeten. Man konnte sie auch als Künstlerkolonie verstehen, und die Entwicklung des Dorfes ergab sogar die Notwendigkeit dazu. Denn das Haus stand der Straßenplanung im Wege, und um den Abbruchhämmern zu entgehen, kamen die »Soldanella«-Leute auf die Idee, ihr Haus dem Denkmalschutz beliebt zu machen, indem sie es zur Geburtsstätte eines sehr bedeutenden, leider bisher unbekannten Künstlers erklärten. Es galt ihn jetzt nur noch zu erfinden, und natürlich wollte auch sein Lebenswerk nachgeliefert werden, in Gestalt weißer Gipsleiber, die, von Hühnerdraht gestützt, einem lebenden Körper abgenommen waren. Diesen lieh die alte Fee und war bereit, dafür Posen einzunehmen, die man der alten Frau nicht zugetraut hätte und hinter denen sie darum auch niemand suchte.

Tobias Hüttenrauch und den Seinen gelang es eine gute Weile wirklich, ihren fingierten Künstler namens Demuth ins Rampenlicht zu manövrieren, und die öffentliche Hand fand sich in ihren Absichten unerwartet gelähmt. Inmitten des gelungenen Schelmenstücks bewegte sich der Gymnasiast Klaus wie zu Hause – das heißt: wie zu Hause eben nie. Doch als er gerade achtzehn war, mußte er zusehen, wie die Inszenierung verraten wurde und die Abbruchhämmer ihr Werk begannen. Wenigstens dies blieb Fee erspart, denn die ehrliche Seele im Leib der Falschkunst hatte zuvor das Zeitliche gesegnet. Ihre Nachbildner aber zerstreuten sich in alle Winde, auch Tobias, den Klaus wie einen Bruder geliebt hatte.

Tabis, sagte Manon. Heißt du nach ihm?

Nein, das erste Buch, das ich las, hieß »Tabis Nuckerli«. Es war die Bildergeschichte eines Strichmännchens mit Schulranzen, und Mom nannte mich Tabis, weil ich das Buch nicht hergeben wollte. Ein schrecklich braves Buch.

Manons Handy meldete sich melodiös. Entschuldige, sagte sie, plötzlich atemlos, und rannte hinaus. Er hörte ihre Stimme, schrill wie die eines Vogels.

Aus London, sagte sie schuldbewußt. Und dann?

Dann kehrte Klaus noch für zwei Jahre in den Bungalow zurück, um das Abitur hinter sich zu bringen, und bezog, kaum war er zwanzig, eine kleine Wohnung im Seefeld, wozu ihm Pas Mutter die Möglichkeit gab. Er gelangte in den Genuß eines Legats, das ihm nach Erreichen der Mündigkeit auszuhändigen war. Klaus war der alten Dame bei einem Besuch in Visp nur einmal begegnet; sie schien von ihrem Sohn ungemein wenig zu halten und schob ihre Lonza-Aktien direkt dem Enkel zu.

Das hat dir dein Vater heimgezahlt.

Wie gewonnen, so zerronnen. Ohne dieses Geld hätte ich ja etwas werden müssen. »Nur eines tu mir bitte nicht an, Schuldgefühle« gehörte zu den Sprüchen, die Pa für das Äußerste an Lebensweisheit hielt.

Hatte er denn selbst Schuldgefühle?

Er wußte gar nicht, was das ist. Und daß sich Mom bitte keine antun möge, war die reine Unverschämtheit. Der Tatbestand dazu war ihr viele Ehejahre lang unbekannt, und als er sich »Selbsterfahrung« nannte, war sie nicht mehr jung genug.

Vielleicht hätte sich dein Vater die Mutter eifersüchtiger gewünscht.

Das hätte er die ersten Jahre haben können, er hat es nur nicht bemerkt. Danach hat sie aufgegeben, sogar die Eifersucht.

Ich glaube, sie wäre das letzte, was man an mir totschlagen mußte. Ich habe gar nicht gewußt, wie eifersüchtig ich sein kann.

Mit mir hat sie sich erübrigt. Ich war dir treu.

Und dann?

Tabis, jetzt auch von seinen Freunden so genannt – sein Bankkonto verschaffte ihm nicht wenige –, hatte an der Universität eher hospitiert, als ernsthaft zu studieren, und dann jedermann durch seine plötzliche Flucht ins Ehrenkleid der Nation überrascht.

Die Idee hatte ich von Sophokles. Der wollte auf seinem Grabstein nicht an seine Tragödien erinnert haben, sondern an seinen Waffendienst gegen die Perser.

Wofür möchtest du erinnert sein?

Der Kontakt mit den Eltern war so gut wie abgerissen. Als Mom an einem Krebsleiden starb, das sie auch ihrem Mann verheimlicht hatte, verfolgte Klaus die Phantasie, er habe sie geopfert. Ihrem Testamentsvollstrecker hinterließ sie einen Brief, der dem Sohn erst nach ihrem Tode auszuhändigen war. Darin erzählte sie ihr Leben so schonungslos wie in ihrer Sprache möglich. Sie nahm in Kauf, daß er danach mit Erich Marbach kein Wort mehr wechselte. Der mochte im Alter mit sich selbst so allein gelassen werden, wie sie es mit ihm ein Leben lang gewesen war.

Von ihr hast du nichts geerbt?

Das hat Pa durch Gütergemeinschaft verhindert.

Ein Muttergut bleibt dir doch. Ihr letzter Brief war eine Liebeserklärung an dich.

Klaus schwieg.

Schmatz starb in den Armen einer jungen Dame, die seinen Haushalt eher belastet als besorgt haben muß. Als sie seine Erbschaft kennenlernte, verzichtete sie gern auf den ihr zugedachten Anteil. Man lernte den Großverkäufer nach seinem Tod von einer ganz neuen Seite kennen. Er hatte mit Dotcom-Aktien und allerlei Derivaten Totalschaden erlitten, und um die Spielschulden zu begleichen, die er in Konstanz und Campione aufhäufte, hatte er kurzfristig hohe Kredite aufnehmen müssen, deren Zinsen immer noch ausstanden. Jetzt war es Klaus, der mit seinem Vermögen haftete.

Das mußte nicht sein. Thouvenin hätte dich spielend herausgehauen, wenn du von mir schon nichts annehmen wolltest. Er ist mein bester Kollege.

Es ist immer noch was übrig.

Fünfzehntausend. Damit kannst du nicht leben und nicht

sterben. Du brauchst eine Stelle, Klaus, und hast keinen Tag zu verlieren.

Den Seinen gibt's der Herr im Schlaf.

Woher weißt du, daß du der Seine bist? Ich bin reformiert, weißt du.

Und hast trotzdem wunderbar gekocht.

Ich hätte den Brief deiner Mutter gerne gelesen.

Sie läßt mir die Wahl. Ich kann der Sohn eines christlichen Nationalrats sein, der beinahe Bundesrat geworden wäre, der Sohn eines Oberinspektors beim Zoll, eines Professors für Privatrecht, eines Weingroßhändlers, eines Lebensmittelinspektors – zwei andere sind gewöhnliches Stammholz der Nation. Oder es bleibt bei einem schlechten Verkäufer. Erwürgen könnte ich nur den Seelsorger, der diese Ehe erzwungen hat.

Wäre dir eine Engelmacherin lieber gewesen?

Dann gäbe es mich nicht. Wer würde mich vermissen?

Ich, sagte sie.

O ja.

Es wäre heute kein Problem mehr, deinen Erzeuger zu erkennen. Eine Haarprobe genügt. Ein Speichelabstrich.

Der hätte mir noch gefehlt. Ich weiß, wie diese Leute spukken. Sie waren öfters bei uns eingeladen, auch alle zusammen. Sie hatten die Stirn, in Mutters Garten ein Jubiläum ihres Studentenrings zu feiern. Aber eigentlich kamen sie aus Versicherungsgründen. Sie stiegen immer höher und konnten immer tiefer fallen, waren immer besser zur Erpressung geeignet. Da mußten sie sich vergewissern, ob Erichs Ehe mit Regina immer noch dichthielt. Schmatz ließ sich sein Heiratsopfer durch *Networking* vergüten. Erst als das Corpus delicti im Grab lag, konnten sie Erich vulgo Schmatz ins Bodenlose fallen lassen.

Sie müssen bei jedem Besuch nachgeprüft haben, wem du zu gleichen beginnst.

Manon, sagte er, wenn wir die Scheidung nicht schon vereinbart hätten; nach diesem deinem Satz müßte ich sie verlangen.

Sie stand auf und nahm ihn in die Arme. Ich muß jetzt gehen.

Unter der Tür blieb sie stehen. Der Abwasch – sagte sie.

Wird mir ein Vergnügen sein, sagte er. Geh nur.

3 Das Frühlingsfest

Im März, nach Ausbruch des Irakkriegs, hatte sich Klaus das Dossier Achim Tobler wieder vorgenommen.

Schreib doch deine Dissertation über ihn, sagte Manon.

Sie war in den Bergen gewesen und sah nach *Highlife* aus, gebräunt, sprühend von Temperament. Ganz die Verfassung, in der sie auch dem Lebensabschnittspartner, der allein in der Wohnung sitzen blieb, eine Perspektive wünschte.

Du hast doch viel mehr Stoff, als du verwenden konntest.

Achim Tobler, der deutsche Enkel des Schweizer Dialektforschers, war, als er die schwarze Uniform abgelegt hatte, von einer Spruchkammer als minderbelastet eingestuft worden. Die Besatzungszone war sein Glück. Er hatte als junger Mann in Frankreich studiert, und seine Umgangsformen mit französischen Zwangsarbeitern, die dem Werk 1940 zugeteilt wurden, waren *comme-il-faut*. 1941 kamen russische Arbeitssklaven nach, die in Baracken gepfercht und nur in die Fabriken getrieben wurden, um dort verheizt zu werden. Tobler pflückte sich hie und da einen heraus, der ihm für eine doppelte Ration Hungerfutter eine Ikone malen durfte. Mit seinen Franzosen aber veranstaltete er immer noch Debattierabende oder musikalische Soireen. Ihr gutes Zeugnis erleichterte ihm nach dem Krieg den Umstieg in demokratische Verhältnisse.

Einer seiner akademischen Förderer, dessen NS-Belastung noch nicht ans Licht gekommen war, gehörte zu den Vätern des Grundgesetzes. Dank seiner Verwendung war Tobler zu einer Position in Tübingen gekommen, der Hauptstadt der französischen Zone. Er beschäftigte sich jetzt mit Besatzungsrecht, einer Materie, welche die Praxis des Dritten Reiches mit derjenigen des befreiten, doch bald in den kalten Krieg ein-

getretenen Deutschland nahtlos zu verbinden erlaubte. Was
grobe Leute »Kriegsschuld« genannt hätten, ließ sich durch
juristische Behandlung relativieren und neutral auf Freund
und Feind verteilen. Ein Institut, das sich mit dem Recht des
Stärkeren, mithin der Gesetzmäßigkeit politischer Evolution
beschäftigt, kann nicht arbeitslos werden, höchstens inopportun. Nach dem Ausscheiden seines Mentors wurde Achim
Tobler federführend. Doch bald nach Erscheinen seines Standardwerks über Besatzungsrecht entfiel die Feder seiner
Hand, oder sie wurde ihr entzogen – Klaus war noch nicht
dahintergekommen.

Aber ich habe eine neue Spur.

Klaus hatte von einem Bekannten, jetzt Bibliothekar in
Görlitz, zwei Briefe mit der Unterschrift Toblers erhalten,
die beim Ausräumen eines Dachbodens aufgetaucht waren.
Die Hinterlassenschaft eines SS-Obersturmführers namens
Bernd Selber, der sich im April 1945 selbst gerichtet hatte.

Er reichte Manon den Brief, und da sie ihre Kontaktlinsen
vergessen hatte, las er den kürzeren vor.

Bernd, lieber Blutsbruder,

*der Sonnenwagen jagt dem Endsieg entgegen – wehe, wenn
die Stricke reißen! So vielen stößt in diesen Tagen etwas
Menschliches zu. Bei uns am Oberrhein ist immer noch gut
sein. Versäume doch nicht, Dich beim nächsten Fronturlaub
davon zu überzeugen. Wie herzlich würde ich mich freuen, die
lb. Deinen – Euer Junge muß schon vier Jahre sein – bald
wiederzusehen!*

»Wo Gefahr ist, wächst das Rettende auch.« Heil Hitler!

Dein Achim

Eine Einladung zur eiligen Fahnenflucht, sagte Manon.

Ja, da breitet einer ein Sprungtuch aus. *Den lb. Deinen.*
Genauso hätte meine Mutter geschrieben. Lieb Vati, das war
Erich. Lieb Klaus, das war ich. Mutter selig, das war ihre
Mutter. Und da ist noch etwas.

Er zog die Fotokopie eines Zeitungsblattes aus dem Dos-

sier. Unter dem Fraktur-Kopf »Der Bote vom Oberrhein«
und dem Datum des 2. Mai 1949 gab es einen fast ganzseitigen
Bericht »Frühlingsfest in Nieburg« zu lesen, mit einem Bild
über zwei Spalten.

Ein Kinderumzug, sagte sie mit gekniffenen Augen. Wer ist
die Dame mit dem Sonnenschirm?

Es steht im Text. Sie heißt Constanze Weiland-Bühler.

Wie der Aluminium-Boß?

Sie ist seine Tochter.

Dann bin ich ihr in meiner Buchhandlung begegnet. Eine
XXL-Figur, behindert, aber würdig. Sie erkannte mich vom
Fernsehen, als ich zu Bergier befragt wurde.

Hat sie dir zum Bericht gratuliert?

Ironisch, glaube ich. Ich wunderte mich nicht. Bühler hatte
ja ordentlich Dreck am Stecken. Ordentlichen Dreck. Ich
würde ihn nicht als »minder belastet« einstufen.

Mich interessieren die Kinder auf dem Bild, und vor allem
ihre Eltern. Wenn du den Artikel liest: die waren sauber, der
Bürgermeister, der Arzt, der Verleger –

Hast du schon recherchiert?

Ich wüßte gern, wie das Dritte Reich in einer Industriestadt
wie Nieburg passiert ist, so dicht an der Grenze. Die Leute
könnten auch Schweizer sein.

Das Bild zeigte in leichter Aufsicht die badische Seite der
gedeckten Rheinbrücke, deren Ausgang sich wie ein Scheu-
nentor hinter dem Leiterwagen öffnet. Zwei Buben gehen ihm
als Herolde voraus, vier weitere halten an langen Stangen einen Baldachin über die Passagiere, den Kutscher auf dem
Bock und das kleine Paar in der girlandengeschmückten Lau-
be. Die Gesichter kehren sich der Kamera zu, mit Ausnahme
des Kinderbräutigams, der mit seinem Zylinder kämpfen
muß; dem hinteren Träger rechts hat der Baldachin den Kopf
abgeschnitten. Das Gefährt schiebt sich diagonal nach vorne
links, am Bildrand senken sich die Köpfe der zwei Braunen auf
das Steinpflaster. Der kleine Platz, den ein paar Dutzend Men-

schen im Sonntagskleid säumen, borgt sein historisches Gepräge von der Stadtsilhouette auf der schweizerischen Rheinseite.

Aber es ist die Dame im Vordergrund, die das Bild mit ihrem schief getragenen Sonnenschirm beherrscht. Das enge weiße Kleid modelliert ihre Figur im Halbprofil und breitet sich unter den Knien zu einer kleinen Schleppe aus, die gerade noch die Schuhe sehen läßt. Man müßte es für ein Sommerkleid halten, trüge sie nicht einen Pelz um die Schulter, ein zärtliches Bett für den gedehnten Hals, auf dem sich ihr Lockenkopf nach der Kamera umwendet. Die leichte Rücklage gibt ihr etwas Lasziyes.

Das war sie damals, Frau Constanze Weiland-Bühler.

Wozu der Sonnenschirm? Ich sehe gar keinen Schatten auf dem Bild.

Vielleicht lohnt es sich, danach zu suchen.

Sie schüttelte eine Zigarette aus der Packung.

Du hast ja zu rauchen angefangen.

Und du hast ja ein Feuerzeug dabei. Für wen?

Für alle Fälle.

Er reichte ihr Feuer und las: *Der Umzug hätte statt April-wetter eitel Sonnenschein verdient – aber Petrus hatte am ersten Maientag wenigstens so viel Einsehen, den kleinen Festzug trockenen Fußes über den Rhein gehen zu lassen. Die beiden Nieburg waren wieder einmal vereinigt – in einer Festlichkeit, die vor allem der Jugend gewidmet war. Frau Constanze Weiland-Bühler hat ihr Schweizertum auch nicht verleugnet, als sie nach der Eheschließung mit dem allseits beliebten Gymnasialprofessor Weiland in unserer Stadt heimisch geworden war. Sie hat ihr durch freie Gesinnung in dunkler Zeit ein Beispiel gegeben.*

Das klingt, als habe sie zum Widerstand gehört. In den Akten stand nichts davon.

Merkwürdig bleibt, daß Nieburg nie bombardiert worden ist. Die Alliierten mieden den Oberrhein, nach dem Protest gegen die irrtümliche Bombardierung Schaffhausens. Warum? Die deutsche Kriegswirtschaft profitierte enorm.

Aber wo ist der Zusammenhang mit deinem Tobler?

Der Kinderbräutigam ist der kleine Sohn des SS-Freundes in Görlitz, dem er eine Brücke bauen wollte. Nun war er tot, aber das Kind – es heißt Iring Selber – kam trotzdem nach Nieburg. Dabei war Tobler 49 längst nicht mehr da.

Warum interessiert dich der Bub?

Weil ihn der Artikel unterschlägt. *Gefragt, welche Kinder zur Ehre des Auftritts auf dem Festwagen gekommen seien, antwortete sie lachend:* »*Ach, die hat meine Tochter ausgesucht.*« *Der Älteste des Bürgermeisters ist in seiner Maria-Theresia-Montur nicht wiederzuerkennen. Und wer vermutet im schmucken Glasbläser Harry Pracht aus dem* »*Oberrheinischen Hof*«? *Und im gestiefelten Träger des seidenen Himmels einen Sohn des Verlegers dieser Zeitung? Springmann Junior als* »*Holländer-Michel*« *traut man das Führen der Zügel schon zu. Wie oft hat er den Vater auf dem Bock der* »*Doktorkutsche*« *begleitet, als der legendäre* »*Hanomag*« *mangels Sprit im* »*Stall*« *bleiben mußte! Das ungeteilte Entzücken der Zuschauer aber galt der kleinen Festkönigin mit Schleier und Jungfernkranz, Frau Weilands Tochter Imogen.* Fällt dir nichts auf? Vom Kinderbräutigam kein Wort. Dabei muß ihn die *kleine Festkönigin* selbst ausgesucht haben. Was schließen wir daraus?

Das Kind des SS-Mannes war geächtet.

Oder das Flüchtlingskind. Oder der unwillkommene Freund des Töchterchens.

Worauf willst du hinaus?

Ich weiß es noch nicht. Darum habe ich mich umgehört und nachgefragt.

Du bist in Nieburg gewesen?

Badisch Nieburg ist kein Bijou wie das schweizerische, aber weitläufiger und ein bißchen öde. Ich habe mit Amalie Pracht im »Oberrheinischen Hof« Korn getrunken. Sie ist die neun-

zigjährige Mutter des schmucken Glasbläsers auf dem Bild.
Das hat der Freyer auf unserer Terrasse gemacht, sagte sie
sofort. Sie erinnerte sich, als ob der Umzug gestern gewesen
wäre. Und wer ist das? fragte ich und zeigte auf Iring, den
Bräutigam. Sie wurde wortkarg. Ein Unglück war der, sagte
sie schließlich, er hat ihr nur Unglück gebracht, und zeigte auf
das Bühler-Prinzeßchen. Der Kinderbraut? Sie hat ihn auch
noch heiraten müssen, sagte sie, wußten Sie das nicht? Seine
Mutter sei ein Engel gewesen, man verstand nur ihre Sprache
nicht. Aber der Vater war ein Nazi, und der Bub schlug ihm
nach. Und Imogen war dem kleinen Satan verfallen.

Imogen, was für ein Name!

Aus einem Stück von Shakespeare. Ihr Vater war ja der
allseits beliebte Gymnasialprofessor. Er soll meistens krank
gewesen sein.

Es scheint, die Bühler-Damen heiraten unter ihrem Stand,
sagte Manon. Constanze einen Schulmeister und Imogen einen kleinen Satan.

Sie leben getrennt, er in Berlin, mehr wußte Mutter Pracht
von ihm nicht zu sagen – was über Nieburg hinausgeht, ent-
zieht sich ihrer Vorstellungskraft.

Die Dame mit dem Sonnenschirm sieht nicht aus, als ob sie
einen kranken Pauker nötig hätte. Oder war sie ihm auch
verfallen?

Ich werde sie fragen. Ich habe nämlich ein Rendezvous mit
ihr, am 2. April.

Sie ist aber nicht mehr achtzehn, Klaus, sondern achtzig,
und mehr als dicklich und sehr maliziös. Wir hätten mit dem
Bergier-Bericht die Schweiz für immer verändert, sagte sie. Es
klang ausgesprochen schadenfroh. Wo lebt sie denn?

Im Wallis, wo das Aluminium wächst.

Dann brauchst du den Wagen.

Ich nehme den Zug.

Klaus, müssen wir uns gleich scheiden lassen? Es geht doch
auch anders.

Er schwieg.

Du kannst das gar nicht bezahlen, Klaus.

Dann mache ich wieder eine Erbschaft. Oder heirate die alte Frau Bühler. Sie wird mir verfallen. Kennst du »Das kalte Herz«?

Könnte es sein, daß du jetzt anzüglich bist?

Es ist nur ein Märchen, von Hauff. Der Holländer-Michel ist der böse Geist, das Glasmännchen der gute. Auf dem Foto erscheint es nicht, weil es durchsichtig ist.

Frau Constanze hätte die Kinder besser warm angezogen. Das war ja gleich nach der Währungsreform. Viele hungerten noch. Sieh dir die Zuschauer an.

Auch dazu gibt es einen Kommentar, sagte Klaus. *Frau Weiland-Bühler verriet uns auch, die Zauberin sei schon bestellt, welche die Kostüme in gutes Zeug für den Alltag verwandeln könne.* Ob sie ihr Fest mit Absicht auf den 1. Mai gelegt habe? Das sei doch der Tag der Arbeiterschaft. Ihre Antwort: *Mein Mann ist selbst ein Arbeiterkind, und darauf bin ich stolz.*

Mir scheint, du hast ein Projekt, sagte Manon.

Er begann leise zu singen: »Schatzhauser im grünen Tannenwald, Bist schon viel hundert Jahre alt, Dir gehört all Land, wo Tannen stehn« –. Er brach ab.

Und weiter?

Der letzte Vers fehlt. Man muß ihn treffen. Dann wird man reich.

Sie sah Wasser in seinen Augen und nahm ihn in die Arme.

Das Böse in Nieburg, sagte er, ich möchte wissen, wo es herkam und wie man ihm widersteht.

4 Von Sternen geblendet

Im Innern gab sich das Chalet als Landhaus im Stil Neuer Sachlichkeit zu erkennen. Marbach folgte dem Rücken der Pflegerin, der kaum abweisender wirkte als ihre von einem Kruzifix verwahrte Front, durch einen Wohnflur von überraschender Höhe. Indirektes Licht fiel aus den Galerien links und rechts in die Tiefe des Erdgeschosses. Eine Flucht von Feininger-Zeichnungen führte zurück zur Vorderseite des Hauses und öffnete sich am Ende in den von Kondensstreifen gefaserten Berghimmel. Die Schwester ließ ihn vorgehen, auf die Sonnenterrasse, deren zyklopischer Unterbau schon bei der Annäherung an das Anwesen imponiert hatte. Es zog Klaus zur Brüstung, einer Schranke aus Lärchenbalken, auf der ein Paar schwarze Kinderschuhe stand. Unter ihm das Dorf mit der weißen Kirche; dahinter fiel das Gelände, von Schneeresten gefleckt, mit Matten und Wäldern in die Schlucht ab. Durch die Lücke blickte das Rhonetal, in dessen dunstiger Masse Spuren der Besiedlung aufblitzten. Dahinter erhob sich die erste Kette des Hochgebirges über Ockergelb und Blaugrün in Schnee und Eis, während die nächsthintere ihre Höhe nur noch ahnen ließ.

Marbachs Blutdruck mußte abgestürzt sein, denn sein Augenlicht hatte sich verfinstert, als er sagen hörte: *Herr* Marbach.

Unter dem Balkon des Obergeschosses gab es eine glasgeschützte Nische, in der eine Liege zu erkennen war, und die Erhebung darin verbarg eine Person. Sie hatte die Kamelhaardecke auch über den Kopf gezogen und ließ an der Stelle des Gesichts die grünen Flecke einer Sonnenbrille sehen, ein paar Strähnen lilagrauen Haars und einen Kinnwulst, darin ein

ebenfalls lila geschminktes, wie aufgesetzt wirkendes Münd-
chen. Aus der Verpackung zogen sich Schläuche zu den Tropf-
gestellen hinauf, und neben dem Rollstuhl, der als Ablage für
Bücher diente, stand auch ein schwarzer Corbusiersessel vor
dem zum Tee gedeckten Glastisch.

Lassen Sie das, Emerentia, sagte der Kindermund.

Die Schwester fuhr unter der Liege zu hantieren fort, dann
richtete sie sich auf. Ihr schmallippiges Gesicht mit der Stahlbrille war ausdruckslos. Ich muß Ihnen den Blutdruck nehmen.

Nix nehmen Sie mir. *Herr* Marbach? Treten Sie näher. Kann
dir die Hand nicht geben. Ich werde entwässert. Legen Sie ab,
sitzen Sie. Was für eine flotte Tasche.

Er entnahm ihr ein Paket. Der Bergier-Bericht. Vielleicht
haben Sie ihn schon.

Apartes Umschlagpapier, wie ein Dessous. Selbst einge-
packt?

Meine Frau. Ich habe nie Pakete machen können.

Die Liege begann zu summen, das Oberteil richtete sich
auf.

Wasser. Hier oben hatten sie nie genug davon, und mir
platzt es aus allen Nähten. Tee oder Kaffee, *Herr* Marbach?
Oder etwas Stärkeres?

Ich komme ungelegen. Sie hätten mir sagen müssen –

Tee oder Kaffee?

Tee, bitte.

Die Nonne hob die Wärmhaube von der Kanne und
schenkte ein; ihre Bemühung, Geräusch zu vermeiden, machte
jedes um so aufdringlicher.

Milch? Zitrone? Es ist gut, Emerentia, sagte die Kranke und
wiederholte es scharf, bis die Pflegerin sich entfernte.

Ziehen Sie den Tropf etwas näher? Er verdient seinen Na-
men. Führt mir Flüssigkeit zu, um mich trockenzulegen.
Münchner Biere unerreicht, drei gesoffen – so etwas lassen
Sie eine Dame hoffentlich nicht zu Ende sagen, *Herr* Marbach.

Vier geseicht.

Geben Sie mir zu trinken?

Er beugte sich vor, nahm die Tasse in die eine Hand und schob die andere unter ihre Schulter. Sie stützte sich rückhaltlos darauf. Ihr Nacken zeigte ein Stück gedunsenes Fleisch, Hitze stieg aus der Decke, die ihr vom Kopf gerutscht war. Das steife Perückenhaar kitzelte seine Wange. Er bedeckte es wieder, als sie aufatmend zurückgesunken war. Dabei fiel ihm ihr zierliches Ohr auf.

Meine Frau hat Sie in Zürich gesehen, in einer Buchhandlung.

Ich kann kein Buch mehr halten. Emerentia liest mir vor, am liebsten Erbauliches.

Sie haben damals einen Krimi gekauft, sagte meine Frau.

Schon wieder Ihre Frau. Sind Sie unter dem Pantoffel?

Wir sind in Scheidung.

Geschieden muß sein, und sie schnürt immer noch Ihre Pakete. Lebt Ihre Mutter noch?

Vor fünfzehn Jahren gestorben.

Einzelkind? Wie ich. Die erwarten zuviel von der Liebe, und das Falsche. Kennen Sie den Prinzen Genji? Das letzte Buch, das ich gelesen habe, über tausend Seiten. Prinz Genji war ein Höfling in Heian – so hieß Kyoto vor siebenhundert Jahren. Ein Don Juan. Könnten Sie mir die Brille abnehmen?

Er gehorchte und begegnete ihren Augen. Sie waren von klarstem Blau und blickten ihn so strahlend an, daß er die seinen niederschlug. Als sie weiterredete, war ihre Stimme tiefer, und sie rang kaum noch nach Luft.

Sie strahlen vor Leben, und ich soll *Ihnen* erzählen. Sie sind *tricky*, mein Freund. Gönnen wir uns ein Stück Safrankuchen. Wußten Sie, daß hier oben Safran angebaut wird? In Mund, das rote Gold. Teilen wir, aus der Hand, wenn's beliebt.

Das Gebäck war kupferfarben mit dunklen Einschlüssen. Er fütterte abwechselnd sie und sich selbst mit kleinen Brokken. Er war seit dem Frühstück nüchtern; sie teilten auch noch ein zweites Stück. Der Nachgeschmack war eigenartig, Klaus verstummte, allmählich stand die Zeit still. Der Hügel von Trüffeln in der Silberschale brachte ihn ins Sinnen. Staubige Himmelskörper, erloschene Sterne. Bevor er dem kleinen Mädchen die nächste Praline in den Mund schob, streifte er damit ihre Lippen, und sie schmatzten überlaut.

Warum *spielen* Sie mit meiner Brille? Schauen Sie durch!

Er tat es und staunte. Die Berge sind grün!

Das werden sie bald bleiben. Der Winter stirbt aus.

Prinz Genji, wer war das?

Als er lebte, schworen unsere Vorfahren noch nicht mal auf dem Rütli herum. Er war der Mann für einen Roman, und geschrieben hat ihn eine Frau. Wissen Sie warum? Weil sie nicht schreiben konnte.

Er lachte.

Sie konnte nicht, wie die Männer, chinesisch schreiben, das klassische Latein der Japaner. Dafür waren die Frauen zu schlicht. Sie konnten nur Kinderschrift, und in der schrieben sie japanische Klassiker.

Sein blödes Lachen störte ihn selbst, aber er konnte es nicht unterdrücken.

Ganz frisch und ganz fremd, so muß Liebe sein.

Wie bitte?

Für Genji beginnt jede Liebesgeschichte in der Dunkelheit. Da ist jeder Mann nichts als ein Mann, wenn er einer ist, und die Damen zieren sich nicht. Konnten ja auch ihr Zimmer gar nie verlassen. Vornehme Damen wurden ohne Licht gehalten.

Ameisenköniginnen, sagte Marbach.

Dringt ein Mann erst hinter die Läden, so ist er auch schon in der Frau. Dann haben sie das Gröbste hinter sich, und die Feinarbeit kann beginnen.

Feinarbeit? fragte Marbach. Das Wort hatte eine unwiderstehliche Komik.

Die *wirkliche* Erfahrung, *Herr* Marbach. Der Austausch von Gedichten. Die Würdigung der Handschrift, das Schnuppern am Papier. Stimmt das Parfüm, und woran erinnert es? Paßt der Umschlag dazu, das Angebinde, der Blütenzweig? Jetzt wird die Beziehung delikat. Und es stört den Mann nicht mehr, wenn er die Frau zum ersten Mal *sieht* – sie darf auch eine Elefantennase haben.

Vor Marbach wand sich eine Elefantenrobbe und ließ ein geiles Röcheln hören. Sie war eine verzauberte Seejungfrau und wartete darauf, daß er sie harpuniere.

Sie vertragen nicht viel.

Es ist zehn Jahre her, seit ich das letzte Mal gekifft habe.

Haschu Haschisch in den Taschen haschu immer waschu naschen. Ich krieg's vom Herrn Doktor. Gegen Schmerzen hilft es besser als Lesen. Die Schokolade klebt mir an den Zähnen. Gießen Sie mir etwas Tee nach. Ich habe noch die eigenen Zähne, es muß Sie nicht grausen.

Er stand, fest genug, daß er die Walze in einen Arm nehmen konnte; mit der andern Hand führte er das Täßchen gegen die Wunde in ihrem Gesicht, bis sie sich öffnete. Schluck um Schluck ging ihm durch Mark und Bein. Als er die Tasse losließ, hörte er sie endlos fallen und weit weg in tausend Stücke brechen, mit Donnerhall. Er versteckte den Kopf im Kamelhaar, das von einem Erdbeben erschüttert wurde; es knisterte, roch nach angebranntem Tannenreisig, die Luft brüllte von Advent.

Ein Militärflugzeug, sagte der Kamelberg. Um diese Zeit fliegen sie regelmäßig.

Entschuldigung, sagte er.

Keine Ursache, *Klaus* Marbach.

Er hockte auf den Knien und hörte das sich entfernende Röhren der Düsen in der Tiefe, die allmählich wieder zu einer erkennbaren Landschaft zusammenwuchs.

Was glauben Sie, was sich Gotthelfs Großväter ins Pfeifchen gestopft haben? Tabak konnten sich die nicht leisten. Hanf bauten sie selbst, und am Ende gab er auch noch den Strick her. Hanf war umsonst wie der Tod. Warum knien Sie denn?

Es tut gar nicht weh.

Besser nicht, wenn man erst vierzig ist. Haben Sie gedient?

Gedient?

Waren Sie Soldat?

Ja. Ist Ihnen nicht kalt?

Mit Bodenheizung und Wärmestrahlern? Ich brauch's tropisch wie ein Leguan.

Sind Sie hier aufgewachsen? Sie reden Walliserdeutsch.

Meine Mutter war eine Zengaffinen und katholisch bis unter den Rock, bevor sie Monsieur Aluminium nahm, den reformierten Pfarrerssohn. Er hatte sie geschwängert und zahlte mit der Ehe. Wenn du kein Ehrenmann bist, machst du im Wallis kein Geschäft. Christoph kaufte diesen Sitz, und Antoinettes Schulfreunde wurden ihre Butler, Gärtner, Chauffeure. Ganz ordentlich für eine Posthalterstochter. Lennie pflegte zu sagen: sie wäre die geborene römische Kaiserin-Mutter gewesen, Livia oder Agrippina –

Lennie?

Wieder voll da? Dann setzen Sie sich ordentlich hin.

Er gehorchte und schloß die Augen.

Opapa gehörte zu den Schweizern, die den Ersten Weltkrieg gewonnen haben. Dafür fiel er gegen die Grippe. Paps Christoph gab sich mit keinem gemachten Bett zufrieden. Aluminium war der neue Schlüsselstoff – vom Fressen bis zum Fliegen. Er war 36, Antoinette 22, als sie ihr Regiment begann. Stadtwohnung in Zürich, eine Villa am Rheinfall, eine in Nieburg, und dazu bekam sie noch eine Insel im jonischen Meer, für einen Spottpreis. Das Spotten verging Paps erst, als sie sich dort einzurichten begann. Sie wollte leben wie Sissi in Korfu. Auf Antikratos gründete sie ihre Sommerfamilie, eine Kolonie zur Veredelung der Seele. Im Herbst kehrte sie ins Winterleben zurück und eroberte Nieburg für die geistige Welt. Anno 60 wurde sie Witwe, lange Witwenschaften sind erblich in der Familie. Ich wurde schon vor ihr Witwe und bin es vierzig Jahre geblieben.

Auf dem Foto sehen Sie wie achtzehn aus.

Ach ja, Ihr Foto. Deswegen sind Sie ja gekommen. 1949. Unsere Tochter war damals neun, wie kann ich achtzehn gewesen sein. Oder Sie trauen mir allerhand zu.

Und Ihre Tochter war die junge Braut.

Sie war keine junge Braut, Herr Marbach, sagte die Kranke schroff. Darf ich fragen, *für wen* Sie sich eigentlich interessieren?

Für Ihre Geschichte, sagte Marbach.

Dann müssen Sie nach meinem Mann fragen.

Sie schwieg eine Weile. Dann sagte sie: Widerstand. Das wollen Sie wissen, nicht wahr? Nieburg und Widerstand.

Sie haben Nieburg, darf ich sagen: bestimmt?

Beherrscht, wollen Sie sagen. Nein. Aber ich wäre immer noch unten, wenn ich die Höhe vertrüge. Leider ist Terbinen besser für mich. Genau richtig zum Vegetieren.

Plötzlich zog sie die Hände unter der Decke hervor. Die Finger waren gedunsene Stümpfe von grellem Rosa.

Imogen hat mich weggebissen, genau wie ich Antoinette. So ist das bei Bühlers. Die Frauen regieren, aber zum Sterben werden sie in die Berge geschickt. Und wenn sie Stolz haben, gehen sie von selbst.

Wieder dröhnte ein Düsenjäger vorbei und zog eine Schleppe von Echo hinter sich her.

Bartleby war Lennies Lieblingsbuch. Wenn Sie wissen wollen, was Widerstand heißt: lesen Sie *Bartleby, the Scrivener.* »I *would prefer not to*«. Leise, aber unerschütterlich. Leonhard *war* der Widerstand, er konnte nicht anders. Und hatte Zukker. Da ist einer das Salz der Erde, und woran muß er sterben? Nicht an den Nazis, nicht am Krieg, nicht einmal an seiner Frau. An *Zucker*. Heute wüßte ihn jeder Medizinstudent im dritten Semester zu behandeln. Dort, auf dem Rollstuhl, das Mäppchen. Reichen Sie's doch mal her.

Marbach legte der Kranken ein Leder-Portefeuille auf die Decke; es war mit eingeprägten Ranken und der Initiale CW

geschmückt und enthielt Fotografien, von denen sie die oberste mit ungeschickter Behutsamkeit abhob. Das Porträt zitterte in ihren unförmigen Händen, es zeigte ein hageres Män-
nergesicht mit wasserhellen Augen unter starken Brauen,
vorspringender Nase und einem von scharfen Falten gerahm-
ten Mund.

Das letzte Bild. Alles noch da, aber weniger durfte es nicht
mehr werden. Das war anno 59. Neunundfünfzig! So alt wurde er nicht.

Marbach trocknete ihr die Tränen, die über beide Wangen
liefen, mit seinem frischen Taschentuch. Sie schloß die Augen
und lächelte.

Ich war seiner nicht würdig, Herr Marbach.

Sie haben ihn geliebt. Wer spricht von Würde.

»An mir ist minder nichts, das lebet, als mein Leben.« Die-
sen Vers wünschte er sich auf den Grabstein. Klingt wie von
Bach. Dabei liebte er schräge Witze und blanken Nonsense,
Alice in Wonderland und Monty Python. *Und* er hat Oden
von Pindar übersetzt. Seine Mutter hat er schon mit neun
Jahren verloren und dann eine Lehre gemacht, bei der Degussa, wo sein Vater arbeitete. Was der schon für ein Leser war!
Den Namen Richard Löwenherz hat er auf zwei Söhne verteilt; Richi wurde ein begeisterter Hitlerjunge und ist an der
Ostfront gefallen. Doch Leonhard las, immerzu. Er brauchte
die Nazis nicht mal zu hassen, sie waren ihm zu fremd. Er war
18, als er bei den Benediktinern eintrat, doch Abt Meinhard
nahm ihm kein Gelübde ab. Er brauchte auch nicht den Namen zu wechseln. Man kann Gott etwas zutrauen, war Mein-
hards Devise, er sucht sich die Seinen schon selbst. Lennie
lernte Sprachen, Latein, Griechisch, Hebräisch, Sanskrit –
am liebsten hatte er Englisch. Im Winter 45-46 sind ihm beide
Väter gestorben, der eigene und Meinhard. Bis zum letzten
Tag hat Lennie ihm vorgelesen, Shakespeare und Sophokles.

Da lebte er nicht mehr als Mönch. Antoinette hatte dem
Kloster einen Codex gestiftet, und er führte sie durch die Bib-

liothek. Sie hat ihn nicht mehr aus der Hand gegeben. Er
wurde ihr Privatheiliger, die Seele ihrer gesellschaftlichen Kultur, der Vortragsreihen und Soireen, auf der Insel und in der
Villa. Er war der Weltgeistliche, der dem Gesamtkunstwerk
ihres Lebens seinen Segen spendete, sie nannte ihn meinen
kleinen Abbé. Aber noch mehr schätzte sie seine *Malice*,
und die Gelegenheit dafür lieferte sie ihm mit Gusto. Man
hielt ihn für ihren Liebhaber – obwohl er immer noch im
Habit war, oder ebendarum. Aber seine erste Frau war *ich*.

Das habe ich noch keinem erzählt. Und wir kennen uns
noch kaum.

Bitte, sagte Marbach.

Er unterrichtete am Gymnasium, und das in der Blüte des
Dritten Reiches. Der Rektor war einer von Antoinettes Insel-
spezis. Dabei hatte Lennie nicht mal Abitur. 1940 bekam er
einen Brief des Kreisleiters: sein Englischunterricht sei un-
völkisch. Man befand sich mit England im Krieg, und Lennie
ließ seine Schüler Limericks dichten! Paps antwortete unter
Firmenkopf – natürlich hat ihm Antoinette diktiert. Der Führer wolle England gewinnen. Darum sei es sein unwiderruf-
licher Entschluß, die Briten zu *verstehen*, und das fange mit
ihrer Sprache an. Herr Professor Weiland vertrete ein kriegs-
entscheidendes Fach, wie der Herr Reichsmarschall vor kurzem persönlich bestätigt habe. Er würde auch, gegebenenfalls,
dem Verständnis des Herrn Kreisleiters nachhelfen. Mit
freundlichen Grüßen. Ohne Heil Hitler.

Danach wurde über Lennie nichts Nachteiliges mehr bekannt. Die Ehe mit einer Bühler war sein Versicherungs-
schutz. Nach Stalingrad hätte auch der nicht mehr geholfen.
Da mußte die Krankheit her. Sie rettete ihn nicht mal zwanzig
Jahre.

Wie haben Sie sich kennengelernt?

Sie sind unerbittlich, was? Er wurde mein Lehrer, als ich 17
war, er 25. An Mamas Kulturabenden habe ich ihn als Alles-
wisser betrachtet, nicht als Mann. Man konnte ihn nur als

Schüler kennenlernen, und auch das taten nicht viele. Um so besser für mich. Ich habe mich in ihn verliebt. Er war mein Englischlehrer.

Wo hat er englisch gelernt?

Er hörte schon im Kloster BBC, manchmal die ganze Nacht. Damit hat er zeitlebens nicht aufgehört. Als es Fernsehen gab, organisierte ich eine Antenne aufs Haus – wir wohnten damals in der Stadt. Für einmal hatte ich es ihm getroffen – er war ja so unmöglich zu beschenken. Auch nicht mit einem Buch. »Ich habe schon eins.« Auf alles mußte er selbst kommen. Und in der Villa leben – nie. »Schon Antoinette hat *viel zuviel* für mich getan.« Die letzten Jahre nahm ich ihn aus der Stadt weg – er war so gut wie blind, konnte nicht mehr allein vor die Tür. »Wer hätte gedacht, daß ich nochmals einen *Führer* nötig habe.« Ich war ihm immer nah, zu nah, am Ende war ich Tag und Nacht bei ihm. Trotzdem ist er allein gestorben. Das hat er geschafft.

Wo war Ihre Tochter? fragte Marbach. Sie schien ihn gar nicht zu hören.

In der Schule ließ er uns ein Stück von Shakespeare lesen, »Cymbeline«. Es war uns zu verwickelt, aber er blieb unerbittlich. Die Heldin sei Shakespeares schönste Frauengestalt, wegen ihrer Treue. Sie hieß Imogen. Ich wurde achtzehn und verachtete die Jungen, wenn sie mir ihre Zettelchen zusteckten. Liebe! Da fing ich besser gleich mit der Treue an, dann wurde ich Lennies schönste Frauengestalt. Mama war nicht treu, aber ich! Treu wie Imogen! Ich berauschte mich am Gefühl meiner Treue zu Lennie und fand immer unerträglicher, daß er nichts davon wissen sollte. Ich schrieb ihm Briefe und schickte sie auch noch ab. Unterschrift: Imogen.

Natürlich erkannte er meine Handschrift. Im Unterricht verzog er keine Miene, aber er verriet mich nicht, auch nicht an Mama – das hätte sie nicht für sich behalten. Ich aber sagte mir: jetzt prüft er deine Treue. Du wirst ihn nicht enttäuschen. Es wurde August 39, Krieg lag in der Luft, Antoinette hatte sich nicht getraut, auf die Insel zu fahren. Aber sie gab ein Gartenfest – da mußte ihr kleiner Abbé wieder dran. Als sie tanzten, war ich verschwunden. Lennie allein wußte, wo ich zu finden war: im Kutscherhaus. Ich hatte ihm geschrieben, daß ich mir das Leben nehmen wolle. Er nehme mich nicht ernst, da habe es keinen Sinn mehr. Und *mir* war es ernst.

Es war dunkel im Dachstock, ich hörte durch geschlossene Läden Feuerwerk knallen, Tanzmusik, sogar Jazz; sie tanzten, und ich war allein. Mitternacht mußte schon vorüber sein, da hörte ich Schritte auf der Treppe. In der Tür hielten sie inne, dann seine Stimme, belegt wie immer: Conny? Ich gab keinen Laut. Er tastete sich durchs Dunkel, stand vor mir, Gott weiß wie lange. Dann sagte er: *You want to go, Conny? Then let's go together.* Wo diese Worte herkamen, stürzte ich mich hinein, und er fing mich auf. Alles Weitere können Sie sich denken.

Und draußen sangen sie: *When the Saints go marching in, By the waters of Babylon,* und das im Sommer 39! Ein paar Tage später wurde zurückgeschossen, und noch einen Monat später wußte ich, daß ich schwanger war. Wenn es eine Tochter wurde, wußte ich auch ihren Namen. Es wurde eine.

Als Lennie zur Ehe bereit war, wurde ich unbesiegbar. Papa fiel als erster um – ich war noch nicht mal mündig. Mama, zuerst wie gelähmt, zeigte Format. Es blieb ja in der Familie. Doch verziehen hat sie mir nie. Eine große Hochzeit brauchten wir nicht, es war ja schon Krieg. Aber ich wurde Lennies Frau.

Plötzlich legte sie das Foto zurück und schüttelte die Glokke.

Holen Sie das Bild auf dem Schreibtisch. Das ich bereitgelegt habe.

Als die Schwester damit zurückkam, erkannte Marbach mit einem Laut der Überraschung das Original des Gruppenbilds aus der Zeitung. Es war gebräunt, doch gestochen scharf und hatte die geisterhafte Helligkeit eines alten Stahlstichs.

Frischen Tee, Emerentia, sagte die Kranke. Ja, der alte

Freyer war ein großer Fotograf, sein Ideal war Walker Evans, die Meister der amerikanischen Depression. Schon sein Vater wollte nicht nur Drucker sein. Er brachte die Kunst des Lichtbilds nach Nieburg und bestückte sein Atelier mit enormen Kulissen. Fragen Sie in der Apotheke, Maurus bewahrt sie gewiß noch in einem Magazin auf. Das ist *der*. – Sie legte ihren schweren Finger auf das Bild.

Es ist fünf *gewesen*, sagte die Pflegerin und wurde keiner Antwort gewürdigt.

Imogen sieht Ihnen sehr ähnlich, sagte Marbach.

Kennen Sie sie denn?

Noch nicht.

Sie hält ihre Mutter für lasterhaft, wie ich meine. Ich habe sie als Zehnjährige im Kutscherhaus mit unserem Hausarzt überrascht – dem Vater des jungen Mannes hier, auf dem Kutschbock.

Ihr Mann hat an Ihrem Frühlingsfest nicht teilgenommen?

Nein.

Was ist aus der Insel geworden?

Nach dem Krieg hatten die Leute andere Sorgen. Und als Lennie nicht mehr reisen konnte, fehlten Pfeffer und Salz. Nach seinem Tod habe ich eine Stiftung eingerichtet, um aus Nieburg einen zivilisierten Ort zu machen. Die Insel diente noch ein paar Jahre als Klausur, aber der Geist war verduftet. Imo hatte andere Interessen. Antikratos, das war einmal. Ein schöner Traum. Jetzt habe ich es einer Bande junger Anarchisten überlassen.

Marbach vertiefte sich in die Fotografie wie einer, dem ein Satellit plötzlich scharfe Bilder von einem bisher nur vage bekannten Himmelskörper liefert.

Es waren Kriegskinder, sagte die Kranke, sie haben furchtbare Dinge erlebt, auch in Nieburg. Das Arbeitslager, die Todesanzeigen, die aufgehängten Soldaten, den angeblichen Verrat, die wirkliche Feigheit. Die einzige Welt, die sie kannten, war zusammengebrochen. Von heute auf morgen standen die

Deutschen als Abschaum da. Und das wenige, was einem geblieben war, mußte man mit Flüchtlingen teilen.

Es sind Kostüme aus dem »Kalten Herz«, ich habe es gelesen.

Die Kinder sollten sich in einem Märchen wiederfinden, in dem auch Tote wieder auferstehen. Ich war damals noch fast so naiv, wie ich aussehe.

Die Kinderschuhe auf der Brüstung, sind sie aus dieser Zeit?

Das waren *meine* Schuhe, als ich noch eine Frau war.

Und wer war der Kinderbräutigam?

Das ist keine Hochzeit, sagte sie scharf.

Aber ihre Tochter hat sich den Begleiter selbst ausgesucht. Das sind Ihre Worte, sie standen damals in der Zeitung.

Es war eine Verschwörung. Und ihr Kopf war nicht das Töchterchen da. Es war Lennie. – Das bleibt unter uns, *Herr* Marbach. Ich will es nie in einem Buch lesen.

Marbach versprach es. Er schreibe kein Buch.

Sie können *gehen*, Emerentia. – Als wir 48 in die Villa umzogen, hing Lennies Leben an einem Faden. Ich brauchte eine Nachtwache, die Felicitas, eine Flüchtlingsfrau. Ihr Mann war tot, und sie saß mit einem siebenjährigen Jungen in einer Russenbaracke. Diesen Iring mußte sie immer um sich haben, also brachten wir beide im Kutscherhaus unter. Gelernte Krankenschwester war sie nicht, aber stark im Gebet, und sie wich nicht von seinem Bett. Lennie hatte Lungenentzündung, und sogar das neue Penizillin war wirkungslos. Springmann hatte ihn aufgegeben, er lag ohne Bewußtsein oder redete im Fieber. Da nahm Felicitas seine Hände zwischen ihre und sagte ihm ihre Heilandslieder ein, eins nach dem andern in gräßlichem Sächsisch. Aber sie brachte ihn zur Ruhe. Und wenn es Stunden dauerte, sie betete ihn in den Schlummer.

»Weil denn weder Ziel noch Ende...«

»Sich in Gottes Liebe findt«, sagte Marbach.

Sie kennen das? Sind Sie fromm?

Eine Nachbarin, bei der ich als Bub zu Besuch war, hat es gebetet – dabei habe ich sie nie für fromm gehalten. Sie hieß auch Felicitas, und wir nannten sie Fee.

Frau Weiland-Bühler schloß die Augen. Es blendet, sagte sie. Ich sehe Ihren Kopf nicht mehr. Setzen Sie mir doch die Brille wieder auf.

Er wurde gesund. Ich habe ihn nie wieder so heiter erlebt. Felicitas war nicht zu bezahlen, auch ein Geschenk nahm sie nicht an. Sie hätte wieder in die Baracke zurückkehren können, aber diese Kinder... sie waren zu lange unbeaufsichtigt gewesen. Ich dachte mir nichts Böses, wenn Imogen im Kutscherhaus steckte. Der Junge verschlang Buch um Buch, und dann erzählte er ihr, was er gelesen hatte. Als Leonhard wieder gesund war, mußten sie mir aus dem Haus. Aber sie kamen wieder. Wenn Felicitas sich dachte, es fehle uns an etwas, sprang sie ein, ungerufen. Sie war imstande, um vier Uhr früh im Keller drei Körbe Wäsche zu bügeln. Den Schlüssel hatte sie von Leonhard, er betrachtete sie als Engel, und sie liebte ihn von ganzer Seele – geschwisterlich, wie sich versteht. Als ich dafür kein Verständnis aufbrachte, fand Imo mich unmenschlich. Und als ich sie schlug, tat sie so, als könnte ich sie nicht einmal *berühren*.

Eines Nachts erwache ich, höre Stimmen, Lachen, es kommt aus Lennies Zimmer. Im Kamin brennt ein Feuer, Lennie sitzt im Schaukelstuhl, und im Sessel der Bub – und jeder hat ein Buch auf den Knien. Sie werfen sich Sätze zu, die sich reimen, reinen Unsinn, nur reimen muß er sich, und sie unterbrechen sich nur, um zu lachen – ungern, denn es kommt darauf an, das Lachen zu unterdrücken. Und das um drei Uhr in der Früh –

Warum erzähle ich das, es bringt mich um, und Sie geht es nichts an.

Die Hitze hatte ihr Gesicht gerötet, und es glich, wenn auch verschwommen, der jungen Frau auf dem Foto von 1949.

Ich plante das Frühlingsfest mit den Bürgermeistern beider

Nieburg, nach dem Motto: Goldmarie tut Pechmarie etwas Gutes – für die blieb ich eine Schweizerin. Und was kann die Nachbarschaft zweier Länder netter darstellen als ein Kinderpaar? Imogen war gesetzt, als Partner drängte sich Gust auf, der Sohn des Bürgermeisters, und der alte Pfarrer Blunck wollte das Pärchen sogar trauen. Sein Tod hatte mich grade von dieser Peinlichkeit erlöst, da kam die nächste: Imogen wollte den Gust nicht, sie wollte Iring, keinen andern – und dafür hatte sie sich schon Lennies Segen erschlichen. Da hatte er einen Rückfall, Ende März – und ich hatte den kleinen Kaiser schon ausgebootet und Iring in drei Teufels Namen den Platz neben Imo zugesagt.

Man sieht Ihnen nicht einmal schlechte Laune an.

Es war der schlimmste Tag meines Lebens. Was alles noch nachkam, wußte ich ja noch nicht.

Ihr Mann ist 1959 gestorben.

Im August. Zuvor hatte ihn das Augenlicht verlassen. Und er mich noch früher.

Er brauchte Sie doch jeden Tag.

Nach der Liebe die Verwaltung, und kein Verwalter ist liebenswürdig.

Sie haben sich mit Ihrer Tochter versöhnt.

Ja, so wie meine Mutter mit mir. Imogen. Der Name verpflichtet zur Treue, aber nicht zum Wahnsinn. Sie wissen, daß sie diesen Iring später geheiratet hat. Aber darüber möchte ich jetzt nicht reden. Sie ist gestraft genug.

Darf ich die Namen der Kinder notieren? Ich habe nur kein Papier.

Sie schüttelte die Glocke.

Wir brauchen einen Schreibblock.

Er hatte ein ungewohntes Format. Marbach zog einen Silberstift aus der Westentasche und skizzierte die Szene vor der Brücke: Gespann, Wagen, Pferde und die Figuren. Die Frau mit dem Sonnenschirm stand schon mit wenigen Strichen.

Alle Achtung. Sie sind Linkshänder?

Man hat mich umgewöhnt, aber für den Hausgebrauch werde ich rückfällig.

Sie diktierte schnell, Namen und Vornamen. Und Iring? fragte Marbach.

Nicht gedacht soll seiner werden.

Einen solchen Block sehe ich zum ersten Mal.

Waren Sie nie in Amerika? *Yellow Legal Pad*. Wenn ich Judith besuchte, brachte ich einen Vorrat mit. Stecken Sie ihn ein.

Danke, sagte er, wer ist Judith?

Meine Tochter, meine wahre Tochter. Als Imogen mit Iring in den Staaten war, haben sie versucht, das Kind zu adoptieren. Aber er hat es *mißbraucht*. Danach kam sie mit Judith allein nach Europa zurück. Das Kind war vielleicht zehn Jahre alt. Sie ist eine *Native American*, eine Onondaga. Bei denen suchen sich die Kinder, wenn sie krabbeln können, ihre wahren Mütter selbst aus. Judith hat *mich* ausgesucht.

Sie schüttelte heftig die Glocke.

Diesmal dauerte es, bis Schwester Emerentia erschien.

Wo bleibt der Tee?

Um sechs Uhr kommt Dr. Werlen.

Er kommt nie pünktlich. Und jetzt lassen Sie den Tee und bringen mir Judith.

Als die Pflegerin draußen war, fragte Marbach: Wann ist Ihre Mutter gestorben?

1994.

Auf der Insel?

Vorbei, vorbei. Wir wurden Ehrenbürgerinnen von Nieburg, Herr Marbach, Mitte der siebziger Jahre, beide. Antoinette hätte die einzige sein müssen. Und viel früher drankommen. Die Ehre galt *mir*. Dafür war sie nicht siebzig Jahre alt geworden. Sie zog aus, zurück zu den Wurzeln. Besser am Ende der Welt die Erste, als in Nieburg die Zweite.

Und Sie sind geblieben?

Bis die Vertreibung an *mich* kam. Imogen zog die Buben auf

ihre Seite. Vielleicht träumen sie immer noch davon, ihr Iring auszutreiben. Viel Glück! Mit tut es nicht mehr weh.

Die Schwester brachte ein silbern gerahmtes Foto, die Kranke nahm es ihr aus der Hand und drückte es an die Brust, bevor er einen Blick darauf werfen konnte.

Meins, sagte sie. Danke, Emerentia. *Danke.*

Als sie draußen war, drehte sie das Bild um. Es zeigte eine junge Frau mit straff nach hinten gekämmtem Haar; ihre Augen fixierten den Betrachter schwarz von Ernst.

Ich bin zu ihrem Volk gereist und bekam sie von Chief *Soaring Eagle geliehen* – so drücken sich diese Menschen aus. Auch ich bin jetzt eine Onandaga. Als sie sechzehn war, ist sie nach Amerika zurückgekehrt, aber nicht zu der Familie, die sie hüten sollte. Sie wurde ein ganzes Jahr vermißt. In diesem Jahr bin ich jeden Tag gestorben – es hat mich so elend gemacht, wie ich geworden bin. Bei ihrem Volk war sie nicht. Dann kam eine Karte aus Kalifornien – ich möge mir keine Sorgen machen, Gott habe sie gefunden. Inzwischen ist sie verheiratet und führt ein Unternehmen – es ist sehr fromm. Bitte sehr. Sie besucht mich jedes Jahr – wieder eine Bühler! Paps hätte Freude an ihr. Aber sie ist für Nieburg zu groß.

Schade, daß Ihr Mann sie nicht mehr kennengelernt hat.

Ha! rief sie, da wären die Fetzen geflogen! Er hätte keine Chance gehabt!

Es war ein Schrei des Triumphs und ein Augenblick durchdringender Klarheit. Jetzt war sie ungeteilt und spottete ihrer Schwäche. Diese Schwäche hieß Lennie.

Als sie Judiths Bild mit Mühe auf den Nachttisch zurückgestellt hatte, hörte es nicht auf, Klaus streng zu mustern.

In der Nacht bevor er starb, wollte er auf die Terrasse getragen sein. Die Sterne, sagte er, ich *höre* sie. Er konnte auch Düfte *hören* – damals blühten die Linden und lag frischgemähtes Gras. Du kannst die Sterne zwinkern sehen, Conny, sagte er. Weißt du, warum sie zwinkern? Sie haben kein Geheimnis. Sie sind *darüber.* Sie zwinkern, weil wir es nicht aushielten, wenn sie uns unverwandt ansähen. Ich möchte zu den Sternen versammelt werden, sie sind weder Väter noch Mütter. Sie sind *unverwandt.* In der Wüste werden die Sterne zu Sonnen. Da kann man von den Sternen geblendet werden. Das ist für mich.

Ich habe Lennie nie geliebt wie in diesem Augenblick. Er war nicht mehr zu halten. – Am nächsten Tag ist er gestorben, allein, als ich weggegangen war, ihm zuliebe. Darüber war ich noch trauriger als über seinen Tod. – Aber ich habe geliebt.

Und in leichtem Ton fuhr sie fort: Sie sind doch Historiker? Reichen Sie mir noch mal das Portefeuille her. Wissen Sie, daß der Hitler in die Schweiz kam, im August 23? Von seinem Putsch ahnte man noch nichts, und wenn – mußte er denn fehlschlagen? Er kam in Willes Haus und hatte Kreide gefressen. Kein Wort über die Juden. Der Sozialismus war national, die Wirtschaft blieb privat. Als er den Zylinder herumgehen ließ, kam einiges zusammen. Bei der Mafia würde man von Schutzgeld reden. Paps war dabei, als sich der Hitler in der Villa Schönberg der Zürcher Industrie empfahl. Und er schrieb die Rede mit.

Sie öffnete das Ledermäppchen zum zweiten Mal, klaubte ein schwarzleinenes Notizbuch heraus und schlug es auf.

Können Sie Stenographie lesen? Nein? Dann suchen Sie sich eine pensionierte Sekretärin, aber sagen Sie ihr nicht, worum es sich handelt. Sonst müssen Sie mit ihr teilen! Da, es gehört Ihnen.

Sind Sie sicher?

Wohin soll ich's mitnehmen? Wo ich hinkomme, dürfte der Inhalt schon bekannt sein.

Marbach nahm das Heft entgegen und verbeugte sich im Sitzen.

Packen Sie's in Ihre Tasche, um diskrete Behandlung wird gebeten. Sicher hat Paps noch ein paar Geschäftsgeheimnisse notiert oder verschwiegene Adressen. Die Damen dazu müssen längst den Weg allen Fleisches gegangen sein.

Strictly between us: ein Dreivierteljahr später brachte Antoinette ein zweites Kind zur Welt, tot geboren. Ich weiß nicht, ob man »leider« dazu sagen kann. Denn am Tag nach seiner Rede war der Hitler zum Tee bei ihr – ohne seine beiden Spießgesellen – und Paps verreist. Stellen Sie sich das Brüderchen vor, das ich fast bekommen hätte!

Ihr geschwollenes Gesicht hüpfte und ließ das freche Mädchen durchblicken, das sie gewesen war. Dann füllten sich ihre hellen Augen mit Wasser.

Sie müssen gehen. Packen Sie auch Ihr Frühlingsfest noch in die Tasche, machen Sie etwas daraus. Betrachten Sie das dumme Ding ab und zu, das damals Prinzessin spielen wollte. Aber sagen Sie nie – denken Sie's nicht einmal! –, daß ich Imogen gleiche. Wenn schon, gleicht sie mir.

Marbach hatte sich erhoben, die Tasche in der Hand.

Tausend Dank, sagte er.

Geben Sie mir die Hände, beide.

Er stellte die Tasche ab und ergriff die unförmigen Kinderhände, die sie ihm entgegenhob. Sie zog ihn daran so weit nieder, daß er zum zweiten Mal knien mußte.

Weil denn weder Ziel noch Ende, sagte sie.

Er senkte den Blick, und Fees Sätze kamen von selbst: *Sich in Gottes Liebe findt / Ei so heb ich meine Hände / Zu dir Vater als dein Kind. / Bitte, wollst mir Gnade geben / Dich mit aller meiner Macht / Zu umfangen Tag und Nacht / Hier in meinem ganzen Leben –*

Sie ließ ihn los. Schluß, sagte sie. Gut. Leben Sie wohl. Bleiben Sie herrlich und vergessen Sie mich nicht. Adieu.

Er drehte ihre Hände um und berührte mit den Lippen ihre Innenseite, erst die linke, dann die rechte.

Adieu, sagte er, stand auf und entfernte sich rasch, ohne sich noch einmal umzuwenden. Schwester Emerentia öffnete ihm die Tür.

5 Die Andere

Am nächsten Morgen erwachte Klaus in einem unbekannten Zimmer. Er lag nackt unter der Decke, hatte kein Nachtzeug dabei; dieser Aufenthalt war nicht vorgesehen gewesen. Nach dem Duschen zog er sich an und wühlte in seiner Tasche; wo war Constanzes gelber Block? Es war schon halb neun; auf dem Weg zum Frühstück überreichte ihm der Concierge den Block, den ein Gast vor der Abreise für ihn hinterlegt habe.

You have yellow regal pad. Allmählich kehrte der vergangene Abend zurück.

Es war fast sechs Uhr gewesen, als er Visperterminen im Postauto verlassen hatte. In Visp war er in den Lokalzug nach Brig umgestiegen; plötzlich packte ihn ein Grauen vor der Weiterfahrt ins Leere. Er fand in Bahnhofsnähe ein unprätentiöses Hotel, dann schlenderte er zum Stockalper-Palast, dessen vergoldete Zwiebeln noch erkennbar waren, und zurück schon bei Dämmerung. Eigentlich hatte er Hunger, aber er setzte sich an die Bar des Hotels, bestellte einen Whisky und noch einen. Dann mußte er eingenickt sein.

Oh, you have yellow regal pad. Are you writer?

Neben ihm saß ein junger Asiate an der Theke, die sich bevölkert hatte.

Yes, sagte Klaus, *I was writing. No, I have never been to the States.*

Novel writer? What is your novel about, if I may ask?

About a secret, a terrible secret.

How interesting. You alone? No girl-friend?

No girl-friend.

Der junge Mann stellte sich als Rilke-Forscher vor. Er beschäftige sich mit Rilkes französischen Gedichten und wolle sie ins Japanische übersetzen.

Vous parlez Français? – Un pé. – Vous avez besoin de Français pour traduire Rilke. – *Oh yes,* sagte der Japaner verständnislos. *You also speak German? – I lead it.- You must read very well, then. – I am also concerned wit Lilke's sex life. – What are you concerned about? – I think he was bi-sexual. Every genius is bisexual, I think.*

Marbach hatte den vierten Whisky im nüchternen Magen. Der junge Mann wirkte wie zwanzig, und die rasierten Brauen gaben seinem elfenbeinblassen Gesicht mit den aufgeworfenen Lippen eine strenge Reinheit. Sein linkes Ohr war gepierct, das fast durchsichtige Hemd im schwarzen Anzug trug Rüschen.

Do you stay in this hotel? fragte Klaus. – *Yes.* – *Shall we have another drink in my room?* – *We go to mine,* sagte der junge Mann.

Als sie oben waren, stellte Marbach fest: ein Zimmer war wie das andere. Marbach setzte sich, und der junge Mann zog sich aus, bis auf die schwarze Unterhose, und legte die Kleider mit Sorgfalt auf dem Sessel ab. Dann war die Dusche zu hören, und es dauerte, bis der andere wieder ins Zimmer trat, nackt. Er stand mit ernster Miene vor Klaus und hob beide Arme wie einer, der sich zur Kreuzigung anbietet. Ein feiner trockener Duft ging von seinen Achselhöhlen aus. Marbach hatte noch nie einen männlichen Körper mit Bewußtsein berührt, kaum seinen eigenen. Jetzt strich seine Hand über die Ferne einer nahen Haut und zeichnete die Form eines lebenden Geschöpfs nach. Er nahm seinen losen Teil in die Hand, dann zwischen die Lippen und betastete ihn mit der Zunge. Dann zog er sich ebenfalls aus und schämte sich der natürlichen Antwort auf das brüderliche Fleisch nicht mehr. Seine Unerfahrenheit wurde mit zartem Respekt behandelt, und er erwiderte ihn mit kraftvoller Rührung, als sich der andere Körper zu erkennen gab. Für unbestimmte Zeit wurde kein Wort gesprochen, nur der verdoppelte Atem ging hörbar, und auch die Seele bemächtigte sich gewaltlos einer neuen Provinz.

Später, wieder in Kleidern, holten sie den *Nightcap* nach; der Japaner nahm keine Visitenkarte hervor, sie tauschten ihre Adressen handschriftlich aus. Erst im Zug kam Marbach in den Sinn, daß er ungeschützt mit einem Unbekannten verkehrt hatte. Nun hatte er den Zettel weggeworfen und beschloß, keinen Test zu machen.

Zu Hause eröffnete ihm eine Mail von Manon, sie sei zehn Tage abwesend. Er kaufte vor Ladenschluß das Nötigste für das Wochenende ein. Kochen mochte er nicht; ausgehen – mit wem? Die Ehe mit Manon hatte ihre Exklusivität entwickelt; nun stellte er fest, daß sich darum herum ein Vakuum gebildet hatte. Er kannte Leute genug, die er hätte anrufen können, aber niemanden, der beim Vorschlag, sich zu treffen, keine Agenda gezückt hätte. Ein Notfall war er nicht und beschloß, sich still zu halten.

»Ausgang« – das Wort, das sich aus der Militärsprache eingeschlichen hatte, erinnerte Klaus an ein Tiergehege. Er wußte nicht mehr, wieviel »Ausgang« er sich leisten konnte. Zu lange hatte er die Übersicht über seine Bücher Manon abgetreten. Noch hielt das Gefühl für das Richtige einer starken Entscheidung vor, doch es wurde dünn. Um diese Altstadtwohnung hatte man ihn beneidet, aber jetzt: wozu?

Für die nächsten vierundzwanzig Stunden machte er sich zu schaffen. Über seinen Arbeitstisch sah er auf die Kirchgänger hinab, die dem Glockenläuten des Münsters entgegenpilgerten. Er wünschte sich das Originalfoto des Maiumzugs als Schreibunterlage, dafür mußte er es vergrößern und aufziehen. Am Ende hatte er ein Bild von kleiner Fenstergröße, in dem seine Augen wandern konnten, doch kein Schritt führte an einem weißen Sonnenschirm vorbei und jeder zurück zu seiner Trägerin. Ein *Liebhaber*foto. In der Nacht auf Montag betrank er sich, bedeckte Constanze mit dem *Yellow Legal*

Pad und begann Kinderschönschrift zu schreiben, dann spie-
gelverkehrt von links nach rechts, von oben nach unten, ein
wüstes Wort nach dem andern, bis sie im eigenen Gewirr
unlesbar wurden. –

Am Montagmittag las er in der NZZ, daß *Constanze Weiland-
Bühler (17. 7. 1920 – 6. 4. 2003)* – von ihrem langen Leiden
erlöst worden war. Nur eine einzige Unterschrift: Imogen
Selber-Weiland. »An mir ist minder nichts, das lebet, als mein
Leben.« – Für Samstag 16 Uhr war die Beerdigung im Friedhof Mittwald (Goms) angesagt, mit anschließender »Abdan-
kung« in der Kirche. Traueradresse: Villa Aia in D-79619 Nieburg, und der Hinweis auf eine Schule für geistig Behinderte,
deren man »statt Blumen« gedenken möge.

Samstag um 14 Uhr stand der Zug auf der Südrampe des
Lötschbergs still. Es dauerte eine Viertelstunde, bis sich eine
Lautsprecherstimme für den »Unterbruch« der Fahrleitung
entschuldigte. Der Tag, obwohl bedeckt, erlaubte eine weite
Sicht talauf- und -abwärts; der Zug hielt auf knapper Trasse
hoch über dem Kirchturm von Raron. Marbach hatte ein Buch
dabei, Fontanes »Unwiederbringlich«. Brig lag zum Greifen
nahe, doch immer noch gleich weit entfernt am Ende der
Gleise. Endlich setzte sich der Zug in Bewegung, aber keine
der angesagten Anschlußverbindungen versprach Marbach
noch rechtzeitig an seinen Bestimmungsort zu bringen.

So hatte er in Brig ein Taxi genommen. In Mittwald war es
überraschend warm; Föhn. Auf einer kleinen Anhöhe vor der
steppengelben Nordflanke des Tals und am Ende einer Allee
aus Vogelbeerbäumen stand die monumental wirkende weiße
Kirche. Sie sei bis auf den letzten Platz besetzt, erklärte der
Uniformierte an der Tür, aber die Feier würde in den Saal des
Hotels »Post« übertragen. Auf dem Kirchhof bezeichnete ein
Hügel aus Kränzen und Buketts den Neuzugang, doch waren
schon zwei Männer damit beschäftigt, das Grab zuzuschau-

feln. Auf den Kranzschleifen legten der »Oberbürgermeister
von bad. Rheinfelden«, der »Bürgermeister von Nieburg/Ba-
den«, die »dankbare Gemeinde Visperterminen« oder der
»Stillstand zu Nieburg seiner lieben Gründerin« Zeugnis
von ihrer Verbundenheit mit der »unvergeßlich« Genannten
ab. Es gab auch einen aus gelben und weißen Rosen gefloch-
tenen Kranz mit der Aufschrift IN GOD WE TRUST – »Yours
forever: Judy«. Aus dem Innern der Kirche jubelte ein ge-
mischter Chor.

In der »Post« fand er den Saal, in dem die Video-Übertra-
gung stattfand, von Einheimischen überfüllt. Auf dem Bild-
schirm war immer nur die Kanzel zu sehen, und so hörte
Marbach stehend die Rede eines untersetzten geistlichen
Herrn an, der an den Geburtstag »unserer allverehrten Frau
Constanze« anknüpfte. Es handelte sich um den 17. Juli, der
unserem lieben heiligen Alexis geweiht war, einem vornehmen
Jungmann aus dem christlichen alten Rom, dessen fromme
Eltern sich an Wohltaten gar nicht hatten genugtun können.
Sie hatten auch ihren einzigen Sohn aufs gottgefälligste erzo-
gen und ihm, als die Zeit gekommen war, eine tugendreiche
Braut zugeführt. Aus Sohnesliebe habe Alexis nicht wider-
sprochen, aber der Angetrauten, bevor er die Ehe vollzogen
habe, den Entschluß mitgeteilt, sein Leben allein Gottes Willen zu weihen. Nach tränenreichem Abschied habe er sich
eingeschifft, um die Ostküste des Mittelmeers und die Stadt
Edessa zu gewinnen, wo es ein ungemaltes, dem lebenden
Erlöser direkt abgenommenes Bild zu verehren gab. Alexis
habe aus Demut das Gotteshaus nie zu betreten gewagt, sondern sich als Bettler auf der Schwelle niedergelassen, und das
volle sieben Jahre. Die Diener seiner Eltern, in die Welt ge-
sandt, um den Verlorenen zu suchen, hätten ihn nicht wieder-
erkannt, sondern ihm ein Almosen gereicht; das habe er als
besondere Gnade betrachtet. Der Geruch seiner Heiligmäßig-
keit aber habe sich so verbreitet, daß er ihm unbequem geworden sei; und so habe er sich aufgemacht, um zu Tarsos, der

Stadt des heiligen Paulus, wieder bei Null anzufangen. Aber ein Sturm Gottes habe sein Schiff ergriffen und weit nach Westen angetrieben, ja bis vor die Tore seiner Vaterstadt Rom. Und er habe sich entschlossen, im eigenen Haus die schwerste Probe auf seine Absage an die Welt zu machen. Die Eltern hätten dem Ärmsten einen Platz unter der Treppe zugeteilt und es ihm an nichts fehlen lassen, so wenig er auch annahm; doch den Sohn und Ehemann erkannt hatten sie nicht. Und so sei er Tag und Nacht Zeuge der fortgesetzten Klage und Traurigkeit geworden, mit der sie ihre Treppe hinauf- und hinabgingen. Auch dieses Opfer habe er Gott gebracht, und das zweimal sieben weitere Jahre. Bevor sein Leben aber erfüllt gewesen sei, habe er es aufgeschrieben und sei mit dem Pergament in der Hand selig verschieden, in welcher Stunde denn auch sämtliche Glocken der heiligen Stadt selbsttätig angefangen hätten zu läuten. Als man dem Wunder nachgeforscht habe, sei man schließlich auf den Mann unter der Treppe gestoßen, dessen starre Hand die Urkunde aber durchaus nicht hergegeben habe; erst der Heilige Vater selbst habe sie daraus gelöst. Und da sei denn freilich alles an den Tag gekommen, und die guten Eltern, die treue Braut hätten gar nicht mehr gewußt, ob sie lachen oder weinen sollten. Erst habe es einen großen Auflauf gegeben, bis der Rosenduft, der von dem Verewigten ausgeströmt sei, das Volk besänftigt habe. Dann aber habe es sich des lieben neuen Heiligen erfreut, wie er sich's in dreimal sieben Jahren wahrlich verdient habe.

Eine Legende, rief der Priester in sein unsichtbares Publikum, und eine radikale Legende – starker Tobak für unsere Konsumgesellschaft! Aber gerade in dieser Stärke wage er einen gemeinsamen Zug unserer lieben Constanze Weiland-Bühler mit ihrem Geburtsheiligen auszumachen. Constanze – die Beständige! Sie habe nicht nur ihrem lieben Mann, unter Dahingabe ihres Schweizer Passes, vierzig Jahre über seinen Tod hinaus die Treue gehalten. Sie sei auch sich selbst treu geblieben, doch für ihr liebes Ich habe sie nie gelebt, sondern für die Sache, an die sie geglaubt habe – und ihr Glaube habe diese Sache, bei allem gesunden Pragmatismus, welcher der Hingeschiedenen eigen gewesen sei, zur geistigen gemacht und auch zur gemeinsamen Sache ihrer Mitbürgerinnen und Mitbürger. Unter das Zeichen der Gemeinschaft habe sie auch ihr Paradies auf der fernen Insel gestellt. Die verehrte Frau sei zwar eine Begünstigte gewesen, aber diese Gnade habe sie geteilt und mit-geteilt, stilvolle Mitteilung habe sie geliebt und gepflegt. Darum dürfe er auf sie getrost ein Wort der Heiligen Schrift anwenden, das auf sie so gut wie auf den heiligmäßigen Alexis passe: »Wer ausharrt bis ans Ende, der wird selig.« Auch sie habe diese Seligkeit dreimal sieben Jahre mit Leiden und Entsagung bezahlt, und dieser Preis habe sie so wenig wie ihn verbittern und versauern können. Darum sage er: es werde, wie heute, so noch lange, ein Rosenduft um ihr vollendetes Dasein schweben, und die zeitgemäßen Namen für diesen Wohlgeruch seien Respekt, Ehrfurcht und Dank –

Als der Geistliche bei einsetzendem Gesang – »es ist vollbracht«, aus Haydns »Letzten Worten« – zum Altar hinunterschritt, suchte Marbach das Freie. Am fernen Ende der Ebereschenallee sah er das Kirchentor aufgehen; eine einzelne Frau trat heraus und stand einen Augenblick allein. Dann folgten die ersten Trauergäste und traten, schwarz oder in gedeckten Farben, an die Frau heran, um »ihr das Leid anzuwünschen«; dahinter stellten sich die Nachkommenden in einer immer noch wachsenden Reihe auf.

Marbach, die Tasche geschultert, machte sich zum zweiten Mal auf den Weg zur Kirche; Gruppen aus der »Post« schlossen sich an. Die Frau war schon umringt, als er sich in die Reihe stellte, die sich kaum vom Fleck rühren wollte. Er hatte Zeit zur Musterung des Beinhauses, an dem er zuvor achtlos vorbeigegangen war; es war eine Kapelle mit vergitterter Öffnung, durch die man auf eine grelle Plastik des Gekreuzigten blickte. Er breitete die Arme über zwei Nischen aus, in denen sich Schädel auf Knochenbetten bis zur Decke stapelten. Über dem Kreuz krauste sich ein Schriftband: »Was ihr seid, das waren wir / Was wir sind, das werdet ihr.«

Als er mit den Eltern im Oberengadin gewesen war, hatten sie ein Gasthaus besucht, wo auf einem Deckenbalken eine lateinische Inschrift zu lesen war. Du kannst doch Latein, Klaus, hatte Mom gesagt, würdest du übersetzen? Pa hatte seinen angeödeten Blick, als Klaus es versuchte, doch Mom sah ihm auf die Lippen; sie wollte nicht nur stolz auf ihn sein, sie hätte so gern viel gelernt. Ach Mom. Nie hatte er die verlorene Mutter geliebt wie in diesem Augenblick, nie sich der Entfernung von ihr, die er schnöde betrieben hatte, so bis ins Innerste geschämt. Aufreizend langsam rückte die Kolonne dem Grüppchen näher, das sich um Frau Imogen Selber-Weiland gebildet hatte. Man hörte auch viel reines Hochdeutsch: das sprach etwa der Mann, der ihr am nächsten stand, ein Hagerer mit entfleischtem Gesicht unter strohblondem, wie abgefressenem Haar. Er war Teil einer Gruppe, von der die meisten die Leibesfülle wohlerhaltener Honoratioren hatten und unterschiedlich ergraut waren – ein Kahler trug dafür einen Seehundschnauzer über dem fliehenden Kinn. Wo hatte Marbach dieses Gesicht schon gesehen? Natürlich – es war das Altersgesicht eines Baldachinträgers am Frühlingsfest, des Baumeistersohns Emil Isele. Marbach begann auch andere zu identifizieren, und wieder waren sie um die Braut von damals geschart. Ihrer Mutter glich sie wirklich nicht.

Es konnte noch dauern, bis er ihr die Hand reichte. Und was sagte er dann? Marbach dachte an Mom. »Das Leid anwünschen«, diesen Ausdruck hatte er nur von ihr gehört. Ihr Vater hatte Verse gedichtet, immer in Mundart, lustig gemeint und doch randvoll mit Pathos. Mom konservierte diese Sprache für feierliche Gelegenheiten. In der Kindheit wollte sie eine noblere gehört haben als die Sprache Pas.

Doch die Frau, der er nun doch näher rückte, erinnerte ihn auch nicht an Mom. Sie hätte gar nicht verschiedener sein können. »Anderster«, sagte Mom. Zu anders gibt es aber keine

Steigerungsform, sowenig wie zu tot. Nur in ihrem Anders-
sein erinnerten ihn die Augen dieser Frau an Mom. Es waren
Moms Augen in Hell. Sie strahlten. Beim Begräbnis ihrer
Mutter? Sie konnten wohl nicht anders. Sie blickten ein wenig
von unten, mußten darum weit offen sein, aufgerissen waren
sie nicht. – Dann hätte sich die Stirn in Falten legen müssen,
und sie war tödlich glatt. Warum denn »tödlich«? Diese Frau
hatte nichts zu tun mit der stillen Mom im offenen Sarg. Ihr
Haar hatte nichts zu tun mit Moms Haar. Zapfenlocken –
schon das Wort! Diese Frau muß so alt sein oder so jung,
wie Mom nie werden durfte. Sie war immer bemüht gewesen,
ein Bein vor das andere zu schieben. Die Welt ist ein Minenfeld. Eine Frau ist klug und elegant, wenn ihre Schühlein fast
keinen Boden beanspruchen; wenn sie nach unten spitz zu-
läuft wie eine Zuckertüte. Die Frau vor ihm aber stand mit
offenem Schritt. Ihre Beine spannten das lichtgraue Kleid, das
knapp genug geschnitten wirkte, um ihren Körper zu betonen;
nur vom Nacken fiel es locker zurück, deutete eine Kapuze an
und erlaubte dem Hals, dieser so schlank zu entsteigen, daß
die Beweglichkeit des Kopfes unbeschränkt schien und seine
Neigung etwas anmutig Freiwilliges hatte. An ihrer Schulter
hing eine schwarze quadratische Tasche ohne sichtbaren Verschluß, genau wie seine eigene.

Die Trauergäste sprachen jetzt Walliser Dialekt, und die
Dame dankte mit immer denselben Worten. Sie ließ sich anfassen, auch von Bauern in ihrer speckig glänzenden Kluft, die
so herzhaft ihren Arm pumpten, daß ihr Ärmel hinter das
Handgelenk zurückglitt. Als Klaus endlich an der Reihe
war, stellte er fest, daß ihr Blick zuerst auf seine Tasche fiel,
dann erst auf sein Gesicht.

Als er ihr die Hand reichte, wurde sie festgehalten.

Wer sind Sie?

So gefaßt wie möglich meldete er seinen Besuch bei Frau
Constanze Weiland-Bühler, der ihm nahegegangen sei. Sein
Name sei Klaus Marbach.

Wann waren Sie denn bei ihr?

Freitag vergangene Woche.

Dann müssen Sie fast der letzte Mensch sein, der sie lebend gesehen hat.

Ihre Hand lag immer noch in der seinen. Marbach neigte den Kopf.

Von Ihrem Besuch wüßte ich gerne mehr. – Und als sie seine Hand losgelassen hatte: Kommen Sie doch bitte zum Essen mit, und warten Sie noch einen Augenblick. Dann gehen wir zusammen.

Hinter der offenen Kirchentür wurde diskret weitergeorgelt; Klaus machte anderen Trauergästen Platz und fühlte sich gemustert. Als auch der letzte Leidwünschende abgefertigt war, kam die Frau auf ihn zu und nahm seinen Arm. Sie ging mit ihm so mühelos im gleichen Schritt, daß er, auch wenn sie nicht sprachen, etwas von seiner Befangenheit verlor. Die nachfolgende deutsche Gruppe unterhielt sich sehr laut. In der »Post« zeigte Stimmengeräusch aus dem Oberstock das Ziel des Weges an, und als sie in das getäfelte Sälchen traten, empfing sie eine Honoratiorengesellschaft mit wenigen Damen. Man stand, Glas in der Hand, bis Imogen in der Mitte des Schiefertisches Platz nahm und Marbach an ihre linke Seite zog. Zu ihrer Rechten nahm der Gemeindepräsident Platz und stellte sich in seiner ehrwürdigen Sprache vor. Die Nationalitäten saßen getrennt, obwohl sich die Einheimischen ihres besten Schriftdeutschen befleißigten. Da sich die Trauerfamilie längst aus dem Unternehmen zurückgezogen hatte, war die Führungsspitze der »Aluminium« durch pensionierte Vorgänger vertreten. Mit ihren Erinnerungen blieben die Herren unter sich, aber auch die Begleiter der Kinderhochzeit hielten sich abseits; Klaus war ihnen nicht vorgestellt worden. Immerhin hatte Imogen dem Hageren den Wink gegeben, Herr Marbach sei ein Bekannter ihrer Mutter. Sogar seinen Namen hatte sie sich gemerkt. Ihr Gegenüber war der Geistliche, und der schmale Herr daneben gab sich als Arzt der Verewigten zu erkennen. Sr. Emerentia war nicht geladen.

Von Frau Constanzes Insel Antikratos war die Rede; wer dort Gast gewesen war, erging sich in Reminiszenzen, pries Schönheit und Bildungswert. Respektvoll oder anzüglich sprach man vom Beitrag, den Professor Weiland, Frau Constanzes zu früh verstorbener Gatte, zur Kultur ihres Kreises geleistet hatte, gedachte seiner legendären Englisch- und Griechischstunden. Imogen schwieg dazu und schien auch Marbachs Besuch bei ihrer Mutter nicht mehr nachfragen zu wollen. Es war der Arzt, der darauf zu sprechen kam und kein Hehl aus der Überzeugung machte, daß sich Frau Constanze mit ihrem generalisierten Ödem am Tag vor ihrem Tode zuviel zugemutet habe. Immerhin sei ihr Ende schmerzlos, wohl gar im Schlaf eingetreten. Er habe sie nach Mitternacht mit zwei Bildern auf der Brust gefunden, denjenigen ihres Mannes und ihrer Adoptivtochter Judith. Diese fehlte, obwohl sie neuerdings nicht mehr in Kalifornien, sondern irgendwo in Sachsen ansässig war.

Imogen sprach kaum mit Marbach; darin empfand er keine Kaltstellung, viel eher ein Bündnis, das mit ihrem Gang Arm in Arm besiegelt worden war. Sie unterhielt sich mit Hochwürden über seine Predigt, fragte nach den Gefühlen, die Alexis bewegt haben mochten, wenn er die Schritte seiner Frau, seiner Eltern auf der Treppe hörte. Hier griff ein Herr Blunck, ehemaliger Schulkollege Imogens, in heftiger Sprache ein. Er nannte Alexis einen schadenfrohen Sadisten und peinlichen Voyeur: fehle nur, daß die Treppe aus Glas gewesen wäre, damit er sich an der mit Enthaltsamkeit gestraften »Partnerin« noch inniger hätte weiden können. Der Priester verstand ihn gar nicht, sprach von einem Opfer der reinsten Liebe und schüttelte nicht einmal den Kopf, als Blunck entgegnete: die Kirche habe aus Leichengeruch immer Rosenduft gemacht. Er sei selbst Pfarrerssohn!

Der Schwund an Lebensart, der zu bemerken war, mochte

auch am Heidä-Wein liegen, der zur kalten Platte gereicht
wurde. Der Gemeindepräsident erklärte ihn zum »höchsten
Wein Europas«. Mit der Legende, die er zu seinem Saft lieferte, mochte er hoffen, seine Wirkung zu dämpfen, dennoch
geriet die Zurückhaltung der Trauergemeinde allmählich aus
den Fugen. August Kaiser klagte dem historischen Speck-
steinofen den Kummer, den er mit Schweizern zeitlebens gehabt habe. Diese hätten auch immer nur mit ihren Öfen gesprochen, statt einander harte Tatsachen ins Gesicht zu sagen.
Jetzt lag Aggression in der Luft, und der schnauzbärtige Isele
wurde angebrüllt, als er sich eine Pfeife anstecken wollte.

Die Bedienung zündete Kerzen an, die der lauten Szene
etwas widersinnig Adventliches gaben. Es kam Klaus so vor,
als müsse er schon in einem früheren Leben neben der Frau im
lichtgrauen Kleid gesessen und ihr Schweigen geteilt haben,
unberührt vom Lärm der Welt.

Schließlich fragte sie nach seiner Beschäftigung. Er faßte
sein Dasein in schonungsloser Kürze zusammen. Er befinde
sich in Scheidung, sei gerade sein Geld losgeworden und habe
sich ein historisches Projekt vorgenommen. Es habe sogar mit
Nieburg zu tun, aber wenn er ehrlich sein wolle, so habe er gar
nichts mehr vor und staune selbst, daß es ihm nicht gelingen
wolle, an sich zu verzweifeln.

Er sprach so beiläufig, daß sein Bekenntnis selbst bei solchen, die es hätten mithören können, als *Small talk* durchge-
hen mußte. Es verging eine Viertelstunde, bis Imogen im
gleichen Ton antwortete: Zur Zeit stehe in Nieburg ihr Kutscherhaus leer, und wenn er über Nieburg arbeiten wolle, sei
er da vielleicht am rechten Ort. Sie sei in den nächsten Wochen
in Erbsachen abwesend und wäre ruhiger, wenn sie wüßte, daß
er ein Auge auf ihre Sachen habe.

Hat sie das gesagt; hat sie es *so* gesagt? Immer wieder wird er
ihre Stimme im Saal der »Post« von Mittwald in sich zurück-
rufen und prüfen: Hat er recht gehört? Aber »ein Auge auf ihre
Sachen« – das waren ihre Worte, da bleibt er sich sicher.

Die Villa ist soweit versehen, hatte sie gesagt, eine Haushälterin ist da und der Gärtner auch; was man braucht, wird
aus der Stadt geliefert. Nehmen Sie die Angestellten ruhig in
Anspruch. Aber ich müßte bis morgen wissen, ob Sie kommen.

Geben Sie mir Ihre Handynummer? fragte er.

Ich habe kein Handy, Sie müssen mit dem Festnetz vorlieb-
nehmen. Das Kutscherhaus hat einen eigenen Anschluß. Bis
vor drei Jahren hatte August Kaiser ein Atelier darin, und er
hat Möbel zurückgelassen, aber die Elektronik mitgenommen. Es gibt auch kein Internet mehr.

Ich brauche ein paar Steckdosen, weiter nichts, sagte er. Wie
weit ist das Kutscherhaus von Nieburg entfernt? Ich fahre
gerne Rad.

Zwei Kilometer vielleicht. Es gibt eine Küche, aber kochen
müßten Sie für sich selbst. Ihre Wäsche geben Sie Maro, der
Hausverwalterin. Sie bügelt auch für Sie.

Eigentlich war damit alles besprochen. Trotzdem sagte er.
Ich hätte doch gern Ihre Nummer.

Geben Sie mir Ihre, ich rufe Sie an.

Er kramte den gelben Block aus der Tasche, notierte seine
Telefonnummer darauf, und das Blatt wechselte die Taschen,
die einander sehr ähnlich waren.

Ich sehe, daß Sie bei meiner Mutter gewesen sind, sagte sie
lächelnd. Paßt Ihnen ein Anruf morgen nachmittag um halb
vier?

Morgen um halb vier, wiederholte er.

Er ließ noch einige Minuten vergehen, dann sagte er: Ich
muß wohl auf den Zug, sonst komme ich heute nicht mehr
nach Hause.

Das müssen Sie wohl.

Sie hob ihr Glas, er das seine, und ohne anzustoßen, tranken
sie einander zu.

6 *Einleben*

Er hatte kaum den Koffer abgestellt, da klingelte bereits das Telefon am Ende des Arbeitstisches. Der Ruf des altertümlichen Geräts war ein gedämpfter Doppelklang, der Atem zu schöpfen schien, bevor er sich wiederholte. Auf Klaus' Hallo? kam keine Antwort; jemand mußte sich verwählt haben, legte aber nicht auf. Wer spricht? fragte er, und eine sanfte Stimme fragte zurück: Herr Marbach? Sind Sie gut angekommen? Finden Sie alles? – Vielen Dank, ich bin noch gar nicht zum Suchen gekommen. Woher rufen Sie an? – Von unterwegs. Ich melde mich wieder. Baden Sie auf keinen Fall im Rhein, die Strömung ist tückisch.

Am 21. April war er eingezogen. Die erste Woche war vergangen wie nichts, und doch hatte jeder Augenblick etwas Unerwartetes gebracht. Der Zustand ausgedehnter Kurzweil war wiedergekehrt, den er aus den Urlauben der Kindheit kannte, und die verschwiegene Sorge um die Eltern hatte er nicht mehr.

Manon war, soviel er wußte, noch in Amerika, aber auf den Grad ihrer Abwesenheit schien es jetzt nicht mehr anzukommen. An ihre Stelle hatte sich etwas Gelassenes gesetzt, das er, je nach Tagesform, Entlastung nannte oder Resignation, mit einer Spur Heimweh. Der Anruf Imogens hatte die merkwürdige Folge, daß er ihrer Warnung zuwiderhandelte, noch am gleichen Abend. Hinter dem Kutscherhaus gab es den Anfang eines Pfads, der durch Dickicht zum Wasser hinunterführte. Das starke Licht des Rheins spielte durch das Grün der Vegetation, die in der unzeitigen Hitze förmlich explodiert und teilweise schon sommerlich verdunkelt war. Am Ufer empfing ihn ein Streifen Kies, und auch wenn hie und da ein Signal

der Zivilisation das Dröhnen des ziehenden Wassers durch-
drang, wirkte die Flußbiegung naturbelassen. Er zog sich aus
und versuchte, erst nur mit den Füßen, dann mit Schenkeln
und Hüften, die kalte Strömung. Erst verschlug sie ihm den
Atem; dann begann er sich gegen sie zu stemmen, bis er abgekühlt genug war, sich so weit eintauchen zu lassen, daß er
sich mit beiden Armen gegen sie wehren mußte. Er bekam
Lust, sich zu einer Gruppe Silberweiden forttragen zu lassen,
zog die Knie an, ließ sich den Boden unter den Füßen weg-
ziehen und bemerkte augenblicklich, daß er den Zielort nicht
mehr erreichen würde. Er mußte sofort entschlossen sein, mit
dem Fluß um sein Leben zu kämpfen. Und dafür durfte er der
Strömung nicht nur widerstehen, er mußte sie nutzen und
Zug um Zug überlisten. Er war schon fast in der Mitte des
Stroms; jetzt waren es die Ufer, die reißend vorbeischwam-
men, und das gegenüberliegende kam um so näher, je ruhiger
seine Bewegungen wurden. Schließlich bekamen seine Hände
erst die Steine am Grund, dann den Ast einer überhängenden
Erle zu fassen und zogen ihn auf festes Land.

Er hatte keinen Augenblick der Panik gekannt; das erfüllte
ihn mit einem Hochgefühl. Um warm zu werden, hangelte er
sich durch wegloses Gestrüpp dicht über dem Ufer flußaufwärts; Dornen und Äste ließen ihn seine Blöße spüren, und er
bemerkte auch, wie leicht er vom Hochsitz der Villa einzu-
sehen war. Dorthin mußte er zurück, solange er noch naß
war. Er kämpfte sich weiter flußaufwärts, um die drüben abgelegten Kleider mit der Strömung, und gegen sie, genau zu
erreichen. Zum zweiten Mal ließ er sich in die Flut und hatte
gut geschätzt, denn sie zog oder trieb ihn an die gewünschte
Stelle. Bei dieser Passage hatte er auch etwas von der Aussicht wahrgenommen, den Riegel des Kraftwerks, die beiden
Nieburg in der Ferne. Erst als er sich wie gefühllos mit dem
T-Shirt abtrocknete, fiel ihm ein, daß er eine Staatsgrenze
durchschwommen hatte, die für Flüchtlinge tödlich gewesen
war.

Es mochte sechs Uhr sein, als er wieder vor dem Kutscherhaus stand, wo ihn die griechische Hausverwalterin mit dunklem Nicken empfing. Sie trug ihr volles, doch grau geworenes Haar straff gescheitelt und zum Knoten geschürzt über dem olivblassen Gesicht. Er nahm eine heißkalte Dusche, bevor er sich mit dem Rad, das als Passagiergut mitgekommen war, in das zwei Kilometer entfernte badische Nieburg aufmachte, um etwas zu essen. Er wollte die Begegnung mit dem Fluß wiederholen, jeden Tag und bei jedem Wetter, ohne darüber zu reden.

Es war schon Nacht, als er ins Kutscherhaus zurückkehrte, und auch diesmal stand Maro vor der Tür. Wieder ihr strenges Nicken, doch in den nächsten Tagen begegnete er ihr seltener; ihr Gruß blieb unveränderlich ernst. Mit dem Gärtner hatte er sie auch lachen hören; da dieser behindert war – er redete nur mit sich selbst –, wagte Klaus weder sein Wesen einzuschätzen noch seine Beziehung zu Maro. Er hatte gesehen, wie sie ihm Speichel abwischte, der ihm aus dem halbgeöffneten Mund lief. Seine Haltung wirkte qualvoll, seine Bewegungen unbeherrscht, doch schien er in seinen Verrichtungen recht geschickt. Klaus hörte ihn im Untergeschoß rumoren, wenn er die Schläuche zur Bewässerung auslegte oder wieder eingeholt hatte. Die Sonne trocknete den Boden bereits erbarmungslos aus.

Jeden Morgen beim Aufwachen aber redete als erstes die *Ferne* in sein Ohr. Die Nähe blieb lautlos, bis auf ein immer wieder erschreckendes Knacken und Krachen im Dach, wenn das Gebälk seine Spannung entlud. Klaus nannte die anhaltende Stille der Nachbarschaft *verschwiegen* und genoß den kleinen Schauder, der das Wort begleitete. Er war im Kutscherhaus *hörbar* allein, ohne sich einsam zu fühlen. Maros Wohnung im Parterre des Kutscherhauses blieb leer, sie siedelte in die Villa, wenn die Herrschaft abwesend war. Der Gärtner wohnte im Pförtnerhaus, einem weißen Bau mit taubengrauen Feldern zwischen weißen ionischen Scheinsäulen.

Zeichen von Alltag überall, das Klirren eines Riegels, das Knirschen von Kies, das Hoppeln fahrbaren Geräts. Das Wispern der Rasensprenger begleitete Klaus so beständig, daß er aufmerkte, wenn es einmal aussetzte.

Niemals aber hörte das Grundgeräusch des Rheins zu tönen auf, in ihm flossen Nähe und Ferne in gleichmäßigem Strom zusammen. Klaus hatte, bis auf einzelne Aufenthalte am Meer, noch nie an einem mächtigen Wasser gelebt und empfand es als Glück, daß das Beständigste an seinem neuen Leben auch *fließend* war und das Fließende dauerhaft. Wenn ihm, noch halb im Schlaf, der Ostwind vom Fenster über die bloße Haut strich, ließ er die stille Freude auf sich wirken, daß sein Tag wiedergekommen war und offenbleiben durfte, wie er ihn verwendete. Es kümmerte auch niemanden, wenn er ungenützt vorüberging.

Der Gast lernte auf kleine Veränderungen achten An der Lage der Sonnenbalken auf dem Fußboden, an der Tonart des Vogelgeläuts, der Dichte der entfernten Verkehrssignale las er die Tageszeit ab, ohne auf die Uhr zu sehen, die er verlegte und ungesucht wiederfand. Er lag in seiner Koje wie in einem Ohr, und es wurde hellhörig durch die Musik klarer *Ferne*, die ihn aus der federleichten Dämmerung ins volle Erwachen begleitete. Es erinnerte ihn an bestimmte Morgen in seiner Militärdienstzeit: da hatte er, hinter einer dünnen Zelthaut, eine Landschaft *vor Tag* schon gewittert, in die er dann hinaustrat, stumm vor Glück.

Manon,

schrieb er an einem dieser Tage,

ich wohne im Kutscherhaus der Bühlerschen Villa an der Grenze des badischen Nieburg; der Großvater meiner Gastgeberin hat sie nach dem Ersten Weltkrieg Walther Rathenau abgekauft, dessen Vater Emil, Gründer der AEG, an der Entwicklung des Oberrheins wesentlich beteiligt war. Die Kraftwerke und die Fabriken wurden Ende des 19. Jahrhunderts aus einem Guß gebaut; namentlich die neue Aluminium-In-

dustrie war von Anfang an ein Joint Venture deutscher und schweizerischer Unternehmer. Zu ihnen gehörte der junge Christoph Bühler, der, wie viele leitende Angestellte, Nieburg als Wohnort bevorzugte, während sie in badisch Rheinfelden arbeiten ließen. Der Aluminiumbedarf, der im Ersten Weltkrieg stark angestiegen war, schrie nach einer verarbeitenden Industrie; Bühler machte sich selbständig, um in Nieburg ein eigenes Walzwerk aufzuziehen, und dafür baute er 1921 eine Sperre in den Rhein, die zwölfte zwischen dem Rheinfall und Basel.

Die Liegenschaft steht auf einem Felskopf am rechten Rheinufer, der aus altem Schwarzwaldgestein bestehen muß, um dem Rhein eine halbe Kehre abzunötigen. Die Verkehrswege weichen der engen Stelle auf beiden Seiten aus. Die Villa ist am Abbruch eines Plateaus errichtet, das landeinwärts ganz leicht abfällt; ein alter Flurname nennt es »End der Welt«. Als Rathenau die Wiese kaufte, ersetzte er die Obstbäume durch Ginkgo, Zeder und Pawlonia, die er in schon ausgewachsenem Zustand heranschaffen ließ, noch vor dem ersten Spatenstich zur Villa. Ihr Baumeister war ein Isele, von dem mich ein Nachkomme, Kommissar der Kriminalpolizei, noch beschäftigen dürfte – ich hoffe, ohne Gegenseitigkeit. Meine Gastgeberin ist auf Reisen und will mich noch eine Weile mir selbst überlassen. Ihr Personal – eine alte, doch sehr rüstige griechische Haushälterin und einen invaliden Gärtner – gedenke ich nicht in Anspruch zu nehmen.

Die Villa, die anfangs »Floresta« hieß, wurde von Großmutter Bühler in »Villa Aia« umgetauft – Rätsellöser kennen das Wort als »Sonnenland der griech. Sage«. Frau Antoinette bekam von ihrem Mann auch wirklich eine Insel geschenkt, auf der es noch höher hergegangen sein soll als einst im benachbarten Ithaka.

Einmal täglich fahre ich ins Dorf – pardon, nach badisch Nieburg, wo die Lebensmittel zahlbar sind. Was die Arbeit betrifft: ich meditiere weiter über dem Kinderumzug, den du

*kennst und der mir als Schreibunterlage dient. Aber ich schrei-
be nicht, sondern gedenke mich jetzt leibhaftig mit dem abge-
bildeten Personal zu beschäftigen. Der jungen Dame mit Sonnenschirm bin ich gerade noch begegnet, an ihrem letzten Le-
benstag; bei ihrer Bestattung habe ich die Bekanntschaft ihrer
Tochter gemacht, und zugleich diejenige der männlichen Ju-
gend-Riege, die 1949 um den Hochzeitswagen versammelt
war. Ich mache mich jetzt über die Lebensläufe ihrer Eltern
so kundig wie möglich, stöbere im Stadtarchiv und spreche mit
Leuten. Sagen wir: ich arbeite und finde allmählich heraus,
woran. In Schneewittchens Kutscherhaus fehlt mir informa-
tionstechnisch fast alles, was Zeitgenossen für unentbehrlich
halten. Das alte Dampftelefon funktioniert, aber ruf mich
nicht an, du hast Besseres zu tun. Tout va bien. Laß es dir
gutgehen, und danke für gelegentliches Pflanzengießen.*

K.

*PS: Betrifft Scheidung: meine Unterschrift unter den Antrag
habe ich hinterlassen, du wirst ihn beim Bezirksgericht ein-
gereicht haben, und die Frist für die vorgeschriebene Trennung
läuft. Sollte die Sache weiterer Absprachen bedürfen, können
wir uns auf der Schweizer Rheinseite treffen. Nach Zürich
käme ich ungern.*

Das Bett stand in der mittleren der drei Lukarnen, die der
verglasten Dachschräge gegenüberlagen. Schlaf-, Wohn- und
Küchenkoje hatten je nur ein einziges Fenster, das auf den
gepflasterten Hof ging und einen Blick auf den Park, das Rondell und den baumbestandenen Hügel eröffnete, der die Villa
teilweise verbarg – Klaus hatte sie noch nie betreten. Ohne
diese Nischen wäre die Wohnung nichts weiter als ein in der
Mitte zweimal mannshoher Dachboden gewesen, wobei er,
dank der langen Arbeitsfläche vor den Kippfenstern, das Aussehen eines Ateliers hatte – war es nicht aufgeräumt, auch
wieder dasjenige einer Rumpelkammer. Es waren also die drei
Nischen mit Südsicht, die für Wohnlichkeit aufzukommen

hatten; und es belustigte Klaus, wie sie diese Eigenschaft übertrieben, um nicht zu sagen: zuspitzten. Hatte man die Hühnerleiter zum Dachstock bestiegen, so stieß man rechter Hand gleich auf die Küchennische; knapp, doch komplett. Ihr Gegenstück auf der andern Seite war ebenfalls in gedrängter Enge mit schwarzen Corbusier-Möbeln als Wohnecke eingerichtet. In der größeren Mittelnische aber stand das schmale Bett, bis auf einen runden Glastisch einsam und allein, ohne jeden Luxus als den überschüssigen Raums. Dieser aber hatte ein sakrales oder wenigstens nautisches Gepräge. Er war ein umgekehrtes Schiff, dessen Kiel oben in einer kunstvoll verschränkten Balkenkonstruktion zusammenlief. Klaus hatte die Wahl, ob er auf dem Grund eines Wracks oder, wie aufgebahrt, in einer Kapelle ruhen wollte, und er bestieg sein Lager nie ohne eine Spur von heiterem Gruseln. Profaner, dafür umständlich war der Abstieg zur Naßzelle; die ehemalige Remise bot auch Platz für Fahrräder und einen Tischtennistisch. Darauf lag ein Schläger so lose auf dem Ball, als wäre eine Partie gerade kurz unterbrochen worden.

Aber es gab im Kutscherhaus auch Spuren früherer Besiedlung, die man aufzuräumen versäumt hatte. Am Ende der Arbeitsfläche, wo jetzt sein Laptop stand, hatte ein glanzkaschierter Pappband in Gelb und Lila gelegen, betitelt ZEICHEN UND WUNDER, verfaßt von Iring Selber – und auf dem Vorsatzblatt handschriftlich »dem klugen August gewidmet«. Den Empfänger, August Kaiser, hatte Imogen als Vorgänger in diesen Räumen bezeichnet, wo er auch Mobiliar hinterlassen habe, namentlich die auf Böcken liegende Arbeitsfläche. Das Buch, in dem Klaus blätterte, war mit Unterstreichungen, Ausrufe- und Fragezeichen gespickt; es mußte dem Besitzer etwas bedeutet haben. Warum hatte er es zurückgelassen? Unter einem Tisch fand sich noch ein ganzer Stapel in Folie verschweißter Exemplare von »Zeichen und Wunder«. Hatte der Autor auch selbst im Kutscherhaus gewohnt?

Und wer hatte die Merksprüche zu verantworten, die an

den Balken befestigt waren? Da stand etwa, handgeschrieben, »Bittet, daß eure Flucht nicht geschehe im Winter (Matth. 24,20)«. Am Fensterglas ganz links klebte ein ganzes Gedicht:

ZUTTY SIMPLETON'S ROMAN ZERO

Er:

ICH WAR NOCH SCHWACH UND KLEIN

UND SCHON BEGEHRTE DEIN

Sie:

WEICHE, WEICHE

ICH BIN EINE LEICHE

Er:

ICH BIN KEIN LANGER BITTLER

ICH WILL DIR AN DIE TITTLER

UND FÜRCHTE KEINE KRITTLER

Sie:

ICH GEH ZUM TEICHE

ICH SCHMERZENSREICHE

ER BLIEB EIN ARGER WÜTERICH

UND MACHTE MANCHEN KINDERICH

UND DIE MORAL VON DER GESCHICH

DIE GIBT ES NUN UND NIMMERLICH

Wenig bemerkenswert war die Literatur, die Klaus im Regal unter dem Arbeitstisch gefunden hatte: ein Buch für gymnastische Meditation (»Die Fünf Tibeter«), ein anderes über die Entwicklung des Wirkstoffs von Viagra, das Handbuch eines ausgedienten PC-Modells sowie das Neue Testament einer Gaststätten-Mission. Ferner Bildbände verschiedener Städte, Zürich, Görlitz, Unna/Westfalen, Berlin, aber auch eines über badisch Nieburg. Er war von August Kaiser senior eingeleitet, der noch als »Bürgermeister« zeichnete:

Nieburg ist unter den »Waldstädten« des ehemals habs-

burgischen Oberrheins nicht die geringste, aber wohl die am wenigsten geläufige – jenen »Schwanzfedern des Reichsadlers«, die Napoleon 1803 gerupft und dann auf beide Seiten des Rheins zerstreut hatte. Am Wiener Kongreß wurde das rechte Rheinufer endgültig der Markgrafschaft Baden, das linke der Eidgenossenschaft zugeschlagen. Doch fühlt man den Städten bis heute an, daß ihnen das Schicksal der Trennung nicht an der Wiege gesungen worden war. Die schöne Gewohnheit, sich über den verbindenden Strom in der Schwesterstadt zu spiegeln, ist in beiden Nieburg, dem schweizerischen und dem deutschen, so wenig ausgestorben wie in beiden Rheinfelden oder Laufenburg, auch nicht in dunkelster Zeit –

Weiter war Leser Klaus nie gedrungen: was die »dunkelste Zeit« betraf, erhoffte er sich vom Sohn des Verfassers, August II Kaiser, eine weniger verblümte Auskunft. Einstweilen zog er den allmorgendlichen Sieg über den Fluß dem Kontakt mit Menschen vor. Auch vom Irakkrieg wollte er nichts wissen. Hatte er heiß geduscht, dann breitete er auf der Arbeitsfläche sein Frühstück aus, das zugleich sein Mittagessen war. Nach dem Abwasch war es an der langen Fensterfront mittäglich heiß geworden; dann legte er sich in seine Kapelle und verschlief die Stunden, in denen die Sonne über das Haus wanderte, bis sie ihm wieder von der andern Seite ins Gesicht schien. Dann stand er auf, um zu trödeln. Er beschrieb viele Seiten des *Yellow Legal Pad*, riß sie heraus, sammelte sie zu kleinen Stapeln, die er mit bunten Klebern beschriftete (»Constanze«, »Antoinette«, »Imogen«) und mit Steinen beschwerte, damit er die Fenster über Nacht gekippt lassen konnte, und legte sich wieder hin. Worauf wartete er noch?

Auf jemanden, der nur unerwartet kam und immer unverhofft; dafür ließ er die Tür einen Spalt offen. Es war eine schwarze Katze, die klein, aber wohl nicht mehr jung war. Eines Tages stand sie in der Küche, und es war ein Rätsel, wie sie hereingekommen war. Aber während er durch das Zusammentreffen nur überrascht war, verstörte es die Katze ganz und gar: sie starrte ihn mit aufgerissenen gelben Augen an, und was sie an die Stelle bannte, war nur die Ausweglosigkeit der Flucht. Er entschuldigte sich und trat einen großen Schritt beiseite, um ihr die offene Tür anzubieten. Sie musterte ihn lange, dabei ließ sie sich unmerklich nieder. Nach einer Weile schlug sie die Vorderfüße ein, begann zu blinzeln und wendete den Kopf ab. Klaus ließ die Tür offen, schlich sich zur mittleren Koje und streckte sich auf dem Bett aus. Jetzt erhob sich die Katze, um das Neuland zu inspizieren; er hörte nur noch ihren federleichten Tritt und ahnte, daß sie früher oder später auf ihn zurückkommen mußte. Und tatsächlich stand sie plötzlich unter der Tür, und es kam wieder zu einem längeren Augenkontakt.

Auf das Resultat war er nicht gefaßt. Sie sprang auf sein Bett, übergangslos, und begann ihn, als er sich nicht rührte, mit erhobenem Schweif aufs preziöseste zu umwandern. Dann sprang sie auf seinen Schoß und ließ sich darauf nieder. Sie rollte sich ein, und er zögerte, sie zu berühren. Als er es dann doch tat, spürte er am Vibrato seiner Fingerspitzen: sie schnurrte.

Du schwarze Seele, sagte er, *su casa*. Ich heiße Klaus.

Von da an kam und ging sie, immer unangekündigt. Gefüttert mußte sie nicht sein, das war eine Zugabe, und ihr Verhältnis hing nicht im geringsten davon ab. Aber von da an gab es dieses Verhältnis, es setzte sich ohne Verabredung fort, und Klaus ließ sich die kleine Wärme, wenn sie geruhte, sich einzustellen, gern gefallen.

> *Sie sind ja doch im Fluß gewesen.*
> *Wie kommen Sie darauf?*
> *Ich höre es Ihrer Stimme an.*
> *Maro hat gepetzt.*
> *Mit ihr spreche ich nicht über Sie.*
> *Mit wem sonst?*
> *Nur mit mir selbst.*

Von Manon erhielt er keine Antwort auf seinen Brief.

7 Fremde Botschaft

geht gleichlautend an die Herren
Kaspar Blunck, Dr. Maurus Freyer, Emil Isele, August Kaiser,
Heinrich Pracht, Horst A. Simon, Dr. Ferdinand Springmann

z. Zt. Nieburg, 23. April 2003
der Unterzeichnete ist Schweizer, Historiker, der an Recher-
chen zum Bericht der »Unabhängigen Expertenkommission
Schweiz – Zweiter Weltkrieg« beteiligt war. Ich beschäftigte
mich namentlich mit dem Schicksal der Zwangsarbeiter, die
deutsch-schweizerischen Industrieunternehmen am Oberrhein zugeteilt waren. Die Rolle, die badisch Nieburg in diesem Zusammenhang gespielt hat, ist nicht Gegenstand der
Untersuchung geworden. Dabei war schweizerisches Kapital
an seinem Aluminiumwerk seit der Gründung 1921 beteiligt,
und seine Geschäftsführung unterstand wie bei andern Töchtern der ALUAG schweizerischer Aufsicht. Es hat nicht ganz
unwesentlich zur deutschen Kriegswirtschaft beigetragen und
die Arbeitskräfte dafür aus eigenen Gefangenenlagern geholt.
    Wie erklärt sich, daß Nieburg ein blinder Fleck der kriti-
schen Forschung geblieben ist? Ich habe darüber mit der
Tochter des Gründers Christoph Bühler, Frau Constanze
Weiland-Bühler, vor ihrem Tod intensive Gespräche geführt,
deren Resultat ich weiter vertiefen möchte. Sie hat mir schon
Ihre geschätzten Eltern, aber auch Sie selbst als Freunde und
Mitarbeiter an einem Programm »zur Förderung Nieburgs«
genannt, das ganz gewiß *mehr* gewesen ist als ein Bühlersches
Familienprojekt. Darüber würde ich Sie gerne befragen. Ich
hatte die Ehre, Ihnen beim Begräbnis der bedeutenden Frau
kurz vorgestellt zu werden. Die Großzügigkeit der Enkelin,

Frau Imogen Selber-Weiland, erlaubt mir, meine Recherche an Ort und Stelle zu betreiben. Ich verfasse keinen Nachtrag zum Bergier-Bericht. Mein Arbeitsziel ist bescheidener, aber vielleicht grundsätzlicher: ich möchte, am Beispiel und im Mikrokosmos einer Industriestadt am Oberrhein, die Tragfähigkeit dessen studieren, was man heute Zivilgesellschaft nennt. Wenn ich vom Widerstand Nieburgs im Dritten Reich ausgehe, ist es weder meine Absicht, ein Sündenbüchlein, noch die, eine Heldengeschichte zu verfassen, auch wenn ich vergessene Beispiele von Zivilcourage gern und vielleicht zum ersten Mal dokumentieren würde.

Ich erlaube mir, in den nächsten Tagen telefonisch Kontakt mit Ihnen aufzunehmen und grüße Sie einstweilen hochachtungsvoll

cand. phil. Klaus Marbach

Villa Aia, 79619 Nieburg/Baden (mit Telefonnummer).

Ein Adressat dieses Briefes wartete Marbachs Anruf nicht ab.

Herr Marbach, cand. phil.?

Klaus bestätigte.

Springmann, antwortete die hohe gepreßte Männerstimme, hören Sie, junger Mann – wie jung sind Sie eigentlich?

Klaus nannte sein Alter.

Vierzig, und haben nichts Besseres zu tun?

Klaus, immer noch höflich, begann: Frau Selber –

Kritischer Historiker, was? Ich kenne Ihren Bergier-Bericht. Wer hat den nötig gehabt? Niemand.

Das interessiert mich, sagte Klaus und wurde gleich wieder unterbrochen.

Mich nicht. Ich leite einen Betrieb von neunhundert Leuten. Und trage keine schwarze Uniform.

Ich verstehe, sagte Klaus.

Das bezweifle ich. Was heißt: »Widerstand in Nieburg«? Hier ging's zu wie überall, und wissen Sie, wie ihr Schweizer davon gelebt habt? Prächtig, Herr Kandidat. Guten Morgen!

So weit Ferdinand (»Ferry«) Springmann, der Holländer-Michel auf Frau Constanzes Frühlingsfest. Immerhin gab er mit seinem Zoom auf die »schwarze Uniform« zu erkennen, daß er sich über Marbach informiert hatte. Aber auch dieser hatte über Springmann einiges im Speicher. Geboren 1940, verheiratet mit einer Frau aus der Karibik, kinderlos. Studium als Maschineningenieur an der ETH, Zusatzausbildung als Betriebswirt in München. 1985, kurz bevor Antoinette, die Witwe Christoph Bühlers, ihren Anteil an der Firma verkaufte, zum Betriebsleiter des Werks in Nieburg befördert. Der Vater Paul, Jahrgang 1894, stammte aus einem evangelischen Elternhaus in Ulm, war im Ersten Weltkrieg Soldat bei den Ballonbeobachtern und wurde durch einen Streifschuß am Kopf verwundet, woraufhin eine Platinplatte das fehlende Schädelstück ersetzte; litt deshalb bis zu seinem Tod 1970 chronisch an Kopfweh. Hatte Theologe werden wollen, studierte aber Medizin in Tübingen und ließ sich 1928 in Nieburg als Allgemeinarzt nieder, allseits beliebt, weil er sich für Hausbesuche auch mitten in der Nacht nie zu schade war. Vater zweier Töchter, dann eines Sohns, im Zweiten Weltkrieg wegen seines Kopfschadens nicht eingezogen. Hausarzt in der Villa Aia, vermutlich Insider der Bühlerschen Familiengeschichte.

Von den übrigen Adressaten seines Briefs hörte Klaus nichts. Wohl aber ereigneten sich in den nächsten Tagen merkwürdige Dinge. Als er in der Apotheke Heftpflaster besorgte, sah er im Nebenzimmer den Chef, Maurus Freyer, förmlich wegtauchen. Dafür sprach ihn August Kaiser, der Bürgermeistersohn, jetzt als Stadtbildner tätig, in der Fußgängerzone an und erkundigte sich etwas zu laut nach seinem Wohlbefinden im Kutscherhaus – darin habe er selbst jahrelang gewohnt. Als Klaus nach Hause kam, fand er Kleinigkeiten an seinem Arbeitsplatz verändert, die Papiere exakter geordnet, als er sie liegengelassen hatte, die Tastatur des Rechners verschoben. Saß er nachts an seinem Tisch, konnte er es draußen im Gehölz knacken hören, als pirsche sich jemand an; löschte er das

Licht, so verstummte der Laut. Wohl war das Grundstück eingezäunt, aber hohe Metallgitter mit vergoldeten Spitzen gab es nur auf der Vorderseite. Zum Fluß hin war der Maschendraht an vielen Stellen zerrissen oder mitsamt der Verankerung zu Boden gedrückt.

Es kam aber auch vor, daß Klaus, wenn er vor Tag erwachte, auf der Rasenfläche des Rondells Rehe weiden und aus dem flachen Brunnen trinken sah. Einmal saß ein Fuchs auf der kleinen Höhe hinter der Statuengruppe – ein *weißer* Fuchs, der so bewegungslos verharrte, als wäre er ein Artefakt. Und zu seinem Erstaunen entdeckte Klaus, daß sich die Katzen des Hauses in gebannter Stille um das fremde Tier versammelt hatten. Es leuchtete wie eine Erscheinung aus der Parkfinsternis hervor, und nach einer Weile trabte es die Steigung zur Villa hinauf und verschwand im Schatten der Zederngruppe, deren Umriß als Scherenschnitt in die helle Nacht gezeichnet war.

Die seltsamste Begegnung widerfuhr Klaus am hellichten Tag. Raum und Zeit schienen in der Mittagshitze zu erstarren, selbst das Grundgeräusch des Rheins war fast unhörbar, als das Läuten der Torglocke die Stille zerriß. Es war kurz vor ein Uhr, offenbar war der Gärtner Dias nicht zur Stelle, und Klaus, der ein Bad im Fluß nehmen wollte, sicherte gerade seine Papiere gegen den Zugwind, als er die Glocke zum zweiten Mal hörte. War er denn allein im ganzen Haus? Als es zum dritten Mal läutete, lief er in der Badehose nach unten und sah vor dem Tor einen kleinen Mann mit umgehängter Tasche stehen.

Sind Sie ein Gott? fragte der Mann.

Sie wünschen?

Ich habe Frau Imogen etwas abzugeben.

Es tut mir leid, sie ist nicht da.

Das glaube ich nicht.

Klaus musterte den kleinen Mann genauer. Er hatte ein gefälteltes und mit Haarstoppeln besetztes Gesicht, das am

Kinn von einem Bocksbärtchen verlängert wurde und dadurch noch fleischloser wirkte; üppig war nur das lichtgraue Haar, das seinen Kopf als wirrer Kranz umstand. Auffällig wohlgebildet waren seine Ohren, von geisterhafter Größe die Augen; sie waren blank, weit geöffnet, ohne zu zwinkern, aber sie starrten auch nicht. Seine Stimme trug wie die eines Sängers.

Sie ist verreist. Eigentlich müßte die Haushälterin dasein, oder der Gärtner.

Wenn Sie mich einlassen, sagte der Mann leiser, weiß ich mir zu helfen.

Das ist mir nicht erlaubt.

Sie haben keinen Schlüssel?

Ich bin nur Gast hier. Wenn Sie etwas abgeben müssen, reichen Sie es durchs Gitter. Und sagen mir bitte Ihren Namen.

Der Mann, der Klaus jetzt wie ein Troll vorkam, zog einen dicken Umschlag ohne Anschrift aus seiner Umhängetasche.

Sie übernehmen eine große Verantwortung. Wer sind Sie?

Klaus erklärte sich in wenigen Worten.

Sie sind ein anhangloser Mann?

Wenn Sie so wollen, lächelte Klaus befremdet.

Es zieht herauf in geilen Haufen.

Ein Wort wie »geil« stimmte nicht zu dem zerknitterten Mund, es klang nach Bibelsprache; natürlich, ein Sektierer, der mit Traktätchen hausierte.

Es rührt dich kein Verlangen an, um fremde Botschaft mitzuraufen.

Eigentlich nicht, erwiderte Klaus, verwirrt auch über das unerwartete Du. Wo war er diesem Gesicht schon begegnet?

Schaumgold, sagte der Mann. Bitte bestellen Sie Frau Selber ein gutes Wort von F. Schaumgold. Und quittieren Sie die Übergabe.

Er zog einen elektronischen Block aus der Tasche und reichte ihn durchs Gitter. Klaus nahm den angesteckten Griffel und kritzelte seinen Namen auf das Display. Der kleine Mann betrachtete die Unterschrift.

Klaus Marbach heißt das. Haben Sie noch andere Namen?

Dieser genügt für heute, Herr Schaumgold.

Sie sind wohlgebaut. Hoffentlich sind Sie echt.

Klaus, plötzlich befremdet, hatte Manons Sprache gehört, und jetzt kam ihm der Troll unheimlich vor.

Kennen Sie die Heilige Schrift?

Also doch, dachte Klaus. Ungefähr, sagte er, ich bin Historiker.

Ungefähr. Dann darf ich Ihnen Bildchen schenken. – Er zog eine Postkarte aus der Tasche und reichte sie, mit dem Umschlag zusammen, durch das Gitter.

Klaus sah die »Babylon« betitelte Zeichnung einer mit feinem Pinselstrich skizzierten Oase, die sich als graugrüne Insel aus der gelb und grau schattierten Wüste erhob.

Das haben Sie selbst gemalt?

Keine Antwort. Als er die Karte umdrehte, sah er, handgeschrieben und in Großbuchstaben, einen Text, der beim ersten Überfliegen mysteriös wirkte.

Ist es ein Gedicht?

Was wäre denn kein Gedicht, Herr Marbach? Behalten Sie es. Wenn Sie nur den Umschlag bestellen. Er ist lebenswichtig.

Sobald ich die Haushälterin finde, gebe ich es ihr in die Hand.

Glauben Sie an Gott?

Hoffentlich glaubt er an mich.

Er kommt wie ein Dieb in der Nacht.

Davon habe ich gehört.

Dann bedenken Sie es und hüten sich gut.

Der Hausierer drehte sich um und ging, entfernte sich auf der schnurgeraden Anfahrt, und Klaus sah der kleiner werdenden Gestalt nach, ungewiß, ob sie humpelte oder hüpfte, bis sie vom Flirren der Hitze verschluckt wurde.

Er kehrte in die Wohnung zurück, ohne für den Umschlag einen passenden Ort zu finden; schließlich entschloß er sich, zum ersten Mal die Villa aufzusuchen. Maro erwartete ihn im Schatten des Eibengehölzes am oberen Ende der Auffahrt.

Ist er fort? fragte sie.

Er hatte sie bisher kaum reden gehört.

Kennen Sie ihn?

Schlecht, sagte sie, sehr schlecht.

Er hat diesen Umschlag abgegeben, für Frau Selber. Er schien ihm wichtig zu sein. Bewahren Sie ihn gut auf.

Sie nahm den Umschlag und musterte ihn finster. Als Klaus schon ein Stück weggegangen war, drehte er sich um und sah auch den Gärtner: beide standen bewegungslos am oberen Rand der Wiese. Warum hatten sie das Läuten überhört?

Bevor er schwimmen ging, fiel sein Blick auf die Schreibunterlage, und plötzlich wußte er, wo er den Briefboten schon einmal gesehen hatte. Da saß er als kleiner Junge auf der girlandengeschmückten Hochzeitsbank, der Bräutigam im Zylinder, der sein Haar versteckte, und das Gesicht war nur ein kleiner leerer Fleck. Und doch war er sicher, es sei das Gesicht, dem er am Gitter begegnet war. Er überlegte, ob er Imogen davon berichten sollte, wenn sie anrief, aber das tat sie an diesem Tag nicht, auch nicht am nächsten. Dafür kam Post von Dr. ing. und nat. oec. Ferdinand Springmann. Der Betriebsleiter entschuldigte sich, unter Firmenkopf, für die Schroffheit, mit der er Klaus abgefertigt habe. Inzwischen sei er mit den Kollegen übereingekommen, Herrn Marbach zu ihrer nächsten Zusammenkunft einzuladen, damit er sein Projekt erläutere.

Er bestätigte Herrn Springmanns Sekretariat, daß ihm der Termin passe: Donnerstag, den 8. Mai, um 18 Uhr im »Oberrheinischen Hof«.

Sind Sie verstimmt, Klaus? Fühlen Sie sich nicht gezwungen, jeden Anruf anzunehmen. Ich probiere es auf gut Glück.

Ich freue mich, wenn Sie anrufen.
Ich weiß nie, wo ich am nächsten Tag bin.
Und wenn ich Sie anrufen möchte?
Ich warte nicht gern auf einen Anruf.
Ich warte doch auch.
Das wußte ich nicht.
Jetzt wissen Sie es.
Gute Nacht, lieber Klaus.

Sie hatte aufgehängt, bevor ihm einfiel, ihr von der Begegnung am Tor zu berichten.

8 Der »Stillstand«

Der »Oberrheinische Hof« zeigt schon durch seine Größe an, daß diese Stelle, wo die Züge früher nur »bei Nieburg« anhielten (gemeint war das schweizerische auf der andern Rheinseite), vor über hundert Jahren dazu bestimmt wurde, sich zu einem Bahnhofsplatz von wilhelminischer Stattlichkeit aufzuschwingen. Hier gelangte die industrielle Oberschicht badisch Rheinfeldens standesgemäß ins Grüne und trat an die gesunde Luft, die sie für ihre Familien gesucht hatte; aber bevor sie zu diesen heimkehrte, begoß sie den Feierabend gern unter Männern mit einem Abendschoppen. Als Nieburg in den zwanziger Jahren dank Bühler zum Sitz einer eigenen Industrie und dann auch, als »badisch Nieburg« in aller Form zur Stadt geworden war, bildete der »Oberrheinische Hof« eine Schutzwehr gegen die Massenbewegungen der Zeit und blieb ein Treffpunkt von Leuten, die auf sich und eine gewisse Bildung hielten. In den Gaststuben, die Großvater Pracht eigenhändig mit Wandmalereien nach Motiven Joseph Victor von Scheffels ausgeziert hatte, trafen sich leitende Angestellte, Prokuristen und Chefbuchhalter zum Gespräch mit den Vertretern freier Berufe, Juristen, Ärzten, Redakteuren und auch den Pfarrern beider Konfessionen, von denen die katholische, seit der Zuwanderung von Fachkräften aus allen Gegenden des Reichs, das angestammte Monopol verlor. Im »Oberrheinischen Hof« hatte das liberale Bürgertum seinen Stammtisch, und seine Säle und Sälchen dienten der Zusammenkunft der Vereine, in denen es stark war, aber auch unter sich sein wollte. Hier feierte es, vor dem Ersten Weltkrieg unangefochten, danach auch trotzig, Feste honoriger Lebensart.

Dabei kam der Saalbau zu Ehren, eine klassizistische Halle,

die seit der Gründung des Hauses sein Vorzeigestück gewesen war. Bis zum Bau der Mehrzweckhalle in den siebziger Jahren diente sie als dekorierter Schauplatz für bunte Abende, Theateraufführungen, Turn-, Sänger- und Musikfeste; hier fanden die ersten Kinovorführungen statt, Diapositiv-Vorträge weitgereister Zeitgenossen und die obligaten Masken- und Neujahrsbälle. Der Saal wurde auch für politische Veranstaltungen vermietet, und in den letzten Jahren der Weimarer Republik hatte Großvater Pracht abzuwägen, ob die Anziehungskraft, die radikale Redner auf einen Teil seiner Klientel ausübten, nicht einen andern verscheuchte und mit der Zerstörung von Fenstern und Mobiliar zu teuer bezahlt war. Denn meist war es gerade der sogenannte Saalschutz, der die Saalschlachten auslöste.

Nach der Ernennung Hitlers zum Reichskanzler stellte sich auch im »Oberrheinischen Hof« jene Ordnung wieder ein, die einem klugen Geschäftsmann wichtiger sein muß als dieses oder jenes Unrecht. Nach dem Tod von Pracht II war sein Sohn Paul, Harrys Vater, pro forma Parteimitglied geworden, doch verstand er dem Haus, nicht zuletzt dank der nahen Grenze, immer noch etwas von seinem freisinnigen Anstrich zu erhalten. Dabei entwickelte sich eine gewisse Arbeitsteilung. Der Saalbau nahm die Volksgemeinschaft auf, im Schatten der Gartenwirtschaft kehrten die Familienspaziergänger ein, der Stammtisch aber gehörte immer noch den Honoratioren. Dazu zählten, trotz Gleichschaltung des Vereinslebens, viele Schweizer, und so bestimmte ein grenzüberschreitender *Bonsens* die Unterhaltung, und der politische Streit blieb verpönt. Als Prachts Ältester, der später in Rußland fiel, lateinische Brocken heimbrachte, eignete sich auch der Vater Wendungen an wie *Genius loci* oder *Procul negotiis*.

Das wahre Männerherz aber schlug – oder donnerte gedämpft – von jeher im Souterrain der Kegelbahn, in die man vom Korridor im Hochparterre über eine Wendeltreppe direkt absteigen konnte. Hier balancierte das Personal seine Tabletts in die Tiefe, hier hangelten sich die Kegelbrüder hoch, nachdem sie ihr zunehmendes Einvernehmen – und ihre abnehmende Treffsicherheit – begossen hatten und die Rückkehr an den heimischen Herd unumgänglich geworden war. Wo die Kugel rollte, wo die Kegel fielen, im Glücksfall gar keiner oder nur der mittlere stehen blieb, schwiegen die Widersprüche Nieburgs. Die Arbeiterschaft, die dank Bühlers Unternehmensphilosophie nie radikal gestimmt war, verfügte in der »Eintracht« über eine eigene Kegelbahn.

Über solche Hintergründe hatte sich Klaus in den »Nieburger Geschichtsblättern« kundig gemacht, einer unregelmäßig erscheinenden, mäßig selbstkritischen Schriftenreihe zur Ortsgeschichte. Neuerdings war die Kegelbahn des »Oberrheinischen Hofs« als »Bowling Alley« angeschrieben und mit »Wendy's Bar« verbunden. Doch als Klaus zur »blauen Stunde« sein Rad ans Gitter der Gartenwirtschaft kettete, glühte das Haus stumm in vorzeitiger Sommerhitze; selbst unter den Kastanienbäumen, die schon fast abgeblüht waren, saß kein Mensch.

Klaus zupfte die Klammern von den Hosenstößen, zog die Jacke aus und lockerte den Schlips; er war zu früh. Auf der Rückseite des Hauses hatte man in den fünfziger Jahren das eigentliche Hotel errichtet. Der Anbau umschloß einen Hof, der als Parkplatz diente und von Akazien in auffälligem Hellgrün beschattet wurde. Sie verdeckten einen Teil der graugetünchten Stockwerke, die kasernenartig wirkten, trotz der Ziergitter an den Fenstern. Hinter einem Durchgang zeigte sich die Glaskonstruktion des neuen Schwimmbads. Klaus bedauerte gerade die dürstenden Petunien und Reseden in ihren Betonkästen, als ein silberfarbener Mercedes flott einparkte; der Fahrer öffnete die Tür und ließ ein cremefarbenes Beinkleid mit zweifarbigem Schuh ins Freie hängen, während er sich im Spiegel der Blende mit seinem Gesicht beschäftigte. Er betupfte Stirn, Augenpartie und Schläfe mit größter Sorgfalt, wobei er die Backen blähte und die Lippen einzog: die zurückfallende Manschette legte am Handgelenk eine goldene IWC-Uhr frei. Als er seine Maske grimassierend überprüft hatte, richtete er sich brüsk auf und sprang aus dem Wagen, um ihn mit wegwerfender Bewegung zu verriegeln. Ohne Klaus bemerken zu wollen, wippte er zum Gasthof hinüber und überhüpfte auf der Treppe jede zweite Stufe.

Klaus folgte ihm langsam, und vor der verschlossenen Weinkellertür überfiel ihn ein Moment der Erleuchtung: er *sah*. Übergangslos befand er sich in einem Zustand, den er seit seiner Kindheit kannte; später nannte er ihn »den kompakten Augenblick«. Die Dinge zeigten sich mit einem Schlage durchsichtig. Ihr Zusammenhang knüpfte sich in der Tiefe der stillstehenden Zeit zu einem Text, den er, wie auf einem *Prompter*, nur abzulesen brauchte, um seiner Sache sicher zu sein. Er stand in der Klarheit und brauchte nicht zu wissen, worüber: es würde sich finden von Wort zu Wort, als würde es ihm von einer unsichtbaren Regie souffliert. Fee, die Hausmutter der »Soldanella«, hätte von der »Stimme Gottes« geredet. Aber sie wußte am besten, daß sich diese Stimme nicht darauf beschränkte, es gut zu *meinen*. Es war ein zur Tat gewordener Gedankenblitz, der die »Soldanella« gerettet hatte; an seinem Ursprung war er kein Geschöpf der Zeit, darum besaß sie keine Gewalt über ihn. Die passende Zauberformel hatte damals ausgerechnet ein Spitzbart des feindlichen Lagers gefunden: *überholen, ohne einzuholen*. Der Witz, fand sein Freund Tobias, müsse früher aufstehen als die Schwerkraft, dann sei das Gewicht der Wirklichkeit mit dem kleinen Finger zu heben. Der kompakte Augenblick sei der Zündstoff des Pfingstflämmchens auf den Köpfen der Jünger gewesen, das Blitzlicht von Gottes Gegenwart. Sein Lachen habe es entzündet, und mit diesem Glanz könne man getrost durch jede Nacht gehen, auch durch die Finsternis des Todes.

Eben noch hatte Klaus der Schritt durch die Tür des »Oberrheinischen Hofs« bevorgestanden; als er sie öffnete, hatte er das Gröbste schon hinter sich. Triff sie! hatte ihm der Gedankenblitz gesagt, und in seinem Licht war das Gesicht des Briefboten am Parktor erschienen; das Gesicht Eulenspiegels. Und auf die Frage: womit? kam die Antwort im gleichen Augenblick: das zeigen sie dir selbst.

Der Raum hinter dem Eingang ist zur Empfangszone umgebaut, links wölbt sich der Tresen einer *Reception*, rechts fläzen sich die leeren Sessel der Lobby; hinter der Bar blickt man durch Glas in das weißgedeckte Restaurant und durch seine Fenster in den Kastaniengarten. Man tritt nicht mehr auf durchgelaufene Sandsteinplatten, sondern auf italienische Keramikfliesen. Doch die Türen linker Hand sind noch die alten, und die hinterste zur »Trompeterstube« hat sogar den historischen Türrahmen konserviert.

Klaus klopft an, tritt aber ein, ohne die Einladung dazu abzuwarten. Es ist, wie sich nach der Begrüßung der Herren herausstellt, noch derselbe Raum, in dem Frau Constanze Weiland-Bühler für Ferdinand Springmann ein Diner zu seinem 40. Geburtstag ausgerichtet hatte. Zugleich galt es, seine Ernennung zum Abteilungsleiter zu feiern, die letzte Stufe vor seinem Avancement zum CEO. Das Gästebuch von 1970 liegt auf dem Tisch, aufgeschlagen ist eine Karikatur Ferrys von der Hand August Kaisers, der sich dazu auch über dreißig Jahre später wohlwollend beglückwünschen läßt. Von einem »kühlen Oktobertag«, den der Text vermerkt, kann man heute allerdings nur träumen. »Alle reden vom Wetter, wir nicht«, hatte damals das Marx-Engels-Plakat einer Bewegung gelautet, der auch einzelne Anwesende nahegestanden hatten. Da wurde Churchills Bonmot fällig: wer mit zwanzig nicht links gewesen sei, dem fehle etwas, aber wer es mit vierzig noch sei, dem fehle noch mehr. Wer heute von »Systemwechsel« rede, sei eher als McKinsey-Mann verdächtig denn als Revolutionär; »macht aus dem Staat Gurkensalat« verlange inzwischen auch die Lobby für Speiseöl. Wo sind die Mördergruben von damals hingekommen, Ämil? Wir leben in Zeiten, wo es auch für Kannibalismus eine Marktnische gibt. Kaiser hat einem

Südsee-Reisebericht des 17. Jahrhunderts entnommen, was am Menschen besonders schmackhaft ist: das Innere der Hand. So locker wie der Schlips ist der Ton, in dem man den Historiker aus der Schweiz willkommen heißt; der Sakko hängt längst an der Lehne.

Zwei Herren kommen direkt vom *Work-out* im neuen Fitness-Center und haben dem Gast zuliebe die Wellness-Phase abgekürzt. Maurus Freyer trägt noch sein Frotteetuch über der Schulter, Kaspar Blunck hat sein Schwimmzeug zur Wurst gerollt, die er auf der Klimaanlage deponiert. Klaus erkundigt sich, ob an Herrn Springmanns Geburtstag damals auch Frau Constanzes Tochter zugegen gewesen sei. Damals war Imo noch in Amerika, meldet sich eine Stimme, und wird richtiggestellt: die ist mit der Judith schon 72 wieder zurückgekommen. 75 war sie mit ihrer Ausbildung fertig – hat sie Ihnen erzählt, daß sie mal Stadtbibliothekarin gewesen ist? Das hatte sie nötig! Ja, Gust, sagte Ämil Isele in tiefem Ernst, das hatte sie nötig. – Wie lange hat sie die Schnösel vertragen? – Sie hat auch Judith nicht vertragen. – Die war damals auch noch nicht zivilisiert. – Heute zivilisiert sie uns. – Mit Religion! – Die ist im Kommen. – Auch eine Art, Geld zu waschen, was, Herr Marbach? Da müssen Sie doch Spezialist sein.

Wir nähern uns der Sache, erklärt Ferdinand Springmann, unser Gast ist nämlich nicht zum Plaudern da. Er möchte wissen, wie das bei uns so war, mit den Nazis. Die Haltung unserer Eltern – wir selbst waren ja noch ein bißchen jung dafür. Gerade fünf, als der Spuk vorbei war, können also nicht behaupten, daß uns die Geschichte grade auf den Nägeln brennt. Übrigens: Horst läßt sich entschuldigen, Horst A. Simon. Er ist wegen eines ebenfalls lebenswichtigen Projekts leider unabkömmlich. Er baut mit kriminell gewordenen jungen Künstlern eine fromme Installation irgendwo in den Schwarzwald. Nehmen wir Platz.

Die Standuhr tickte aufreizend gemächlich, aber Klaus war
es klar, daß er einer mit Argwohn schwer gewappneten
Gruppe gegenübersaß. An ihrer Organisation war kein
Zweifel; warum hätte einer, der fehlte, sonst »entschuldigt«
werden müssen. Springmann hatte das Sagen, auch wenn anfangs Harry Pracht, als williger Sekundant, die Honneurs
gemacht hatte. Es folgte Kaiser, Bürgermeistersohn und Me-
dienmann; Freyer, dem Apotheker, pflegte die Runde noch
zuzuhören; Isele, dem Polizeikommissar, begegnete sie mit
wohlwollender Herablassung. Blunck ließ man zwar reden,
aber auch im Regen stehen. Über den abwesenden Simon
äußerte man sich mit einvernehmlicher *Malice*. Alle sechs
hatten die Schulbank miteinander gedrückt, und man durfte
bezweifeln, daß sich ihre Hierarchie seither verändert hatte.
Die Schmisse in Springmanns Gesicht traten wieder deutlich
hervor. Er hatte eine leise Art, die einschüchternd wirkte,
auch wenn er sich mit einer mechanischen, ein Lächeln mar-
kierenden Grimasse unterbrach. An jedem Platz lagen Block
und Stift, vor jedem stand auch eine kleine Batterie alkoholfreier Getränke.

Klaus saß in einem Kreis von Männern, die kaum jemand
für Gleichaltrige gehalten hätte. Emil oder »Ämíl« war ein
alter Mann, wenn auch dem jungen auf dem Gruppenbild
belustigend ähnlich; die Jahre hatten ihm nicht nur einen
Schnauzbart angehängt, sondern auch den Schädel kahlge-
räumt, doch seinem fliehenden Kinn hatten sie sowenig anhaben können wie dem vorwurfsvollen Ausdruck seiner aus
schlaffen Beuteln blickenden Augen. Auch von Kaspar
Blunck, dessen fuchsbrauner Lippenbart so unecht wirkte
wie die Fülle seines Haupthaars, ging etwas Mürbegeworde-
nes aus, während das zerarbeitete Gesicht des Apothekers
Maurus Freyer sein Alter nicht versteckte, doch wenn er
die Stimme hob, konnte er seine schwarzen Augen plötzlich
glühen lassen wie ein wildes Pferd. August Kaiser, der De-
signer, schuldete sich einen beschwingten Auftritt und einen

schroffen Witz, doch die knarrende Stimme, die gleichmäßig gebräunte Physiognomie hatten nichts Gewinnendes.

Springmann wirkte beschädigt, aber nicht alt, dabei hatte seine zur Schau getragene Männlichkeit einen irritierenden Stich ins Feminine. Er wählte auch seine Worte sanft und beschränkte ihr Salz auf beiläufige Ironie, als er Klaus die Runde, die dieser beehre, zu erläutern begann.

Die ehemaligen Schulkollegen hätten sich seit dem Gymnasium nie ganz aus den Augen verloren und sich, als sie das Leben nach Nieburg zurückgeführt habe, »zu einer Art Bürgerinitiative« zusammengefunden. Sie träfen sich seither »einigermaßen regelmäßig« im »Oberrheinischen Hof«, wo sich, dank des neuen Fitness-Zentrums, das Leibliche mit dem Geistigen zusammen kultivieren lasse und »bei unserem Jahrgang« nicht nur der Pflege, sondern leider auch der Disziplin bedürfe. Von dieser könne man sich nicht besser erholen als an Harrys prächtiger Tafel und beim anregenden Gespräch, das auch für das Gemeinwesen hie und da etwas abwerfe. Für dieses trage man nun einmal eine gewisse Verantwortung. Unverständige und Neider betrachteten die Runde sogar als das »graue Regiment« Nieburgs. Das sei, was die Farbwahl betreffe, eine üble Nachrede; wahr sei, daß man sich wenig darum kümmere, welche Farbe eine Meinung habe, nur förderlich müsse sie sein. »Unter uns Pfarrerstöchtern« heiße man scherzhaft auch »Stillstand«, nach einer Behörde des Ancien régime, die in der bäuerlichen Gesellschaft nach dem Rechten gesehen habe. Davon bleibe so viel aktuell, daß man zwar nicht geradezu nach dem Linken sehe, aber der Name des Kindes kümmere einen nicht, solange es nur gesund sei. Ab und zu ziehe man, zur Vertiefung eines Themas, einen Referenten bei, *sine pecunia*, dafür werde er zur gemeinsamen Tafel gebeten. Der Kreis bestehe zwar nur aus Herren, die sich aber nicht als solche der Schöpfung betrachteten; der entscheidende Anstoß sei von einer Dame ausgegangen. Frau Constanze Weiland-Bühler habe dem Kreis viele Jahre formlos präsidiert;

nun habe man leider von ihr Abschied nehmen müssen, wundere sich aber nicht, daß sie auch den Gast tief beeindruckt habe. Inzwischen habe er seine Bekanntschaft ja auch auf ihre Tochter ausgedehnt, unsere ganz besondere Mitschülerin –, aber bevor er ihn dazu beglückwünsche, halte er ein. Denn eigentlich habe er ja Herrn Marbach zu reden eingeladen, und »um Ihr ehrenvolles Interesse an unserer Stadt zu würdigen, möchten wir es besser verstehen«.

Klaus dankte, stellte sich in Kürze als Kaufmannssohn aus dem zürcherischen Überseen mit einer gewissen militärischen Vergangenheit vor, der nach linguistischen Anfängen eher spät zum Studium der Geschichte gefunden habe. Die Brücke zwischen beidem habe der Name Tobler gebildet, der ihm zuerst als Mitbegründer des schweizerischen Idiotikons begegnet sei –

Des – was bitte? fragte August Kaiser.

Es handelt sich um ein Wörterbuch der deutschschweizerischen Mundarten, von denen man im 19. Jahrhundert annahm, sie seien im Aussterben begriffen.

Werch ein Illtum, lachte Kaiser, heute findet sogar das Schweizer Wetter in Mundart statt.

Weil das Wetter zum Ressort Unterhaltung gehört, sagte Kaspar Blunck, als Unterhaltungssendung darf es gesponsert werden. Als Nachricht nicht.

Das Wetter ist auch keine Nachricht mehr, sagte Freyer, es ist eine Katastrophe.

Normalerweise ist es das einzige Unregelmäßige an der Schweiz.

Wenn man ihn weiter hören möge, sagte Klaus: der Name Tobler sei ihm wiederbegegnet, als er sich mit der Schweiz im Zweiten Weltkrieg befaßt habe. – Achim Tobler, ein Enkel des Mundartforschers und gelernter Jurist, habe den Betrieb der AIAG in badisch Rheinfelden geleitet, und zwar in der Uniform eines SS-Sturmbannführers.

Kein hoher Rang, bemerkte Blunck.

Klaus begründete trotzdem sein Interesse an dem verirrten Landsmann, den er gern als Türöffner zu den kulturellen Hintergründen der »Machtergreifung« in einer badischen Grenzstadt verwenden würde.

Tobler war ein Filou, stellte Springmann fest, aber Nieburg und Rheinfelden sind zweierlei, Herr Marbach, denn Bühlers ALUBUAG war nicht die AIAG. Diese hatte allerdings Dreck am Stecken – Schweizer Dreck vom feinsten. Die Saubermänner Ihres hochgelobten Roten Kreuzes waren identisch mit der Führungsriege der »Alusuisse« – ihre Vertreter waren Spitzenklöppler der schweizerischen Diplomatie, sie saßen auch im Bundesrat. Damit hatte Bühler nichts zu tun – sein Eigensinn war zu robust dafür, und sein Damenflor, pardon, zu abgehoben. Bühler war ein helvetischer Amerikaner, und Antoinette verteufelt human – Nieburg war nie Rheinfelden, auch nicht in der NS-Zeit.

Ja, pflichtete Pracht bei, Rheinfelden hatte einen König als Oberbürgermeister, Nieburg aber einen Kaiser. »Kaiser und Reich«, wie er zu frotzeln pflegte, »nur reich werde ich nicht.« Nieburg war die einzige Stadt Deutschlands, die ihren Bürgermeister nach 45 behalten konnte – auch die Franzosen fanden kein Haar in der Suppe, und das will was heißen.

Es gibt eine Verbindung von Tobler zu Ihrer Stadt, sagte Klaus, und ich möchte Ihnen einen Brief aus dem Nachlaß eines gewissen Bernd Selber vorlesen, eines hochrangigen SS-Offiziers, der sich im April 45 das Leben nahm.

Lieber Bernd,
»dichterisch wohnet der Mensch« – er wird, wenn der Endsieg besiegelt ist, auch auf der harten Erde noch irgendwo wohnen müssen. Im katholischen Seminar zu Rottweil hatten wir die Schweiz schon vorsorglich besetzt. Ich habe damals sogar einen Rechtstitel dafür ausgegraben. Der Bündnisvertrag der freien Reichsstadt Rottweil mit den Eidgenossen von 1519 wurde nie gekündigt, ist also immer noch in Kraft. Was also

sollte dem Anschluß der Schweiz an Rottweil im Wege stehen?

Ich blicke von meinem Arbeitsplatz, wo ich den letzten
Russen für den Sieg unseres Volkstums mobilisiere, gedanken-
voll über den Rhein, den deutschen Strom par excellence, an
dem schon Gottfried Keller gerne »ungestört Deutscher und
Schweizer« gewesen wäre. Dieses Kunststück ist mir, trotz ei-
niger Störungen, besser gelungen als dem kleinen Herrn
Staatsschreiber. Mein Großvater, der ebenfalls in Zürich-Hottingen wohnte, hat ihn noch leibhaftig durchs Quartier wat-
scheln sehen. Die Mundart, die jedenfalls für Tobler das Leben
war, steht heute im Dienst der »geistigen Landesverteidi-
gung«: ich denke, daß sie sich bald erübrigt. Mein Betrieb
hat die Schweizer längst im Boot, der Kurs ist klar, und auch
feindliche Bomben vermögen ihn nicht zu stören. Bisher haben
sie es nicht einmal versucht. Kurzum: alle Räder rollen für den
Sieg!

Sollte dieser im Osten rascher als vorgesehen errungen sein,
empfehle ich Dir dringend unsere Schwarzwaldgegend für einen längeren Urlaub. Solltest Du durch bekannte Umstände
noch etwas verhindert sein, biete ich mich schon als Quartier-
macher für Weib und Kind an. Diese Gegend ist stark im
Glauben. Das ist doch etwas für Deine Felicitas!

Was uns Männer betrifft: halten wir uns brav auch als Soldaten. Ich hoffe allerdings, nach der Knochenarbeit auch wieder etwas für die Wissenschaft zu tun. »Wer immer strebend
sich bemüht...« In Rottweil haben wir uns gestritten, wer von
uns Faust und wer Mephisto sei. Ihr Verfasser jedenfalls war
Jurist und hat die Schweiz so gut oder so schlecht gekannt, daß
er froh war, für sich dort »immer einen Zufluchtsort« zu wissen.

Erhalte Dich stark für das neue Europa. Unsere Ehre heißt
Treue, Heil Hitler!

Dein Achim

Die Runde schwieg. Klaus fuhr fort:

Um diesen Brief als das zu lesen, was er ist – eine Einladung zur Desertion –, hätte die Zensur literarisch versiert und etwa im »deutschen Strom *par excellence*« die Ironie bemerken müssen. Was aber das katholische Seminar von Rottweil betrifft: darin war seit Frühling 1936 eine Napola untergebracht – eine nationalsozialistische Erziehungsanstalt.

Wenn Sie zur Sache kommen wollten, sagte Springmann.

Die Sache ist die, daß zwar der angeschriebene Blutsbruder die Einladung an den Oberrhein ausgeschlagen hat, nicht aber seine Frau und sein Kind. Sie sind, nachkriegsbedingt mit Verspätung, als Flüchtlinge hier eingetroffen. Sie heißen Selber, und das Kind kennen Sie zweifellos. Es ist Ihr ehemaliger Mitschüler Iring. Und *seine* Verbindung zu Ihrer Stadt kann ich mit einem Bild dokumentieren.

Klaus entnahm seiner schwarzen Tasche ein Bündel Blätter und verteilte sie; jedes zeigte ein Bild des Kinderfests vom 1. Mai 1949 mit dem begleitenden Text. Er schwieg, während es die Herren betrachteten. Ferry Springmann schob es beiseite.

Und was wäre nun Ihre Fragestellung?

Dürfte ich erst um ein Glas Rotwein bitten? fragte Klaus.

Harry Pracht erschrak, dann eilte er zur Tür und rief nach Bedienung. Als der Hauswein eintraf, ein Chianti, verkostete ihn Marbach ausführlich und nickte.

Auf diesem Bild sind Sie, meine Herren, als Neunjährige zu sehen. Iring Selber, den ich nicht kenne, hat einen Auftritt als Kinderbräutigam Frau Imogens, meiner freundlichen Gastgeberin, mit dem sie inzwischen verheiratet ist. Warum ist er kein Mitglied Ihrer Runde?

Nach einer Pause begann August Kaiser zu lachen.

Ist das alles, was Sie wissen wollen?

Du lieber Gott, meldete sich Freyer, da fragen Sie doch am besten Imo direkt. Nur Gott weiß, warum sie den Schaumschläger geheiratet hat – inzwischen weiß sie es wohl selbst nicht mehr. Sie leben getrennt schon seit –

1973, soufflierte Isele.

– seit mehr als einem Vierteljahrhundert. Und waren zuvor auch nur – wie lange? drei Jahre? vier?

Sechs, sprang Isele wieder ein.

Sechs Jahre zusammen – was immer das heißt. Sechs Jahre zuviel. Es war der Lapsus ihres Lebens.

Sie hat ihn nicht korrigiert, sagte Klaus.

Sie ist nicht geschieden – gut. Wahrscheinlich findet sie es kaum noch der Mühe wert. Er sitzt in Berlin, sie ist hier und lebt, wie sie will – was soll's!

Constanze hat alles getan, um diese Ehe zu verhindern, sagte Blunck. Von ihr aus hätte er schon 49 nicht auf dem Wagen gesessen.

Warum saß er da? fragte Klaus.

Jetzt meldete sich Ferry Springmann. Seine leise Stimme schwankte.

Ist das ein Forschungsgegenstand für einen Historiker aus der Schweiz?

Klaus trank einen Schluck Rotwein, und noch einen zweiten.

Sie fragten, warum Iring nicht zu uns gehört, sagte Pracht. Weil man sich in einem freien Land die Leute, mit denen man umgeht, immer noch selbst aussucht.

Iring Selber interessiert mich, sagte Klaus.

Herr Marbach, fragte Kaiser, haben Sie einen Auftrag? Und von wem?

Ich glaube, sagte Klaus, daß Sie etwas zu verbergen haben.

Nach einer Pause sagte Springmann: Sie haben von unserer Stiftung läuten hören, nicht wahr? Ja, es gibt auch eine Rechtsform für unseren kleinen Verein, und Stiftungsrat konnte nicht jeder werden, dafür hat Constanze gesorgt. Recherchieren Sie die Stiftung? Einem Mann unseres Vertrauens öffnen wir die Bücher gern. Kommen Sie in mein Büro und informieren Sie sich.

Sie wirken ehrenamtlich? fragte Klaus.

Ich zeige Ihnen die Zahlen.

Mich interessiert der Text.

Der Stiftungszweck ist die Förderung Nieburgs, das sagt die Satzung.

Und was verschweigt sie?

Jetzt war die Stille tief und wurde eisig.

Ich schlage vor, sagte Springmann, Sie erklären uns beim Nachtessen, wie Sie das meinen.

Ja, sagte Pracht, gehen wir zum gemütlichen Teil über. Wenn ich bitten darf –

Ich danke Ihnen, sagte Klaus, aber der Appetit ist mir vergangen.

Die Herren waren zu perplex, um die Hand auszuschlagen, die ihnen Klaus reichte, einem nach dem andern.

Bitte behalten Sie das Bild, sagte er schon unter der Tür. Ich wünsche einen guten Abend.

Es war acht Uhr, als er sein Rad losmachte; inzwischen war die Gartenwirtschaft halb voll, es roch nach Holunder, und auf dem First des »Oberrheinischen Hofs« jubilierte eine Amsel. Bevor Klaus aufstieg, verneigte er sich gegen die noch immer verschlossene Tür der Kegelbahn und vor dem kompakten Augenblick, der ihm darin aufgegangen war.

Zweites Buch

1 Zeichen und Wunder

*Deine Zeit ist noch ganz frisch. Es hat sie noch nie gegeben. Sie
ist kein Datum, sondern eine neue Eröffnung der Welt. Gott
versucht ein neues Dasein in dir! In deiner Zeit nimmst du
seine Stelle ein. Vergrab deine Chance nicht im Schutt deiner
Agenda. Nimm dir deine eigene Tagesordnung heraus!*

So stand's, weiß auf rot, auf der Bauchbinde der etwa zwan-
zig Exemplare von »Zeichen und Wunder«, die sich unter
Klaus' Arbeitstisch stapelten, in Folie geschweißt wie ein
Restposten im Neuantiquariat. Schon am ersten Tag hatte
Klaus in August Kaisers zerlesenem Handexemplar geblättert.
Dabei war ihm eine Einlage entgegengefallen, die aus losen
Teilen bestand. Ein kartoniertes Blatt zeigte die Abbildung
eines antiken Statuenpaars, überschrieben »Amor und Psyche,
Rom, kapitolinisches Museum«. Jüngling und Mädchen, beide
nackt, standen, dem Betrachter zugewandt, in einen Kuß vertieft. Es war eine Zärtlichkeit, der sich Psyche, an Amor gelehnt und den linken Arm um seine Brust geschlungen, mit
dem Ausdruck stiller Hingabe überließ, während sie ihn offenbar im Gehen überrascht und sein linkes Bein im Vorschritt
gehemmt hatte. Er hatte die rechte Hand gegen ihre Wange
erhoben und schien sie ohne Druck gegen sein Gesicht zu
halten, zur Stütze der Lippen, die sich vereinigten. Es war
ein Bild unvollendeter Zusammengehörigkeit, deren Ausdruck jede Unruhe verschmähte. Doch beide Körper zeigten
die Spuren zahlloser kleiner Einstiche, die teilweise mit Blei-
stiftlinien verbunden waren. Es hafteten noch Krümel von
Radiergummi daran.

Die zweite Einlage war eine steife Folie, der ein Raster von
Planquadraten aufgedruckt war, jedes mit einem Löchlein in

der Mitte. Die Numerierung der Quadrate schien willkürlich, aber der »Spielregel« hatte Klaus entnommen, daß es sich um ein sechsteiliges »magisches Quadrat« handelte, bei dem die Quer- und Diagonalsumme in jeder Richtung 111 ergab.

Die dritte Beilage enthielt, auf braune Pappe gedruckt, eine Art Fragebogen:

Ich frage mich nach dem Tag,

1. *an dem ich zum ersten Mal spürte, daß ich jemanden lieb habe*
2. *an dem ich dem Tod am nächsten war*
3. *an dem mir das Böse begegnet ist*
4. *an dem ich etwas gesehen habe, was noch niemand gesehen hat*
5. *an dem ich mich verraten habe*
6. *an dem ich den ersten wirklich guten Sex hatte*
7. *an dem ich gesagt habe: es ist genug*

Dazu hatte die »Spielregel« folgende Anweisungen zu geben:

Nimm dir für jede Frage so viel Zeit, wie sie braucht. Behandle sie zwanglos, laß sie los, kehr beiläufig zu ihr zurück, warte ab, bis sie sich von einer neuen Seite zeigt. Die Antwort will nicht gesucht sein, sie findet sich. Sie findet dich.

Dein Gedächtnis ist ein lebendiges Geschöpf. Quäle es nicht, wenn es eine Antwort nicht gleich hergeben will. Es kennt sie besser, als du sie kennen willst. Das Hindernis in diesem Spiel liegt in dir. Du hast dein Selbstbild sauer genug erworben: es hat Gründe für seinen Widerstand.

Es brauchen darum nicht gute Gründe zu sein. Du wirst befestigte Gedankenwege verlassen, um dir selbst auf die Spur zu kommen. Hast du diese Spur nicht schon im ersten Augenblick, als dir die Frage begegnete, aufblitzen sehen? Verschwende jetzt nicht den Tag damit, diesem Lichtblick nachzujagen. Aber verschütte ihn auch nicht mit Einerseits und Anderseits, Wenn und Aber.

Du hast nicht nötig, deinen Schatz zu vergraben. Nimm

lieber den Schutt weg, mit dem er zugedeckt ist. Gefragt sind die Wendepunkte deines einzigen Menschenlebens, nicht diejenigen deiner Karriere. Auch beim Antworten brauchst du nicht gut zu sein. Betrachte dich im Licht der Fragen. Siehst du etwas Neues? Dann bist du auf einem guten Weg. Es ist der Weg zu größeren Fragen.

Es ging am Ende um die »Entdeckung deiner wahren Lebenslinie«: *»Lerne auf die Nadelstiche Gottes achten.« »Um zum Komponisten deines Lebens zu werden, mußt du seine Notenschrift erkennen.« »Deine Lebenskunst besteht darin, an den Punkten, wo sich bei dir etwas Wirkliches ereignet hat, Fermaten zu setzen: hier ist dir dein Engel begegnet. Lerne die Stelle mit ganzer Seele einnehmen, denn sie bezeichnet deinen persönlichen Blickpunkt ins Unendliche. Hier ist dein Leben über jeden Vergleich erhaben; hier entgeht es dem Verfall der Zeit. Benütze deine Punkte zur Gedächtnisstütze für deine wahre Lebensgeschichte. Mach sie zur Grundlage deines Kalenders. Es ist nicht der julianische und nicht der gregorianische (es sei denn, du heißt Julian oder Gregor), es ist dein eigener. Denk an dich; das heißt: an deine Berührung mit dem Wesentlichen. Wo es dich berührt hat, erwartet dich die Neugier Gottes. Er hat dich erschaffen. Was hast du dir daraus gemacht? Die Punkte, die du als Fragender erreicht hast, markieren dein Stück Ewigkeit. Hier bildet deine Lebenslinie ein Sternzeichen am Himmel des Möglichen: Gott hat darauf gewartet, daß es in dir das Licht der Welt erblickt: dein eigenes Licht, kein anderes. Es hütet dich; hüte sein Geheimnis.«*

Es gab eine Nutzanwendung dieser Sätze; Iring Selber nannte sie ein Spiel. Es galt, die Antwort auf seine sieben Fragen zu *datieren*, mit Tag, Monat und Jahr. Angenommen, die Leserin/der Leser habe sich dafür entschieden, am 1. August 1991 dem Bösen begegnet zu sein, so war aus 01.08.91 die Quersumme zu ziehen: 19. Die Zahl entsprach einer Nummer im magischen Quadrat, und damit war der erste Punkt des mystischen Meridians gefunden und konnte – durch das Löchlein in der Folie – auf das Bild des küssenden Paars übertragen werden. Nach gebührender Selbsterforschung vervollständigte sich das persönliche Siebengestirn; dann waren die Punkte untereinander nach bestimmten Regeln zu verbinden. »Amor und Psyche« sei nur als Muster gedacht, das der Leser auch durch ein ihm näher liegendes Bild ersetzen könne. Es diene zur Veranschaulichung des *Sternbilds, wie man sie auf älteren Himmelsgloben durch eine Umrißzeichnung des Löwen oder des Jägers Orion versinnbildlicht findet.*

August Kaisers Stift hatte dem antiken Musterpaar manche Lebenslinie anprobiert und dafür ein Bündel durchsichtigen Notizpapiers verbraucht. Offenbar war er sich über die Begegnungen mit seinem Engel nicht schlüssig geworden, oder der resultierende Zacken zeichnete dem Paar kein apartes Tatoo auf den Leib. Klaus erinnerte sich daran, wie er in den einsamen Jahren der Vorpubertät nackte Weibsbildchen mit ausgeprägten Geschlechtsmerkmalen gezeichnet hatte, um einen spitzen Bleistift darauf fallen zu lassen, mit eindeutiger Trefferabsicht. Daß es Iring seinen Lesern mit dem vorgeschlagenen Zeitvertreib Ende der siebziger Jahre getroffen haben mußte, bezeugte die fünfte Auflage des Buches, die freilich 1984 liegengeblieben war. Damals war nicht nur die Zeit der gesellschaftlichen Revolte, sondern auch die des Wundenleckens vorbei. Man zog sich um für den Wettbewerb um den größten Spaß. Aber ein paar Jahre lang hatte Iring auf dem Markt des Übersprungs von Politik in Esoterik eine vielbesuchte Nische besetzt. Klaus erinnerte sich, den Zacken, der einer Generation aus der Krone gefallen war, auf diesem und jenem T-Shirt oder gar an einem Revers – neben dem Frauen- oder Friedenssymbol – gesehen zu haben. Als Klaus das zweite Studium anfing, gaben sich rettungs- oder einkehrbedürftige Seelen wieder durch ein schlichtes Kreuz auf der Brust zu erkennen oder eine Kette aus Heilsteinen.

Kaisers Handexemplar lag ein Artikel vom Mai 1989 bei,

aus dem hervorging, daß ein Mäzen namens F. Schaumgold, eine Bekanntschaft aus Iring Selbers amerikanischen Jahren, den Nadelstecher mit einer »Academy of Signs and Sense« (ASS) in Berlin ausgestattet hatte. Der Verfasser lobte den Autor von »Zeichen und Wunder«, dessen Erfolg immer ein Mißverständnis gewesen sei: inzwischen könne man es als Manifest des Widerstands gegen den Großen Ausverkauf erkennen. Es sei »nicht für Laufkunden des Menschenglücks geschrieben, sondern für seine Feinschmecker, aber auch für seine Schwerarbeiter – und insgeheim vielleicht für seine Verächter«.

Das Rätsel des Mannes, der Klaus als erstes gefragt hatte: Sind Sie ein Gott? ließ ihm keine Ruhe. Er hatte beim morgendlichen Rheinbad eine Stelle gefunden, die zum Verweilen einlud; ein aus dem Schwarzwald zuziehender Bach hatte eine Kluft in den Steilhang gerissen und sein Geröll als Kiesbank abgelagert, die eine von teilweise stehendem Wasser durchzogene Halbinsel bildete. Sie war nur schwimmend zu erreichen, flußaufwärts, und das auch noch einarmig; das Buch, ein ladenfrisches Exemplar, das er aus der Folie gerissen hatte und jetzt mit der andern Hand über Wasser hielt, diente ihm so auch als Sportgerät. Die Spuren des Gebrauchs waren ihm bald nicht weniger anzusehen als Kaisers Handexemplar, doch in seinem eigenen stand Klaus die Entdeckung einer neuen, diesmal gedruckten Widmung bevor, die Kaiser – warum wohl? – herausgerissen hatte;

FÜR IMOGEN

»Alles läuft auf dich zu.« Diese Einsicht war Iring Selber, wenn man dem Vorwort glauben durfte, schon als Kind gekommen: in der Sonntagsschule des namentlich genannten Pfarrers Blunck. Der Neunjährige vernahm die Geschichte vom Sündenfall, und der Pfarrer illustrierte diesen mit dem Dritten Reich.

*Aber mich interessierte die Sünde des ersten Menschenpaars.
Ich verstand nur so viel, daß es zweierlei Menschen gab und
daß der verbotene Baum nötig gewesen war, damit sie Kinder
kriegten. Denn erst als sie von seiner Frucht gegessen hatten,
bekamen sie welche. Ich konnte schon lesen und rechnen; also
las ich die Bibel selbst und zählte ihrer drei. Zuerst waren nur
Kain und Abel da. Aber hütete Abel denn seine Herde allein
auf weiter Flur, die sein Bruder Kain ebenso einsam mit Früch-
ten des Feldes bestellte? Als er Abel totgeschlagen hatte, zeichnete ihn Gott mit einem Mal, das ihn davor bewahren sollte,
selbst getötet zu werden. Aber von wem? Und wo kam plötzlich die Frau her, mit der er Sohn um Sohn zeugte, und wer
hatte deren Frauen zur Welt gebracht? Waren es ihre Schwestern, Kusinen, gar ihre eigenen Töchter? Ein Ururenkel des
Kain namens Lamech war so anspruchsvoll, daß er im Falle
seines Totschlags nicht sieben, sondern siebzig mal sieben Mal
gerächt werden wollte: also mußte es damals schon mindestens
so viele Menschen wie mögliche Totschläger gegeben haben:
490.*

*Doch mußten nicht etwa die Hälfte davon Frauen sein?
Oder waren sie von Anfang an gar nicht mehr mitgerechnet
worden? Bestand darin Gottes Strafe für Eva, daß ihre Töchter
nicht zählten? Aber sonst nahm es die Bibel mit Zahlen genau.
Regelmäßig registrierte sie das – gewöhnlich schon hohe –
Alter, in dem Männer ihren ersten Sohn zeugten. Davor oder
daneben mußten unter der Hand so viele Töchter geboren
worden sein, daß »die Söhne Gottes« – wer waren denn die?
– unter ihnen Umschau hielten, »denn sie waren schön und
nahmen sich zu Weibern, welche sie nur wollten«. So entstand
eine neue Versuchsreihe, die offenbar Riesen erzeugte, und
plötzlich schien Gott die ganze Zucht leid zu sein. Zuerst entzog er ihnen seinen Geist (»er soll nicht walten im Menschen
ewiglich«), dann beschränkte er ihr Alter auf hundertzwanzig
Jahre. Als er feststellen mußte, daß »alles Fleisch seinen Weg
auf Erden verkehret« hatte, beschloß er, das verkehrte Fleisch*

samt und sonders in der Sintflut zu ersäufen, mit der bekannten Ausnahme, Noah und seine Arche, in die er seine Familie mitnehmen durfte, und von jeder Tierart ein Paar, das ich mir besonders fromm vorstellte. Denn so sahen sie aus, die Elefanten, Kamele und Hündchen, die über einen schmalen Steg in meine Kinderarche wanderten. Zwischen Männchen und Weibchen war kein Unterschied mehr zu bemerken, nicht einmal bei den Löwen. Die Fische hatten wohl keine Überlebenshilfe nötig. Doch was wurde aus Mücken, Fliegen, Flöhen? Hatten sie sich paarweise ins Fell der Rinder eingenistet, unter dem Panzer der Schildkröten verkrochen?

Meine Mutter verlangte, die Bibel wörtlich zu nehmen, und auch ihre Rechnungen stimmten genau, bis zur Bilanz des Jüngsten Gerichts. Und doch schien es dabei einen Rest zu geben, der nicht aufging, eine fortgesetzte Unschärfe, die mit dem Geschlecht der Menschen zusammenhing. Ich suchte nach einer Gleichung für diese Unbekannte. Konnte Gott einfach nicht rechnen, oder gefiel es ihm, meiner Rechenkunst zu spotten?

Manchmal gab mir meine Mutter zu verstehen, daß Rechnen lebensgefährlich sei. Schon als ich vier Jahre alt war, konnte man an den Fingern einer Hand abzählen, daß wir den Krieg verloren. Die andern waren so viele mehr. Aber das durfte man nicht einmal denken. Schon Gott habe, sagte meine Mutter, die Volkszählung verboten. Wenn die Juden wissen wollten, wie viele sie zählten, waren sie nicht mehr Sein Volk, und er ließ sie fallen. Er verlangte Vertrauen, unbedingt, wie unser Führer. Der Vater kam immer seltener zu Besuch, denn der Krieg war streng. Aber dann nahm er mich auf den Arm, und ich durfte auf seiner schwarzen Uniform die silbernen Zeichen berühren, aber daß es Kainszeichen waren, durfte ich ihm nicht sagen. Das wußte ich von der Mutter. Das Kainszeichen bedeutet, daß jemand, der seinen Bruder tötet, selbst nicht getötet werden darf; er steht unter Gottes Schutz. Aber Vater hatte doch keine Brüder getötet, sondern Feinde, sagte *ich. Still, liebes Kind, sagte sie, er hat noch gar niemanden töten müssen, aber frag ihn nicht danach. Und wenn er doch einen Menschen töten muß, weil Krieg ist, hat Gott diesen Menschen zum Bruder gemacht, dann passiert unserem Vater nichts. Als er sich selbst tötete, sagte sie: Gott hat erlaubt, daß Vater ganz schnell zu ihm heimgeht, weil alles Andere unerträglich gewesen wäre. Was »alles Andere« gewesen wäre, sagte sie nicht, und ich fragte sie nicht mehr. Als die Russen kamen, wurde sie vergewaltigt, und wir verloren unser Haus. Auf die Flucht nahmen wir nur mit, was wir auf dem Leib trugen, und zwei Bücher, die Familienbibel und eine blaue Broschüre mit einer Losung für jeden Tag.*

Im Frühjahr 1948 zogen wir aus Unna in Westfalen, wo die junge Schwester meiner Mutter an Tuberkulose gestorben war, nach Nieburg um. In einer Baracke, wo Zwangsarbeiter gehaust hatten, bekamen wir zwei kleine Räume; im vordern schlief meine Mutter. Eigentlich schlief sie gar nie, denn jeden Abend ging sie als Nachtwache in ein vornehmes Haus. Wenn sie mir am Morgen das Frühstück bereitete, sagte sie, sie habe schon gegessen, und betete mit mir. Aus der Villa ihres Patienten brachte sie mir Papier mit, das nur einseitig bedruckt war. Das war mein größtes Geschenk, denn nun konnte auch ich ein Buch schreiben.

Es sollte mit meinem eigenen Stammbaum beginnen, aber diesmal wollte ich mich nicht verrechnen. Es war ja ganz einfach! Ich hatte zwei Eltern, und diese wieder zwei, und so immer weiter. Zwar kannte ich schon meine Großeltern nicht mehr, aber es hatte sie gegeben, und meine Mutter wußte noch dies und das von ihnen zu erzählen. Ihre Namen standen in der Familienbibel, allerdings nur von Mutters Seite; ihr Stammbaum reichte bis ins 19. Jahrhundert zurück, es waren Herrnhuter Brüder und Schwestern, die den Kindern, die ihnen der Herr geschenkt hatte, Namen aus der Bibel gaben. Ich begriff, daß sich die Menschheit nach beiden Seiten vermehrt, auch in die Tiefe der Vergangenheit. Eigentlich vervielfachte sie sich ins Unendliche, denn mein mütterlicher Stammbaum war nur ein Auszug aus einem grenzenlosen Totenwald. Und doch sollte sie am Ende – das heißt: am Anfang – wieder bei einem einzigen Menschenpaar zusammenlaufen. Wie ging das zu? Irgendeinmal mußte sich die Pyramide, an deren umgekehrter Spitze ich stand, doch wieder verjüngen – aber wie? Fielen die Eltern unterwegs plötzlich haufenweise weg? Aber wann hatte es Kinder ohne Eltern gegeben?

Ich fand den Rechenfehler nicht. Ich war in eine Wolke geraten. Und doch hatte ich den ersten Schritt zur Entdeckung getan, wer oder was sich in dieser Wolke der Unmöglichkeit verbarg – es war der erste Schritt zu dem Buch in Ihrer Hand.

Klaus ging in seiner Abgeschiedenheit am Rhein diese Schritte nach – eigentlich waren es Sprünge zur Erleuchtung. Der erste widerfuhr dem Autor ein paar Jahre später, als er sechzehn war und – wie er sagte – mit dem Leben zum ersten Mal abgeschlossen hatte. Ganz allein hatte er eine Höhle zwischen Nieburg und Säckingen erkundet und war immer tiefer eingedrungen. *Plötzlich entfiel mir die Hacke, es gab einen hohlen Laut, und als ich an dieser Stelle zu graben begann, öffnete sich die Erde. Ich hatte den Durchschlupf in eine andere Welt gefunden.* Nur mit dem Nötigsten bewaffnet – einer Taschenlampe, *deren Dynamo man durch Pressen mit der Hand am Laufen hielt, und einigen Knäueln Bindfaden, deren Anfang ich an einem Tropfstein festmachte,* sei er so lange eingedrungen, *bis mir der Faden ausging* – an einer Stelle, wo das Rauschen eines unterirdischen Flusses zu vernehmen war, zu dem er noch habe absteigen müssen, *auf Teufel komm raus.* Er sei gestürzt, zum Glück nicht tief und ohne die Lampe zu verlieren, habe sich nur den Fuß verstaucht; daraufhin sei der Knöchel geschwollen, so daß er den Schuh nur noch habe aus-, nicht mehr anziehen können. Aber *ich fand mich auf dem Boden eines Naturwunders, das mir den Atem raubte und allen Schmerz vergessen ließ. Es wölbte sich, hoch wie eine*

Kathedrale, über eine verzauberte Unterwelt; in ihrer Tiefe
rauschte ein Wasserfall und speiste den nächtlichen See zu mei-
nen Füßen. Schneller, als mein Herz schlug, preßte meine
Hand dem Licht so viel Leistung aus, daß es auch in entlegene
Winkel dringen konnte; und obwohl das Dunkel unerschöpf-
lich blieb, hatte ich das Gefühl, den Raum selbst zu erschaffen.

In diesem Augenblick wollte er die Lösung des Rätsels gefunden haben, das ihm sein Stammbaum aufgegeben hatte.
Mit der Herstellung von Raum kraft eigenen Lichts ging
ihm das Schöpfungsgeheimnis der Zeit auf. Da die Geschlech-
terfolge von Adam und Eva bis zu Iring Selber nicht auf die
Reihe zu bringen war, konnte er sie nur *aus dem Punkt richtig*
verstehen, den ich selbst darin einnahm. Hier und jetzt waren
Anfang und Ende, also der Ursprung der Zeit. Von dem, der
danach fragte, ging sie aus, und auf ihn lief sie zu: *Ich bin auf*
Erden erwartet worden. Aber auch: *Niemand hat auf mich*
gewartet, ich täte es denn selbst.

Die lautlose Implosion der Schöpfung auf *meine Person*
habe ihn verstummen lassen. Auch seine Hand knetete nichts
mehr: *Ich brauchte nicht mehr auf die Tube zu drücken. Ich*
saß in gänzlicher Finsternis, und zugleich in der Fülle meiner
Wahrheit, die so überwältigend gewesen sei, daß ihn in diesem
Augenblick das eigene Leben nicht mehr gekümmert habe.
Ich bin angekommen, wo alles aufhört: im Zentrum der Wol-
ke. Hier ist so wahr alles Licht, so wahr ich hier in vollkom-
menem Dunkel sitze. Ein Druck meiner Hand, und die Schöp-
fung springt wieder an. Das bleibt – ich kann vergehen, wie ich
will. Mein Verschwinden ändert nichts. Ich war, ich werde
sein, denn ich bin. Noch mehr: ob ich lebe oder sterbe: ich
bin, was IST.

Klaus fühlte etwas vom autistischen Rausch, der von solchen Stellen auf viele Leser übergesprungen war. Die Welt-
geschichte ließ sich entfernen in der völligen Konzentration
auf das Ich; eine pulsierende Größe, welche die Schöpfung
einholte und wieder entließ wie eine Lunge ihre Atemluft.

Irings Selbstentdeckung hatte etwas Napoleonisches. Aus allem, was dem Ich zustieß, wußte sie ein Imperium zu machen.
Der »Absolute Einfall« hatte Iring auf einem kantigen Findling überwältigt – war es ein Wunder, daß die Höhle seither als
»Thronsaal« bekannt geworden war, auch wenn der Name
ihres Schöpfers ungenannt blieb? So würde sich künftig alles,
was an Geschichte anfiel, abspielen: der Name ihres Urhebers
brauchte nicht genannt zu werden. Er lebte anonym unter
seinesgleichen – die nicht einmal wußten, daß sie seinesgleichen waren, nicht geringere Schöpfer als er und wahre Meister
des Lebens. Aber sie konnten es erfahren, und sein Buch öffnete ihnen den Weg dazu. »Es winkt zu Fühlung fast aus allen
Dingen«, zitierte der Autor – der Rilke-Satz enthalte nur einen Fehler, das Füllwort »fast«. Es winkt aus *allen* Dingen, am
liebsten aus unscheinbaren; alle bedeuten dich, als ihren
Schöpfer. Denn ohne dich, der sie wahrnimmt, wären sie
nicht. Zeige ihnen, was sie sein können, gewesen sind, immer
sein werden, durch dein volles Dasein im Hier und Jetzt. *Laß
dich bedeuten*: von allen Dingen, die – anders als du selbst –
nie vergessen, was sie dir verdanken.

Es war hinterher leicht zu bemerken, daß dieses Buch die
Totenglocke, die ihm Ende der achtziger Jahre schlug, selbst
eingeläutet hatte. Sein Ego-Universum lief auf eine perfekte
Privatisierung der Welt hinaus, und das magische Sudoku, das
Iring zur Beschäftigung mit der eigenen Wichtigkeit dazulie-
ferte, würde sich bald mit der Arithmetik von Börsenkursen
begnügen.

Aber weiterlesend, stieß Klaus auf eine zweite Erleuchtung.
Die Schöpfung, die Iring Selber ausgerufen hatte, *war nicht zu
retten*.

Getreu seiner Maxime, daß man Offenbarungen datieren
muß, verzeichnet Iring am 21. März 1972 die nächste Welt-
wende. Der Ort: ein Supermarkt in Tompkinsville, N.Y., wo er
»mit Frau und Kind« zum Einkaufen gewesen war. Es blieb,
im ganzen Buch, die einzige Erwähnung von Irings Ehe; noch

mehr überraschte diejenige einer Familie. An dieser Stelle also versteckt der Autor jene »Tochter« Judith, der Klaus wenigstens als Foto begegnet war; dem Andachtsbild der schwarzhaarigen jungen Squaw, über dem Constanze Weiland-Bühler gestorben war.

Judith war im selben Jahr 1972 mit Imogen nach Europa zurückgereist. Aber im März hatten sie noch *en famille* eingekauft. Iring belud den offenen Gepäckraum des älteren Plymouth, während sich »die beiden Frauen« *zum wenige Schritte entfernten* Lookout *begeben hatten, um die frühlingshafte Aussicht über den See zu genießen. Ich sah sie, eher Schatten als Körper, durch die aufgesperrte Klappe des Kofferraums im Gegenlicht stehen. Das Ufer gegenüber lag im Glast, der die Konturen der Landschaft verdämmern ließ. In diesem Augenblick zuckte ein* Flash *herüber, ein Stich durchs Auge bis ins Gehirn. Und ich* sah *in diesem Augenblick unauslöschlich,* daß die Welt nicht zu retten war. *Es war ein zündender Wink außer der Zeit; zugleich war ich es selbst, der ihn mir »von drüben« gab; er benützte wohl den Reflex einer Autoscheibe. Aber er durchbohrte mich mit einer Gewißheit, wie sie mich seit der Höhlenfinsternis nicht mehr getroffen hatte.*

Klaus war über den Rhein geschwommen, und seine Kniekehlen zitterten noch. Es gelang ihm nicht, das Gefühl abzuschütteln, daß ihm die dreißig Jahre alte Nachricht aus einer unbekannten Gegend in die Glieder gefahren war. Wenn Iring seinen Erkenntnisblitz am Waldsterben festgemacht hätte, einem anderen Krankheitszeichen des überanstrengten Biotops: das hätte sich 1973 hören lassen. Aber eine Autoscheibe!

Aus »Zeichen und Wunder« war auch dies und das über Irings Vater zu erfahren. Denn auch dieser hatte, um des Dienstes an seinem Führer würdig zu werden, von seinem Stammbaum Rechenschaft geben müssen. Er war am Westrand Deutschlands aufgewachsen, wo die Glaubensgemeinschaft, der die Selber angehörten, im römisch-katholischen Land eine Insel der »Brüder und Schwestern vom gemeinsamen Leben«

bildete, das sie nach dem Wort Augustins praktizierten: Liebe und tu, was du willst. *Daß die Ahnen meines Vaters jedenfalls keinen jüdischen Umgang hatten, genügte ihm für seinen Ariernachweis. Aber der Verlegenheit meiner Mutter half es nicht ab; sie hätte für meinen Großvater väterlicherseits nicht die Hand ins Feuer gelegt.*

Iring hatte sich in seinen Aufzeichnungen einmal »Postumus« genannt; jetzt zeigte sich, daß er, was die Unsicherheit der väterlichen Herkunft betraf, gewissermaßen Marbachs nächster Verwandter war. Daß einer danach auf die Idee kommen kann, mit allen Mitteln Vaterstelle an sich selbst einzufordern, kam ihm nicht mehr ganz so ungeheuerlich vor, auch wenn sich Gott davor schließlich ins Nichts einer blitzenden Fensterscheibe zurückgezogen hatte. Das Spielzeug, mit dem man, nachdem alles vorbei war, zum Zeitvertreib nach Amor und Psyche stechen konnte, war ein Epilog der Selbstverspottung, ein Satyrspiel nach vollendeter Tragödie des vergötterten Selbst.

Treffen Sie sich mit Iring? Wie jeden Sommer?
Wie kommen Sie darauf?
Ich darf Sie alles fragen, außer wo Sie sind.
Ich bin allein, Klaus.

2 Harry's Bar

Klaus kam eben vom Wasser zurück, als er, noch in der Remise, oben das Telefon klingeln hörte; das war um neun Uhr morgens ungewöhnlich.

Harry Pracht. Sie haben beeindruckt.

Vielen Dank.

Darf ich fragen, ob Sie heute in die Stadt kommen? Und Zeit hätten für ein Gespräch?

Mit wem?

Nur Sie und ich.

Heute bin ich beschäftigt.

Ein kurzes Schweigen. – Morgen?

Gut. Um fünf Uhr? Wo?

Im »Oberrheinischen Hof«, wenn es Ihnen recht ist.

Der Eingangsbereich des Gasthofs war menschenleer; Pracht erwartete ihn an der Bar. Es war nicht viel kühler als draußen; er trug einen Sommeranzug mit geblümter Krawatte und bereitete zwei Gläser gespritzten Weißweins eigenhändig.

Wie geht es Ihrer Mutter? fragte Klaus, nachdem sie angestoßen hatten.

Sie liegt im Pflegeheim, ein Schlag. Wird wohl nicht wieder.

Das tut mir leid. Was ich über Iring weiß, weiß ich von ihr.

Harry schluckte leer und sah ihn nicht an. Was Ihr Thema betrifft, sagte er, leider kann ich meinen Vater nicht mehr fragen. Er hat das Haus von 31 bis 70 geführt, dann übergab er es mir. Ich verdanke ihm eine strenge, doch faire Erziehung; er war stolz, daß ich aufs Gymnasium gehen konnte. Vor allem verdanke ich ihm die Beziehung zu Menschen, die ihr Vertrauen auf mich übertragen haben. Große Persönlichkeiten haben bei uns verkehrt, angefangen mit Theodor Heuss. Karl Jaspers und Martin Heidegger waren unsere Gäste.

Hoffentlich nicht gleichzeitig.

Ich glaube nicht, erwiderte Pracht ernsthaft. Doch aus meiner persönlichen Sicht war die Verbindung mit der Familie Bühler die engste. Ich bin nicht unkritisch gegen das Unternehmen. Aber die menschliche Seite blieb immer intakt. Ich habe den alten Bühler einfach Onkel Christoph genannt. Man kann ihn wohl den Gründer badisch Nieburgs nennen. Als er sich nach dem Ersten Weltkrieg mit der ALUBUAG selbständig machte, begnügte er sich nicht damit, hier ein Kraftwerk und ein Walzwerk zu bauen. Er sagte immer: für mich gibt es keine Landesgrenze. Nieburg ist ein Ensemble. Es liegt an der letzten Stelle, wo der Rhein genutzt werden kann. Es braucht Industrie, aber ohne Dreck und Gestank. Auch Arbeiter verdienen eine Gartenstadt. Bühler hat Nieburg geplant wie ein aufgeklärter Fürst. Mit dem neuen Werk entstand die Mustersiedlung Herrenwald für die Belegschaft – beinahe hätte sie Bruno Taut gebaut. Jeder Familie eine Wohneinheit mit Bad, jeder einen Garten und ein Auto, daran dachte Bühler schon, bevor es Volkswagen gab. Er sorgte auch für eine Fußgängerzone. Er setzte Nieburg zusammen wie ein Puzzle, mit viel Grün.

Sie malen selbst, sagte Klaus und deutete auf die fast monochrom blauen Bildflächen, mit denen die Lobby tapeziert war.

Ach, das war einmal.

Warum hat sich die ALUBUAG selbständig gemacht? Und warum ist sie 1931 wieder unter das Dach der AIAG zurückgekehrt?

Da muß ich etwas ausholen. Der Erste Weltkrieg war eine Katastrophe für die Gruppe. Anfangs waren ja drei Länder an ihr beteiligt, die Tonerde kam aus der Provence. Aber 1914 mußten wir uns nach dem Reich orientieren, schließlich war Krupp unser wichtigster Partner. Nach dem Krieg schieden die Deutschen aus dem Aufsichtsrat aus. Ohne Onkel Christoph wäre unser Besitz in Frankreich verloren gewesen. Statt dessen wurde er der Weimarer Republik als Kriegsentschädigung gutgeschrieben. Christoph rettete den Konzern und hätte schon damals sein erster Mann sein können. Aber als Visionär gründete er seine eigene Firma. Aluminium war damals *die* Wachstumsindustrie, wie später der Kunststoff. Vor dem Krieg hatte man noch gefragt; wofür braucht man Aluminium? Nach dem Krieg fragte man: wofür *nicht*? Christoph machte einen Markenartikel der *Schweiz* daraus – ein Land ohne ein Gramm eigenes Bauxit!

Davon habe ich gehört.

Der Zweite Weltkrieg war *überflüssig!* Das Aluminium befand sich voll auf Friedenskurs. Bühler eroberte die Welt mit Schokoladenpapier. Wir waren stärker als Shanghai. Doch als wir anfingen, uns selbst zu konkurrenzieren, mußten wir die Kräfte wieder bündeln. Bühler blieb auch nach 31 der starke Mann der Gruppe, und in Nieburg redete ihm keiner hinein. Er hat uns auch für den Nachkrieg fit gemacht. Schweizer denken eben global. Warum sich auf die EU beschränken?

Klaus erinnerte sich an Pas Erzählungen von der Landesausstellung 1939, wo der Aluminium-Pavillon ein *Highlight* gewesen war. Holz und Aluminium, das bedeutete Heimat, und Pa hatte zwölf Stühle aus gelochtem Aluminium für den Garten angeschafft. Da man beim Sitzen fröstelte, hatte Mom Kissen mit handgestickten Sternzeichen aufgelegt.

Die Bühlers haben den Rhein niemals bloß als Quelle *materieller* Energie behandelt. Für die geistige war Tante Antoinette zuständig. Haben Sie von ihren Seminaren gehört?

Auf der Insel.

Antikratos, unvergeßlich, sagte Harry verklärt, sie führte uns zu den Quellen in uns selbst. Lennie, Constanzes Mann, war schon vor dem Krieg der gute Geist der Seminare gewesen, und nach dem Krieg erst recht – solang er noch konnte, er war ja sehr krank. Ich habe ihn noch als Lehrer erlebt. Was der aus dem Rhein zu machen wußte! Einmal führte er das Herzblut der Dichter, dann wurde er zum heiligen Strom der Indianer, ihr Todessturz in die moderne Gesellschaft. Und im Handumdrehen bewies Lennie, daß es die Niagarafälle ohne Elektrizitätswirtschaft bald nicht mehr gäbe. Wußten Sie das? Ließe man den Fällen ihre Wucht, so hätten sie sich in ein paar hunderttausend Jahren bis zum Erie-See zurückgefressen, und das wäre ihr Ende.

Da steht uns ja was bevor.

Da haben Sie Lennies Dimension. Dabei war er ein Arbeiterkind und später sogar Mönch. Etwas Jesuitisches behielt er immer, wenn Sie mich fragen. Aber so lange er fürs Geistige sorgte, war Nieburg ganz groß. Leider ist er 59 gestorben, danach hatten es die Inselseminare mehr mit der Seele. Selbsterfahrung, Urschrei, Loslassen. Da kommt natürlich auch das Körperliche ins Spiel.

Das Körperliche?

Als Lennie starb, war Constanze noch im besten Frauenalter. Wenn Sie mich fragen: sie war schon zehn Jahre Witwe, *bevor* sie es vierzig Jahre lang blieb. Eine *lustige* Witwe war sie nie – aber eine Frau aus Fleisch und Blut. Mit meinem Vater hatte sie nie etwas. Orgien auf der Insel – Quatsch! Wir waren immer ernsthaft und sind es noch. Wir sind ein Förderkreis.

Was fördern Sie?

Kultur. Wir projektieren die »Alu-Welt«, ein Lernmuseum mit spielerischen Elementen, um die Jungen früh abzuholen. Für Alfried Simon hatte schon Tante Antoinette eine Gedenkstätte geplant – kennen Sie seine Keramik? In Japan ist er Kult, darum haben wir ihn an der EXPO in Aichi groß herausgebracht. Aber wir fahren auch die europäische Schiene. Kaiser bereitet eine Themenschau vor: Habsburg am Oberrhein. Da gehört Ihr Land dazu. Die Habsburg liegt im Aargau.

Die Gartenwirtschaft über dem Autobahntunnel.

Ihr habt was gegen Österreich. Aber die letzte Kaiserin ist in Zizers gestorben, und Sissi wurde in Genf umgebracht. Bei den Österreichern ist Sterben immer die Hauptsache gewesen! – »Waldstätte und Waldstädte«, das müßte Sie ansprechen. Leider fehlen uns noch die Partner in der Urschweiz.

Das wundert mich nicht.

Doppeladler, Doppelstädte – wie klingt das? Schließlich ist Nieburg das Modell einer geteilten Stadt – und macht es besser als andere. Auch das Jahrbuch »Unser Nieburg« ist grenzüberschreitend. Alles begann in Antikratos – »Lebenskunst Europa«, das war unser Kerngeschäft. Jetzt liegt es in jüngeren Händen, Deutsche, Griechen, Albaner... voll interkulturell, und natürlich herrschaftsfrei. Aber inzwischen denken wir über etwas ganz Neues nach –

Er hatte die Augen niedergeschlagen und die Stimme gesenkt, obwohl außer ihnen kein Mensch in der Bar war. Jetzt aber musterte er Klaus mit heiligem Ernst.

Wir schreiben einen Themenwettbewerb aus, und die Preissumme kann sich sehen lassen. Sie ist natürlich auch als Anschubfinanzierung des prämiierten Projekts gedacht. Das wird ein großer Schritt unserer Stiftung. Und in diesem Zusammenhang – Prachts Stimme festigte sich, immer noch fast flüsternd, zur Entschlossenheit – haben wir an *Sie* gedacht. Wir möchten Sie gewinnen.

Wofür?

Ein Wettbewerb dieses Formats verlangt Ideen, Sachkunde, ein gutes Urteil, Zeitgenossenschaft. Er braucht aber auch einen Apparat, eine Administration. Keiner von uns wäre in der Lage, sie linkshändig zu erledigen. Was wir uns vorstellen, ist ein selbständiges Generalsekretariat, das die Eingänge sichten kann, evaluieren und zu Händen der Jury aufbereiten. Dann will auch die Öffentlichkeitsarbeit geleistet und die Preisverleihung organisiert sein. Und die Preisredner – bitte nur vom Feinsten. Es wird ja so etwas wie ein Nobelpreis. Nóbelpreis. Er wird auf der ersten Silbe betont.

Und was ist das Thema des Wettbewerbs?

Sagen wir: die Verbesserung... nun, das Konzept bedarf

noch einer bestimmten Konzeption ... sagen wir: eines großen
Wurfs, und dann der entsprechenden Umsetzung. Eine Idee
ist nichts, nicht wahr, ohne den richtigen Kopf dazu. Die Position müßte Sie interessieren.

Welche Position?

Natürlich hätten Sie fast jede Freiheit, sie selbst zu definie-
ren ... nur Freiheit macht kreativ. Als Programmbeauftragter
verfügten Sie über Mitarbeiter, die Sie selbst auswählen. Sie
wären nur dem Stiftungsrat gegenüber verantwortlich und
könnten sich Ihre Arbeitszeit einteilen nach Wunsch und Bedarf. Die Stiftung würde auch für passende Räumlichkeiten
besorgt sein. Und was die Honorierung betrifft, so gingen wir
von ... 20 000 Euro monatlich aus, nach Steuern und ohne
Spesen – Reisen, Einladungen, Empfänge usw. würden separat
entschädigt.

Aha, sagte Klaus.

Wir berücksichtigen Ihre akademische Kompetenz, außerdem sind Sie Schweizer, Offizier, und ein *Asset* ist auch Ihr
guter Draht zu Imo – zu Frau Selber-Weiland. Wir hatten
bisher nur noch keine Gelegenheit, den Wettbewerb mit ihr
zu ... ventilieren.

Aber Sie rechnen auf ihre Unterstützung.

Sie ist unumgänglich, darum zählen wir auf die Ihre, Herr
Marbach. Ich bin sicher ... es gibt kein Problem, wenn wir erst
unter uns einig geworden sind. Mit einer Lebensstelle rechnen
Sie ja nicht, aber ein Vertrag über fünf Jahre ... ist auch nicht
zu verachten, der natürlich verlängert werden kann.

Darüber muß ich schlafen, sagte Klaus.

Selbstredend, sagte Pracht, und in seinem Gesicht erschien
eine Mischung von Erleichterung, Besorgnis und Geringschätzung. Allerdings ... es gäbe eine Probezeit von einem
Jahr. Das ist nur fair, nicht wahr? Für beide Seiten.

Und wie, denken Sie, wäre Frau Imogen Selber-Weiland für
das Konzept zu gewinnen?

Harry Prachts Gesicht war förmlich anzusehen, daß er unter Freunden für überflüssig hielt, auch noch auszusprechen, was er dachte.

Sie war ihrem leider viel zu früh verstorbenen Vater Leonhard eng verbunden, und man könnte etwa daran denken... ihm eine Gedenkschrift zu widmen.

Oder ihren Mann interviewen, sagte Klaus. Das würde mich locken.

Kaum war es gesagt, da verschluckte sich Harry Pracht und begann so zu husten, daß ihm Klaus auf den Rücken klopfte.

Entschuldigen Sie, krächzte er. Nein. Iring... nein. Der ist aus dem Spiel. Und da wollen wir ihn auch lassen.

Für Ihre Stelle schiene er mir die beste Besetzung, und es bliebe in der Familie.

Lieber Herr Marbach, sagte Pracht, lieber Herr Marbach. Das ist nicht Ihr Ernst. Iring hat Imogen auf eine Art verletzt, die... die...

Er rang nach Worten. Das können Sie nicht wissen. Das müssen Sie nicht wissen. Ich begnüge mich mit der Feststellung, daß er in Berlin, wohin er geflohen ist, mit eigenen Projekten genug zu tun hat. Und daß sich seine sogenannte Akademie bereits ausreichender Förderung erfreut... durch einen Herrn Goldschaum. Der Name sagt Ihnen nichts? Uns sagt er genug.

Womit beschäftigt sich sein Institut? fragte Klaus.

Mit Geheimhaltung seiner wahren Absichten, sagte Harry. Ich sage nur: Irak. Und hoffe, das genügt.

Sie machen mir Lust, Iring kennenzulernen, sagte Klaus.

Dann sage ich Ihnen nur noch eines, erwiderte Pracht, heiser vor Erregung, Constanze hat *alles* getan, diese Unglücksehe zu verhindern. Und das mindeste, was *wir* tun können, ist, sie auf sich beruhen zu lassen. Iring ist das Unmöglichste, was der Familie passieren konnte. *Den* hat sie nicht verdient. Den Heiratsschwindler konnten wir nicht verhindern. Aber den Erbschleicher *werden* wir verhindern, darauf können Sie Gift nehmen!

Harry Pracht hatte seine Verhandlungsagenda über Bord geworfen; jetzt sprach nur noch seine Verbitterung aus ihm und ein bis auf den Grund empörtes Gefühl. – Wir müssen Imo von dieser Last *erlösen*, sagte Pracht. Je eher, desto besser.

Sie meinen, sie wäre immer noch für eine neue Verbindung zu haben.

Sie werden lachen, sagte Pracht und war deutlich errötet, um Geld geht es nicht. Es geht um *sie*. Sie verdient es, endlich frei zu sein.

Ich glaube nicht, daß sie sich den Gebrauch ihrer Freiheit vorschreiben läßt.

Sehen Sie, sagte Harry Pracht, so fängt es an. So verfällt man ihr.

Mit seinem aufrichtigen Kummer glich er plötzlich, trotz seiner gelichteten Stirn, dem kleinen Baldachinträger von einst aufs Haar.

Ich kenne Imo, seit sie ein Kind ist. Wir alle sind einmal in sie vernarrt gewesen. Sie ist eine Elfe – und ich erinnere mich an eine Englischstunde ihres Vaters. Wir hatten Shakespeares »Sturm« gelesen, da erklärte er uns *the fairies' gift* und sagte: »Wenn ihr glaubt, daß Elfen gute Geister sind, seht euch ihre Ableitungen an! Eine davon steckt im ›Alptraum‹. Darin sitzt ein böser Elf, wie in der Gabe das Gift.« Das war Lennie – und das ist Iring.

Ich dachte, Sie reden von Imogen.

Pracht fuhr ungerührt fort: Imo kann Sie drücken, daß Sie nicht mehr atmen können.

Sind Sie verheiratet? fragte Klaus.

Gewesen, muß ich nicht wieder haben. 81 geschieden – wir sind ein Geschiedenenverein, bis auf Ämil, und der ist wohl immer noch Jungfrau, auch wenn man sich eine solche anders vorstellt.

Springmann ist verheiratet.

Noch, sagte Pracht.

Woher kommen die Kratzer in seinem Gesicht?

Das fragen Sie ihn besser selbst. Nein, verheiratet bin ich nicht, aber meine Lebensgefährtin ist tüchtig, sie macht die Verwaltung.

Das Haus ist *ruhig*.

Waren Sie in Wendy's Bar? im Wellness-Zentrum? Ich lade Sie zu einer SMA-*Package* ein: Schwimmen, Meditieren, Ayurveda. Danach bersten Sie von Energie.

Ich habe das Rad. Danke für den Wein. Über Ihr Angebot denke ich nach.

Wissen Sie, wo Christoph und Antoinette Hochzeit gemacht haben?

Doch nicht gar im »Oberrheinischen Hof«?

1919, sagte Pracht mit einer Grimasse, das war ein Ding! Das Volk hatte Hunger, verlor den Boden unter den Füßen, und da kommt Bühler, geht nicht ins »Dolder«, sondern in unser Haus, das nichts zu bieten hat als einen leeren Saal, lädt alles ein, was gut und teuer ist, und zahlt in harter Währung – wirft an einem Abend siebentausend Goldfranken auf! Dafür hätten Sie damals die ganze Stadt kaufen können! Wir sind den Bühlers treu geblieben. Nieburg ist von Schweizern gerettet worden, Sie dürfen stolz sein! Machen Sie Ihr Glück!

Glück war das letzte, was er im Ohr hatte, als er Harry Pracht, schon vom Rad herunter, zuwinkte. Er sah einen alternden Mann im hellen Sommeranzug, der leicht gebeugt vor seinem Haus stand, als wäre er ein abgewiesener Gast.

3 Studiogespräch

Zuvor war Klaus sicher gewesen, daß in Nieburg kein Mensch auf ihn gewartet hatte; plötzlich fühlte er sich in die Mitte der Dinge geschoben – ohne recht zu übersehen, *welcher* Dinge. Nachdem er über Harry Prachts Offerte mehr als einmal geschlafen hatte, beschloß er, Maurus Freyer ins Visier zu nehmen. Denn obwohl der glutäugige Apotheker *gestört* wirkte, traute er ihm auch etwas wie menschliche Richtigkeit zu.

Die Paracelsus-Apotheke befindet sich in einem einstökkigen Gebäude an der Rathenaustraße, dem vorgeschobenen Anbau einer gotischen Villa, welcher die Bauherren um 1900 gewiß keine solche Fortsetzung zugedacht hatten. Auch sie war das Werk eines Isele, vor dem Ersten Weltkrieg für den Drucker Johann Freyer errichtet, der seinen Betrieb zum Verlagsunternehmen erweitert hatte. Krieg und Nachkrieg hatten beiden zugesetzt. Freyer mußte sein Angebot auf Schulbedarf, Spielzeug und Lederwaren ausdehnen, was seinem Marktverstand auch zugute kam, so daß er seinem Sohn 1932 einen soliden Betrieb übergeben konnte – der mit dem Einfall des Nationalsozialismus alsbald seine nächste Prüfung erlebte. Freyers Publikationen bedienten ein bürgerliches Publikum, das eher liberal als national gestimmt war. Der nationalsozialistische Anteil der Wählerschaft hatte in Nieburg vor 1933 nie mehr als 19 Prozent erreicht. In der Arbeiterschaft mobilisierte das sozialdemokratische Reichsbanner weniger als die christliche Gewerkschaft, die gewohnt war, im Rahmen der von Bühler geprägten Betriebskultur zu agieren. Nieburg war ein verhältnismäßig gefestigter Stützpunkt der Republik. Der Taufpate von Maurus' Vater war Walther Rathenau persönlich gewesen, und anläßlich seiner Ermordung demonstrierte die ganze Stadt ihre Verbundenheit mit dem Freund und Förderer der Industrie am Oberrhein.

Unter den Vollstreckern der Diktatur befanden sich so wenige Einheimische, daß sie lange als Fremdkörper betrachtet wurden. Die Nähe zur Schweiz verkörperte sich auch in den Besitzverhältnissen der Kraftwerke und der ihnen verbundenen Großindustrie. Insbesondere das Bühlersche Hoheitsgebiet, das vom Kulturanspruch der regierenden Damen geprägt war, verlieh Nieburg den Charakter eines Exterritoriums und erlaubte vielen seiner Bewohner in den NS-Jahren die Flucht – oder Ausflucht – in eine Art innere Emigration.

Dabei hatte, wenn Klaus seine Quellen recht las, Bürgermeister Ernst Kaiser eine Schlüsselrolle gespielt. Wie Baumeister Isele und Verleger Freyer gehörte er 1921 zu den Gründern der Deutschen Demokratischen Partei am Ort. Zwar steckte auch er 1933 das neue Parteiabzeichen an, aber offensichtlich, um im Amt zu bleiben und Schlimmeres zu verhüten. Auch unter dem braunen Hemd schlug, wie das »Nieburger Jahrbuch« 1960 zu rühmen wußte, immer noch das Herz eines bürgerlich kultivierten Mannes, der seine Pflicht, auf mehr als einer Schulter zu tragen, genau nahm. Er betrachtete die Lager der Zwangsarbeit auf seinem Boden als Schandfleck und entschuldigte sich auch später nicht damit, daß sie seiner Zuständigkeit entzogen waren. Als die Alliierten näher rückten, nahm er, mit Hilfe Antoinette Bühlers, dem Parteileiter das Schicksal der Zwangsarbeiter aus der Hand und sorgte dafür, daß sie über die Brücke in die Schweiz evakuiert wurden, bevor sie ein Blutbad erleiden oder – was jetzt wahrscheinlicher war – anrichten konnten. Kaiser war der einzige Bürgermeister, der von den Franzosen im Amt belassen wurde, und er präsidierte noch zwei Jahrzehnte dem Aufschwung, der Nieburg in den Jahren des Wirtschaftswunders beschieden war.

Auch für die befreundeten Familien Isele und Freyer begannen nun fette Jahre, in denen der Baumeister als Generalunternehmer über die Landesgrenze hinaus expandierte und der ehemalige Drucker eine breit abgestützte »Oberrhein Media AG« aufzog. Aber während der gute Stern über Isele Ende der achtziger Jahre in einem spektakulären Konkurs unterging, verstand Freyer sein Gefährt für die Kommunikationsgesellschaft umzurüsten. Da es Sohn Maurus zur Medizin gezogen hatte, war es sein jüngerer Bruder, der das Unternehmen von Rheinfelden aus leitete. Maurus, zum Arzt berufen, aber nicht erwählt, war nach einer nervösen Krise Apotheker geworden und behielt immerhin den Familiensitz. Nach der zweiten Scheidung vermietete er das Untergeschoß an ein junges Paar; die Ehefrau besorgte seinen Haushalt mit und half zugleich in der Apotheke aus. Er stand im Geruch eines Ladykillers, der zu seiner melancholischen Erscheinung nicht passen wollte – eher noch zu seinem Sortiment, das ein homöopathisches und esoterisches Angebot mit einem modischkosmetischen verband und damit einen bestimmten Typ weiblicher Kundschaft anzog. Freyers Verkäuferinnen waren zuverlässig hübsch und ein wenig leblos, als wären sie einem Paralleluniversum entstiegen.

Es war die »Becky« angeschriebene Blondine mit kobaltblauer Strähne, die Klaus' erste Frage nach der besten Behandlung von Fußpilz mit starrem Lächeln entgegennahm und die zweite, ob er den Chef persönlich sprechen könne, mit ebenso starrem Befremden. Doch im nächsten Augenblick stand Freyer schon im weißen Berufsmantel am Tresen und begrüßte Klaus wie einen alten Bekannten. Im »Oberrheinischen Hof« hatte er zu den stillen Teilnehmern gehört; jetzt konnte das Beschwingte seines Auftritts erstaunen. Er schilderte dem Kunden die Eigenschaften seiner Produkte mit rhetorischer Verve, fand aber sein Lächeln wieder, als Klaus fragte, ob er kein Mittel gegen Hitze habe.

Sie ist ein Zeichen des Weltuntergangs, dagegen ist kein Kraut gewachsen.

Ob er unter vier Augen zu sprechen sei?

Freyer zog eine Schwesternuhr aus der Tasche seines Berufsmantels.

Halb sechs, sagte er, wenn es paßt, kommen Sie doch um sieben wieder. Dann ist es hier ruhig. Am Noteingang klingeln.

Klaus hatte sich kaum vor dem Café am Markt niedergelassen, da legte sich eine Hand auf seine Schulter. Er erkannte August Kaiser, der einen sandfarbenen Sommeranzug trug und im gleich getönten Hemd eine gelbe Ascot-Tie mit grünen Punkten.

Darf ich mich einen Augenblick dazusetzen?

Sein Gesicht verriet das Bräunungsstudio, und die Brauen über den ungleichen Augen, von denen das eine munter blickte, das andere matt, waren ständig gehoben, was dem Gesicht einen humoristischen Ausdruck gab; aber sein schmaler Mund hatte sich in der Abwärtstendenz beider Winkel befestigt.

Wie lebt sich's mit meinen Studentenmöbeln?

Gut, nur etwas warm, aber Ihre Hinterlassenschaften haben viel Erfrischendes.

Zum Beispiel?

Die Sinnsprüche an der Wand und Ihr Handexemplar von »Zeichen und Wunder«. Benötigen Sie es nicht mehr?

Ich kann es auswendig, grinste Kaiser.

Das Buch scheint Sie beschäftigt zu haben. Sie müssen es mir erklären.

In meinem Büro hängt der Schlüssel dazu. Wenn Sie gerade Zeit haben...

Ich bin verabredet, mit Maurus Freyer.

Glauben Sie ihm kein Wort. Der hat das Spiel nie verstanden.

Das Spiel? fragte Klaus, aber Kaiser hob nur die Brauen noch höher. Die Bedienung nahm ihre Bestellung auf.

Sie sind Stadtbildner, haben Sie auch die Fußgängerzone gestaltet?

Die Blumenuhr? Das Kübelziergemüse? Das fleischrote
Kunststeinpflaster? Nein, dafür ist der Stadtgärtner verantwortlich, und dem ist nicht zu raten. Ich bin nicht zuständig
für das Niedliche an Nieburg, sondern für das Unmögliche.

Als das Getränk kam, stießen sie wortlos an.

Was wir auf diesem Plätzchen sehen, ist eine Imitation des
richtigen Nieburg, sagte Kaiser, und das liegt natürlich auf der
andern Seite. Die Schweizer haben nun mal die Richtigkeit
gepachtet, die deutsche Stadtmöblierung riecht immer nach
Baumarkt auf der grünen Wiese. Nach dem Krieg haben wir
unsere Städte erst richtig kaputtgemacht. Ihr Zierat behält immer etwas von einem billigen Gebiß. Es soll nach etwas aussehen, es beißt auch ganz tüchtig, aber lächeln kann es nicht.

Der Rhein war nicht immer eine Grenze.

Unter Habsburg hatten wir die beste Zeit, dank Maria The-
resias obligatorischer Feuerversicherung. Vorderösterreich
wurde zu oft abgebrannt. Heute liegen die Brandspuren der
Geschichte unter einem Firnis, und jetzt kommen Sie her und
kratzen daran. Was möchten Sie denn finden?

Klaus empfand plötzlich eine bleierne Schwere, der verdünnte Wein, den er in den Durst hinein trank, verstärkte
sie noch. Wenn Passanten grüßten, nickte Kaiser leutselig zurück, immer noch Nieburgs *wahrer* Bürgermeister. Vom pro
forma amtierenden kannte man kaum den Namen.

Die Schweizer haben ihr Stadtbild geschenkt und brauchen
es nur noch zu putzen. Drüben hatten sie Solbäder und
Brauereien, nur keine Bahn. Aber nach dem Kraftwerkbau
kam die Industrie auf die deutsche Seite und mit ihr die Zuwanderung. Am Rand der Fabriken wehte, wie Flugsand, eine
Siedlungsmasse zusammen, die man kaum Stadt nennen
konnte. Die badische Regierung erhob Nieburg erst 1936 dazu. Im Wilden Westen hätte es Bühlertown heißen müssen.
Inzwischen sind wir dreimal so groß wie Alt-Nieburg – aber
eine Stadt?

Wir haben nichts als Zukunft, Herr Marbach. Ich erfinde

eine Zukunft für Nieburg, das ist mein Job. Und nun kommen Sie und wollen ihm eine Vergangenheit verpassen. Dabei wäre ihm erst mal eine richtige Gegenwart nötig. Unsere Crème haben Sie schon getroffen. Sie hat an einem Stammtisch Platz. Hier gab es nur zwei Männer, die etwas bewegt haben, und beide waren keine Eingeborenen. Christoph Bühler und Iring Selber.

Zeichen und Wunder, sagte Klaus.

»Du bist auf Erden erwartet worden.« Der Kernsatz ist nicht ganz neu, auch nicht von Iring. Aber einer mußte darauf kommen, das messianische Kapital in Volksaktien auszugeben. Lies nur die Daten richtig, dann deutet alles auf dich. Daß du sie ein wenig frisieren mußt, gehört zum humoristischen Anstand. Iring verführt seine Leser erst mal zum Respekt vor ihrer Biographie. Je findiger du sie betrachtest, desto formidabler sieht sie aus. Du *hast* nicht bloß eine Geschichte – du *bist* eine Geschichte. Dann rüstet dich Herr Selber mit Zauberstab und Wünschelrute aus, und siehe, du wirst groß wie er. Deine Geschichte strotzt von Bedeutung, überall steht das Geheimnis knüppeldick. Je mehr du aus deinem Kaffeesatz herausliest, desto stärker siehst du aus. Alle verkennen dich, aber du weißt, was du weißt, und wenn du klug bist, behältst du es für dich. So läuft eine Legion stillvergnügter Rumpelstilze in der Welt herum –

Kaiser drehte das Revers seines Sakkos um und ließ eine gezackte Ansteckgarnitur sehen. Meine Sigrune, *honni soit qui mal y pense.* Oder wie Lennie gesagt hätte: *In hoc signo vinces.*

Iring hat ein Rätsel erfunden; wer damit anfängt, es zu lösen, für den wird es unwiderstehlich, und schon sieht er ein wenig erlöster aus. Verschmerzt Rückschläge leichter, bringt sich nicht um, dafür ist er sich zu schade. Er wird ja gebraucht. Eine Selbstwertschöpfungsmaschine, die in jede Tasche paßt, nicht umsonst hunderttausendmal verkauft.

Aber – Kaiser beugte sich etwas vor – die populäre Lesart des Buches ist nicht die beste. Es gibt noch eine andere; da beißen Sie auf Urgestein, da begeben Sie sich zu den Müttern. Haben Sie den Test gemacht?

Er kam mir gesucht vor.

Wer sucht, der findet.

»Wer findet, hat nicht richtig gesucht.«

Kaiser lachte. Woher kennen Sie den Spruch?

Aus meiner Soldatenzeit.

Wie lebt sich's im Kutscherhaus? Schreiben Sie Ihre Träume auf? Man sitzt dort wie auf dem Orakel von Delphi.

Ich hatte ja wohl meine Vorgänger, Iring, Kaspar, Sie –

So mancher von uns war einmal Constanzes Bub.

Ihr Stammtisch könnte auch Interessengemeinschaft Kutscherhaus heißen.

Warm, sagte Kaiser. Schon fast heiß. Langsam gehören Sie dazu. Verbrennen Sie sich nur nicht.

Ich muß zu Freyer.

Wenn er Ihnen den »Stillstand« erklären will – Ohren zu, sonst setzt er Ihnen einen Floh hinein. Er ist eine ewige Scheidungswaise. Es ist ihm zu Kopf gestiegen, daß auch er sich bei Constanze einen Sommer lang trösten konnte. Er glaubt im Ernst, er habe *sie* getröstet.

Haben Sie morgen eine Stunde für mich?

Kommen Sie zum Frühstück ins Atelier, um acht Uhr, da sind wir ungestört. Hier zahle *ich*. Verschwinden Sie nur.

An der Hintertür der Apotheke antwortete der Summer so unverzüglich, als hätte er auf das Klingelzeichen gewartet. Klaus begegnete einer angenehmen Kühle, in der ihm Freyer entgegenkam, in Jeans und hellblauem T-Shirt.

Voll klimatisiert, sagte Klaus.

In einer Apotheke muß das sein, und es kostet wie eine Eishalle in Dubai. Dafür verweilen sich die Kunden länger im Geschäft.

Freyer, dessen Atem nach Alkohol roch, ging ihm in die Hinterräume voran. Sie waren wie eine Arztpraxis eingerich-

tet, mit Schreibtisch, Fachbibliothek, Medizin- und Instru-
mentenschränken, einer Liege und einer Sitzgruppe in blauem
Leder. Eine Ecke wurde durch einen Paravent mit Alpen-
Panorama abgedeckt; der Mönch mit Kapuze, die Jungfrau
mit Silberbusen bildeten ein Paar in anzüglicher Stellung. Dahinter war eine mit zerfressenem rotem Samt bedeckte Couch
zu erraten.

Mein Urgroßvater brachte die Kunstfotografie nach Nie-
burg, dies ist noch ein Original-Hintergrund. Er diente für
Aktbilder – mit künstlerischem Anspruch, wie sich versteht.
Dem Reinen ist alles rein. Er belieferte allerdings auch einen
Handel mit Schmuddelpostkarten, aber betrieb ihn nicht
selbst. Die Mädchen holte er aus der Arbeitersiedlung, dralle
Posturen aus dem preußischen Polen, die sich ein Zubrot verdienen mußten. Für einmal störte es wenig, wenn sie des
Deutschen nicht mächtig waren. Großvaters Atelier hatte einen gewissen *Hautgoût*, aber ein Puff war es nie. Begleiten Sie
mich mit einem Cognac? Nach sechs Uhr erlaubt.

Die Flasche stand schon erkennbar gehöhlt auf dem Tisch-
chen. Freyer ließ den Schwenker vor der Nase kreisen, bevor
er ihn gegen Klaus erhob.

Sie interessieren sich für Väter. Mögen Sie Ihren Vater?

Er lebt nicht mehr.

Das beantwortet meine Frage nicht.

Ich habe ihn nicht ausgehalten.

Nazi oder Widerstand? Ach Gott, Sie sind ja ein glücklicher
Schweizer. Mein Vater war, sagen wir mal, so anständig wie
möglich. Er wäre schon meiner Mutter wegen nie ein guter
Nazi geworden, sie war eine geborene Pazifistin. Sylvester 32
schrieb er eine Neujahrsbetrachtung. Darin warnte er vor den
Braunen, meinte aber zuversichtlich, das Gröbste hätten wir
hinter uns. Die Wirtschaft hatte sich gefangen, die Stadt legte
Arbeitsbeschaffungsprojekte auf, förderte den sozialen Woh-
nungsbau und hatte Volksküchen eingerichtet. Wir waren auf
dem besten Weg, da kamen *die* an die Regierung, man hielt sie

für ausreichend geschwächt. Gegen einen Putsch wären wir gerüstet gewesen, aber jetzt waren sie legal. Ihre Propaganda hatte hier kaum was ausgerichtet – gegen den Stempel einer Behörde waren wir wehrlos. Auch der Widerstand der Linken verkrümelte sich, und schon nach einem halben Jahr wäre er zwecklos gewesen. Die ließen nichts mehr anbrennen.

Vater trat in die Partei ein, um die Zeitungen zu retten, aber gleichgeschaltet wurden sie überflüssig und 1941 kassiert. Die Freyer AG zog sich ins Papierwarengeschäft zurück. Bald gaben die Druckmaschinen nur noch Todesanzeigen her. Vaters Leitartikel sind immer ein wenig moralinsauer gewesen. Nach dem Krieg gab es Bedarf danach, und dank Bühler kam der Verlag wieder auf die Beine. Vater wurde ein Meinungsführer in der werdenden CDU, schrieb am Ahlener Programm mit, war übrigens auch mal im Bundestag und mit Gerstenmaier befreundet. Dabei wurde er immer kirchlicher – hatte schon im Dritten Reich Bluncks Kirchenbau unterstützt und hätte Blunck Junior zum Chefredakteur gemacht, wenn der nicht – haben Sie schon mit Kaspar gesprochen?

Nein. Sein Vater soll ja –

Lassen wir diese Väter, entschied Maurus brüsk. Ich weiß doch, Sie sind hinter was ganz anderem her.

Er zog das Glas zwischen den Lippen hin und her und starrte in die Ferne.

Hat Ihnen Harry von den Künstlermaskenbällen im »Oberrheinischen Hof« erzählt? Nein? Seine Diskretion hat historisches Format, was man von seiner Malerei nicht behaupten kann. Aber die Künstlermaskenbälle damals hat ein Künstler inszeniert – der erste Nieburgs, auch der einzige, Alfried Simon, Horsts Vater. Er war jedenfalls ein Künstler im Verkleiden. Er hatte viel zu tun als ehemaliger Kurator der Münchner Räterepublik, das rote Hemd unter einem braunen zu verstecken. War noch rechtzeitig ein Meister des deutschen Schamhaars geworden und profitierte vom Jubel, der im Propagandaministerium über den bekehrten Sünder herrschte.

Trug sein politisches Feigenblatt ganz flott. Sagte sinngemäß, im Dritten Reich muß man den Anstand haben, unanständig zu bleiben. Hitler ist ja selbst Künstler, Spießer zu führen macht ihm keinen Spaß.

Simons Kostümfeste waren danach. Auf dem Höhepunkt wurde so manches Kostüm ganz entbehrlich. Die Teilnehmer nannten sich Swinger, denn Swing war verboten, darum war er die Protestmusik des Dritten Reichs. Statt eines frechen Mauls riskierte man eine kesse Sohle. Vom Künstlermaskenball 36 erzählte mein Vater noch als alter Mann nur hinter vorgehaltener Hand. Simon gestaltete ihn als Walpurgisnacht, reservierte natürlich die Rolle des Großen Satans für sich selbst, ließ die Damen ohne Oberteil tanzen, und dann durften sie ihn auf den nackten Arsch küssen. Über den Skandal fand eine parteiamtliche Untersuchung statt. Simon konnte beweisen, daß sein Szenario schon bei Goethe vorgesehen war, wenn auch nicht im gedruckten Text. Antoinette Bühler war die freie Muse unseres Genies. Aber von da an durfte es nur noch auf ihrer Insel hoch hergehen. Die Kostümbälle wurden durch »Alemannenabende« ersetzt, in denen Masken aus dem Lötschental und dem appenzellischen Urnäsch auftraten. Die sogenannte Urmusik, die klang wie aus dem tiefen Busch, ließ sich als Blut und Boden verkaufen.

Auch damit war Schluß, nachdem Goebbels den totalen Krieg erklärt hatte: da war nur noch das Feinste an Widerstand gut genug. Lennie mußte dran, den sich Antoinette als Zeremonienmeister hielt, bevor ihn Constanze übernahm. Da wurde vorgetragen für den Endsieg: – Pindar, Horaz und Hölderlin, und Lennie schmuggelte unter Titeln wie »Verfasser unbekannt« oder »deutsches Volksgut« Gedichte von Villon, Heine und Tucholsky dazwischen.

Wissen Sie was, Herr Marbach, sagte Freyer, ich *hasse* die Kunst. Dieser Simon! Als Kommunist war er stolz darauf, daß man ihn seines Namens wegen für einen Juden hielt. Später entdeckte er sächsische Vorfahren und garnierte seinen Arier-

nachweis mit antisemitischen Histörchen. Die Obernazis fra-
ßen ihm aus der Hand, und er aus ihren Fleischtöpfen. Er
dekorierte die Reichsbrüste mit Winterhilfe-Abzeichen, dafür
durften sie auf seinen Leinwänden nackt auftreten. Davon hat
Horst eine ganze Giftkammer voll und traut sich nicht, sie auf
den Müll zu werfen. Man könnte sie ihm ja eines Tages wieder
aus den Händen reißen. Der büßt lebenslänglich für seinen
Vater – wer Horst Adolf heißt, hat als Sympathieträger aus-
gesorgt. Aber loswerden will er den Makel auch nicht. Macht
ja interessant. Ist ja ein *Conversation piece*, schreit nach tätiger
Reue. Was für eine Chance, sich *einzubringen*. Horst Adolf
Simon! Mit einem solchen Malus bist du dabei. Du lebst nicht
nur im Schatten des Vaters, du lebst *von* seinem Schatten.
Kannst ihm jeden Skrupel gewissenhaft nachtragen, den er
fröhlich fallenließ oder gar nie hatte. Wissen Sie, warum Horst
getauft wurde, christlich getauft? Weil es seine Patentante verlangte – Antoinette Bühler, die Katholikin. Zuvor mußte der
Alte das Kind auch noch legitimieren – vor dem Bürgerlichen
Gesetzbuch oder was davon übrig war. Das war nötig, den
Nürnberger Gesetzen genügte das Modell nämlich nicht, das
er geschwängert hatte. Daß er die Polin heirate, verlangte
nicht mal Antoinette von ihm, aber des Kindes mußte er sich
annehmen. So kam Horst Adolf doch noch zu einem jüdischen Blutsanteil und komplettierte sein Sühnerepertoire –
an jedem Tag seines Lebens Täter und Opfer in einer Person.

Nach dem Krieg besorgte ihm sein Künstlervater wieder
eine würdige Stiefmutter. Jedenfalls paßte sie zur neuen Schaf-
fensperiode nach 1945. Jetzt hatte er es mit dem Zen-Bud-
dhismus und verschaffte sich sein nächstes Alibi. Er war endlich klug genug, sich nicht mehr aufs Figürliche zu werfen. Er
schuf Keramik, nach einer im klassischen Japan gebräuch-
lichen Technik, und machte seine dritte Karriere, diesmal un-
bestritten bis an sein unseliges Ende. Tod im Auto – beim
zweiten Versuch gelungen. Mit dem ersten hatte er nur seine
Frau umgebracht. Aber vorher wurde nochmal so richtig ge-

feiert. Ausstellungen in Tokyo, Milano, Vancouver, Bundesverdienstkreuz, eine Alfried-Simon-Stiftung für künstleri-
schen Nachwuchs. Einmal gelebt wie Götter, und mehr
bedarf's nicht. Was bleibt? Ein Sohn, der sitzt auf seinem Namen wie auf einem Schlangenei und brütet. Jetzt ist grade
wieder was ausgeschlüpft. Horst Adolf korrigiert seine trau-
rige Jugend, auf Kosten des Steuerzahlers.

Maurus trank. Auch wenn seine Zunge schwankte, sie wurde immer spitzer, und seine Augen glühten.

Horst Simon, meinte Klaus, sei der einzige, dessen Kopf auf
dem Gruppenbild von 1949 nicht zu sehen sei.

Der sei immer noch nicht zu sehen, dafür habe er ein Herz.
Nämlich für jugendliche Straftäter – ob Klaus von Grimmhausen gehört habe? Horsts private Aktion Sühnezeichen.
Dafür habe er sich mit Hilfe der badischen Justiz sein hand-
verlesenes Straflager eingerichtet. Einen künstlichen Steinbruch. Zuvor sei er nichts weiter als Hauptschullehrer in Emmendingen gewesen. Damit offenbar noch nicht genug gestraft. Jetzt habe ihm das Simonsche Erbgut eine Buße
eingeflüstert, die auch ihn noch zum *Künstler* mache –

Was findet sie an diesem Menschen? fragte er unvermittelt
und sah Klaus in die Augen, bald in das eine, dann in das
andere. – Sagen Sie mir das!

Als Klaus verstand, daß von Imogen die Rede war, schüttelte er den Kopf.

Sie wohnen bei ihr.

Sie ist verreist. Ich habe sie seit dem Begräbnis ihrer Mutter
nicht gesehen.

Glauben Sie, daß sie bei Horst ist?

Auf den Gedanken wäre ich nicht gekommen.

Er hat noch eine Wohnung in Nieburg, aber blicken läßt er
sich nicht mehr. Mit seinem Projekt ist er so gut wie durch.
Glaubt er sie schon in der Tasche zu haben? Früher traf sie sich
jeden Sommer mit ihrem Mann – sagte sie. Glauben Sie ihr
das?

Ich weiß es nicht. Sie meldet sich manchmal telefonisch.

Woher?

Sie wandert und weiß an keinem Tag, wo sie am nächsten übernachtet.

Sie wandert – mit wem?

Allein, wenn ich recht verstehe.

Könnte sie sich etwas antun?

Dafür habe ich keinerlei Anzeichen.

Herr Marbach, was geht hier vor? Iring ist in Polen, das wissen wir, angeblich auf geheimer Mission. Simon ist der einzige, von dem wir keine Nachricht haben.

Warum spionieren Sie ihr nach? fragte Klaus.

Warum sind wir in Sorge um sie? korrigierte Freyer mit bebender Stimme. – Darauf gebe ich Ihnen jetzt *meine* Antwort.

Er sprang auf und ging zu seinem Schreibtisch hinüber, wo die Fotokopie des Kinderhochzeitsbildes lag. Er hielt das Blatt gegen die Brust gedrückt und schloß die Augen. Er schwankte deutlich und fragte leise:

Wissen Sie noch, wie Sie mit neun Jahren geliebt haben?

Ich glaube, da war es mir noch fremd.

Ja, es war fremd, aber es war da. Voll da. Sie liebten ein Kind, das hatte etwas, was Sie nicht haben. Wie man damit umgeht, wagten Sie sich gar nicht auszudenken. Und dachten Tag und Nacht an nichts anderes. Das Kind erscheint dir im Wachen und Träumen. Alles, was in den nächsten fünfzig Jahren nachkommt, bleibt eine halbe Sache. Es *erinnert* dich nur noch an die ganze. Und was hilft es, daß es sie nie gegeben hat?

Er legte das Blatt ab und stand immer noch da, die Augen wieder weit offen.

Wann haben Sie zum ersten Mal gespürt, daß sie einen Menschen liebhaben? Da, sagte er, und bohrte seinen Finger durch die weiße Rückseite des Blattes in seine Herzgegend. Am 1. Mai 1949. Und wer saß schon neben ihr und sah sie nicht mal an? Es war nicht auszuhalten. Es ist immer noch nicht auszuhalten. Und jetzt ist sie allein. Wissen Sie, *wie* allein sie ist?

Ist sie allein? Sie ist doch gar nicht weg!

Wie ist sie, Herr Marbach? Heraus mit der Sprache. Sie schlafen doch mit ihr!

Klaus schüttelte nicht einmal den Kopf.

Herr Freyer, ich denke, Frau Selbers Abwesenheit hat banale Gründe. Ihre Mutter ist gestorben. Es gibt eine Erbschaft zu ordnen, und sie wird weitläufig sein.

Weit. Läufig. Wann hat sie zum letzten Mal angerufen?

Vorgestern.

Freyer konnte sich jetzt kaum noch aufrecht halten.

Der kommt noch zur Kasse. Er versteckt sich, das Schwein. Dem werden wir's besorgen. Und wenn Sie... dann kommen Sie auch dran. Ich schwöre.

Er trat auf Marbach zu und legte ihm drei Finger auf die Herzgegend, dann pochte er mit dem Mittelfinger dagegen.

Treten Sie ihr nicht zu nahe, Herr Marbach, sagte er laut. Es war Constanzes W-Wunsch, daß wir das Kind von einem Menschen trennen, der sie kaputt gemacht hat. Wir trennen sie von *jedem*, der –

Freyer schwankte zur Sitzgruppe zurück, ergriff die Cognacflasche, und Klaus glaubte, er wolle sie ihm auf den Kopf schmettern. Aber dann streckte er sie mit zitternder Hand zum Einschenken aus, füllte, als Klaus abwinkte, nur das eigene Glas und leerte es in einem Zug. – Dann ging er auf Klaus' Seite, legte ihm die Hände auf die Schultern, und nach einer unsicheren Drehung stützte er sich mit seinem ganzen Gewicht darauf.

Schneewittchen und die böse Königin, lallte er. Der Prinz war der falsche, doch wehe einem jeden. Lennie und die Insel der Circe. Sie füttert die Säue mit giftigen Äpfeln. Zum Kotzen, aber immer zu spät. Ich bin ein Freyer mit Ypsilon, dem verdammten männlichen Ypsilon, *Why*. Owei owei. Gebären nicht, aber Unglück. Nicht geboren zu sein, das größte, das höchste Wort. Aber wenn es dir schon mal passiert ist... eile wieder dahin, von wannen du kamst, im Flugschritt. Hat Lennie selbst gesagt. Ach, wenn du Lennie gekannt hättest.

Ich gehe jetzt, sagte Klaus, wenn Sie erlauben.

Wo zur Frau du nicht die Tochter / Wünschen würdest zu begehren / Halte dich zu gut um gastlich / In dem Hause zu verkehren. Immer *zuerst* die Frau, dann die Tochter. Verstehst du das? *Take – very – good – care – of yourself.*

Freyer hämmerte, im Takt seiner Worte, mit beiden Fäusten auf Klaus ein, ohne ihn sonderlich hart zu treffen, dazu liefen ihm Tränen aus den Augen. Klaus faßte ihn unter und schleppte ihn zum Sofa, auf dem er ihn zweimal niederdrücken mußte, bevor er liegenblieb und die Augen schloß. Klaus setzte sich in den Sessel und sah zu, bis Freyer zu murmeln aufhörte und zu schnarchen begann. Das leergewordene Gesicht war wieder dasjenige eines jungen törichten Mannes. Dann nahm Klaus die rotsamtene Decke, die zum Drapieren von Studioaufnahmen gedient haben mochte, und legte sie über ihn.

4 Schlacht von Rheinfelden

Als Klaus Kaisers Ateliers um acht Uhr morgens betrat, wußte er schon, daß sie vor hundert Jahren von Großvater Isele für Großvater Freyers »Boten vom Oberrhein« gebaut worden waren. Hier war auch der Artikel über Frau Constanzes Frühlingsfest gesetzt und gedruckt worden. Jetzt hatte sich die Industriearchitektur, ganz in Weiß, zum Ambiente gemausert und zum Großraum offener Arbeitsplätze. Es war auch noch erträglich kühl. Der Gast lobte den Fußboden aus kleinteiligem Stirnholz, der die Schrammen des Maschinenzeitalters charaktervoll konservierte. Erst im separaten Direktionsbereich wichen die Klötzchen einem Spannteppich, der, sandfarben wie Kaisers Anzug, diesen optisch nuanciert zurücktreten ließ. Jetzt verzichtete er auf Jacke und Krawatte; nur noch sein bronziertes Gesicht selbst bildete einen Simultankontrast zur eleganten Eintönigkeit des Raums. Die Vergrößerung eines Schlachtengemäldes deckte die ganze Wand hinter dem Chefschreibtisch ab, und die grobe Auflösung tauchte seine Farbigkeit in pastose Unschärfe. Man mußte Abstand nehmen, um es ganz zu überblicken. Nach der Erkundigung, ob der Gast schon gefrühstückt habe – auf einem Nebentisch warteten Kaffee und Croissants –, überließ ihn Kaiser der Betrachtung des Bildes.

Es zeigte vorne rechts, erhöht und in Überlebensgröße, einen vornehmen Herrn, der zwar in Eisen gerüstet war, aber mit seinem federgeschmückten Schlapphut nicht martialisch wirkte. Er lud den Betrachter mit erhobenem Arm und behandschuhtem Zeigefinger ein, den Anlaß seiner Zufriedenheit zur Kenntnis zu nehmen. Die Schlacht auf dem weiten Feld, das den Mittel- und Hintergrund des Bildes einnahm, hatte offenbar die günstigste Wendung genommen. Zwar war das Objekt der Belagerung, dem lockere Heeresmassen von links nach rechts zustrebten, der *Inbegriff* einer Festung, und ihre zum Himmel strebenden Türme wirkten uneinnehmbar. Doch auf den zweiten Blick war im Mauerring eine riesige Bresche zu erkennen, und mit einer solchen Lücke im Panzer war die Stadt schon so gut wie gefallen. Was zu beweisen war, bitte sehr! scheint der Gestus des Feldherrn im Vordergrund anzuzeigen.

Es ist Herzog Feria, ein General der spanischen Krone im Dreißigjährigen Krieg. Und die belagerte Stadt ist Rheinfelden.

Es sieht eher aus wie das himmlische Jerusalem.

Das Beispiel einer Stadt, die *fallen* muß, ist Jericho. Sie galt als unbezwinglich, als die Juden unter Josuas Führung das verheißene Land eroberten. Doch der Herr der Heerscharen richtete es mit einem Wunder. Das Volk Israel umschritt die Stadt mit Posaunenschall, da brachen die Mauern von selbst. Im 17. Jahrhundert mußte es die Artillerie tun – auf dem Bild ist sie nicht zu sehen. Der Maler hatte eigentlich gar kein Interesse an Schlachten. Auch Landschaften waren nicht sein Fach. Vicente Carducho, Italiener mit spanischem Namen, war auf Märtyrer-Porträts spezialisiert.

Klaus fragte, wo das Original hänge.

Jetzt im Prado, früher in *Buen Retiro*, dem Lustschloß, das Philipp IV. als Denkmal seiner Weltherrschaft bauen ließ. Dies ist nur eins von zwölf Bildern, die ein mythologisches Programm illustrieren: die Taten des Herkules. Gott hatte der spanischen Krone geboten, sich die Welt untertan zu machen, von San Cristobal in Mexiko bis Breda in den Niederlanden. Das Meisterwerk von Velázquez kennen Sie. Eine Apotheose der Ritterlichkeit. Dort die Demut des holländischen Bürgermeisters, hier die Grazie des Hidalgo, der sich den Stadtschlüssel auf einem Kissen servieren läßt.

Von einer Schlacht bei Rheinfelden habe ich nie gehört.

Es gab zu viele davon. Die Stadt mußte sich jede mögliche Zerstörung gefallen lassen, durch Katholiken und Evangelische, Spanier, Schweden, Deutsche und Schweizer aller Farben. Unterm Strich ging die Partie zum Nachteil Spaniens aus – in diesem Teil der Welt hatte es bald nichts mehr zu bestellen. Gewiß, die Stadt war habsburgisch gewesen, und nach dem Westfälischen Frieden wurde sie es auch wieder. Aber Spanien selbst war nicht mehr lange habsburgisch. Die zwölf Taten markieren das *Ende* spanischer Weltherrschaft. Was den Maler nicht sehr gekümmert haben wird – eigentlich malte er hier, wie immer, sein Vanitas-Motiv, insofern war er Realist. Die allerchristlichste Majestät war *keiner*. Der Bilderbogen zeigt nicht Herkules am Werk, sondern Pyrrhus. Noch ein paar solche Siege, und Spanien war verloren. Der *wahre* Darsteller Spaniens war bereits ein Phantast – Don Quijote. Der kommandierende Galan da vorne rechts ist ein verkleideter Ritter von der traurigen Gestalt, und das allein macht ihn interessant.

Er ist Kunst, Herr Marbach, und Kunst ist, was er demonstriert. Ein Theaterdirektor, der den Vorhang wegzieht: Bühne frei für die Große Illusion. Ein für applaudierendes Publikum gestellter Scheinsieg. Mit der Realität hat er sowenig zu tun wie das große Karthago mit Rheinfelden. Es ist das *Bild* einer Stadt. Heute würde es *Image* heißen. Hier sehen Sie, was ich mache, leider für keine spanische Krone. Der Vorhangzieher da ist mein Herr Vorgänger. Schon zu seiner Zeit war es eine Sache des passenden Schnitts, ob Sie Ihren Anteil an der Geschichte als Triumph oder als Niederlage präsentieren. Ich mache Nieburg schön, sonst wird es kein Objekt der Begierde. Selbst wenn es eine Geschichte Nieburgs real gäbe – und wenn sie nicht ohnehin vergessen wäre –, müßte ich sie neu erzählen. Denn jede Realität ist so wuselig, daß man ein literarisches Genie sein müßte, um sie zu packen. Wir gewöhnlichen Sterblichen begnügen uns mit Kürzeln, die sich einprägen, und setzen darauf, daß das PR-Märchen seine eigene Wirklichkeit generiert. In meinem Job mißt man Erfolg daran, ob unsere

Geschichten Investoren locken und den Bürgern etwas wie Heimatgefühl vermitteln. Die vielberufene Identität. Hat man die denn jemals anders bezogen als aus zweiter und dritter Hand? Identität steht sowenig fest wie Realität. Eine wahre Geschichte gibt es nicht, oder sie steht bei Gott. Mein Vater hat sich eingebildet, diese Stadt aufzubauen. Ich befestige sie in der Phantasie. Ich lebe davon, daß es Nieburg gar nicht gibt.

Ist es das, was Sie mir eröffnen wollten?

Sie fragten nach »Zeichen und Wunder«. Hier sehen Sie Irings Porträt.

Ich verstehe es nur nicht.

Lieber Herr Marbach, wissen Sie, was ein Vexierbild ist? Ein Bild, in dem sich ein anderes verbirgt. Man sieht eine Landschaft und wird gefragt: wo ist der Maler? Und wenn man genau hinschaut, versteckt sich sein Gesicht mit Pfeife in den Zweigen eines Baums. Seine Gestalt läßt sich aus Gebüsch und Spaziergängern zusammensetzen, Wegweiser geben die Staffelei her, und ein Blumenbeet zeigt sich als Palette.

Manchmal muß man das Bild ein wenig drehen und wenden. Bei Carduchos Format ist das nicht ganz leicht. Am besten, Sie stellen sich selbst auf den Kopf. Muß ich Ihnen erklären, was Sie nicht sehen? Aber Worte sind arm.

Das hat bei Ihnen wohl keine Not, sagte Marbach.

Sie schmeicheln mir. Interessant immerhin, daß Sie von *Not* sprechen. Irings Not, davon handelt das Vexierbild, und vexieren hat ja auch was mit Quälen zu tun. Bei einem Bild erlauben Sie mir wohl, bildlich zu sprechen, wie Iring. Ich sehe in diesem Bild den Brand von Troja. Sie kennen Troja? Die klassische Stadt der Verlierer.

Und wo sehen Sie Iring?

Überall. Er ist in den Heerscharen, die auf die geborstene Festung marschieren, in den Männchen, die von den Leitern purzeln, und natürlich in den Belagerten, die glauben, sie hätten etwas ausgerichtet, nur weil sie das Loch in der Mauer nicht sehen. Er ist auch in dem Feldherrchen im Vordergrund, das sich gleich aufs hohe Roß setzen wird. Iring ist in allen, er ist Legion, wie es vom Teufel heißt. Das gilt auch für arme Teufel. Er ist alles, was seine Zuflucht im brennenden Troja sucht.

Warum seine Zuflucht? fragte Marbach.

Ja, warum, sagte Kaiser, das ist die Frage, nicht wahr? Troja zerstört – ein Sieger könnte endlich an Heimkehr denken. Aber Irings Sieger sind Verlierer. Sie kennen nur die Heimkehr in den Verlust. Sie suchen ihre Zukunft im höllischen Feuer. Ein Bild der Vanitas, ich habe es schon gesagt. Das Vexierbild der Schlacht von Rheinfelden zeigt das Gesicht der Vanitas. Ihr Name ist Iring.

Das haben Sie in »Zeichen und Wunder« gelesen, sagte Klaus.

Ich habe gelesen, daß wir mit dem gleichen Stoff arbeiten, sagte Kaiser, aber er ist ein Meister. Ich bin nur ein Dekorateur. Er zahlt, und ich brauche Geld. Das ist der Unterschied.

Kaiser schenkte ein Glas Orangensaft ein und, als er es dem Gast gereicht hatte, ein zweites für sich.

Sagt Ihnen der Name Schaumgold etwas, fragte er, F. Schaumgold? Er war ein Judenkind in Budapest, dessen Familie Ihr Konsul Lutz vor der Deportation bewahrt hat, bevor sie freigekauft wurde im bekannten Deal mit Eichmann – Juden gegen Lastwagen. Schaumgolds retteten sich in die Schweiz, die Eltern starben, als der Sohn volljährig war – so lange hatten sie den gemeinsamen Suizid verschoben. Daß der Junge sein Glück machte, ist unter solchen Umständen ein hartes Wort. Aber er begann schon als Teenager einen Handel mit Altmetall; mit fünfundzwanzig hatte er die erste Million gemacht. Mit vierzig zog er sich aus dem Schrottgeschäft zurück und begann die Wissenschaften zu fördern. Er nahm die Wissensgesellschaft voraus und sah auch schon ihre Problematik. Er verstand das Gefälle zwischen den Blöcken des kalten Kriegs zu nützen und das Wasser auf seine Mühle zu leiten.

Aber er blieb der große Naive. Sein Geschäft hatte eine

theologische Seite. Warum förderte er Genies, wo er sie fand? Er wollte wissen, was die Welt im Innersten zusammenhält. Er wollte sie im Kern treffen, um seine Energie zu entfesseln, die Menschheit über sich selbst zu erleuchten, ihre Finsternis aufzulösen... im Licht der Vernunft. Er war ein messianischer Romantiker, der wußte, daß der Abgrund – nennen wir ihn: Auschwitz – ausgeschöpft werden muß. Aber wie? Er suchte Wissende, Alchemisten, Täter seiner Vision.

Sein Vermögen war unbeschränkt, sein spirituelles Know-how nicht. Gerade in dem, was er am meisten suchte – Liebe –, war er besonders ungeschickt. Mit fünfzig war er viermal geschieden, und jedesmal hat er seine Frauen fürstlich dafür belohnt, daß sie ihn nicht aushielten. Bis 1962 lebte er in Basel; dann liquidierte er seinen Anteil an der chemischen Industrie und verschwand nach New York, ein tief enttäuschter Mann. Er verbarg sich im Dickicht der Stiftungen, die er gründete, zur Förderung seines kosmologischen Projekts. Moses suchte seinen Aaron. In *Upstate New York* förderte er auch das College, in dem Iring, jung und frisch vermählt, seine intellektuelle Dressur vorführte, vor den großen Augen seiner *Undergraduates*. Im Hörsaal saß aber auch regelmäßig ein älterer, ausnehmend häßlicher Mann. Können Sie sich vorstellen, was es da gegeben hat? Liebe auf den ersten Blick. Liebe zu *beiden*, Herr Marbach. Er liebte sie als Paar. Und zugleich wollte er Imogen für sich. Sie lebten eine Weile in seinem Loft beim Union Square; eigentlich gehörte ihm der ganze Block. Wie gerne wäre er in ihrem Bund der Dritte gewesen. Aber es gab keinen Raum dafür. Und wie hätte er ihn beanspruchen dürfen, ohne eine einzigartige Konstellation zu vernichten? Jetzt wissen Sie, warum Imogen Amerika verlassen hat. Nur so blieb Schaumgolds Verhältnis mit Iring intakt.

Sie opferte ihm also ihre Ehe, sagte Klaus.

Oder auch nicht. Jetzt wurde sie zur Verbindung höheren Grades.

Von wem haben Sie die Geschichte?

Iring erzählte sie mir selbst, als er nach Europa zurückkam. Er lebte ja noch ein paar Jahre im Kutscherhaus. »Zeichen und Wunder« war erschienen – ein Bestseller. Er erwartete den Ruf an eine Universität. Aber die Wissenschaft hat ihn nicht ernst genommen. Da stiftete F. Schaumgold die *Academy of Signs and Sense* in Berlin, setzte Iring hinein und stattete sie nach seinen Wünschen aus. Er sollte nur noch forschen. Nach dem Stein der Weisen.

Wenn er schon zurückgekommen ist – warum nicht zu seiner Frau?

Sie wollte nicht mehr. Es wird eine seiner Frauengeschichten vorausgegangen sein – diesmal eine *zuviel*.

Aber getrennt haben sie sich auch nicht.

Kurios, nicht wahr? Aber nicht jede Frau heißt Penelope. Ich lese es so: Imo hat Iring nach Troja zurückgeschickt, ins Feuer – vielleicht wußte sie, was sie tat. 89 kam die Einladung nach Berlin, von der *Schaumgold Foundation for Awareness.* Iring arbeitete in einem Haus am Wannsee an einem Projekt mit dem Titel »Raum – Rückbau und Leere«, aber publiziert hat er nicht mehr. Und zur Zeit ist er ganz verschwunden.

Im Irak?

Wie kommen Sie denn darauf? fragte Kaiser verblüfft.

Ich bekam eine Postkarte von ihm, mit Absender Babylon.

Sie? Merkwürdig, sagte Kaiser, darf man wissen, was darauf stand?

Klaus kannte den Text auswendig und sagte ihn her. Auf die Frage, ob die Karte mit der Post gekommen sei, schilderte er die Übergabe wahrheitsgemäß.

Versuchte Heimkehr, sagte Kaiser. Interessant. Und Imo war nicht da. Ich habe einen Freund beim SPIEGEL, der ist überzeugt, Iring arbeite für die CIA. Es scheint eine Verbindung seines Instituts zu *Fort Splatter* zu geben – da habe er sich mehrfach aufgehalten. *Fort Splatter* ist ein Trainingscamp amerikanischer *Special Forces* irgendwo in Polen, sie simulieren den Straßenkampf in einer arabischen Großstadt. Heute ist ihr Name bekannt: Bagdad. Die Szene könnte für einen wie Iring reizvoll gewesen sein, nur zu ernst durfte es nicht gelten. Iring virtuell im Irak – das kann ich mir vorstellen. Aber *wirklich* im Irak? Als *embedded thinker?* Nie im Leben, Herr Marbach. Iring war schon als Kind ein Drückeberger. Wenn es heiß wurde, tauchte er ab, und am meisten Angst hatte er vor Frauen. – Kaiser lachte. – Danach hatte er sie sich ausgesucht. Mit Verlustgarantie.

Was hat er denn an Imogen gefunden? fragte Klaus.

Geld hat ihn nie interessiert, und das sage ich nicht zu seinen Ehren. Geld war eine Metapher für ihn, ein Medium – wäre es anders gewesen, einer wie Schaumgold hätte keinen müden Dollar an ihn verschwendet. Klingt ziemlich abgehoben, doch ein Trick war es nicht. Den hätte Schaumgold sofort durchschaut. Nein, was immer Constanze von ihm gehalten haben mag, Iring ist kein Mitgiftjäger. Ein Schürzenjäger vielleicht, aber nicht von der Sorte, der einer Frau dabei in die Tasche greift. Er sucht ihre Blöße, glaube ich. Und auch die wird ihm schnell zu heiß. Was finden die Frauen an ihm? Es war uns schon an der Schule ein Rätsel. Sehen Sie doch, wie er sich auf Ihrem Hochzeitsfoto windet. Er sieht die Braut gar nicht an. Warum *der?* Imo war nie der Typ für Mitleid.

Er nahm den Zeitungsartikel vom Pult und schwenkte ihn.

Kurz und gut, sagte Kaiser. Ich glaube, daß Sie uns helfen können. Wir wüßten gern, wie Imo heute mit F. Schaumgold steht. Wir kämen gern mit ihm ins Geschäft.

»Wir«?

Kaiser sah ihn prüfend an. Ich rede von der Constanze-Weiland-Bühler-Stiftung, mein Freund. Aus den Zinsen des Kapitals, das unberührbar ist, können wir nicht alle unsere Projekte bestreiten. Wir leben von einem Betrag, welchen die Stifterin jedes Jahr aus ihrem Privatvermögen zugeschossen hat. Seit Constanzes Tod geht nichts mehr. Drei Millionen, das sieht nach viel Geld aus, aber es deckt nur gerade die laufenden Kosten. Wir brauchen mehr – ich hoffe, Harry hat Ihnen überzeugend erklären können, wofür. – Warum lächeln Sie?

Ich frage mich immer, wovon Sie meine Stelle bezahlen wollten.

Sie bringen es auf den Punkt. Aber wenn Sie bereit sind, Ihr Salär als Leistungsprämie aufzufassen... ist die Skala nach oben offen.

Und was soll ich leisten? fragte Klaus.

Es fehlt uns nichts als eine Unterschrift Imos. Sie hat den »Stillstand« leider nie mit ihrer Zuneigung gesegnet und wird keinen Kredit verlängern, den wir bei ihr nie gehabt haben – es sei denn, wir gewinnen eine ganz neue Glaubwürdigkeit. Ist die Erwartung zu kühn, daß Sie dazu beitragen? Es wäre niemandes Schade, am wenigsten der Ihre. Und es ist nicht verborgen geblieben, daß Imogen auf Sie hört.

Und für ein gutes Wort sind Sie bereit, mich zum Generalsekretär zu machen – nur können Sie mich erst anstellen, wenn ich Ihnen das Geld dazu verschaffe.

Die Dinge so betrachten, hieße sie lieblos betrachten, aber nicht ganz falsch.

Und wie sähen sie aus, liebevoll betrachtet?

Ganz einfach, will ich hoffen. Imo ist immer noch eine Frau. Und wir sind sechs alte Männer – die sie außerdem für Kreaturen ihrer Mutter hält. Das wird Ihnen niemand nachsagen. Und Sie sind jung und – mit Verlaub – als Mann attraktiv.

Und was ist mit F. Schaumgold?

Muß inzwischen ein *sehr* alter Mann sein. Aber Irings Institut erfreut sich seiner Förderung unverändert, und Imo seiner Verehrung ebenso – nehme ich an. Ich war kürzlich in Berlin und bin im »Borgo« an der Mommsenstraße einem Dr. Pajuk begegnet; er ist Irings Stellvertreter in seinem Institut. Sein Chef ist unterwegs, wie schon öfters ohne Hinterlassung einer Adresse; vielleicht zum Glück, denn so konnte ich mit Pajuk ungeniert über mein Projekt »geteilte Stadt«

sprechen. Sie wissen ja, ich bin ein alter Habsburger, aber auch bereit, über Berlin zu reden, sogar *mit* Berlin – ist ja immer noch eine geteilte Stadt. Pajuk ist kein verlockender Zeitgenosse. Aber mein Interesse galt ja Schaumgold, ohne den im Institut nichts geht. Nun will Pajuk aber gar keinen Draht zu ihm haben. Jeder Weg führe über Iring. Warum nicht über Imogen? Sie ist immer noch im Spiel, und mit etwas Glück kommen wir auch hinein. Und wenn sie bisher für uns eine verschlossene Tür war – Sie, Verehrter, haben einen Schlüssel dazu. Außerdem haben Sie bei Bergier mitgemacht – das empfiehlt Sie einem Überlebenden des Holocaust.

Darf ich voraussetzen, daß Sie an Frau Selber hängen? fragte Klaus.

Nun, hängen... ich schmachte nicht mehr, wie Maurus und Ämil. Und wenn ich Ihnen sage, daß ich *auch* nach Berlin reise, weil es eine gute Stadt für Leute ist, die sich vom Hetero-Zirkus freigestellt haben, so dürfen Sie auf meine Interesselosigkeit schließen. Nicht in jeder Hinsicht. Ich möchte keine Leute entlassen. Ich möchte auch nicht im Billigflieger nach Berlin, und ich möchte weiter im »Adlon« logieren. Im übrigen beschränken sich meine Interessen auf das gemeine Wohl Nieburgs und entsprechen als solche genau dem Stiftungszweck.

Darf ich fragen, wann der Zuschuß an den »Stillstand« gekündigt wurde? Vor oder nach unserem Treffen im »Oberrheinischen Hof«?

Gleich davor. Denken Sie bitte nur nicht, daß diese Nachricht die Wertschätzung Ihrer Person beeinflußt hat. Aber natürlich macht Ihnen ein solches Angebot nur jemand, der sich selbst kein Unglück wünscht. Übrigens: Ihnen auch nicht.

Wer wünscht mir ein Unglück?

Wenn es ans Eingemachte geht, verstehen manche Leute keinen Spaß.

Dann will ich ihn auch nicht weiter fortsetzen. Ich lasse

dem Stiftungsrat für sein Vertrauen danken. Verdienen möchte ich es mir lieber nicht. Die Antwort ist: Nein.

Nein – das ist alles? fragte Kaiser und blickte mit gespitzten Lippen in die Luft. Das täte mir leid, für alle Beteiligten.

Ich lerne gerade, ein wenig ziellos zu leben, sagte Klaus, ziellos und zweckfrei.

Da brauchen Sie viel Geld, antwortete Kaiser.

Ich versuche es lieber mit etwas Glück, lächelte Klaus.

Dann brauchen Sie sehr viel Glück, Herr Marbach. Schade. Ich wollte es Ihnen leichter machen. Aber es scheint, ich bin kein guter Verkäufer.

Ich bin nur ein schlechter Kunde, sagte Klaus, aber Ihr Kaffee hat mich überzeugt, und ein Croissant nehme ich jetzt auch.

5 In der Erlöserkirche

Der von Linden bestandene kleine Park neben der Kirche
öffnete sich zum Spielplatz; auf der sandigen Fläche stand
ein Aufbau aus Masten, Tauen, Strickleitern und Netzen,
der in einem schlaffen Totenkopfwimpel gipfelte. Zwei kleine
Mädchen rissen am eisernen Mitteltisch eines Karussells und
nötigten ihm ruckweise ein wenig Drehung ab. Klaus kettete
sein Rad an den Flieder neben der original englischen Telefonkabine – eine der letzten öffentlichen Sprechstationen Nieburgs – und sah Blunck bereits vor der Statue beim Kirchturm
stehen, von dem es zehn Uhr schlug. Er trug, trotz der bereits
drückenden Hitze, einen blauen Samtanzug mit zugeknöpfter
Jacke über dem offenen weißen Hemd. Klaus zog seine Kamera aus der Tasche, trat aus dem Baumschatten und hielt die
Gruppe fest.

Blunck begrüßte ihn mit erhobenen Brauen.

Machen Sie das immer so? Auf Menschen schießen ohne
Vorwarnung?

Wenn er sprach, ließ er den Mund ein wenig offenstehen,
aber zugleich widerlegte sein Ausdruck den Schalk, der ihn zu
reiten schien, und der kleine Schnauzbart vibrierte, als stünde
er unter Strom.

Der Gottessohn und der Pfarrerssohn, sagte Klaus.

Der Erlöser war aus Muschelkalk und ein Bild des Trutzes,
überlebensgroß. Mit der einen Hand hielt er sich die rechte
Schulter, so daß sich der Ellbogen gegen den Betrachter erhob.
Mit an der Hüfte geballter Linker raffte er die Toga, als schürze er sich zum Kampf, doch fiel das Tuch in korrekten Falten
bis zu den nackten Füßen. Diese waren, etwas auseinander-
gesperrt, fest in den Boden gepflanzt. Hier stand Er, Er konnte

wohl nicht anders. Er trug das von einem Tuch überworfene Haupt hoch erhoben, als verwahre er sich gegen das Licht der Sonne, doch zu scheuen, wahrlich, brauchte er es nicht. Auf dem Sockel stand in goldenen Lettern: *Ich bin nicht gekommen, den Frieden zu bringen, sondern das Schwert.*

Breker, sagt Ihnen das noch was? Künstler und Führer marschierten gemeinsam als erste durch den Arc de Triomphe, als wir Rache nahmen für Versailles. Die Franzosen lieben Breker – immer noch. Auch Adenauer ließ sich von ihm modeln. Für diesen Christus war ein Schüler gut genug. Aber er stand schon 38.

War der Künstler mit Ihrem Vater befreundet?

Der hätte mit dem Teufel Kirschen gegessen, um seine Kirche zu bekommen. Drängelte sich immer zu den Spitzen vor. Bühler zahlte, Goebbels auch! Blunck machte ihm weis, eine Kirche an der Schweizer Grenze sei Propaganda für die Toleranz des Regimes. Als der Kreisleiter meckerte, zeigte ihm Blunck, wo Gott hockt. Und da steht Er nun wie ein Wikinger. Der rechte Mann für Feuer und Schwert. 39 war es dann soweit. Aber auch wenn die Welt unterging: Blunck hatte seine Kirche.

Klaus rümpfte die Nase. Gibt es eine Schweinemast in der Nähe?

Nicht daß ich wüßte.

Es roch nach Treber. Klaus erinnerte sich an Sonntagsspaziergänge ins nahe Mustergut. Hier wurde den Kindern Überseens bodenständige Landwirtschaft vorgeführt: damit sie auch einmal einen Esel streicheln, eine Kuh anfassen konnten. Dazu roch man: die Vorfahren hatten sich's sauer werden lassen. Im Schweinestall schritt Pa die Koben ab und begutachtete das Ferkelfleisch, wenn es sich als quiekender Haufen um die Zitzen schnarchender Säue drängte. Für Klaus waren diese Gänge eine Folter. Der Schlachthausgeruch der nackten Tiere, denen Pa auch noch Klugheit nachrühmte, verschlug ihm den Atem. Seither konnte Klaus, selbst beim Militär, kein Schwei-

nefleisch mehr essen. Als er bei einem jung verstorbenen Dichter las, er habe einen »schweinernen Vater« gehabt, gähnte ihn
aus einem einzigen Wort die Sonntagspest seiner Kindheit an.

Die Erlöserkirche suchte glücklos einen Kompromiß zwischen Monumentalität und Heimatstil. Es war eine überan-
strengte Dorfkirche, die nach romanischer Größe strebte.
Oben begnügte sie sich mit einem schlichten Satteldach,
dem ein zweiter First vorgebaut war: er deckte das Portal
mit dem gleichen Ziegelrot.

War Ihr Vater deutscher Christ? fragte Klaus.

Er bestand auf einem »deutsch-evangelischen Gruß«, damit
ersparte er sich »Heil Hitler«. Sein Gott ist ihm beim Waffendienst begegnet. Er war ein Ritualist, und am liebsten wäre er
Tierbändiger gewesen – zum Kirchenfürsten reichte es dem
Bäckersohn aus Flensburg nicht ganz. Aber seine Gottesdien-
ste machte er der katholischen Messe so ähnlich wie möglich.
Zum Amtsantritt inszenierte er das 400jährige Jubiläum von
Luthers »Septembertestament«. Da mußte sein Kirchenchor
ins Geschirr, und er schurigelte ihn wie eine Dienstgruppe.
Die ersten Jahre ließ man sich gefallen, was er der Gemeinde
als »reges religiöses Leben« angedroht hatte. Dann begann das
große Scheitern an hiesiger Gemütlichkeit. Man nannte ihn
nur noch »Feldwebel«. Tauf- und Trauregister führte er wie
Rekrutierungslisten, aber den Todesfall behandelte er als Fahnenflucht. Seine Trauergottesdienste glichen einem dienst-
lichen Verweis, und den Eintrag ins Totenbuch versäumte er
grundsätzlich.

Zuerst hatten die Evangelischen nur eine Scheune am
Rhein. Er glaubte, es liege an ihrer Enge, daß sie nur zu einem
Drittel voll war, also mußte eine richtige Kirche her. Er rieb
sich auf, bis er sie bekam, und das war im Dritten Reich so
erstaunlich, daß die Leute schon aus Neugier einmal hinein-
gingen. Danach war sie doppelt leer.

Sie haben einen Schlüssel, sagte Klaus, als Blunck das mittlere der drei Tore öffnete.

Von der Pfarrerin, damit ich jederzeit für ihren Vorgänger beten kann.

Durch die Vorhalle gelangte man in den Kirchenraum und als erstes an eine Spielecke für Kinder. Die Bankreihen liefen dem zwei Stufen erhöhten Altartisch zu; die Wand dahinter hatte drei romanische Scheinfenster, deren unteres Drittel mit Mosaiken ausgelegt war. Sie zeigten einen männlich wirkenden Christus bei Werken der Barmherzigkeit und erinnerten an sozialistischen Realismus. In den Sockel der Kanzel war weiteres Mosaikwerk eingelassen. Der Adler des Johannes ritt auf dem Löwen des Markus; der Stier des Lukas starrte auf den gerupften Engel des Matthäus. Das Kanzeldach keimte in einer anthroposophischen Kurve direkt aus der weißen Wand.

Auch die Glasfenster der Kirchenwände ließen ihr Licht durch Mannsbilder fallen, welche die Heldentaten des Heils mit starkem Umriß verkündeten. Nach Passionsmotiven suchte man vergebens, auch eine Kreuzigung fand nicht statt. Immerhin mahnten Querbalken an der flachen Decke mit schwarzer Schrift, am ehesten nach dem Reich Gottes zu trachten.

Als Bub habe ich nie auf die Empore gedurft, sagte Blunck.

Sie erstiegen die Treppe und wanden sich an der Orgel vorbei durch eine Konzertbestuhlung zur Bank an der Brüstung. Blunck war Klaus nahe gerückt und behielt dabei den Mund halb offen; an der Herkunft des schlimmen Geruchs war jetzt kein Zweifel mehr möglich.

Hier oben spielte Vaters Musik. Nichts für kleine Menschen. Und ich war so neugierig auf den Shimmy des Organisten. Aber Blunck vertrug nicht, daß ich ihn von oben sah. Auf der Empore duldete er nur sein singendes Personal. Es mußte sich die Seele aus dem Leib jubilieren, während er die Restgemeinde mit seiner Predigt duckte. Und Pfarrers Sohn gehörte neben Tante Nele zu Vaters Füßen.

Ich war keine neun Jahre, als ich seine letzte Predigt hörte. Er war nur noch Haut und Knochen, das nannte man damals

»Auszehrung«. Was er noch erleben wollte, war der 1. Mai 1949 – Constanzes Kinderumzug. In seiner Kirche sollte er anfangen und enden.

Blunck klaubte eine Packung Bonbons aus der Tasche und hielt sie Klaus hin.

Gegen Mundgeruch.

Ich habe keinen.

Sie täuschen sich, ein Freund darf Ihnen das sagen. Wir sind allzumal stinkend vor Gott, wie mein Vater zu sagen pflegte.

Klaus empörte sich stumm. Du duftest unwiderstehlich, pflegte Manon zu bemerken, wie eine Mischung von Morgentau und Teddybär.

Er hat Constanze eine förmliche Trauung vorgeschlagen. Stellen Sie sich das vor, sagte Blunck. Er war ein Verehrer Constanzes, und bei ihrem Töchterchen sollte *ich* ihn vertreten. Der Mensch, der mit Kindern nie etwas anfangen konnte! Wenn ich mit Imo zusammengegeben wurde, sollten alle Glocken läuten. Siehe, das ist mein lieber Sohn, an dem ich zwar kein Wohlgefallen habe, aber nun ist er mal da, und eine reiche Braut kann ihm nicht schaden. Und Constanze hätte mitgemacht! Für sie war doch ein Pimpf so gut wie der andere.

Aber Imo wollte nicht, sagte Blunck. Sein Mund war jetzt so weit offen wie derjenige eines Artilleristen neben der Kanone. – Iring mußte es sein. *Imo locuta, causa finita.* Mit fliegenden Fahnen unterwegs zum Fehler ihres Lebens.

Sind Sie verheiratet?

Gewesen. Ich gehöre zur Männergeneration, die an der Frau gescheitert ist. Die mit sechzig Jahren lernen muß, einen Waschsalon zu betreten, und die diensttuende Türkin bittet, das Programm zu drücken. Und so durchaus, wie der alte Goethe zu sagen pflegte. Jeder von uns war mal zur Krone des Lebens unterwegs. Verbesserung Nieburgs, von wegen!

Ich habe Ihren SPIEGEL-Essay über das Dritte Reich gelesen, »Von der Unwiderstehlichkeit des braunen Reizes«.

1972 war ich grade im Kommen – könnte nicht mal sagen,

wann ich wieder gegangen bin. Erst der Zeit voraus, und plötzlich war sie an mir vorbei. Ich merkte es erst, als ich für die »Oberrhein Media« schrieb – nicht schlechter als früher. Ohne Constanze wäre ich auch da nicht mehr untergekommen. Aber sie meisterte alles: Menschen, Börsenkurse, Bilanzen, und fürs Feinere hatte sie Lennie. Zwanzig Jahre schrieb ich Freßberichte aus der Provinz, auch mal eine Sonntagsbetrachtung.

Blunck nickte eine Weile. – Die Wirte halten mich immer noch frei, sonst wüßte ich gar nicht, wie ich mich redlich ernähren soll. Ich esse Kaviar, sonst sehe ich kein Brot. Zwei Scheidungen, das tötet einen Mann. Mal sehen, wie lange es Harry Pracht noch macht mit seinem prächtigen Hotel. Constanze war eine Frau für Sieger – *the winner takes all.* Sie muß uns für eine starke Besetzung gehalten haben, und bei der Gründung waren wir's auch. Sie ließ sich unseren Verein was kosten – war ja auch Schweigegeld. Denn der wahre Vereinszweck blieb unausgesprochen. Die Neutralisierung Imogens.

Was heißt das?

Gute Frage, sagte Blunck, sie gab keine Direktiven. Überließ die Antwort dem Wettbewerb. Jedenfalls ging es darum, Iring auszuschalten. Für diesen Versuch hat sie uns bezahlt, und er war untauglich, wie wir.

Er hatte den Kopf auf die Brüstung gelegt und drehte ihn darauf hin und her.

Woher hat Herr Springmann seine Schmisse?

Blunck ließ den Kopf liegen und sah Klaus höhnisch an. Das fragen Sie nicht mehr, wenn Sie seine Frau kennen.

Wenn sich Klaus Kaspar Bluncks Erzählung hinterher vergegenwärtigte, schien ihm zweierlei bemerkenswert. Sie sprudelte aus ihm wie Blut aus einem Schnitt, der eine Ader getroffen hat. Dabei nahm sein Bericht unwillkürlich Du-Form an. Aber die Rede war gar nicht für Klaus bestimmt. Angesprochen war der auf der Kanzel durchdringend abwesende

Vater, der einmal hören mußte, den sechzigjährigen Sohn *aus-
hören.*

Die Geschichte begann im »Oberrheinischen Hof« 1975
anläßlich von Springmanns 35. Geburtstag. Schon aus seinem
launigen Brief an die sechs Ehemaligen des Abitur-Jahrgangs
1959 ging hervor, daß die »kommenden Riesen« zu einem
Männerfest geladen waren.

»Wir hatten Taten vorzuweisen. August machte die Wer-
bung für Opel, nicht mehr der Zuverlässige – kaum noch ein
Automobil. Ein Lebensgefühl! Maurus war auf dem Weg zur
Spitzenmedizin und hatte das Patent für eine Krebstherapie
angemeldet, damals noch nicht auf Bachblüten-Basis. Harry
wurde ein fast schon großer Künstler und bestückte eine Düs-
seldorfer Galerie mit Tachismus, Markenzeichen: kobaltblau.
Horst Adolf unterhielt eine Selbsterfahrungspraxis, Spezialität: Geburtsweinen und Urschrei. Ämil brachte immer noch
sein Wäschesäcklein zu Muttern und las einen Krimi nach dem
andern. Aber auch er hatte eine Galerie – Fumetti und Foto-
Romanzen – und gab eine Insider-Zeitschrift heraus, zweimal
im Jahr, wenn nichts dazwischen kam. Der SPIEGEL hatte
meinen Essay über Hitler als *obszöne* Ikone gebracht. Viel
heiße Luft, aber wir fühlten Aufwind und wurden vom Zeit-
geist getragen. Ferry bezog ein Gehalt von dreißig Mille, Boni
nicht gerechnet. Wer verheiratet war, sollte Bilder seiner Frau
mitbringen. Ämil war damals der einzige Junggeselle, wir zogen ihn auf, ob er immer noch Imo im Kopf habe – den lieb
ich, der Unmögliches begehrt. Wir übrigen hatten ihr schon
nachgestellt, als uns ihre Millionen noch egal waren. Inzwischen hatten wir die Taube auf dem Dach mit dem Spatz in der
Hand vertauscht, und bei manchen war es bereits der zweite
Spatz. Fast alle hatten auch Kinderchen gemacht, Gelege in
verschiedenen Städten, die wir warm hielten nach Vermögen
und tapfer durchfütterten. Als Großvater finden mich meine
Töchter heute richtig nett.

War's das schon? Das fragte sich noch keiner. Wir waren

Aufsteiger, daß sich die Leitern bogen, tranken unser Wohl und wurden immer flottere Junggesellen, am Ende zotenreißende Schulbuben, bis uns Ferry mitteilte, er habe sich verlobt und möchte uns seine Braut vorstellen. Ob wir mitkämen? Zuvor hatten wir vom Mordfall Halbherr gesprochen – sagt dir Jacky Halbherr noch etwas? Der hatte in Basel als Zuhälter angefangen, ging dann ins Trödelgeschäft und hypte es zum Antiquitätenhandel auf. Es wurde chic, bei und mit Jacky gesehen zu werden. Seine Haut war mit einer Seekarte aus dem 17. Jahrhundert tätowiert, aber jetzt bedeckte er sie mit einem Frack und tauchte auf den Lifestyle-Seiten von Friseurmagazinen auf. Als er das *Petite fleur* übernahm, war es noch ein Grenzbordell, in dem sich Fernfahrer in den Armen einer wäßrigen Tirolerin entspannten und die kleinen Buchhalter des Wirtschaftswunders von der Nitribitt träumten. Mit Jacky zog die helvetische Cervelat-Prominenz ein, dann stieg das Haus in die regionale Kulturszene auf und mutierte zum Country-Club mit Golfplatz und Reitstall. Da war für alles gesorgt, was Harry *Wellness* nennen lernte, auch für Escorts. Das Kerngeschäft war sich gleich geblieben, aber jetzt trat das Fleisch als Zugabe auf, und was die Damen auszogen, sah Haute Couture zum Verwechseln ähnlich. Coco bediente im *Virgin Island Club*. Da mußten die Damen noch Jungfrauen sein. Jack hatte Grundsätze: die Island Girls waren erst volljährig *nature* zu haben. Wer sich an einer nicht satt sehen wollte, machte ein Angebot. Für eine Morgengabe von 20 000 DM durfte er an ihrem 20. Geburtstag eine karibische Hochzeit ausrichten. Die Entjungferten avancierten in die Beletage; da arbeitete schon Cocos ältere Schwester Hortense, trat als Königin von Guadeloupe auf und trug dazu nichts als ein echtes Diadem. Dabei kamen die Schwestern aus dem Nonnenkloster. Das wußte Ferry und hatte Coco schon für sich reserviert.

Im März 75 fand man Jack eines Morgens mit durchgeschnittener Kehle auf dem Grund seines Pools. Das Etablissement wurde geschlossen. An Ferrys Geburtstag hatte Ämil

schon die Details parat. Er war damals noch nicht bei der
Polizei, pflegte aber beste Verbindungen zum Präsidium. Es
war sein Hobby, der *Kommissar*-Sendung Kunstfehler nach-
zuweisen. Der Mordfall kam zur Bundesanwaltschaft, denn
Jack war auch Personen nützlich gewesen, deren Tätigkeit der
Geheimhaltung unterstand.

Und was wird aus deiner Hochzeit mit Coco? fragten wir
Ferry, der nur den Kopf wiegte. Wir waren von Düsseldorf
und Berlin gekommen, um die verschlafene Heimat mit unserem Auftritt zu beglücken. Wir sangen die braven und weniger
braven Lieder aus der Schulzeit, vom *Schwarzen Walfisch zu
Askalon* bis zu *Edelweiß* und *Der Popokatepetl ist ein Berg in
Mexiko*. Es war nach Mitternacht, als Ferry uns zur Nachfeier
einlud. Er hatte ein Appartement in Nieburg, wozu?

Zwei Taxis voll singender Riesen. Der Fünfstöcker aus der
Jahrhundertwende war schon mal die Absteige Rathenaus gewesen. Bitte ganz oben, leider kein Aufzug, aber wir schafften
es noch. Ferry klingelt, und wer macht uns auf? Eine schwarze
Antilope, an der eine schneeweiße Toga herunterfließt. Vielleicht gingen uns auch nur die Augen über. Ich war auf der
Stelle nüchtern. Mademoiselle Cora. *Puis-je vous introduire à
ma maîtresse*. Ferry sprach ein Französisch, daß sich die Balken bogen. Als sie jedem ihr Händchen gab, zog sie es so
gedehnt zurück, daß schon der erste Kontakt eine Streichel-
einheit war. Grau, rosa, langfingrig wie eine Violinistinnen-
hand. Das also war die kleine Nonne. Sie schwebte uns voran
zum gedeckten Tisch. Silber, Kerzen, Kristall, Champagner.
Ferry ließ die Korken knallen, dann schenkte Coco ein, und
wenn sich der Schaum gelegt hatte, noch einmal, und immer
wieder. Zuerst streifte sie uns nur mit ihrem Duft, dann auch
mit dem nackten Arm, und beim dritten Mal spürten wir den
Druck ihrer Hüfte. Dann verneigte sie sich unter der Tür so
tief, daß wir die Brüste im Ausschnitt rollen sahen.«

Die Hände zwischen den Knien gefaltet, redete er nur noch
mit dem Kirchenraum.

Als ich an die Reihe kam, war alles in mir totenstill. Ich seh die Dusche noch vor mir, jede Kachel einzeln. Ich schmatze Mundwasser, trockne mich endlos ab, nehme die Kleider auf den Arm, im Salon drüber klimpert Erroll Garner. Ich klopfe an, durchs Balkonfenster fällt so viel Straßenlicht, daß ich den Schatten im Bett als Frau erkenne, das lange Bein ist wie gedrechselt, das sie über das andere gelegt hat, und auf dem Gesicht liegt eine Binde, als erwarte sie die Hinrichtung.

Vous êtes très belle. J'aimerais vous parler.

Sie zieht die Binde weg, übersieht die Lage, steht auf, nimmt meine Hand und zieht mich ans Fenster, wo ein entzündeter Himmel zu sehen ist, sonst nichts. Sie schiebt sich zwischen das Glas und meinen Leib und lehnt sich zärtlich an.

Vous habitez haut, sage ich in ihr Haar, ich hab mir's starr vorgestellt, aber es ist seidenweich. Ohne ein Wort greift sie hinter sich, was sie anstellt, weiß ich nicht, aber was ich habe, wächst ihr in die Finger. *Mais non Monsieur. Pas là.* Das Verbot begeistert mich noch mehr, sie beugt sich, um mir den Weg zu öffnen, aber ich bin noch gar nirgends und komme schon. Und weißt du, was sie jetzt tat?

Er machte eine Pause und behielt den Mund offen.

Sie fing an zu stöhnen, ihre Stimme erstieg die ganze Tonleiter weiblicher Lust. Sie simulierte einen unwiderstehlichen Orgasmus, und die ganze Zeit hatte sie das Glas in einer Hand und hielt mich mit der andern von sich ab. Und das Beste war –

Jetzt hättest du gekonnt, sagte Klaus.

Aber sie schob mich weg, und als ich nicht lockerließ, gab sie mir einen Klaps und sagte: *Allez vous doucher, Monsieur.*

Danach haben wir uns drei Jahre nicht wiedergesehen, bis uns Constanze wieder zusammenrief. Zur Gründung ihrer Stiftung. Die Konditionen waren mehr als kulant, aber es gab eine Bedingung: wir mußten nach Nieburg zurück.

Und Ferry Springmann?

War verheiratet, mit Coco.

Und warum zerkratzt sie sein Gesicht?

Weil es das ist, was er nicht verlieren darf. Seine Sekretärin läßt verbreiten, es handle sich um Akupunktur. Aber es sind Mamma's Nägel. Entweder er hat seine Verlobten geliebt, dann ist er ein Schuft. Oder er hat sie nicht geliebt, dann ist er erst recht einer. In Guadeloupe scheint man ein Ding wie Zeit nicht zu kennen. Nichts ist je vergangen. Und der CEO eines global tätigen Unternehmens fährt ins Büro wie ein Teenie, der sich nicht rasieren kann.

Aber sie hat doch selbst eine Vergangenheit.

Für sich selbst besteht sie nur aus Gegenwart. Auf jedem Empfang ist sie die große Dame, die schwarze Kaiserin Bonaparte mit dem gutturalen Lachen.

Warum hat er sie geheiratet?

Constanze hat es gewünscht – und ihre Wünsche sind Befehl, auch für Ferry.

Wozu hat Frau Constanze ihren Stiftungsrat bestellt?

Warum haben wir uns bestellen lassen? Ich glaube, am Anfang haben wir uns alle dasselbe vorgemacht. Wir waren die Ersatzbank für Iring. Wir sollten ihn abservieren... wenigstens aus dem Zivilstandsregister.

Aber viele von euch waren schon verheiratet und hatten Familie.

Du siehst ja, was daraus geworden ist.

Aber daran war Frau Constanze nicht schuld, sagte Klaus.

O nein, sagte Blunck. Sie war nicht schuld, daß wir ihre Buben wurden, ihre Affen. Sie war nicht schuld, daß wir nach ihrer Pfeife tanzten, um Lohn, bis es unsern Frauen reichte. Und als wir so verfügbar gewesen wären, wie wir nie werden wollten... waren wir verbraucht. Ausgebrannt. Das Thema Schwiegersohn erledigte sich von selbst. Statt Millionär bin ich Zeilenschinder, der nichts mehr zu verlieren hat – nicht einmal die Selbstachtung. Aber weißt du, wer die wahre Verliererin ist? Sie.

Imogen? fragte Klaus.

O nein, Constanze. Imogen hat gewonnen. Töchterchen gegen Mütterchen. Die Alte ist ausgetrickst.

Ich verstehe dich nicht.

Wie solltest du, Unschuld vom Lande. Vom schönen Schweizerland. Soll ich dir ein Licht aufstecken? Constanze war treu, nicht wahr? Nicht wahr. Ein Mann, der zu lange tot ist, treibt es zu weit, auch wenn er Lennie heißen sollte. Aber Imo war treu, nicht wahr? Nur zu wahr. Und wozu war sie treu? Aus Liebe zu Iring? An dem gibt es nichts zu lieben. O nein: um ihre Mutter schmoren zu lassen, auf kleinem, aber anhaltendem Feuer. Für Imo blieb es bei Iring – da konnte Constanze kleine Stiftungsräte nachziehen, soviel sie wollte. Nieburg verbessern, bis es schwarz wurde, und sie auch. Langsam, aber sicher hat die Tochter der Mutter die Luft abgewürgt, bis sie nur noch in Visperterminen atmen konnte – und am Ende auch da nicht mehr. Es war vollbracht, und du kannst sagen, du bist dabeigewesen.

Klaus' eigener Atem stockte; noch nie hatte er einen Raum – und wenn er hoch war wie ein Kirchenschiff – mit so viel gepreßtem Haß und schamloser Verzweiflung zu teilen gehabt.

Still, da kommt unsere Frau Pfarrer.

Die Kirchentür wurde aufgeriegelt; eine graublonde Person trat in den Mittelgang hinaus, im Arm ein Bündel hellblauen Rittersporns. Sie begann es in der Vase neben dem Altartisch zum Strauß zu ordnen.

Brauchen Sie Hilfe, Frau Glanzmann? rief Blunck von der Empore herab. Man konnte sie so erschrecken sehen, daß sie fast die Vase umgestoßen hätte.

Das ist Herr Marbach aus Zürich, ich habe ihm unser Haus gezeigt. Er ist Frau Selbers Gast in der Villa.

Oh, Herr Blunck. Lassen Sie sich nicht stören. Ich bin gleich fertig.

Nehmen Sie sich nur Zeit, sagte Blunck. – Frau Glanzmann ist eine echte Berlinerin. Sie weiß bestimmt, daß unser Mosaikkünstler auch für Hitlers Reichskanzlei gearbeitet hat. Ihre Trümmer sind in der U-Bahn-Station Mohrenstraße zu bewundern. Porphyr wie gestocktes Blut.

Jetzt wünsche ich Ihnen noch einen schönen Tag, sagte sie und entfernte sich rasch.

Blunck schwieg. Dann sagte er. Ich habe Sie geduzt, im Feuer des Gefechts. Pardon.

Sie haben mit Ihrem Vater geredet, glaube ich.

Als Blunck weitersprach, tat er es so leise, daß Klaus nicht imstande war, sich zu entfernen; die Beichte von Bluncks Häßlichkeit fesselte ihn wider Willen.

Ich bin nicht sein Sohn. Er hat dem Kaiser schon bei Ypern seine Männlichkeit geopfert. Für den Hodenschuß bekam er das Eiserne Kreuz. Nach dem Krieg studierte er Theologie: das zweite Kreuz. Er wurde Pfarrer in Thüringen und heiratete die Witwe seines Vorgängers, dachte wohl, die habe es hinter sich. Aber sie war noch eine Frau, als er nach Nieburg versetzt wurde, und wäre gern Mutter geworden. Das dritte Kreuz. Der Lilienstengel ist unbekannt, dem ich meine Empfängnis verdanke. Unbefleckt kann sie nicht gewesen sein, aber das Datum steht fest: Weihnachten 39. Da war Blunck beschäftigt, die beste Zeit für ein kleines Christkind. Vom Himmel hoch, da komm ich her. Es kann der Kreisleiter gewesen sein oder ein polnischer Zwangsarbeiter, die ersten waren ja schon im November da. Hat sie ihn geliebt oder nicht so genau angesehen? Wenn sie noch lebenslustig gewesen wäre. Aber sie war eine doppelte Frau Pfarrer. In Nollendorf sind Polen erschossen worden, die sich mit deutschen Frauen eingelassen haben. Dort könnte auch mein Vater verscharrt sein – der Kreisleiter hat den Krieg natürlich überlebt. Nachdem er die Kirche nicht hatte verhindern können, war er mit Blunck so was wie befreundet. Bei meiner Taufe hat er über das Wunder der heiligen Elisabeth gepredigt: »Also hat mir der Herr getan, da er mich angesehen, meine Schmach unter den Menschen hinwegzunehmen.« Ich hätte Johannes heißen müssen. Aber ich wurde ein Kaspar. Danach hat er meine Mutter als Heimsuchung behandelt. Sie nahm sich das Leben nicht gleich – erst als man wieder anfangen konnte, an sich selbst zu denken. Das Gift hatte sie sich von Doktor Springmann besorgt, Ferrys Papa. So hängt alles mit allem zusammen.

Constanze ist sicher, meinen Vater gekannt zu haben. Ich hätte seine Augen. Sie hat ihn damals zu retten versucht, umsonst, er hatte zu viele Hochrassige getröstet. Ich hoffe, er war es. Ich würde mich als hochwohlgeboren betrachten.

Sie sind fünf gewesen, als Ihre Mutter starb. Wer hat Sie... gern gehabt?

Ich wurde *betreut.* Als Blunck festgestellt hatte, der Herr habe es gegeben, der Herr habe es genommen, der Name des Herrn sei gelobt, muß er entschlossen gewesen sein, sich kein neues Kreuz mehr aufzuladen. Und irrte schon wieder. Er ließ Tante Nele kommen, aus Brunsbüttelkoog – daß sie Reisepapiere bekam, war 46 allerhand. Aber Constanze wußte, wie man mit Militärbehörden umgeht. Tante Nele war eine arme Verwandte. Sie kam zum Futtern in den Süden, je näher der Schweiz, desto näher dem Schlaraffenland. Von dem, was sie nicht verfraß, bestritt sie unsern Haushalt. Sorgen und Streiten, das war alles eins. Sich selbst nannte sie eine gute Haut – dick war sie jedenfalls. Tante Nele wurde es nie, da konnte sie futtern, soviel sie wollte. Fromm war sie auch noch, zum Fürchten: »Böfühl du daine Wöögö und was dain Härzäkränk«. Die Haare um den Mund, in dem sie ihre quäkende Harmonika hin- und herschob! Ich kann meine Kinderseele bis heute darin wimmern hören. Daß Blunck seit Jahren am Sterben war, bemerkte Tante Nele lieber nicht. Kam ihr ja nur zugute, wenn er fast nichts essen konnte. So ein strenger Herr, und auch noch verwöhnt!

Blunck hatte Wasser in den Augen und räusperte sich heftig.

Als dein Vater starb, warst du Vollwaise. Wie bist du aufgewachsen?

Im Internat, Schloß Beuggen. Constanze hat's bezahlt. Die Ferien durfte ich in der Villa verbringen. Aber zum Kind des Hauses hab ich's nie gebracht, die Stelle war besetzt. Lennie kränkelte anhaltend, das hat Iring ausgenützt und sich mit

seinen Witzen unentbehrlich gemacht – auf Constanzes Kosten. Sie wurde zur Fremden im eigenen Haus. Lennie war der
einzige, der sie hilflos machen konnte. Manchmal kam sie ins
Kutscherhaus und blieb bei mir sitzen. Ich hätte sie trösten
sollen, aber ich wußte nicht wie – es wäre auch das Dümmste
gewesen. Ihre Ehe war eine Tragödie, aber ein Kunstwerk –
wehe einem jeden, der ihr hineingepfuscht hätte!

Ja, Herr Marbach, ich kenne das Kutscherhaus, hatte meine
Bude in Ihrem Dachboden – ausgebaut war er noch nicht. Das
hat sie erst für August getan. Aber ich rede zuviel. Bitte, machen wir Schluß.

Draußen fiel sie die Mittagshitze an, als träten sie in einen
ungelüfteten Maschinenraum; die Turmuhr zeigte halb zwölf.
Blunck verschloß die Kirchentür, dann richtete er sich auf, gab
Klaus die Hand und hielt sie fest. Als er den Mund öffnete,
wehte der saure Geruch von unverdautem Elend herüber.

Vergessen Sie's. Sie haben hier kein Brot, Herr Marbach.
Dazu braucht es *schuldige* Leute.

6 Das Gewitter

Als Klaus nach dem Frühstück in den Park gegangen war und vor dem Brunnen stand, näherte sich Maro von der Villa her mit einem Bündel im Arm. Er wollte es bei einem Gruß belassen, wie sonst, aber sie blieb stehen.

Ihre Wäsche.

Zwei Nächte zuvor hatte ihm Imogen Maros Kummer zugeflüstert: welche Schande, daß er seine Wäsche in der Stadt besorgen ließ. Gestern hatte Maro zum ersten Mal angeklopft, und schon heute überreichte sie ihm die Objekte ihres tätigen Kummers in einem großen Jutebeutel. Drei ausgebleichte Jeans-Hemden waren in ladenfrische Falten gelegt, auch die Leibwäsche hatte ihn noch nie so blütenweiß angeblickt. Offenbar war Maro in regelmäßigem Austausch mit Imogen; »Sie arbeiten zu viel«, hatte sie Klaus gesagt. Sonst waren Worte ihre Sache nicht, während Dias laut und leise vor sich hinsprach, ohne seine Arbeit zu unterbrechen. Maro pflegte ihn kopfschüttelnd zu betrachten, und es kam vor, daß sie ihn in die Arme schloß und lange festhielt. Das Einvernehmen beider war sonst ohne erkennbare Herzlichkeit, aber von großer Würde. Imogen hatte ihm gesagt, sie seien Mutter und Sohn.

Die Morgensonne glühte stumpf wie flüssiges Blei. Klaus beschloß, den Tag mit einer kleinen Flucht vor der Hitze zu beginnen. Er stieg aufs Rad, gelangte über die lange Anfahrt durch abgeblühte Obstgärten auf die Bundesstraße und folgte ihr in östlicher Richtung. Sie querte flußaufwärts einen bewaldeten Steilhang; nach zwei Kilometern sah er die Anzeige der Quirinushöhle, die im Stadtführer als Ausflugsziel empfohlen wurde. Er sicherte das Rad an einem Stämmchen und legte den Aufstieg zum Höhleneingang auf einem gepflegten Fußweg zurück. In einer Rindenhütte mit angebauter Pergola gab es ein Ticket zu lösen und einen Schutzhelm zu fassen; dann stieg man über eine Flucht von Stufen in das tief eingeschnittene Seitental ab und stand schließlich auf dem Vorplatz zum Höhleneingang. Die ersten Schritte führten durch einen kaum mannshohen Stollen, in dem der Helm gute Dienste tat. Nach einigen Windungen öffnete sich der Gang zu einer Grotte, und Klaus atmete genußvoll die feuchte Kühle, auch wenn er sie auf engem Pfad mit hinein- und herausdrängenden Menschen teilen mußte, Familien, auch einer Schulklasse.

Da die Einzigartigkeit der Höhle, wie er dem Prospekt entnahm, vor allem in ihrer Länge bestand – drei Kilometer waren erschlossen, zwölf erforscht, aber man schätzte ihren Umfang auf ein Vielfaches –, ermattete sein Forschungsdrang schon nach zehn Minuten. Immerhin tauchten ab und zu, von versteckten Scheinwerfern modelliert, Tropfsteinbildungen aus dem Dunkel auf; dann führte ein Metallsteg ein Stück über dem zum Bachbett gewordenen Höhlenboden und dem schwarzen Spiegel eines kleinen Sees entlang. Schließlich stieg man auf einer Leiter in den »Thronsaal« ab, eine Grotte von palastartiger Größe, durchflossen von einem Bach, den ein dramatisch ausgeleuchteter Wasserfall speiste. Der einzelne Findling in der Mitte des Geröllfelds war mit unzähligen Signaturen bedeckt. Nachdem Klaus eine Weile in die zerklüftete Decke gestarrt hatte, war er nicht unglücklich, statt des Weiterwegs den Rückweg erwischt zu haben, und stand bald wieder an der Luft, die ihn wie eine Fangopackung einschlug.

Fröstelnd stieg er aufs Rad und schlug nach ein paar hundert Metern Bundesstraße den ersten Waldweg ein, der linkerhand in die Höhe zu führen versprach. Die Steigung verlangte dem Kreislauf etwas ab, und mit hartem Tritt in die Pedale bestätigte sich Klaus, daß er es immer noch zu bieten hatte. Schließlich war es der Weg, der aufgab. Das Rad geschultert, mußte sich Klaus den weiteren Aufstieg zu Fuß bahnen und gelangte durch Dickicht an den Rand einer ebenen Lichtung, auf der eine Reihe mit Strohkissen gepolsterter Böcke stand. Der Rest einer Scheibe verriet, daß sie zum Bogenschießen dienten. Auf dem Vorplatz des Schützenhauses öffnete sich die Aussicht über das Rheintal, das in einem grauen Licht lag; der Verkehrslärm hatte sich zum fernen Tosen verdumpft. Der Himmel murrte in immer kürzeren Abständen; der Zusammenzug dunkler Wolken, die Schärfe ihrer Ränder und die Blitze, die durch ihre Masse zuckten, verkündigten ein nahes Gewitter, das erste, seit Klaus in Nieburg angekommen war.

Hundert Meter weiter stand eine Gruppe von Häusern, von denen sich das größte als Gasthof »Zur Schützenlust« zu erkennen gab. Klaus beschloß, im gedeckten Teil der Gartenterrasse die weitere Entwicklung abzuwarten. Es war schon Mittag geworden, und als er an einem der Blechtische Platz genommen hatte, fand er sich auch der »bürgerlichen Küche«, die das Haus versprach, nicht mehr abgeneigt. Er war allein, bis auf die schwarze Bedienung; das meteorologische Schauspiel löste seine Zunge zu einem kleinen Gespräch auf französisch. Dazu entfärbte sich das grenzenlose Land zu seinen Füßen, dann flogen grell wechselnde Flure von Helligkeit darüber hin, und immer wieder erstarrte es im Licht der Blitze. Eine Bö fegte über die Terrasse, ließ Blüten und Blätter stieben, zerrte am Geäst der Bäume und legte sich wieder so plötzlich, wie sie gekommen war. Aus dem Murren war ein vervielfältigtes Grollen geworden, bald laut, bald leise rollte es nach allen Seiten, fuhr plötzlich in einem grellen Krachen zusammen, fast gleichzeitig mit dem Blitz. Noch war da, wo Klaus saß, kein Tropfen gefallen. In Richtung Basel zeigte sich gar Sonnenschein und wirkte durch den Kontrast paradiesisch; über den Juratafeln fuhren Kumulusflotten ostwärts und zogen, an der Oberseite noch weiß, ausfasernde Schleppen dunkler Regensträhnen nach. Über dem Haus aber hatte sich eine schwarze Wand aufgebaut und drohte mit Einsturz.

Klaus saß in ihrem Schatten, vor sich ein Bier, neben ihm stand die Afrikanerin, und beide verstummten, als sich das Gewitter entlud. Es stürzte wie der Überlauf einer Schleuse und endete nach zwei Minuten sang- und klanglos. Die Landschaft, kaum abgekühlt, tauchte aus dem Wasser wieder auf und verharrte grau in der vorigen Schwüle.

Nachdem ihm die Bedienung eine Portion Maultaschen frisch aus der Mikrowelle aufgetischt hatte, nickte er, an die Holzwand gelehnt, für eine unbestimmte Zeit ein und schrak an einem Geräusch auf, das er für einen Schußwechsel hielt. Tatsächlich war der Schießstand in Betrieb, und die Terrasse bevölkerte sich mit Männern, die Pistolentaschen umgehängt hatten. Einer von ihnen war Ferdinand Springmann; ohne Klaus zu bemerken, unterhielt er sich leutselig mit jüngeren Herren, offenbar seinen Untergebenen. Die Kratzer in seinem Gesicht waren unauffällig. Klaus bezahlte und ging der Gruppe in einigem Abstand zum Pistolenstand nach, wo die Schüsse einander in trockenen Schlägen folgten. Nach jeder Serie wanderten die Scheiben an Drahtzügen zu den Schützen zurück.

Springmann machte gute Figur. An der Bewegung, welche die Pistole mit gestrecktem Arm hochzog und ruhig auf Zielhöhe senkte, war nichts auszusetzen. Der Schlenker, mit dem die Hand im schwarzen Handschuh den Rückstoß abfing, hatte etwas Graziöses. Die Anerkennung seiner Zuschauer quittierte der Schütze mit dem flüchtigsten Lächeln.

Klaus fuhr noch ein paar Dutzend Kilometer weiter in den Schwarzwald hinauf und kehrte in Dossenbach ein, wo badische Demokraten 1848 ihr letztes Gefecht geliefert hatten. Auf Umwegen kehrte er nach Nieburg zurück, um den täglichen Einkauf zu besorgen; dann trödelte er in der einzigen Buchhandlung. Nach Ladenschluß sah er im Internet-Café zum erstenmal nach seinem Posteingang. Von fast tausend Botschaften waren nur drei an ihn persönlich gerichtet, sie stammten von Bekannten, die sich darüber beschwerten, daß er nicht zu erreichen sei. Von Manon kein Lebenszeichen. Dafür gab es auffallend viele Angebote, sich mühelos und preisgünstig den Grad einer Phantasieuniversität zu erwerben. In selbstquälerischem Ingrimm machte er sich daran, jeden Schwachsinn *einzeln* zu mustern und zu tilgen, bis es vor den Fenstern des Cafés so dunkel geworden war wie in ihm selbst. Er beneidete die Ausländer, die neben ihm ihre Botschaften nach Marokko oder Brasilien in die Tasten klopften, um das Solide ihrer Heimatlosigkeit.

Immer unsicher, ob Imogen anrief, versagte er sich auch die Vorfreude darauf, als er endlich das Rad bestieg. Über die Steigung zur Brauerei gelangte er auf den Uferweg, wo die Illumination der mittelalterlichen Silhouette gegenüber einstweilen ausreichte, um den Fahrweg auch diesseits des Wassers zu erhellen; dann kamen erst die Aufbauten des Wehrs, später die grellen Scheinwerfer des Aluminiumwerks für die Straßenbeleuchtung auf. Darum konnte Klaus erst, als er in ländliche Finsternis hineinfuhr, feststellen, daß sein eigenes Licht ausgefallen war.

Von hinten näherte sich das Motorengeräusch eines Fahrzeugs. Bevor er sich recht wundern konnte, warum die Fahrbahn finster blieb, fühlte er den heftigen Stoß gegen sein Hinterrad, der ihn aus dem Sattel hob und über den Lenker schleuderte. Er flog durch Gebüsch und stürzte gegen die Ruhebank, die an dieser Stelle dicht über dem Wasser stand; er war geistesgegenwärtig genug, den Kopf vor dem Anprall zu schützen und sich zugleich im Gezweig anzuklammern. Der Schock hatte ihn gelähmt, dann meldete sich dumpfer Schmerz an der Schulter und im rechten Arm. Gebrochen konnte er nicht sein, sonst hätte sich Klaus nicht auf festen Boden zu ziehen vermocht.

Er hörte, wie der Wagen anhielt, der Motor abgedreht, eine Handbremse gezogen wurde; dann näherten sich Schritte, und zwischen Uferweiden wurde der Schatten eines Menschen sichtbar. Klaus machte sich zur Verteidigung bereit, als er die gedrungene, leicht gebeugte Gestalt mit dem Schnauzbart erkannte.

Mein Gott, sagte Ämil Isele mit rauher Stimme, Herr Marbach. Ich habe Sie nicht gesehen. Sind Sie verletzt?

Ich glaube nicht, sagte Klaus, und seine Stimme zitterte.

Mein Scheinwerfer ist defekt, ich mußte mit Standlicht fahren. Ist Ihnen wirklich nichts passiert?

Klaus hörte Isele noch näher kommen. Seine Schulter hatte zu schmerzen begonnen. Das Leben schoß in seine Glieder zurück; zugleich wurden sie schwach. Er setzte sich auf die Bank. Das Wasser zog dicht unter seinen Füßen vorbei.

Das ist unverhofft, Herr Isele, sagte er.

Wir haben ein Auge auf die Villa. Es ist zweimal eingebrochen worden.

Setzen Sie sich doch dazu.

Rauchen Sie?

Nein, aber tun Sie sich keinen Zwang an.

Isele grub eine Pfeife aus der Hosentasche, dann hielt er inne.

Ich habe den Tabak im Auto. – Sie sitzen schief. Wo tut es weh?

An der rechten Schulter.

Isele legte die Pfeife ab, stellte sich auf den Fußbreit Boden, der die Bank vom Wasser trennte, vor Klaus und begann seine Schulter abzutasten.

Es ist nichts, sagte Klaus mit einem Wehlaut. Isele setzte seine Prüfung fort, bis zur nächsten heftigen Reaktion, dann räusperte er sich. Bevor er sich wieder gesetzt hatte, hörte man ein hartes Knacken.

Das war Ihre Pfeife, sagte Klaus.

Isele atmete schwer. Dann sagte er: Hüten Sie sich vor August Kaiser.

Warum? fragte Klaus.

Ich müßte Ihnen eine Geschichte erzählen.

Erzählen Sie.

Isele schwieg eine Weile. – Wir waren noch am Gymnasium, und nach der Schule saßen wir am Rhein, Kaiser und ich. Er fragte: weißt du eigentlich, daß Imo dich liebt? Sie traut sich nur nicht, es dir zu sagen, aus Angst, du gibst ihr einen Korb. – Von wem weißt du das? fragte ich. Von Birgit, sagte er. Das war ihre Banknachbarin. – Aber sie hätte es nie weitersagen dürfen. Du mußt Imo schon selber fragen, wenn du den Mut hast. – Ich hätte stutzig werden müssen, Birgit war nie Imos beste Freundin, aber ich konnte nicht mehr normal denken. Tag und Nacht überlegte ich, wie ich sie fragen könnte. Endlich paßte ich sie ab, als sie zum Bahnhof ging, um die Monatskarte zu lösen. Ich erwartete sie hinter einem Baum, wo heute McDonald's steht. Sie war allein, ich trat ihr in den Weg. Ich habe gehört, du hast mich lieb, ich wollte nur wissen, ob das wahr ist. – Sie sah mich mit großen Augen an, dann lachte sie herzlich. Das ist ganz sicher nicht wahr. – Ganz sicher nicht? – *Ganz* sicher! sagte sie und schüttelte sich fast ein bißchen. Das wollte ich nur wissen, sagte ich, ich danke dir. Das war 1953, am 10. April.

Ich kann es mir vorstellen, sagte Klaus.

Kaiser hat genau gewußt, daß er mich ins Messer laufen ließ.

Warum erzählen Sie mir das?

Seien Sie gut zu ihr, sagte Isele, es gibt immer weniger, was sie aushalten kann.

Seit wann beschatten Sie mich?

Isele lachte kurz. – Glauben Sie, Sie sind so wichtig?

Hören Sie auch Telefone ab?

Isele schwieg. Klaus stand auf, wobei ihm ein Schmerzlaut entfuhr. – Es tut ja doch weh, sagte Isele.

Klaus zog sein Rad aus dem Gebüsch und hob es an; das Hinterrad drehte sich nicht mehr, und das verbogene Schutzblech hing lose.

Ich kann Sie mitnehmen, sagte Isele, und das Rad auf dem Träger.

Danke, ich schiebe es. Hoffentlich schlafen Sie gut.

Er ging los, zerrte das Rad neben sich her; schultern konnte er es nicht. Der Wagen in seinem Rücken fuhr nicht an. Vielleicht stand Isele die ganze Nacht. Oder so lange, bis Klaus die Scheinwerfer nicht mehr aufleuchten sah.

Was macht Ihre »schwarze Seele«?
Eben sprang sie mir vom Schoß.
Das Telefon hat sie verscheucht. Es tut mir leid.
Sie kommt wieder, wenn sie will.
Wie haben Sie das fertiggebracht?
Ich war bloß da und wartete nicht.
Wir hielten sie für einen Kater.
Hatten Sie einen Namen für sie?
Cloten. Ihre Geschwister hat Dias getötet, nur die Schwarze ließ er leben. Aber zu ihm kam sie nie.
Ich gebe ihr keinen Namen.
Schwarze Seele, ist das kein Name?
Sie hört nicht darauf.
Gute Nacht, Klaus. Morgen komme ich nach Hause.

Der Schmerz in Arm und Schulter hinderte ihn lange am Einschlafen. Als ihn die Ruhe, mit den ersten Vogellauten, endlich fand, begegnete sie ihm mit dem Gesicht Maros, und er begann sich darüber erst zu wundern, als er wieder ganz wach geworden war.

Drittes Buch

1 Besuch in Montagnola

Horst! Ich habe dich gar nicht gesehen.

Der lange Mensch mit dem gefurchten Gesicht unter dem strohgelben Haar verbeugte sich andeutungsweise.

Es sollte ja auch eine Überraschung sein.

Die ist dir gelungen.

Sie standen im Korridor, der die große Halle des Hotels »Waldhaus« mit dem Vortragssaal verband. Das meist ältere Publikum drängte sich darin, einige Herrschaften mit dem Bedürfnis, die Referentin zu stellen.

Seit wann bis du denn da?

Seit gestern nacht.

Und hast dich gar nicht gemeldet.

Ich kam erst gegen zwei Uhr an. Zu spät.

Wohnst du hier?

Ich habe im Auto übernachtet. Das »Waldhaus« ist für *Hesse people*.

Aber die Nächte sind kühl.

Mit den Kids bin ich noch andere gewohnt.

Imogen sah ihn an, noch immer schlängelte sich eine Mädchenlocke über ihre Stirn, wartete nur darauf, weggestrichen und beim nächsten Kopfschütteln rückfällig zu werden.

Was macht dein Projekt?

Wir haben Besuchstag, am 4. Juli. Es gibt ein Camping für Gäste und abends ein Lagerfeuer. Wenn die Kids erzählen, haben sie viel zu sagen.

Den Kern der Gruppe bildete eine Gang türkischer Jugendlicher, die in Mannheim eine ebenfalls minderjährige Deutsche mißbraucht hatten. Auf die Aufklärung des zugrundeliegenden interkulturellen Mißverständnisses wurde viel Scharfsinn verwendet. Für die Sühne aber beschritt man ganz neue Wege, die Horst A. Simon, Reformpädagoge aus Emmendingen, vorgezeichnet hatte. Ausgangspunkt waren die Reste der alten Ägidiuskirche, die beim Bombardement zum Jahresende 1944 in Schutt und Asche gelegt worden war. Inzwischen war ein Neubau eingeweiht worden, doch die Trümmer standen unter Denkmalschutz, denn sie entstammten dem mitten im Schwarzwald errichteten, nach dem Dreißigjährigen Krieg aufgegebenen Zisterzienserkloster Himmelspfort. Simon hatte vorgeschlagen, die Anlage am Ursprungsort durch die jugendlichen Straftäter neu errichten zu lassen. Sie sollten sich in einem Baukunstwerk eigener Wahl selbst rekonstruieren. Das Projekt hieß anfangs »Eckstein« nach Lukas 20,17: »Der Stein, den die Bauleute verworfen haben, ist zum Eckstein geworden.« Der Propst der neuen Ägidiuskirche war so unklug, darüber zu predigen, und rief sogleich den Protest liberaler Intellektueller auf den Plan: es gehe nicht an, Menschen anderen Glaubens – des Islam – auf ein christlich definiertes Projekt zu verpflichten. Als es Simon in »Grimmhausen« umtaufte, gaben ihm auch die Grünen ihren Segen. Simon bekam Urlaub von seiner Schule und zog in das »Bauhütte« genannte Lager im Hochschwarzwald um. Erst legten die Sühnearbeiter noch existierende Fundamente des alten Klosters frei; dann bauten sie aus den zurückgeschafften Trümmern eine parallele Topographie, deren Symbolik (»das Labyrinth«) philanthropischen Pilgern nicht entging, die aber auch kunstbeflissene als »soziale Plastik« würdigten. Camp Grimmhausen galt als zukunftsweisend nicht nur für den Strafvollzug. »Mit jedem Stein wälzen die jungen Leute die Beweislast ihres Problems auf unsere Gesellschaft zurück.« Positiv vermerkt wurde auch, daß sie mit Baumaschinen umgehen lernten. »So verbinden sie die Besinnung mit dem Nutzen und erhöhen ihre Chancen auf dem Arbeitsmarkt, die ohne Simons Projekt bei Null gestanden hätten.« Sogenannte intakte Familien könnten für ihre Kinder nichts Besseres tun als »Grimmhausen« nachzubauen.

Für mich kommt der Tip zu spät, obwohl ich intakt genug bin – seit Jahren.

Simon erinnerte Imogen gelegentlich an seine Askese, als wüßte er nicht, daß man sich mit dem Menschenrecht auf Klage keine Würde erkauft, sowenig wie Autorität. Darum mußte Simon froh sein, daß sein Camp von einem »Sozialfeldwebel« begleitet wurde, »einem richtigen Eierschleifer«, der auf »den Mann Jesus« schwor und keine Angst vor klaren Worten hatte. Bei dieser Arbeitsteilung sah Horst A. besonders menschlich aus. Ihm blieb auch die dankbare Rolle des öffentlichen Darstellers. Doch nähre sie sich, wie er in Interviews zu erkennen gab, auch aus dem Gefühl der Komplizenschaft. Er zitierte Goethe, der von keinem Verbrechen gehört haben wollte, das er nicht zu bestimmten Zeiten seines Lebens selbst hätte begehen können. Horst war kein Gutmensch, sondern der Sohn eines Künstlers, der durch dick und dünn gegangen, aber als Künstler ein Kerl geblieben war. Horst A. wehrte den Verdacht nicht ab, daß auch an ihm ein Kerl verlorengegangen sei. »Und wenn ich verloren sage, meine ich *verloren*.«

Frau Selber, flüsterte eine gepflegte alte Dame, ich möchte Ihnen nur danken. Es muß ein unauslöschlicher Eindruck gewesen sein, dem Dichter zu begegnen, und erst in unserem Alter weiß man, was einem damit geschenkt wurde.

Ich war nur frech, wie Sie.

Wie ich –? fragte die Gepflegte, mehr verblüfft als gekränkt.

Nur eigensinnig, gnädige Frau, sprang Simon ein, wie es Herr Hesse empfohlen hat.

Als sie sich entfernt hatte, sagte er: Du gehörst zu diesen Leuten. Sie haben für die Tagung bezahlt.

Frau Selber, sagte ein älterer Herr, wenn Sie gestatten –

Nein, sagte Imogen.

Der Mann stand fassungslos, aber dann fuhr er unerschrokken fort: Nur eine *ganz* kleine Korrektur zu Ihrem Vortrag –

Simon sagte: Ich warte in der Lobby, laß dir Zeit. Ich habe ein Buch dabei.

Er war früher jedes Jahr im Herbst mit seiner Frau nach Sils Maria gefahren. 1985 hatte er einen Autounfall, bei dem Isolde starb, während er mit Schnittwunden und Prellungen davongekommen war, außerdem einem Schleudertrauma, das ihm periodisch Kopfweh bereitete. Man sprach es nicht aus, aber man erinnerte sich daran: diesen Unfall hatte Horst A. seinem Vater nachgetan. Fehlte nur der zweite Versuch, den Alfried Simon nicht überlebt hatte.

Ich möchte nach Hause, Horst, und es ist sehr aufmerksam, daß du mich abholen willst. Aber du bist mit dem Auto da, und ich fahre nicht mehr Auto.

Weil ich am Steuer bin?

Gar nicht mehr.

Seit wann?

Ich habe wieder gehen gelernt.

Viel Glück. Ein Fußmarsch nach Nieburg dauert höchstens zwölf Tage.

Essen wir zusammen und machen einen Spaziergang auf der Halbinsel?

»Wenn auch nicht mehr uns geschenkt ist / Als noch ein Rundgang zu zwein«. Essen gern, spazieren lieber nicht. Zu viele Gespenster.

Fahr bitte voraus in die Pensiun Chastè. Inzwischen hole ich meine Sachen.

Nach einer halben Stunde erschien sie in der Gaststube und legte ihren Rucksack ab. Er klappte das Buch zu und erhob sich.

Du siehst wirklich bewandert aus.

Und du liest Irings Buch?

Soweit mein Verstand reicht. Ich möchte sein Geheimnis kennenlernen.

Ich habe es nicht gelesen.

Habt ihr euch wiedergesehen?

Horst, darüber reden wir nicht.

Sie bestellten, eine kalte Platte. Fleisch ißt du noch? fragte er.

Warum nicht?

Du gewöhnst dir so viel ab.

Er las die Inschrift auf den Balken. *Tempora tempore tempera.* – Ich hätte nie gedacht, daß du dich für Hesse interessierst. Warum hast du diesen Vortrag zugesagt?

Der Veranstalter war meiner Kinderei auf die Spur gekommen, da dachte ich, ich erzähle lieber gleich selbst davon. Und beim Wandern war es schön, einen Termin vor sich zu haben. Ich hatte fast vergessen, wie Leute sind.

Und wie sind sie?

Verwirrend.

Du hast gar nicht verwirrt gewirkt.

In der Stadtbibliothek Nieburgs gab es einen Hesse-Leser. Er holte immer nur einen Band und brachte ihn nach drei Tagen zurück. Warum nehmen Sie nicht mehr als einen mit? Weil es meine Chance ist, Sie alle drei Tage wiederzusehen. Er war achtzig und hatte bei Bühler gearbeitet, als Dreher. Er schickte mir seine Gedichte. Ich habe ihn vermißt, als er plötzlich starb.

Hast du die Gedichte noch?

Ich bewahre nie etwas auf. Warum hast du dir den Vortrag angetan?

Die Gelegenheit, dich zu belauschen, war unwiderstehlich. Ich sah eine Siebzehnjährige, die in Klingsors Zaubergarten eingebrochen ist. »Besuch unerwünscht«, von wegen! Am liebsten hätten dir die reifen Damen noch fünfzig Jahre später den Zutritt untersagt. Wo war eigentlich Frau Ninon?

In Griechenland.

Und da seid ihr Kastanien suchen gegangen. Der schwer tragende Künstler mit seiner Hucke. Bekommt ein Haus nachgeworfen und einen Kastanienwald geschenkt. Wenn ich denke, wie ich mich für Fördermittel schinden muß! Ihr hättet euch fast verirrt, wie Hänsel und Gretel. Dann habt ihr Erinnerungen an den Schwarzwald ausgetauscht und ein Feuerchen gemacht. Zum Wohl, zauberhafte Muse des Steppenwolfs!

Warum bist du so schlecht gelaunt?

Entschuldige, ich komme gerade von der Abfallhalde. Aus der ein Steinbruch werden soll für die Zukunft, keine zauberhafte, sondern überhaupt eine. Im September stelle ich das Projekt in Berlin vor, an einem Kongreß über urbane Problemzonen. Damit es dort gar nicht erst zu brennen anfängt. Am gleichen Wochenende wird übrigens »Cymbeline« aufgeführt, von der Truppe Angélils. Ich dachte... jetzt gibt es noch Karten. Ob ich dich einladen könnte? Ist doch dein Stück.

Ich hab's noch nie gesehen.

Aber gelesen haben wir's, bei Lennie. – Die Zeit wird kostbar, Imo.

Das bleibt sie, ob wir siebzehn sind oder siebzig.

Für siebzehn ist es zu spät, aber siebzig würde ich gern in deiner Nähe.

Und wenn wir es gar nicht würden?

Daran kann man immer denken, oder auch nie.

Ich denke *jetzt* daran, Horst.

Und ich habe das Gefühl... du vergibst mir nichts, bis heute.

Was habe ich dir zu vergeben?

Erinnerst du dich nicht mehr an deine Besuche im Atelier?

Mit Großmutter Antoinette. Sie liebte deinen Vater.

Aber er fürchtete sie. Sie hat ihn nicht gleich gezwungen, meine Mutter zu heiraten – aber legitimieren mußte er mich. Damit ich Simon heißen durfte statt Grabski.

Immer wenn es um seinen Vater ging, erinnerte sich Horst Simon schonungslos. Als kriegswichtiger Künstler versah Alfried Simon seinen Dienst im Atelier, war nur in Polen, um eine Kinderarbeiterin für seinen Künstlerhaushalt zu rekrutieren, und wenn er etwas von ihrer jüdischen Großmutter wußte, mußte es ihr um so mehr wert sein, wenn er ihr das Leben rettete. So kam es, daß sie dem Führer ein Kind schenkte; Alfrieds Gattin war es gewohnt, daß ihn ein Modell erst inspirierte, wenn er es besprang. Sie starb ihm gelegen, auf einer Dienstfahrt ins Haus der Deutschen Kunst. Er hielt es für eine ausreichende Buße, daß er die gröbste Kriegszeit schwerversehrt zu Hause verbringen durfte, und hätte nicht überlebt, wenn ihn seine Marina nicht durchgepäppelt hätte. Als er zum Keramikkünstler gereift war, durfte sie sogar wieder polnisch sein.

Ich erinnere mich an sie, sagte Imogen, sie sang sehr schön und traurig.

Wußtest du, daß sie meine Mutter war?

Ich dachte, sie sei deine Kinderfrau.

Stell dir vor, das dachte ich auch.

Ich wunderte mich, daß sie so oft weinte.

Sie war krank, Tuberkulose. Deine Großmutter bezahlte ihre Kur. 1950 ist sie in Davos gestorben. Ich habe erst nach dem Tod meines Vaters erfahren, daß sie meine Mutter war. Und darf mir bis heute nicht vorstellen, wie sie gelebt hat. Dankbar, fürchte ich. Ist sie auch dankbar gestorben? Das wäre *grauenhaft*.

Horst Simon starrte auf seinen Teller und legte das Stück Trockenfleisch, das er zwischen den Fingern hielt, wieder ab.

In den siebziger Jahren erhielt ich Bescheid, daß ihr Grab in Davos aufgehoben werde. Da habe ich ihr ein privates gekauft. Und einen Stein meines Vaters darauf setzen lassen, eine »Sinnende« aus den zwanziger Jahren. Da war er Kommunist. Ich habe noch ein ganzes Lager guter Steine von ihm.

Warum zeigst du sie nicht?

Mein Vater wollte nur noch als Keramiker erinnert sein. Die Stücke zwischen 31 und 44 wären sein moralischer Tod. Ja, er hat seinen Führer schon 31 gewählt, ein Märzgefallener war er nicht. Niedrige Parteinummer, aber nicht nur niedrige Kunst. Die »Apokalypse« von 1936 ist bedeutend – keine Spur von

Blut und Boden, und das im Jahr der Olympiade. Kaiser bewirbt Nieburg ja wieder mit Alfried – er möchte sich auf die Keramik beschränken. Ich nicht. Einmal muß es heraus. – Ich sitze auf einem Schatz, leider ist der Drache, der ihn bewacht, Teil des Schatzes.

Wolltest du über Davos fahren, fragte sie, zum Grab deiner Mutter?

Nein, sagte er. – Ich wollte dich nur daran erinnern, daß ich nicht Hesse bin. Ich habe schon versucht, dich zu vögeln, als ich acht Jahre alt war. Und da es mir damals nicht gelang, ist es mir nie mehr gelungen.

Jetzt steckte er das Blatt Bündnerfleisch in den Mund.

Deine Großmutter protegierte Alfried unverdrossen, sagte er, auch wenn sich ihr Interesse nach dem Krieg vergeistigt haben muß: sonst hätte sie dich ja nicht ins Atelier mitgenommen. Aber sie marktete gern, wie alle Reichen, und wir Kinder langweilten uns. Ich bot an, dir einen Schatz zu zeigen – erinnerst du dich nicht?

Nein.

Als ich dich anfaßte, schlugst du mich ins Gesicht. Da habe ich mich auf dich geworfen und mein Gesicht in deine Schulter vergraben. Es war der schlimmste Augenblick meines Lebens, und der süßeste, bis heute.

Imogen lächelte. Du hast ja nichts getan.

Er starrte sie an. – Die Kids haben mir ein japanisches Manga geschenkt. Der Held heißt Adolf, ist Jude und ein amerikanischer Agent. Er soll Hitler unschädlich machen. Dafür wird er sein Privatsekretär, trägt die Uniform der SS und hilft Juden ermorden. Die Kids müssen gewußt haben, wofür das A. in meinem Namen steht.

Warum unterdrückst du ihn?

Warum unterdrücke ich nicht gleich alles? »Horst« ist auch nicht zu helfen.

Erinnerst du dich, wie wir »Night on Earth« gesehen haben? Du hast Tränen gelacht über den schwarzen Fahrgast in

New York, der nicht glauben will, daß sein Taxi-Driver »Helmet« heiße. Er heißt aber Helmut und kommt aus der DDR.

Ich lache immer noch Tränen. Warum bin ich Adolf? Weil mein Vater an mir vorführen mußte, wie tief einer *umfallen* kann. Und wer richtet mich wieder auf? Ein Manga namens »Adolf«. Ich bin das Kind, das im Winter die Handschuhe wegwirft und zum Vater sagt: du hast selber schuld, wenn mir die Hände abfrieren.

Er hatte so laut gesprochen, daß eine Gruppe englischer Touristen am nächsten Tisch verstummte und herübersah.

Ich *bin* Adolf, verstehst du, ich heiße nicht nur so! Und du erinnerst dich natürlich auch nicht daran, was ich dich gefragt habe, als wir damals aus dem Kino gingen, vor drei Jahren.

Laß uns fahren. Mit deinem Auto.

Und dein Prinzip?

Kennst du die Ermitage von Arlesheim? Da bin ich das letzte Mal als Kind gewesen, mit meinem Vater. Da führe ich gerne hin, mit dir. Jetzt, gleich.

Und – was hältst du von Berlin?

Darüber muß ich nachdenken.

Zahlen! rief Simon ebenso laut, wie er eben noch Hitlers Namen gerufen hatte.

2 Quirinushöhle

Simon lenkte den alten Jaguar mit einer Sorgfalt, die einer Schiffahrt durch Klippen würdig gewesen wäre. Ich kann schlecht fahren *und* sehen, hatte Imogen gesagt.

Hast du immer aus dem Rucksack gelebt?

Schwer genug war er jedenfalls, von Steinen, die sie da und dort gesammelt hatte. – Ein Geologe könnte deine Wanderung rekonstruieren.

Simon verzichtete darauf, die Fahrt über die Autobahn abzukürzen, doch auf Landstraßen wurde nicht weniger, nur gefährlicher gerast, und Langsamfahrern, auch im Oldtimer, wurde nichts verziehen. Als Horsts Vater 1971 mit dem Auto verunglückt war, hielt sich die Vermutung hartnäckig, daß er mit Absicht gegen einen Baum gefahren sei. Die Nachrufe behandelten ihn mit Respekt, es war nur von der »Lebenstragik« seiner Generation die Rede. Horsts eigener Unfall war vergleichsweise banal gewesen. Niemand hatte den Tod gesucht, am wenigsten seine Frau am Steuer. Es war ein Fahrfehler, und Horst hätte ebensogut tot sein können. Zum Zeichen, daß er keine Lebensschuld mehr akzeptierte, hatte er einen Teil der väterlichen Erbschaft in einem teuren Wagen angelegt, den er wie ein Gentleman fuhr und der vom Lebensstil eines Hauptlehrers zu Emmendingen provozierend abstach. Die frisch verwitwete Frau Weiland-Bühler hatte ihn in einer akuten Phase seiner Lebenskrise aufgefangen und mit einem Aufenthalt im Kutscherhaus getröstet, das böse Zungen »Constanzes Treibhaus« nannten. Sogar auf die Insel hatte sie den jungen Mann entführt und, als er ihre Sekretärin heiratete, dem Paar als Trauzeugin gedient. Die Ehe hielt nur ein Jahr.

Daß Horst als eine Art Schatten-Schwiegersohn zur Familie gehörte, war auch durch seine Berufung in den »Stillstand« zum Ausdruck gekommen; als halber Künstler war er von regelmäßiger Präsenz dispensiert. Anderseits wollte er sich zu fein sein, um Privilegien zu beanspruchen. Auch die entgleisten Jugendlichen waren keine Rettung, und in schwarzen Stunden war ihm überdeutlich, daß er um die Anerkennung, die er ihnen öffentlich verschaffte, bei ihnen selbst hatte *buhlen* müssen. Doch um den Jaguar beneideten sie ihn ehrlich, und er diente ihm als Vehikel der Begünstigung. Bisher war es ihm gelungen, ihn mit Originalspeichen zu fahren, die in Deutschland nicht zugelassen waren; vor dem TÜV pflegte er sie gegen einen Satz Räder mit korrekten Felgen auszuwechseln, die er »das falsche Gebiß« nannte.

In Endingen unterbrachen sie die Fahrt, um den jüdischen Friedhof zu besuchen. Dann fanden sie auf Nebenstraßen den Weg nach Dornach, wo sich Imogen im anthroposophischen Restaurant zu einem Tee einladen ließ. Den Tempel selbst, welcher die Belchenfluh dahinter in Beton nachbildete, wollte sie nicht wiedersehen. Dahin habe ihre Mutter jeden Gast geführt und als Mäzenin des »Goetheanums« überall freien Zutritt gehabt. Es sei wohl das stille Vorbild ihrer eigenen Lebensandacht gewesen.

Es war schon halb acht, als sie in Arlesheim eintrafen; die untergehende Sonne brannte noch sehr fühlbar auf den bewaldeten Burghügel, den ein Patrizier im 18. Jahrhundert zu einer Kunstlandschaft sentimentaler Einkehr umgestaltet hatte. Die erhoffte Kühlung verscherzten sie sich durch die Mühen des Aufstiegs, doch lachte Imogen zum ersten Mal, als Horst bemerkte: sie kletterten ja noch wie Rehe. Er fühlte sich vom Druck befreit, gegenüber schwierigen Jugendlichen das rechte Wort zu finden. Das sei ohnehin eine Pädagogen-Illusion, es finde sich erst, wenn es sich erübrige. Erst mußt du mit ihnen schwitzen, dann ist ein Fluch genau das rechte Wort, und sie tauen auf, wenn du sie Arschlöcher nennst.

Horst war mit dem erbaulichen Hügel vertraut; er wußte sogar, daß ein anthroposophischer Detektiv an dieser Stelle die Gralsburg gesucht und gefunden hatte. Und so führte er Imogen auch durch diese fiktive Topographie der »Ermitage« und arbeitete die erotische Bedeutung der verschiedenen Stationen heraus.

Ich habe auch eine Höhlengeschichte.

Er redete mit Aussicht über das kleine Tal, das für den Ermitage-Bauherrn gewiß heiliges Land gewesen war. Hie und da blieb ein Abendspaziergänger stehen, doch auch wenn er nur wenige Worte auffing, mußte er wissen, daß ihn jedes Verweilen zum Lauscher gemacht hätte. Ein Hund bedrängte Simon mit seinem Geschnüffel und mußte verscheucht werden; aber warum mit einem Fußtritt? Simon war sich des *Fauxpas* augenblicklich bewußt. Unbeherrschtheit stand seinem Bekennermut nicht zu Gesicht. Aber endlich mußte es heraus.

Fünfziger Jahre: die künftigen Stillständer waren noch Quartaner, als der »Bote vom Oberrhein« einen Bericht über die Quirinushöhle brachte. Diese hatte schon frühen Christen als Schutz vor Verfolgung gedient, man hatte sogar Küchenabfall aus der Steinzeit ausgegraben. Inzwischen diente der vorderste Teil als Ausflugsziel, und die Gänge, die noch weiter geführt hätten, waren durch Gitter versperrt. Im Artikel stand, daß die Tiefe der Höhle gar nicht abzuschätzen sei, wahrscheinlich betrage sie *hundert Kilometer*.

Eines Tages hatten Ferry und Harry herausgefunden, daß sich ein verrostetes Gittertor aus der Halterung lösen und unauffällig wieder zurückmontieren ließ. Das nächste Mal nahmen sie Taschenlampen mit und drangen weit genug ein, um festzustellen, daß sich im Berg neue Welten eröffneten. Da war der Entschluß gefaßt, die Höhle nun erst richtig zu entdecken und großräumig zu erforschen. Aber es durften nur wenige Ausgewählte sein, am Ende sieben: Ferry und Harry,

Ämil, August, Maurus, Kaspar und Horst. An jedem schul-
freien Sommerabend, wenn die Besucher sich verlaufen hatten, stiegen sie ein und verschlossen das Gitter hinter sich. Ein
paar Windungen weiter legten sie ein Materialdepot an, Stiefel, Helme, an die man Grubenlampen montieren konnte,
Parkas, Hauen, Schaufeln und Hämmer, auch Seile, Meßbän-
der, Kompasse und alles Nötige zum Kartographieren. Das
Material stammte aus dem Baugeschäft von Ämils Vater und
vom Werkhof der Stadt, zu dem August Zutritt hatte. Ferry
hatte sich über Höhlenforschung kundig gemacht und wußte,
wann die Wetterverhältnisse den Einstieg erlaubten. Im Oktober hatten sie schon fünfhundert Meter jungfräulichen Bo-
dens unter der Erde erschlossen.

Bei der elften Expedition – Kaspar führte Buch – standen sie
am Ufer eines gefangenen, gar nicht kleinen Sees, über den nur
mit Schlauchboot weiterzukommen war. Ferry wußte eins zu
organisieren, aus alten Wehrmachtsbeständen; sie testeten es
im Rhein und schleppten es beim Dunkelwerden in die Höhle.
Es konnte nur drei Mann transportieren, sie mußten pendeln,
bis alle übergesetzt waren. Heute sind das »Totenseelein« und
der »Thronsaal« jedem Kind zugänglich; damals waren sie
sicher, die ersten zu sein. Dahinter erweiterte sich das System
spektakulär. Der Gang wurde stellenweise zum Flußbett, an
dessen Rand man in Stiefeln zur Not gehen konnte, angeseilt,
und Ferry war auch umsichtig genug, die Expedition immer
nach drei Stunden abzubrechen. Jedesmal stellten sie in der
Materialhöhle ihre zivile Erscheinung wieder her, die vor dem
Auge der Mütter bestehen mußte. Auch das Kartographieren,
für das Harry zuständig war, unterlag strikter Geheimhaltung;
sie hatten aber den Plan, im Frühjahr an die Öffentlichkeit zu
treten und mit einem Schlag berühmt zu werden. Sie nannten
sich »Quiriten« und gebrauchten verschlüsselte Sprache,
wenn sie sich über das Projekt unterhielten.

Auf den »Thronsaal« waren sie durch Zufall gestoßen. Sie
waren in eine Sackgasse geraten und dachten schon ans Um-

kehren, als Ämil ein Werkzeug fallen ließ, und der hohle Ton war ein Zeichen, das sie lesen gelernt hatten. Als sie zu hauen begannen, wehte ihnen plötzlich Zugluft entgegen. Sie hatten die Decke einer Kaverne durchstoßen, die geräumig sein mußte, denn das Licht der Lampe, die Ferry, auf dem Bauch liegend, hinunterließ, verlor sich in tiefer Schwärze. Sie seilten Harry über die Kante ab, und er benötigte wohl zehn Meter Seil, bis er fest stand; dann hörten sie seinen Aufschrei. Er fand sich im Inneren eines Doms, der von mächtigen Tropfsteinsäulen gebildet und von einem Spitzenbaldachin überwölbt war. Der Boden aber war ein fast ebenes Feld von Gesteinstrümmern; durch die Halle murmelte ein Bach, der sich zu einem Teich staute, und weiter hinten toste ein Wasserfall. Diesmal fiel ihnen die Umkehr schwer, aber Ferry befahl sie unnachgiebig. Nächstes Mal wollten sie mit einer Strickleiter und einer Flasche Sekt wiederkommen und den Saal in Besitz nehmen. Danach kam der Augenblick, ihren Glücksfund publik zu machen.

»Da stach uns der Hafer. Bevor wir die Höhle preisgaben, wollten wir noch etwas von ihr haben. Sie schrie nach einem Gefangenen – wir dachten alle an denselben.

Iring gehörte nicht zu uns und gab sich die Miene, er lege auch keinen Wert darauf. Aber er hatte mich auf einer Klassenfahrt auf den Feldberg – wir unterhielten uns über Gott, er leugnete ihn – angesprochen und gefragt, ob ich sein Freund sein könnte. Ich machte ein diplomatisches Gesicht; die Verbindung mit Iring hätte mir die andern entfremdet. Aber jetzt benützte ich sein Vertrauen und verriet ihm, es gebe einen Geheimbund in der Klasse, und wir zögen in Betracht, ihn aufzunehmen, wenn er eine Probe bestehe. Er müsse acht Stunden allein in völliger Dunkelheit zubringen, ohne Licht, Essen und Wasser. Wir führten ihn mit verbundenen Augen an einen geheimen Ort, und wenn er durchhalte, gehöre er zu uns. Aber er müsse einen Blutschwur leisten, der ihn zu ewigem Schweigen verpflichte.

Er biß wirklich an und wurde aufgefordert, sich gut anzuziehen. Es war Oktober; am Mittwoch begann die Schule erst um zehn Uhr. Wir trafen uns um sieben auf dem Gelände der Baufirma Isele. Er kam in Winterkleidern mit einer Pudelmütze und sah zum Erbarmen entschlossen aus. Wir fesselten ihm wortlos die Hände, verbanden seine Augen und setzten ihn in den Lieferwagen, den Ämil – natürlich ohne Führerschein – zum Höhleneingang steuerte. Iring bekam einen Helm, aber kein Licht. Wir paddelten über das Totenseelein und geleiteten ihn bis zum oberen Ende der Strickleiter. Er war blaß wie der Tod, aber jetzt konnten wir nicht aufhören. Seine Hände zitterten, als wir seine Fesseln lösten; dann ließen wir ihn absteigen, zwischen Ferry und mir, und als wir ihn auf den einzelnen Felsblock gesetzt hatten, nahmen wir ihm auch den Helm ab und setzten ihm die Pudelmütze auf. Hier müsse er acht Stunden sitzen bleiben, dürfe nun anfangen, langsam bis hundert zu zählen und dann die Binde abnehmen. Er war bei »fünfundsechzig«, als wir die Strickleiter wieder hinauf waren. Wir zogen sie nach und nahmen auch das Schlauchboot mit.«

Natürlich waren sie entschlossen, nach acht Stunden wiederzukommen, nur unterließen sie, sich dafür zu verabreden. Jemand mußte ihn holen, das war klar, nur ließen sie offen, wer und wann. Um zehn Uhr saßen sie in der Schulbank; von Iring, dessen Absenz ins Klassenbuch eingetragen wurde, sprachen sie nicht mehr, und nach dem Unterricht hatte jeder noch etwas zu besorgen; sie verloren einander aus den Augen. Um halb sechs saß Horst allein im Zug zurück nach Nieburg. Hatten die andern die Rettung ohne ihn durchgeführt? Gut, dann kümmerte er sich auch nicht weiter darum. Wie sich zeigen sollte, hatten die andern auf seinen Wink gewartet; hatte nicht *er* die glänzende Idee von Irings Versenkung gehabt? Dann mochte er sie jetzt auch ausbaden. Überhaupt, wer wollte Iring bei den »Quiriten«? Im übrigen: die Temperatur im Höhleninnern lag bei gleichmäßigen 13 Grad, dafür

war er gut genug angezogen und hatte ein doppeltes Butter-
brot mit. Den Unterschied von Tag und Nacht registrierte er
auch nicht – was sollte ihm passieren? Außerdem wußte Horst
ja, daß Ferry den Gefangenen längst befreit hatte; Ferry hatte
– wie sich später ergab – dasselbe von Horst angenommen. So
machte sich keiner eine schlaflose Nacht. Was die Quiriten
viel mehr beschäftigte, war die Pressekonferenz, für die Maurus, als Sohn des Verlegers, das Nötige vorbereitet hatte: die
Quiriten als Entdecker einer neuen Unterwelt! Was Iring betraf: den erwartete man anderntags im Unterricht und war mit
Vergnügen bereit, seine Vorwürfe zu ertragen.

Statt dessen erschien die Polizei im Schulhaus, um festzustellen, wer den Vermißten wo und wann zuletzt gesehen habe. Wenn die Quiriten bisher nicht geredet hatten: jetzt konnten sie es nicht mehr, ohne sich, und was schlimmer war: die
Höhle, zu verraten. Jetzt saßen sie selbst in der Falle und
mußten sofort einen Weg finden, Iring aus der seinigen zu
ziehen, einstweilen aber Ahnungslosigkeit vortäuschen. Irings
Mutter hatte die Polizei schon am Vorabend alarmiert. Die
Suche war längst im Gange und erregte so viel Aufsehen,
daß nun erst recht nichts übrigblieb, als sich still zu verhalten.
Als Irings Mutter um neun Uhr von der Nachtwache in der
Villa zurückgekehrt war, fand sie Iring, wie üblich, nicht mehr
zu Hause; vermißt hatte sie ihn erst am Abend, als er nicht aus
der Schule zurückkam. Dann hatte sie das Fehlen seiner war-
men Kleider festgestellt; wohin war er ausgerissen? Hatte er
sich gar etwas angetan? Seither hatte ihn niemand gesehen; die
peinlich befragten Quiriten jedenfalls nicht. Als der Rhein
schon nach Irings Leiche abgesucht wurde, trafen sie sich
nun doch in der Ecke des Pausenplatzes und bestimmten Simon und Isele dazu, Iring gleich nach Schulschluß herauszu-
holen. Doch der Ausnahmezustand setzte dem Vorhaben immer neue Hindernisse entgegen, die besorgten Eltern hielten
ihre Söhne fest, und schließlich war Horst der einzige, der
nach sieben Uhr abends abkommen konnte.

»Ich rannte zur Höhle, löste das Gitter, rüstete mich aus, pumpte das Boot auf, setzte über das Wasser, ließ die Strickleiter hinab. Ich weiß bis heute nicht, wie ich das alles allein geschafft habe. Ich rief ins Dunkel, bekam keine Antwort, fürchtete das Schlimmste. Aber als ich unten war, saß Iring auf dem Stein und sah mich gar nicht an. Ich bat ihn mitzukommen.

Komm, da ist die Strickleiter, sagte ich.

Schön, sagte er, nur bestimme *ich* jetzt, was geht.

Er stieg hinter mir die Strickleiter hoch, rollte sie zusammen und drückte sie mir in die Hand. Als wir über das Wasser gepaddelt waren, mußte ich dem Boot die Luft herauslassen. Wir trugen es zum Materialdepot. Iring sagte: Jetzt gebe ich euch acht Stunden Zeit, den ganzen Plunder hier verschwinden zu lassen. Ihr seid *Mörder*. Wenn dieser Platz um drei Uhr früh nicht geräumt ist, gehe ich zur Polizei und erzähle, was ihr getan habt.

Ich bat ihn, reinen Mund zu halten. Er habe die Probe bestanden.

Ihr nicht. Und ich muß nicht schweigen, aber ihr.«

Er werde sich so bald wie möglich der Polizei stellen müssen.

Stellen? sagte er. Stellt *ihr* euch jetzt, wenn ihr könnt.

Er mußte sich irgendwo versteckt haben, nachdem Horst weggelaufen war, um Ämil zu Hilfe zu holen. Es gelang erst um Mitternacht, einen Kleinlaster zu organisieren. Sie fuhren durch Nacht und Nebel zur Höhle, um die Rüstkammer zu leeren, den Inhalt abzutransportieren und zu verstecken. Iring mußte noch den Tagesanbruch abgewartet haben. Dann stolperte er auf die Bundesstraße, wurde von einem Lastwagen mitgenommen und erzählte der Polizei eine ganz neue Geschichte:

Er hatte die Quirinushöhle auf eigene Faust erforscht und war in eine unterirdische Höhle abgestürzt, in der er, nur mit einer Taschenlampe ausgerüstet, viele Stunden gefangen gesessen habe, bis es ihm, trotz eines geprellten Knöchels, gelungen sei, einen Ausweg zu finden. Freilich habe ihm der Unglücksfall auch ein Wunder der Natur gezeigt, durch das er sich für alle Strapazen belohnt fühle. Die Entdeckung des »Thronsaals« komme ihm wie ein Märchen vor.

»Das war es auch. Aber er war sicher, niemand von uns würde wagen, es in Frage zu stellen. Es gab eine Pressekonferenz; inzwischen hatten erwachsene Höhlenforscher seine Entdeckung verifiziert und bestätigten ihre Herrlichkeit. Zugleich hatten sie alle Spuren *unserer* Tätigkeit verwischt. Irings Geschichte verbreitete sich in allen Medien, sogar bis nach Amerika, Bürgermeister Kaiser und der Verkehrsverein machten sie sich zu eigen. Seither gehört der ›Thronsaal‹, den ein siebzehnjähriger Junge allein unter Lebensgefahr gefunden hat, zum Legendenschatz Nieburgs.«

Ich kenne die Geschichte, sagte Imogen. Iring hat sie meinem Vater gleich berichtet.

Horst erstarrte. Und du hast nie – ein Wort gesagt? fragte er.

Lennie fand, das Reden wäre an euch gewesen.

Mein Gott, sagte Horst Simon. Was mußt du die ganze Zeit von uns gehalten haben. Hast du Marbach die Geschichte erzählt?

Warum sollte ich?

Er gräbt doch nach Geheimnissen in der Vergangenheit der Stadt.

Ist eure Geschichte schon Vergangenheit? *Du* kannst sie ihm erzählen.

Er sah sie bestürzt an.

Wann ist dein Vortrag in Berlin?

Der Kongreß beginnt am 5. September.

Ich möchte ihn hören. Und »Cymbeline« sehen.

Seine Augen waren noch größer geworden. Dann sagte er: Du wirst ja auch Iring sehen wollen.

Er ist nicht mehr in Berlin. Aber es scheint, er hat in Nieburg eine Nachricht hinterlassen. Gehen wir jetzt, Horst. Mir wird kalt.

3 Die fehlende Seite

Imogen hatte ihr Fahrrad am Bahnhof stehenlassen. Seit April? Und du glaubst, es steht noch da? Aber das Rad erwartete sie im gedeckten Standplatz neben dem Güterschuppen, nicht einmal die Pumpe fehlte. Sie war auch nötig, denn aus den Reifen war fast alle Luft gewichen. Horst pumpte wegen eines trickreichen Ventils lange vergeblich, doch einmal mußte es genug sein.

Begleitest du mich nach Hause? fragte sie.

Zu dir? Ich kann das Fahrrad nicht aufpacken, sagte er, noch atemlos.

Wir können zu zweit damit fahren.

Simon war erst perplex; dann parkte er den Jaguar auf dem Pendlerparkplatz. Jetzt bin ich aber gespannt. Du setzt dich auf den Gepäckträger, und ich trete?

Nein, jetzt fahre ich.

Gib mir wenigstens den Rucksack.

Den brauchst du, um dich festzuhalten.

Halb lachend, halb stöhnend versuchte er sich auf dem Gepäckträger niederzulassen; seine langen Beine waren im Weg, aber auch nötig, das überlastete Gefährt flott zu kriegen und zu balancieren. Auf ebener Straße gelang es gerade, auch wenn der Lenker schwankte; zum Glück war sie leer. Simon faßte Imogen um den Leib und zog bei guter Fahrt die Beine an. Er mußte sie wieder zum Staken einsetzen, als die Straße zur Brauerei anstieg. Schlingernd gewannen sie schließlich die Höhe des Damms.

Von hier aus geht es leicht, keuchte sie.

Aber ohne mich. Jetzt fährst du ungestört, und ich wünsche viel Glück.

Dann *gehen* wir zusammen.

Im Schritt wanderte das illuminierte Stadtbild von Nie-
burg/Schweiz an ihnen vorbei, das Kraftwerk, der Lichtzau-
ber des Industriegeländes. Der Rhein floß in sommerlichem
Tiefstand; die schwüle Luft war, nach der leichten des Enga-
dins, schwer zu atmen.

Vor dem Pförtnerhaus gab sie ihm das Rad zu halten und
holte den Schlüssel aus dem Rucksack. Als sie das Tor auf-
riegelte, erschien ein Schatten in der Lukarne des Kutscherhauses. Horst folgte Imogen mit dem Rad über knirschenden
Kies zum Einstellraum im Untergeschoß.

Herr Marbach, rief sie.

Die obere Wohnungstür ging auf, ein Mann im Trainingsanzug erschien darin.

Ich bin zurück. Und dies ist Herr Simon.

Willkommen, sagte der Mann, kam herunter und reichte
beiden die Hand.

Herr Simon lebte auch einmal in dieser Wohnung.

Lange her, sagte Simon.

Ich denke, Herr Marbach möchte gern einiges wissen, auch
über deinen Vater.

Bleiben Sie noch etwas in Nieburg? fragte Klaus.

Ich muß morgen zurück zu meinem Projekt.

Das Wetter gab noch zu reden, dann verabschiedete sich
Imogen und nahm Simons Arm.

Bei den Bäumen vor der Villa blieb er stehen. Ich sollte
wirklich *gehen*.

Das kannst du auch morgen.

Sie betraten die Villa durch den Kellereingang auf der Garten-
seite und gelangten an Maros Wohnung, an Küche und Nutz-
räumen vorbei über eine Holztreppe in die Haupthalle, die
zugleich ein drei Stockwerke hoher Lichthof war. Imogen
mußte ihre Rückkehr angezeigt haben; wenn Maro sich nicht
zeigte, tat sie es aus Diskretion. In der Halle brannte nur ein

Nachtlicht, ausreichend, um die mit schönem Schwung aus-
holende Treppe nicht zu verfehlen. Ihr Geländer war mit Karrees aus dunklem Holz vergittert; das Muster wiederholte sich
mit Variationen im Obergeschoß. Durch eine Fenstertür, die
auf die halbrunde Terrasse über dem Salon führte, blickte man
auf das nächtliche Rheintal. Die Beletage teilte sich in einen
Herren- und einen Damenflügel; an den Enden lagen die ehemaligen Arbeitszimmer von Christoph und Antoinette Bühler. Die gleichförmig strengen Türen gaben der Korridorflucht
die Aura einer Residenz. Horst war bei Kulturabenden Constanzes zum letzten Mal in der Villa gewesen, und das Obergeschoß betrat er zum ersten Mal. Es wirkte verlassen, und das
Paar wie verirrte Rucksack-Touristen. Horst folgte Imogen
ins vorletzte Vorderzimmer rechts. Es standen nur ein Arbeitstisch darin, drei Segeltuchsessel und ein Glastisch, und
die Wandregale gähnten von Leere. Nur zwei Tablare waren
mit Büchern belegt, und auch diese so dürftig, daß sich die
Bände wie hilfesuchend aneinanderlehnten. Auf dem Tisch ein
weißer Rosenstrauß und ein Silbertablett mit einer Flasche
und zwei Gläsern.

Simon öffnete die nur angelehnte Fenstertür, als Imogen
sagte: Das Geländer ist nicht mehr sicher.

Der Balkon war nur ein breiter Sims, gebildet durch das
Zurücktreten des Obergeschosses, und zum Rhein ganz offen,
bis auf einzelne Eschen, die den abstürzenden Hang mit teilweise schon freiliegendem Wurzelwerk festhielten. Der
Rundweg um die Villa durfte nur noch von Fußgängern benützt werden. Das Fundament hatte sich in den letzten Jahren
geneigt, doch nicht zum Fluß hin, sondern von ihm weg, als
suche der Baukörper selbsttätig sein Gleichgewicht. Das
Streulicht verdünnte die Nacht auch hier oben; am Firmament
waren nur wenige Lichtpunkte zu erkennen, die wandernden
der Flugzeuge, die stetigen der Satelliten.

Als er zurückkam, hatte Imogen die Weinflasche geöffnet.
Wer besorgt euren Weinberg im Wallis?

Er ist längst verpachtet. Ich versuche all diese Dinge neu zu regeln.

Dabei ist dir der junge Marbach behilflich.

Seine Frau berät mich, sie ist Juristin. Schenkst du uns ein?

Wenn ich das Licht löschen darf.

Er füllte die Gläser und drehte den Schalter; als sich die Augen an die Dunkelheit gewöhnt hatten, stellte er sich hinter ihren Stuhl, beugte sich über ihr Haar und sagte: Imo, ich möchte dich.

Sie faßte seine Hände, die er ihr auf die Schulter gelegt hatte.

Ich habe schon einen Mann, Horst.

Du bist frei. Iring war ein Irrtum, von Anfang an.

Bitte setz dich, wir wollen anstoßen. – Sie reichte ein Glas zu ihm hinauf, das er ihr aus der Hand nehmen mußte.

Auf gute Freundschaft, Horst.

Er nahm das volle Glas und schmetterte es gegen die Wand.

Imogen trank einen Schluck und reichte ihm ihr Glas. Er wandte sich ab und stellte sich in die Balkontür. – Entschuldige. Aber einmal reicht es, auch mir.

Sie stand auf und nahm ihn in die Arme; erst blieb er starr, dann preßte er ihren Kopf an seine Schulter.

Bitte nimm es, wie es ist, sagte sie.

Er spürte, wie sein Leib bebte, und die Unwiderruflichkeit ihrer Ruhe.

Imo, warum tust du dir das an?

Sie löste sich von ihm. – Ich mache Licht, sonst treten wir in die Scherben.

Als sie saßen, fragte er: Wo sind all die Bücher hingekommen?

Iring hat sie im März holen lassen. Von einer Freundin, mit zwei jungen Leuten.

Seiner Freundin?

Sie arbeitet an der Akademie, nicht *seiner* Akademie. Es scheint in Berlin ganz viele davon zu geben.

Ich sollte mich mit den Kids auch als Akademie auftun, um mir Respekt zu verschaffen. Wo stelle ich das Projekt in Berlin vor? Natürlich in einer Akademie. Diesmal einer, die es schon seit dreihundert Jahren gibt.

Dann ist es die, an der diese Dame arbeitet. Sie nennt sich Barbelo und hat sich als Ossi vorgestellt. Eine echte Rote, aber sie meinte ihr Haar. Sie sei in der Streusandbüchse aufgewachsen. Da lerne man entweder gar nicht reden oder zuviel. Sie gehöre zur zweiten Sorte.

Hört sich nicht an, als wäre sie dein Typ.

Sie hielt die jungen Männer zum Respekt gegen die Bücher an. Versprach mir sogar, sie würden *heilig* gehalten.

Simon griff einen Band aus dem Regal. – Wenn du sie schon hergibst, warum nicht gleich alle?

Die Frau hat erst an den Büchern *gerochen.* Iring hatte die Gewohnheit, seinen Geliebten immer dasselbe Parfüm zu schenken. Diese Bücher ließ sie da.

Simon schnupperte am Buch in seiner Hand.

Das hat sie selbst verfaßt, sie ist Kunsthistorikerin.

Hannelore Kretzschmar, *Las Meniñas – ein Bild und sein Geheimnis.* Das Vorsatzblatt fehlte, bis auf ein paar Fetzchen im Falz.

Irving hat es herausgerissen, darauf war sie stolz. Sie ließ durchblicken, die Widmung enthalte Stoff für einen ganzen Roman.

Und damit du ins Grübeln kommst, hat sie das Buch dagelassen.

Ich habe es gelesen. Es handelt davon, *wen* die Infantin auf dem Bild anblickt, *wo* man sich das Königspaar, das man im Spiegel sieht, im gemalten Raum zu denken hätte und *was* der Maler auf der abgewendeten Leinwand wirklich malt.

Wenn Iring mit dieser Dame zusammenlebt, muß sie auch wissen, wo er geblieben ist. Willst du *deswegen* nach Berlin?

Ich käme gern zu deinem Vortrag und möchte auch mit dir ins Theater.

Und ich möchte sicher sein, daß du dir keinen Zwang antust.

Jetzt leeren wir noch mein Glas, und dann zeige ich dir dein Zimmer. Ich wohne hier nicht mehr lange.

Er starrte sie an. Du ziehst aus? Wohin?

In die alte Stadtwohnung meiner Eltern. Sie ist wieder frei geworden.

Aber dies ist das Haus deiner Väter!

Lennies Haus war es nie. Und meinen Großvater habe ich getötet.

Was hast du?

Sie hatten alles getan, um sein Sterben zu verlängern. Der starke Mann war nur noch Haut und Knochen, und sein verkleinertes Greisengesicht starrte sie aus geröteten Augen an. Für ihn war die Enkelin immer noch ein Kind.

Sie sollen mich verreisen lassen, flüsterte er Imogen zu, als sie allein an seinem Bett zurückgeblieben war. Er wagte seinen Damen nicht zu sagen, daß er es leid war. Immer noch mußte er geradestehen für die Unerschütterlichkeit, die sie an ihm gewohnt waren. Er war ihr Haupt gewesen und durfte auch jetzt nicht fallen. In diesem Augenblick war Imogen klar, wie angestrengt seine Herrschaft immer gewesen war. Nun wurde er hingerichtet für die Schwäche, in der sie ihm entglitt. Wer war sich schuldig, ihn wie Franco sterben zu lassen? Nicht um das Mögliche für ihn zu tun, sondern um das Unmögliche seines Todes zu beweisen?

Außerhalb der Intensivstation hatte er eine Position. An dieser, nicht an ihm selbst, hingen Gattin und Tochter. Ihre Gegenwart an seinem Bett, das er nur noch mit Folterwerkzeug teilte, war zeremoniell. Gewiß waren sie auf seinen Tod lange vorbereitet, aber versäumt haben wollten sie nichts. Es herrschte jede Art technischer Fürsorge um sein Bett, aber sie galt nicht dem Rest, der von ihm noch übrig war. Dieser wurde verwertet für das Bild eines Mannes, der sich, noch immer aktiv, am Todeskampf beteiligte. Danach erst war die Trauer angesagt, die sich gehört. Er brannte in einer Qual, die gerade so weit mit Morphium gedämpft wurde, daß er nicht erlosch. Sie hatte seine Augen geisterhaft geweitet. Denen, die sich seine Nächsten nannten, konnte er gar nicht genug leiden: denn jede der nicht enden wollenden Minuten schrieben sie ihrer eigenen Tapferkeit gut.

Jetzt waren sie draußen, bei ihren Spezialisten im weißen Mantel; was sie zu besprechen hatten, brauchte Imogen nicht zu hören, sowenig wie Großvater. Schon am Vortag war sie kurz allein mit ihm gewesen; da hatte er sie fast tonlos, doch völlig klar gebeten, »den Stecker dort« herauszuziehen, »es ist mir zu warm«. Sie wußte, es war der Anschluß der Maschine, die für ihn atmen mußte. Wer gehen will, den muß man gehen lassen, pflegte er am Mittagstisch zu verkünden, wenn ihm eine Spitzenkraft abgeworben worden war. Jetzt, da es um sein eigenes Leben ging, sollte es nicht einmal gedacht werden dürfen. So etwas *denkt* man nicht einmal, pflegte Constanze bei allem zu sagen, was sie für *stillos* hielt. – Auch sie hatte nicht einmal daran *denken* dürfen, den Sohn eines Arbeiters zu heiraten, und doch hatte sie es getan, und jetzt war Lennie tot. Zu Hause hatten sie über Christoph Bühlers Todesanzeige beraten. »Wer auf sein Leid tritt, steht höher«, war der Satz, den Antoinette ausgewählt hatte. Zu katholisch durfte es nicht sein, schließlich war er Sohn eines reformierten Pfarrers ... gewesen.

Aber noch fuhr er zu *wesen* fort, und jetzt beriet man draußen über die nötige Fortsetzung dieses Zustands. Übermorgen sollte Imogens 20. Geburtstag gefeiert werden, Constanze plante ein großes *Coming out*. Paps würde daran zwar nicht mehr teilnehmen können, aber daß der Staatsakt wegen eines Todesfalls abgesagt werde, hätte er nie zugelassen. Jetzt kam die Reihe an ihn, noch ein paar Tage auf die Zähne zu beißen. Was das bedeutete, sagten Imogen seine unverrückt auf sie gerichteten Augen. Und plötzlich zog sie den Stecker aus der Wand und ließ ihn fallen.

Einen Augenblick danach schrillte ein so durchdringender

Alarm, daß von allen Seiten Personal in die Sterbekoje geflogen kann. Imogen hielt den Stecker unter ihrem Fuß fest. Und da niemand an so etwas *auch nur gedacht* hatte, dauerte es einige Sekunden zu lange, bis er dort gefunden und wieder ans Netz gesteckt war. Die Maschine sprang an, aber sie wirkte nicht mehr. Ein paar Augenblicke hatten Bühler dem Großen genügt, zu entwischen. Die Linie im Monitor blieb flach. Sie war durch Elektroschock nur noch zum Zucken, nicht mehr zum regelmäßigen Zappeln zu bringen. Zwischen Imogens Händen hatte sich Großvaters Puls verflüchtigt, sie hatte ihn zum Sterben festgehalten. Und als Antoinette und Constanze den Raum betraten, war auch ihnen klar, wer der ärztlichen Kunst eine Grenze gesetzt hatte; das Geburtstagskind.

Vielleicht hast du sie nicht weniger erlöst als ihn.

Iring hat mir nie verziehen.

Was hatte *der* zu verzeihen?

Daß ich zu einer Sippe gehöre, in der ein Gnadentod der Gipfel der Liebe ist.

Und was war für ihn der Gipfel der Liebe?

Das Opfer, glaube ich.

Ausgerechnet er, mit seinem SS-Vater.

Der hat sich für seinen Führer geopfert.

Mein Vater hat sich damit begnügt, ihn zu fürchten.

Auch seine Mutter hat sich geopfert. Für Lennie. Sie hat ihn mehr geliebt als sich selbst.

Das unterscheidet sie von Constanze.

Für Lennie wollte sie die Richtige sein. Leider verstand er ihre Liebe nicht. Er war für eine andere geschaffen.

Hatte er überhaupt welche? Außer zu *Alice in Wonderland*?

Zu Iring. Ihn hat er geliebt.

Horst schwieg. Dann sagte er: Und diese Liebe hast du geerbt. Du willst deiner Mutter nicht gleichen, um keinen Preis. Aber damit hast du Iring nicht gewonnen. Er hat dich geopfert.

Ich bin gegangen.

Du hast ihn nicht ausgehalten.

Ich habe seine Art Liebe nicht ausgehalten.

Von der habe ich nie sonderlich viel bemerkt.

Ich bin müde, Horst. Brauchst du einen Schlafanzug?

Keinen von Iring, auch keinen von Herrn Marbach. Merkwürdig, daß du nie von eurer Tochter sprichst.

Mit mir selber schon.

Wie findest du ihre Briefe?

Sie schreibt mir nicht.

Ich bekomme Briefe von Judith, seit Jahren. Wir alle, Constanzes Stiftungsrat, ihre ehemaligen Schulfreunde – aber nie persönliche Post. Rundschreiben *to Judy's Dear Friends*. Sie berichtet von ihren Reisen, ihren Errungenschaften und Unternehmungen – *in the Name of the Lord*. Sie verkehrt mit Staatsoberhäuptern und hat Nieburg nicht mehr nötig. Alles mit Constanzes Geld, nicht wahr?

Irings Mutter war auch sehr fromm, das liegt in der Familie.

Unsinn, sie ist eine Indianerin, und ihr habt sie gar nicht adoptiert. Das ist erst Constanze gelungen. Übrigens: ich bleibe nicht mehr lange in der Gegend. Ich habe einen Ruf. Nach Greifswald.

Das ist schön, Horst. Darf ich dir jetzt eine gute Nacht wünschen?

Ja. Wenn du weißt, daß nicht jeder deiner Wünsche erfüllbar ist, Prinzessin.

Sie begleitete ihn durch den langen Flur; das Gastzimmer lag im Herrenflügel nach der Parkseite. Es war im Stil der dreißiger Jahre ausgestattet und dem Werkstoff des Hauses verpflichtet. Leuchten, Gestelle, auch der gerundete Rahmen des Doppelbetts, alles bestand aus Aluminium. Horst trat ans Fenster. In der verglasten Dachschräge des Kutscherhauses war noch Licht, und der Schatten eines Menschen bewegte sich darin.

Als Imogen neben ihn trat, umschlang er sie heftig und küßte sie auf den Mund, und obwohl sie sich wehrte, ließ er sie nicht los.

Damit sich der Abend wenigstens für *einen* deiner Freunde gelohnt hat, sagte er und fügte, als sie ihn fassungslos ansah, hinzu: für mich natürlich. Ich denke doch immer nur an mich.

4 Unter dem Tulpenbaum

Klaus hörte, als er beim Frühstück saß, Motorengeräusch am Pförtnerhaus, und als er zum Küchenfenster hinausblickte, fuhr ein Taxi davon. Imogen winkte ihm nach. Sie trug ein kurzes braunes Sommerkleid und war barfuß. Jetzt beschattete sie die Augen mit einer Hand und schien Klaus geradewegs ins Gesicht zu lachen; dann winkte sie *ihm*.

Er hatte kaum geschlafen und fühlte sich elend, trotz der Erfrischung im Rhein, die er mit Gewalt gesucht und nicht gefunden hatte. Dann rief Imogen seinen Namen, und er öffnete das Fenster.

Guten Morgen, sagte sie. Er erwiderte den Gruß; er komme herunter.

Nicht nötig, Klaus. Ich wollte nur fragen, ob Sie nachmittags etwas Zeit haben.

Die Verabredung lautete auf fünf Uhr zum Tee unter dem Tulpenbaum. Dort gab es einen Sitzplatz mit wetterfesten Bänken und einem Steintisch.

Es war, seit dem Begräbnis ihrer Mutter, das erste Mal, daß er sie wiedersah, die kurze Begegnung gestern nacht nicht gerechnet. Und ob sie ihn nur ihres Begleiters wegen in der Sie-Form behandelt hatte – er war entschlossen, seinerseits dabei zu bleiben. Es gab keine Fortsetzung der geisterhaften Vertraulichkeit.

Als er am vereinbarten Ort erschien, hätte auch Mom an seinem Auftritt nichts auszusetzen gehabt. Er kam im einzigen Sommeranzug, den er besaß und hier erst einmal, bei der Präsentation im »Oberrheinischen Hof«, getragen hatte. Er hatte sich sogar eine Krawatte dazu geknüpft, taubenblau. Imogen saß im Baumschatten und trug, wie für ein Konzert, ein langes weißes Kleid, das, vorne geschlossen, viel von ihrem Rücken preisgab. Das luftige Haar trug sie nicht ungepflegt, aber sorglos.

Der Steintisch war festlich gedeckt, mit einem Bukett bunten Mohns und einem Teller voll weiß gepuderten Zuckerwerks.

Ich habe nicht gefragt, ob Sie grünen Tee mögen, sagte sie, während sie heißes Wasser aus der größeren Kanne in die kleinere umgoß.

Ich habe einmal an einer Teezeremonie teilgenommen, in der Bundesbahn. Es war eine Werbeaktion fürs Berner Oberland.

Wir brauchen nicht zu knien, und reden dürfen wir auch.

Das aber taten sie eine gute Weile nicht.

Hier saß mein Vater oft, in seiner letzten Zeit. Das hatte er mit meinem Großvater gemeinsam. Die Rheinseite sei der Polykratesblick: »das alles ist mir untertänig«. Auf der Parkseite begegnete er einer anderen Sicht auf sich selbst. Lennie nannte die Schwarzwaldseite den Atelierblick. Hier blickt man nie in die Sonne.

Aber auf die Brunnenkunst, sagte Marbach.

Sie hat eine Geschichte. Ich glaube, es war 1936 auf der Insel, und Lennie war noch nicht Antoinettes Schwiegersohn. Eine Ballettgruppe tanzte »Apollon Musagète«, und zum Nachtisch sollte Lennie den Gästen erklären, warum Apollo so gemein gewesen war, Marsyas zu schinden – der Meister der Lyra den armen Flötenbläser. Aus Neid, erklärte Lennie. Die Kunst habe zwei Seelen. Die eine komme aus dem Bauch, die andere aus dem Geist. Marsyas schöpfe den Flötenton aus seinem Atem, Apoll aber schlage die Leier mit den Fingerspitzen. Damit sie klinge, müsse er sie sich vom Leibe halten. Aber wenn die zwei Seelen zu streiten beginnen, welche die wahre Kunst sei, komme der Neid des Geistes auf das Fleisch zum Vorschein, und seine Rachsucht kenne keine Grenzen. Dieser Neid habe Apoll wieder zum Barbaren gemacht, und der sei schlimmer als ein Wilder – nur ein Barbar sei *wirklich* böse.

Gab es Nazis unter den Gästen?

Es fühlte sich jedenfalls keiner betroffen. Einer von ihnen war selbst Künstler und bekam von Antoinette den Auftrag, sich von Lennies Erzählung inspirieren zu lassen. So schuf er diese Brunnengruppe, Alfried Simon, der Vater des Herrn, den Sie gestern gesehen haben.

Imogen schenkte ihm Tee ein.

Er ist jetzt kühl genug, hoffe ich. Wie finden Sie die Figuren?

Marbach hob beide Arme vor den Kopf, als müsse er ihn vor Schlägen schützen, und sagte mit dumpfer Stimme:

Ich als Höhlenbewohner finde sie umwerfend modern.

Sind Sie hier einsam gewesen, Klaus?

Nur allein.

Haben Sie Ihre Frau vermißt?

Das habe ich mir nicht erlaubt.

Ich habe Ihre Frau kennengelernt.

Manon? – Er starrte sie an. – Wo?

Ich brauchte ihren Rat. Sie ist eine brillante Juristin. Versuchen Sie einen Kuchen, der Tee ist etwas bitter.

Ich habe Ihren Mann ja auch kennengelernt.

Wie sah er aus?

Erst dachte ich, er sei eine Aushilfe bei der Post. Mager, unrasiert. Eigentlich sind mir nur seine Augen geblieben. Und seine Stimme. Ich habe ihn auch lachen gehört, aber lautlos und erst hinterher, in einem Traum.

Imogen setzte die Tasse vom Mund ab.

Da, wo wir jetzt sitzen, hat er mit Lennie immer wieder Tränen gelacht, über alles und nichts. Auch über Apoll und Marsyas. Was wäre der Blick in den Schwarzwald ohne Simons Figuren – wie eine Suppe ohne Zucker! Lennie konnte lachen wie ein Wolf. Iring lachte fast lautlos, das stimmt. Meine Mutter dachte, er habe ihr Lennie weggenommen. Dabei gab sie sich solche Mühe, ihn liebzuhaben.

Das hat sie mir gezeigt, noch an ihrem letzten Tag.

Und wie sie Lennie geliebt hat, hat sie Iring gehaßt. Unglücklicher Haß ist traurig, den gibt es. Unglückliche Liebe gibt es nicht.

Ich kenne in Nieburg eine Reihe von Leuten, die Sie unglücklich lieben.

Ach, Klaus. Die lieben mich doch nicht!

Herrn Simon habe ich noch nicht kennengelernt. Aber wenn ich ehrlich sein soll... inzwischen interessieren mich die Frauen Ihrer Familie viel mehr.

Haben Sie meine Mutter geliebt?

Das ist eine merkwürdige Frage.

Weil Sie sie getötet haben.

Klaus setzte das Täßchen ab. – Wer sagt das?

Schwester Emerentia. Sie hätten Constanze den Todeskuß gegeben. Sie hat es mit eigenen Augen gesehen. Doktor Werlen drückt sich medizinisch korrekter aus, aber es läuft auf dasselbe hinaus.

Um Gottes willen, sagte Klaus. – Ich sah Ihre Mutter zum ersten Mal. Ich war sehr beeindruckt, ja. Aber warum sollte ich –

Meinetwegen, Klaus. Warum glauben Sie, daß ich Sie ins Kutscherhaus eingeladen habe? Das war doch kein Zufall. Es war Ihr Lohn. Wir waren im Einverständnis, daß meine Mutter verschwinden müsse, damit ich endlich an ihr Geld komme.

Wer sagt so etwas?

Visperterminen sagt es, und ich kann es auch in Nieburg flüstern hören. Sie sehen, warum ich eine gute Juristin brauche. Warum sind Sie so erschüttert, Klaus?

Das ist abscheulich.

Warum denn? *Ein* Besuch von Ihnen hat genügt, und danach ist sie glücklich eingeschlafen.

Liebe Frau Selber – sagte er.

Ja, lieber Klaus, sagte sie. Ich heiße Imogen. Ich fand es auch ganz unmöglich, daß Sie Iring wirklich gesehen haben. Wollen

Sie wissen, was in dem Umschlag war? Seine Papiere, alles,
von der Geburtsurkunde bis zum Paß, Abiturzeugnis, Trau-
schein, Führerschein, Kreditkarten, Policen, Bankauszüge.
Wie kann er sich noch bewegen? Und dann geht er weg.

Als Klaus schwieg, fuhr sie fort: Es ist noch etwas Geschrie-
benes dabei, das möchte ich nicht lesen. Tun Sie es für mich?
Aber reden sie nicht darüber. *Nie.*[1]

Sie entnahm ihrer Tasche einen offenen Briefumschlag und
reichte ihn Klaus.

Ich habe auch etwas von ihm bekommen, sagte er, zog die in
Folie gepackte Karte aus der Brusttasche und legte sie auf den
Tisch: den BABYLON angeschriebenen grünen Hügel in der
Wüste mit der Burgsilhouette.

So was malte er oft. – Sie drehte die Karte um und las halb-
laut:

DIE VERWIRRUNG IST AUF DEM GIPFEL WENN JEDE
HILFE ZU SPÄT KOMMT RETTET BÖHMEN DES FEINDES
SEIN VERGEHEN ENTLAEGERT UNS DAS FELD IST REIN.
IN EHRFURCHTSVOLLER LIEBE DER KOMMENDE gez.
SEELEWIG

Keine Adresse, doch eine Postmarke mit einem zum Schä-
del retuschierten Hitlerkopf und der Aufschrift FUTSCHES
REICH. Daneben der verschmierte Druck eines Stempels:
IRAQ. OCCUPPIED TERRITORY.

Das gibt er Ihnen, warum? fragte Imogen.

Vielleicht traut er mir zu, die Botschaft zu entziffern. »Seelewig« ist die Titelheldin der ersten deutschen Oper, 1644, von
Staden und Harsdörffer. Sie ist die »ewige Seele«, eine unschuldige Nymphe im Schäferkostüm, die schweren Anfech-
tungen ausgesetzt ist. Am Ende wird sie gerettet. Der übrige
Text ist noch rätselhaft.

Lennie und Iring haben Rätselwettkämpfe veranstaltet und

---

1 Irings Typoskript vgl. Anhang 1, S. 539-541.

einander in den April geschickt. Sie nannten sie Schnitzeljagden. Man mußte etwas »ausfigurieren«. Sie hatten ein Sprüchlein zur Eröffnung und sprachen es mit verteilten Stimmen: *Il était une fois – il n'était pas une fois – il était une fois pourtant.*

Sie betrachtete die Schrift auf der Karte. »Wenn jede Hilfe zu spät kommt«. Von »Hilfe« hat er nie viel gehalten. Wer Hilfe brauche, dem sei nicht zu helfen.

Was heißt »Rettet Böhmen«?

»Böhmen liegt am Meer« gehörte zu Lennies Lieblingssätzen. Und Iring sagte: die ganze Welt ein böhmisches Dorf.

Über das Rondell kam der Gärtner und näherte sich dem Brunnen mit einem Kübel und einem Netz am Stiel, um das Wasser von Algen zu reinigen. Beim Gehen schob er die Schultern brüsk hin und her, und seine Beine tanzten, um nicht auf die Katze zu treten, die ihn mit erhobenem Schweif begleitete. Es war die »schwarze Seele.«

Imogen war aufgestanden und rief: Dias!

Der Gärtner ließ sein Gerät fallen; dann warf er beide Arme in die Luft, im selben Augenblick wie Imogen. Es war ein Gruß, wie ihn Berggänger auf getrennten Graten tauschen.

Die Katze lief auf Imogen zu. Im letzten Augenblick hielt sie inne und warf sich gegen Klaus' Bein.

Sie kennt Sie wirklich, sagte Imogen. Ich habe es nicht geglaubt.

Darf ich fragen, warum Sie Iring verlassen haben?

Klaus! rief sie. Er hat *Ihnen* die Karte gegeben. Für ihn sind Sie Lennie!

Ja, ich möchte das Rätsel lösen, sagte er leise. Er versuchte den Umschlag, den ihm Imogen gegeben hatte, mit der Karte zusammen in die Brusttasche zu stecken, aber er paßte nicht hinein.

Sehen wir uns morgen wieder? Um die gleiche Zeit? fragte sie.

Gern. Ich helfe Ihnen mit dem Geschirr.

Unterstehen Sie sich.

Er verneigte sich, gegen Imogen und die Katze, dann ging er die Böschung hinab zum Brunnen. Apoll, der die Leier rang, wirkte nicht minder gehäutet als sein faunischer Gegenspieler, dem sie gleich auf den Kopf zu fallen schien, während er, einen Bocksfuß über den andern geschlagen, unbeirrbar in sich gekehrt seine Flöte blies. Im Wasserspiegel zersprang der graumelierte Marmor der Statuengruppe. Plötzlich empfand Klaus Mitleid mit dem Sohn des Künstlers. Wie hatte sich Horst Simon verrenken müssen, um seinem Vater nicht zu gleichen. Und am Ende war er seinem Apoll wie aus dem Gesicht geschnitten.

Als Klaus sich umwandte, war der Platz unter dem Tulpenbaum leer.

Unwillkürlich tat er einen tiefen Atemzug. Er wußte, daß etwas Ungeheures geschehen war, aber betrachten durfte er es noch nicht.

Dankbar empfand er die kleine Kühle, mit der ihn das offene Untergeschoß empfing. Noch immer beschwerte der Tischtennisschläger den Ball an derselben Stelle, und Marbach fragte sich, wann er zum letzten Mal berührt worden war.

Klaus hatte Irings Erinnerung in der Nacht gelesen. Am nächsten Tag fragte er Imogen: Warum nennt er sich F. Goldschaum?

Wir wollen nicht darüber reden, Klaus. Sie haben es versprochen.

Aber ich will es wissen.

Goldschaum? Das war ich. Er war Schaumgold.

Sie schloß die Augen.

Einmal war ich in New York bei einer Freundin. Er muß ihre Nummer falsch notiert haben, denn als er aus dem College anrief, landete er bei einem Herrn Schaumgold. Als sich der auch beim zweiten Versuch wieder meldete, ließ Iring sich den Namen buchstabieren. Er hat nie einen Namen für Zufall gehalten.

Vielleicht haben Sie sich bei der Nummer geirrt.

Er hat mir nie einen Irrtum zugetraut. Fast sowenig wie eine Lüge. Er glaubte, ich sei zu Schaumgold gegangen.

Dann wäre die Freundin eine Lüge gewesen.

Er hielt sie für eine Verkleidung der Wahrheit. Und daß ich sie nicht leugnen würde, wenn er darauf stieß. Er glaubte, ich sei wie er.

Haben Sie diesen Schaumgold gekannt?

Nein. Aber von da an war er auf der Welt. Iring spielte, daß er der Dritte im Bunde sei.

Ihr Liebhaber?

Der Inbegriff eines Irrtums, eines Schadens oder einer Panne. Den Flieger verpaßt: Schaumgold. Wasser im Keller: Schaumgold. Beim Lügen ertappt: Schaumgold. Von da an sagte Iring Schaumgold, wo andere Scheibenhonig sagen oder Pustekuchen.

Der Verfasser nennt sich aber: Goldschaum.

So nannte er mich. Dann hat er meinen Namen angenommen.

Warum?

Er glaubt wohl, das sei einerlei. Er dürfe uns verwechseln. Er möchte Sie zurück.

Er hat sich zu oft umgedreht.

Nach andern Frauen?

Das war seine Sache. Nein, nach mir. Ich bin kein Spiegel, Klaus. Wenn er sich nie nach mir umgedreht hätte, ich wäre ihm gefolgt bis ans Ende der Welt.

Warum haben Sie nicht *ihn* angerufen, als Sie bei Ihrer Freundin waren?

Weil ich wußte, daß er bei einer Frau war. Und die Worte nicht hören wollte, mit denen er sich versteckte.

Ich verstehe nicht alles, sagte Klaus, ich weiß nur: mir haben Sie Ihre Telefonnummer nie gegeben.

Der Technik ist doch nicht zu trauen. Alles wird zu leicht und das Wichtigste unmöglich. Was machen Sie denn für ein Gesicht?

Ich denke, sagte er.

Sie lachte. Das scheint Sie anzustrengen.

Er hätte sich nie nach Ihnen umdrehen dürfen. Was heißt das?

Ich vertrage nicht, wenn jemand in mir nur sich selbst sieht. Das ist alles, was es heißt.

Aber das geht doch am Anfang allen so, sagte er.

Vielleicht, aber wenn es dabei bleibt, war es auch schon das Ende.

Selbstlose Liebe, gibt es das? fragte er.

Davon rede ich doch nicht, sagte sie. Ich rede nur von einer Liebe ohne Angst.

Verlangen Sie nicht zuviel? fragte er.

Ich verlange gar nichts, Klaus, ich erwarte es nicht einmal.

Meine Mutter ist auch vergewaltigt worden, sagte er.

Sie schloß die Augen. – Und dafür tun Sie sich leid? fragte sie. Spiegeln Sie sich jetzt in Irings Geschichten? Mir reicht, wenn Sie sie für mich aufheben. Oder sind Sie dafür nicht stark genug?

Als sie die Augen wieder öffnete, strahlten sie so, daß Klaus erschrak.

5 Wenn der Eisvogel brütet

Mit Imogens Einzug hatte sich der Tageslauf von Klaus nur an einer Stelle verändert, aber um diese sammelten sich die Stunden wie Boote an einer Reede. Die Zeit lief auf einen Ort zu, an dem es ihr bestimmt war, vergessen zu gehen. Es war der Sitzplatz unter dem Tulpenbaum, immer um fünf Uhr nachmittags. Dann gewann die Landschaft etwas von der Form und Farbe zurück, die ihr die Hitze in den Mittagsstunden entzogen hatte, und das Dasein fühlte sich gewichtlos an, als wäre seine Mühe nicht ganz ernst zu nehmen und als entbinde der Stillstand des Sommers seine Teilnehmer von eigener Wichtigkeit.

Jeden Morgen um halb zehn fuhr eine schwarze Limousine mit Basler Kennzeichen vor und kehrte um halb vier Uhr zurück; Imogen fuhr aus – wer sonst, auch wenn sie hinter getönten Scheiben nicht zu erkennen war? – Am späten Nachmittag erwartete sie ihn unter dem Tulpenbaum und schien zwanglos bereit für alles und nichts. Er hatte genug von Antoinettes Insel gehört, um sich ein Bild von den Phantasien zu machen, die sie dort angesiedelt hatte. Sie hatte den Ort zum Überwintern der Geschichte eingerichtet; Imogen hatte ihm aufgegeben. Aber hier im Park war er noch gegenwärtig und hing, wie eine Spiegelung, in der von Hitze bebenden Luft, wenn Klaus mit Imogen unter bewegungslosen Bäumen saß.

Klaus sprach nicht von seinem allmorgendlichen Sprung in den Rhein, doch die Beobachtungen, die er mitteilte, konnte er nur am Wasser gemacht haben. Wo der Abfluß der Quirinushöhle zum Rhein durchbrach, hatte er der Mündung eine Kiesbank vorgelagert und darin eine Lagune gebildet, die der Rhein nicht mehr überfluten konnte. In diesen verwunschenen Winkel brachte Klaus jeden Morgen Irings Buch mit, ohne viel zu lesen, denn schon das Umblättern einer Seite hätte die Vögel vergrämt. In einer der Lehmklüfte hatte sich nämlich ein Eisvogelpaar sein Nest gebaut; Klaus konnte ihm beim Fischen zusehen. Lange saß der amethystgrün und kobaltblau leuchtende Vogel reglos auf einem Erlenast und schoß plötzlich als greller Blitz ins Wasser, und wenn er wieder auftauchte, konnte man in seinem Schnabel etwas zucken sehen, mit dem er schneller, als ihm ein Auge folgen konnte, im Höhleneingang verschwunden war. Dann konnte es eine halbe Minute dauern, bis Schnabel und Kopf aus dem Loch witterten – und flugs hatte er seinen Sitz auf dem Ast wieder eingenommen.

Imogen und Klaus unterhielten sich zwei Stunden, nie länger, und nie war es dunkel, wenn sie sich voneinander verabschiedeten. Aber jeden Tag wieder plätscherte der Brunnen des Rondells, summte die Wiese, zu welcher der Rasen aufgeschossen war, unermüdlich.

Das Getöse der Insekten müßte uns das Gehör verschlagen, sagte Imogen, wenn wir Fledermäuse wären; kein Wunder, daß sie sich in ihren Höhlen verkriechen, solange der Tageslärm dauert. Stellen Sie sich die Wellen vor, denen wir ausgesetzt sind, nur weil die Kids einander am Handy melden müssen, daß sie gerade von A nach B unterwegs sind; dann stecken sie sich wieder ihre Stöpsel ins Ohr und eine Flasche in den Mund. Sprich sie nicht an, sonst fallen sie aus allen Wolken.

Es war still.

Die Bienen summen, sagte sie. Was können sie noch?

Immer wieder war Klaus als Erzähler gefordert und kam sich ein wenig wie in der Schule vor; aber so war es gemeint. War er so gut wie Lennie?

Ich habe vom Schwänzeltanz der Bienen gelesen, mit dem sie einander am Flugloch anzeigen, in welcher Richtung der Tisch gedeckt ist, in welcher Entfernung und sogar womit. Was uns wie Gezappel vorkommt, ist ein Text.

Wie mag ihnen die Welt erscheinen? fragte Imogen zurück.
– Mit jeder Wabe ihrer Augen fangen sie ein Stück davon ein
und setzen die Teile zum Bild zusammen. Es muß ein langer
Weg sein, bis ihnen ihre Augen so viele Schlüssel liefern, daß
Biene und Futter zusammenkommen.

Ich stelle mir vor, Auge und Futter sind Teil eines Zusam-
menhangs, und das Futter bildet das Auge dazu, es zu finden.

Beim Menschen bildet das Auge das Futter, darum finden
wir nie das richtige. Wir fischen die Welt mit Dynamit leer,
und inzwischen haben wir auch Leere futtern gelernt. Wissen
Sie, daß ganze Bienenvölker verschwinden, spurlos? Sie überstehen die Leere nicht, die wir verbreiten.

Jetzt war *sie* Lennie und fuhr fort: Einstein sagte: wenn die
Bienen sterben, sterben die Menschen. Doch Lennie wußte
ein Zauberwort gegen das Bienensterben: Hymettos.

Was ist das?

Der Bienenberg in der Nähe Athens. Wer ihn beim Namen
nennen könne, der rette auch die Bienen. Weil alle Geschöpfe
von den Wurzeln lebten, welche ihre Namen in einer gemeinsamen Geschichte haben.

Das heißt, man muß gebildet sein, um die Welt zu verstehen.

Jeder Stein ist gebildet und braucht sich nicht mal zu rühren. Wenn man sich in der Welt rühren muß: wie darf man
nicht gebildet sein? Ungebildete Leute wissen gar nicht, wofür
sie da sind. Zu gut darf man es aber auch nicht wissen. Sonst
endet man wie Herr Kuhlmann.

Mit Kuhlmann (Quirinus) hatte es folgende Bewandtnis:

Beim Entzifferungsversuch von Irings BABYLON-Karte
war Klaus am Satz hängengeblieben: DES FEINDES SEIN
VERGEHEN ENTLAEGERT UNS DAS FELD IST REIN. Im
Kutscherhaus gab es nichts zu *googeln*, also suchte Klaus in
Nieburg das Internet-Café auf und begegnete der Gegenfrage:
Meinten Sie: »Des Feindes sein Vergehen *entladegerät* uns«?

Beim nächsten Versuch: »Meinten Sie: Des Feindes sein Vergehen *entleert* uns?« Zum Glück stellte Klaus fest, daß er
»entlägert« mit Umlaut eingetippt hatte statt mit dem von
Iring vorgeschriebenen Diphthong. Und siehe da, jetzt erschien ein – ein einziger – entsprechender Beleg. Die Wort-
folge existierte, und zwar im Vortrag eines Professors, der
Klaus aus seinen Jahren in Übersee bekannt war. Damals
war er noch Privatdozent gewesen, auffällig durch die ver-
frühte Silbermähne, starke Brauen und häufiges Stolpern. Im
elektronischen Telefonbuch fand Klaus seine Adresse: er
wohnte noch immer am alten Ort und hatte jetzt einen Titel.

Die englische Telefonkabine bei der Erlöserkirche verband
ihn fast augenblicklich mit ihm – er hieß Fuchs. Er brauchte
nur ein paar Worte zu hören und produzierte sofort das Gedicht dazu: es war der 62. Kuehlpsalm – mit ue, bitte! – von
Quirinus Kuhlmann, 1651 in Breslau geboren, 1689 in Moskau
verbrannt. Klaus durfte gleich eine Gratulation entgegenneh-
men. Kuhlmann sei »eine epochale Erscheinung, aber keine
Sau kennt ihn. Finden Sie auch weiße Trüffeln?« Heute wäre
Kuhlmann verrückt genug für ein Selbstmord-Attentat – damals habe er das Martyrium in eigener Sache gewählt. Immerhin habe er noch einen gefunden, der mit ihm ins Feuer gegangen sei. Er habe als Poeta laureatus angefangen, hätte so
etwas wie ein Endlosvirtuose in Barockdeutsch werden können, aber dann habe die Spirale ins Theologische durchgedreht
und er sei im blauweißen Phantasieornat durch die Welt gereist, um sie zu Kuhlmann zu bekehren. Dabei sei seine Identität mit Hilfe der Bibel immer buchstäblicher geworden und
von David über Salomon und alle Propheten bis zur realen
Kindschaft Jesu fortgeschritten. Er habe sein »Kühlreich« in
zahllosen Reisen aufgerichtet, die er anfangs dem Leibe nach
angetreten habe; erst als seine Missionen gescheitert seien, habe er sie zu »Geistreisen« erhoben. Aber da er reale und vir-
tuelle Trips im gleichen Stil dem Druck übergeben habe, sei
zwischen Fleisch und Geist kein Unterschied auszumachen.

Nach eigenem Verständnis habe er *getätigt*, was er geschrieben
habe, bis zum reellen Gehtnichtmehr, wenn auch nicht am
Kreuz, so doch in einem als Badestübchen gestalteten Schei-
terhaufen in Moskau, wo die fromme Konkurrenz, die er das
Fürchten gelehrt habe, an ihm zum Judas geworden sei und ihn
als Aufwiegler der zaristischen Obrigkeit ausgeliefert habe,
nicht anders als die Pharisäer den Gottessohn dem Pilatus.

Was von ihm übriggeblieben sei: geistliche Schriften von
fortschreitendem, dabei wohlgedrechseltem Wahnsinn, und
eben 117 Psalmen, der sogenannte Kuehlpsalter mit 20 018
Versen von superlativer Rhetorik und obstinatem Expressio-
nismus, von denen der Anrufer nicht die schlechtesten heraus-
geschnüffelt habe. DES FEINDES SEIN VERGEHEN ENT-
LAEGERT UNS, das sei doch was von coolem Stil! Übrigens
die Nachdichtung eines geistlichen Hochzeitsgedichts des
spanischen Mystikers Johannes vom Kreuz, das Kuhlmann
zur Kenntlichkeit entstellt habe, nämlich derjenigen eines
kaum noch verblümten Koitus. Er habe nicht umsonst von
und mit Weibern gelebt, die ihn zuverlässig im Stich ließen,
aber so steht es ja auch geschrieben: Nimm ein Hurenweib
und zeuge Hurenkinder, Hosea eins, zwei. Nichts steht in der
Schrift, was er nicht penibel *gedoublet* und mit einer eigenen
Cover Version beglaubigt hätte –

Das Gespräch dauerte über eine Stunde; Klaus hatte sich,
Aug in Auge mit dem Wikinger-Christus, korrekt vorgestellt,
auch als Bewohner der »Soldanella« und als Mitstreiter um ihr
Überleben. Er unterbrach Fuchs mit vielen Fragen, fand aber
auch gute Gründe, ihn *auszuhören*. Denn der Professor spielte
ihm ahnungslos einen Schlüssel nach dem andern zum Verständnis der »Babylon«-Post zu, aber auch von »Zeichen und
Wunder«. Mit der Zeit kam es ihm vor, als begegne ihm in
Iring eine *Cover-Version* Kuhlmanns, wie dieser eine seines
Vorbilds Jesus Christus gewesen war und der Menschensohn
schließlich auch eine des allwissenden Vaters – als dessen Karikatur man wiederum Professor Fuchs betrachten durfte. Als

Klaus kein Kleingeld mehr hatte und die Telekom die Unterbrechung von selbst besorgte, war er sicher, weitergekommen zu sein. Jetzt wollte er Kuhlmann lesen (»Sie müssen aber wissen, es ist eine Strafe«), und das einzige Exemplar des »Kuehlpsalters« weit und breit befand sich in der Basler Universitätsbibliothek.

So fuhr er eine Woche lang täglich mit der Lokalbahn nach Basel und lieh sich den in rotes Leder gebundenen Band in den Lesesaal aus. Aber der innere Lärm, den der Prophet von sich hermachte, der gleichmäßig hohe Geräuschpegel seiner von Ausrufezeichen punktierten Wichtigkeit stimmte nicht zur Kühle und geschäftigen Stille des Lesesaals. So gab er das Büchlein bald wieder zurück und blieb beim Streifen durch die Altstadt in einem Antiquariat hängen, dessen Mietbau-Eingang nicht auf die Schatzkammer schließen ließ, die es im Obergeschoß beherbergte und die sich in einen verschlafenen Hinterhof fortsetzte. In diesem kaum von Kundschaft besuchten Privatkloster fand er einen Sitzplatz am Fenster, wo er sich in eine alte DDR-Monographie über Kuhlmann vertiefte. Dann fiel ihm eine zweisprachige Einzelausgabe von Shakespeares »Cymbeline« in die Hand. Darin las er mit forschendem Interesse. Diesen Text hatte es im Kopf von Imogens Eltern schon gegeben, als sie sich im Kutscherhaus vereinigt hatten, um eine leibhaftige Imogen zu zeugen.

Einmal hatte er eine Erscheinung: er sah sie – oder war es Constanze? – aus dem Fenster des Antiquariats vorbeigehen, unter einem weißen Sonnenschirm; er verließ das Antiquariat, aber sie war schon verschwunden, als er unter der Tür stand, und blieb es, als er den Münsterplatz erreicht hatte, der ihn mit seinem Geviert stattlicher Gebäude anschwieg, Amtshäusern, Notariaten, Kanzleien und Privatbanken.

Seit Imogen wieder da war, hatten sich die Zu- und Abfahrten um die Villa vermehrt; zu den Lieferanten waren die abgedunkelten Limousinen gekommen, aber Klaus notierte ihre Kennzeichen nicht und verzichtete darauf, den Inhabern nachzuforschen. Seine Zeit begann um fünf Uhr; dann erwartete ihn Imogen unter dem Tulpenbaum. Ihr Strahlen war diskreter geworden, doch intimer.

Erzählen Sie mir Geschichten von Kuhlmann.

Ich weiß keine neuen.

Ich mag die alten. Die Geschichte von Malta.

Da war Kuhlmann unterwegs, zu Schiff, mit seiner Familie, um den Sultan von Istanbul zu bekehren. Das Schiff, ausgelaufen von Marseille, hieß *Dauphin und Joseph.* Er war von drei Frauen begleitet, der Witwe und Jüngerin Magdalene von Lindau, zwanzig Jahre älter, und ihren zwei Töchtern, *weil Gott sie mit den ihrigen mir um eben dieser Reise willen beigesaetzet* hatte. Die Töchter waren fast so alt wie ihr Stiefvater, und ihr Umgang mit der Schiffsmannschaft war so herzhaft, daß *di lüsternde Even die falschen Weltaepfel nicht nur brachen, sondern auch aßen.* In Malta stellte Frau Magdalene *eine Virtelstunde vor der Auseegelung* fest, daß sie ihr Regenkleid auf einem andern Schiff vergessen hatte, und als Kuhlmann sich entfernt hatte, um es zu holen, bestach *das lüstern Volk* den Kapitän, daß er ablegte und ausfuhr. Aber Gott verhängte eine Windstille, so daß der abgehängte Kuhlmann die *Dauphin und Joseph* nachrudernd wieder erreichen und seinem Hauskreuz die Leviten lesen konnte.

Hat er den Sultan bekehrt?

In Kleinasien war die Pest ausgebrochen. Aber Kuhlmann, unverdrossen, reiste auf dem Landweg nach Stambul. Der Sultan war auf einem Feldzug, aber Kuhlmann hinterließ ihm einen Brief. Da stand das Nötige drin.

Der Sultan hat ihn gewiß nicht gelesen.

Aber Kuhlmann hat ihn geschrieben. Nur darauf kam es ihm an. Später ist er nur noch auf seiner Schrift gereist. Am Ende ist er für sie gestorben.

Und warum hat ihn Peter der Große im Gefängnis besucht?

Vielleicht, um ihn zu retten. Kuhlmann hätte ihn interessiert, wenn er einen Sextanten erfunden hätte oder eine Leidener Flasche. Aber mit einem Schwärmer wußte er nichts anzufangen. Der mochte *brennen*.

Vielleicht war das genau das Richtige.

Er hatte Angst vor dem Feuer, wie vor den Frauen.

Dann *mußte* er brennen.

Eigentlich, sagte Klaus, mag ich Leute nicht, die sich eine große Rolle schneidern und dann selbst darauf hereinfallen, auch noch mit Getöse.

Dann müssen Sie »Cymbeline« lesen.

Ich bin gerade dabei, sagte Klaus überrascht.

Lennie hat uns am Gymnasium eine Zusammenfassung des Stücks diktiert, und Iring hat darauf geantwortet. Wollen Sie es lesen? Ein Schulheft. Iring hat es mit seinen Papieren hinterlassen. Ich leihe es Ihnen. Aber darüber sprechen möchte ich nicht.

Das dachte ich mir, sagte Klaus.

Der Text war unter dem Titel »*Cymbeline*« – *Iring Selber 9 A* auf liniertes Nachkriegspapier geschrieben. Lennies Diktat mit flüchtiger, der Zusatz mit erkennbar sorgfältiger Schülerhandschrift.[2]

Haben Sie das Stück schon gesehen?

Nein. Aber Horst will mich dazu einladen, in Berlin, wo er einen Vortrag hält.

Sie reisen nach Berlin? Wann?

Am 5. September.

Klaus schwieg, dann sagte er: Dann werden Sie Iring sehen.

Der ist in Babylon.

Im Krieg? Ohne Papiere? Das glaube ich nicht.

Vielleicht hat er neue. Von Identität hat er nie viel gehalten.

Ich finde ihn, Imogen, sagte Klaus. Er hat mir ein Bilderrätsel hinterlassen, wie Jupiter.[3] Ich werde es lösen.

---

2 Nachzulesen als Anhang 2, S. 542-546.
3 Vgl. Anhang 2, S. 544.

6 *Die Paradies-Merle*

An ihnen lag es nicht, da waren sich Maurus Freyer und Ämil Isele auch heute noch einig. Nicht einmal an Lehrer Linsin, der seiner Klasse den »neuen Kameraden aus Schlesien« fast grimmig vorgestellt und ans Herz gelegt hatte, als Iring zum ersten Mal im Karfunkel-Schulhaus auftauchte, sieben Jahre alt, an der Hand seiner Mutter. Sie trug eine Art Schwesterntracht, sein Kleid war aus Uniformteilen des Vaters geschneidert, und auch wenn sie schwarz waren: sauber waren sie, und damals hatte man nichts Besseres. Natürlich waren Flüchtlinge nicht nur willkommen; eigentlich hatte man nichts zu teilen übrig. Iring redete ein unmögliches Deutsch, und auch noch so hastig, als habe er gestohlen; das hatte er auch. Denn die Wörter konnten gar nicht seine eigenen sein. Ein altkluges Kind, einen Angeber – das hätte man noch vertragen. Er hatte es wohl nötig. Doch: was Iring wußte, wußte er auch noch besser. Er redete wie ein Professor. Und wenn man ihn nicht verstand, verstummte er und blieb auf seinem fixen Maul hokken, als wäre jetzt jedes weitere Wort überflüssig. Dann beteiligte er sich am Unterricht nicht mehr. Er war zu grausam unterfordert. Er machte auch die Streiche der Buben nicht mit, sie waren ihm zu blöd. Was bildete er sich ein? Die einzige, bei der er sich einzuschleichen suchte, war Imo. Es hieß, er lese ihr vor. Aber wie konnte sie ihn mögen? Nur weil seine Mutter in der Villa angestellt war und ihren kranken Vater pflegte?

Wie war Imo überhaupt in diese Schule geraten, und zu einem Lehrer, den Freyer und Isele schilderten wie einen Invaliden aus dem Dreißigjährigen Krieg? Wäre es nach Constanze gegangen, Imo wäre in ein Internat gekommen, nach Fetan oder in die Ecole d'Humanité, wenigstens in eine Rudolf-Steiner-Schule. Aber Lennie wollte nicht, daß seine Tochter eine Vorzugsbehandlung genoß. Wenn er den Arbeitersohn herauskehrte, konnte er stur bleiben. Imo mußte im Karfunkel-Schulhaus mehr gelitten haben als Iring. Sie war nur zu nobel, es zu zeigen. Sie hatte Klasse.

Durch die Erzählung der beiden Männer sah Klaus immer noch die Verklärung schimmern, in der ihnen Imogen schon als Kind erschienen war. Und ebenso nachhaltig litten sie daran, daß es am Ende gerade dieser Iring war, der sich ihrer hatte bemächtigen dürfen. Den interessierten doch schon damals nur Bücher. Mit dem, was er gelesen hatte, redete er alle andern dumm. Er könne die ganze Bibel auswendig, hieß es, aber wozu? Damit er über Pfarrer Blunck spotten konnte? Seiner Mutter zuliebe? Das glaubte er ja selbst nicht.

Ein Wort wie *mobbing* war damals noch nicht bekannt. Aber wenn man Maurus und Ämil reden hörte, war es Ehrensache geworden, Iring in der Pause wie Luft zu behandeln und auf dem Schulweg *abzuschlagen*. Auf diese Heldentat waren die sechzigjährigen Männer nicht mehr stolz – aber auch nicht bereit, sich ihrer zu schämen. Sie waren sich einig, wo das Elend angefangen hatte: mit der Paradies-Merle. Iring hatte ihnen einen Vogel gezeigt, den es nicht gibt. Und doch war ihnen ihre Imo mit diesem Vogel entflogen für immer.

Wie kamen die drei Männer überhaupt an einen Tisch?

Nachdem Klaus beim »Stillstand« die Runde gemacht hatte, begegneten ihm seine Mitglieder unterschiedlich und, seit er ihr Angebot ausgeschlagen hatte, einige lieber gar nicht mehr. Maurus war eine Ausnahme. Er rief Klaus an, um ihn zum Essen einzuladen, zu einer indonesischen Reistafel im »Salmenbräu«. Daß man sich für kulinarische Höhenflüge auf die Schweizer Seite begeben mußte, galt in badisch Nieburg als ausgemacht, trotz der wortreichen »Speisenkarte« des »Oberrheinischen Hofs«, die mehr versprach als die Küche hielt.

Doch am reservierten Tisch des historischen Salmenkellers erwarteten sie ihn plötzlich zu zweit, und der andere ließ sich

nicht wegkomplimentieren. Es war Ämil Isele; offenbar hatte
auch er über die Mittagszeit einen Ort aufgesucht, wo er nicht
erwarten mußte, seinen Polizeikollegen zu begegnen, und über-
wand dafür sogar seine Sparsamkeit. Es wäre ungehörig gewesen,
den Junggesellen nicht an ihren Tisch zu bitten, und bald kam das
Gespräch auf Imogen. Und daß sie auch von Iring sprechen
mußten, schien den Herren so peinlich wie vor fünf Jahrzehnten.

Mit dieser Paradies-Merle verhielt es sich nämlich wie folgt:

Die Klasse hatte eine Höhle besucht, im Rahmen des hei-
matkundlichen Unterrichts, den Lehrer Linsin mit Nachdruck pflegte, weil ihn der schöne Schwarzwald für das verlorene Reich entschädigen mußte. Die Kinder hatten in einem
Tagesausflug die nach einem römisch-christlichen Einsiedler
benannte Quirinushöhle besucht und sich dafür mit Taschenlampen, solidem Schuhwerk und Pelerinen ausgerüstet. Dabei
gab es nur den vordersten Teil der Höhle zu besichtigen; nach
fünfzig Metern war der weitere Zutritt versperrt. Die Höhle,
sagte Lehrer Linsin, ziehe sich unter Nieburg weiter, und
wahrscheinlich noch durch den halben Schwarzwald. Im
Krieg habe man daran gedacht, sie zum Führerbunker auszu-
bauen, aber dafür war das Gestein nicht solide genug. Als die
Schüler vor dem Gitter angekommen waren, äugten sie schau-
dernd in die Finsternis dahinter –

An dieser Stelle von Maurus' Erzählung hob Ämil auch
heute noch warnend die Hand.

Jedenfalls sollte über diese Exkursion der erste Hausaufsatz
geschrieben werden, »Meine Quirinushöhle«, mit Feder und
Tinte. Dabei hatten sie gerade knapp das große Q gelernt, und
die Besten brachten zwanzig Sätzchen zusammen, wenn Vater
und Mutter mithalfen. Iring aber gab ein leeres Heft ab. Er war
gar nicht zur Höhle mitgekommen, weil er kein passendes
Schuhwerk hatte. Linsin konnte das wissen, doch nun befahl
der dem Jungen aufzustehen. Warum er nichts geschrieben
habe? Antwort: weil ich mein Buch weiterlesen mußte. Was
für ein Buch?

Die *Meddamorphousen*.

Lehrer Linsin verzichtete darauf, sich einen Titel wiederholen zu lassen, den er wahrscheinlich für Chemie hielt. Er war Buchhalter bei der Degussa gewesen, bevor ihn der Marschbefehl an die Ostfront ein Bein gekostet hatte; es hatte ihm dafür das Leben gerettet. Ein Schüler hatte aufzustehen, wenn ihn der Lehrer ansprach, doch als Linsin auf ein Wort wie »Metamorphosen« nichts zu erwidern fand, wollte sich Iring wieder setzen. *Stehen bleiben!* wurde er angeherrscht, und *grade halten!*, als er sich anlehnen wollte. Er stand immer noch stramm, als es geläutet hatte, stand auch die Pause durch, während Linsin am Pult sitzen blieb, um die Aufsätze zu korrigieren. In der nächsten Stunde besprach er sie und ließ Iring weiter stehen, ganz vorn, neben der ersten Bank. Und die Klasse sah zu, wie er schwankte. »Habe ich *Rühren* gesagt?« Iring bekam kein Frühstück, wenn seine Mutter auf Nachtwache war; und das Pausenbrot, das sie ihm vorbereitete, hatte er nicht essen können. Wie lange noch? Man wartete nur noch darauf, daß er umfiel.

Statt dessen hob er plötzlich den Arm wie zum deutschen Gruß. Da! da! schrie er laut und deutete auf den Baum vor dem Fenster. Eine *Paradies-Merle!* Nicht bewegen!

Die Klasse war erstarrt, auch Linsin. Kein Mensch wußte, was eine Paradies-Merle ist. Zu sehen war eine Platane, sonst nichts.

Plötzlich sagt Imo in die Stille hinein: Das melden wir *Colonel Ledoux*. Sie geht zu Iring, holt seinen Arm herunter, zieht ihn zur Tür.

Sie brachte ihn geradewegs zu sich nach Hause. Und von jenem Tag an wohnte Iring mit seiner Mutter in der Villa.

Und das war nur der Anfang, sagte Ämil.

Auch in der lauten Gaststätte schien sich, wie damals im Klassenzimmer, betretene Stille auszubreiten. Der Löffel, mit dem Ämil im Tee rührte, klirrte hörbar.

Die Paradies-Merle war Irings Erfindung, sagte Maurus.

Ja, fuhr Ämil fort, aber das Zauberwort war »Colonel Ledoux«. Der französische Kommandant.

Sie hat sich *gezeigt*, sagte Maurus. Sie war eine Bühler und konnte Linsin strammstehen lassen, wie er Iring. Von jenem Tag an saß er neben ihr auf der Bank, las ein Buch oder löste Kreuzworträtsel, und Linsin hat nicht einmal mehr *gewagt*, ihn etwas zu fragen. Auch wir haben ihn in Ruhe gelassen. Und nun erst richtig gehaßt.

1948 war er acht Jahre alt, sagte Klaus.

Iring war nie ein Kind, erwiderte Maurus, er war eine Spinne und hat Imo eingewickelt. Er hat versucht, ihr Autor zu werden. Verrückt, aber wahr.

Ach was, sagte Ämil, er tanzte nach ihrer Pfeife und dachte, es sei seine Musik.

Seine Finger beklopften die Tischplatte, als er fortfuhr: Sie hat ihn geheiratet. Ihrer Mutter zum Trotz. Und er? Ihm war doch eine Frau wie die andere.

Judith war eine zu viel, sagte Maurus, und ohne einander anzusehen, nickten sie in düsterer Genugtuung.

Lieber Herr Marbach, sagte Maurus, als hätte der schweigende Zeuge nun genug gefragt, als Iring an diesem Kind herummachte – da hat ihn Imo gehen lassen, so weit ihn seine Füße trugen.

Dazu wäre noch viel zu sagen gewesen, doch die Herren übersprangen alles Weitere, und Ämil beschränkte sich auf den Satz: *Wehe einem jeden*. Sie hatten den süßsauren Schälchen fast gierig zugesprochen, aber ihre Mienen blieben bitter.

Klaus hatte eine Warnung gehört. Zugleich fühlte er sich in ein unbehagliches Vertrauen gezogen. Die beiden Männer drängten sich an ihn wie bittende Schatten, die Blut lecken müssen, um ihre Geschichte loszuwerden.

Am Ende aber war es Maurus, der für die Rechnung bluten mußte – fast fünfhundert Franken, ohne Trinkgeld.

Kennen Sie Ovids »Metamorphosen«? fragte Klaus unter dem Tulpenbaum.

Ich möchte heute nicht von Iring sprechen, sagte sie, und morgen auch nicht.

Doch als sie sich verabschiedeten, hielt sie seine Hand fest.

Warum beschäftigen Sie sich mit Iring?

Weil er alles von Ihnen weiß.

Das ist wahr, aber er kennt mich nicht.

Er kann lesen.

Aber nicht sehen.

Er kann die Welt durchsichtig machen.

Hier ließ sie seine Hand los.

Darum ist es keine Welt. Oder nur seine eigene. Mein Vater ist blind geworden, Iring ist es immer gewesen. Sie haben ihn doch gesehen.

Seine Augen – ich kann sie nicht vergessen. Groß wie die einer Fledermaus.

Die braucht ihre Augen auch nicht. Sie ist ein Nachtgeschöpf.

Dafür hat sie andere Sinne, feinere.

Ja, was Iring nicht sehen konnte, mußte er tasten. Er spürte alles so genau, daß er nicht einmal bemerkte, wenn er sich vergriff. Er hat sich an Menschen vergriffen, Klaus, wie es einem Dummkopf nie möglich gewesen wäre.

Aber Sie hat er berührt.

Ja, mit seiner Art Vollkommenheit. Ich kam nicht gleich dahinter, daß sie aus Verzweiflung bestand. Er wollte nichts von ihr wissen, so erst wurde sie vollkommen. Damit hat er mich erschüttert, Klaus. Aber nicht genug.

Ich glaube, sagte Klaus, daß er noch gar nicht recht geboren ist.

Möchten Sie ihn zur Welt bringen? Das hat schon seine Mutter versucht.

Was ist aus ihr geworden?

Sie ist ins Wasser gegangen, ein Jahr nach Lennies Tod. Gefunden wurde sie nie.

Selbstmord? fragte Klaus, das kann ich mir gar nicht vorstellen. Sie war doch fromm. Und sie hat eine Vergewaltigung überlebt.

Eine Liebe vielleicht nicht. Sie hat meinen Vater nicht nur gepflegt, sie hat ihn geliebt. Das war in ihrer Bibel nicht vorgesehen. Vielleicht gab sie sich Schuld an seinem Tod. Vielleicht ist ihr aber auch klar geworden, daß der Text, nach dem ihr ganzes Leben ausgerichtet war, mit ihr gar nichts zu tun hatte.

Aber sie hat auch Iring geliebt, sagte Klaus.

Sie hat das Beste aus ihm machen wollen, sagte Imogen. Ist das Liebe?

Wie stand er zu seinem Vater? fragte Klaus.

Er hat nie von ihm gesprochen.

Lennie wurde sein Vater, sagte Klaus.

Ihre Augen sprühten, und er sah Zornröte in ihrem Gesicht, zum ersten Mal.

Ich brauche keinen kleinen Bruder, Klaus. Seine Mutter will ich erst recht nicht sein. Wir müssen unsern Tee ein paar Tage ausfallen lassen. Übermorgen bin ich in Berlin.

Jetzt war sie plötzlich auffallend blaß, und es war Klaus, der ihre Hand festhielt.

Aber morgen sehen wir uns noch?

Ich bitte darum, antwortete sie.

In diesem Augenblick faßte er einen Entschluß. Er ließ Imo keinen Tag allein. Und er mußte Iring finden.

Am nächsten Tag brachte sie eine Reihe von Fotografien mit, die sie auf dem runden Steintisch auslegte, in der Art eines Tarot-Decks. Aber die Karten zeigten immer dasselbe Motiv: die Ruine eines riesenhaften Baumstrunks. Der Hauptstamm mußte schon seit langer Zeit abgebrochen und verdorrt sein, während auf seiner Rückseite kleinere Ausleger, selbst schon mittelgroße Bäume, immer noch trieben. Sie zeigten das bläuliche Immergrün der Arve, deren Umriß buschig wirkte neben dem holzschnittartigen der Kiefer, dem zarten der Lärche.

Der riesige Muttertorso aber war nackt. Wind und Wetter hatten Zeit gehabt, die Rinde abzuschälen und das Stammholz zu polieren. Die Maserung bildete senkrechte Wellen wie Strähnen eines Wasserfalls, ein plastisches Relief, das eine Schicht scharf von der andern trennte: Beinweiß, Taubenblau, Rehbraun, ein grünstichiges Schwarz. Die toten Äste waren bis auf Restsplitter abgewittert oder hatten, bei gänzlichem Verschwinden, eine kreisrunde Öffnung hinterlassen, in deren Wulst, wie durch ein Bullauge, der leere Himmel zu sehen war. Der tote Strunk hatte etwas aufdringlich Leibhaftes, trieb die Mimikry der Geschlechtlichkeit bis ins Absurde; er ließ sich aber auch – ungewiß, ob von vorn oder hinten – als einziges Paar sehen, das an der Hüfte verschmolzen war und sich zugleich im Fluß befand.

Als Klaus die Bilder betrachtete, empfand er zuerst den Schock der Verlegenheit.

Ich wußte nicht, daß Sie fotografieren.

Ich hatte immer eine kleine Kamera dabei. Aber ich habe sie nur dieses eine Mal gebraucht.

Die Bilder wirken kunstvoll.

Dias ist ein IT-Freak. Jeden Winter macht er in Konstanz einen Fortbildungskurs und lernt neue Tricks. Er macht mir die Bilder schöner, als sie sein müßten. Aber an diesen Baum wollte ich mich erinnern.

Wo steht er? fragte Klaus.

Ich habe ihn auf der Flucht vor den Bikern getroffen. Ich ging von S-charl so früh los, daß ich hoffte, sie schliefen noch. Aber schon um halb sieben Uhr stampften ganze Pulks an mir vorbei bergauf.

Wo wollten Sie hin?

Das wußte ich nie vorher. Ich fragte unterwegs, wenn mich ein Ort in der Landschaft anzog. Dann zeigte ich darauf und fragte, wie man hinkommt.

Sie gingen ohne Karte?

Die Karte sage ja nicht, wie ein Gebiet wirklich aussehe.

Dafür müsse man hingehen und sich Zeit lassen; Überra-
schungen zeigten sich nie sofort. Wenn sie Einheimische nach
einem bestimmten Ort gefragt habe, hätten sie oft nicht einmal die Frage verstanden. Sie habe etwa auf eine Wiese am
Berg gezeigt und wissen wollen, wie sie dahin komme. Wo
möchten Sie denn hin? hätten die Leute gefragt, und wenn sie
wiederholt habe: zu jener Wiese, hätten sie geantwortet:
»Aber da ist nichts.« Oder sie hätten gesagt: wenn Sie nach
XY wollen, bleiben Sie lieber auf diesem Weg. Sie habe aber
nicht nach XY gewollt, nur zu jener Wiese. – Die habe ja nicht
mal einen Namen.

Wozu braucht sie einen Namen? Und wie wollen Sie bei uns
auf etwas Unerwartetes stoßen, wenn Sie nicht an Orte gehen,
wo nichts ist?

Du mußt den Weg schließlich allein suchen, und dabei begegnet dir schon viel; der Weg hört auf oder führt in eine
andere Richtung, und dann hast du die Wahl, ob du trotzig
bleiben willst oder ob dir eine Richtung so gut ist wie die
andere.

Einmal hatte sie unter sich ein Schneefeld gesehen, an einer
Stelle, wo im Juli unmöglich Schnee liegen konnte. Der weiße
Fleck lag in einem kleinen Krater, mitten in einem dunklen
Geröllfeld. Aber als sie hinabstieg und ihm schon ganz nahe
gekommen sein mußte, war er verschwunden, und sie hatte
schon aufgehört, ihn zu suchen, da stand sie, hinter einer Bo-
denwelle, plötzlich davor. In der Senke unter ihr lag ein Beet
aus reinem Kristall, gerade, als habe ein gläserner Meteor eingeschlagen. Er sei in viele Blöcke zersprungen, aber die größten davon seien immer noch groß gewesen wie ein Zimmer
und auch so regelmäßig geschnitten. Ein Blick nach oben habe
ihr die Abbruchstelle gezeigt, eine Quarzader, die schon grau
verwittert gewesen sei, während die Quader unten ausgesehen
hätten wie neu, frisch geschliffen, mit scharfen Kanten. In
dieser Form hätten sie einen Sturz von zweihundert Metern
Höhe unmöglich überstehen können. Es sei denn, er habe sich

im Winter ereignet, dann wären die spröden Körper auf ein Bett aus Schnee gefallen. Der erste Blick habe also doch nicht getrogen.

Ich habe auf ein Schneefeld hinabgesehen, mitten im Sommer, nur der Schnee war nicht mehr da.

Fotografiert haben Sie es nicht?

Sie müssen mit der toten Arve zufrieden sein. Bitte behalten Sie die Bilder.

Alle?

Bis Sie wissen, welches Ihnen am meisten sagt.

Er fragte, überrascht und leicht geniert, wie sie den Baum denn gefunden habe.

Eine Stunde hinter S-charl wollte ich die Biker abschütteln und bog über den Bach ab, auf einen Nebenweg. Weiter hinten im Tal gab es einen dunkel bewaldeten Hang, und der Weg, auf dem ich ihm entgegenstieg, wurde immer mehr der richtige. Ich begegnete guten Leuten. Man erkennt sie an ihrem Gruß. Sie kamen von einem Ort, wo sie etwas gesehen hatten, was sie verschwiegen machte. Zuerst war es ein Arvenwald wie viele, aber dann wurde er licht, die Arven waren immer mehr unter sich und wurden größer. In der Höhe fügten sich die Wipfel manchmal zu einem dichten Schirm zusammen, aber durch die Lücken blickte der reine Glanz. Ich hätte am Mittelmeer sein können, aber ich war hier. Das Hier wurde stärker, als ich nicht aufhören konnte zu gehen, und plötzlich endete der Weg im Jetzt. Da stand ich vor diesem Baum. Es war vollkommen windstill. Daran wollte ich mich erinnern, für Sie. Nehmen Sie alles.

Sie schob die Bilder zu einem Häufchen zusammen.

Ich habe erst hinterher entdeckt, daß ich im »höchsten Arvenwald Europas« gewesen sein muß. Da habe ich auch seinen Namen gelesen, aber zum Glück zu spät; sonst wäre ich ihm schon seines schönen Namens wegen vielleicht gar nicht nachgegangen. *God Tamangur.*

Es klingt wie ein Zauberwort, sagte er.

Für Iring waren die Namen immer vor den Sachen da, und die Sachen verschwanden in den Namen. *God Tamangur!* Er hätte vor lauter *God* keinen Baum mehr gesehen. Dabei heißt »God« ja nichts weiter als Wald – und klingt auch so, wenn es die Einheimischen aussprechen.

Aber Sie haben doch selbst als Name angefangen, sagte er. Ihr Name war früher da als Sie.

Ich bin ein Druckfehler, sagte sie. Es müßte »Innogen« heißen, das haben die Gelehrten neuerdings herausgefunden. Imogen gibt es nicht.

Aber Sie gibt es, sagte er.

Woher wissen Sie das? Kennen Sie mich?

Nein, sagte er. Ich kenne Sie nicht.

Warum war dieser Wald so anders? Weil er es *nicht* war, Klaus. Er war nichts als ein Wald. Er zeigte mir, wie schön *alles* sein könnte, wenn wir es nur einmal sein ließen, wie es *ist*.

Ich versuche Sie zu verstehen.

Wenn Sie sich an mich erinnern: tun Sie es bitte mit diesem Baum zusammen.

Wohin fahren Sie jeden Tag?

Warum fragen Sie?

Weil Sie eigentlich nicht autofahren, sagte er.

7 *Pas de deux*

Was die Tischgenossen im »Salmenbräu« Klaus Marbach wohlweislich verschwiegen hatten: daß er in seinem Kutscherhaus abgehört wurde.

Der Lauschangriff wurde vom Stiftungsrat der Constanze-Weiland-Bühler-Stiftung am 1. Mai in geheimer Sitzung beschlossen – spätabends in August Kaisers alkoholfreier Betriebskantine. Nüchternheit war angesagt, und größte Diskretion. Dem »Stillstand« war nämlich vom Stiftungsträger, dem Bankhaus Fein in Basel (früher: Vaduz), per Einschreiben mitgeteilt worden, daß der Verwaltungskostenzuschuß *à fonds perdu* mit sofortiger Wirkung *ruhe*. Das Honorar, mit dem Frau Constanze den Stiftungsräten ihre Berufung schmackhaft gemacht hatte, wurde nicht mehr gezahlt. Blieb es dabei, so verloren die Mitglieder die Grundlage für den Lebensstil, den sie seit zwanzig Jahren gewohnt waren. Ämil etwa, obwohl Beamter und Junggeselle, konnte sich das eigene Elternhaus nicht mehr leisten, das er seit dem Tod seiner Schwester allein bewohnte – mit Konkursschulden, die er lebenslänglich bedienen mußte.

Das Moratorium war in Frau Constanzes Testament vorgesehen, und Imogen, der sie alle Einzelheiten anheimgestellt hatte, setzte es mit ihrem anmutig fliehenden Schriftzug schon zehn Tage nach dem Begräbnis in Kraft. Sie gehe wandern, hatte sie hinterlassen. Mit wem wanderte sie? Der Verdacht fiel auf Horst A. Simon, den oft Abwesenden, der sich auf sein besonderes Verhältnis zu Imogen viel zugute tat, doch Kaiser, der ihn gerade in einem dritten Fernsehprogramm gesehen hatte, wußte bestimmt, daß er mit seinem Sozialprojekt bis über die Ohren beschäftigt war.

Natürlich hatte man sich sogleich an Fein, den Träger der Stiftung, gewendet. Aber Ferry Springmann hatte nicht einmal einen Termin bekommen, sondern war an Imogen verwiesen worden. Die einzige Adresse, auf die man Zugriff besaß, war diejenige des jungen Mannes, den sie unverhofft in ihr Kutscherhaus gesetzt hatte, wo er sich angeblich zeitgeschichtlichen Forschungen widmete. Der Verlauf des Zusammentreffens am 8. Mai bestätigte jeden möglichen Verdacht. Dieser Marbach hatte es hinter den Ohren. Als man ihn – für ein Gespräch mit Harry Pracht im »Oberrheinischen Hof« – aus der Villa weggelockt hatte, betraten diese, bei Maria Ioannides zur Netzkontrolle angemeldet, zwei abgedankte Techniker des BND im Dienstkleid des für Nieburg zuständigen Stromanbieters. Und als Marbach ins Kutscherhaus zurückkehrte, saßen die Wanzen schon wohlverborgen am gewünschten Ort. Auch am Festnetz waren die nötigen Fangschaltungen installiert. So wurde es möglich, daß die Herren in Ämils Dachboden schon die ersten Schritte mithören konnten, die Klaus in seinen vier Wänden tat, ahnungslos, daß diese für seine Ohrenzeugen nicht mehr existierten. Man verzichtete übrigens darauf, Horst A. Simon in das *Gentlemen's Agreement* einzubeziehen.

Das *Monitoring* war eine Notmaßnahme, aber auch, am Anfang wenigstens, ein Lausbubenvergnügen. Von da an fanden unter Ämils Dach jeden Donnerstag nächtliche Nachsitzungen statt. Aber auf die Dauer entschädigte auch die beste Technik nicht für die Belanglosigkeit ihres Ertrags. Was brachte es, im Kutscherhaus nicht nur das Geschirr oder den PC klappern, sondern sogar das Papier knistern und Marbach mittags schnarchen zu hören; hie und da sprach er mit einer Katze. War er abwesend, hörte man behende Tritte im Raum; dann lärmte der Staubsauger wie ein Hubschrauber, und die Herren sahen sich an: genau so hatte, als sie selbst im Kutscherhaus logierten, Maro hinter ihren Rücken sauber gemacht.

Und dafür verschwende ich meine Zeit! stöhnte Springmann.

Der 24-Stunden-Recorder verfügte über ein Programm, das
die akustischen Höhepunkte eines Tageslaufs raffen konnte
und exakt datierte; leider wird Langeweile auch durch ihr
Konzentrat nicht spannend. Für sein nachhaltiges Nichtstun,
sagte Kaiser, verdient Marbach den großen Hörspielpreis. Gewiß, es gab die Telefonate mit Imogen. Aber das Paar berührte
kein einziges ernst zu nehmendes Thema. Imogen verriet
nicht einmal, woher sie anrief. Wenigstens *das* konnte der
Stillstand feststellen: aus Graubünden, immer aus einer öffentlichen Sprechstation, doch nie zweimal aus derselben. Sie
schien sich um den Nationalpark zu bewegen.

Warten wir doch, bis sie zurückkommt.

Am 15. Juni war es soweit. Der Stillstand in corpore wohnte
Imogens Einzug in die Villa bei – und siehe da: sie kam mit
Horst A. Simon. Dann durften die Herren drei Stunden lang
schwitzend, auch vor Schadenfreude, das Hörspiel seiner Ab-
fuhr verfolgen. Es blieb der einsame Höhepunkt ihrer stillen
Beteiligung. Gewiß, es gab neue Kontakte zu registrieren: mit
dem Kurhaus Rheinfelden, wo sich die Dame verwöhnen ließ;
mit einer Zürcher Anwältin; auch mit Fein senior. Aber sie
beschränkten sich auf Terminvereinbarungen – und was immer
daraus wurde, fand außerhalb des Hauses statt. Auch Marbach
veränderte an seiner beschaulichen Lebensweise nichts. Es gab
kein besonderes Verhältnis zwischen Gastgeberin und Gast.
Wohl tranken sie regelmäßig Tee miteinander, wie Kaspar
Blunck meldete, der auf gute alte Art spioniert hatte, aber selbst
sein argwöhnischer Blick hatte keine Anzeichen von Intimität
festgestellt. Das Plätzchen im Freien mit einem Mikrophon zu
besetzen, lehnte Ämil kategorisch ab. Für soziales Geplauder
lohne sich der Aufwand nicht, und als Schöngeist habe man
Marbach schon ausreichend kennengelernt.

Damit hatte er freilich nicht alles gesagt. Er hatte angefangen, Imogens persönliche Sphäre zu schützen – in aller Stille.

Die Herren hätten nach Imogens Rückkehr sofort eine dienstliche Unterredung verlangen können. Aber im Gespräch mit Imogen konnte jedes Wort das falsche sein oder schon ein einziges zuviel. Man zog es vor, die Position des Stillstands schriftlich zu erläutern. Imogens Antwort kam postwendend. Sie habe den Wunsch des Stiftungsrats nach Fortführung des *Sonderkredits*, den ihre Mutter gestrichen hatte, gehört, die *sachliche* Begründung dafür zur Kenntnis genommen und werde sich darüber mit den Freunden *zu gegebener Zeit ins Benehmen setzen*.

Am 26. Juni mußte Harry Pracht den Kollegen zum ersten Mal nahelegen, das Nachtessen auf die eigene Tasche zu nehmen. Die Abhöraktion war, als Zeitverschwendung, zu einem Kostenfaktor geworden, den man sich sparen konnte. Wer sollte das bezahlen? Zu aller Überraschung erklärte sich Ämil Isele dazu bereit.

Tatsache war: seit Imogen zurück war, hörte er mehr als die andern – nichts, was sie nicht hätten wissen dürfen, aber mehr, als er ihnen gönnte. Er gönnte es *sich*. Dafür hatte er den *Schutz* Imogens erweitert, in aller Stille, denn darum ging es ihm: um Stille. Und Musik. Und dann wieder Stille.

Er hatte ihr Schlafzimmer noch nie betreten, doch war es ihm inzwischen so nahe wie sein eigener Herzschlag – und eigentlich noch näher. Er war auch nie ein Musikkenner gewesen, aber jetzt, unter dem Schieferdach, das die Hitze des Jahrhundertsommers gefangenhielt, wurde Ämil, der letzte Isele Nieburgs, selbst etwas wie Musik. Sein Kopf zwischen den Kopfhörern war ganz Ohr für Mahlers Zweite; sein Körper sang die »Auferstehungssymphonie« mit oder die düstere Siebente. Zugleich behielt er die Musik, die ihn erklingen ließ, für sich. Er brauchte das Gefühl, daß Imo mit ihrer Musik allein war. Darum durfte sie nicht über Lautsprecher laufen. Der feste, doch weiche Druck der Kopfhörer schützte auch Imogen.

In der Stille nach der Musik hielt er den Atem an, er sagte sogar sein »Amen« mit geschlossenem Mund. Er war nackt,

über und über naß, sein Körper weinte vor Glück. Jetzt wartete er darauf, daß ihre bloßen Füße das Zimmer verließen.
Kein Hemd raschelte, sie war nackt wie er. Er hörte weit weg
das Wasser der Dusche und zählte die Minuten, bis sie zurückkam. Erst ging sie drei Schritte zu ihrem Bett, dann hielt sie
inne; ihre Füße liefen zum Fenster, dort blieben sie stehen;
standen so lange, bis sie *ihn* sehen mußte, tief unter ihr, im
Ritterspornbeet. Sie sah ihn und lief nicht weg. Nach einer
langen Pause ging sie, zögernd erst, von der Fenstertür weg,
die sie offengelassen hatte. Jetzt beschrieben ihre Füße einen
kleinen Bogen, ihr Tritt beschleunigte sich, dann drehten sie
sich einmal um sich selbst, und gleich noch einmal. Eine Pi-
rouette aus nichts als Mutwillen. Danach lief sie zum Bett, ja,
sie *lief*, als könnte sie es verfehlen, wenn sie sich nicht beeilte;
die federnde Matratze gab einen kleinen Laut, und jetzt lag sie
darauf, vollkommen still, und diese Stille wurde nackter als sie
selbst. Ämil faßte sich an, begann sich zu erinnern, lautlos,
doch heftig, an etwas nie Dagewesenes.

Meist blieb sie noch etwas liegen, fischte dann das Laken
mit den Füßen und zog es mit den Händen an sich hoch, über
den ganzen Leib. Es kam aber auch vor, daß sie schon eingeschlafen war. Dann huschte Ämil aus seinem Kopfhörer in
ihr Zimmer und deckte sie zu.

Gute Nacht, Imogen.

Er schaltete das Gerät aus.

Daß er selbst lange keinen Schlaf fand, war er gewohnt.

Wie siehst du denn aus, Ämil? fragten sie im Büro.

Er war glänzend drauf, die Arbeit flog ihm nur so von der
Hand, bei jeder Akte sah er durch, zu jeder Frage stellte sich
gleich die passende Antwort ein.

Hören Sie Ihre eigene Stimme noch? fragte ihn seine Sekretärin Selma, Sie sind ja ganz ausgedörrt. Trinken Sie überhaupt? – Weil ich nicht wie Sie mit der Flasche am Mund
herumlaufe? Ich bin doch kein Säugling mehr!

Dafür brauchte er kaum zu schwitzen, und das Essen erübrigte sich bei dieser Hitze ohnehin. Sie knarren ja nur noch, Ämil, sagte Selma. Das kommt vom Rauchen, sagte er. – Ich habe Sie seit Tagen nicht mehr rauchen sehen. – Dann kommt es vom Singen. Ich singe nämlich, die halbe Nacht.

Am 5. September war ihr Schlafzimmer zum ersten Mal leer. Ämil schaltete sich ins Kutscherhaus hinüber. Auch hier kein Laut. Jetzt spürte er die Leere auch im eigenen Schädel. Dann wurde ein stilles Bohren daraus, und in den nächsten Stunden ein abscheulicher Schmerz. Er wartete noch bis sechs Uhr früh. Dann ging er zur Apotheke und klingelte Maurus heraus.

Ich glaube, du mußt zum Arzt.

Du bist doch immer noch Arzt.

Als Maurus die Spritze in Ämils Vene drückte, lichtete sich der Schmerz und verzog sich wie Nebel um ein Gebirge.

Ich bin Imo in der Johann-Peter-Hebel-Straße begegnet, sagte Maurus. Sie zieht um, in die alte Wohnung ihrer Eltern. Du hättest uns etwas sagen können.

Davon wußte ich nichts.

Wozu hörst du sie denn ab? fragte Maurus.

Ich höre nur noch ihre Musik, sagte Ämil. Gestern gab es keine.

Sie ist verreist, nach Berlin. Mit Horst.

Ach, sagte Ämil. Ist Marbach auch mit?

Nicht daß ich wüßte. Wenn du schon hier bist, würde ich gern noch deinen Blutdruck prüfen.

Maurus streifte ihm die Manschette über den Ellbogen und begann zu pumpen; als er den Druck in Schüben lockerte, zischte er durch die Zähne.

Du bist ein Notfall, Ämil.

Ja und?

Maurus ließ die Schultern fallen. Ja und? echote er. – Wie du meinst. Aber ich gebe dir noch ein Medikament. Und du nimmst es auf der Stelle.

Wir dürfen ihr nichts geschehen lassen, sagte Ämil, als er die Kapseln geschluckt hatte.

Ich bringe dich jetzt nach Hause.

Danke, im Büro bin ich nötiger. Ich habe einen jungen Mann zugeteilt bekommen, einen Göhler aus Karlsruhe. Den muß ich einarbeiten.

Als sich Ämil an diesem Abend in Imogens Zimmer schaltete, zischte ihm ein wütendes weißes Rauschen in die Ohren.

Am nächsten Tag wurde er nach Lörrach ins Justizamt bestellt, und sein Vorgesetzter legte ihm die vorzeitige Pensionierung nahe. An seiner Arbeit liege es nicht. Aber diese Selbstgespräche

Selbstgespräche? Davon wußte er nichts.

Sehen Sie, Sie wissen nicht einmal etwas davon.

Von da an ließ er ein Tongerät in seiner Brusttasche mitlaufen. Nach drei Tagen war kein einziges Selbstgespräch darauf.

Alles, was ihm fehlte, war die Musik Imogens.

8 *Cymbeline*

Die Spieldauer des selten gespielten Stücks, das ungekürzt in Originalsprache gegeben wurde, sollte fünf Stunden betragen. Bei Angélil pflegten Zumutungen die Nachfrage zu steigern. Die Samstagsvorstellung begann um fünf Uhr, Horst und Imogen hatten sich in der Vorhalle der ehemaligen Neuköllner Textilfabrik verabredet, da Horst nicht wußte, wie lange er in der Akademie festgehalten würde.

Sie waren mit dem Zug angekommen und in getrennte Quartiere gefahren, beide in Charlottenburg, Nähe Savigny- platz; Imogen hatte eine Pension bezogen, während Horst im Tagungshotel wohnte. Am Freitag hatte sie in der Akademie am Hanseatenweg den Vortrag besucht, der den Zuschauer- raum des großen Studiosaales locker füllte und auch die Hin- terbühne gefüllt hätte, wäre nicht für die Demonstration Grimmhausens ein großer Bildschirm nötig gewesen. Horst, der frei ins Mikrophon sprach, bewegte sich als schattenhafter Beschwörer unter dem bewegten Monument seines Projekts. Die jugendlichen Darsteller zeigten sich in Übergröße und mit entblößtem Oberkörper am Sühnewerk und wirkten mo- numental wie die Bauplastik, die zwischen ihnen aus dem Waldboden wuchs. Horst präsentierte sich als kompetenter und bescheidener Herold einer sehr guten Nachricht. Nach- her wurde er umringt und mit Fragen belagert; Imogen verließ den Raum unbemerkt. Am nächsten Tag erkundete sie die Stadt, die sie seit dem Fall der Mauer nicht wiedergesehen hatte, mit langen S-Bahnfahrten, während Horst beansprucht blieb, bis zum abschließenden Symposium am Sonntag; doch hatte man vereinbart, sich vor fünf Uhr vor dem Theater zu treffen. Imogen hatte ihre Karte bei sich.

Sie war zwanzig Minuten zu früh gekommen und hatte Zeit, ihre Plätze zu rekognoszieren; in der siebten Reihe vor der bereits offenen, weit in den Zuschauerraum ragenden Bühne. Dieser war noch schwach besetzt; in Berlin kommt man spät, hatte Horst verkündet und schien sich auch selbst daran zu halten. Auf das erste Rufzeichen begann sich das Foyer zu leeren; als der Begleiter auch beim zweiten nicht zu sehen war, entschloß sie sich, allein vorauszugehen. Die Vorstellung hatte als ausverkauft gegolten; nun gab es der leeren Plätze noch genug. Die Schauspieler standen schon auf der Bühne bereit und schienen wie eingefroren das Zeichen für ihren Einsatz zu erwarten, während ein Jüngling mit umgehängter Gitarre am Bühnenrand Motive aus »Fidelio« auf fünf Stahlsaiten zusammensuchte. Als es still geworden war, öffnete einer der als Passanten gekleideten Herren den Mund zu einem Satz, der lange stehenblieb:

You do not meet a man but frowns

Imogen hörte den Klang ihrer Vatersprache, und mit jedem Satz fühlte sie sich tiefer hineingezogen, eine kleine Welle in einer bewegten Unendlichkeit, über die, von einem Horizont zum andern, die Schauder der beginnenden Handlung liefen.

Klaus Marbach saß schon im Saal; sie hatte ihn nicht gesehen, und dafür hatte er zu sorgen gewußt. Er hatte Maro um Imogens Berliner Adresse gebeten; als er sie bereitwillig bekam, las er in den Augen der alten Frau eine Botschaft, die er als Bitte verstand. Es war ihm gelungen, sich auf einem Klappstuhl halb hinter einer Eisenstütze des ehemaligen Maschinenraums einzurichten. Von hier aus hatte er Imogen mit der Bühne zusammen im Blick; der Platz neben ihr blieb leer.

Inzwischen konnte er »Cymbeline« fast auswendig. Er war gespannt, was er sich von der Inszenierung aneignen konnte, und prüfte hie und da Imogens Reaktion, aber allmählich vergaß er sie zu deuten; dann vergaß er auch sie selbst – obwohl der Widerstand, den er bei ihrer Darstellung empfunden hatte, anfangs heftig gewesen war.

Denn Imogen – hier zum ersten Mal: Innogen – begegnete ihm in Gestalt eines jungen, nicht großen, doch sehr schlanken Menschen afrikanischer Herkunft, dessen Geschlecht das weit geschnittene weiße Kostüm verbarg und die helle Stimme nicht ganz verriet. Doch ihre Phrasierung war knabenhaft, und die Bewegungen der Figur gleitend, rasch zupakkend wie diejenigen eines Judoka. Alle Figuren trugen Hose, mit Ausnahme der Stiefmutter, die, ein Diadem auf dem schwarzen Bubikopf, weiß gepudert und grell geschminkt, als Vamp der dreißiger Jahre auftrat, mit hautengem stahlblauen Kleid. König Cymbeline zeigte die Verkleidung eines Shoguns mit flachem Hosenwerk und Samuraiperücke, während der römische Feldherr Lucius, eine Frauenrolle, der chinesischen Prinzessin Turandot nachgebildet war, das Hütchen wie ein Nadelkissen mit Wimpeln in allen Farben besteckt. Der Sohn der Königin aber, Cloten, wurde von einem schwerfälligen Jungen verkörpert, dessen Behinderung nicht gespielt schien. Als einzige Figur sprach oder stammelte er in deutscher Sprache.

Unter der Gruppe junger Männer im Straßenanzug befand sich auch Postumus Leonatus, Innogens angetrauter Gatte. Von den übrigen Gentlemen unterschied er sich nur durch das überaus Korrekte seines Anzugs und der diskreten Streifenkrawatte; die Garderobe der übrigen betonte das Modische unterschiedlicher Jahrzehnte, und bei Iachimo, dem italienischen Freund, spielte sie ins Dandyhafte. Die Gruppe der Waldbewohner zeigte Belarius als Weißbart in ritterlicher Rüstung, doch ohne Helm; die beiden entführten Prinzen waren Mädchen, Guiderius mit ganz kurzem Haarschnitt, Arviragus mit schulterlangem Haar, beide in Jeans und T-Shirts mit ausgeprägtem Busen. Die Nebenrollen, Arzt, Wahrsager, Gefängniswärter, trugen heutige Berufskleidung, Pisanio, der Vertraute des Postumus, einen dunkelroten Overall. Der kühle

Fachmann der Verstellung kam Klaus' Gefühl nicht entgegen; und das taten auch die übrigen Figuren nicht, am wenigsten der Mutant Innogen.

Doch alle verkörperten sie, nach dem Willen der Regie, *Sprache*, und diese war es, die in dem ihr eigenen Vermögen zur Überzeugungskraft aus jeder Maske redete, unbekümmert um den Rang, die Moral, die Richtigkeit, die sie für sich beanspruchte. In diesem Sprach-Universum bewegte sich jede Figur wie in einem Sonnensystem, ohne daß die Kraft, die sie selbst bewegte, zur Sprache kam.

Das Programmheft, in dem Klaus in der Pause blätterte – um vor Entdeckung sicher zu sein: in der Männertoilette –, nannte bestimmte Prinzipien, welche die Regie ausprobiert hatte, nur um sie wieder zu verlassen, etwa die konsequente Umkehrung der Geschlechter. Denn jede Figur verlangte, wie sich bei den Proben gezeigt hatte, eine andere Behandlung, um aus ihrem Schwerpunkt geführt zu werden, mit der von Angélil gesuchten größtmöglichen Leichtigkeit. Die Aufführung sollte von der intensiven Arbeit, die dazu gehörte, nichts mehr verraten. Es war zu erfahren, daß die Besetzung jeweils nur für eine Vorstellung feststand. In der nächsten wechselte sie, denn der Gewinn der Arbeit hatte sich darin gezeigt, daß alle Schauspieler alle Figuren spielen konnten. Angélil hatte verlangt, daß sie keine Rolle spielen lernten, sondern *das Stück*.

Der sichtbare Repräsentant des Schöpfers Shakespeare war denn auch kein Mensch, sondern ein *Kleid*, gewoben aus Sprache. Bei seinem ersten Auftritt war es der Ausdruck jener bodenlosen Verachtung, die Innogen für Cloten hatte, den ersten plumpen Versucher ihrer Treue; sie nannte ihn »armseliger als das schlechteste Kleid« ihres rechten Gatten. Der Abgewiesene sollte sie noch beim Wort nehmen, um es ihr, wie ein Messer, im Leib umzudrehen. Unter Vorspiegelung falscher Tatsachen (wie sehr traf die falsche Wendung diesmal zu!) weiß sich Cloten von Pisanio, dem Freund des verbannten Postumus, dessen schlechtestes Kleid wirklich zu verschaffen. Er zieht es sich an, um Innogen darin Gewalt zu tun, nachdem er den rechtmäßigen Besitzer totgeschlagen hat. Aber nun kommt das Totgeschlagenwerden an ihn, und der es ihm besorgt, ist Innogens Bruder, wovon er nichts weiß. Nachdem er Cloten seines Kopfes entkleidet hat, stößt Innogen nur noch auf den Körper, den sie im schlechtesten Kleid ihres Mannes für diesen selbst halten muß. Und das Publikum weiß, daß inzwischen auch das schlechteste Kleid nicht so schlecht sein kann wie die Absichten des wahren Gatten, dessen Verlust die getäuschte Innogen irrtümlich betrauert. So gelangt Cloten postum zu einer Art Genugtuung, die bei weitem subtiler ist als er selbst – und vom gleichen Zeug wie die Gewaltbereitschaft des Ehemannes, um den man ebensowenig trauern könnte, wäre er an Clotens Stelle geköpft worden. So schlecht bedeckt auch das beste Kleid die Blöße des verirrten Tiers Homo sapiens.

In Angélils Inszenierung war dieses Schweißtuch des Menschenelends von vornherein so tief rot, daß Blut darauf gar nicht mehr zu sehen war. Die Farbe der Passion war zugleich ein Hohn auf diese und wurde zwischendurch als Markenzeichen der Inszenierung an einer Stange gehißt, vom Gitarristen, wenn es ihm Beethovens Töne verschlagen hatte. Dann erinnerte das schlaffgewordene Tuch, das nun erst leibhaft geworden war, an den Crucifixus. Hier waren Glaube, Liebe, Hoffnung aufgeknüpft, dieser vergiftete Scharlach war imstande, jede Gestalt jeder andern zum Verwechseln gleich auszuzehren. Darum mußte jeder Schauspieler jede Figur spielen können; und doch kam Klaus die *heutige* Besetzung Innogens immer weniger wie ein Zufall vor. Denn je fremder ihm der junge Schwarze im Judo-Kostüm als Inbegriff weiblicher Treue wurde, desto mehr ging ihm darin etwas von jener Fremde auf, die ein junger Asiate unter Klaus' eigener Haut aufgedeckt hatte – in Frau Constanzes letzter Nacht, vielleicht im Augenblick ihres Todes. Davon hatte er damals nichts geahnt; und als er eine Woche später zum ersten Mal

Imogen begegnete, hatte sie ihn nicht nach ihrer Mutter gefragt. Jetzt aber standen alle Fragen, die sie nie gestellt hatte,
auf der Bühne; sie saß als Zuschauerin vor ihm und ahnte
ihrerseits nicht, daß er sie auch als Figur sehen konnte. Aber
war er selbst, als Zeuge eines doppelten Spiels, mehr oder
weniger als eine Figur? Und in diesem Augenblick *sah* er,
was Iring zu »Zeichen und Wunder« getrieben hatte.

Angélils Truppe umfaßte Darsteller verschiedener Herkunft und Kultur; das war dem Englischen, das sie sprachen,
oft humoristisch anzuhören. Cloten, der einzige, der das
Deutsche sprach, verwendete es als Behinderter auch noch
gebrochen; seiner Physiognomie nach konnte er ein Berber
sein. Aber die gemeinsame Sprache, in der sie sich zum Spiel
zusammenfanden, behauptete sich nun erst recht, und es war
die Sprache eines Meisters aus der Fremde. Sie wußte durch
den gleichen Abstand jeden Wortes zu allem, was es nicht
sagte – und zu jeder Wahrheit, von der es Abstand nahm –,
Nähe herzustellen; eine manchmal atemberaubende, manchmal herzzerreißende Nähe. Es gab Stellen, an denen Klaus in
ganz stumme Tränen ausbrach; dabei hatte er das Gefühl, daß
sie seinen Blick nicht trübten, sondern schärfer machten. Die
Worte waren, als *diese*, Masken für das Absolute, das *mit
ihnen* nicht zu sagen war, aber *ohne sie* für immer ungeahnt
geblieben wäre. Und so standen sie jetzt im Raum: flüchtig,
rasch überholt, und doch gesagt wie für immer.

You must forget to be a woman

I see a man's life is a tedious one

Who is't can read a woman?

Noble he yokes / A smiling with a sigh

The heavens still must work

Wherein I am false I am honest, not true to be true

What an infinite mock is this, that a man should have the best use of eyes to see the way of blindness

Briefly die their joys / That place them on the truth of girls and boys

The bird is dead / That we have made so much on

So viel Wahrheit im Augenblick; so viel Tränen, um den Schwund der Wahrheit immer *noch* besser zu sehen, ihren kleinen Tod in jedem Satz begleiten zu müssen, und auch noch mit ganzer Seele.

Klaus saß sich wie bewußtlos, doch zugleich in ergriffener Geistesgegenwart durch die drei Stunden bis zum Ende der vierten Szene im Dritten Akt. Sie endet für Innogen in wegloser Wildnis: hinter ihr der Königshof, der ihr nach dem Leben trachtet, vor ihr der Gatte in *Milford Haven,* der ihren Tod befohlen hat. Aber das Ende der Welt ist auch der Anfang einer neuen. Pisanio, der die Fliehende begleitet, entschließt sich gegen das Doppelspiel ihres Gatten zu seinem eigenen. Statt den Tod gibt er Innogen Kleider – *falsche* Kleider. Und diesmal haben sie ihre Richtigkeit. Was ihnen eingewoben ist, der Abschied von aller Bekanntschaft, auch mit sich selbst, ist die einzige Hoffnung.

> *Hath Britain all the sun that shines? Day, night,*
> *Are they not but in Britain? I' the world's volume*
> *Our Britain seems as of it, but not in't;*
> *In a great pool a swan's nest: prithee, think*
> *There's livers out of Britain.*

Als der afrikanische Darsteller Innogens diese Sätze sprach, begann er, Stück um Stück seine Kleider abzulegen und stand, während ihm Pisanio riet, im Heer des Feindes Schutz zu suchen, in kindlicher Blöße vor dem Publikum. Jetzt soll der junge Mann vergessen, daß er eine Frau ist, und sich anziehen, was Pisanio im Mantelsack mitgebracht hat, *doublet, hat, hose. – To some shade, and fit you to your manhood.* Also streift er das Kleid der Verwandlung, das so nötig ist und so absurd, über die nackte Haut und läßt sich am Ende einen Schlapphut aufs Lockenhaar setzen. *May the gods / Direct you to the best!*

Das Publikum erhob sich zur Pause; Imogen blieb sitzen, saß immer noch, als sich Raum und Bühne geleert hatten. Horst war nicht gekommen. Schließlich stand sie auf, verließ den Raum, das Theater; sie hatte eine halbe Stunde Zeit.

Die Textilfabrik, eine von einem Backsteinturm überhöhte Jugendstil-Architektur, stand am begrünten Rand des *Terrain vague*, das von einer doppelspurigen Autostraße mit Mittelstreifen durchschnitten wurde. Der Verkehrslärm war so stark, daß an etwas wie Verweilen nicht zu denken war, und die Menschengruppen auf den beiderseitigen Gehwegen verschoben sich scheinbar ziellos. Imogen bewegte sich in einer Art Gefühlstaubheit, wie sie einst, als junge Kinogängerin, aus dem Bann eines Films in eine aufdringliche, doch schreiend beliebige äußere Welt hinausgetreten war. Zu diesem Übergang hatten damals Gespräche gehört; es war die Stunde Irings, der sich nicht genugtun konnte, vor ihren Augen Brükken zwischen hüben und drüben zu schlagen, so viele, daß der Strom darunter nicht mehr zu sehen war. Warum hatte sie gezögert, sie zu begehen oder den Kunststücken seiner Akrobatik zu applaudieren? Weil das Netz, auf dem er balancierte, aus findiger Angst gesponnen war, vor der alles verwandelnden Strömung, die sie eben auf der Bühne gesehen hatte. Aber wem *der Strom selbst* nicht Brücke werden kann, für den gibt es keine. Und während sie langsam am Straßenrand zu einer leeren Imbißstätte am Straßenrand hin und wieder zurückging, war ihr *körperlich* deutlich geworden: Füße, die nicht naß werden dürfen, finden keinen Weg; wer in diesem Strom nicht untergehen kann, ist verloren.

Als sie vor acht Uhr in den Saal zurückkehrte, der sich noch
weiter gelichtet hatte, gab es von Horst immer noch keine
Spur.

Im zweiten Teil des Stücks wurden weitere Pakete haar-
sträubender Mißverständnisse geschnürt, um am Ende eins
nach dem andern geöffnet und einer großen Glücksbesche-
rung zugeführt zu werden. Sogar das Gift war falsch und
spielte so die Rolle eines *gnädigen* Gottes. Es war für das *Vorübergehen* des Todes dosiert. Aber die Kunst behandelte ihn
durchaus nicht als Scheintod. Das Recht, zu dem die Trauer
kam, war keine Formsache. In Innogen sollte die Menschheit
einmal so rein wie möglich um sich selbst trauern dürfen.

Die Szene war bei den beiden Prinzen anmutig aufgehoben,
von jungen Mädchen dargestellt, welche im Wald zugleich
erwachsen werden und Kinder bleiben durften. Die Kurzgeschorene hatte Clotens abgeschnittenen Kopf getragen wie
auf der Diplomfeier einer Traiteur-Fachschule, und die Lang-
haarige sang wie ein von Fra Angelico gemaltes Blumenkind.
Angélil hatte das »Schwanennest« England jeder Nestwärme
entkleidet; er hatte es als Abgrund der Verlorenheit gezeigt.
Nun ging auch der Abgrund verloren, und aus seiner Mitte
erhob sich eine blühende Insel der Trauerseligkeit. »Wir sind
nur solches Zeug wie das zu Träumen, und unser kleines Leben umzirkt ein Schlaf.« Innogens vermeintlicher Tod war die
Gelegenheit, diesen Schlaf so zu träumen, als wäre darin auch
der Tod ausgeträumt.

Nicht viele nahmen diese Gelegenheit wahr. Ein Teil des Publikums schlief schon solide, ein anderer, der bereits ausgezogen war, machte sich vom nahen Restaurant herüber laut
bemerkbar. Der Auftritt Jupiters und der Eltern, die dem zer-
störten Postumus Leonatus im Traum erscheinen, wurde als
unerträgliche Länge empfunden, die einen entsprechenden
Exodus bewirkte. Es war nur noch die Hälfte des Publikums,
die das tiefinnigste Lob von Innogens Treue vernahm, nicht

aus dem Mund ihres Gatten, der ihr so wenig getraut hatte, sondern des Versuchers, der an ihr gescheitert war. Wo nichts feststeht als die Unschuld, kann sie nur ein Wunder sein; da ist auch die Wendung zum Wunderbaren nicht mehr ausgeschlossen. Aber das Schluß-Tableau der Versöhnung – Briten und Römer, Mann und Frau, Mörder und Opfer – fand nur noch schütteren Applaus. Die Schauspieler verbeugten sich vor gelichteten Rängen und kamen kein zweites Mal heraus.

Imogen war sitzen geblieben; auch sie hatte die Hände bald sinken lassen. Dann spürte sie eine Berührung daran. Entschuldige, sagte eine Stimme.

Es dauerte einen Augenblick, bis Imogen die Person erkennen konnte. Es war die Frau, die vor einem halben Jahr Irings Bücher in Nieburg abgeholt hatte. Ihre rote Mähne zündelte im schwachen Saallicht.

Ich muß mit dir reden, es ist dringend.

Imogen bemerkte das Panische in den Augen Hannelores, die sich Barbelo genannt hatte, und nickte langsam.

Mein Wagen steht draußen.

Ich fahre nicht Auto.

Dann nehmen wir die S-Bahn, sagte Hannelore ohne Zögern. Ich wohne nicht weit von deiner Pension.

Und dein Auto?

Sammelt Strafmandate, sagte Barbelo.

Das möchte ich nicht, sagte Imogen. Wo wohnst du? Bleibtreustraße wieviel? Bitte fahr voraus, in einer halben Stunde bin ich da.

9 Barbelo

Das Entree in graumeliertem Marmor hatte die düstere Monumentalität eines Mausoleums. Es gab eine Parade assyrischer Krieger abzuschreiten, die ihre eckigen Bärte wie Schürzen aus augenleeren Gesichtern hängen ließen. Dann führte der rote Teppich über breite Stufen eine Halbetage höher zum Fahrstuhl, den Imogen auch vermieden hätte, wenn er ohne Schlüssel zugänglich gewesen wäre. Sie stieg die weißgestrichene, jetzt von einem blauen Teppich belegte Holztreppe drei Stockwerke höher, bis eine nur angelehnte Etagentür verriet, das Ziel müsse erreicht sein. Sie hatte Muße, das Namensschild »Kretzschmar« zu lesen, bevor Barbelo im pyjama-artigen schwarzen Hauskleid einzutreten bat. Aus dem Vorraum führten vier Türen weiter, die bereits offene in das »Berliner Zimmer«, das über die ganze Haustiefe eine Verbindung zum hinteren Wohnungsteil herstellte. Vor den zwei Fenstern, die zum Hof blickten, stand ein von Sitzbänken gerahmter langer Eßtisch, und zwischen ihm und dem Flügel war Raum für eine Sitzgruppe aus schwarzem Leder. Der Boden war mit dunklem Parkett ausgelegt, die Längswand, an der eine Leiter lehnte, von unten bis oben mit Büchern belegt. Die lichttragenden Metallgestelle beließen die Höhe im Halbdunkel, doch war die Decke mit einem Stuckfries gerahmt; Kopf an Kopf blickte eine fahle Galerie von Brustbildern hernieder, sich wiederholende Gruppen bärtiger Männer und lächelnder Frauen. Die Krone einer Eiche im Hof drängte ihr Blattwerk an die offenen Fenster, und als Imogen zum Sitzen gebeten wurde, wählte sie einen Platz, von dem aus sie die bewegliche Masse im Auge behielt.

Als sich Barbelo in der Küche zu schaffen machte, versuchte

sich Imogen Iring in diesen Räumen vorzustellen. Sie erkannte ihn einzig in den Büchern, die Barbelo in Nieburg abgeholt hatte. Sein Arbeitszimmer lag wohl nach vorn zur Straße hinaus.

Sie hatte nur um Wasser gebeten; sich selbst schenkte Barbelo die farblose Flüssigkeit aus einer Wodkaflasche ein.

Ich habe dich im Theater beobachtet.

Zum Glück habe ich es nicht bemerkt.

Es ist ja dein Stück. Imogen, wie spricht man das eigentlich aus? Mal reimte es sich auf »again«, dann hörte es sich wieder an wie »fotogen« oder Halogen.

Freunde nennen mich Imo.

Erlaubst du?

Bitte.

Ich heiße auch nicht Barbelo. Iring hat mich so genannt.

Warum »hat« er?

Er ist nicht mehr da. Er ist ausgezogen, Imo, gegangen, für immer.

Er sei im Irak, habe ich gehört.

Nein, nie. Als es dort anfing, war er hier, und mit diesem Krieg hatte er nichts zu tun. Er arbeitete an einem Buch, Tag und Nacht. Es ist das letzte, sagte er, und ich will alles. Am 30. März, es wurde gerade auf Sommerzeit umgestellt, ging ich zur Arbeit an die Akademie wie sonst –

Sie unterbrach sich. – Ich habe ein paar Vorträge gehört, Imo, auch den deines – Begleiters, Horst A. Simon. Ich war diejenige, welche ihm Karten für »Cymbeline« besorgt hat. Angélil ist Mitglied unserer Sektion Bühnenkunst. Die Vorstellung war damals ausverkauft. Gestern habe ich mich über die leeren Plätze gewundert, obwohl – Angélil war auch schon stärker. Du scheinst dich jedenfalls nicht gelangweilt zu haben. Aber ich habe den Faden verloren.

Am 30. März gingst du zur Arbeit.

Und gegen sechs kam ich zurück, hatte noch etwas eingekauft. Hallo, ich bin da! Keine Antwort. Sonst saß er um diese Zeit am PC, er arbeitete ja wie ein Narr – als ich in sein Zimmer trat, sah ich: leer. Alles weg, auch der Computer. Das hatte es noch nie gegeben. Er nahm ihn nie auf Reisen mit. Auch das Manuskript weg, das er am Vortag ausgedruckt hatte. Ich rannte ins Schlafzimmer und riß den Schrank auf. Da fehlte Wäsche, der mittlere Koffer auch. Da wußte ich Bescheid. Er hat keinen Zettel hinterlassen, kein Zeichen, nichts. Nur die Zahnbürste... wie in einem schlechten Witz. Aber etwas fiel mir auf... ein Geruch. Kein Parfüm. Eher wie Räucherstäbchen. Natürlich dachte ich dann, was du denkst. Er brauchte vor mir aber nie Geheimnisse zu haben. Wenn er wieder eine erobert hat... er mußte es ja erzählen. Bitte sehr. Wir hatten nur *eine* Abmachung. Nie in diesen Räumen. Der Geruch war auch nicht im Schlafzimmer. Natürlich, ficken kann man überall. Aber hier –? Das hätte er mir nicht angetan. Was glaubst du?

Ich weiß es nicht, Barbelo.

Gab es bei ihm mal so was... Esoterisches?

Du fragst mich zuviel.

Natürlich schrieb er für Menschen, die glauben, sie hätten einen siebten Sinn. Aber ertragen hat er sie nicht.

Du hast gewiß schon bei Freunden nachgefragt.

Eigentlich hatte er nur mich. Ich habe mich bei seinem Institut erkundigt, sogar bei der Klawitter privat. Die hält sogar ihren Dienstanschluß bedeckt. Im Büro sei er die letzten zehn Tage nicht gewesen. So viel wußte ich auch. Über seine Arbeit sprach er nie, aber diesmal wußte ich: sein Leben hängt dran. Wenn er entführt worden wäre? Er war einem großen Ding auf der Spur.

Bist du bei der Polizei gewesen?

Wir hatten zwei eiserne Regeln. Eins: niemals Polizei einschalten. Zwei: nie wegfahren, auch im größten Streit nicht, ohne Hinterlassung einer Adresse. Ich wußte immer, wo ich ihn erreichen konnte, notfalls. Hab's nicht ein einziges Mal getan. *Nie* habe ich ihm eine Fessel angelegt. Nachhaken, Alibis überprüfen – nein. Manchmal rief ja der Bundeskanzler an, oder ein Ministerium –

Aber er *leitet* doch sein Institut.

Director at Large, steht auf seiner Visitenkarte, was immer das heißt. *He couldn' t care less.* Es kam auch kein Anruf mehr für ihn, seit Wochen.

Am Institut muß man seine Adresse wissen.

Ich bin hingegangen. Zuerst fragte mich der Pajuk – Irings Stellvertreter –, wer ich sei. Im Ernst! Und dann: er sei mir keine Auskunft schuldig. Beim zweiten Mal putzten sie mich schon durch die Sprechanlage ab. Das Haus ist eine Festung. Da habe ich Pajuk einen Brief geschickt, eingeschrieben: ob er Irings Verschwinden angezeigt habe. Sonst würde ich es tun. Weißt du, welche Antwort kam? Keine – bis heute nicht. Wer bin ich eigentlich? Ich bin Kunsthistorikerin – nicht ganz namenlos. Und Sekretär – nicht Sekretär*in* – an der Akademie der Künste. Iring und ich waren über drei Jahre zusammen ... *more or less.* Für mich: viel mehr *more* als *less.*

Barbelo schenkte sich den dritten Wodka ein.

Was würdest du tun?

Imogen schüttelte unmerklich den Kopf.

Hat er nicht schon früher so was gemacht?

Wenn du die Zeit in Amerika meinst, das waren andere Verhältnisse.

Du hast ihn verlassen, sagt er.

Dann wird es stimmen.

Und dabei seid ihr noch immer nicht geschieden. Weil du *ihn* verlassen hast, so was imponiert ihm. Aber juristisch seid ihr noch verheiratet, das gibt dir eine Position. *Dir* dürfen sie die Auskunft nicht verweigern. Bitte, du mußt sie fragen.

Das täte ich sehr ungern.

Nicht meinetwegen. Ich mache mir keine Illusionen, auch wenn ich ihn liebe.

Du liebst ihn, sagte Imogen ohne Frageton.

Wie noch keinen Mann. Das muß nicht viel heißen. Bei mir heißt es etwas.

Imogen stand auf und betrachtete die Bücher. *Las meniñas,*

sagte sie. Du hast das Exemplar, das du ihm geschenkt hast, nicht mitgenommen, und die Widmung war herausgerissen.

Barbelo starrte sie an, dann kicherte sie nervös. Ich ahne, warum. Sie war pornografisch. Ich *forderte* ihn. Er brauchte das... Ach, Imo. Mag er doch nach seiner Fasson leben. Aber er hätte was sagen können. Nur *leben* muß er, Imo, bitte. Ich habe solche Angst.

Sie trank und starrte in sich hinein.

Weißt du, warum er reinwill? Er sucht eine, bei der er nie mehr rausmuß.

Hast du ihm das ins Buch geschrieben?

Ein spanisches Gedicht, von einer Hündin an ihren Herrn, einen Priester, der sich mit dem Zölibat quält. Sie sagt ihm: für deine Sünde habe ich keine Worte, aber ein Schlupfloch. Damals wußte ich noch gar nicht, wo er seine erste sexuelle Erfahrung gemacht hat. Auf dem Friedhof. Er sah zwei Hunden zu, folgte ihnen von Grab zu Grab und schämte sich zu Tode. Es war schon Abend und regnete, es gab immer noch Besucher. Plötzlich war seine Hose auch innen naß. Er fürchtete zu verbluten. Aber die Hunde trieben es immer weiter... hast du seine Mutter gekannt?

Sie hat meinen Vater gepflegt.

Hatten sie etwas miteinander?

Nein. Sie wurde nach dem Krieg vergewaltigt, und Iring mußte zusehn. Er war fünf Jahre alt.

Du magst keine Hunde. Er auch nicht, sagte er. Deutsche Schäfer erinnerten ihn an seinen Vater.

Ich wußte nicht, daß der einen Hund hatte.

Wie sein Führer, dieselbe Sorte. Auch der Rüde auf dem Friedhof war ein deutscher Schäfer. Danach kannte Iring nichts Schärferes, als aufzureiten – *more canino*.

Ich möchte gehen, Barbelo.

Ich weiß. Menschen müssen sich benehmen, damit du sie aushältst. Kannst du mir sagen, warum du ihn im Stich gelassen hast? Sonst wäre er nämlich noch am Leben.

Warum ist er nicht mehr am Leben?

Du glaubst, er liebt dich noch? Nein. Er hat nie eine andere geliebt. Wenn jemand das weiß, dann ich. Und jetzt kannst du gehen.

Imogen blieb sitzen.

Prost, sagte Barbelo.

Du solltest nicht mehr trinken.

Who cares? Ich habe dafür gesorgt, daß Iring auf den Hund kommt. Ich meine, der Hund auf mich. Und der Hund meiner Freundin –

Das muß ich nicht wissen.

Doch, mußt du. Als sie im Urlaub war, habe ich ihn auf die Frau dressiert, alles für Iring… Es war kein Vergnügen, Hunde haben einen Penisknochen. Und ihre Vorderläufe kratzen.

Imogen schwieg.

Vermißt du deinen Begleiter gar nicht? Ich weiß, wo er geblieben ist. Horst A. Simon. Heute war ja der letzte Vortrag. Danach standen sie massenhaft im Foyer herum, auch vor der Toilette. Aber es gibt noch eine im Hinterhaus. Als ich reinkam, ging es in einer Kabine hoch her. Offenbar benutzte ein Herr nicht nur die Damentoilette, sondern auch eine Dame. Und wer schleicht sich am Ende heraus wie ein Honigdieb? Der kostbare Herr Simon, der mir gerade noch für die Theaterkarten gedankt hatte. Und wer folgte ihm errötend nach? Eine zerknitterte Blondine, die ich bei Bluncks Vortrag noch edelblaß gesehen hatte. Eine, die sich mit Rasierklingen straft. Aber sie setzt sich in die erste Reihe. Nun, sie ist bemerkt worden. Jetzt weißt du, warum er sich gedrückt hat. Entweder, er wagte dir nicht unter die Augen zu treten. Oder… Fortsetzung folgte.

Imogen schwieg immer noch.

Iring ist vom Feinsten, fuhr Barbelo schon etwas lallend fort. Du hättest ihm was nachsehen können. Du warst sehr grausam. Das wollte ich dir doch mal sagen.

Und was kann ich jetzt tun?

Die Tränen liefen Barbelo aus den Augen.

Ich frage nach Iring, und *die* fragen mich, wer ich bin. Wer kann ich schon sein. Du hast Vollmacht. Du bist die Frau.

Iring ist schon als Gymnasiast verschwunden und drei Tage abgeblieben.

Er ist aber nicht mehr sechzehn, sondern sechzig. Und er ist nicht nur drei Tage abgeblieben ... er ist *fort*, Imo.

Er hat Arbeit mitgenommen.

Um so mehr ist er in Gefahr. Er hat Feinde, Imo. Wie hätte ich ihn schützen sollen. Sie wollten ihn schon lange, und jetzt haben sie ihn.

Morgen gehe ich zu seinem Institut und frage nach.

Und sagst mir Bescheid?

Was bedeutet eigentlich Barbelo?

Zuviel für eine Idiotin aus Marzahn.

Gute Nacht, Hannelore, bitte, begleite mich nicht. Wenn die Tür offen ist – den Weg finde ich selbst.

Als Imogen Selber-Weiland in ihre Pension zurückkam, fand sie eine Nachricht, unter dem Türspalt durchgeschoben. Horst hatte geschrieben:

Liebe Imo, bitte betrachte mich als Notfall. Es geht mir ... ich weiß noch gar nicht wie. Aber ich lebe, ich lebe wieder und danke dir für dein Verständnis. H. A.

10 Am Wannsee

Ja? fragte eine kurzangebundene Frauenstimme. Wer?

Imogen Selber.

Im Dachwinkel über der Gartentür lugte der Schaft einer Überwachungskamera aus dem Efeu. Nach geraumer Zeit knackte der Lautsprecher wieder, diesmal folgte der Summton des Öffners. Imogen stieß die Metallpforte auf und ging durch einen Korridor von Rhododendren zum Aufgang der Villa. Die Tür, fast auf der Höhe des ersten Stocks, war über eine an die Hauswand gebaute Treppe zu erreichen. Schon beim Aufstieg sah Imogen eine bewegungslose Person auf sie niederblicken. Imogen blieb stehen.

Sie hatten keinen Termin, glaube ich, sagte die Frau mit tiefer Stimme. Sie war in Imogens Alter, doch größer, und trug eine anspruchsvoll geschnittene weiße Bluse über dem schwarzen Plisseerock, dessen Scharten gemeißelt wirkten. Das Gesicht unter ausgedünnten Locken war zerklüftet, von Anstrengung gezeichnet, doch die mädchenhaft vergrößerten Augen wirkten besonders menschlich.

Ich spreche nicht gern unter der Tür, sagte Imogen.

Die Worte hatten eine Wirkung, über welche die Türhüterin selbst erstaunt schien, aber sie war beiseite getreten, und Imogen stand im Windfang.

Worum es sich handelt, müssen Sie mir schon sagen.

Ich möchte mit meinem Mann reden. Iring Selber.

Er ist zur Zeit nicht da.

Darf ich auch um Ihren Namen bitten?

Klawitter, sagte die Frau.

Ich brauche seine Adresse.

Die kann ich Ihnen leider nicht geben.

Führen Sie mich zu Herrn Pajuk.

Herr Doktor Pajuk ist in einer Besprechung.

Ich habe eine Nachricht von F. Schaumgold.

Herr Schaumgold ist verstorben, sagte die Dame.

Melden Sie, *auch ich* bäte Gunther Pajuk um eine Besprechung und hätte leider nicht viel Zeit.

Jetzt trat Frau Klawitter zur Seite und lud die Besucherin mit einer Handbewegung ein, ihr zu folgen. Über eine breite Treppe gelangte man in eine dunkel getäfelte Halle, die von einem kristallförmig aufgebauten Oberlicht erhellt war. Aus seiner Mitte hing ein Jugendstilleuchter in den Raum, in dem, eine Stufe erhöht, ein thronartiger Sessel mit runder Gitterlehne stand; zu beiden Seiten erhob sich ein Kerzenständer mannshoch. Eine der Türen war nur angelehnt; Frau Klawitter ließ Imogen vorgehen.

Man stand in einem Raum, der ein Wohnzimmer gewesen sein mußte; jetzt gaben ihm die Büroelektronik und eine von Bildschirmen bestückte Wand den Charakter eines technischen Studios. Auf einigen waren stumme Programme bekannter Sender zu sehen; auf andern zappelten Trickfilme, standen Landschaftsbilder oder wanderten Textblöcke von unten nach oben. Eine Zeile von Monitoren bildete die Umgebung der Villa in Grau und Weiß ab und ließ über die Weite des Wannsees blicken. Die Sitzgruppe hatte das Design, das auch für Barbelos Wohnung angeschafft worden war. Frau Klawitters Büro lag nach der Straßenseite, und trotz ihrer Einladung blieb Imogen stehen.

Herr Selber hat leider nie von Ihnen gesprochen, sagte die Generalsekretärin.

Sind Sie verheiratet, Frau Klawitter? Würden Sie zu unbeteiligten Dritten über Ihren Ehemann reden?

Frau Klawitter lächelte bitter, ihr zerfurchtes Gesicht strahlte eine Art graue Holdseligkeit aus. – Mir ist nur bekannt, daß Sie seit langem getrennt leben.

Nun ist etwas Gravierendes geschehen. Wie kann ich ihn erreichen?

Er ist ohne Adresse unterwegs, nicht zum ersten Mal. Darf ich Ihnen Kaffee anbieten?

Haben Sie eine Vermißtenmeldung aufgegeben?

Das wäre ganz gewiß nicht in seinem Sinn, sagte Frau Klawitter.

In diesem Augenblick öffnete sich die Tür, und mit forschem Schritt trat ein untersetzter Mann ein, dessen schwarzes Haar, zu einer römischen Frisur geschnitten, den gedrungenen Kopf als feste Kappe umgab; zugleich war dieser gegen die Schulter gezogen, als müsse er einem Schlag ausweichen. Doch sein Gesicht, mit freundlich gekniffenen Augen, dementierte jede böse Absicht und ließ zwischen schmalen Lippen ein straffes Lächeln sehen.

Frau Selber, nicht wahr? Welche Überraschung. Darf ich Sie in mein Büro bitten?

Guten Tag, Herr Doktor Pajuk, sagte Imogen und übersah die ausgestreckte Hand. Ich störe nicht lange. Ich brauche nur Irings Anschrift.

Jetzt lachte Pajuk laut, es mochte herzhaft gemeint sein, klang aber wie ein gepreßtes Bellen.

Daß ich Ihnen gerade damit nicht dienen kann, macht mich untröstlich.

Warum nicht?

Ach, Sie kennen doch Ihren Mann so gut wie wir. Er hat eine Seite ... soll ich sie geheimniskrämerisch nennen?

Sie sollen Klartext reden.

Die Miene seiner Heiterkeit gefror.

Verehrte gnädige Frau, Ihr Mann hat schwierige Phasen. Es ist oft gar nicht mit ihm zu rechnen. Heute ist er ein Genie, ein begnadeter Netzwerker, und morgen ... unverantwortlich. Ich sage Ihnen gewiß nichts Neues.

Was heißt »unverantwortlich«?

Pajuk räusperte sich wiederholt. Dann sagte er knarrend: Seine Frauenbekanntschaften ... muß ich davon reden? Ich überschreite meine Kompetenz nicht gern, gnädige Frau.

Ich enthebe Sie Ihrer geschätzten Bedenken, sagte Imogen.

Nun, es gibt einen Fall... der soll den üblichen Rahmen gesprengt haben, sagte Pajuk. Es scheint sich um eine Art Jugendliebe zu handeln... das heißt, die Dame war am Anfang dieser Bekanntschaft noch sehr jung. Sie war noch ein Kind, um mich so geradezu auszudrücken.

Sie sprechen von Judith, sagte Imogen. Sie ist längst kein Kind mehr. Fürchten Sie sich vor ihr?

Wir fürchten *um* ihn, gnädige Frau. Da er, wie es scheint, bestimmte Grenzen überschritten hat, hält sie jetzt Gegenrecht – wenn ich mich so ausdrücken darf. Seine Reise ist... eine Ausschweifung, gewissermaßen.

Haben Sie darum gegen ihn intrigiert?

Bitte –? Pajuk erstarrte, dann begann sein Gesicht rot anzulaufen.

Imogen zog ein Schreiben aus ihrer Tasche und las vor: »Ich glaube nicht, daß er in seiner gegenwärtigen Verfassung seinen Pflichten gewachsen ist, vielmehr gefährdet sein Führungsdefizit unser Projekt.« »Ich muß Ihnen, nicht leichten Herzens, vorschlagen, einen vorübergehenden Dispens zu veranlassen, am besten in Form eines längeren Erholungsurlaubs.« Ihre Worte, Herr Pajuk, an meinen Freund Schaumgold, natürlich mit der Bitte, sie vertraulich zu behandeln und als Ausdruck Ihrer »tiefen Sorge um Herrn Selbers Gleichgewicht« gelten zu lassen.

Frau Klawitter stand fassungslos, das graue Leuchten in ihren Augen war erstorben. Pajuk hatte sich, als er seine eigenen Worte hören mußte, reflexartig einmal nach rechts, einmal nach links umgesehen, als erwarte er von allen Seiten weitere unfaßbare Schläge gegen seine Integrität. Jetzt schraubte er seinen Kopf noch fester in die Schultern und sagte mit knarrender Stimme:

Ich frage nicht, wie Sie in den Besitz meiner vertraulichen Äußerung gelangt sind. Leider spricht sie von Tatsachen. Ich habe einen schweren Kampf mit mir gekämpft, bis ich mich überwunden habe... Herrn Schaumgold die unbequeme Wahrheit wissen zu lassen. Ich habe keinen Augenblick daran gedacht, Iring Selber zu diskreditieren. Er sollte für das Wesentliche freigestellt, vom Kleinkram entlastet werden. Er ist ein großer Geist, aber teamfähig... wahrlich nicht. Gott weiß es – und Frau Klawitter –, was es uns gekostet hat, gegenüber den Behörden, denen dieses Haus, verehrte Frau Selber, Rechenschaft über seine Geschäftsführung schuldet, die Fassade zu wahren. Aber für alles gibt es Grenzen, und er hat sie überschritten.

Sie kennen *Ihre* Grenze nicht, Herr Pajuk. Die Lebensgefährtin meines Mannes hat Sie um Auskunft über seinen Verbleib gebeten. Sie haben sie ihr vorenthalten.

Aber Frau Kretzschmar ist ein Unglück! rief Frau Klawitter. Als Iring den Kontakt mit der Realität verlor, hat sie ihn noch tiefer in seinen Wahn hineingeritten. Sie wissen nicht, wie dieses Haus gelitten hat –

Wenn *er* gelitten hat, sagte Imogen, dem Sie beide ihre Position verdanken, so hätte Ihnen etwas ganz anderes einfallen müssen, als ihn wie Ballast zu behandeln. Dafür haben Sie die Quittung erhalten.

Quittung –? fragte Pajuk.

Haben Sie sich nicht gefragt, warum der Wechsel ausbleibt, von dem Sie nicht nur ihre akademische Scheinexistenz bestritten haben, sondern auch Ihren – nicht ganz zu verachtenden – Lebensstil?

Herr Schaumgold – ist verstorben... flüsterte Frau Klawitter. – Und wie es die Satzung in diesem Fall vorsieht, haben wir der Stiftung den Plan für die Fortsetzung unserer Tätigkeit vorgelegt.

Die Antwort steht noch aus, sagte Pajuk.

Ich gebe Sie Ihnen, hier und jetzt. Daraus wird nichts, solange die Unterschrift meines Mannes fehlt. Mit ihm steht oder fällt nicht nur Ihre Satzung, sondern die ganze Akademie. Die Folgerung daraus zu ziehen, überlasse ich Ihnen.

Frau Selber, sagte Pajuk, wir wissen wirklich nicht, wo er geblieben ist.

Dann sorgen Sie dafür, daß Sie es erfahren.

Mit Pajuk war eine Verwandlung vorgegangen. Er bemühte sich jetzt sogar um einen Anflug von Humor.

Niemandem könne an der Wiederherstellung Iring Selbers mehr gelegen sein als ihm. Doch Irings Genie sei eines der Unordnung, sie habe Methode – und er, gewiß auch Frau Klawitter, hätte sich immer als Irings Übersetzer verstanden, als Puffer zwischen Genie und Gesellschaft. Worum er jetzt bitten müsse, sei ein hinreichendes Spielverständnis beider Seiten – eine Spiel*kultur*, von der das Haus lebe. Und dafür, daß es lebe, würden sie, verstanden oder mißverstanden, das Nötige wie bisher beitragen. Aber das Nötigste sei, wie sich verstehe, Irings Wiedererscheinen auf der harten Erde. Ja, von einer Vermißtenmeldung habe man abgesehen – aus Schonung, aus Respekt. Aber vermißt werde Iring aufs empfindlichste – das dürfe man Pajuk glauben. Die Akademie werde alles in ihren Kräften Stehende tun, seinen Aufenthalt zu eruieren.

Sie sind ein Schönredner, Herr Doktor Pajuk, sagte Imogen, ich hoffe nur, daß Sie nichts Schlimmeres sind.

Da der Angesprochene kein Gesicht mehr zu verlieren hatte, lächelte er eisig, und Frau Klawitter schien die Zuchtrute beinahe wohlzutun. Der Ausdruck grauer Holdseligkeit war in ihre Augen zurückgekehrt.

Es gibt ein Gerücht, er sei im Irak, sagte Imogen.

Weil er in Fort Splatter war? fragte Pajuk. Das hatte rein private Gründe.

Er hat den Irakkrieg der Amerikaner von ganzer Seele verachtet, ergänzte Frau Klawitter und nickte lange und innig.

Wenn er von biblischen Orten redet, ergänzte Pajuk, von Jerusalem, Karmel, Babylon, ist es immer bildlich gemeint. Richtig ist allerdings, daß er genau zu Beginn des Kriegs verschwunden ist. Sein letztes – ich will sagen: sein jüngstes –

Projekt hat er nicht mehr mit uns geteilt. Er arbeitete zu Hause, glaubten wir. Wenn er sich allerdings auch da nicht mehr blicken läßt – dann, gnädige Frau, fällt mir nur eine einzige Person ein, die uns weiterhelfen kann: Judith Valiant, Ihre… soll ich sagen, Adoptivtochter? Wünschen Sie im Ernst, daß wir dieser Spur nachgehen?

Warum denn nicht? fragte Imogen.

Weil es für ihn sehr heikel werden könnte – oder sehr gefährlich.

Imogen musterte ihn, aufmerksam wider Willen. So blinzelte ein Mensch, dem es gerade gelungen war, das Gleichgewicht des Schreckens wiederherzustellen. Für Imogen wurde es höchste Zeit zu gehen, bevor ihr Gefühl der Ohnmacht stärker wurde als ihre Abneigung. Dafür hatte das Personal der *Academy of Signs and Sense* eine untrügliche Witterung.

Pajuk verabschiedete sich mit einem Diener, Klawitter begleitete sie zur Tür.

Ich finde es wunderbar, wie Sie zu Ihrem Mann stehen. Es gibt doch nur *eine* Ehe. So war das auch bei mir.

Es mußte ihr aufgefallen sein, daß sie in der Vergangenheitsform gesprochen hatte, und sie errötete. Imogen verabschiedete sich schnell.

Viertes Buch

1 Tiergarten

Die Schritte kamen näher, hielten inne. Wovor brauchte sie sich zu fürchten? Aus dem Augenwinkel sah sie: der Stalker war ein großer Mann, er stand im Schatten, fünf Schritt entfernt. Unwillkürlich zogen sich ihre Schultern zusammen.

Der Mensch verweilte, räusperte sich, ging langsam weiter, Schritt für Schritt hinter ihr vorbei. Dann stand er auf der Höhe der nächsten Sitzbank still. Sie lag zwanzig Meter entfernt im Schatten der über den Teichrand ausladenden Äste, und Imogen glaubte zu erkennen, daß er sich gesetzt hatte.

Ihr unterdrückter Atem schaffte sich Luft; die Minuten kamen und gingen; und mit jeder wurde die Harmlosigkeit der Begegnung unwahrscheinlicher. Enten quakten schamlos in die Stille hinein, die nahe S-Bahn polterte über den Viadukt. Imogen horchte auf Menschenlaute, Stimmen ihresgleichen, auch Tritte durften es sein.

Doch fast unmerklich wurde Imogens abergläubische Furcht wieder ihre persönliche. Hier war keine Hilfe – gut, dann stand ihr immer noch frei, keine zu erwarten. Und in ihrer Angst gab es etwas Bekanntes. Etwas wie Erinnerung begann die Gestalt auf der Sitzbank einzuspinnen und dämpfte ihre Finsternis. Die Umgebung hörte zu stocken auf und belebte sich wieder mit Naturlauten, dem Rascheln der Blätter, dem Knarren der Enten.

Jetzt musterte sie ihn geradezu, den Mann auf der Nachbarbank. Und als er sich eine Zigarette anzündete, erschien im Feuerschein das Gesicht von Klaus Marbach; zuerst nur als Gedankenblitz, doch beim wiederholten Anstreichen ganz unverkennbar. Ein kleines Rauchzeichen trieb sichtbar hinaus in die schwache Helligkeit über dem Teich.

Seit wann rauchen Sie?

Er stand auf. Gott sei Dank, Sie haben mich erkannt.

Das hätten Sie einfacher haben können.

Ich fürchtete Sie zu erschrecken.

Sie begann zu lachen. – Sie fürchteten, mich zu erschrecken. Nun, genau das haben sie fertiggebracht.

Ich glaubte plötzlich selbst nicht mehr, daß Sie es waren.

Kommen Sie herüber. Wir müssen nicht so laut sein.

Der Mann mit dem Glutpunkt im Gesicht näherte sich der Bank; Imogen rückte zur Seite.

Ich rauche gar nicht. Ich wollte Ihnen nur mein Gesicht zeigen.

Wo haben Sie Zigaretten her?

Es ist Manons letzte Packung, als sie aufhörte. Sie hatte sie noch zu Ende rauchen wollen. Plötzlich sagte sie: warum? und drückte die Zigarette aus. Nimm die Packung, hüte sie für mich. So habe ich sie bei mir. Streichhölzer auch.

Seit wann folgen Sie mir?

Seit ich gesehen habe, daß Sie allein sind.

Sind Sie schon länger in Berlin?

Seit drei Tagen.

Sind Sie uns nachgereist? Warum?

Zuerst aus Eifersucht.

Und ich dachte, Sie hüten mir das Haus. Waren Sie etwa auch im Theater?

Danach begann ich besser aufzupassen.

Auf mich?

Damit nichts passiert.

Warum soll es nicht?

Müssen Sie das fragen?

Ja. Ich frage Sie.

Da er schwieg, fuhr sie fort: Warum verfolgen Sie mich?

Ich hatte den Eindruck, Sie seien schon verfolgt. Von schwarzen Gedanken. Ich habe gesehen, wie Sie heute durch die Stadt gegangen sind.

Dann müssen Sie jetzt ordentlich müde sein.

Sie haben sich nicht einmal nach dem Verkehr umgedreht. Ich war Ihnen oft so nahe, daß Sie mich hätten sehen müssen.

Warum haben Sie mich nicht angesprochen?

Ich habe mit mir gekämpft. Und als ich Sie bei der Siegessäule in den Wald gehen sah –

Ich wollte das Bismarck-Denkmal von hinten betrachten.

Das haben Sie nicht getan und sind immer weiter gegangen.

Haben Sie noch eine Zigarette?

Seit wann rauchen *Sie*?

Seit ich Sie rauchen gesehen habe.

Er klopfte eine Zigarette aus der Packung, die er ihr hinhielt, dann reichte er ihr Feuer. Sie zog den Rauch in die Lunge, und als sie ihn ausgeatmet hatte, sagte sie: Berlin ist eine merkwürdige Stadt. Ihre Mitte ist ein Wald.

Sie hat mehr als *eine* Mitte. Und eigentlich liegt die ganze Stadt im Wald. Haben Sie sich das Regierungsviertel angeschaut? Es ist eine Baumschule, mit Monumenten bepflanzt, die nur darauf warten zuzuwachsen. Durch Bäume betrachtet, macht jede Architektur etwas her.

Was mag das dort hinten für ein Gebäude sein?

Er sah sie erstaunt an. – Da waren Sie drin. Es ist Horsts Akademie. Wie fanden Sie seinen Vortrag?

Beachtlich, glaube ich.

Sie wollen ihn aufnehmen, in die Sektion Bildende Kunst. Auch soll er das Bundesverdienstkreuz bekommen. Einen Ehrendoktor hat er schon. »Einer, der sich nicht über die Finsternis beklagt, sondern ein Licht anzündet.«

Dann werden wir ihn in Nieburg wohl nicht wiedersehen.

Ihre Zigarette war in den letzten Zügen, aber Imogen tat den nächsten nicht mehr, als Klaus sagte:

Ich glaube, ich weiß, wo Iring ist.

Imogen schwieg.

Wollen Sie es hören?

Klaus hatte am Samstag den Flohmarkt auf der Straße des
17. Juni besucht und sich durch die graue Pappe eines Foto-
albums aus den dreißiger Jahren geblättert, die Bilderchronik
einer unbekannten Familie, die – in Sütterlinschrift – nur ihre
Vornamen zu erkennen gab. »Ausflug zur Landeskrone« hatte
die Überschrift eines Kapitels der Bilderkindheit von »Ingrid«
und »Lothar« gelautet, und der Anblick eines Ausflugsziels
hatte Klaus elektrisiert. Er hatte das ganze Album kaufen
müssen, um nur ein Bild zu besitzen: es zeigte aus mäßiger
Ferne den burggekrönten Umriß eines vereinzelten Hügels,
identisch mit dem auf der handgemalten Karte Irings.

Dort war der Berg »Babylon« angeschrieben, aber es ist der
Hausberg der Stadt Görlitz.

Wo liegt das?

In der Oberlausitz. Es gehörte einmal zu Schlesien, heute zu
Sachsen. Dort hat sich der Vater Ihres Mannes 1945 das Leben
genommen. Als ich zu studieren anfing, gab es einen Hörer,
der jeden Tag in der Zentralbibliothek arbeitete – manchmal
gingen wir zu Mittag essen –, der war aus Görlitz, ein DDR-
Bürger, für mich eine Sensation. Er hatte ein Stipendium für
ein Projekt, das er selbst »den Gipfel politischer Nutzlosig-
keit« nannte. Der Stipendiat hieß Nicht.

Ist das ein Name?

Nennen Sie mich Genosse Nicht, sagte er, Sie können die
Reihenfolge auch umkehren. Jedenfalls Nichtraucher war er –
nicht. Ich kannte ihn nur mit einer Pfeife im Mund. Er war
zehn Jahre älter, und ich fühlte mich als Wohltäter der freien
Welt, wenn ich ihn einlud. Natürlich hielt ich ihn für einen
Agenten, wie jeden, der reisen durfte, und konnte nicht lassen,
ihn zu testen: was er wohl sagen dürfe und was nicht. Aber er
schien kaum Interesse an Politik zu haben. Ist Ihnen nicht
kalt?

Plaudern Sie nur weiter.

Balthasar Nicht, den Namen merkt man sich. Und als ich
die Albumkarte fand, kam er mir in den Sinn. Wir haben ein-

mal korrespondiert. Er hörte, daß ich für den Bergier-Bericht arbeite, und schickte mir Briefe Achim Toblers – man fand sie beim Sanieren eines Dachstocks. Sie waren an Bernd Selber gerichtet. Daraus wollte ich etwas machen.

Und das tun Sie jetzt, sagte Imogen. Sie gehen auf Schnitzeljagd.

Als ich Nicht anrief, freute er sich, an die Briefe erinnerte er sich sehr wohl. Aber jetzt kommt's: als ich ihm Ihren Mann beschrieb, erkannte er ihn auf der Stelle. Er war in seine Bibliothek gekommen, Nicht ist Archivar einer naturgeschichtlichen Sammlung. Und der Mann, auf den Iring Selbers Beschreibung zutrifft, kam eine Weile jeden Tag und machte Exzerpte.

Da Imogen schwieg, fuhr Klaus fort: Nicht lud ihn auch zum Essen ein. Er kam über die Grenze, denn er wohnte auf der polnischen Seite. Und wie nannte er sich? Dimitrij Kuhlmann. Da war ich meiner Sache sicher.

Und jetzt, was figurieren Sie?

Ich begleite Sie morgen nach Görlitz, wenn Sie wollen.

Sie gab keine Antwort. Dann sagte sie: Wußten Sie, daß Hunde einen Penisknochen haben?

Nein. Das heißt, ich habe davon gehört.

Darum kommen sie so schwer wieder auseinander.

Warum erzählen Sie mir das?

Iring steigt am liebsten von hinten auf. Ist das typisch männlich?

Ich weiß doch nicht – Imogen –

Sie müssen das doch wissen.

Er starrte sie an. Dann zog er sie heftig in die Arme. Sie blieb unbeweglich und sagte: Mach schon, Süßer. Hier sieht dich kein Mensch.

Er nahm ihr Gesicht zwischen beide Hände und starrte auf ihre Augen. Sie waren geschlossen, ihre Lippen hatten sich geöffnet. – Aber *ich* sehe *Sie*, sagte er in großem Ernst.

Was gibt es zu sehen? fragte sie. – Eine alte Frau.

Morgen fahre ich nach Görlitz.

Ich hatte gehofft, Sie begleiten mich nach Hause.

Er ließ sie los und sagte: Und Horst Adolf Simon?

Ist verhindert. Hat sich grade verliebt.

In das Milchgesicht in der ersten Reihe?

Beim Vortrag waren Sie auch?

Sie stellte nachher zwei Fragen – sie hatte sie vorbereitet und las sie mit hoher Stimme vor. Er fühlte sich so tief verstanden, daß er sagte, darüber müsse er vor der Antwort einmal schlafen.

Dabei hat sie ihm gleich Gesellschaft geleistet.

Das tut mir leid.

Sie sind ein schlechter Heuchler, Klaus. Sind Sie ein guter Möbelpacker?

Warum?

Ich ziehe um.

Jetzt war das Schweigen an ihm. Dann fragte er: Wohin?

In die Stadt, in Lennies alte Wohnung.

Warum, Imogen?

Jeder Mensch soll höchstens eins Komma fünf Hektar Erde verbrauchen, und die Villa verschlingt das Vierfache – für nichts.

Aber es ist das Haus Ihrer –

Jetzt reden Sie wie Simon. Das Haus meines Vaters ist es nicht.

Aber wenn Iring zurückkommt – ich *weiß*, daß er zurückkommt –

Sie meinen, Sie bringen ihn?

Das meine ich nicht nur.

Warum, Klaus?

Weil Sie ein Paar sind – wie Postumus und Innogen.

Sind Sie eine Scheidungswaise, die Vater und Mutter zusammenführen muß?

Daran habe ich nie gedacht. – Natürlich begleite ich Sie erst nach Hause.

Ich dachte, Sie wollten mich töten.

Ich?

Als Sie sich drüben auf die Bank setzten. Ein Unbekannter, dem ich ausgeliefert war. Warum nicht?

Im Teich flog schwerfällig eine Ente auf, man hörte das Klatschen ihrer Flügel auf der Wasseroberfläche.

Sie sind eine Unschuld, Klaus. Hat Ihnen das Manon nie gesagt?

Sie hat mir noch ganz anderes gesagt.

Sie hängen an ihr. Wozu bewahrten Sie sonst ihre Zigaretten auf.

Die erste und letzte habe ich für Sie geraucht. – Nach langer Stille sagte er: Was wird aus Maro und Dias?

Die bleiben. Und Sie kommen bitte wieder, wenn Sie zurück sind aus Ihrem Görlitz. Vielleicht müssen Sie für mich noch etwas tun. Und jetzt lassen Sie uns gehen. Wo sind Sie untergebracht?

In Kreuzberg.

Ich beim Savignyplatz. Bringen Sie mich zur Station Bellevue.

Hoffentlich fährt die S-Bahn noch. Es ist bald zwei.

Ich möchte morgen auf den direkten Zug nach Basel, 10:32. Treffen wir uns am Bahnhof Zoo, gleich auf dem Bahnsteig?

Sie war aufgestanden und nahm seinen Arm. Und ehe er sich's versah, zog sie ihn daran fest an sich und küßte ihn auf die Lippen, lange genug, daß er an ihnen haften blieb. *Genug*, sagte sie und zog ihn von der Stelle, Schritt für Schritt.

2 Heimat und Görlitz

Er war mit einem Gefühl des Schreckens erwacht und wußte nicht wo; es war dunkel, bis auf ein kleines Licht, das sein Gelaß in rötlichen Schein tauchte, und mit dem Augenlicht kehrte auch sein Bewußtsein zurück. Er war Klaus Marbach und lag – unterwegs wohin? – im Schlafabteil eines Zuges, der zum Stillstand gekommen war. Gerade noch hatte ihn die Bewegung gerüttelt wie Korn in einem Sieb; später hatte ein Alptraum die Wände um ihn zusammengezogen, daß er zu ersticken fürchtete und auffuhr: nicht weiter! Jetzt war es nur der Zug, der nicht weiterfuhr. Das Rotlicht zeigte den Schalter an, den er nur zu drücken brauchte, damit ihm die Kabine ihr wahres Gesicht zeigte. Aber erst gab er seinem Puls Zeit, sich zu beruhigen.

Er lag im *City Night Train* nach Dresden, den er in Basel-Badischer Bahnhof am noch hellichten Vorabend bestiegen hatte. In der Couchette hatte er noch in der Kuhlmann-Monographie gelesen; auf dem Frontispiz blickte ihn das Porträt eines Kavaliers an, der eher zum Dandy geschaffen schien als zum Märtyrer. Was hatte er mit dem Kobold zu tun, der seiner Frau die Reste seiner bürgerlichen Identität vor die Schwelle gelegt hatte wie einen Sack schmutziger Wäsche?

Zwischen Mannheim und Frankfurt hatte er sich mit dem Zugbegleiter unterhalten, einem Schwarzen mit Grauhaar, der während der langen Nächte Englisch büffelte. Er war in München geboren und hoffte, nach der Pensionierung ein Hotel in Liberia zu betreiben. Hinter Frankfurt bot er Klaus ein leeres Erste-Klasse-Abteil an und bat um seinen Paß, die Gelegenheit für eine böse Entdeckung: er hatte nicht nur den Paß vergessen, sondern auch die Brieftasche mit den Kreditkarten.

Er begann die Reise mittellos, bis auf ein paar Scheine im Geldbeutel, und beschloß, die Panne als Fügung zu behandeln. Geweckt mußte er nicht werden, da er einstweilen das gleiche Ziel hatte wie der Zug. Und nun blieb dieser stehen. Vogelgeläute drang herein, zusammen mit zwei hellen Streifen am Rand der Jalousie, Morgengrauen, zu schwach für das Zifferblatt der Uhr.

Er zog die Jalousie auf und sah, was noch keiner gesehen hatte: *die Stadt auf dem Berge.* Es war das überirdische Licht, das sie zur *Erscheinung* einer Stadt machte – an ihr selbst war nicht viel: vier Türme, davon zwei spitze, wie Spindeln verdreht, ein bauchiger mit gezackter Zinne, ein viereckiger, vielleicht ein Tor. Nichts weiter als eine Kleinstadt in Thüringen, die durch intakte Altertümlichkeit auffiel, und ihre Berglage scheinbar mitten im Wald. Aber wem fiel es ein, sie um diese frühe Stunde zum Juwel zu erheben, als wäre sie das Ende aller Wege?

Es dauerte, bis er auf die Erklärung kam: das Städtchen lag in der ersten Morgensonne, einstweilen allein, bevor diese auch die Bäume am Fuß des Berges erreichte und zu lichten anfing, während der Glanz der gemauerten Krone seine Einzigkeit verlor. Gott behüte einen jeden davor, in diesem Nest zu wohnen, dachte Klaus, aber es so *gesehen* zu haben, das war wohl wert, daß die Deutsche Bahn stehenblieb. Sie nahm wieder Fahrt auf, die Räder pochten immer schneller gegen die Schienen, während das Stadtbildchen aus dem Fensterrahmen wanderte. Klaus hatte die Augen geschlossen, um es noch etwas dauern zu lassen. Es war – die Heimat. Klaus wußte: er würde sie nie wiedersehen, und es war ihr Verschwinden, das sie *uneinnehmbar* machte.

Görlitz: schon im Augenblick als er auf den Bahnhofsplatz trat, war er darauf gefaßt, auf etwas Wunderbares zuzugehen. Angekündigt hatte es sich schon im Innern des Bahnhofs, einer Gewölbehalle mit grün dekorierten Jugendstilkassetten;

sie hatte die feierliche Finesse der *Belle Epoque*. Auf dem
Bahnhofplatz fand er sich viele Jahre zurückversetzt: so war
er zum ersten Mal aus der Gare de l'Est in das ersehnte Stadtbild hinausgetreten, doch so zierlich, so *still* hatten sich die
Gründerzeithäuser in Paris nicht gehalten. Hier glänzten die
Trambahnschienen wie noch nie befahren, und reine Leere
stieg durch die vom Platz abstrahlende Hauptstraße herauf.
Aber er hatte sie kaum betreten, da schoß ihm durch eine
Häuserlücke die Sonne in die Augen, daß er sich abwenden
mußte und ihren schwarzen Reflex über die Bahnhofsfassade
hüpfen sah, die in schloßartiger Breite hinter ihm lag. Er erinnerte sich daran, daß es in Berlin einen Görlitzer Bahnhof
gab, und wunderte sich nicht, in der »Berliner Straße«, die er
immer noch geblendet hinunterging, eine Verbindung zu finden, die vornehme Stadtgäste der Vergangenheit benützt hatten. Er gelangte auf einen weiten Platz, der von Backsteinge-
bäuden aus wilhelminischer Zeit umstanden war, und dann
durch einen Rundbogen in eine ältere Schicht der Stadt; dabei
fing sie an sich zu beleben. Aber die Anschriften der Ladengeschäfte wirkten wie nachträgliche Fußnoten zu einem Text,
den die Vorgegenwart geschrieben hatte. Über die Bilder-
buchzeilen der Stadthäuser, ihre Portale, Fensterfluchten
und hohen Dächer erhob sich eine Familie von Türmen ganz
in Weiß: das Minarett der Dreifaltigkeitskirche, der Rathaus-
turm, der Reichenbachturm mit seinem Pechnasenkranz, am
höchsten zwei Doppeltürme in geisterhafter Gotik. Klaus gelangte vom Obermarkt durch die Brüderstraße zum Untermarkt, den eine Gebäudezeile in der Mitte teilte; neben dem
restaurierten Mittelalter der »Waage« machte er das Lokal aus,
wo ihn Nicht um zehn Uhr zum Frühstück erwartete. Auf
dem Weg zur Peterskirche fand er auch das Klingelschild mit
seinem Namen. Nr. 13 war ein klassizistisches Gebäude, apri-
kosenfarben mit einem weißen Stucksims über jedem der regelmäßig gereihten Fenster.

Der Eindruck der *Heimlichkeit* hatte damit zu tun, daß die

schönen Fassaden keine Schaustücke waren, sondern alte Höfe, Durchgänge und Schleichwege durchblicken ließen. Er schlenderte über schwarzes Basaltpflaster dem verschlossenen Tor der Peterskirche entgegen, das sein Dachgebirge in ein noch schüchternes Blau erhob, während das Turmpaar schon Sonnenlicht gefangen hatte. Jetzt lag die Klarheit des Herbstes in der Luft. Zwischen dem Chorgebäude und dem Klotz des gotischen »Renthauses«, das eine Tafel als ehemalige Blaufärberei auswies, erreichte Klaus die Steinbrüstung, welche die zum Ufer der Neiße abfallende, von einer hohen Arkade getragene Mauer der Bastei krönte. Man blickte auf die Fußgängerbrücke hinab, die auf die polnische Seite führte, zu einer Gastwirtschaft und einem klobigen, mit einem grellen Fresko garnierten Turmquader. Zwischen diesem und der nächsten Häuserzeile gähnte eine Lücke, für die, wie ein letzter Zahn, ein Backsteinblock mit demonstrativer Häßlichkeit zu büßen schien. Das polnische Ufer wirkte dürftig auch in der Besiedlung, die erst auf der Höhe in Gestalt einer Häuserzeile mit Giebelchen, Balkonvorbauten und falschem Fachwerk einsetzte. Dahinter erhob sich die Silhouette hoher Plattenbauten, und erst ein Stück flußaufwärts war die Kuppel eines historischen Prunkbaus zu erkennen. Beim Zollhaus-Container auf der Brücke herrschte bereits ein reges Hin und Her von Fußgängern und Radfahrern.

An seinem erhöhten Standort genoß Klaus die Fülle des Augenblicks; hier hatte er etwas verloren. Ein Lokal am Untermarkt, das eigentlich noch nicht offen war, ließ ihn auf einem Stühlchen sitzen. Mit dem jungen Kellner, der ihm Kaffee brachte, probierte er den Flüsterbogen aus, einen Toreingang, dessen Steinkehle ein leises Wort, das in der Nähe ungehört blieb, vernehmlich auf die andere Seite des Bogens leitete. Das Flüsterwort »Imogen« kam als »immer schön« drüben an.

Als er Börse und Waaghaus umschritten hatte, saß der Bekannte schon unter einem Sonnenschirm und nahm die Pfeife aus dem Mund, um Klaus zu umarmen. Sie bestätigten einan-

der, in zwanzig Jahren nicht älter, nur schöner geworden zu
sein. Balthasar war nicht mehr füllig, wie zur Zeit der »Sätti-
gungsbeilage«; daß sein Schnauzbart grau geworden und ver-
wildert war, ließ ihn eher ungebändigt als ungepflegt aussehen.
Seine Gesichtsfarbe wirkte nicht mehr ungesund, und seine
geröteten Augen ließen eher auf Pfeifenrauch schließen als auf
Bluthochdruck. Seine Stimme, einst gepreßt, war nur noch
bedächtig. Nicht redete nicht, er *formulierte* und gab seine
Verlegenheit darüber mit regelmäßigem Räuspern zu erkennen.

Er war Deutschlehrer am Augusteum gewesen, mit einem
Zwischenspiel im Gefängnis. Sein Vater hatte im Moskauer
Exil als eigensinniger, doch zuverlässiger Kommunist gegolten; dafür hatte der Sohn entschieden *keine* Karriere gemacht,
weil er unfähig war, »sich an der herrschenden Gemütlichkeit
der Machtverwaltung gewinnbringend zu beteiligen«. »Der
Kommunismus hat sich selbst früher aufgegeben als ich ihn,
und seit ich unsere Differenz hinter Gittern auszubaden hatte,
weiß ich, daß er eine Religion für Einzelgänger ist.« Er hatte
seiner Obrigkeit den unbrüderlichen Einmarsch in die Tsche-
choslowakei »nachhaltig verübelt« und war danach »vorläufig
endgültig« vom Schuldienst dispensiert worden. Seine Frau
Anna bekleidete eine Funktion im Kulturbund; »das war ihr
Pech und mein Glück: sie war stark genug, an beidem festzuhalten, an der Partei und an mir, und so wurde aus dem
sinkenden Schiff eine kleine Insel, auf der sich das Ende der
DDR erleben ließ – dabei waren wir uns einig, daß wir es nicht
gewünscht hatten.«

Was für die DDR sprach: sie hatte Balthasar seiner Frau zur
Bewährung überlassen. »Aber ohne Gersdorf hätten wir es
beide nicht geschafft.« Adolf Traugott von Gersdorf, 1744-
1807, war Mitbegründer einer hiesigen Gelehrtenrunde, der
Oberlausitzischen Gesellschaft zur Beförderung der Natur-
und Geschichtskunde, und bei ihrer Nachfolgeorganisation
war Nicht, als Lehrer suspendiert, als wissenschaftlicher Mu-

seumsdiener untergekommen.« »Wollte sich die Obrigkeit mit diesem Vorfahr des Fortschritts schmücken, so mußte sie mich in Kauf nehmen. Ich flüchtete mich auf seinen geschichtlichen Boden, der war solide genug, mir als Exil im eigenen Land zu dienen. Wie wäre ich ohne seine Schweizer Reise 1786 zu meiner eigenen 1983 gekommen! Zweihundert Jahre nach seinem Tod durfte einer auch Junker gewesen sein, wenn er für Wohl und Bildung seiner Untertanen etwas geleistet hatte. Ich habe der DDR einen Gersdorf geliefert, mit dem sie sich zeigen durfte, einen Philanthropen, Sozialreformer, Naturliebhaber, Zeichner, Sammler – ein wenig Kosmetik vertrug er auch, denn von Haus aus ist er ein Pedant. Lesen kann man ihn nicht, aber edieren und kommentieren. – Man kann eine internationale Gersdorf-Gesellschaft gründen, die zwar nur aus einem Dutzend Narren besteht, aber ihre Verteilung hält sich nicht an die Grenzen des kalten Kriegs. Ich hatte das Kopräsidium zusammen mit einem Justizrat aus Bamberg, einer CSU-Eminenz, die für unser Politbüro interessant war, weil es ihn für einen Spezi des Landesfürsten hielt, und der war bekanntlich so souverän, in die DDR zu investieren. Diese Verbindung hat mir zwanzig Jahre Immunität verschafft – und nach der Wende so viel Honorigkeit, daß ich ans Gymnasium zurückkehren und meine inzwischen abgewickelte Frau beinahe redlich ernähren durfte. Erst als die neuen Herren dahinterkamen, daß ich Marx und Engels immer noch als Klassiker behandelte, begannen sie an mir irre zu werden, und wieder war es Gersdorf, das heißt: mein CSU-Bürge Stoffregen aus Bamberg, der mir eine Gnadenfrist verschaffte. Als ich frühpensioniert wurde, trat Anna wieder eine Stelle beim Arbeitsamt an. So kamen wir mit verteilten Rollen über die Runden, und ich konnte mir leisten, für Gersdorf ehrenamtlich tätig zu sein. Die »Gesellschaft« legt hie und da ein Ei, auch wenn heute kein Hahn mehr danach kräht – immerhin, einen Proselyten habe ich gemacht. Deinen Freund Iring. Als ich ihn kennenlernte, nannte er sich anders. Doch deiner Beschrei-

bung sieht er sehr ähnlich. Er machte mir den Eindruck, auf
der Flucht zu sein. Gersdorf als Fluchthelfer, immer noch
bewährt.«

Klaus war hungrig und ließ den Freund, der sich mit Kaffee
begnügte, gerne reden; es war diesem ein Bedürfnis, über dem
er sogar die Pfeife ausgehen ließ. Balthasar war bis auf diesen
Tag zwar niemandes Genosse, aber ein Genosse geblieben,
auch wenn sich der Genuß an den erklärten Trägern dieses
Titels in Grenzen gehalten hatte. Jetzt, da Kommunismus keinen Fitneßvorteil mehr brachte, hielt Nicht schadenfroh daran fest, auch wenn der Schade nur sein eigener war. Er hatte
»Gewicht abgeworfen« seit dem Tod seiner Frau, die am Ende
nur noch gekocht und kaum mehr gegessen habe. Dabei hätte
ihre Küche auch Kafkas Hungerkünstler ernährt! Jetzt habe er
das Essen durch das gesündere Rauchen ersetzt. Räuchern sei
eine erprobte Art, Fleisch haltbar zu machen.

Als Pfeifenraucher war Nicht noch deutlicher der letzte
Mohikaner, immer eingedenk der Tatsache, daß ein solcher
noch eher seinen Skalp hergegeben hätte als seine Pfeife. Denn
ihr Rauchzeichen bedeutete dasselbe wie für andere Leute das
Hosianna der Engel: Friede auf Erden. In Görlitz war zu
DDR-Zeiten nicht nur der Nicht bekömmliche, sondern Pfei-
fentabak als solcher rarer gewesen als Bananen, so daß er sich
von Stoffregen regelmäßig alimentieren ließ – »dabei ist er
Herrnhuter und betrachtet auch Gersdorf als solchen. Stell
dir vor, mit so einem teile ich meinen Geschmack! Aber auch
wenn er CSU wählt, ihm wird verziehen, denn er hat viel geraucht.« Einem wahren Christen würde noch eher einfallen,
selbst aufzuhören, als einen Bruder in Gersdorf ohne Tabak
sitzenzulassen. Leider sei Stoffregen fünfundachtzig, und sollten die Tabakfeinde ihre Drohung wahrmachen, alle Raucher
zu töten, die sie auf jeden Beutel drucken ließen, sehe er
schwarz wie Latakia für sein spezielles Ost-West-Verhältnis
– Unwandelbarkeit durch Abstand. Stoffregen mißbrauche
sein Tabakmonopol erzieherisch, seine wöchentliche Liebes-

gabe sei von fränkischer Sparsamkeit; hundert Gramm wö-
chentlich seien zuwenig zum Leben, zuviel zum Sterben.
Und ein Leben in Görlitz, das dazwischen etwa in der Mitte
liege, verführe zum Abusus. Dagegen habe früher die Schule
geholfen, wo er sich vier Stunden lang auf die nächste Pfeife
gefreut habe; jetzt müsse es wieder Gersdorf tun, denn in der
Nähe seiner staubtrockenen Journale verbiete sich jeder Umgang mit Feuer und Brand.

Wann ist deine Frau gestorben?

Gerade noch im vergangenen Jahrhundert. Seine letzten
Stunden waren auch die ihren. Als ich eine Flasche aus dem
Kühlschrank holte, um mit ihr anzustoßen, blieb sie sitzen
und antwortete nicht mehr. Aber sie behielt die Augen offen.
Sie schien etwas kommen zu sehen. Ich habe sie ihr nicht
zugedrückt.

Ich habe sie leider nicht kennengelernt.

Du hast etwas verpaßt.

Woran ist sie gestorben?

Ist einfach weniger geworden. Wollte nicht mal wissen, daß
sie krank war. Keine Ärzte, keine Obduktion. Ins Krematorium, und dann ab in die Neiße, ohne Rest. – Der *Millennium
Bug* war's nicht. Ist sie an mir gestorben? Man soll sich nicht
überschätzen. Geraucht hat sie nicht – und am Mitrauchen zu
sterben war damals noch nicht Mode. – Man sucht sich seine
Engel nicht aus, sie können aussehen wie Herr Stoffregen. Wie
lange bleibst du in Görlitz?

Bis ich weiß, wo Iring ist.

Ich kann dir erst mal zeigen, wo er war. An meinem Ar-
beitsplatz drüben, im Barockhaus – auch du kommst um
Gersdorf nicht herum. Und nicht am Heiligen Grab vorbei.
Oder am »Vagabund«, wo wir uns zum Mittagessen trafen.
Das sind Spuren.

Ich glaube, er war selbst auf Spurensuche hier.

Wonach?

Wenn ich das wüßte, wäre er leichter zu finden.

Wenn er auf der Flucht war, könnte uns seine Fluchthelferin interessieren. Sie kam von drüben, eine kleine Schwarze, sehr appetitlich.

Hilfst du mir? fragte Klaus.

Wenn ich dazu rauchen darf. Du hast mir noch nichts von dir erzählt.

Erst muß ich dich anpumpen.

Er gestand das Mißgeschick mit den vergessenen Papieren.

Kommt mir bekannt vor, sagte Nicht. Er sei auch einmal mit nichts in der Tasche – denn wer gab ihm etwas für buntes Papier der Deutschen Notenbank? – in die große weite Welt gereist. Du weißt vielleicht gar nicht mehr, wer mir damals mit fünfhundert harten Franken ausgeholfen hat. Ich erinnere mich nicht, sie dir je zurückgegeben zu haben. Jetzt packe ich meine Chance.

Damals war ich noch ein reicher Jüngling. Aber ich stehe im Dienst einer selbst für Schweizer Verhältnisse reichen Dame. Iring ist immer noch ihr Ehemann. Jetzt muß ich sie wohl bitten, meine Sachen nachzuschicken.

Wohin?

Ins Hotel, wenn du mir eins empfehlen kannst.

Wohn bei mir, dann hast du eine Adresse und ein wenig Infrastruktur dazu. Du kannst telefonieren und chatten, ich bin ganz gut vernetzt, sogar sozial. Ich verbiete dir aber, von Umständen zu reden. Du machst mir nur solche, die willkommen sind.

Klaus bedankte sich. Ich bin an deinem Haus schon vorbeigegangen.

Es ist ein Gespensterhaus, das weißt du hoffentlich zu schätzen. Gregor Gobius, Stadtrichter und Alchimist, balsamierte darin seine Frau ein, eigenhändig, und als er 1685 starb, blickte er aus dem Schlafzimmerfenster – heute meinem – dem eigenen Leichenzug nach. Seither soll er ihn in mondlosen Nächten mit schwarzen Pferden durch die Stadt kutschieren. Seine Gruft auf dem Nicolaifriedhof zeigt ihn in ganz großer

Form. Er dürfte deinem Iring nicht entgangen sein. Hast du ein Bild von ihm? Ich möchte es sehen, damit wir auch bestimmt vom selben Mann reden.

Klaus grub »Zeichen und Wunder« aus dem Rucksack und zeigte das Foto auf der Umschlagklappe; es war allerdings dreißig Jahre alt.

Jetzt kann ich dir fast versprechen, daß wir diesem Gesicht begegnen.

Wo? fragte Klaus überrascht.

Heute sieht er aus wie E.T. mit Bocksbart, aber ich möchte wetten, er ist auch nie wirklich jung gewesen.

Ich kann dir ein Kinderbild zeigen, sagte Klaus und zog eine Kopie des Fotos von Constanzes Maifest 1949 aus dem Rucksack. Nicht bewaffnete seine Augen mit einer Brille und erforschte es gründlich.

Was für ein Jüngelchen, sagte er nach einer Weile. – Er schien keinerlei Mühe zu haben, Iring zu identifizieren. Dann sah er Klaus über die Brille in die Augen und sagte: Und was bist du für ein Kerl geworden.

Wie meinst du? fragte Klaus verblüfft.

Ich *meine* nie, sagte Nicht und steckte die Brille wieder ein. Du hast ihm Gestalt voraus. Aber hast du seine Stimme gehört? Ein Glockenton, der muß Berge versetzen.

Wie habt ihr euch getroffen?

An Boehmes Grab.

RETTET BÖHMEN! rief Klaus.

Ist dir noch gut?

Das hat er in Nieburg hinterlassen, mit einer Zeichnung, die »Babylon« beschriftet war – es ist aber die Landeskrone! Und Böhmen ist gar kein Land, sondern Jacob Boehme im Akkusativ! »Rettet Böhmen!« Ich bin am rechten Ort.

Jetzt sollten wir nur noch wissen, was »rettet« bedeutet, sagte Nicht. Oder sollte es gar bedeuten, was es besagt? Aber an Boehme ist nichts mehr zu retten.

Er meint sich selbst, sagte Klaus. Kuhlmann hat sich als

Reinkarnation Böhmes verstanden, und Iring sich als Wiedergeburt Kuhlmanns.

Alles klar, sagte Nicht, ich verstehe nur nichts.

Später, Balthasar. Wie benahm er sich an Boehmes Grab?

Als er mich kommen sah, trat er brüsk zurück und starrte
mich an wie eine aufgescheuchte Fledermaus. Sind Sie Tou-
rist? – Ich bin Görlitzer. – Dann sorgen Sie dafür, daß dieser
Stein wegkommt. – Er deutete auf die Platte auf dem Grab, sie
ist ziemlich neu, wurde vor ungefähr zwanzig Jahren von
amerikanischen Boehme-Fans gestiftet. Ich fragte, was ihn
störe. – Der Stein lügt, das Grab ist leer, sagte er mit einer
Stimme, die Tote hätte wecken müssen, und wir waren allein
auf dem Friedhof. Das müssen Sie mir erklären, sagte ich in
meiner trockenen Art. Wo finde ich Sie denn? fragte er ganz
zivil. Ich nannte ihm die Adresse des Museums. Oh, die Bibliothek muß wunderbar sein, sagte er. Was ich bestätigte; wir
verabredeten uns für den nächsten Vormittag, er interessierte
sich gleich für Gersdorfs Journale. Danach kam er jeden Tag
um elf und schrieb eigenhändig die Schweizer Reise ab, ko-
pierte auch Zeichnungen und Panoramen freihändig und doch
exakt – das stellte ich hochachtungsvoll fest und sorgte dafür,
daß er als wissenschaftlicher Gast eingelassen wurde. Er wußte es zu schätzen, jedenfalls ließ er sich zum Mittagessen einladen, bat nur um einen Tisch, an dem wir nicht beobachtet
werden konnten, vergewisserte sich über die Fluchtwege.
Man sei hinter ihm her.

Wer?

Eine Frau – er machte den nicht eben glücklichen Versuch,
mich in ein männliches Einverständnis zu ziehen, ohne erklä-
ren zu müssen, worüber. Von Boehme redeten wir nicht mehr,
aber von Gott und der Welt, und seine Bemerkungen über
Liebe frappierten mich so, daß ich mir das Beste notiert habe.
Er hatte die Karten von Görlitz im Kopf, und zwar aus allen
Jahrhunderten; am meisten interessierte ihn das Heilige Grab.
Seine Fragen setzten mich oft in Verlegenheit – ich bin hier

aufgewachsen, aber doch kein Antiquar. Über Gersdorfs Schweiz hätte ich Bescheid gewußt; wer für Goethe zu dumm ist, muß sich an Gersdorf halten. Sein physikalisches Laboratorium ist, wie man heute sagt, genial. Als Iring die elektrischen Gemälde sah, die sogenannten Lichtenbergschen Figuren, gingen ihm die Augen über. Darin stecke die Energie Europas, in Görlitz stehe sie überhaupt knüppeldick. Er könne nicht sterben, bevor er mit seinen Ausgrabungen zu Ende sei.

Ausgrabungen?

War wohl bildlich gemeint. Er sah nicht aus wie einer, der eine Schaufel halten kann. Wenn ich nachfragte, wurde er schweigsam. Angeblich zu meinem Schutz.

Er fürchte sich vor einer Frau; warum?

Sie wolle ihn das Licht der Welt nicht erblicken lassen.

Das klingt ja, als rede er von seiner Mutter.

Wer weiß. Es scheint, seine Eltern stammen aus dieser Gegend.

Sein Vater hat sich am Kriegsende umgebracht, ein SS-Mann – Toblers Einladung hat ihn nicht gerettet. Doch wenn er ein Grab hat, müßte es in Görlitz sein. Seine Mutter lebte mit zwei Kindern irgendwo in Niederschlesien, und sie mußten zusehen, wie sie von Russen vergewaltigt wurde.

Woher weißt du das alles?

Er hat es selbst aufgeschrieben und in Nieburg hinterlassen, zusammen mit seinen Papieren – Paß, Kreditkarten, alles.

Es scheint, du machst ihm einiges nach.

Ich habe die Dokumente sogar selbst von ihm in Empfang genommen und erkannte ihn nicht – hielt ihn für einen Postboten.

Wann war das?

Ende April. Ich war gerade erst eingezogen – ins Kutscherhaus der Villa meiner Gastgeberin. Sie ist Irings Frau, er wollte eigentlich zu ihr, aber sie war verreist – ihre Mutter war gestorben. Die weiße Dame auf dem Foto von 49.

Und ihre Tochter wäre das Kind auf dem Kutscherbock, Irings Kinderbraut.

Das wirklich seine Frau wurde. Aber sie leben seit bald dreißig Jahren getrennt.

Und nach so langer Zeit wollte er zu ihr und ließ ihr all seine Papiere da. Du ziehst aus, um ihn zu suchen, und sie bleibt fein sitzen. Es scheint, sie kann's abwarten. Ich kenn dich wenig, aber als Ehestifter noch gar nicht.

Ich will ihn finden, Balthasar. Ich habe auch ein Geschäft mit ihm.

Aha. Nun ja. Ungeheuer ist viel, doch nichts ungeheuerer als der Mensch, wie die Berliner sagen.

Wann hast du ihn zum letzten Mal gesehen?

Am Montag nach Himmelfahrt kam er noch mal ins Museum, am 1. Juni, glaube ich. Verabschiedet hat er sich nicht. Ich kann dir zeigen, was er gelesen hat. Aber erst kommst du in die Wohnung, legst ab und ruhst dich aus.

Danke. Aber ich bin nicht nach Görlitz gekommen, um mich auszuruhen. Ich habe dir noch nicht alles erzählt.

Laß dir Zeit, sagte Nicht.

3 Johanniter-Krankenhaus

Es war elf Uhr, als sie auf der von Zierreben überrankten Terrasse saßen, mit der sich Nichts Wohnung gegen den Innenhof öffnete. Sie lag im obersten Stock und erlaubte einen – von einem Ahorn eingeschränkten – Weitblick über die nächste Dachzeile hinweg ans andere Neißeufer, von dem freilich nur die obere Randbebauung zu sehen war. Zu dieser Dach-Oase gelangte man durch das Zimmer, das Klaus gerade bezogen hatte. Nicht bezeichnete es als Gastzimmer, aber der Einrichtung konnte Klaus entnehmen, daß es das Zimmer von Nichts Frau gewesen war.

Sie hatte Grün nötiger als ich, aber gestorben ist sie in meinem Arbeitszimmer; sie liebte es, im Ohrensessel zuzusehen, wie ich mich beschäftigte. Ich nahm Akten nach Hause und gab mir den Anschein. Vielleicht suchte sie einen Vorwand, ein wenig Gemeinsamkeit nachzuholen.

Nicht hantierte mit der Gießkanne an einem Kübel Kapuzinerkresse.

Ein schönes Haus, sagte Klaus.

Wart erst, bis du in Görlitz ganz andere siehst, Hallenhäuser, Durchhäuser, gotische Säle, Renaissancehöfe, barocke Residenzen – dies hier ist nur mein Elternhaus. Weggekommen bin ich ja nie. Abstecher in sozialistische Bruderländer, natürlich in die Schweiz, in Bulgarien waren wir am Meer. Als es möglich wurde, reisten wir nicht mehr. Nur noch ans andere Ufer. Es war unser Hobby, die alte Neustadt wiederzuentdecken, wo Anna geboren wurde, Sylvester 44. Da gab es mal Modellsiedlungen und Konzerte im Park. Ich habe ein wenig Polnisch gelernt, damit ich mit Kollegen von drüben zusammenarbeiten konnte. Unsere Schüler hatten die Idee

zuerst, Görlitz und Zgorzelec könnten für die Kulturhauptstadt 2010 zusammenspannen. Was die Geschichte getrennt
hat, kann eine neue Geschichte wieder zusammenfügen. Aber
dafür muß man die alte auspacken dürfen. Unsere Schüler
haben einander erzählt, wie sie leben, jeder in seiner Sprache;
und wenn sie sich selbst dabei zuhören lernten, verstanden sie
auch die Sprache der anderen besser. Aber wenn wir über die
Neiße wollen, brauchst du einen Paß. Du solltest deine Gastgeberin anrufen.

Das geniert mich.

Es wäre doch die Gelegenheit, ihr zu melden, daß wir ihren
Mann gefunden haben, leider.

Was heißt das, bitte? Und warum »leider«?

Der Mann, der sich Dimitrij nannte, kam ins Johanniter-
Krankenhaus, mit einem Schlaganfall. Vollständig gelähmt.

Warum sagst du mir das erst jetzt?

Weil ich mich an die schwache Hoffnung klammerte, er sei
gar nicht dein Iring. Als ich ihn im Krankenhaus besuchte,
hatte er keinerlei Papiere bei sich – jetzt weiß ich ja, warum.
Ich kannte nur den Namen, den er mir selbst genannt hatte –
Dimitrij Kuhlmann. Kuhlmänner gibt es in Deutschland wie
Sand am Meer, aber keinen Dimitrij – was mich nicht gewundert hat. Der Name steht für einen historischen Schwindel.
Schiller wollte ein Stück draus machen und ist darüber gestorben.

Balthasar – wenn du zur Sache kommen könntest.

Der einzige Mensch, der ihn besuchte, kannte ihn nur als
»Udi«. Eine Frau. Nun heißt er also Iring Selber. Und wir
müssen uns gut überlegen, wie wir weitergehen.

Wie kamst *du* darauf, daß er im Krankenhaus lag?

Durch einen Pfleger. Niklas arbeitete als Zivi in der chronischen Abteilung und wohnte da unten in der Hothenstraße –
wir trafen uns donnerstags im Weinhaus Pleyer zum Schach.
Ich schlug ihn regelmäßig, er verlor auch die Revanche, und
eines Tages erklärte er sich sein Defizit mit dem Einfluß meiner

Pfeife. Er war selbst mal Kettenraucher – Konvertiten sind die schlimmsten, und zu einer Sekte gehört er auch noch. Weißt du, was ein Hirnschlag ist? fragte er mich. Gestern wurde einer eingeliefert, wenn du den siehst, rührst du keine Pfeife mehr an. Da sticht mich der Hafer, und ich sage: wenn du mich heute mal schlägst, seh ich mir auch deinen Schlaganfall an. Die Wette gilt? fragte er, und sein Herr muß ihn gehört haben, denn er schlug mich mit Blindheit, ich übersah eine einfältige Kombination und war schachmatt. Ein Mann, ein Wort – ich begleitete Niklas auf seine Intensivstation, und wen finde ich da: meinen Freund Dimitrij, aber kaum noch wiederzuerkennen. Er liegt an Schläuchen, unansprechbar, wachsgelb, alles schon zu, auch die Augen. Er sei am Himmelfahrtsmorgen im Städtischen Friedhof gefunden worden – und der wird nachts zugemacht. Also weiß niemand, wie lange er da gelegen hat. Ich sagte: er ist mein Freund. Und ein Freund Traugott Adolf von Gersdorfs. Das reichte ihnen nicht ganz. Und das Beste: der Mann ist gar nie ein Raucher gewesen!

Warum fahren wir nicht gleich hin?

Dagegen spricht zweierlei. Erstens: er konnte für sein Pseudonym gute Gründe haben. Die DDR hat mich zum Freund des Datenschutzes gemacht.

Und zweitens?

Zweitens? Er ist nicht mehr da.

Nicht mehr im Krankenhaus? Wo denn?

Wenn ich das wüßte.

Klaus zählte innerlich bis zehn. Dann fragte er: Schmeckt dir die Pfeife?

Nein.

Weißt du, an wen du mich erinnerst? An den polnischen Grafensohn, der seinen alten Diener fragt, ob zu Hause alles zum besten stehe. O ja, nur die Katze hustet. Allmählich kommt heraus, wo sich die Katze erkältet hat: im Wasser, mit dem man vergeblich versucht hatte, den Schloßbrand zu löschen, der anläßlich des Begräbnisses der Frau Gräfin ausgebrochen ist, die der Herr Graf leider hatte erstechen müssen, weil sie mit ihrem Geliebten das ganze Familienvermögen durchgebracht hatte –

Soll dir der alte Diener was flüstern, junger Herr Graf? fragte Nicht und kratzte die Pfeife aus. – Wenn du einen Menschen siehst, der nicht einmal den Kopf schütteln kann, wenn Mitmenschen ihn mit *ihrer* Hilflosigkeit belämmern... dann kümmert es dich nicht mehr, ob er Dimitrij heißt oder Iring oder Karl Marx oder Jesus Christus. Dann dankst du nur noch Gott, wenn du ihn nicht mehr sehen mußt, und glaubst nur *zu gerne*, daß ihn jemand mitgenommen hat, der zuständiger war als du.

Ich entnehme deiner Antwort, daß Iring verlegt wurde. Gewiß im Einvernehmen mit den Ärzten. Also müssen sie auch wissen, wohin.

Nicht stopfte sich schon die nächste Pfeife. Welche Chance hat er? habe ich den Stationsarzt beim ersten Besuch gefragt. *Chance?* bekam ich zur Antwort. Bitte deponieren Sie Ihre Personalien, es wird die Polizei interessieren, was Sie über den Mann wissen. Für meine Verhältnisse unerschrocken, ging ich zum zweiten Mal ins Krankenhaus: wie konnte ich ihn hängenlassen? Aber siehe, diesmal saß schon eine Frau an seinem Krankenbett und las ihm vor, in einer unverständlichen Sprache. Er lag jetzt auf der chronischen Abteilung und hatte die Augen offen, aber erkannte mich nicht. Es geht ihm gut, sagte die Frau mit schwerem Akzent. In der einen Hand hielt sie ihr Buch, mit der andern seine Hand, eine blasse junge Frau, schwarzes Kopftuch, schwarzes Haar, schwarze Augen. Was lesen Sie ihm denn vor? Es geht ihm gut. Wenn sie nicht vorlas, sprach sie ihn an, Udi, sagte sie, Udi, Udi, Udi, der Singsang ging mir durch Mark und Bein. Sie kommt und geht ohne Gruß, sagte mir Niklas draußen, aber sie kommt jeden Tag. Seit sie ihn füttert, braucht er keine Magensonde mehr, sie massiert ihm Hände und Füße, bewegt ihm Schultern und Kopf, hebt ihm Arme und Beine, sie nimmt ihn in den Arm und liest ihm aus der Bibel vor – rauchst du immer noch? – Gehört sie auch zu deiner Sekte? frage ich, das Wort hört er nicht gern. Wenn es Ihm gefällt, kann Er Tote erwecken, Sein Name sei gelobt.

Ich frage mich: war die Person eine von denen, die »hinter ihm her waren«? Iring hatte mir sogar einen Namen genannt: Vreni; aha, dachte ich mir, er hat Glück. Eine Schweizerin. Aber so sah die junge Frau nicht aus. Das nächste Mal wollte ich sie erforschen. Aber es gab kein nächstes Mal. Als ich vergangenen Mittwoch wiederkam, war Dimitrij nicht mehr im Krankenhaus. Ausgetreten, seine *Familie* habe ihn abgeholt. Die Stationsschwester, Laodizea, war mir bisher mit christlichem Wohlwollen begegnet. Wer außer mir – und Vreni – hatte sich um den unbekannten Notfall gekümmert? Wo ist Vreni? fragte ich die Schwester. Sie ist mitgegangen. – *Wo* sind sie jetzt? – Sie sind kein Angehöriger, Herr Nicht. Ich darf Ihnen keine Auskunft geben. Blieb Niklas – aber wo war Niklas? Oh, der leistet seinen Zivildienst nicht mehr hier, er ist im Sauerland, glaube ich. Ich glaube kein Wort, gehe an die Hothenstraße, wo Niklas wohnt – in einem Renovationsobjekt, das man monatsweise vermietet. Aber da sind schon Bauarbeiter zugange, kein Namensschild mehr: sogar die Klingel rausgerissen. Hörst du mir eigentlich zu?

Hatte Iring mit Griechen zu tun?

Nicht daß ich wüßte – Moment! Ja, doch, richtig: er war beim Griechenfest, im Mai – drüben in Zgorzelec, im *Dom kultúry*. Das findet jeden Frühling statt, und er sagte: *einmal* müsse er wieder Griechisch hören, und Neugriechisch sei besser als nichts – aber wie kommst du darauf?

Wenn Udi »Utis« hieße und Vreni Frini, dann hätte sie ihm nicht aus der Bibel vorgelesen, sondern aus der Odyssee.

Wenn Großmutter Räder hätte, wäre sie ein Automobil, sagte Nicht.

Andra moi ennepe Mousa, polytropon, hos mala polla… sagte Klaus. Klang es so, was die Frau vorlas?

Nicht musterte ihn erstaunt. Ungefähr … nur nicht so *deutsch*. Bist du auch noch Wahrsager?

Ich kombiniere nur. Iring war das liebste Kind seines Griechischlehrers, Imogens Vater – der Mensch fängt mit Homer an, pflegte er zu sagen.

Dann weiß ich ja, was ich zu tun habe, wenn ich ein Mensch werden will.

Erst gehen wir zum Johanniter-Krankenhaus, sagte Klaus.

Wenn du meinst, sie sagen dir mehr als mir?

Es war zwei Uhr, als sie am Demianiplatz den B-Bus bestiegen und in die westliche Vorstadt fuhren. Klaus starrte aus dem Fenster. Babylon, sagte er. *Babylon!*

Wenn du die Landeskrone meinst.

Vor ihnen erhob sich der bewaldete Hügel exakt so, wie ihn Iring gezeichnet hatte. Die Spitze darauf gab sich als Fernmeldeturm zu erkennen.

Das Sträßchen zwischen Vorgärten, wo sie dem Bus entstiegen, weitete sich zum offenen Platz. Sie standen vor der gelbgetünchten Fassade eines viergeschossigen Baukörpers von klösterlichem Ernst mit einem Uhrtürmchen auf dem Dach. Im Teich davor kreiste ein einzelner Schwan mit geblähten Flügeln um die baumbestandene Insel, als hätte er einen Rivalen einzuschüchtern.

Nicht steuerte am Empfang vorbei die Granittreppe an, die im vierten Stock zur Abteilung der chronisch Kranken führte. Vor der verglasten Tür lief ihnen eine weißgekleidete Nonne über den Weg.

Schwester Laodizea, sagte Nicht.

Sie musterte die Besucher durch ihre Stahlbrille.

Dieser Herr ist Schweizer und schreibt eine Reportage über Görlitz. Unser Gesundheitswesen interessiert ihn.

Ich bin beschäftigt.

Wir sprachen gerade von Herrn Selber. Herr Marbach kennt ihn, und die Nachricht von seinem Schicksal hat ihn erschüttert.

Er ist nicht mehr bei uns, sagte sie und hatte damit schon etwas preisgegeben: mit »Selber« hatte es seine Richtigkeit.

Herr Marbach hat eine Nachricht für ihn, sagte Nicht mit ruhiger Schärfe, von seiner Frau.

In diesem Augenblick trat ein junger Mann im Arztkittel aus der nächsten Tür.

Was wünschen Sie?

Die Herren wollten zu Herrn Selber, sagte Schwester Laodizea.

Sind Sie von der Presse? fragte der Arzt. Der Bügel des Stethoskops hing ihm aus der Tasche, unter seinem Kittel wurden modisch geflickte Jeans sichtbar, und er trug Turnschuhe.

Ich komme im Auftrag seiner Frau, erklärte Klaus.

Er konnte sehen, daß er mit dieser Bemerkung blankes Erstaunen auslöste.

Seiner Frau? fragte Schwester Laodizea.

Sie wohnt in badisch Nieburg, antwortete Klaus.

Er *ist* doch bei seiner Frau, sagte die Schwester. Der Arzt setzte mit dünnem Lächeln dazu: Vielleicht überblicken wir seine Familienverhältnisse nicht ganz.

Es ist *unglaublich*, sagte Klaus, daß man unterlassen hat, Frau Selber vom Zustand ihres Mannes zu benachrichtigen.

Herr –, sagte der Arzt, die Dame, von der Sie sprechen, war uns bisher unbekannt. Wenn sie seine Ehefrau ist, braucht sie nur zu kommen und sich auszuweisen. Herr Selber ist als Notfall ohne Papiere eingeliefert worden, er war nicht mehr in der Lage, uns über seine Identität aufzuklären. Nachdem sie von der Polizei *einwandfrei* festgestellt war, hat er auf Wunsch seiner Angehörigen das Krankenhaus *ordnungsgemäß* verlassen.

Wenn Sie so freundlich wären, uns diese Angehörigen zu nennen, sagte Nicht.

Die Direktion ist Büro sechs im ersten Stock. Und jetzt entschuldigen Sie mich.

Können wir das Zimmer sehen, in dem Herr Selber gelegen hat?

Wenn es nicht belegt ist: bitte sehr.

Nachdem der Arzt gegangen war, entspannte sich Schwester Laodizea; sie schloß die halb aus Milchglas bestehende Tür auf, die durch den Tagesraum zur Abteilung der chronisch Kranken führte. Alte Männer und Frauen im Negligé waren in Rollstühlen und am Tropf um ein Fernsehgerät vereinigt, in dem ein Trickfilm zappelte. Die aufgeregt quäkenden Stimmen verbreiteten die Atmosphäre eines Kindergartens, während die Menschen bewegungslos blieben. Dann öffnete Schwester Laodizea die Tür zu einem kleinen Raum. Durch das Fenster blickte die im Nachmittagslicht badende Landeskrone.

Die Zurückhaltung, mit der sich Schwester Laodizea über den Austritt äußerte, schien jetzt eher menschliche Gründe zu haben als rechtliche. Um so klarer redete sie die Sprache der Klinik. Der Zustand tiefer Bewußtlosigkeit sei in ein Wachkoma übergegangen, in dem der Patient wieder selbsttätig geatmet und sogar geschluckt habe. Eine Art Mienenspiel sei zurückgekehrt, erst ohne Zusammenhang mit der Außenwelt. Später habe sich die Augenbewegung teilweise wieder fokussiert; mit dem linken Auge könne er gar zwinkern. Sollte es dabei bleiben, wäre der apallische Zustand einem *Locked-in-Syndrom* gewichen.

Locked-in-Syndrom?

Es bedeute, daß nicht nur das Empfindungsleben, sondern auch die geistige Kapazität möglicherweise voll präsent seien, sich aber in einem gänzlich gelähmten Körper nicht mehr mitteilen könnten. Der Patient wäre lebendig begraben.

Er hat oft geweint.

In dem Raum mit dem leeren Bett war es still.

Sie *hören*, sagte sie. Sie hören *alles*.

Schwester Laodizea, sagte Nicht, ich habe ihm meinen Pullover dagelassen, kamelbraun, ein Geschenk meiner verstorbenen Frau.

Den trug er, als sie ihn holten.

Wer, Schwester Laodizea? Wer hat ihn geholt?

Sie haben gehört, daß ich keine Auskunft geben darf.

Wir danken Ihnen, Schwester, sagte Klaus und nahm Nicht beim Arm.

Über seine Pflege machen Sie sich bitte keine Sorgen, sagte die Schwester. Davon hat er mehr, als wir ihm bieten konnten. – Leiser fügte sie bei: Und die Dame, nach der Sie gefragt haben, ist auch bei ihm.

4 Nach Zgorzelec

Zum Nachtessen im »Vagabund« fehlte beiden der Appetit; sie stocherten in einem Gebirge verschiedenfarbiger, gleichmäßig fader Salate. Erst beim Schlummerbecher auf dem Dachgarten kam ihnen die Sprache wieder.

Sie waren sich einig, auf Amtshilfe zu verzichten – zu sicher war sich das Krankenhaus gewesen, daß es von der Polizei nichts zu befürchten habe. Und wenn Frini mit Iring verschwunden war, mußte ihre Spur auf die seine führen. Sie hatte auf der polnischen Seite gewohnt. Klaus drängte nach Zgorzelec.

Balthasar wiegte den Kopf. Iring habe von regelmäßigen Besuchen am Heiligen Grab berichtet, in der Morgen- und Abenddämmerung. Wenn es einen Ort gibt, Klaus, der uns Irings Aufenthalt verrät, dann dieser. Morgen wollen wir frühe auf sein. Frühstücken können wir nachher – auch in Zgorzelec, wenn du willst.

Klaus' Schlaf war unruhig gewesen; ein Wachtraum hatte das ungewohnte Bett wieder zu Annas Sterbebett gemacht. Draußen hörte er Regen plätschern; als er, um fünf Uhr wach geklopft, noch im Schlafanzug ins Freie trat, blickte er in einen Himmel von stumpfem Grau. Der Tag versprach wieder schwül zu werden.

Sie wanderten über Unter- und Obermarkt in der Richtung des »Kaisertrutz« genannten Festungsrundbaus, dann durch den »Grünen Graben« an einer Fabrik vorbei auf die Heilige-Grab-Straße und folgten den Straßenbahnschienen bis zur Einmündung der Friedhofstraße. Dann bog Nicht auf einen Spielplatz ab, hinter dem die Gebäude zu sehen waren, die Klaus aus Abbildungen kannte; doch hatten sie die spätgotische Kreuzkapelle nicht so hochbeinig gezeigt. Nicht riegelte die Gartentür auf, verschloß sie geräuschlos wieder von innen und legte den Finger auf den Mund.

Das Heilige Grab war das nächste Bauwerk dicht am Hag, durch den sie gekommen waren, eine fast einfältig wirkende Steintruhe mit einer quadratischen Vorder- und einer halbrunden Hinterhälfte, die von einer romanischen Scheinkolonnade umlaufen war. Dem flachen Dach war eine maurisch aussehende Laterne aufgesetzt, den Eingang säumten zwei kniehohe Steinplatten wie Wände einer Schleuse. Ein größerer Quader lagerte quer vor dem Eingang. An der Hinterwand des Vorraums, auf einer Steinbank, stand ein Strauß weißer Blüten.

Sie war schon da.

Frini? Wie kam sie herein?

Dimitrij hatte einen Schlüssel zur Gartentür.

Nicht war in das niedrige Gelaß getreten. – Der Strauß ist noch frisch. Also besucht sie das Grab, und gewiß nicht während der normalen Öffnungszeit.

Dann haben wir ja nichts weiter zu tun, als jeden Morgen wiederzukommen.

Und jeden Abend. Genau das tun wir auch. Kennst du die Blumen, Hellene? Asphodelen. Sie gedeihen in der Unterwelt.

Das Gelände war eingefriedet, vom Beton des modernen Torgebäudes und von fensterlosen Rückseiten großer Wohnblocks; nur nach Osten öffnete sich der Blick in eine parkförmig wirkende Landschaft.

Da geht's ins Tal Kidron, nach Gethsemane und zum Ölberg, sagte Nicht, wir pilgern noch hinauf. Aber wir beginnen mit dem Besten, wie Kinder. Der Auferstehung. Siehe, das Grab ist leer. Auf dem Stein, wo die Blumen stehen, wurde den Frauen ein Wunder verkündet.

Nach ein paar Schritten standen sie vor dem vergitterten Salbhäuschen, dessen Türflügel offenstanden wie die einer Kirchweihorgel. Im Inneren war eine Pietà in natürlicher

Größe zu sehen. Der Leichnam lag quer über die ganze Länge des Gitters; hinter ihm kniete eine Frau mit verhülltem Haar und öffnete die Arme gegen ihn. Bittend? beschwörend? einladend?

Siehst du Iring? fragte Nicht.

Ein so athletisches Mannsbild war er nicht.

Das Heilige Grab hat ihm gefallen. Die Görlitzer Kopie ist echter als das Jerusalemer Original – das sie unter Umbauten verschüttet haben. Aber als der Stifter ins Heilige Land pilgerte, um Buße zu tun für ein gebrochenes Eheversprechen, baute er hier exakt nach, was er dort gesehen hatte – sagt die Legende. In Wirklichkeit wurde die Anlage aus einer zeitgenössischen Druckschrift abgekupfert, und sogar der Stifter war eine Schöpfung seiner Nachkommen. Wahr ist: das Patriziat konnte sich etwas leisten. Der Sechsstädtebund war unsere beste Zeit. Fing die Schweiz nicht auch mit sechs Kantonen an?

Du verwechselst uns mit den Irokesen.

Jedenfalls war der Bau eine gute Investition. Er lag vor den Toren und hat nie was abbekommen – nicht einmal im Dreißigjährigen Krieg. Wer plündert ein heiliges Grab, wenn es auch noch leer ist! Der Ort verführte sogar die Evangelischen zu einer Prozession, und heute bewegt der Verkehrsverein auch die Ungläubigen.

In der »Adamskapelle«, dem Erdgeschoß der Kreuzkirche, war ein gezackter Spalt in die Rückwand gemauert. Er zeichnete das Erdbeben in Christi Todesstunde nach, das die Grundfesten der Sündenwelt erschüttert hatte. Zum Hochgeschoß der »Kalvarienkapelle« gelangte man über eine Außentreppe. Der lichte, von Maßwerk überwölbte Raum zeigte auf steinernem Podest drei runde Löcher, in denen die Kreuze des Herrn und der Schächer gestanden hatten. Auf dem Altar hatten schon Besucher des 16. Jahrhunderts ihre Namen mit Messer oder Rötel verewigt.

Sie verließen den Monumentengarten wieder durch die

Hintertür; eine Senke führte sie über den Bach Kidron, der durch Schrebergärten einem algengrünen Teich zufloß. Sie stiegen bis zur Stelle auf, wo Jesus um das Vorübergehen des Kelchs gefleht hatte; der Park schien geradewegs zum Krematorium weiterzuführen, dessen Turmaufbau über die Wipfel lugte. Doch der direkte Zugang war versperrt; sie wichen auf eine Fahrstraße aus, die sie zum städtischen Friedhof hinaufleitete, und es war erst acht Uhr, als sie die Baumkorridore betraten, durch die man auf locker angeordnete Gräber blickte. Hier hatte Iring der Schlag getroffen; auf der Flucht vor wem?

Eine Schautafel illustrierte »das Leben auf dem Friedhof« an treuherzig gemalten Tierbeispielen; in die Darstellung von Uhu und Fledermaus hatte sich ein Zug gotischen Gruselns eingeschlichen. Später stießen sie auf ein Grab, das eigentlich ein eisenumzäunter Lindenstamm war. Am vorderen Gitter war eine Tafel angebracht: *Minna Herzlieb*, und auf der Kehrseite las man in goldener Frakturschrift die Legende zum Vorbild der Ottilie aus den »Wahlverwandtschaften«:

Göthe's Liebe verklärte Dir einst die glückliche Jugend
Göthe-Liebe, sie schmückt Dir das erlösende Grab.
Schon damals ein falscher Apostroph, sagte Nicht.

Wenn man um den Baum herumging, stieß man auf der Hinterseite unter einem Dächlein aus Plexiglas auf eine zweite Grabschrift:

Hier ruhet: / Die Appelat. Gerichtsräthin / Walch / geb.
Herzlieb / geb. d. 22. Mai 1789 / gest. d. 10. Juli 1865.

Die bürgerliche Lesart zur Dichterlegende, sagte Nicht. Hier wird die Dame auf den Ehemann geprägt und behält nicht mal ihren Vornamen. Beinahe hätte sie »Pfund« geheißen, stell dir vor: die Empfängerin von Goethes Sonetten als Madame Pfund! Da ist »Walch« noch besser, und Ehre dem Mann! Er hat nicht genossen, nur geschwiegen und bezahlt, bis hierher, ins Nervensanatorium des Dr. Kahlbaum. Minna Herzlieb, geboren im Jahr der Revolution, und dann: lebenslänglich im hochgeschlossenen Tüll. Was hat sie mit der Ottilie gemeinsam? Das Kopfweh. Aber wie bittersüß wird man mit der Vorstellung alt, man hätte Goethe glücklich gemacht.

Du bist ja ein Leser, sagte Klaus.

Jetzt zeige ich dir unsere *großen* Gräber.

Vor dem Frühstück?

Sie sollen dir den Atem verschlagen, nicht den Appetit. Der Nicolaifriedhof ist noch schöner als Görlitz. Meine nächste Adresse. Ich möchte zur Erde bestattet sein.

Nicht bei Anna?

Sie ist immer Wasser und Luft gewesen. Ich bin Erde.

Und ich?

Feuer, will ich hoffen. Sieh mal, da unten liegt unser Hausgenosse Gobius, Genießer des eigenen Leichenzugs. Und Jacob Boehme, der Achttausender seines Jahrhunderts. Neben ihm nur noch Shakespeare. Die Kugel und die Pyramide.

Die Gräber auf dem alten Friedhof standen einzeln wie verlorene Zitate, eine dem Verfall gewidmete Predigt aus Steinen, zugleich ein barockes Bilderbuch: Vasen, Girlanden, beschriftete Herzen, Kronen, ein Schiff, ein Baumdenkmal. Und immer wieder menschliche Figuren, denen Räuber die Köpfe entwendet, die Witterung den Umriß abgeschmolzen hatte, ohne ihre Schönheit ganz zu tilgen. Ein nördlicher Camposanto, der von den Mauergruften am oberen Rand zur Nicolaikirche abfiel; diese sah auch bei hellem Sonnenlicht noch finster herauf. Sie blieben am Grab Boehmes stehen; es gab kein Entrinnen vor dem Tiefsinn der eingemeißelten »Philosophischen Kugel«. Die auseinanderstrebenden Halbkreise des Guten und des Bösen berührten sich an der gemeinsamen Tangente des menschlichen Herzens. Und obwohl die Binnenstruktur der gemeißelten Flügel, genau besehen, verschieden war – dem rechten war das Profil der Dreifaltigkeit eingeschrieben, dem linken das Sündenlabyrinth –, blieb ihre Symmetrie vollkommen. Ein anschauliches Bild der Boehmeschen Ketzerei, nach welcher Gut und Böse dem Seelenfalter gleich nötig sind für den Flug zum Licht. Hatte Iring das Grab seines Vaters gesucht? Vielleicht war er im ehemaligen Pestacker eingescharrt, jetzt ein Paradies für Kleingärtner.

Durchs Nicolaiviertel gelangten sie ans Ufer der Neiße, dann zum Kopf der Fußgängerbrücke. Das Gasthaus auf der deutschen Seite mußte eine Mühle gewesen sein, denn ein Teil des Wassers zog, zum Kanal verengt, unter ihm durch. Auf der in den Fluß gebauten Terrasse genoß man einen Blick auf das Wehr, über das er samtweich hinunterströmte, Tische und Stühle luden zum Frühstück ein. Friedhöfe verzehren Energie, verkündete Nicht. Hinter ihnen erhob sich die Felsarkade der Bastion.

Nicht wollte beim Grenzübertritt seinen Ausweis als Sachbearbeiter der »Kulturhauptstadt«-Kandidatur vorzeigen, um den Freund *en passant* als Schweizer Ausstellungsfachmann mitzunehmen. Doch der polnische Zöllner winkte sie durch, ohne sich vom Sitz zu erheben. Diese Grenze war auch schon anders, sagte Nicht. Die Stadtpläne des Nachkriegs verzeichneten gar keine Brücke mehr.

Die verstaubten Straßen, welche auf der polnischen Seite eine steinbruchartige Uferwand umgingen, wirkten in keiner Richtung einladend. Rechts kommen wir ins Zentrum, soweit vorhanden, sagte Nicht. Als sie am Steigen waren, sagte Klaus: Wenn du Frini fotografiert hättest, könnten wir das Bild zur Fahndung verwenden.

Ich fotografiere nicht, schon gar keine Menschen. – Nicht blieb keuchend stehen. – Ich hatte eine Tante, die war groß im Finden vierblättriger Kleeblätter. Wie machst du das? fragte ich sie. Ich gehe *langsam*.

Der Besiedlung war noch anzusehen, daß dies einst eine bevorzugte Lage gewesen sein mußte; es gab sogar ein Schweizer Chalet. Aber den ehemaligen Beamten- oder Professorenhäusern waren Zutaten in Rohbaustein oder eine mit Wellplastik gedeckte Garage zugewachsen, während die Bausubstanz weiter verfiel. Allmählich erreichten sie belebte Straßen, die den motorisierten Grenzverkehr aufnahmen und vor Ampeln stauten. Ringsum gedieh der Plattenbau sieben Stockwerke hoch, Wäsche hing auf den Balkonen, und auf der schütteren Grünfläche spielten mehr Kinder, als Klaus auf der deutschen Seite je gesehen hatte. Ladengeschäfte und Einkaufspassagen trugen, auf polnisch, die Handschrift der Dürftigkeit, aber die Menschen kamen Klaus lebendig vor, die jungen Leute hellwach. Sie haben das Training von Ministranten, sagte Nicht. Man begegnete guten Köpfen, und Klaus hörte eine Frau mit vier Kindern im Gehen *singen*.

Sie stießen auf eine »Alexis Sorbas« überschriebene Imbißbude und setzten sich auf den Terrassenrost; man blickte auf einen Parkplatz, den der Wirt im Nebenamt bewachte. Er servierte laues Bier und wußte nichts von einer griechischen Vergangenheit des Lokals.

Schon nach dem Ersten Weltkrieg, so Nicht, war ein griechisches Armeekorps in Görlitz interniert und gastlich behandelt worden. Willem Zwo wäre selbst lieber Grieche gewesen, statt mit den Türken zu marschieren. Damals betätigte sich ein Altphilologe namens Schneiderfranken als Dolmetscher und tat sich später unter dem Namen Bô Yin Râ als Guru auf. Seine spirituelle Prosa ist unverdaulich, aber er malte auch, und Anna hatte ein Faible für seine fahlen Landschaften: sieh dir mal das Bild über deinem Bett an. Nach dem Zweiten Weltkrieg kamen neue Griechen – die Geschlagenen des Bürgerkriegs. Wurden dem sozialistischen Brudervolk untergejubelt und auf dem östlichen Neißeufer angesiedelt, das über Nacht polnisch geworden war. Da war erst nur Militär; die aus ihrem eigenen Osten vertriebenen Polen trauten dem Frieden noch nicht. Anfangs verlangte ja sogar die DDR die verlorenen Gebiete zurück. Heute ist Zgorzelec so patriotisch, wie Grenzstädte sein müssen, offenbar. Die Griechen sind weitergezogen, nach Westeuropa und Übersee. Aber hie und da schmückt sich Zgorzelec noch mit ihnen, und für ihr Fest kommen sie einmal im Jahr zurück.

Sie tranken aus und trotteten die »Tadeusza Kosciuszka« in nördlicher Richtung weiter, womöglich im Schatten der Blocks. Du fühlst dich hoffentlich wie zu Hause, sagte Nicht mit matter Stimme. Kosciuszko starb als Eidgenosse in Solothurn. Als die Schweiz noch Hauptsitz der europäischen Freiheit war.

Meine Mutter schwärmte für die Polen, sagte Klaus. Sie nahm mich ins Polenmuseum mit, es liegt im Schloß Rapperswil, am schönsten Ort des Zürichsees.

Na, sieh mal, wo wir uns befinden, unterbrach ihn Nicht.

Das Lokal, vor dem sie standen, hieß »Tawerna Naoussa«; auf dem Schild reichte ein Arm in griechischen Farben einem Arm in polnischen Farben die Hand. Sie setzten sich in die Nähe eines Tisches, an dem griechisch gesprochen wurde. Die Gesellschaft bestand aus drei älteren Männern mit maritimen Physiognomien.

Du bist dran, raunte Nicht, als die Bedienung nach ihren Wünschen fragte. – Ich bezweifle, daß sie die Sprache Homers versteht, antwortete Klaus, und wenn: glaubst du, ich könnte auch nur einen Salat bestellen? – Klassische Bildung ist doch zu gar nichts nütze. Da muß wieder die sozialistische Völkerfreundschaft her!

Nachdem Salat mit Schafskäse und Pinienkernen gekommen war, setzte sich der Wirt an ihren Tisch und fragte sie in farbigem, doch keineswegs gebrochenem Deutsch nach Woher und Wohin. – Von den paar hundert Seelen der griechischen Kolonie könne keine Wirtschaft leben, auch nicht die »Naoussa«. Doch symbolisch sei man noch voll präsent. Klaus zog das Bild Irings aus dem Rucksack: ob der Wirt den Mann kenne? Dieser betrachtete es und reichte es den Kollegen weiter. Einer, der aussah wie ein pensionierter Walfänger, rief sofort: der amerikanische Flugzeugingenieur! Jetzt erkannten ihn auch die andern: ja, der sei eine Zeitlang regelmäßig gekommen und habe auch griechisch gesprochen. Wo er geblieben sei? Das wußte man nicht. Ob er in Begleitung war? Melini, sagte ein anderer, der einem fetten Reeder ähnlich sah. Die Gäste ließen sich die Dame schildern; es konnte jede junge Frau sein, auch Frini; jemand dieses Namens war der Runde unbekannt. Bald herrschte über den Flugzeugbauer keine Einigkeit mehr. Der »arme Fischer« wußte bestimmt, daß der Betreffende Raketen gebaut habe, die jetzt im Irak eingesetzt würden; dagegen wußte der Wirt noch bestimmter, daß er *top-secret* mit einem Einmannfluggerät namens Ikarus befaßt gewesen war. Nach längerer Verhandlung wurde die Runde einig, der Abgebildete sei ein deutscher Versicherungsfachmann, der sich in der Tawerna ebenfalls öfter gezeigt habe, des Griechischen ebenso mächtig und ebenfalls von Melini begleitet. Ihre Identität mit Frini wurde immer unwahrscheinlicher, dafür begann das geschilderte Äußere immer mehr mit dem ihren übereinzustimmen, und allmählich trug sie auch Frinis Locke auf der Stirn.

Als Nicht fragte, ob »Melinis« Adresse bekannt sei, begann verständnisinniges Kopfwiegen. Der Walfänger begann auf einer Papierserviette den Weg aufzuzeichnen, und der Wirt rückte den Gästen näher, um diskreter von Melini zu sprechen. Sie sei sehr seriös, versicherte er, darum nicht eben billig. Als Klaus Nicht ansah, erschrak er über sein sterbensmüdes Gesicht und verlangte die Rechnung. Der Wirt verschwand, und die Aufmerksamkeit am Nebentisch war jäh erloschen.

Soll ich ein Taxi rufen?

Nur gehen, gehen, antwortete Nicht tonlos.

Die Gebäude traten zurück; die Sonne wütete gegen ihren Rücken und warf einen kurzen Schatten vor ihre Füße, den sie nicht abstreifen konnten. Allmählich blieb auch der Verkehr zurück, der Straßenrand war rissig gebacken, während die Flicken im Asphalt schmolzen, es stank nach Altgummi. Endlich standen sie mitten im Ödland vor einer Kirche, die wie die Kreuzung Don Quixotes mit einer Windmühle aussah; weiter hinten dehnte sich nur noch sichtbar gewordene Hitze aus.

Umkehren, sagte Nicht.

Sie waren noch keine fünf Schritte zurückgegangen, da hatten sie eine Vision. Mitten aus dem Kornfeld tauchte ein grünweißes Taxi auf und hielt neben ihnen an.

Nach Deutschland, sagte Klaus.

Das durchgesessene Kunstleder im Fond war mit beidseitig klebendem Band geflickt. Nicht sagte mit schwacher Stimme: Keine Straße, aber ein Taxi. Das ist Polen. – Er kurbelte das Fenster zu.

Luft täte dir gut, sagte Klaus.

Luft ja. Das ist keine.

Die nächste Ampel hatte gerade auf Grün geschaltet, da schrie Nicht: *Stop!* Der Fahrer fluchte, hier war kein Anhalten. Nicht starrte durchs Heckfenster.

Frini! flüsterte er. Sie ist uns grade entgegengefahren. – Er stöhnte und fiel auf das Polster zurück. Ein roter Mercedes!

Nicht möglich, Balthasar.

Alles ist möglich, sagte Nicht und atmete schwer. Mein Gott, so nahe dran! – Gehöre ich auch zu den verrückten Deutschen, die immer da sein müssen, wo die Hitze am größten ist? Ich brauche Schatten, Klaus.

Auf der Autobrücke wurde der Wagen angehalten. Der deutsche Zöllner musterte Nicht und fragte Klaus: Fahren Sie ins Krankenhaus?

Ja, sagte Nicht, ich bin ein Notfall.

Der Beamte winkte sie durch; als sie jenseits der Neiße waren, sagte Nicht: Ich habe nämlich auch keinen Paß dabei. Mit Anna wäre das nicht passiert.

Wir fahren besser wirklich ins Spital.

Hier heißt es Krankenhaus. *Alles* wollen wir Iring denn doch nicht nachmachen. – Sie hatten den Stadtpark erreicht, als er fortfuhr: Und jetzt kommt Polen in die EU. Es wird sie versenken. Für einen Polen ist ein Leck das Schönste an einem Schiff. Polen kann nur von der Muttergottes regiert werden. Wenn sie als polnischer Papst verkleidet ist. Halt! Von hier *gehen* wir, bitte.

Klaus bezahlte mit einem Euro-Schein, den der Chauffeur eher gnädig als freundlich einsteckte. An Herausgeld dachte er gar nicht, warum sollte er den freundlichen Geber beschämen.

Das war's für heute, sagte Nicht, als sie vor einem Jugendstilpalais standen. Polen, das Land der unbeschränkten Unmöglichkeiten.

Er ging Klaus einigermaßen festen Schrittes in die offene Tür des Palastes voran, die erquickende Kühle ausströmte. Der Palast war ein Kaufhaus.

Es gibt Sommer, da weiß man *jeden* Schatten zu schätzen, sagte Nicht. Sogar den Schatten der Geschichte. Solche Sommer beginnen sich zu häufen. Auch das Grundeis schmilzt. Deine Alpen halten nicht mehr lange zusammen.

Sie blieben in der Imbißecke sitzen, bis sie fröstelten, und tranken eine Flasche stilles Wasser. Nicht hatte wieder Farbe. Stilles Wasser, sagte er, wenn das nicht tief ist! Deutsche Verbraucherpoesie!

Den Rest des Tages brachten sie in der verdunkelten Wohnung zu; am Abend wanderten sie zum Hintereingang des Heiligen Grabes und setzten sich in den Schatten; zwei Stunden warteten sie auf Frini.

Aber wenn ich schon was Absurdes tue, muß wenigstens der Ort dafür heilig sein. Bei Frini hilft nur Beten.

Aber ich liege dir auf der Tasche.

Das tut ihr gut, sagte Nicht. Da hat lange niemand mehr gelegen.

5 Am Heiligen Grab

Klaus begleitete Nicht ins Barockhaus an der Neißstraße, das Museum der städtischen Kunstsammlungen. Hinter der Oberlausitzischen Bibliothek der Wissenschaften belegte Nicht einen kleinen Raum, schon seiner Kühle wegen schätzbar, in dem er Klaus den Fluchthelfer Gersdorf mit seinen Journalen und Zeichnungen vorführte. Zur Besichtigung der Mineralien wechselte man in die Museumsräume, wo Iring vor dem Modellrelief des Montblanc verweilt habe; Gersdorf hatte die Route der Erstbesteigung durch zwei Genfer Herren säuberlich markiert, nachdem er sie als Augenzeuge durchs Fernglas verfolgt hatte.

An Gersdorfs physikalischem Kabinett hätten Iring die technischen Denkmäler interessiert, die Scheibenelektrisiermaschine, die Installation der Leidener Flaschen, mehr noch der Apparat zur Herstellung Lichtenbergischer Figuren: abstrakter Gemälde aus pulverisierten Mineralien, die auf einer elektrisch aufgeladenen Harzplatte entstanden und auf Papier abgeklatscht wurden. Es waren verträumte Anfänge eines Druckverfahrens, dessen technische Anwendung noch in ferner Zukunft lag. Irings liebster Aufenthalt aber sei die 1775 angelegte Bibliothek der Wissenschaften geblieben, eine Flucht intimer Sälchen, gebildet aus hölzernen Triumphbögen, die von der Decke bis zum Bohlenboden lückenlos mit Reihen alter Bücher in allen Formaten gefüllt waren. Ihre Ordnung hatte etwas so kunstvoll *Umfassendes*, daß man sich in einem Nutzwald gebundener Wahrheit zu bewegen glaubte und hüten mußte, auch nur einen Band herauszugreifen und eine Ruhe zu stören, die nur von einem *unberührten* Ganzen auf den Betrachter überging.

Vom Heimweh müßtest du etwas verstehen, sagte Nicht, es wurde einmal klinisch als Schweizer Krankheit beschrieben – als Auslöser nahm man den Klang des Alphorns an. »Zu Straßburg auf der Schanz«, begann Klaus mitten im Bücherwald zu singen, und zu seinem Erstaunen fiel Balthasar ebenso leise ein: »... da fing mein Trauern an«, und miteinander kamen ihre Stimmen zum zweistimmigen Ende: »das ging – nicht – an.« Danach hüteten sie sich, einander anzusehen.

Klaus begegnete Iring auch in den Notizen über Liebe, die Balthasar nach Gesprächen mit dem Vermißten gemacht haben wollte. Wenn Klaus auf dem Dach im Ausdruck blätterte, kamen ihm Zweifel an der *Möglichkeit* eines solchen Gedächtnisprotokolls. Sein Eckermann war ich nicht, sagte Nicht, dafür war er auch nicht Goethe. Immerhin: der falsche Dimitrij hatte dem wahren Balthasar bei weitem Intimeres anvertraut, als Klaus in »Zeichen und Wunder« gelesen hatte.[4]

Nicht und Klaus nahmen sich in diesem heißen September etwas, was einer von beiden »Fahndungsferien« nannte. In jeder Morgen- und Abenddämmerung besuchten sie das Heilige Grab. Die Schlüsselgewalt, die Nicht besaß, erklärte er mit seiner Rolle bei der Bewerbung um die Kulturhauptstadt; dafür dürfe er nicht an Ort und Zeit gebunden sein. Sie hatten auf dem Gelände ein Versteck gefunden, an dem sich wie in einer einsamen Bucht leben ließ. Eine Gruppe Zwetschgenbäume, mit Frachten von Efeu behängt, bildete eine kleine Lichtung, deren offene Stelle dem Salbhäuschen zugewandt war. Sie waren übereingekommen, nicht zu sprechen und sich auch keinen Zeitvertreib zu gönnen. Sie sahen der Zeit zu, wie sie von selbst verging, und dabei verwandelte sie sich in anhaltende Gegenwart. Sie langweilten sich nicht: das war das erste Wunder.

Das zweite ereignete sich am 17. September, einem Mittwochmorgen. Sie hörten das Gartentor klirren, und Frini kam über die Wiese, barfuß und lautlos. Sie trug ein schwarzes

---

4 Vgl. Anhang 3, S. 547 f.

Kopftuch, und über die Stirn fiel die freie Haarlocke. In der
Hand trug sie ein weißes Blumensträußchen. Das Jeanshemd
hing ihr lose über die knielange Hose, an ihrem Hals glänzte
ein silbernes Kreuz. Ohne sich umzusehen, lief sie zum Salbhäuschen, kniete nieder und ließ den Oberkörper nach vorn
fallen. Dann zog sie, das Gesicht auf der Erde, das Tuch vom
Kopf und griff in ihr ausgebreitetes Haar. Ihre Finger glätteten
es lange, dann versuchten sie den kleinen Strauß hineinzu-
nesteln. Aber als büßender Magdalena gelang es ihr nicht;
sie mußte sich aufsetzen, um den nötigen Knoten zu binden,
und sah jetzt in ihrer halb knienden, hab sitzenden Stellung
wie eine selbstvergessene Nymphe aus. Plötzlich hielt sie inne:
belauschte sie jemand?

Hallo, sagte Nicht sanft und trat aus dem Versteck. Sie floh
nicht, aber als sie Klaus bemerkte, erschien Bestürzung auf
ihrem anmutig ernsten Gesicht.

Das ist ein Freund aus der Schweiz, der Görlitz besucht.

Frini starrte Klaus in die Augen, bevor sie den Blick senkte;
dann blieb er etwa auf Klaus' Gürtelhöhe haften und schien
sich gar nicht mehr losreißen zu können.

Er klopfte sich auf die Brusttasche. Oh, ich habe meinen Stift
liegenlassen. Bitte um Entschuldigung.

Jetzt fühlte er ihren Blick in seinem Rücken, bis zum Heiligen Grab, wo er den *Yellow Legal Pad* aus der Tasche zog. Er
begann die perspektivische Flucht des kleinen Gebäudes zu
skizzieren; dabei hörte er Batlhasar polnisch reden. Zuerst
kam kaum Antwort, dann wurde auch Frini hörbar, zuerst
leise, dann heftiger, und nach einer Weile dominierte ihre hohe
schnelle Stimme das Gespräch wie das Zetern eines Vogels.

Klaus hatte sich auf den Steinblock vor das kleine Monument gesetzt, die blauen Linien des Blocks wollten eine freie
Behandlung seines Motivs nicht aufkommen lassen. Er hatte
schon aufgegeben, als er sich halb umwandte und die junge
Frau stehend mit dem Aufbinden des Kopftuches beschäftigt

sah. Da rührte sich der Stift plötzlich wieder, um ihre Gestalt einzufangen, und in der nächsten Skizze entkleidete er sie so selbstverständlich, wie sie ihm zuvor auf die Hose gestarrt hatte. Balthasar stand ebenfalls und schien sich mit Frini flie-ßend zu unterhalten, doch seine Körpersprache hatte etwas Gehemmtes, zugleich Devotes; vor Frini schien er sogar seine Pfeife zu vergessen.

Als sie sich beim Vorbeigehen vor Klaus neigte, ein wenig zu tief, hatte er das Blatt umgeschlagen und war auf die Füße gesprungen; dann sah er ihr nach. Sie ging wie eine Königin; Balthasar hielt den kleinen weißen Strauß in den Händen.

Sie war es *doch*, drüben in Zgorzelec.

Im roten Mercedes?

Hast du deinen Stift gefunden?

Klaus riß das Blatt aus dem Block und überreichte es Nicht.

Mein Gott, sagte dieser. Ein – Akt?

Er sei dir geschenkt. Was ist jetzt mit Iring?

Warum bist du weggelaufen?

Weil sie zu Tode erschrocken war, als sie mich sah.

Hebst du mir das Blatt in der Tasche auf? Ich möchte nicht, daß es knittert. – Irings Adresse: *God's Factory*, Herrnhut. Wir hätten selbst darauf kommen können.

Herrnhut? Ist das weit?

Mit meinem Wartburg eine halbe Stunde. Wenn er noch anspringt.

Ich höre zum ersten Mal, daß du ein Auto hast.

Der Osten ist voller Geheimnisse, mein Freund. Fahren wir?

Etwas mehr erzählen müßtest du mir schon.

Erst stellst du doch bitte diese Asphodelen ins Heilige Grab. Für mich.

Wo nehmen wir frisches Wasser her?

Du hast doch immer stilles Wasser in der Tasche.

Als Klaus die Blumen ausgetauscht hatte, nahm ihm Nicht den alten Strauß aus der Hand und sagte: Es geht los, mein Engel. Zieh dich warm an.

Unpassender hätte er sich, bei 30 Grad im Schatten, nicht ausdrücken können.

Der grüne Wartburg war auf einem Trümmergrundstück an der Neiße abgestellt, inmitten von Altwagen ohne Nummernschild. Nicht warf einen Blick zum Himmel, bevor er den Zündschlüssel drehte. Beim dritten Versuch sprang der Motor an, und Nicht ließ ihn im Vollgas laufen. – Damals hatten wir Marxismus, schrie er, Umwelt war noch nicht! Und als er das Gefährt auf die Straße manövriert hatte: Aber Sprit brauchten wir auch schon.

Sie folgten den Wegweisern nach Löbau und fanden eine Tankstelle am Fuß der Landeskrone. Nun habe ich den Tankschlüssel vergessen, sagte Nicht. Egal, sagte der Jüngling im Blaumann, bei Ihrem Schrott geht es auch mit Gewalt. Er drehte den Deckel mit einem Ruck aus der Fassung, und als sie aufgetankt waren, brachte er einen neuen, der zwar nicht paßte, doch ließ er sich festkleben.

Öl brauchen Sie auch. Und Luft. Als es Ihren Wagen schon gab, gab es mich noch lange nicht. Ihr Tank ist doch dicht? Wie sind Sie durch den TÜV gekommen?

Ich habe dort einen Freund, sagte Nicht. Eine alte Seilschaft. – Dann müssen Sie mal wer gewesen sein, sagte der Junge. – Ich war schon damals nicht wer, aber ich hatte etwas, daß sich die Leute erbarmten. – Das haben Sie immer noch, zahlen müssen Sie trotzdem. An der Kasse bitte, Säule 6. Gute Fahrt!

Dienstleister waren damals noch unbekannt, sagte Nicht beim Weiterfahren, da brauchten sie auch nicht nett zu sein.

Die Sorge, daß Nichts Fahrkunst einer frühen Periode der Industriegeschichte angehörte, erwies sich als nur teilweise begründet. Notfalls verstand er sogar zu bremsen, und seine Konzentration auf den Verkehr erlaubte ihm immer noch diejenige auf Frini. So erfuhr Klaus, daß sie Iring – Utis, Klaus, *chapeau!* – auf dem amerikanischen Stützpunkt kennengelernt habe, wo sie im Servicebereich beschäftigt war, in älterem Deutsch: als Zugehfrau. Bis sie Iring kennenlernte. Da erlebte sie ihr Wunder.

Nur seine *Stimme* kann es nicht gewesen sein, sagte Nicht, während frisch geschnittene Kornfelder vorüberzogen, dabei ist sie fromm – *grausam* fromm. Iring hat von ihr immer mit Ehrfurcht gesprochen. Jetzt ist sie wohl seine letzte Liebe gewesen, wenn man von Minna Herzlieb absieht.

Fort Splatter – unter diesem charmanten Namen ist der polnische US-Stützpunkt bekannt – führt nicht bloß in Gottes Namen Krieg. Es führt ihn im Namen Gottes! Den harten Kern bilden die »Christuswächter«, ein charismatischer Stoßtrupp, mit Hauptquartier in Sacramento und Nestern in der ganzen Welt, jetzt auch in Herrnhut – es sieht sogar nach Zentrale aus. – Sie fahren diesen roten Mercedes, vielleicht zum Zeichen, daß man die Hand vom Blut nicht zurückhalten darf – es sind Dienstwagen des Jüngsten Gerichts. Geld scheint keine Rolle zu spielen.

Was wollen sie mit Iring?

Das ist die Frage. Leider kann er sie nicht mehr stellen. Vielleicht ist ein Wunder fällig, und das wollen sie ihm antun. Würde passen wie die Faust aufs Auge.

Aber wie kommen sie auf ihn?

Hoffentlich kommen wir dahinter. Die Wege des Herrn sind unerforschlich, leider. Und wie kommen sie auf Frini? Sie ist auch dabei.

Griechen sind orthodox, dachte ich.

Als wir in Zgorzelec waren, wollte ich dir ihr Kirchlein zeigen, wenn mir nicht so blümerant gewesen wäre – es ist klein und vernagelt, kein starker Hort des Glaubens mehr. Frini hatte noch eine Seele frei. Da brauchte einer wie Iring nur zuzugreifen. Aber die Beute war vergiftet. Frini war schon in den Klauen von jemand anderem.

Nicht beugte sich so weit über das Steuer, als wäre die Fahrbahn nur durch angestrengte Beobachtung zu finden.

Sie heißt Victoria, auch Vicky, und ist das Leittier der Gotteskrieger.

Sie bewegten sich jetzt wieder in einer Art Stadtverkehr.

Wir sind zu Löbau, »der Stadt am Berge«. Selber schuld, wer an das Sprichwort vom Ochsen denkt. Der Turm auf dem Berge ist übrigens sehenswert. Alteisen in Käfigform, ein Vogelbauer des Industriezeitalters.

Iring war auf der Flucht, sagte Klaus. Vor wem?

Ich habe den Verdacht, daß Iring vor genau der Person geflohen ist, die sich seiner jetzt bemächtig hat. Sie brauchte ihn bei den Johannitern nur noch abzuholen.

Dann müßte sie aber eine nahe Verwandte sein. Sonst hätten ihn die Ärzte nicht entlassen.

Wieder ein Rätsel, das wir lösen müssen.

Was sagt denn Frini?

Es ist nicht ihre Art, Zusammenhänge, die Gott hergestellt hat, mit dem niederen Werkzeug der Vernunft zu behandeln. Aber wie sie betet, betet man nicht ohne Not. Es ist ihr aufgegangen, daß die Hauptfiguren ihres Lebens Todfeinde sind. Und nun hat sie dieser Vicky als Lockvogel gedient, Iring sitzt im Netz und kann nicht mal mehr zappeln. Sie war ganz und gar desperat – bis heute.

Was ist denn heute passiert?

Du bist passiert. In dir ist ihr der Engel erschienen, um den sie gebetet hat.

Das ist verrückt.

Aber wahr, mein Freund – und jetzt haben wir zu tun, damit ihr Gebet in Erfüllung geht. Und daß sie dabei keinen Schaden nimmt.

Wer ist diese Victoria? Eine alte Flamme Irings?

Bald stehen wir vor ihr, dann wissen wir mehr, so Gott will – oder wer immer. Wir stellen uns besser auf ein *sehr* frommes Milieu ein. Seien wir sanft wie die Schlangen und klug wie die Tauben. Pardon. Dies ist keine Zeit für Witze.

Frini hat mir gefallen, sagte Klaus.

Nicht gab keine Antwort. Dann sagte er leise: Paß lieber gut auf. Wenn du Iring gesehen hättest, wüßtest du, worum es geht. Um Leben und Tod.

6 Äther über Herrnhut

Sie fuhren einmal hin, einmal her durch die kleine Stadt. Herrnhut bestand überwiegend aus gelbgetünchten Palästen der Schlichtheit im barocken Stil mit steingefaßten Kanten, Türen und Fenstern. Aus ziegelroten Walmdächern blickten freundliche Mansardenreihen. Das Stadtbild erinnerte an eine altehrwürdige Bäderstadt, ein wenig auch an eine menschenfreundliche Kaserne.

Nicht war zum letzten Mal vor dreißig Jahren hier gewesen, mit Anna, um an einer samstäglichen »Liedpredigt« teilzunehmen und am nächsten Morgen auch an einem Gottesdienst. Einer »Predigtversammlung«; denn die Herrnhuter betrachteten das ganze Leben als Gottesdienst. Damals konnte es als Mutprobe mißverstanden werden, wenn ein Parteimitglied wie Anna sich in die Brüdergemeine verirrte. Aber Nichts behandelten die DDR als eine Welt, die der Fall war; an den Versprechungen der Regierung zu verzweifeln fiel ihnen nicht ein. Anna, Funktionärin beim Kulturbund, veranstaltete ein Programm, das die Begegnung mit Kunstschaffenden als Wert für sich betrachtete. Menschen waren realer und widersprüchlicher als Lippenbekenntnisse. Die Bescheidenheit ihrer Freiräume blieb ihnen bewußt, ohne daß ihr Anspruch an sich selbst davon bescheidener werden mußte. Damit standen sie der Herrnhuter Alltagsreligion nahe, auch wenn ihnen deren Gottseligkeit ferne lag. Daß dem verschwindenden Häufchen die Zukunft gehöre, war angesichts des Jahrgangs der versammelten Brüder und Schwestern unwahrscheinlich. Balthasar und Anna Nicht hatten nicht mitgesungen, obwohl sie viele Lieder noch kannten; doch sie hatten übernachtet, um noch die Sonntagspredigt zu hören, die kein Pfarrer, sondern ein »Gemeindiener« gehalten hatte. Er war um die Rechtfertigung der Gemeine mit mehr Nachdruck bemüht gewesen, als die Besucher für nötig gehalten hätten.

Davon erzählte Nicht, als sie den Wartburg am Zinzendorfplatz abgestellt und als erstes den Kirchenraum betreten hatten, der ein nur durch seine Weite beeindruckender Versammlungssaal war, ganz und gar in Weiß: die Bankreihen, die Vorhänge, das Mobiliar auf dem Podest. Anna und er hatten nicht nebeneinander sitzen können; die Trennung der Geschlechter gehöre zu Herrnhut.

Nach ein paar Schritten durch die August-Bebel-Straße standen sie vor einem Toreingang, aus dem Klopfen und Hämmern drang. Das Gebäude ließ die Dimension einer ehemaligen Manufaktur erkennen; offene Dachteile waren mit Folie gedeckt. Im Eingangsbereich waren junge Leute als Handwerker beschäftigt. Ein Asiate hatte auf dem Steinboden Kabel ausgelegt, während sie ein Schwarzer auf der Bockleiter im Dachstuhl der offenen Halle befestigte. Im Hof waren junge Frauen unter einem Sonnenschutzdach mit dem Pikieren von Grünzeug zugange; sie unterhielten sich in lautem Amerikanisch. Aus dem nächsten Hof klang rhythmischer Gesang herüber.

Nicht und Klaus verständigten sich mit einem Blick, daß sie hier wohl richtig waren. *Where you from?* Als sich Klaus für »South Germany« entschied, erklärte der Chinese – er war aus Singapur –, den Schwarzwald zu lieben. Im Haus der *Christ's Guard* in Todtmoos habe er seine ersten Monate in Europa verbracht. Jetzt hoffe er in Herrnhut zu bleiben. *This is going to be a terrific place.* Die Besucher zweifelten nicht daran, als sie plötzlich auf deutsch angesprochen wurden.

Sie kommen aus Nieburg?

Klaus drehte sich nach der wohllautenden Stimme um, deren Dialekt – amerikanisch überformt – alemannisch klang, und erkannte die Sprecherin sofort. Er hatte ihr Porträt in Frau Constanzes Walliser Haus gesehen. Jetzt stand Judith da, als hätte sie auf ihn gewartet. Doch woher kannte sie *ihn*? Als er fragte, antwortete die vielleicht vierzigjährige Frau in Jeans und rotem T-Shirt: »Von Frini. Sie sind ihr gerade begegnet. Da ahnte ich schon, daß wir mit Ihrem Besuch rechnen dürfen.«

Judiths Aufmerksamkeit galt Klaus; für Nicht fiel kaum ein Blick ab.

Barfuß, wie sie war, hatte sie Klaus' Größe, doch da Pupille und Iris von gleicher Schwärze waren, konnte er sich in ihren Augen *gespiegelt* sehen. Sie hatte kurzes schwarzes Haar und eine hohe Stirn; Jochbeine und Nase waren markant, noch auffälliger die Länge ihres Untergesichts. Diesen Kinnbacken war Biß zuzutrauen. Ihre ungeschminkten rissigen Lippen aber hatten etwas Verworfenes; das war nicht mehr der Schmollmund der jungen Squaw auf Constanzes Foto. Konnte Judith auch lächeln? Beim Versuch, nicht an ihren Lippen hängenzubleiben, sank Klaus' Blick auf einen ungestützten Busen, dann auf den Streifen brauner Haut über der ausladenden Hüfte. Aber was an Judith üppig war, wirkte als Exzeß einer hageren Konstitution; nur ihre Füße waren zart zu nennen.

Sie kommen von Imogen, sagte sie. Es geht ihr gut.

Es klang wie ein Befehl. Klaus stellte sich endlich vor – es schien ganz überflüssig – und erkundigte sich nach Irings Befinden.

Zum ersten Mal sah Judith auch Nicht an. Sie werden ihn nicht wiedererkennen.

Ob man ihn besuchen dürfe?

Sure. Morgen um elf spricht er. Kommen Sie dazu.

Er *spricht*? fragte Klaus.

Wir sind grade im Umbau. Wenn Sie das Haus interessiert, rufe ich jemanden, der Sie führt. Gary! – Der Dunkelhäutige sprang von der Leiter. *Call Penny, we have a guided tour.* – Wo haben Sie Ihren Begleiter kennengelernt? fragte sie Klaus.

In Zürich, vor bald zwanzig Jahren, als Herr Nicht in der Schweiz war.

Durfte er reisen?

Nicht räusperte sich. Ich beschäftigte mich mit der Schweizer Reise eines Naturforschers aus dem 18. Jahrhundert. Er war den Behörden unverdächtig.

Inzwischen war eine kleine Rothaarige zu ihnen getreten, und ohne auf Nichts Antwort einzugehen, fuhr Judith auf englisch fort: Penny, der Besuch interessiert sich für das Haus. Penny ist aus Omaha. Nebraska. Aber sie spricht Deutsch.

In Heidelberg aufgewachsen, sagte Penny. Sie hatte grüne Augen und Sommersprossen.

Mich entschuldigen Sie jetzt, sagte Judith. Wir sehen uns morgen. Penny sagt Ihnen, wo. Sie nickte und verschwand im zweiten Hof.

Penny hatte für McKinsey gearbeitet, dann wurde sie wiedergeboren, stieß in L. A. zu den *Guardians* und führte jetzt die Buchhaltung. Der Gründer der Kirche, ein Unternehmer aus Silicon Valley, habe sich als *Warrior of the Lord* verstanden. Er war Vickys Schwiegervater. Von einer »Judith« wollte Penny nichts wissen. *When you are introduced to the Lord, you get a new name.* Seit kurzem wußte auch Penny, daß sie *chosen* war, dann würde sie »Vera« heißen. *But I shall still stick to facts and figures.*

Penny sprudelte deutsch und englisch durcheinander, dabei balancierten sie auf Brettern über frisch betonierte Böden und turnten über provisorische Treppen in erweiterte oder verkleinerte Räume. Stolz zeigte Penny die neue Halle für Gruppenarbeit vor, ohne näher zu erklären, worin diese bestand. Hier rauchen wir nicht, sagte sie so beiläufig zu Nicht, wie man auf eine offene Hosentür hinweist. Von der Geschichte der *Factory* wußte Penny so viel, daß sie »vor hundert Jahren« eine Großtischlerei beherbergt hatte, die auf Kirchengestühl und Särge spezialisiert gewesen war. *Under communism* habe die Handelsgesellschaft Abraham Dürninger die Räumlichkeiten nur noch als Lager nützen können und nach der Wende einen Käufer gesucht, lange vergeblich, bis *our people* auf den zentralen Standort aufmerksam geworden seien. *There is no stronger place than Herrnhut if you know how to use its energy.* Wo einmal die Betriebsküche gewesen war, wurde jetzt eine Disko eingerichtet. Eine Disko? *We have a lot of fun.* War die Trennung der Geschlechter nicht so streng? *You bet it's strict in a way – and then it isn't at all. You can ask Him tomorrow. Ask Him just anything!* Sie wollte wissen, seit wann die Gäste *Born again* waren. Gar nicht? *Great! Then you have something big waiting for you!*

Als Klaus fragte, wie lange *Er* schon bei ihnen weile, legte sie den Finger auf die Lippen. *We must not speak of Him.* Das stampfende Hu! hu! hu! hatte sie, bald näher, bald ferner, auf dem Rundgang begleitet. *It's David's energy boost, it keeps him going.* Sie erklärte, er sei schon mehr als einmal gestorben. *He didn't just pass* out, *he passed* away! Aber jedesmal hatten sie den Tod besiegt, nach *Genesis 2,17.* »Damals stritt das Volk Israel wider die Amalekiter und obsiegte so lange, als Moses den Stab Gottes erhoben hielt; als ihm die Arme schwer wurden, kamen Aaron und Hur, sie zu stützen, bis die Sonne unterging.«

Aus Iring – oder Kuhlmann oder Utis – war also David geworden. Sie ließen sich den *Meeting Point* – zeigen, an dem sie morgen zu Davids Sprechstunde abgeholt würden. Um halb zwölf standen sie wieder auf der Straße und gingen wortlos zum Zinzendorfplatz zurück. Sie brauchten eine Mahlzeit und jetzt auch eine Unterkunft. Am Ende der Comeniusstraße entdeckten sie die Gebäudefront eines Tagungsheims. Sie hatten Glück; der Bärtige am Empfang erklärte, die Gesellschaft aus Dänemark ziehe grade aus und sei beim Mittagessen. Sie möchten sich dazusetzen, bis die Zimmer bereit seien.

Der Eßsaal war erfüllt von der gedämpften Munterkeit eines gesetzten Publikums. Nicht und Klaus reihten sich in die Schlange vor dem Buffet, nachdem sie zwei freie Plätze reserviert hatten. Was in die Teller geschöpft wurde, hatte die

Konsistenz und den Geruch aller Tagungsstätten-Menus.
Noch ehe sie es auf dem Tablett zu verzehren begannen,
kam es zur gegenseitigen Vorstellung. Niels, der dänische
Herr mit Schwester und Schwägerin, zeigte ein Lächeln, das
dünn war wie er selbst. Als administrativer Leiter einer Volks-
hochschule in Odense war er jedes Jahr mit seiner Frau nach
Herrnhut gekommen; nun hatte sie der Herr am Heiligen
Abend heimgeholt. Die Geschwister sprachen ein niedlich
dänisches Deutsch, während sich die Schwägerin, eine Inuit,
auf stilles Leuchten beschränkte.

Ein einziges Mal vertieften sich Niels' Stirnfalten, als Nicht
von der *Factory* berichtete. Der Einfall der »Charismatiker« in
die Gemeine war ihm nur zu bekannt. Er nannte sie eine
ägyptische Plage, die Gott der Unität geschickt haben müsse,
um ihren Glauben zu prüfen. Die Sekte verstehe, sich unter
frommem Deckmantel die sogenannten Freiheiten der modernen Gesellschaft zunutze zu machen.

Um so dankbarer sprach Niels von der *Gemeine*. Er hatte
zwanzig Jahre in Grönland missioniert, wohin er als Schnei-
der gefahren war. Man bezeugt den Heiland mit Leben und
Arbeiten; nur das persönliche Beispiel nimmt Menschen für
Ihn ein. Auch öffnet man die Herzen leichter mit Singen als
mit Reden, und was man ihnen dann auch noch zu predigen
hat, gibt Er einem im Schlaf. Die Inuit-Schwägerin erklärte auf
englisch, Niels habe einen Preis gewonnen, weil er die Bibel
auswendig hersagen könne, vom Sündenfall bis zur Offenbarung des Endes. Das könne ihm Gott nicht im Schlaf gegeben
haben, wagte Klaus anzumerken. Nein, dafür hatte Niels die
Nächte Grönlands benützt, und da der Winter dort eine einzige Nacht sei, habe er sich daneben auch noch einen Ab-
schluß als *Business Administrator* erworben.

Die Zaungäste lernten viel Neues, etwa daß es in der Karibik dänische Inseln gegeben hatte, auf denen die Herrnhuter
unerschrocken gegen die Sklavenwirtschaft der Pflanzer auftraten. Oder daß sie sich in Pennsylvania, zwischen den Fron-

ten der Engländer und Franzosen, lieber hatten schlachten
lassen, als gegen Indianer wortbrüchig zu werden. Niels lud
sie ein, sich im hiesigen Völkerkundemuseum selbst vom welt-
weiten Liebeswerk zu überzeugen. Auch auf dem Gottesacker
schlafe so manches erweckte Menschenkind, dem der Herr
keine weiße Haut gegeben habe.

Man verabschiedete sich, denn die Gesellschaft brach auf,
und der Bärtige kam mit den Zimmerschlüsseln. Als sie ihre
Nummern gefunden hatten, erklärte Klaus sein Bedürfnis
nach einer Siesta. Man vereinbarte, sich um fünf Uhr in der
Halle zu treffen.

Klaus duschte und legte sich naß aufs Bett; dann blätterte er
im »Losungs«-Büchlein auf dem Nachttisch. Das letzte, was
er sah, waren die Gauben im schieferbelegten Nachbardach.
Sie waren in Augenform geschnitten, und oft spannte sich ein
einziges Lid über drei oder vier Fensterpupillen. Bevor sich
das vielfache Auge Gottes hinter Klaus' Lidern zu einem einzigen vereinigte, umfing ihn die Gnade des Schlafs.

Als er erwachte, zeigte seine Uhr schon halb sieben Uhr an;
als er angezogen und in die Halle hinuntergelaufen war, war
der Freund nicht mehr da. Die hinterlassene Nachricht in
Großbuchstaben: Wachet und betet, daß ihr nicht in Versuchung fallet! Bin schon auf dem Gottesacker.

Schon nach ein paar Schritten sah Klaus die Anhöhe zur
linken Hand und den weißen Rundbau auf ihrem Gipfel. Der
mäßig steigende Fußweg war beiderseits von buschigen Linden gesäumt; die Kronen mußten oft gestutzt worden sein.
Am Ende der Allee verkündete ein Tor Christi Auferstehung;
dahinter öffnete sich der Anger, auf dem Brüder und Schwestern der ihrigen entgegenschlummerten. Niels hatte von den
Toten als »Saatkörnern« gesprochen. Balthasar ließ sich nicht
blicken. Die unscheinbaren Plattenreihen erinnerten an einen
Soldatenfriedhof.

Klaus betrat ihn nicht; er ging den Lebhag außen entlang bis
zum Fußweg, der am Hügelrand in die Höhe führte, mit zu-

nehmender Aussicht auf die ziegelroten Dächer im immer
noch satten Grün. Eine Gruppe Windmühlen drehte träge
im Hauch, der über die gewellte Ebene heranstrich, während
die entfernten Hügel im Gegenlicht lagen. *Äther*, sagte Klaus
vor sich hin. »Ein weißer Glanz ruht über Land und Meer, /
Und duftend schwebt der Äther ohne Wolken.« Er fröstelte
vor Glück. Langsam ging er dem Turm entgegen, der sich jetzt
hinter Wipfeln verbarg. Seine Hand streifte den Hag, auch die
Dornen; er spürte nur eine Zartheit des Gegenständlichen, die
weh tat. Auf der Bank am Fuß des gerodeten Aufstiegs zum
Altan saß Balthasar, und er setzte sich zu ihm.

Sie blickten über die Felder; am Wegrand stand der Weizen
noch hoch, weiter unten war ein Mähdrescher am Laufen und
zog mit gedämpftem Rattern einen hellen Streifen neben den
andern ins dunklere Gelb. Noch etwas weiter lagen weißver-
packte Ballen herum, ein sorglos verstreutes Gelege. Nicht
kaute eine Ähre. Klaus pflückte einen Strauß aus Kornblumen
und Mohn.

Sie betraten den Gottesacker durch einen Seiteneingang.
Dämmerung machte die Namen auf den Platten fast unlesbar,
bei den ältesten war auch die Schrift schon verwittert, doch
»heimgegangen« waren alle. Sie schritten die Männerseite ab,
bis zu den frischen Hügeln, den einzigen mit Blumenschmuck.
Auf dem Mittelweg standen die Sarkophage der Gründer; einer gehörte Zinzendorf, dem »Jünger«, auf dem andern lasen
sie »de Wattewille«. Es klang wie Berner Französisch. Am
Ende stiegen sie die Treppenkaskade zum Altan hinauf, dessen
Weiß von der Abendsonne gerötet war. Er war eine dreistufige
Rundpagode aus brüchig gewordenem Holz, in dem sich Türen nach allen Richtungen öffneten. Im Osten lagen die böh-
mischen und schlesischen Berge in geisterhafter Nähe, als erwarteten sie den Mondaufgang. Klaus blieb im südwestlichen
Fenster stehen und legte den kleinen Strauß darin nieder.

Kaum ein Hauch, sagte Nicht. Sieh dir die Wetterfahne an.
Sie hatte die Form eines fliegenden Fisches.

Es war halb neun, als sie einkehrten; die Gastwirtschaft war nach dem Ort benannt, den sie gerade verlassen hatten. Hutberg, sagte Nicht. Hier heißt jeder zweite Berg so – mit »guter Hut« hat es nichts zu tun. Aber Zinzendorf wollte es so lesen. So schäferlich alles, die gute Hut und ihr Hirt, ein Rokoko-Heiland. Der Graf hat seine Brüder und Schwestern durch Heiterkeit gewonnen, nicht durch Gewissensfinsternis. Und er hat sie singen lassen, da da, da da, das war schon konkrete Kunst! Er muß so was Feminines gehabt haben, sein Heilandskult war galant, auch morbid, die »Geschwister« machten sich's im »Seitenhöhlchen« des Gekreuzigten bequem und ließen Seelenvögelein flattern. Aber sie gaben auch ihr Herzblut, bei Gott. Ich bin im Völkerkunde-Museum gewesen, überall sind sie hingereist, wo die Gemütlichkeit aufhört, zu den Kalmyken, den Kopfjägern, nach Tibet. Sie haben die sogenannten Wilden ernst genommen. *Dieses* Herrnhut hätte Iring gutgetan.

Nachdem sie zu zweit einen Hirschrücken, frisch aus der Damwildzucht, verzehrt hatten, holte Nicht an Gesprächigkeit nach, was er auf dem Hutberg versäumt hatte.

Eigentlich wollte ich mir ein Nachthemd kaufen. Anna hätte es verlangt. Um mich auszulachen, wenn ich mir's angezogen hätte. In Herrnhut muß doch ein Nachthemd zu kriegen sein! Man steigt nicht ohne Nachthemd in ein fremdes Bett. Vielleicht schlafe ich auf dem Stuhl.

Ich habe auch nichts dabei.

Aber du kannst dich auch ohne sehen lassen. Eine Zahnbürste habe ich besorgt. Da verstand Anna keinen Spaß. Pfeifenrauchen, wenn's sein muß. Aber dann muß auch Zähneputzen sein.

Du hast ja gar nicht geraucht.

Eben. Dann ist Zähneputzen doppelt nötig.

Er rauchte auch jetzt nicht und brütete vor sich hin. Diese Judith! sagte er, was hat sie mit Iring im Sinn?

Klaus erzählte, was er über sie wußte.

Sie haben sich also getrennt, sagte Nicht, aber es war doch das Kind, das sie getrennt hat. Und nun krallt es sich den schlimmen Ziehvater mit Macht. Und wer Millionen erbt und eine Sekte erobert, hat nicht ganz wenig Macht. Die Frage ist, wie wird sie ausgeübt? Späte Rache am Schänder der Kindheit? Am Mann oder nur am Weißen Mann? Jedenfalls hat der Herr Iring in ihre Hand gegeben – oder was von ihm übrig ist.

Was wissen wir, Balthasar. Man sucht sich seine Liebe nicht aus.

Was du nicht sagst! Was macht dich so klug?

Ein wenig Schaden vielleicht. Wirklich klug bin ich nicht.

Kannst du mir mal erklären, was deine Imogen an Iring findet?

Ich glaube, es geht um ihren Stolz, wie bei Judith. Der Unterschied ist nur, daß Imogen nicht glaubt, Iring müsse davon wissen.

»Wenn ich dich liebe, was geht's dich an?« Das ist mir zu hoch. Oder nicht sehr human. Imogen muß ein Engel sein, aber Judith riecht nach Menschenfleisch. Klaus – wenn Iring Judiths Gelobtes Land sein sollte, fürchte ich auch für den Rest der Welt. Und dazu gehöre ich. Es gibt Menschen, die darauf keine Rücksicht nehmen. Und meist sind sie Wiedergeborene – als Christen oder was immer.

Was ist das gegen den Äther, sagte Klaus. Er bleibt groß und unbekümmert.

Du erwartest nicht, daß ich dich verstehe, sagte Nicht. Ich gerate nun einmal ungern in eine Heilsgeschichte. Zu starker Tobak für einen pensionierten Raucher der Deutschen Demokratischen Republik.

Hast du pensioniert gesagt?

Was hast du gehört?

Passioniert.

Locked-in-syndrome. Versuch dir einen Augenblick vorzustellen, was das bedeutet.

Und wenn es paßt? Seine Mutter war eine Herrnhuterin.

Der ist er entlaufen, um am Ende einer *unwiderstehlichen* Frömmigkeit zu begegnen.

Nein, sagte Nicht. Freund, für heute reicht's. Jetzt brauch ich eine Pfeife. Ich werde sie auf dem Zimmer rauchen und mir dabei sehr gut überlegen, ob ich hier weiter mitspiele, ein einfacher Witwer als Teufels Detektiv. Ich rauche ohne dich, du gottloser Engel, du mußt meine Schande nicht riechen. Aber hier zahle *ich*. Laß dein Geld in der Tasche, es ist ohnehin meins. Und vergiß nicht die Zeichnung.

Die vom leeren Grab?

Weiche von mir, Satan. Und den Strauß, bitte.

Ich habe ihn schon ins Zahnglas gestellt.

Klingt nach Kukident. Mir scheint, ich habe hier auch eine Ehre zu retten.

Diejenige des real existierenden Sozialismus?

Nur meine, lieber Freund. Nur meine kleine private Ehre.

Für die wüßte ich einen schöneren Namen.

Vorwitzig auch noch, sagte Nicht. Aber eins sag ich dir. Den Pullover will ich zurück. Kamelfarben, das paßt. Und Anna hat ihn ausgesucht.

7 Dynamische Meditation

Das Frühstück vereinigte sie um neun Uhr, unabgesprochen. Sie checkten aus und besuchten das Heimatmuseum, auch die Comenius-Buchhandlung, wo 3D-Weihnachtssterne, die Herrnhuter Spezialität, in allen Größen und Farben zu kaufen waren. Sie blätterten in Büchern, und Klaus wurde vom Bericht einer Reise gefangengenommen, die einen kränkelnden Herrnhuter im 18. Jahrhundert nach Graubünden geführt hatte, um das Bad von St. Moritz zu gebrauchen. Unterwegs war er bei erweckten Brüdern eingekehrt, die er schwärmerisch oder maliziös porträtierte, wobei er einen guten Blick für Brauchtum, Sitten, Landschaft und politische Verhältnisse bewies.

Es war Frini, die sie am Eingang zum hinteren Karree der *Factory* in Empfang nahm. Sie war blaß und gab zu verstehen, daß jeder Anschein von Vertraulichkeit zu vermeiden sei. Sie trug ein weißes, mit einem schwarzen Gürtel gerafftes Hosenkleid und um den Hals eine lila Schleife, deren Enden über ihre Brust hingen. Im Hof des hinteren Karrees harrte das Rondell der Bepflanzung, die Brunnenanlage ließ bereits einen kleinen Strahl hupfen. Die Gebäude, die den Hof säumten, waren von Efeu überwachsen, die Räume hinter den Vorhängen mußten bewohnt sein. Am Ende des Hofes, schon an der Mauer und von einem Pappelpaar halb verdeckt, stand das weiße Gartenhaus im Stil eines dorischen Tempels. Zwei Säulen, die den Oberstock trugen, setzten sich auf seiner Front als flache Pilaster fort und rahmten das Halbrund eines großen Fensters ein; das Giebelfeld darüber war leer.

Aus dem Gebäude drang unbestimmtes Summen; die Fenster waren verhängt, und fast an der Mauer öffnete Frini eine

Seitenpforte, von der eine steile Holztreppe in den Oberstock hinaufführte. Das vielstimmige Summen war lauter geworden. Sie betraten einen mittelgroßen quadratischen Raum, gefüllt von jungen Männern und Frauen im Kickbox-Kostüm, deren geschlossene Münder verborgenen Stimmaufwand verrieten. Nur von der Seite, die vom Treppenaufgang am weitesten entfernt war, verbreiteten drei sechsarmige Leuchter ein düster-feierliches Licht. Sie standen vor der Stufe einer niederen Bühne, die von einer liegenden Figur besetzt war. Und bevor Klaus und Nicht recht erschrecken konnten, saßen sie ihr zu Füßen, von Frini am Ellbogen zu zwei grünen Polsterstühlen geführt.

War das Iring? Es war Kaiser Nero aus einem zweitklassigen Kostümfilm oder auch nur seine Wachsfigur; denn wenn die Kerzen stiller brannten, verriet sein Gesicht mit den starren Augen keinerlei Leben. Er lag auf einer rotsamtenen Chaiselongue und lehnte mit dem Oberkörper gegen das hohe Kopfteil. Sein Körper war in eine mit Silbersternen bestickte smaragdgrüne Decke eingeschlagen, aus der zwei nackte Füße hingen. Der rechte Arm, bis zum Ellbogen entblößt, lag mit geöffneter Hand auf dem Schoß; am Ringfinger glitzerte ein blauer Stein. Ein goldener Reif hielt das sorgfältig getrimmte hellbraun gelockte Haar zusammen. Neben der Liege stand ein Schemel von der Größe eines Klavierstuhls.

Und doch: dieser Popanz war auch Iring. Zwar trug das fleischige Kinn keinen Bart mehr, sonst aber war alles da: die Adlernase, die starken Brauen, der schmale gewinkelte Mund – es war *zu viel* davon da. Nur die Augen waren kleiner, als Klaus sie erinnerte. Ein Bündel Schläuche und Kabel rankte sich hinter dem versteckten linken Arm durch den silberfarbenen Paravent, von dem der Hintergrund abgedeckt war; zwischen ihm und dem Fenster mußte Raum sein für klinisches Gerät.

Eine zweite Leinwand bedeckte die dem Innenhof zugekehrte Wand; davor standen jetzt wohl dreißig Menschen.

Frini war in die vorderste Reihe zurückgekehrt. Die Jüngeren
– manche fast noch Kinder – trugen reines Weiß. Peggy war zu
erkennen, die Elektriker, viele nichteuropäische Gesichter,
und unter den Männern sah Nicht jetzt auch Niklas, den
Schachkumpan.

Aus dem Untergeschoß dröhnte ein Gong, das Summen
verklang. Tritte auf der Treppe; Judith betrat den Raum. Sie
trug das Kostüm der Gemeinde, doch ganz in Lila, und auf
ihrem schwarzen Haar saß ein schmaler Silberreif. Sie neigte
sich vor Iring, so dicht bei Klaus, daß er ihren Atem hörte und
den Duft von verbranntem Harz roch, der ihrem Kleid ent-
stieg. Dann drehte sie sich zur Gemeinde um, sagte: *We love
you, Dear Ones*, worauf ihr im Chor geantwortet wurde: *We
love you too*. Judith begann ein Vaterunser zu sprechen, in das
die übrigen einstimmten; dazu belebte sich die Leinwand. Es
erschien, in riesigem Format und matten Farben, eine Ansicht
des *Monument Valley*, dann die anderer Naturdenkmäler aus
dem amerikanischen Südwesten. Wo man das Logo einer Zi-
garettenmarke erwartete, war bald eine ganz junge Frau, bald
ein vielleicht vierzigjähriger Iring zu sehen, beide in Shorts.
Die Gemeinde verdeckte einen Teil des Bildes, das sich auf den
Kleidern malte; die Bilder wechselten, als würde ein Album
durchgeblättert, und zu jedem wurde ein Stück der Rolling
Stones angespielt. *How can I stop, Loving Cup, Indian Girl*.
Während die Musik kam und ging, vermochten einzelne die
Bewegung, die sie ergriff, kaum noch zu bändigen und erwar-
teten tänzelnd das nächste *Sample*, um sich ein paar Schritte
gehenzulassen. Sie überließen sich der Erinnerung an den
Rhythmus der verschwundenen sechziger Jahre so weit, daß
ihre Gesichter sich röteten, die Augen, auf das Paar in der
Wüste gerichtet, zu schwimmen begannen. Wenn sich die
Kleider lockerten, wurden sie immer nachlässiger wiederher-
gestellt. Klaus hatte die zitierten Platten noch in Vinyl gekauft: *Get Yer Ya-Ya's Out, Exile on Main Street, Emotional
Rescue, Bridges to Babylon*. Das letzte Bild zeigte das Paar als

Teil einer großstädtischen Szene, es stand vor einem Lebens-
mittelladen, angeschrieben »Schaumgold's Deli«, hinter einem
hohen Metalltisch. Judith klammerte sich an Iring und steckte
ihm einen Bissen in den lachend geöffneten Mund.

She's a rainbow –

Judith ließ sich auf dem Hocker nieder und ergriff die leblos
daliegende Hand Irings am Gelenk. Das Bild der *Honeymoo-
ners* erlosch, dafür wurde an der Wand hinter der Chaiselongue ein Kardiogramm sichtbar. Das grüne Profil wanderte
gemächlich von links nach rechts. Viele Blicke folgten der
Lebenslinie mit Andacht, die sich da und dort zum Enthusias-
mus steigerte. *Hosiannah! Praise the Lord!* Nach einem
Gongschlag setzte die Musik wieder ein und füllte den Raum
diesmal zum Bersten. *Turd on the Run, Send It to Me, Let it
Bleed, All Down the Line.* Der Sound elektrisierte die Gruppe,
schnellte die Körper im Ruck und Zuck von Rock 'n' Roll
auseinander und gegeneinander, ein hämmernder, stampfen-
der Exzeß der Bewegung, der sich selbstvergessen auf jedes
Riff stürzte, auf jeden Schrei der Sänger, jede Explosion des
Schlagzeugs, während der Ruhepuls des Gelähmten wie eine
heilige Schrift über die weiße Wand zog. Die Dezibelstärke
war kaum noch akustisch, nur noch physisch wahrzunehmen;
es half nicht, wenn man sich, wie Balthasar, die Ohren zuhielt.
Der Raum schien wie ein Windlicht zu schwanken, und die
Flammen der Leuchter zappelten flach, während die Fetzen
flogen. Männer und Frauen stampften sich die Kleider vom
Leib, jetzt wirbelten Haare, schnellten Brüste, hüpften
Mannsglieder auf und ab, nur das Paar auf dem Podest verharrte in völliger Ruhe, und Judiths Gesicht blieb über das
Gelenk gebeugt, das sie zwischen den Fingern hielt wie ein
rohes Ei.

Das psychedelische Timbre von *The Lantern* bremste die
Raserei, stimmte den Tanz zu einer getragenen Bewegung herunter. Mit der letzten Aufforderung, die Laterne hoch zu tragen, erstarb die Unruhe ganz; die Christwächter hielten ein

und keuchten, auch Frini stand still, naß wie eine Neugebo-
rene. Das Verstummen des Lärms erzeugte die Dumpfheit
plötzlichen Unterdrucks im Gehör. Während Nicht betreten
vor sich niederblickte, fühlte Klaus einen plötzlichen An-
sturm von Komik und suchte ihren Reflex in den Augen
Irings, aber sie blieben starr.

Judith sagte:

*He will take three questions today. Make it short and
sweet.*

Drei Frauen traten nacheinander aus der Reihe, und bei
jeder Frage hob Judith Irings Gelenk leicht an. Dabei ging im
Kardiogramm eine kleine Veränderung vor, im Profil oder in
der Geschwindigkeit des Pulses; Judith schien sie in den Fingerspitzen zu fühlen, und ihre Antwort kam unverzüglich und
mit klarer Stimme.

Q 1: Is he lying to me?

*A 1: Ask yourself why you might deserve it. Are you honest
          with yourself?*

*Q 2: Is it true that I take the wrong Vitamin C and that too
          much of it may cause cancer?*

*A 2: You can get cancer from eating spinach. Why don't you
          trust God and forget about vitamins?*

*Q 3: Is it true that Tim is falling in love with Ethel? I can't
          sleep anymore if I think he might.*

A 3: He is not falling in love with you. So why do you care?

Plötzlich sah die nackte Gemeinde einer Schulklasse ähnlich. Judith sagte:

*He wants me to tell you something. Thanks for great chant-
ing these last days. It did me lots of good. I feel great.*

Ein Raunen ging durch die Gruppe.

Klaus war aufgestanden.

I have a question.

Judith sah ihn an. *I must see whether he can take it.*

Sie beugte sich über Irings Handgelenk und schien zu lauschen.

Go ahead.

Mr. Selber, fragte Klaus, *what do you want me to tell your wife?*

Die Gruppe war unruhig geworden; Judith nicht. Nach einer Pause sagte sie: *Tell the lady she is wonderful. Set her heart at rest.*

Judith legte Irings Arm in seinen Schoß zurück. Der Puls an der Wand erlosch.

So much for today. Now present yourself to Him.

Wieder schlug der Gong. Die Gemeinde stellte sich in einer Reihe auf, Frini war die dritte in der Kolonne, die dem Podest entgegenrückte. Jeder und jede verharrte einen Augenblick vor dem Paar und verabschiedete sich mit einer Verbeugung, um sich danach im Hintergrund anzukleiden. Während sie aus gehäuften Kleiderbündeln das Ihrige heraussuchten, wurden sie zur kichernden Gruppe, bis sie wieder im kampfsportlichen Outfit dastanden, komplett mit Gürtel und Schleife, und zum dritten Mal war der Gong zu hören.

Allright, now take your shower and then back to work.

Judith verneigte sich noch einmal vor dem Menschenbild, dann ging sie zur Treppe, ohne sich umzusehen, und verschwand nach unten. In der Gruppe machte sich eine Stimmung bemerkbar, wie sie sich nach einem bestandenen Examen ausbreitet oder einem wohlverrichteten Schabernack. Frini trat auf die beiden zu und blickte starr unter ihrer Lokke hervor. *I'll show you out.*

Aber es war Judith, die sie am Fuß der Treppe in Empfang nahm.

Wir bedanken uns für Ihren Besuch. Ich hoffe, Sie sind beruhigt.

Ohne Antwort abzuwarten, fuhr sie fort: Wir haben drei Ärzte hier. Einer ist Neurologe aus L. A., der andere hat in Seoul eine Intensivstation geleitet. Er ist noch nicht vierzig und gehört er zu den Besten seines Fachs *weltweit*. Kommen Sie.

Während sie sich durch den Hof bewegten, schüttelte Klaus den Kopf.

Noch Fragen?

Nur Fragen, sagte Klaus.

Das schadet nichts, erwiderte sie ohne eine Spur von Spott in ihrer Stimme. Es gibt nur eines, was Sie wissen müssen. *Er* ist nicht krank. Die Krankheit sind *wir*. Wenn wir heil werden, ist er es auch. Sie haben ihn gefragt, was Sie Imogen sagen sollen. Die Wahrheit. David ist *glücklich*.

Klaus starrte ihr auf den Mund. Wer war F. Schaumgold? fragte er.

Unser Freund in Brooklyn, sagte sie.

Ein Feinkosthändler?

Einer der Vierzig Gerechten.

Hat er das Foto gemacht?

Kommen Sie wieder, Herr Marbach. Ich zeige Ihnen noch mehr.

Beim Abschied hielt sie seine Hand fest und sagte: Ich habe Sie erkannt, Herr Marbach. – Für Nicht hatte sie gerade ein Nicken übrig.

Ich brauche etwas in den Magen, sagte Nicht, als sie wieder auf der Straße standen. Gehen wir ins Restaurant von gestern, wenn es dir recht ist.

Als sie wieder im Hof des »Hutberg« saßen, ließ Nicht den Salat fast unberührt, dafür sprach er dem Weißwein zu. Saale-Unstruth, die Landschaft hatten Anna und er mit dem Rad befahren. Waldränder über Kalksteinbrüchen. Wände, deren Wärme auf die Weinberge zurückstrahlt. Er bestellte die nächste Flasche.

Leute, die etwas zu sagen haben, sind in Amerika gewesen. Aber ich kannte die Stones auch. Ich kannte *nur* die Stones.

Die sind englisch.

Aber nicht wie die Beatles. Wie Woodstock. Davon habe ich alle drei Platten, Vinyl. Ich weiß, die Stones waren nicht dabei, aber sonst –? Wir nicht. Alle hatten Westfernsehen, wir nicht. Wir lagen noch hinter dem Tal der Ahnungslosen.

Wie willst du fahren, wenn du so weitertrinkst.

Ich denke einen langen Schlaf zu tun. Auf dem Gottesacker. Oder auf einer Sommerwiese.

Wir suchen uns eine. Und *ich* fahre.

Hast gar keinen Führerschein. Bist nicht mal der Schein eines Führers. Paß auf, der Wartburg fährt *dich*.

Das habe ich mir immer gewünscht, sagte Klaus, als Nicht den Schlüssel endlich aus der Tasche geklaubt hatte. – Und du bleibst hier sitzen, versprochen?

Sitzen bleiben, darin bin ich stark.

In zehn Minuten bin ich wieder da.

Als Klaus wieder vor ihm stand, fragte Nicht: Was tust du hier?

Klaus hatte ihn gerade aus dem Stuhl gehievt, da näherte sich die Wirtin mit der Bitte um Entschuldigung. Der Herr habe mit hundert Euro bezahlt und kein Rückgeld angenommen. Aber Klaus hatte keine Hand frei. Gönnen Sie es ihm, sagte er.

Endlich hing Nicht in den Gurten, und Klaus fuhr an, Richtung Löbau, in die offene Gegend. Der Motor gab ein tikkendes Geräusch von sich, das sich zum Klopfen verstärkte. Ein Polizeiwagen überholte und winkte sie an den Straßenrand.

Der junge Polizist entschuldigte sich. Dieses Modell sehe man nicht mehr oft. Sollte er daran denken, es zu verkaufen, wisse der Polizist eine gute Adresse.

Klaus sei nur der Fahrer. Er wies auf den Beifahrersitz, wo Nicht zu schnarchen begonnen hatte.

Der Beamte reichte eine Visitenkarte durchs Fenster. Mein Vater, flüsterte er, er hat eine Garage in Güstrow – nur Oldies. Als Mechaniker war er begehrt. Aber nach der Wende wollte jeder nur noch Westwagen, und wir hatten den Hof voll Schrott. Und Mutter führte eine Pension. Einmal hatte sie einen Schriftsteller aus Köln zu Gast, der sagte: heben Sie Ihren Schrott gut auf. In fünf Jahren ist er Gold wert. Wir lachten nur, aber er bekam recht. Schon nach vier Jahren lief das Geschäft mit den Oldies, und wir brauchten die Pension nicht mehr.

Klaus versprach, ein gutes Wort einzulegen. Für den Wartburg fand er keins, als der nicht anspringen wollte. Zum Glück war der freundliche Polizist schon weit weg. Nicht schlug die Augen auf und sagte: Kunst kommt von Können.

Fünfzig Meter weiter, vor einem Waldstück, bog ein Feldweg ab. Klaus stellte das Pannendreieck ins Heckfenster. Er gurtete Nicht ab, hob ihn aus dem Sitz und hielt ihn im Arm, bis es gelang, die Wagentür zu verschließen. Dann wankten sie am Straßenrand zum Feldweg und noch etwas weiter. Während Balthasar sein Gewicht gegen ihn lehnte, sang er ihm ins Ohr: *Take me home, country road. West Virginia* – weiter wußte er nicht, sang nur noch »West Virginia«. Das ferne Land im Dunkel der Wälder, der Armut und des Alkohols.

Schließlich erreichten sie den Schatten und eine kleine Senke. Klaus versuchte, Nicht bequem zu betten; der hatte die Augen offen und sang: *Kiss me good night sergeant-major, tuck me in my little wooden bed.* Als ihm die Augen übergingen, machte er sie ganz zu, während ihm das Wasser über die Backen in den Schnauzbart lief. Noch ehe es recht abgewischt war, begann er zu schnarchen.

Klaus ging zurück und stellte das Pannendreieck fünfzig Meter weiter am Straßenrand auf, Richtung Herrnhut, und nahm die Wolldecke vom Hintersitz. Dann wälzte er Nicht auf die Unterlage und zog ihm die Schuhe aus. Er legte sich selbst auf den Rücken und hörte die Geräusche der Landschaft kommen und gehen, bis sie ihn in eine kleine Bewußtlosigkeit entließen, traumlos, luftbewegt.

Es war die Hitze auf dem Gesicht, die ihn weckte; die Sonne hatte das Astwerk unterwandert. Nicht saß auf der zusammengefalteten Decke.

Schon sechs Uhr, Langschläfer. Ich staube dich ab.

Er tat es gründlich, nachdem er ihm erst Halme aus Haar und Kleidern gelesen hatte. Als ihm Klaus den Gegendienst zu leisten anfing, sagte er.

Nicht so heftig. Bei mir sitzt alles locker.

Doch sein Gang war wieder fest, als er das Pannendreieck einholte. Er verlangte die Schlüssel und setzte sich ans Steuer. Aber dann rührte er sich nicht mehr.

Wir sollten einmal auf der Landeskrone essen.

Gern. Aber diesmal lade ich dich ein.

Gestern sind deine Papiere gekommen.

Wie denn? Ich habe sie gar nicht bestellt.

Ich habe deine Dame angerufen. Sie läßt dich grüßen.

Du hast Imogen angerufen? Und hast dir vorgestellt, daß sie meine Papiere zusammensucht? Was glaubst du, wer sie ist? Meine Schlummermutter?

Entschuldige sehr. Ich muß gar nichts glauben. Aber sie hat es getan.

Klaus biß die Zähne zusammen. Dann sagte er: Das heißt, ich *kann* dich einladen.

Wenn es sein muß.

Es muß sein. Morgen fahre ich.

Nach einer Pause sagte Nicht: Wie wärst du ohne Papiere gefahren?

Als Klaus nicht antwortete, fuhr er fort: Ich habe dich enttäuscht. Weil ich ein Spießer bin, der saufen muß, wenn er wie Luft behandelt wird. Oder wenn er eine nackte Frau sieht. Aber es kommt auf die Frau an, weißt du.

Dafür kannst du einen Wartburg fahren, sagte Klaus, denn der Motor sprang sofort an, als Nicht den Zündschlüssel drehte.

Eigentlich ist unsere Vicky ja auch schon verheiratet. Hat Iring wohl nicht gestört. Was sagst du seiner Frau jetzt wirklich?

Ich weiß es nicht.

Müßtest du aber wissen. Oder willst du Victoria das Feld kampflos überlassen? – Nichts Schnurrbart zitterte. Diese Seelenfänger. Welche *Schmiere.* Und was sie aus den Stones gemacht haben. Den *Stones!*

Die Gartenwirtschaft auf der Landeskrone entsprach Klaus' Erwartungen, aber die Aussicht übertraf sie. Wenn die Sonne nicht mehr stört, siehst du von hier bis nach Europa, sagte Nicht.

In Zürich habe ich damals ein Sätzlein eures Zwingli gefunden. »Tut um Gottes willen etwas Tapferes.« Klingt erst mal ein bißchen kleinlaut, aber »um Gottes willen« will ja was heißen, wenn du an ihn glaubst. Mir hat gerade das Klägliche des Sätzleins gutgetan. Es hat auch etwas Tapferes. Verstehst du?

Ich verstehe *dich,* glaube ich.

Einmal möchte ich noch etwas Tapferes tun, in Gottes Namen, auch ohne.

Ich hoffe, wir sehen uns bald wieder. Hältst du mich auf dem laufenden?

Aber da läuft nichts, Klaus, wenn wir es nicht *tun.*

Manchmal muß man auch zusehen können, was ohne uns geschieht.

Dann könnte man ja auch tot sein!

Ein Gedanke, der sich denken lassen muß, früher oder später.

Von Nicht kommt nichts, willst du sagen.

Eigentlich will ich das Gegenteil sagen.

Wenn ich du wäre, würde ich mich auch nicht übernehmen. Du bist stark, wenn du gar nichts machst. Die Frauen machen sich etwas aus dir. Das kannst du abwarten, je ruhiger desto besser. Was ist sie eigentlich für eine Frau?

Wer?

Imogen.

Ich weiß es nicht, Balthasar.

Mir hätte sie zuviel Geld.

Sie braucht fast nichts.

Welcher Hochmut. Und welche Verschwendung.

Sie hat eine Allergie gegen Verbraucher. Alle Sprachen, mit denen die Ware spricht, vergrämen sie. Fernsehen greift sie *körperlich* an. Aber es ist nicht die *Sprache* des Verkaufs. Es sind die Verkäufer, die sie nicht aushält.

Dann wird es eng für sie. Womit kann man ihr denn dienen?

Nur mit Dasein, glaube ich.

Verwöhnt, aber es paßt zu Iring, den ich kannte. Wenn er Böhme wäre, wäre sie Shakespeare. Dummes Zeug. Was ich meine: es geht etwas aus der Welt, Klaus, und wir dürfen es nicht einfach gehen lassen. Es wird wieder Zeit für Klassenkampf. Du mußt soviel Klasse haben, ihn auch allein zu führen. Alles nur noch deins, die arme Seele, das große Herz. »Nur mit Dasein.« Dann bist du jetzt lange genug weggewesen. Fahren wir, Klaus.

Kannst du?

Das sehen wir ja gleich.

Du hast den ganzen Abend nicht geraucht.

Ich habe die Pfeife in Herrnhut liegenlassen, mit Absicht.

Fängst du schon an mit der Tapferkeit?

Bis Iring frei ist, rühre ich keine Pfeife mehr an.

Ich nehme dich nicht beim Wort.

Schade. Es geht leichter, wenn man's *für* jemanden tut.

Dafür hast du schon jemanden, wenn ich recht gesehen habe.

Penny.

Klar, Penny!

Sie lachten, standen auf und nahmen sich in die Arme.

8 Jour fixe

Es war kühl, als Klaus die kleine Pforte neben dem Gittertor hinter sich zugezogen hatte, und das Gefühl war übermächtig, lange weggewesen zu sein. Die Reise schien auch einen Wechsel der Jahreszeiten bewirkt zu haben. In der Vormittagshitze hatte er sich von Nicht verabschiedet, *vor* dem Bahnhof, da er nicht wünschte, zum Zug begleitet zu werden.

Im letzten Augenblick hatte er sich neu besonnen. Er ließ den Zug fahren, wechselte den Bahnsteig, bestieg die Regionalbahn nach Löbau und nahm dort den Bus nach Herrnhut. Im Archiv der Brüder-Unität waren die Lebensdaten von Felicitas Selber ohne Umstände zu erfahren. Sie war 1960 über Berlin in die DDR eingereist und hatte im Witwenhaus der Gemeine Aufnahme gefunden. Zuerst war sie in der Betriebssportgemeinschaft »Medizin Herrnhut« als Krankenpflegerin tätig gewesen, dann »aus Gesundheitsgründen« in der »Stern-Drahtverarbeitung«, dem größten volkseigenen Betrieb der Stadt. 1969 war sie, noch nicht fünfzig Jahre alt, gestorben.

Ein Lebenslauf, der nur noch durch Daten sprach. Man hatte Felicitas, ein Jahr nach Lennies Tod, im Rhein gesucht, aber sie hatte in aller Stille eine ganz andere Grenze überschritten, die sich bald danach durch den Bau einer Mauer geschlossen hatte, für sie: endgültig. Hatte sie ihren Sohn preisgegeben, der damals in Basel zu studieren begann und Wunder versprach? Nein, sie war zurückgetreten, wie es geschrieben steht im Urteil Salomons (1. Könige 3), um ihr Kind ungeteilt der großen Welt der Bühler zu überlassen, damit es sein Glück mache. Dieser Welt fürchtete sie Anstoß gegeben zu haben, darum räumte sie sich aus dem Weg. Iring wollte von Gott nichts mehr wissen, und auch daran fühlte sie sich schuldig. Denn was ihr vor seinen Augen widerfahren war, hatte dem Kind den Glauben an Ihn geraubt. Dafür war sie bereit, ihr Leben, oder was ihr davon noch vergönnt war, für beide zu geben und den Ausgang Ihm anheimzustellen.

Ihr Gebet hatte so weit über ihren Tod hinausgereicht, daß der verlorene Sohn hierher zurückgekehrt war und vierzig Jahre später wo nicht reuig, so doch verloren genug ihren Schutz gesucht hatte, die Nähe der unschuldigen Mutter in der Nähe des schuldigen Vaters. Herrnhut, Görlitz, am Ende wieder Herrnhut. Nun war Iring heimgeholt worden, heimgesucht in Gestalt einer gnadenlos fromm gewordenen Jugendsünde, die durch seine Schwäche allmächtig geworden war. Die Mutter brauchte es nicht mehr zu erleben. Aber war damit ihre Fürbitte erhört?

In der Buchhandlung war Klaus einem Wort ihres Patrons Comenius begegnet, das ihm nachging, als er den Weg zum Gottesacker zum zweiten Mal unter die Füße nahm. *Omnia sponte fluant / absit violentia rebus.* »Alles fließe, wie es will; Gewalt sei ferne von den Dingen.« Es dauerte lange, bis er die schlichte Grabplatte auf der Frauenseite gefunden und entziffert hatte. Sie lag schief, denn die Wurzel der nahen Linde hatte den Boden aufgeworfen. Doch war der Baum von der Nahrung des eingepflanzten Saatkorns hoch genug gewachsen, um der »Heimgegangenen« reichlich Schatten zu spenden.

Klaus legte die weiße Rose, die er mitgebracht hatte, auf die verwitterte Schrift. Hier mußte Iring gestanden haben; um dieses Zeichen zu lesen, war er zurückgekommen, konnte er die Erde mit Händen greifen, zu der seine Mutter geworden war, und ihr Gebet flüsterte ihm mit der Sprache der grünen Blätter ins Ohr. Und plötzlich wurde sie in Klaus' Ohren zum Gedicht.

Die wie Lindenwipfelwehn entflohn. War es von Tagen gesagt oder von Jahren, Jahrzehnten? *Als von Mutterliebe noch umfangen / Schon die Jugendliebe leis erwacht...* Mom war viele Jahre nach Felicitas gestorben, doch im selben Alter wie sie, viel zu jung, und von ihm ebenso entfernt. Jetzt erst kamen Klaus die Tränen, Tränen schuldigen Ingrimms, und sie erleichterten ihn nicht. *Heimgegangen?* O nein. Am Schweigen erstickt; auch an *seinem* Schweigen. Nichts von Heimgang-Seligkeit. Und in diesem Augenblick tat Klaus, am Grab von Irings Mutter, einen Schwur gegen den Ablauf der Zeit. *Nie wieder!* sagte er, und das war sein heiliger Ernst; dabei wußte er noch gar nicht, wovon er sprach. Aber *es mußte sich zeigen*. Und er fühlte sich so bereit dafür, wie er, als Soldat, niemals zu sterben bereit gewesen wäre.

Noch einmal übernachtete er im Gasthaus der Unität; zum zweiten Mal kehrte er nach Görlitz zurück, und diesmal bestieg er den Zug wirklich, zu dem ihn Balthasar begleitet hatte, nur einen Tag später. Vor Dresden hatte er die erste Gewitterfront durchfahren, der Sturm jagte Wasserschwaden über das Fensterglas; dann lag die Gegend für Stunden im trüben Licht anhaltenden Landregens. Bei Mannheim klarte es auf, und je weiter sich der Zug Basel näherte, desto wärmer schien das Licht über den Vogesen. Zugleich wirkte es gedämpft, um eine kaum faßbare Nuance gebrochen. Als Klaus im Badischen Bahnhof in die Lokalbahn umstieg, war die Luft frisch, und er meinte schon etwas vom Atem der Berge zu spüren. Aber sie blieben jenseits des Rheins, als er zwischen Schwarzwald und Jura in zunehmende Dämmerung hineinfuhr; und diese war zur durchsichtigen Nacht geworden, als er die Villa Aia erreicht hatte, zu Fuß.

In einem Fenster des Pförtnerhauses zeigte sich der Blaustich des Fernsehers, vor dem Dias einzuschlafen pflegte. Durch Baummassen zeichnete sich die Villa nur schattenhaft ab, dafür war das Erdgeschoß des Kutscherhauses zum ersten Mal hell. In der Remise brannte Licht; er stieg die Treppe zum Obergeschoß hinauf und schloß seine Wohnung auf. Sie roch, als wäre sie lange unbewohnt gewesen. Er öffnete alle Fenster und ließ die Luft durchziehen; plötzlich füllte sie sich mit Blumenduft. Auf dem Nachttisch neben seinem Bett dämmer-

te ein Lilienstrauß, und als Klaus Licht machte, sah er einen
Brief, an die Vase gelehnt.

Seine Hände zitterten, als er den Umschlag aufriß. Imogen
hieß ihn willkommen und teilte mit, daß sie in die Johann-
Peter-Hebel-Straße umgezogen sei. Ob sie ihn dort am Frei-
tagnachmittag um fünf Uhr zum Tee erwarten dürfe?

Auf dem Arbeitstisch fand er auch die gedruckte Einladung
zu einem »festlichen Abschiedsessen« in der Villa Aia am
Dienstag, dem 25. November 2003. Die geladenen Gäste waren namentlich aufgeführt: Constanze Weiland-Bühlers Stif-
tungsvorstand in corpore. Schließlich fiel Klaus das handge-
schriebene Zeichen ./. am untern Kartenrand auf, und auf der
Rückseite las er in Imogens Handschrift: Klaus, bitte seien Sie
auch da. Ich brauche Sie.

Der Zimmerschmuck der Vorgänger, die Sinn- und Witz-
sprüche an Wänden und Fenstern, waren entfernt.

Zu Herrnhut hatte Klaus in der letzten Nacht einen Traum
gehabt, an dem das Bemerkenswerte nicht der Schrecken war,
sondern der Entschluß, nicht zu erwachen.

Aus einem Alptraum konnte er sich selbst wecken, seit seiner
Kindheit. Er hatte einen Trick. Wenn er im Traum nicht mehr
aus und ein wußte, faßte er mit der rechten Hand das Kinn, mit
der linken die Stirn und drehte sich mit einem Ruck den Kopf
ins Genick. Dann erwachte er zuverlässig, auch wenn der böse
Traum noch eine Weile an ihm haftete. Und doch war es niemals
»nur ein Traum« gewesen. Es war real, *und* es war ein Traum,
und er konnte erwachen. Er brauchte nur sich selbst den Kopf
umzudrehen. Und ebendas hatte er diesmal nicht getan.

Er saß allein in der Führerkabine eines Lastzugs, der ein
unbekanntes, doch explosives Frachtgut von Spitzbergen nach
Grönland fahren mußte. Er wußte, daß die Polareisdecke hundert Tonnen tragen konnte, und so viel betrug seine Last bei
weitem nicht. Dennoch war er alles andere als getrost, weil er
noch nie einen Lastwagen gefahren hatte. Immerhin reagierte

das Lenkrad, und auch die Schalter, Knöpfe und Knüppel schienen seinem Griff zu gehorchen. Das Eis knirschte unter den Rädern, das Meer darunter war 50 Meter tief, und noch immer ging alles gut. Und doch sagte ihm ein rotes Alarmlicht, das nicht zu löschen war, daß er einbrechen mußte – die Frage war nur, wie bald.

Als es geschah, als er auffallend geräuschlos, doch unwiderstehlich mit dem ganzen Gefährt zu sinken begann, war es schon zu spät, die Tür zu öffnen. Innerhalb weniger Augenblicke saß er wie in einer Taucherglocke fest, und das schwarze Wasser vor der Scheibe stürzte stetig aufwärts. Noch sah er Kaskaden von Blasen steigen, dann umschloß ihn tiefe Finsternis, und als er nicht mehr damit rechnete, je Boden zu finden, setzte er auf, mit einem sanften Ruck. Jetzt saß er am Grund des Eismeers, gefangen in einer Luftblase, die sein Atem bald erschöpft haben würde.

Und das war der Augenblick, wo er sich hätte an den Kopf fassen können. Statt dessen wurde er ruhig und jeder Handgriff bedächtig. Er warf sich nicht gegen die Tür, denn so lange das Gewicht des Ozeans dagegen drückte, ließ sie sich nicht öffnen. Statt dessen kurbelte er das Fenster einen Spalt herunter und ließ Wasser einströmen. Er fühlte die tödliche Kälte langsam bis zu seinem Hals steigen, und als sie fast seine Nasenlöcher erreicht hatte, holte er noch einmal tief Atem und warf sich gegen die Tür. Sie ließ sich öffnen, weit genug, daß er sich durch den Spalt zwängen und in die eisige Schwärze hinauslassen konnte. Jetzt kam alles darauf an, in die Höhe nicht zu stürzen, sondern zu schwimmen, mit beherrschten Bewegungen, sonst platzte die Lunge, die mit Atemluft schon zum Bersten gefüllt war. Zug um Zug trieb er aufwärts; es galt, die Öffnung im Eis zu treffen, wie der Schütze ein Ziel. Sie konnte nicht größer sein als ein Nadelöhr, und er mußte sie gefunden haben, bevor sie sich wieder verschloß.

Aber stärker als die Todesangst erfüllte ihn eine wunderbare Zuversicht, nicht fehlen zu können, und sie bekam recht. Geradezu mit einem Schuß von Übermut sprang er in das atembare Luftmeer hinaus und landete mit allen Vieren auf festem Eis. Er war plötzlich nackt, aber gerettet, aus eigener Kraft. Und als er das entfernte Signal seines Leuchtfeuers erkannte, machte er sich auf den Weg, durchfroren bis aufs Mark, aber zum Leben erfrischt und seiner Sache sicher.

Jetzt durfte er auch erwachen. Er tat es mit schon ruhigem Puls, nur das Frösteln war geblieben, und er zog sich die Decke, die er beim Schwimmen im Eismeer weggetreten hatte, bis an den Hals hinauf.

Am Freitag ging er von der Villa zu Fuß in die Johann-Peter-Hebel-Straße; er trug einen Tulpenbaumzweig mit einer einzelnen unzeitigen Blüte. Er hatte klettern müssen, um ihn zu brechen. Imogens Hausnummer lag in der großstädtischen Häuserzeile Nieburgs. Sie bestand aus fünf zusammengebauten sechsstöckigen Backsteinhäusern, von denen das mittlere weiß geschlämmt war und auch im Zierat der Mittelbalkone und Gesimse bürgerlichen Anspruch verriet.

Die Stimme in der Gegensprechanlage bat ihn ins oberste Stockwerk. Imogen empfing ihn in der offenen Tür; ihre Augen strahlten so, daß er die seinen niederschlug. Der Zweig war zwischen ihnen; sie umarmten sich nicht. Ihr blaues Hosenkleid erinnerte ihn an die *Guardians*. Aber davon wollte er nur reden, wenn sie fragte.

Nachdem der Zweig eingestellt war, zeigte sie ihm die Wohnung. Ihre Eltern hatten die obersten zwei Etagen belegt. Die untere hatte zum Wohnen und Schlafen gedient, im Oberstock hatte Lennie zur Straße hin sein Arbeitszimmer eingerichtet, während das kleinere, in dem sie Platz genommen hatten, Imogens Kinderzimmer gewesen war. In den dritten Raum waren Küche und Badezimmer eingebaut worden, damit die Wohnung vermietet werden konnte; dann war ein junges Paar, Arbeiter wie Lennies Vater, eingezogen und hatte vierzig Jahre darin gewohnt; später der Witwer allein. Sein Tod im Juli war einige Tage unentdeckt geblieben. Nun habe es der Zufall gefügt, daß auch die untere Wohnung frei geworden sei, und Imogen leiste sich den Luxus, sie leerstehen zu lassen. Sie überlege sich, wie mit dem Familienerbe umzugehen sei, und zum Nachdenken finde sie ihr altes Kinderzimmer vollkommen ausreichend.

In Lennies Arbeitszimmer, das über einen kleinen Balkon verfügte, war die frische Farbe noch zu riechen, und ein Schaukelstuhl war sein einziges Mobiliar. In ihrem Wohnschlafzimmer standen wieder, wie zur Schülerzeit, rohe Bücherbretter auf roten Backsteinsäulen, mit nicht mehr als dreißig Büchern, darunter politische über Boat People und Migration aus armen Ländern. Es gab einen runden Tisch, an dem sie Aufgaben erledigt hatte, zwei Stühle, einen Kleiderschrank aus Kirschholz, eine stehende Bogenlampe und einen finnischen Noppenteppich mit einem grauen und blauen Muster. Nur das Bett mit dem dunklen Überwurf war von befremdlicher Mächtigkeit. Es habe im Kutscherhaus gestanden, als dieses noch als Abstellkammer gedient habe. Keine Bilder, kein Wandschmuck, weder Fotos noch Souvenirs, aber ganze Reihen von Steinen, die Imogen von der Wanderung mitgebracht hatte. Sie trug weißes Geschirr mit Reiskornmuster auf, Besteck von sachlicher Eleganz, dann brachte sie den Kuchen und schenkte den Tee ein.

Für einen entfernten Betrachter hätte sich ihr Gespräch wie *Smalltalk* angehört; Lennie hätte ihn gar *very small* genannt. Aber Klaus fühlte, daß Imogen die zwei Stunden, die ihnen gegeben waren, nicht darauf verwenden wollte, ein Geheimnis zu erfahren, sondern ihn mit einem bekannt zu machen. Und je weniger es besprochen wurde, desto mehr verstand es sich von selbst, aber von seinem Schauder verlor es nichts.

Als er sich verabschiedete, fragte sie, ob er nächsten Freitag wiederkomme. Sie habe, als sie sich als Kind ihr Leben vorstellte, von einem »Jour fixe« geträumt, ohne genauer zu wissen, was das war.

So kam er jeden Freitag wieder. In dieser Zeit fiel die schwedische Außenministerin einem Attentat zum Opfer, Bundespräsident Rau verzichtete auf eine erneute Kandidatur, Hurrikan »Isabel« überzog die Ostküste der USA, im südrussischen Nowoschachtinsk wurden zwölf von dreizehn verschütteten Bergleuten gerettet, China schoß den ersten Menschen ins All, und es gab einen blutigen November für die »Koalition der Willigen« im Irak. Doch es blieb dabei, daß Klaus der Gastgeberin einen Blätterstrauß aus der Villa Aia mitbrachte, auch wenn das erste Mal das letzte war, an dem er mit einer Blüte aufwarten konnte. Aber es gab Sassafras, Sumach, Korkbaum und Ginkgo, Rotbuche, Weißdorn und Blaubeere. Der Park gab her, was Rathenau an grüner Herrlichkeit hatte einpflanzen lassen, und je weiter das Jahr fortschritt, desto bunter wurden die Sträuße. Nach den Novemberstürmen begann die Saison der Immergrünen, Atlaszeder, Weymouthskiefer, Sequoia und Eibe, und die Äste verbreiteten etwas wie Adventstimmung. In Imogens Mädchenzimmer stand immer nur der jüngste Strauß; die vorigen stellte sie in das ungeheizte Zimmer ihres Vaters, wo auch Herbstlaub lange an den Zweigen blieb. Luxus trieb sie bei den Vasen, sie kaufte immer neue, zum Freitagsstrauß passende. So kam über Herbst und Vorwinter um Lennies Stuhl ein erdeloser Wintergarten zusammen; die Lösung des Rätsels rückte näher und wurde unwiderruflich. Klaus verschwieg, daß er keinen Tag aufgehört hatte, im Rhein zu schwimmen.

Die Villa Aia verödete nicht mehr als früher. Dias setzte sein Selbstgespräch fort, wenn er das Laub auf dem Rondell zusammenharkte oder den leeren Brunnen reinigte, bevor er für den ersten Frost zugedeckt wurde. Die Villa hatte Maro verschlossen, bis zu den Tagen vor der angekündigten Festivität vom 25. November. Zuvor ließ sie Leute kommen, die ihr zur Hand gingen. Klaus, der immer noch für sich selbst einkaufte, konnte in Nieburg die Vermutung hören, er sei von Imogen mit dem Verkauf der Villa beauftragt. Oder war er ihr Privatsekretär? Schrieb er die Bühlersche Familiengeschichte?

Nur mit Maurus Freyer hielt Klaus einen gewissen Kontakt. Es kam vor, daß er in der Apotheke erschien, um sich für ein Glas Wein zu verabreden. Dabei erfuhr er, daß der Bühler-Patriarch in den vierziger Jahren bereit gewesen wäre, für ein uneheliches Kind, das behindert zur Welt gekommen war, eine Anstalt zur Beseitigung lebensunwerten Lebens in Anspruch zu nehmen, wenn es Frau Antoinette nicht verhindert hätte. Ihr Familiensinn hatte auch geboten, Maros Schwangerschaft und das Kind Zeus generös zu behandeln. Die stille Aufmerksamkeit, die Maro Klaus in diesen Wochen angedeihen ließ, erinnerte ihn an die Fee seiner »Soldanella«-Kindheit. Als Nachbarin blieb Maro lautlos, doch nicht ohne Eigenmächtigkeit der Fürsorge. Sie hatte seine Reise dazu benützt, um in seiner Wohnung aufzuräumen; damit fuhr sie jetzt fort, sobald er das Haus verließ, und er erhob keinen Widerspruch.

Post kam keine mehr, mit der gewichtigen Ausnahme der Briefe Balthasar Nichts.[5] Sie bildeten die Grundlage von Klaus' Beschäftigung, seit er diejenige mit Tobler und Nieburgs NS-Vergangenheit ebenso ruhen ließ wie diejenige mit »Zeichen und Wunder«. Er las die Bibel – dazu stiftete ihn Balthasar unerbittlich an. Denn was er zu melden hatte, verlangte eine Kenntnis der Heiligen Schrift, die Klaus in seiner Jugend weniger erspart als vorenthalten geblieben war. Bei der Entzifferung der Botschaften aus Görlitz kam auch das Internet-Café zu Ehren, und oft konsultierte er die Suchmaschine stundenlang inmitten chattender Jugend, die andere Sorgen und Freuden hatte als er.

Klaus begann sich in Der Schrift heimisch zu fühlen, auch wenn ihre Befremdlichkeit nicht zu überwinden war. Eigentlich saß er neben Balthasar Nicht und blickte ihm über die Schulter. Und über alles, was er mit ihm teilte, drang kein Sterbenswort zu Imogen. Mit ihr hatte er den *Jour fixe*.

---

5 Alle Briefe B. Nichts in Anhang 4, S. 549-560.

9 Kammermusik

Er las ihr vor, was sie sich gewünscht hatte: die »Odyssee«. Im Basler Antiquariat hatte er sich eine zweisprachige Ausgabe besorgt, und es kam vor, daß er eine Stelle, die sie bewegt hatte, in der Originalsprache wiederholen mußte; sie hörte sie als Musik.

Er saß am Fenster, das sich um fünf Uhr schon verdunkelt hatte, unter der Aluminium-Bogenlampe auf seinem Stuhl, der alle Bequemlichkeit verweigerte. Imogen hatte sich auf dem zweiten gleichartigen Stuhl vom Tisch zurückgezogen und war in der Halbdämmerung nur noch schattenhaft zu erkennen, zumal das Leselicht den Kontrast noch verstärkte. Sie trug ihr weites Hosenkleid, wie das erste Mal; er hielt das offene Buch in der Hand und war beim fünften Gesang des Epos angekommen, den ihm sein Griechischlehrer einst zum Memorieren aufgegeben hatte. Wenn nicht nur Bücher, sondern Bibliotheken verbrannt würden, müsse seine Klasse jederzeit zusammenkommen, um die Sprache Homers wiederherzustellen. Offenbar zählte er darauf, daß *seine* Schüler vom drohenden Abbruch der Zivilisation nicht betroffen waren. Er hieß Mayer, sie nannten ihn Noah; zu dessen Zeit hatte auch niemand an die nahe Sintflut geglaubt,

Je mehr verschwindet, desto mehr ist da, sagte Imogen. Dann sieht man es endlich.

Glaubst du, dann hat man noch Augen dafür?

Die wachsen nach, wenn die Bilderflut abzieht. Die neue Pest ist der Überfluß, auch an sogenannter Information. Sie müßte gründlich verknappt werden, und Bildung müßte heißen: wie bringt man Menschen bei, sich aus fast nichts ganz viel zu machen. Wer das nicht gelernt hat, der macht sich aus allem gar nichts mehr. Die Wissensgesellschaft weiß immer weniger, denn woher soll sie wissen, was wissenswert ist?

Wer bringt es ihr bei?

Der Tod, sagte Imogen, und jetzt lies bitte weiter.

Wer hat eigentlich den ROMAN ZERO gedichtet, der an meinem Fenster klebte? – Er sagte die hinkenden Verse auf. – Sie waren plötzlich verschwunden.

Darum hast du sie behalten. Maro hätte sie entfernen müssen, bevor du eingezogen bist. Aber da sie das Gedicht nicht verstand, hielt sie es für bedeutend. – Es ist aus Antoinettes Zeit. Sie wünschte sich etwas, das sich auf »Hitler« reimte, und hat einen Preis dafür ausgesetzt. Natürlich hat ihn Simon gewonnen – *Alfried* Simon, und als August sein Atelier einrichtete, muß er das Meisterwerk wieder ausgegraben haben.

Was hatte Antoinette mit Hitler zu tun? fragte Klaus.

Sie soll auf einem Künstlermaskenball als *Great Dictator* aufgetreten sein, aber Hitler ähnlicher gesehen haben als Charlie Chaplin. Das Kostüm war ein Skandal. Danach muß es eine bestimmte Rolle gespielt haben, wenn sie Simon privat besuchte.

Im Kutscherhaus? fragte Klaus, und Constanze wußte davon?

Genug, um ihre Mutter aus Nieburg zu vertreiben. Aber später, als Lennie tot war, hat sie sich in das gleiche Bett gelegt.

Sind Sie nicht selbst darin gezeugt worden? fragte Klaus.

Sie sehen, warum es weg mußte, bevor Sie einzogen.

Klaus dachte: aber da steht es ja wieder und paßt wie die Faust aufs Auge. Laut sagte er: Sie wollten mich knapper halten.

Bitte lies jetzt, deinen fünften Gesang.

Er handelt vom Meer, sagte Klaus, unser Griechischlehrer war der Sohn eines jüdischen Emigranten. Der hat nur das nackte Leben gerettet und ist immer noch ohne Papiere gestorben. Aber Noah wurde eingebürgert, seine Schweiz war heiliges Land. Auch wenn er es griechisch möblierte, nie hat er etwas auf die Schweiz kommen lassen. Er war Patriot durch und durch. Wahrscheinlich bin ich seinetwegen Offizier geworden. Den Bergier-Bericht hat er nicht mehr erlebt. Er hätte ihn nicht gebilligt.

Bitte lies, sagte Imogen.

Also erhob sie sich jetzt endlich, Eos, die Morgenröte, »vom Lager des edlen Tithonos«; der war einmal ein schöner Hirtenknabe gewesen, und die Göttin hatte sich so unsterblich in ihn verliebt, daß sie auch ihm Unsterblichkeit wünschte. Leider versäumte sie, ihm zugleich ewige Jugend zu wünschen, und so schrumpelte der Mann an ihrer Seite durch die Äonen vor sich hin. Aber dafür hatte Homer sein berühmtes Gelächter nicht. Sicherer als seine ungewisse Existenz bewahrt ihn sein militärischer Hintergrund davor. Es soll der *edle* Tithonos sein, von dessen Lager sich die Morgenröte erhebt. Und als es Tag geworden war, ein Tag, an dem die Götter Rat hielten, drang Athene, die strahlend- oder eulenäugige, in Vater Zeus, daß er die Irrfahrt ihres Schützlings Odysseus endlich beende, die Heimkehr nach Ithaka verkürze. Sie bittet um einen unumstößlichen Ratschluß, den der Herr über Himmel und Erde der lieben Tochter nicht versagt; nur dem Meer kann er nicht gebieten. Aber er sendet seinen Hermes zur Insel hinab, wo der Dulder Odysseus gefangen liegt, freilich in Banden der Liebe; denn die Nymphe Kalypso, bei der er festhängt, hat sich um seine Rettung verdient gemacht. Nun soll sie ihn also hergeben müssen und um den Lohn seiner Bettgesellschaft betrogen sein.

Aber Aufenthalt ist Aufenthalt, und den Mann, der weinend am öden Strand sitzt, verlangt es nach Frau und Sohn, auf seine Insel, zurück in das von Freiern belagerte Haus. Hermes darf die Gefühle der Nymphe nicht schonen, auch wenn sie im göttlichen Ratschluß nur bösen Neid erkennen kann. Aber Odysseus wird noch weniger geschont: und der Grund dafür ist ein Abgrund, der dem schaudernden Gefühl gleich eröffnet wird. Es ist das blaue, auch »braun« genannte

Ungeheuer, dem er mit knapper Not entronnen ist als einziger, nun soll er ihm wieder vorgeworfen werden.

Denn was dem Götterboten als erstes begegnet, was die Verse aufreißen, von Horizont zu Horizont, ist das Meer, die flüssige Gegenwelt, deren Wut auf das feste Land keine Grenzen kennt und in der Gewalt zum Ausdruck kommt, mit der sie sich an seiner Küste bricht. Einem Gott allein ist gegeben, auf diesem schäumenden Gebiß zu tanzen, die stürzenden Kämme, die eine wüste, wütende Flut aufwirft, mit geflügeltem Fuß nur zu streifen. Da fliegt Hermes dahin, der Möwe gleich, die »um furchtbare Busen des ungebändigten Meeres / Fische erntet und sich die dichten Fittiche netzet« –.

Ichtys agrōssōn pykiná ptera deuetai halmē, Klaus' gelöste Zunge schmeckte Salz in den Versen, die er mit blinden Augen sprach; als er sie wieder öffnete, war Imogen nicht mehr da. Klaus erschrak bis auf den Grund und mußte doch weitersprechen, denn nur die Kraft, die sie aufgelöst hatte, konnte sie auch wieder formen. »Also redete Zeus' helläugige Tochter Athene«... was sagte sie nun? Erst als er das Buch niedergelegt, auch das Licht gelöscht hatte, konnte er sie hören, ihr auf die Höhe folgen, zu der sich sein Atem erhob, »zum hohen Olympos, der Götter ewigem Wohnsitz / nie von Orkanen erschüttert, vom Regen nimmer beflutet / Nie bestöbert vom Schnee; der wolkenloseste Äther / Breitet sich über ihm aus, und ein Schimmer wie Nebel umschwebt ihn«.

Seine Augen hatten sich an die Dunkelheit gewöhnt, er konnte Imogen wieder sehen. Sie hatte sich auf das Bett gelegt, die Arme ausgebreitet und die Beine geöffnet; als sie seinem Blick begegnete, drehte sie sich langsam zur Seite, zog sich zusammen und lauschte der Stille, die eingetreten war, in der Stellung einer Ungeborenen. Nach einer Weile machte sie ihr Nachtlicht an und sagte:

Nie wieder Odysseus.

Wenn ich Lennie wäre, oder Iring.

Du gleichst ihnen immer weniger, sagte sie lächelnd.

Wem glich er dann?

In der Remise des Kutscherhauses, hinter der später eingebauten Naßzelle, hatte Dias Raum für sein Gartengerät, und im Winkel lehnte auch, von einem alten Damasttuch verhängt, ein hoher Spiegel. Er hatte von Klaus, wenn er nach dem Schwimmen vorbeiging, immer nur kurz Füße und Unterschenkel sehen lassen. Dieser Spiegel gehörte nicht hierher; der vergoldete Gründerzeitrahmen machte ihn zum Wertstück, dem Kristallglas hatte die Außenluft nichts anhaben können. Die einzige blinde Stelle, die man sich darin vorstellen konnte, war ein Betrachter. Wer mochte der erste gewesen sein? Rathenau? Antoinette?

Für Marbach hatten Spiegel bisher nur zu den flüchtig benützten Gebrauchsgegenständen gehört. Sie dienten der Vergewisserung, ob der Schlips saß oder die Frisur; auch zum Rasieren war ein Brustbild mehr als ausreichend. Wozu braucht er sich in Lebensgröße zu sehen? Das Urteil über seine Erscheinung hatte Klaus niemals dem Spiegel überlassen (anders als Manon, die ihre Kosmetik dazu benützte, sich nebenbei tief in die Augen zu sehen); nicht, weil er sich seiner so sicher gewesen wäre, sondern weil ihm eigentlich verblüffend wenig an ihm selber lag.

Doch als er am Samstag, nach dem Abschied von Odysseus, in der Morgendämmerung von seinem Flußbad zurückkam und sich, heiß und kalt geduscht, vor dem Spiegel trockengerieben hatte, zog er zum ersten Mal die Decke davon weg. Dies also war der Mann, den Imogen »Lieber« nannte, und sich selbst eine alte Frau; es war auch derselbe, den sie im Berliner Tiergarten fast wegwerfend aufgefordert hatte: Mach doch, Süßer, hier sieht dich kein Mensch. Dieser Mann fing an, ihn zu interessieren. »Du bist so wohlgeraten, bist du auch echt?« Er hatte Manons Frage bisher für hinreichend beantwortet gehalten, wenn er sie sich gar nicht erst stellte. Zur Echtheit kann man, davon war er überzeugt, so wenig genötigt werden wie zur Spontaneität. Aber nun sah er sich, zu seiner Über raschung, als Fremden; als ob unter Imogens Blick an seiner Erscheinung etwas verrückt worden wäre. »Sind Sie ein Gott?« hatte ihn Iring als erstes gefragt, als er, durch ein Gitter getrennt, in der Badehose vor ihm stand. Die Frage war ihm weder lächerlich noch ironisch vorgekommen, eher indiskret; sie hatte ihn beschämt, als hätte Iring etwas preisgegeben, was Klaus auch vor sich selbst geheimgehalten hatte. Es verstand sich von selbst, daß ein Gott, in heutiger Sprache, nicht möglich war, aber in Irings Mund hatte er sich doch nicht nur wie eine Redensart angehört. Marbach glaubte keinen Augenblick daran; er glaubte ja nicht einmal sonderlich an sich selbst. Aber als er den fremden Menschen im Spiegel betrachtete, fiel ihm ein: eben daran müsse ein Gott zu erkennen sein; *er ist der einzige, der an sich nicht zu glauben braucht.* Sein Spiegelbild lächelte dazu, aber Klaus lächelte nicht zurück, und mit der nächsten Bewegung hängte er den Spiegel wieder zu. Das, fiel ihm ein, hatte man früher in einem Trauerfall gemacht.

Jedesmal verging eine Woche, bis sie sich wiedersahen. Manchmal gerieten sie in Verlegenheit, wie und worüber sie sich volle zwei Stunden, zwei viel zu kurze Stunden unterhalten sollten. Im geschlossenen Raum fehlten die Winke der Natur. Aber das erheiterte sie auch. Du langweilst dich, sagte sie. Warum denn nicht? gab er zurück.

Was tust du eigentlich jeden Tag? Hast du kein Geheimnis zu verraten?

Dann wäre es ja keines mehr.

Der Rhythmus des Wiedersehens erlaubte keine Gewöhnung; eigentlich kam Marbach, mit seinem Blätterstrauß in der Hand, immer wie das erste Mal. In ihr Gespräch hatte sich jetzt das Du eingeschlichen, aber das vertraute Sie kehrte mit gleicher Leichtigkeit zurück.

Am nächsten *Jour fixe* – dem letzten vor dem angesagten Abschied von der Villa Aia – widerfuhr ihm noch einmal ein »kompakter Augenblick«, wie im Frühling vor dem »Oberrheinischen Hof«. Imogen war in der kleinen Küche mit der Zubereitung des Tees beschäftigt; der Föhrenast, für den er auf den Baum geklettert war, stand in der schweren Glasvase vor dem maßlosen Bett, auf dessen grüne Decke er in tiefer Gedankenlosigkeit starrte. Und plötzlich sah er einen älteren Mann bäuchlings darauf liegen, pumpend und keuchend. Zuerst hatte er die Gestalt von Maurus, dann glich er Ämil, Kaspar, August, wem noch? Was er nur als gnädig bedecktes Sitzfleisch kannte, hatte sich aus dem hinuntergestrampelten Beinkleid geschält und schnellte schwerfällig auf und ab, mit hilflosem, doch gewaltsamem Nachdruck, wenn der Tiefpunkt der Bewegung erreicht war. Dabei gruben sich zwei Krallen, deren Lackfarbe fliegend von Silber bis Zinnober wechselte, in die geteilten Hinterbacken; waren es die Hände Antoinettes, Constanzes, Imogens? Die Frau, die das Männerfleisch gerafft hatte und in sich hineinschaufelte, zeigte sich nicht, hielt sich unter den schnaubenden Ebern bedeckt, die mit Springen nicht aufhören durften, doch vom Fleck kamen sie nicht.

Jahre, Jahrzehnte drehten, wie die Masse eines Fleischwolfs, im Wirbel eines Augenblicks durch; und im nächsten schon erinnerte Klaus nichts mehr an den Zwischenfall als eine Erektion, die sich langsam legte, wie ein trotziges Kind, das nicht schlafen will. Dieses Bettungeheuer auf Elefantenfüßen hatte Imogen mitlaufen lassen in eine sparsam eingerichtete Dachwohnung; damit sich die Szene, für die es ausgelegt war, wiederhole? War Maurus, zum Beispiel, der vergiftete Maurus mit seinem glühenden Blick, darauf ans Ziel seiner Wünsche geritten? Gab es einen Jour fixe auch für andere Männer, für jedermann? Draußen klapperte Geschirr, gleich würde Imogen mit dem Tee hereinkommen. Wofür möchtest *du* erinnert sein? hatte Manon gefragt. Warum nicht durch sein Vergessen? Vieles, was er sehen konnte, mußte er darum nicht auch noch wissen. Imogen war kein Gegenstand, also auch keiner des Argwohns, nicht einmal des berechtigten.

Und schon im nächsten Augenblick war Klaus so frei, was

ihm das monströse Bett gezeigt hatte, zu *lassen*, ohne Rest. Einer Frau, die man liebhat, fragt man nichts nach. Das hatte ihm die Weisheit gesagt, Pallas Athene, gestützt auf ihren gemeinsamen militärischen Hintergrund. Und als Imogen wiederkam, sich zu ihm neigte, um erst ihm, dann sich selbst einzuschenken, stieg ihm aus ihrem Haar und aus dem Tee ein doppelter Wohlgeruch vollen Daseins entgegen. Er hatte das richtige Opfer gebracht.

In der sechsten Klasse, erzählte Imogen, sollten wir einen Aufsatz über »mein Tier« schreiben und ein Bild dazu malen. Stellt euch vor, sagte der Lehrer, es wäre euer persönliches Wappentier. Wie sähe es aus? Und so schrieben und malten wir denn, und als wir die Hefte abgaben, hatte Ämil eine Schildkröte gezeichnet, Ferry einen springenden Panther, Maurus einen Drachen – so weit erinnere ich mich noch.

Was haben Sie gezeichnet? fragte Klaus.

Das Einhorn auf unserem Familienwappen. Dazu brauchte ich keinen Text. Iring aber zeichnete ein Brötchen, mit einem Spalt in der Mitte. Wenn man es ansah, wurde man rot, und die Buben begannen zu grinsen.

Soll das ein Tier sein? fragte der Lehrer gerade noch beherrscht; zum Glück war es nicht mehr Linsin. Ja, *ein Virus,* sagte Iring.

Die wenigsten wußten damals, was ein Virus ist, und noch weniger, wie es aussieht, außer dem Lehrer; der wäre gern Biologe geworden. Aber ein Virus macht krank, sagte er, und das ist dein Lieblingstier? Warum? – Weil es klug ist, sagte Iring, es braucht kein volles Programm, um zu existieren. Was ihm fehlt, pumpt es sich bei der gesunden Zelle, die gibt ihr Bestes und ist auch noch stolz darauf. Sie leistet etwas, und das Virus hat es sich erspart, es wird ihm sogar gutgeschrieben. Damit ist die gute Zelle schon angesteckt. Sie selbst ist dem Virus behilflich, sich zu vermehren. Am Ende ist alles weggeputzt, was sie ihm zu bieten hat, und sie selber auch.

Iring spielte in einer andern Liga, aber der Lehrer – ich glaube, er hieß Janz – ließ sich nicht lumpen. Er ergriff die Gelegenheit zu einem kleinen Korreferat. Aber das Virus, dozierte er, ist, wie Iring ganz richtig gesagt hat, kein vollständiger Organismus. Für sich allein kann es gar nicht existieren. Es lebt zwar von seinem Wirt, aber ganz kaputt machen darf es ihn nicht, sonst sägt es den Ast ab, auf dem es sitzt, und stirbt am Ende selbst. – Vielleicht will es das gerade, erwiderte Iring, und bis dahin vergeht eine gute Zeit. Und vielleicht lernt es ja auch zu und entwickelt ein besseres Programm. Dann braucht es die Zelle nicht mehr und erobert die Welt. Es wird *besser* als das Leben. – Jetzt fühlte sich Herr Janz in seiner Verantwortung herausgefordert. Aber für den Menschen wäre das gar nicht gut. – Kommt es darauf an? fragte Iring, der Mensch hat auch kein ganzes Programm, und außerdem ist es beschissen. Die Viren wären eine saubere Lösung.

Herr Janz war erschüttert. Nächstes Mal bringe ich euch ein Buch mit, sagte er, damit ihr euch von Viren ein Bild machen könnte. Man erkennt sie nur unter dem Mikroskop, und so lange sind sie noch gar nicht entdeckt. *Damit,* sagte er und deutete mit dem Finger auf Irings Semmel, haben sie jedenfalls nichts zu tun. – Warum nicht? entgegnete Iring, wenn sie sich entwickeln, können sie auch mal so aussehn, genau so. Sie passen sich immer den neuen Bedingungen an.

Iring hatte Spaß daran, die Klasse und Herrn Janz mit einer obszönen Zeichnung auf Trab zu halten. Statt unters Pult gehörte sie auf den Tisch. Aber hinter dem Bluff spürte ich seinen Ernst. Ich glaubte ihm, daß er unter den Sachen zu leiden hatte, die er zeichnete und schrieb, und nahm mir vor, das Virus zu heilen. Ich merkte nicht, daß es mich grade wieder erwischt hatte. Das Brötchen war kein Passionsbild, es war ein Köder.

Da könnte ich dir etwas ganz anderes erzählen, sagte Klaus. Aber es ist schon fast sieben Uhr.

Er war aufgestanden; sie blieb sitzen und sah ihn mit großen Augen an.

Du bist eine starke Frau, sagte er, und *du* bist es, die ihn erwischt hat. Und als ihr verheiratet wart, hast *du* entschieden: jetzt ist es genug. Du hast genau gewußt: die Trennung war das sicherste Mittel, Iring nicht loskommen zu lassen. Du brauchtest ihn nicht mal festzuhalten. Er ging – aber ich habe gesehen, *wie* er geht. Er hüpft, weil er keinen Fuß auf den Boden kriegt. Du wolltest bisher nicht wissen, wo ich ihn gefunden habe, und wie. In Görlitz, im Krankenhaus, mit einem Schlaganfall. Er ist vollständig gelähmt und ganz und gar in Judiths Händen. Das Menschlichste, was man ihm wünschen kann –

Er brach ab. Imogen betrachtete ihn unverwandt, mit Neugier und einer Spur Bosheit.

Ich erzähle Ihnen nichts Neues, sagte er.

Ich habe immer darauf gewartet, *wie* du es mir erzählst, sagte sie.

Ja, sagte er, Frau Selber-Weiland. Es ist fast vollbracht. *Stehen Sie dazu.*

Sie senkte den Kopf; aber als sie ihn wieder hob, erkannte er den Ausdruck der kleinen Braut auf ihrem Gesicht. Jetzt saß sie allein auf dem Hochzeitswagen.

Ist es wahr, daß Sie mit meiner Mutter gebetet haben? fragte sie.

Wer hat das gesagt?

Das Dorf, und da drang es auch zu mir. Sie hätten ihr sogar die Beichte abgenommen.

Ich habe ihr nur abgenommen, was sie mir gesagt hat.

Würden Sie mit mir beten, für Iring?

Das habe ich nicht gelernt.

Sie stand auf und trat nahe an ihn heran.

Legen Sie die Hände zusammen, in meinem Rücken.

Er tat es; sie umschlang ihn mit beiden Armen, zog ihn an sich und bettete den Kopf an seine Schulter.

Er fühlte, wie sie ihr Gewicht gegen ihn sinken ließ, und immer kam davon noch etwas nach. Nun lag sie an ihm, weich und schwer wie Ton. Er stand, trug sie zugleich und enthielt sich jeder eigenen Bewegung. Über den einzigen Widerspruch, der sich wieder kraftvoll erhoben hatte, besaß er keine Gewalt.

Jetzt blickte sie ihm in die Augen, als suche sie etwas.

Ja, sagte sie.

Sie löste sich von ihm und begleitete ihn erst zu seinem Mantel, dann zur Tür.

Diesmal sehen wir uns schon Dienstag wieder. Sie kommen gewiß?

Ja, sagte Klaus.

Fünftes Buch

1 Erntedanktag

Der 25. November 2003 war der Tag, an dem sich die Villa noch einmal beleben sollte. Das »Abschiedsessen« war für acht Uhr angekündigt, doch schon um fünf Uhr leuchtete sie aus allen Fenstern in die einfallende Dunkelheit, die der Föhn noch in Schach zu halten schien. Aus einem fahlen, im Westen gelbgeränderten Himmel versetzte er die Jurahöhen mit einem Stich Kreideweiß, und gelegentlich fing ein Gebäude Licht, wie ein Flämmchen, das im Wind einen Augenblick aufatmet, bevor es endgültig erlischt.

Klaus stand im Fenster und sah zu, wie die Lieferanten durch die offene Einfahrt zur Villa hinauf- und wieder wegfuhren. Hinter den Kulissen wirkte das Personal des Catering-Unternehmens, das schon Antoinette behilflich gewesen war, gesellschaftliche Anlässe auszurichten. Zum ersten Mal waren die Laternen, welche die Einfahrt vom Pförtnerhaus bis zum Wendeplatz vor der Villa säumten, hell.

Klaus hatte sich in einem Lörracher Kostümverleih einen Frack besorgt. Das letzte Mal hatte er einen solchen bei Montmollins getragen, als Manons Eltern, nach dem Happening auf dem Zivilstandsamt, auf einer ordentlichen Lebensgala für ihre Tochter bestanden. Dafür hatte sich Klaus nicht nur aus Pas Garderobe bedienen, sondern auch noch als Pinguinzwilling mit ihm auftreten müssen. Schon damals hatte Klaus, wenn er sich im Spiegel betrachtete, nicht gewußt, ob er einem Chefdiplomaten gegenüberstand oder einem Oberkellner.

Der Tag hatte früh begonnen. Um drei Uhr morgens riß ihn das Läuten des Telefons aus dem Schlaf. Balthasar war am Apparat. Er sprach sehr leise.

Klaus, Iring ist tot. Schon seit zwei Tagen. – Bist du sicher?

– Glaubst du, sonst hätte ich dich um diese Zeit geweckt? Frini ist bei mir. – Wo ist er? – Immer noch im Gartenhaus, in einer Kühltruhe. Am Samstag wird er geholt. Nach *Guben*.[6] Ich denke – fing Klaus an; Balthasar unterbrach ihn: Nicht denken, Klaus, *handeln*. Kommst du *sofort*? – Heute gibt Imogen ein Fest, da muß ich dabeisein. Aber morgen komme ich mit dem ersten Zug. – Hast du eine starke Taschenlampe? Nimm den Führerschein mit, und den Paß. Und – Nicht stockte – Zeug zum Verkleiden. – Ich habe mir grade einen Frack besorgt. – Ich mache keine Witze, Klaus. Hast du eine *Waffe*? – Eine Waffe? – Du warst doch beim Militär. Jetzt schlaf noch ein Stündchen, damit du frisch bist, an eurem Fest. – Du hast mich frisch gemacht, danke.

Natürlich war an Schlafen nicht mehr zu denken.

Tatsache war: er hatte eine Waffe. Er hatte sie sich geholt, nachdem Ämil ihn angefahren hatte. Dafür war er noch einmal in seine Wohnung zurückgekehrt. An einem Vormittag im Juli war er in Zürich angekommen; um elf Uhr hatte er an der eigenen Wohnung geklingelt, ohne Antwort zu erwarten. Wenn Manon hier wohnte, war sie jetzt in der Kanzlei. Er schloß auf, ihr Regenmantel hing in der Garderobe; in der Küche stand das Frühstücksgeschirr im Becken. Vor dem Spiegel im Badezimmer reihten sich ihre Kosmetika, aber seine Artikel waren, nur zusammengerückt, immer noch da. Wohn- und Arbeitzimmer waren aufgeräumt, wie er sie verlassen hatte, das Bett im ehemals gemeinsamen Schlafzimmer zugedeckt. Die Topfpflanzen gewässert, die Räume geruchlos. Erst zuletzt kam ihm das kleine Zimmer auf der Hofseite in den Sinn, wo sie Gäste unterzubringen pflegten. Hier hatte er selbst genächtigt, als ihm das Ehebett nicht mehr möglich war. Die Tür war verschlossen, aber der Schlüssel steckte. Vor dieser Botschaft stand er einen Augenblick betroffen. Manon beanspruchte also in seiner Abwesenheit nur den kleinsten

---

6 Vgl. Brief Nichts in Anhang 4, S. 559 f.

möglichen Raum für sich. Er ließ die Tür uneröffnet, drückte aber im Wohnzimmer die Fernbedienung; der Kanal war der zweite der *Suisse romande*. Er schaltete auf Südwestrundfunk um und das Gerät wieder aus. Ohne Zeichen, daß er dagewesen war, wollte er nicht gehen. Erst auf der Treppe fiel ihm ein, wozu er gekommen war. Er kehrte ins Schlafzimmer zurück, klaubte das Etui seiner Dienstpistole samt Notmunition zwischen gestapeltem Winterbettzeug hervor und steckte sie in die Umhängetasche. Im Zug war keine Grenzkontrolle mehr zu befürchten.

Wo war die Pistole jetzt? Er suchte sie eine volle Stunde, erst im Gefühl der Lächerlichkeit, dann der Besorgnis. Als er sich erschöpft auf das Bett legte, sah er plötzlich hoch über sich, in einer Nische im Balkenwerk, den ledernen Buckel. Er hatte mühelos fertiggebracht, das Versteck erst zu übersehen, dann zu vergessen.

Ohne Frühstück war er mit dem Rad auf die Schweizer Seite gefahren. In der Bank leerte er sein Konto und band sich die Barschaft im Gürtel um den Leib. Dann kaufte er eine Zeitung, fuhr über die Brücke zurück, erstand einen Papierteller Tapas mit einer Flasche Wasser und setzte sich auf die Ufermauer. Sofort schlich sich die Kälte des Steins in seinen Sitz. Iring tot. Dem *Locked-in*-Syndrom entronnen. Wohin?

Er beschwerte die ungelesene Zeitung mit einem Stein, die gefangenen Blätter zitterten wie Espenlaub, und wenn er den Stein verschob, knatterten sie im Flußwind wie papierene Segel. Er band das Rad los, um im Internet-Café die Fahrt nach Görlitz zu buchen. Nieburgs Bahnhof wurde nicht mehr bedient.

Zurück im Kutscherhaus, packte er den Militärrucksack und verstaute Pistole und Munition zwischen Unterwäsche und Pullover. Den Rest des Nachmittags verbrachte er mit dem Lesen der Bibel. Viele Stellen, aus denen das »Buch David«[7] zusammengeschnitten war, hatte er schon gefunden.

---

7 Vgl. Brief Nichts in Anhang 4, S. 555-557.

Feingemacht wie ein Chefdiplomat oder Oberkellner stand
Klaus um sieben Uhr am Küchenfenster. Er hatte das Licht
gelöscht, um im Fensterglas nicht sich selbst zu sehen, sondern
die Ankünfte draußen. Sie fuhren nacheinander mit Abblend-
licht durch das Tor und parkten hinter dem Pförtnerhaus;
jeder für sich gingen sie auf dem Fahrweg zur Villa hinauf,
nur Simon stakte über den Rasen zum Brunnen, aber die Sta-
tuen verbargen sich hinter der Holzverkleidung. Er blieb dennoch stehen, bevor er weiterstieg. Soviel Klaus wußte, war
Horst mit dem Versuch, Imogen seine Verlobte vorzustellen,
gescheitert und ihr seit Berlin nicht wieder begegnet.

Als Klaus in die Halle trat, drehte sich niemand nach ihm
um; die paar Herren in Abendgarderobe wirkten wie Hinter-
bliebene einer größeren Gesellschaft, für welche die Bühne
gerüstet gewesen wäre, der Kronleuchter, die Lilienbuketts,
die Kübelorangen am Treppenaufgang. Klaus begrüßte die
Dame des Hauses; das taubenblaue Kleid machte Imogen
blaß, doch sie wirkte gelassen. – Ich würde gern ein paar
Worte sagen.

Das wäre schön.

Aber erst am Schluß, bitte, bevor sie gehen.

Als Maro mit weißer Schürze in der geöffneten Tür des
Speisesaals erschien, bat die Gastgeberin zu Tisch, und sie
betraten hintereinander den dunkel getäfelten Raum, dessen
Fensterkreis sich in die dunkle Weite öffnete. Die Landschaft
war schon so weit erloschen, daß die Lichter des Schweizer
Ufers, zusammen mit den Reflexen der Tischkerzen, im Glas
einen virtuellen Raum der Unschärfe bildeten. Und doch widerstand man dem Impuls nicht, zuerst ans Fenster zu treten,
womit man die Spiegelung nur verstärkte. Trotzdem war der
Kitzel der Höhe zu spüren, in der Rathenau seinen Sitz errichtet hatte. Man stand wie am Rand der Erde.

Es wird nie mehr dunkel, sagte Maurus Freyer, *Light pollu-
tion*, ergänzte Harry Pracht fachkundig. Hysterie, entschied
Springmann, unsere Zivilisation überschätze sich und unter-

schätze die Elastizität natürlicher Systeme. Von einer Eiszeit zur nächsten habe die Erde schon ganz anderes verkraftet als ein wenig Treibhausgas. Pracht freute sich ausdrücklich an der subtropischen Flora der Vorgärten, nachdem Blunck von einer »Palmenplage« gesprochen hatte.

Allmählich fanden die Gäste an ihre Plätze, die, obwohl mit einem Blick zu übersehen, von Tischkarten mit Imogens fliehender Handschrift bezeichnet waren. Sich selbst hatte sie an das eine Tischende gesetzt, Klaus an das andere. Zu ihrer Linken war Harry Pracht plaziert, Ämil Isele zur Rechten; ihm folgten, mit dem Rücken zum Fenster, Ferry Springmann und Maurus Freyer, und dieser saß auch schon neben Klaus. Die andere Tischseite vervollständigten, schon etwas gedrängt, Kaspar Blunck, Horst A. Simon und August Kaiser.

Während Maro mit garniertem Paté aufwartete und Dias sich als Schenk überraschend gewandt zeigte, meldete sich das Thema Verschmutzung zurück. Was tat einem nicht alles in Augen und Ohren weh; selbst Raucher gab es immer noch! Ämil, als verfolgte Minderheit, fiel dazu eine Geschichte ein. Kürzlich war er in einem *Straßenkaffee* von einer Dame gebeten worden, seine Pfeife auszumachen. Warum? Es stört mich. Er habe zwar Folge geleistet, sei aber zum Abschied an den Tisch der Dame getreten, wo sie bei einer Cola saß. Trinken Sie das bitte nicht! Warum nicht? *Es stört mich!*

Ob eine Geschichte ankommt, hängt davon ab, *wer* sie erzählt. Maurus überraschte die Runde mit dem knappen Satz: Es ist ohnehin alles zu spät. – Wie er das meine? – Genau wie er es sage. Darum sei die Ächtung der Raucher die reine Alibi-Übung. Wer immer noch Auto fahre, sei als Moralist unglaubwürdig. Es müsse dahin kommen, daß man sich mit dem Geräusch eines Motors gesellschaftlich so unmöglich mache wie mit einem lauten Furz. – Ob er etwa nicht mit dem Auto angefahren sei, und zwar einem rechten Spritsäufer? – Ebendarum sei uns ja nicht zu helfen. Jeder habe gute Gründe für seine Unverantwortlichkeit, und in der Summe lasse unser

Wachstum nur eine Diagnose zu: Krebs im letzten Stadium. –
Aber das Leben lasse sich vom Ende des Menschen doch gar
nicht stören, erklärte Blunck, die Viren besäßen die Erde, sobald sie genetisch voll alphabetisiert seien, und »wie der Führer schon 1945 sagte: dem stärkeren Ostvolk gehört dann die
Zukunft«. Das war eine Pointe *zuviel*, und man war dankbar,
daß Harry das Gespräch auf 1500 Meter herunterbrachte, die
Höhe, unter welcher künftig nicht mehr mit Schnee zu rechnen war, aber man wurde sich nicht einmal in der Verurteilung
von Schneekanonen einig. Das Thema Apokalypse hielt dem
Hauptgang nicht länger stand, einer Kombination aus einhei-
mischem Fisch, wobei man Wels als Rarität goutierte; der Heidäwein stammte aus dem Bühlerschen Weinberg. Hier fand
August Kaiser für Iring ein gutes Wort, er sei ein exzellenter
Weinkenner »gewesen«. Springmann unterstellte ihm »Alters-
milde«; doch August erwiderte: Wenn ich andere lobe, bin ich
nachsichtig; wenn ich mich selbst lobe, bin ich *gerecht*.

Die Kerzen waren schon weit heruntergebrannt, die Him-
melsfinsternis mit Sternen übersät, der Nachtisch gelöffelt,
der Kaffee serviert und sogar einige Zigarren angezündet, Par-
tagas, denen sich auch Nichtraucher nicht verweigerten –: als
Imogen zu sprechen begann, in augenblickliche Stille hinein.

Es gibt Veränderungen, sagte sie langsam. Sie sollen Freunde nicht unerwartet treffen. Darum habe ich euch noch einmal
im alten Haus zusammengerufen.

Nach der Heirat haben meine Eltern in der Stadt gewohnt.
Als mein Vater pflegebedürftig wurde, glaubte meine Mutter,
er sei in der Villa besser versorgt. Das war ein Irrtum. Aber
auch für mich paßt dieses Haus nicht mehr. Ich habe die alte
Wohnung meiner Eltern wieder bezogen. Aber da ich weiß,
wie sehr jeder von euch mit der Villa verbunden ist, schien es
mir passend, gemeinsam von ihr Abschied zu nehmen.

Ich trenne mich von allem, was ich nicht mehr brauche. Das
gilt auch für mein Vermögen. Einen Teil davon hat meine
Mutter 1975 zur Förderung Nieburgs gestiftet. Sie hat noch

einige Jahre den Vorsitz im Kuratorium behalten. Den Verkehr mit dem Träger, der damals noch in Liechtenstein saß, hat sie bis zu ihrem Todestag allein bestritten. Stiftungsgeschäft, Stiftungszweck, Stiftungsorganisation, alles war auf ihre Wünsche zugeschnitten und eine Darstellung ihrer Persönlichkeit. Alle Jahre wieder hat sie einen erheblichen Betrag eingeschossen, der ausdrücklich nicht als Zustiftung bestimmt war, die man nicht hätte angreifen dürfen, sondern als frei verfügbare Aufwandsentschädigung an die Kuratoren, euch.

Ihr habt festgestellt, daß der Zuschuß dieses Frühjahr ausgeblieben ist. Dem Testament meiner Mutter habe ich entnommen, daß sie den Stiftungszweck – die Verbesserung Nieburgs –, in ihren Worten: »für so unerfüllbar« hielt, »daß ich ihn ebensogut als erfüllt betrachten kann«. Nach Liechtensteiner Gesetz war die Stifterin berechtigt, die Stiftung nach 25 Jahren aufzulösen. Ich vollstrecke ihren Willen, wenn ich dies nun geschehen lasse, als ihre gesetzliche Erbin. Das Stiftungsvermögen soll einem neuen Zweck zugeführt werden. Davon abgesehen, hat meine Mutter einige Legate ausgesetzt, über die ich mich hier nicht äußern muß.

Was Judith betrifft, so hat meine Mutter das Erbverhältnis mit ihrer Adoptivtochter schon 1994 geregelt. Sie hat ihr die Hälfte ihres Vermögens zugesprochen. Ein Teil davon war zur Förderung ihres angestammten Volkes zu verwenden. Über den Rest konnte Judith frei verfügen und ist damit endgültig abgefunden. Für Zeus Ioannides, ihren Halbbruder, hat meine Mutter ebenfalls abschließend Vorsorge getroffen.

Wir reden also nur über mein eigenes Erbe. Ich bin keine Juristin, aber ich habe mich beraten lassen und mir diesen Sommer einige Gedanken gemacht, die in meinen letzten Willen eingeflossen sind.

Nachdem der Zweck der »Stiftung zur Förderung Nieburgs« hinfällig geworden ist, möchte ich ihr Kapital unter dem Dach einer neuen, diesmal rechtsfähigen unterbringen, der ich auch mein eigenes Vermögen ganz überschreibe, eingeschlossen die meisten Immobilien. Sie sollen für einen Zweck genützt werden, der einer strengeren Vorstellung von Gemeinnützigkeit unterliegt, und das heißt, der öffentlichen Aufsicht, die ihr bisher, glaube ich, gut entbehren konntet.

Einen Teil des Geldes habe ich schon für persönliche Bedürfnisse verbraucht. Aber es bleibt genug, um etwas auszurichten, und da Wettbewerb heute alles ist, will ich einen Ideen-Wettbewerb ausschreiben, aus dem hervorgeht, wofür Geld am nötigsten gebraucht wird. Danach wird der Stiftungszweck formuliert. Im Sinn der Familientradition möchte ich die Teilnahme beschränken; auf euch, meine alten Schulfreunde. Dem Gewinner winkt der Constanze-Weiland-Bühler-Preis, finanziell ausgestattet mit einer Million Euro, zu verstehen als Vorschuß zur Durchführung des prämierten beispielhaften Projekts. Die dreiköpfige Jury besteht aus einem Familienmitglied – Iring oder mir –, Klaus Marbach sowie der gegenwärtigen Staatsministerin für Kultur und Medien. Jedes Jury-Mitglied bestimmt eine Person ihres Vertrauens, die es gegebenenfalls vertreten kann.

Die Jury ist frei, den Preis zu vergeben oder auch nicht, sagte Imogen. Ich habe lange gesprochen. Aber ich bin schon fertig.

Am Tisch herrschte Stille.

August Kaiser war der erste, der sich meldete. Darf man fragen, von wieviel Geld wir reden?

Dreihundert Millionen, sagte Imogen.

Kaiser richtete sich auf. – Es muß mehr sein. Fast zweihundert Millionen *mehr*!

Ich habe schon etwas verbraucht.

Verbraucht, sagte Springmann. Hast du ein afrikanisches Land gekauft? Einen Weltraumflug ausgerüstet?

Nein, sagte Imogen, ich habe mir einen Wunsch erfüllt.

Wir sind entlassen, sagte Maurus Freyer.

Im Gegenteil, sagte Simon, wir sind engagiert. Wir dürfen uns an einem Wettbewerb beteiligen.

Und der Bravste kriegt vielleicht einen Preis, fiel Blunck ein. Das ist ja noch schöner als Schule.

Die Teilnahme steht euch frei, sagte Imogen. Niemand wird gezwungen.

Und das hast du alles in Stein gemeißelt? fragte Ämil.

Ich habe ein Testament geschrieben.

Ist das nicht etwas – voreilig?

Ämil, es gibt Sorgen, die ich mir nicht mehr machen möchte.

Springmann hatte sich brüsk erhoben und sagte sehr leise: Bis vor einer Viertelstunde war es ein sehr gelungener Abend. Aber jetzt möchte ich gehen.

Herr Marbach hat noch etwas zu sagen, bemerkte Imogen ruhig.

Springmann zögerte; man sah, wie es in seinem Gesicht kämpfte, dann setzte er sich wieder. Klaus sagte: Wenn ich Dias bitten darf, die Gläser noch einmal zu füllen.

Der Invalide machte die Runde, bei Ämil beginnend, schenkte er, immer von der rechten Seite des Gedecks her, Glas um Glas mäßig voll und wartete geduldig, bis sich der Gast passend zurechtgesetzt hatte. Die bescheidene Handlung hatte etwas Zwingendes, und ihre Ruhe verbreitete unwillkürlich auch Ruhe am Tisch. Schließlich endete Dias bei Klaus, und dieser erhob sich, aber das Glas noch nicht.

Danke, Zeus – er sprach es »Sews« aus und hielt den Angesprochenen, der scheu an ihm hochsah, am Ellbogen fest, wir danken dir, daß es dir beliebt, uns so *schonend* zu begegnen. Ich hatte vor, zusammenzufassen und in eine kleine Tischrede zu übersetzen, was mir in den bald neun Monaten, die ich hier wohnen durfte, begegnet ist. Eigentlich wenig, und doch viel zuviel für meine Fassungskraft, und so möchte ich mich für meinen Abschiedsgruß auf einen Blick zum Himmel beschränken; dem Himmel über Nieburg. Ich habe ein neues Sternbild entdeckt.

An dieser Stelle ließ er Dias' Ellbogen los, der sich zwei

Schritte entfernte, dann aber stehenblieb und Klaus nicht aus den Augen ließ.

Ein Bild muß in unserem Kopf sein, bevor wir es als Sternbild sehen können. Aber wenn ich sage, es fing im Kutscherhaus an, bemerken Sie bitte, daß ich nicht nur bildlich spreche. Hier sitzen einige, denen das Kutscherhaus schon früher zum Aufenthalt gedient hat, kürzer oder länger, als Asyl, wenn einer aus seiner Bahn getreten war. Die Villa Aia war die Sonne, das Kutscherhaus der Mond.

Ich bin jetzt eine gute Weile der Mann in diesem Mond gewesen, verehrte Gäste; ich werde es, wenn die Sonne erlischt, bald am längsten gewesen sein. Und so habe ich es nötig gehabt, rechtzeitig das Universum zu entdecken, in dem ich mich *wirklich* bewegt habe.

Während seiner Rede hielt Klaus fortwährend das volle Glas in der Hand. Wäre es ein Seismograph gewesen, es hätte hie und da beben, Wein verschütten müssen, aber es war wohl eher eine Wasserwaage, an welcher der Sprecher überprüfte, ob er sich noch im Gleichgewicht befand. Vielleicht war es auch ein Kristall, der ihm mit seinem Funkeln das gesuchte Wort zuspielte. Es kam vor, daß Klaus, mit dem Lesen der Flüssigkeit beschäftigt, verstummte.

Ich möchte Ihnen erzählen, was der Mann im Mond gesehen hat. Keinen neuen Himmel, keine neue Erde. Aber ich habe eine bestimmte Physik am Werk gesehen, welche die Konjunktur von Villa und Kutscherhaus beherrscht hat, und zugleich das Verhältnis der Frauen und Männer, die sie bewohnten.

Herren des »Stillstands«: ich hatte Gelegenheit, Ihnen bei unserer ersten Zusammenkunft einen Brief Achim Toblers vorzulesen. Er bot seinem SS-Freund Bernd Selber in den letzten Kriegsmonaten eine Zuflucht an, die für beide mit Verrat verbunden gewesen wäre; vielleicht glaubte er die Devise »unsere Ehre heißt Treue« human anzuwenden, wenn er, als Ehrloser, an die Treulosigkeit des andern appellierte, um sein Leben zu retten. Bei Bernd Selber ist daraus nichts geworden, wohl aber bei Iring, seinem Sohn. Er wurde als Flüchtling mit seiner Mutter der erste undienstliche Bewohner des Kutscherhauses; und der Doppelsinn der Sprache, die Schlüpfrigkeit der Wörter wurde zur Grundlage seines Berufs. Er machte schon als Kind Karriere mit dem Verrat, der seinem Vater nicht gelingen durfte. Das war die Keimstelle der Geschichte, in der wir uns befinden; damit verstärkte sich die Bewegung in Bühlers Universum, die bereits Lennie, der entheiligte Mönch, angestoßen hatte.

Das schwarze Motiv »unsere Ehre heißt Treue« machte sich auf seinen Weg ans Licht. Imogen nahm es beim Wort. Sie ist die Tochter Constanzes, welche die Treue ganz neu hatte erfinden wollen. Sie ist aber auch Lennies Tochter, den ich einen Gentleman der Untreue nennen möchte. Ihre Eltern scheiterten aneinander, die erste Konjunktur schlug fehl. Imogen machte den zweiten Versuch; sie wählte sich schon als Kind einen Bräutigam, der nur sich selbst treu sein konnte; auf seine Treulosigkeit gegen andere war Verlaß. Sie aber setzte ihre Ehre darein, gerade ihm die Treue zu halten, koste es, was es wolle; ihn aber sollte es gar nichts kosten. Das war eine Herausforderung, der die Bühlersche Konjunktur ihre Sternstunde verdankt: Glückliche Sterne waren es nicht, aber die Beteiligten hatten, soll ich sagen: die Größe? jedenfalls: die Kraft, sich um ihr persönliches Glück wenig zu kümmern.

Als Mann im Mond konnte ich sehen: es war der Versuch einer neuen Schöpfung. Ich war ins Kutscherhaus eingezogen, als Iring es längst geräumt hatte, aber er hatte seinen Schatten hinterlassen, und dieser Schatten war unauslöschlich. Das haben Sie, meine Herren, mich besser verstehen gelehrt. Auch für Sie blieb der Aufenthalt im Kutscherhaus vorübergehend, Sie haben mit jenem Schatten weder leben noch ihn überwinden können. Damit waren Sie – ich bitte um Nachsicht – Kleindarsteller Irings, für den die Zuflucht unannehmbar gewesen war. Sie konnte seine Flucht ins Niemandsland nicht hemmen. Ich aber, sein und Ihr Nachfolger im Kutscherhaus, mußte feststellen, daß mein kleines Raumschiff seither von zwei Kräften in der Schwebe gehalten wurde: einer, die es erhellte, und einer, die es verdunkelte.

Im April, als ich einzog, war ich trüber Gast dankbar für das helle Licht, das von der Sonnenseite auf mein Gehäuse fiel, ein zauberhaftes Licht, mit Spuren von Mittelmeer, Wallis und Engadin. Imogen brauchte nicht einmal anwesend zu sein, damit ich die Wohltat dieses Lichtes spürte. Aber je mehr ich darin zu mir selbst zu kommen glaubte, desto tiefer erschütterte mich der Verdacht, daß sich die Sonne, an der ich mich wärmte, selbst verzehrte, weil sie ihre Energie darauf verwandte, eine andere, entgegengesetzte, eine *schwarze* Sonne im gemeinsamen Gravitationsfeld festzuhalten und vor der endgültigen Flucht ins Nichts zu bewahren.

Sie, meine Herren, haben nur die eine, der Villa zugewandte Seite des Kutscherhauses bewohnt. Ich habe mich vermessen, auch die abgewandte Seite zu erforschen. Ich habe gefunden, daß sie, die von unserer Gastgeberin am meisten entfernte, zugleich die ihr nächste geblieben ist; nicht ihre eigene und *darum* die nächste. Denn ihre Ehre heißt Treue.

Liebe Imogen, niemand kann von der schwarzen Lüge dieses Wahrspruchs weiter entfernt sein als Sie. Und doch: wenn *ein* Mensch den Ursprung aller Zeichen in der Liebe bewiesen hat und damit die Berechtigung von Irings Existenz, dann Sie. Die helle Sonne und die schwarze: sie können einander nicht ferne oder nahe sein, denn im Kern bleiben sie eins. Wenn dieser Kern gesprengt wird, bilden die Trümmer eine Welt, und das Paar, das sich ebensowenig trennen wie zusammenkommen kann, erscheint uns als Sternbild, an dem alles bildlich ist, aber auch nichts. Die Himmelskörper mögen Lichtjahre voneinander entfernt sein, und doch richten Seefahrer ihren Kurs nach ihnen aus, und Lebensreisende auch.

Iring und Imogen – das ist die Konstellation der Geschichte, die ich erfahren habe; von Iring hat sie die Spannweite, von Imogen die Festigkeit. Er ist Schaum, sie ist Gold. Denn daß wir uns auf das Unbegrenzte des Vorstellbaren verlassen können, bedarf keines weiteren Beweises; daß auch auf seine sichere Grenze Verlaß sein soll, um so mehr.

Liebe Imogen, von dieser Treue möchten wir uns nicht verabschieden wie von Villa und Kutscherhaus, wenn du in die Wohnung deines Vaters zurückkehrst, dem Ursprung deiner Verbindung mit dem ewigen Flüchtlingskind Iring. Das Unmögliche dieser Verbindung hält auch die größte Liebe nicht aus; aber als Ehe hast du daran festgehalten, und eine solche Ehe kann nur im Himmel geschlossen sein. Sie bleibt, wenn wir gehen. Und auf beides wollen wir trinken. Ich bitte Sie, Ihr Glas zu heben: auf die Ehre der Treue. Auf Iring und Imogen.

Es war Klaus gelungen, während der Rede sein Glas in der Schwebe zu halten; nun hob er es doch leicht zitternd zum Munde; aber am Tisch rührte sich keine Hand.

Was – soll – der – Quatsch! sagte Ferdinand Springmann laut.

Imogen stand auf, ging auf Klaus zu, nahm ihm das Glas von den Lippen und stellte es auf den Tisch. Dann faßte sie seine Schultern mit beiden Händen und sagte:

Iring ist tot, nicht wahr?

Ja, sagte Klaus. Er ist tot.

Imogen sah von einem zum andern, als suche sie etwas. Dann legte sie den Kopf an Klaus' Schulter und schloß die Augen. In dieser Stellung blieb sie unverändert, bis er die Arme um sie legte; er hielt sie nur so fest, daß sie nicht fallen konnte.

Als sich das Paar nicht rührte, sagte Horst A. Simon.

Aufrichtiges Beileid. Dann gehen wir wohl besser.

Es gab keine Möglichkeit förmlichen Abschieds, auch keine gute Art, Dank loszuwerden oder Mitgefühl. Trotzdem ließen einzelne ein entsprechendes Murmeln hören. In der Tür zur Halle stand Maro, und man gab ihr stellvertretend die Hand.

Nur Ämil Isele war hinter seinem Sitzplatz stehengeblieben und hielt sich an der Lehne.

Ich bringe den Toten hierher, sagte Klaus.

Imogen sagte weder ja noch nein, sondern: Was brauchst du?

Ich brauche, daß du es weißt.

Es tut mir leid, sagte Ämil.

Imogen ging auf Ämil zu und nahm ihn in die Arme, kurz, aber fest.

Wenn ich behilflich sein kann, sagte Ämil.

Vielleicht, sagte Klaus. Der Transport ist illegal.

Das habe ich nicht gehört, aber ich habe verstanden, sagte Ämil. Dann lasse ich euch jetzt allein.

Nicht nötig, sagte Imogen, Klaus begleitet dich zum Wagen, dann könnt ihr das Nötige besprechen. Bis morgen, Klaus.

Es kann übermorgen werden.

Paß auf dich auf, bitte, sagte sie und gab beiden die Hand.

2 Body Snatchers

Es war drei Uhr morgens, als der Lieferwagen den Zinzendorfplatz erreichte und auf der Höhe des Kirchensaals in die unbeleuchtete Bebel-Straße einbog. Der Motor erschütterte die Stille, auch wenn Klaus' Fuß kaum das Gaspedal berührte; neben ihm flüsterte Nicht polnisch in sein Handy, die Rückmeldung klang laut, als müsse sie Tote wecken. Lech und Jaroslaw, flüsterte Nicht, während Klaus zwischen *Factory* und Post die Fuge suchte, die zur Bundesstraße zurückführte. Weit ausholend ließ Klaus das Gefährt hineinschlüpfen und ausrollen, während er den Motor abstellte. Sie standen exakt hinter dem Gartenhaus.

Klaus knipste das Innenlicht an, sie streiften sich Handschuhe über, griffen die Rucksäcke und krochen auf Nichts Seite ins Freie. In der Nähe schlug ein Hund an, als Klaus die Ladetür entriegelte. Das Gittertor in der Mauer ließ sich mühelos öffnen; Frini hatte ihr Werk getan. Sie standen im Innern des Grundstücks und drückten sich in den Mauerwinkel, als von der Hofseite her ein Husten zu hören war und auf und ab gehende Schritte im Kies. Nicht drückte eine Taste des Handys; darauf begannen zwei betrunken wirkende Männerstimmen auf der Straße in schlechtem Deutsch zu lärmen. Jemand polterte gegen das Tor der *Factory* und rüttelte an der Falle. Das war der Augenblick, den Seiteneingang des Gartenhauses zu versuchen; auch diese Tür ging ohne Umstände auf, und die ersten Stufen der Stiege erschienen im Licht der Taschenlampe. In der Hoffnung, daß der Nachtwächter ausreichend abgelenkt war, schlichen sie in den Oberstock, aus dem elektrisches Summen drang und ein durchdringender Blumenduft. Nach dem zweiten Signal von Nichts Handy verstummte der Radau; jetzt standen sie auf der Schwelle.

In der Mitte des Raums fing das Suchlicht ein Möbel ein, groß wie ein Katafalk, umstellt von Buketts. Sie räumten alles, auch die grüne Samtdecke ab und legten die Kühltruhe frei. Als sie den Deckel hoben, wurde im grellen Neonlicht ein heller Sack sichtbar; sie versuchten das menschenförmige Objekt zu heben und legten es gleich wieder ab. Denn Schritte kamen die Treppe herauf, ein Lichtkegel irrte über die Decke, dann tauchten Kopf und Schulter eines Menschen in der Luke auf. Klaus war mit der Hand schon an der Waffe, als er Nicht leise lachen hörte.

Niklas! willst du das ganze Haus wecken?

Was macht ihr hier? fragte der Angesprochene, dessen Schreck noch deutlich größer war als sein Mißtrauen. Nichts blaustichiges Gesicht war zum Fürchten.

Müssen wir Vicky wecken, damit sie es dir erklärt?

Ihr nehmt ihn doch nicht mit? fragte Niklas.

Meinst du, er geht von selbst?

War das so besprochen?

Von wem, denkst du, haben wir den Schlüssel? Mit dir muß ich übrigens noch ein Hühnchen rupfen. Du warst mir Revanche schuldig und plötzlich weg. Faß mit an, wenn du schon mal hier bist.

Niklas erstieg die letzten Stufen und näherte sich der Truhe. Er war ein junger Blonder mit offenem Gesicht und trug ein T-Shirt der *Christ's Guards.*

Darf ich wissen, wer Sie sind? fragte er Klaus.

Der reichte ihm die Hand und nannte seinen Namen. Ich bin ein Schüler des Toten. Im Buch David steht es geschrieben: Ich komme wie ein Dieb in der Nacht.

Matthäus 24,43, sagte Niklas.

Und 1. Thessalonicher 5,2, antwortete Klaus.

Wir müssen weiter, Niklas, sagte Nicht. Beeil dich.

Klaus faßte das Bündel am Kopfende, Nicht an den Füßen, der junge Mann in der Mitte. Sie hoben es aus der Truhe und trugen es die Stiege hinab, während Nicht mit der Taschen-

lampe vorleuchtete. Sie trugen es durch die erste Tür, dann die
zweite und schließlich zum Wagen mit der Aufschrift »Ther-
mos AG – klimatisierte Transporte aller Art«. An der Seiten-
wand war eine Bahre befestigt, auf der sie den Toten ablegten.
Nicht schlug eine Wolldecke über ihn und schnallte ihn fest.
Sie verließen den Laderaum; Nicht verschloß die Tür und
blickte Niklas in die Augen.

Wenn du oben ein wenig aufräumen könntest.

Ihr fahrt nicht nach Guben.

Nein, sagte Nicht, auf keinen Fall. Wir bringen ihn zu seiner
Frau.

Tragt ihm Sorge.

Sie reichten dem jungen Mann die Hand und stiegen ein.
Als Nicht den Zündschlüssel drehte, sprang der Wagen krei-
schend gegen die Mauer. Nicht fluchte, ließ ihn anrollen und
startete mit dem zweiten Gang; der linke Scheinwerfer blieb
tot. Sie erreichten die Landstraße und fuhren Richtung Löbau,
ohne ein Wort zu wechseln; nach einigen hundert Metern bog
Nicht in einen Feldweg ab.

Was machst du?

Hier hast du mich damals in die Wiese gelegt.

Wir müssen fahren. Aber doch nicht in den Wald!

Nicht murmelte: Es rumpelt. Er hat sich losgemacht.

Das Einauge schnitt eine Lichtbahn durch die Fichtenstäm-
me, der holprige Weg konnte jederzeit aufhören. Nicht hielt in
einer Schonung an. Ein Reh, sagte er und drehte das Licht ab.
Sonst läuft es nicht weg.

Geht es dir gut?

Nein. Ich setze mich draußen mal hin.

Er stieg aus, ließ sich auf einem Strunk nieder und zog die
Pfeife aus der Tasche. Der Widerschein des Streichholzes
hüpfte in seinem Gesicht. Ein Sichelmond hing am Himmel,
die erste Vogelstimme war zu hören. Ein Hauch von Harz lag
in der kalten Luft, die Strünke trugen Reif.

Auf diese Pfeife habe ich sechs Wochen gewartet. – Sie

wollten ihn ausstopfen. Das muß man sich vorstellen. Jetzt hat sie ein leeres Grab. Ist doch auch etwas.

Nach einer Pause fuhr er fort: Frini hat ihn getötet, und wir lassen sie allein.

Frini hat ihn getötet?

Er hat sie darum *gebeten*, mit dem letzten Augenzwinkern.

Und jetzt liegt er in einem Kühlwagen namens Thermo-Expreß. Er würde Tränen lachen.

Ich sehe mal nach.

Nicht klopfte die angerauchte Pfeife am Reifen aus und öffnete die Hecktür; aus dem nassen Buschwerk flog eine große Motte auf und fuhr flügelklatschend im Laderaum herum. Klaus hörte Nicht rumoren, dann erschien er wieder in der Öffnung.

Er liegt gut, sagt er.

Ist er's überhaupt?

So was fragt man nicht. Nicht *ihn*. Willst du ihn sehen?

Nein. Aber jetzt fahre *ich*.

Nicht zog die Klappe nieder und stieg, die leere Pfeife im Mund, auf den Beifahrersitz. Klaus fuhr zurück auf die Bundesstraße und folgte den Wegweisern nach Dresden. Ein Dunstflor, zerschnitten von Scheinwerfern des aufkommenden Berufsverkehrs, hing hartnäckig als Bodensatz über der Straße. Nach einer Stunde Fahrt – sie waren schon auf der Autobahn – sagte Nicht: Mach doch das Fenster einen Spalt auf. Statt Frühstück.

Die Würze englischen Tabaks wölkte durch die Kabine.

Frini, sagte Nicht. – Jemand muß sie auffangen. – Kannst du dir vorstellen, was sie in Guben aus ihm gemacht hätten?

Vielleicht einen Apollo oder einen Marsyas.

Einen was?

Zwei Brunnenfiguren in Imogens Park. Marsyas war der Faun, der den Gott zum Wettkampf herausforderte, der Bläser den Streicher.

Die Lyra wird geschlagen, nicht gestrichen.

Jedenfalls wurde Marsyas gehäutet.

Hatte er gewonnen?

Das entscheidet der Stärkere.

Die Haut war das Feinste an Iring.

Iring hat sie selbst beschrieben. Er wollte ein Buch werden.

Aber kein »Buch David«. – Frini ist schwanger.

Klaus war sich nicht sicher, ob er recht gehört hatte.

Von wem?

Von dem Herrn hinter uns. Im vierten Monat.

Klaus zählte für sich. Das ist nicht möglich.

Sage ich auch.

Und was denkst du?

An Schwester Laodizeas sittliche Empörung. Frinis Methoden, Iring wiederzubeleben, waren nicht orthodox. Aber vielleicht haben sie Wunder gewirkt.

Mit seinem Syndrom?

Ich bin sowenig Neurologe wie du. Wer zwinkern kann, der kann vielleicht auch mehr. Nichts ist unmöglich dem, der da glaubt. Oder *der*, die da glaubt.

Was sagt sie denn selbst?

Glaubst du, ich frage? Da beiße ich mir lieber die Zunge ab. Ihn habe ich gefragt, sagte Nicht und wies mit dem Daumen über die Schulter. Aber er ist ein Gentleman und schweigt.

Gib mir auch mal einen Zug, sagte Klaus.

Nicht reichte die Pfeife hinüber, als wäre sie zerbrechlich. Klaus war auf ein feuchtes Mundstück gefaßt gewesen, aber es war trocken. – Wo hattest du Lech und Jaroslaw her?

Aus meiner Garage in Zgorzelec. Die waren gut genug, einen Wartburg zu reparieren, auch wenn sie selbst nur Mercedes fahren oder BMW. Wagen, die in Berlin oder München plötzlich vermißt werden – und später hoffentlich von der Versicherung bezahlt. Lech malt auch, und Jaro ist ein begnadeter Hacker.

Glaubst du, sie sind in Sicherheit?

Das sind sie nie, das ist ihre Stärke. Sonst wären sie längst auf Nummer Sicher. Aber auch auf die ist in Polen kein Verlaß.

Ich muß Ämil verständigen, daß wir kommen.

Deinen Kommissar? Willst du mein Handy?

Gerade wurde eine Raststätte angezeigt. Da muß es einen Fernsprecher geben. Und du frühstückst, statt zu rauchen. Tanken schadet auch nichts.

Bei der Weiterfahrt klarte es auf; sie konnten ohne Licht fahren, ihr Einauge fiel nicht mehr auf. Nach Bayreuth begannen sie zu singen: Befiehl du deine Wege und was dein Herze kränkt. Geh aus, mein Herz, und suche Freud. Sollt ich meinen Gott nicht loben. Bei der letzten Strophe dachte Klaus an Constanze Bühler. Die geliebte Tochter hatte den ungeliebten Schwiegersohn zur Strecke gebracht. O Haupt voll Blut und Wunden. Als Balthasar mit der »Internationale« begann, mußte Klaus schon bei der zweiten Strophe passen. Auch »Auferstanden aus Ruinen« sang er auf La-la-la. Es wurde, für November, ein schöner Tag, entlaubte Bäume, entfernte Dörfer schwammen in schüchternem Licht. Zwischendurch redeten sie von der Fränkischen, der Sächsischen, der Holsteinischen Schweiz. Immer wenn es auf und ab geht statt bloß geradeaus, wird es schön, und dazu fällt uns immer nur die Schweiz ein. Liebst du es auch, das Land, das dir seine Waffen anvertraut? – Solange ich sie nicht brauche.

Das stellte sich Nicht als Problem vor, für ein Land, das für Waffentragen so berühmt sei. – Tragen können wir sie immer noch, sagte Klaus, und anfassen darfst du auch mal.

Er reichte das schwere Eisen hinüber. Nicht wog es und sagte: Gut, daß wir nur *einen* Toten haben.

Nachdem sie sich am Steuer abgewechselt hatten, begannen sie Gedichte aufzusagen; der Vorrat der Klassiker reichte bis vor Heilbronn. Bei Stuttgart gerieten sie in einen Stau, aber Nicht fiel noch Stefan George ein. Komm in den totgesagten Park und schau. Da trat ein nackter Engel durch die Pforte. Als sie wieder flüssig fuhren – nie schnell, Nicht traute dem Frieden im Laderaum nicht –, überzog sich der Himmel wieder. Mein Gott, sagte Nicht, an wieviel fahren wir vorbei! Wenn ich denke, wo ich überall noch nie gewesen bin. Ist dir bewußt, daß ich erst zum zweiten Mal rübermache?

Manche freilich müssen drunten sterben. Hofmannsthal reichte nicht weit. Klaus wurde mit Rilke für fast fünfzig Kilometer ganz stark. Er hatte einmal alle zehn Duineser Elegien auswendig gelernt, während zwei Wochen falscher Röteln, als ihn Mom zwingen konnte, das Bett zu hüten. Dabei ging es in der »Soldanella« gerade hoch her. Und nun die Sonette an Orpheus. Nur wer die Leier schon hob. Sei allem Abschied voran. Als wäre er hinter dir, wie der Winter, der eben geht.

Ob der Winter so unregelmäßig wird wie der Sommer? Weiße Weihnachten sterben aus. – Denn unter allen Wintern ist einer so endlos Winter, daß, überwinternd, dein Herz überhaupt übersteht.

Sie hatten gerade die Ausfahrt Rottenburg a. N. passiert, da setzte sich der grün-weiße Wagen mit blinkendem STOP-Signal vor sie und dirigierte sie zum nächsten Parkplatz.

Nichts als die Wahrheit, sagte Klaus.

Als sie ihr Gefährt ausgestellt hatten, näherten sich die Beamten, und einer deutete auf die linke Front ihres Fahrzeugs.

Unfall gehabt, bemerkte er ohne Frageton.

Eine Hausmauer gestreift, in Herrnhut, Bebelstraße, bevor wir recht losfuhren.

Gemeinsam betrachteten sie den Rest gelben Putzes, der sich in den Lack geschliffen hatte. Daß der Schweinwerfer blind war, sah man ihm jetzt nicht an.

Ihre Papiere bitte. – Nicht reichte die Dokumente durchs Fenster.

In Dresden gemietet?

Ich, sagte Nicht aus der Kabine.

Aber *Sie* sind der Schweizer. – Ja. – Wohnhaft? – Ja. – Bitte? In Zürich. Und vorübergehend in badisch Nieburg.

Wo ist das?

Zwischen Rheinfelden und Bad Säckingen.

Kennst du das? Nie gehört. Und Sie sind aus dem Osten?

Nein. Ich bin deutsch, aus Görlitz.

Was haben Sie geladen?

Einen Toten, sagte Klaus.

Nach kurzer Verblüffung mußte der Satz folgen: Öffnen Sie den Laderaum.

Nicht stieg aus und gehorchte. – Wenn Sie sich näher überzeugen wollen, sagte er, als die Polizisten das menschenförmige Objekt musterten.

Professor Iring Selber, sagte Klaus, wohnhaft gewesen in Berlin. Er hatte in Görlitz einen Schlaganfall und lag mehrere Wochen im Johanniter-Krankenhaus. Vergangenen Sonntag ist er verstorben. Wir überführen ihn zur Bestattung nach Nieburg, im Auftrag seiner Ehefrau.

Wo sind seine... Papiere?

Der Totenschein liegt schon in Nieburg beim Polizeipräsidium. Der Transport ist angemeldet, bei Hauptkommissar Isele, ich gebe Ihnen die Nummer.

Die Beamten wechselten einen Blick.

Wollen Sie den Toten sehen? fragte Nicht.

Die Polizisten rührten sich nicht. Dies ist ein Kühlwagen? fragte der eine.

Das System ist nicht immer zuverlässig, sagte Nicht. Darum beeilen wir uns.

Die Beamten sahen sich nochmals an. Fahren Sie, sagte der Kleinere und hob die Hand an die Mütze. – Aber das hier reparieren Sie umgehend!

Der Polizeiwagen blieb stehen, als sie vorbeifuhren; dann folgte er ihnen. Im Rückspiegel sah Klaus einen Beamten ins Mikrophon reden. Bei der nächsten Ausfahrt bogen die Begleiter ab.

Klaus sagte: Er scheint sich von der Existenz Nieburgs überzeugt zu haben. Das steht dir noch bevor.

Und wenn sie in Herrnhut nachgefragt haben?

Wegen eines Blechschadens?

Es kann einen Fahndungsaufruf gegeben haben.

Das hätten sie gewußt. Und wir sind schon auf dem Boden von Baden-Württemberg.

Sulz, sagte Nicht. Ich muß etwas essen.

Als sie weiterfuhren, saß Nicht am Steuer und sagte: Erzähl mir was.

Rauch nur.

Die Heimkehr des Odysseus kennst du doch auswendig.

Klaus sagte ein paar Verse auf, dann verstummte er.

Glaubst du, ich kann so was noch lernen?

Neugriechisch soll leichter sein.

Es sei wie Heimkommen, hat Iring gesagt. Aber auch Odysseus hat sich mit Heimkommen schwergetan.

Darum redet man noch von ihm. Warum rauchst du nicht?

Weil du es nicht magst.

Jemand muß nach deiner Gesundheit sehen.

Dann muß er mir auch sagen können, wozu.

Ich möchte, daß du *lebst*, Balthasar. – Du fängst grade gut an.

Darauf kann ich jetzt nur noch rauchen, sagte Nicht, zog die Pfeife aus der Tasche seines Overalls und sah sie lange an.

Ein Opfer soll man nur bringen, wenn man die Kraft hat zu verschweigen, daß es eines ist, sagte Klaus.

Ach ja, sagte Nicht. Und ich dachte, ich dürfe mit Opfern mal aufhören.

Klaus hatte zu pfeifen begonnen, Nicht stimmte ein; es wurde keine Melodie, aber es hätte sich hören lassen, wäre einer dagewesen, zu hören.

Möchtest du verbrannt werden? fragte Klaus.

Ich habe ein Maul voll Amalgam, mit Quecksilber und Blei.

Also Erdbestattung.

Wenn du Pech hast, kannst du nach zwanzig Jahren in der Erde noch wie neu sein. Saubere Kulturen lassen ihre Toten von

Geiern verzehren, oder man hängt sie in heiße Luft. Ich glaube, ich will gefriergetrocknet werden. Was ist lustig daran?

Das war mal der Nescafé, in den sechziger Jahren. Als ich mir noch keinen Bohnenkaffee leisten konnte. Espresso gab es erst in Italien.

Behandle einen Toten immer so, wie du selbst behandelt werden möchtest.

Iring geht ins Feuer, wie Kuhlmann.

Wenn du gesagt hättest: durchs Feuer, wie Phönix.

Phoenix, Arizona. Da hat er Judith wiedergetroffen und heimgesucht – die Frage ist, wer wen.

Passion ist Passion, sagte Nicht, man soll nicht pingelig sein. Wir haben das Unsere getan. Jetzt sind andere Leute dran.

Sie hatten die Autobahn schon verlassen, als Nicht sagte: Odysseus hatte kein Happy-End. Schau dir an, wie er auf der eigenen Insel als Bettler landet: alles fremd, auch seine Frau. Er hat Glück, wenn ihn sein Sauhirt wiedererkennt, ein sterbender Hund oder eine alte Frau. An seiner Narbe. Am Ende muß Penelope einen Mann in die Arme schließen, dem es gerade noch mal zum Massenmörder gereicht hat. Dieses peinliche Verhör, ob er wenigstens das Ehebett erkennt. Das Ende ist, daß er wieder auszieht und so lange landeinwärts humpelt, ein Ruder in der Hand, bis er sich ganz sicher ist, daß er es nie mehr braucht.

Ich hoffe, du übernachtest bei mir.

Das muß ich mir überlegen. Ein Kutscherhaus, und nicht mal Pferde.

Du gehörst natürlich in die Villa. Sie hat fünf Gastzimmer.

Ob das reicht?

Da kannst du in einer Nacht fünfmal schlafen.

Nieburg gibt es ja, sagte Nicht, als sie das Ortsschild passierten. Es war schon so dunkel, daß sie wieder einäugig fahren mußten. Als Nicht im Schwarzwald nachtankte, hatte Klaus die Ankunft für halb sechs angekündigt; jetzt war es gerade

fünf gewesen, als er zum Backsteinbau des Präsidiums steuerte. Die Schranke zum Hof stand offen. Ämil stand ohne Hut
und Mantel davor, grüßte knapp und ging neben ihnen her, als
sie im Schritt zum Parkplatz fuhren.

Klaus übernahm die Vorstellung. Erfreut, sagte Ämil. So
sah er nicht aus, aber so hatte er noch nie ausgesehen. Und
als die Männer, Pfeifenraucher beide, Schnurrbartträger und
Melancholiker, nebeneinander standen, waren sie so verschieden wie möglich. Nicht blieb, im Schutz seiner Bedächtigkeit,
hoch beweglich; der kahle Isele blickte unter schweren Lidern
mit unauslöschlichem Vorwurf auf die Welt.

Er geht zur Gerichtsmedizin, sagte er, aber vorher müssen
ihn die Damen identifizieren. Wir haben einen Raum im Sous-
sol hergerichtet.

Welche Damen? fragte Klaus.

Imogen und Judith.

Judith?

Sie ist schon vor zwei Stunden angekommen. Logiert im
»Oberrheinischen Hof«.

Während des Gesprächs waren zwei Uniformierte mit einem hellen Sarg aus dem Präsidium getreten, begleitet von
einem Fotografen. Er stieg in den Laderaum und blitzte von
allen Seiten auf das Bündel ein. Die Sargträger lösten die Verpackung auf, bis sich eine menschliche Gestalt zeigte. Aus dem
weißen Kleid ragten ein Paar wachsgelbe Füße, das Gesicht
zeigte sich im Blitzlicht nur kurz. Was haften blieb, war ein
schwarzer Mundspalt, in dem eine Reihe Oberzähne schimmerte.

Also – Judith ist da? fragte Klaus.

Sie hatte dich früher erwartet und fürchtete, du hättest Pro-
bleme, sagte Ämil.

Nicht war an den Sarg getreten, in den die Leiche umge-
bettet worden war, und betrachtete sie, die Hände auf dem
Rücken.

Wie konnte Judith so rasch hier sein?

Im Privatflugzeug. Du hattest den Totenschein vergessen.

Während der Sarg ins Gebäude getragen wurde, fragte Ämil: Wollt ihr den Raum sehen? Trautwein hat sich Mühe gegeben.

Wir stören nicht länger, antwortete Nicht.

Wo sind Sie zu erreichen?

Das wissen wir noch nicht, sagte Nicht, wir kommen morgen aufs Präsidium.

Warum sagst du das? fragte ihn Klaus, als sie zum Rhein weitergingen.

Wenn schon Kriminalkomödie, dann richtig, sagte Nicht. Ich trage auch das passende Kostüm. Strampelhosen. Lauter Taschen, und alle leer.

Essen wir etwas, Balthasar.

O ja. Bei dem Appetit, den wir haben.

Gehen wir auf die Schweizer Seite?

Wenn ich schon zufällig hier bin. Mal sehen, ob bei euch immer noch alles schöner und besser ist. *Schweizer* Nieburg. Wer kennt das nicht.

Als sie den »Oberrheinischen Hof« passierten, sagte Klaus: Ein Privatflugzeug mit eigenem Piloten. Vielleicht steuerte sie es auch selbst.

Da können arme Leichendiebe nicht mithalten.

Woher wußte sie Bescheid?

Von Frini oder Niklas. Warum nicht gleich von beiden.

Sie standen schon auf der Brücke, als Klaus sagte: Vielleicht hat Imogen Judith selbst gerufen.

Nicht sah ihn nicht an. Warum konnte sie den lieben Toten nicht gleich selbst mitnehmen? Hätte uns Umstände erspart. Iring würde Tränen lachen.

Er hat seine Tränen für anderes gebraucht. Bitte erinnere dich.

Ja, sagte Nicht, ich erinnere mich an jemanden, der *wirklich* beschissen wurde. Weißt du, warum Frini Schlüssel gestohlen hat? Sie hat diesen Mann *geliebt*.

Nicht hatte das Wort so laut geschrieen, daß sich Passanten umdrehten.

Die Brücke steht noch exakt wie 1949, sagte Klaus. Du brauchst keinen Paß.

Sie gingen in einer Gruppe Schweizer, die mit schwer beladenen Einkaufstaschen über die Brücke zurückkehrten. Die Altstadtgasse prangte im Schmuck einer Weihnachtsdekoration aus Schneesternen. Auch die Gemütlichkeit der »Salmenstube« wirkte gepflegt. Sie bestellten Eglifilet mit Mandeln und tranken einen Rotwein aus der Bündner Herrschaft dazu, aber ein Gespräch wollte nicht gelingen.

Nicht sagte bloß: Weißt du, wie Kant den Witz definiert hat? »Die Auflösung einer gespannten Erwartung in nichts.«

Als Klaus von der Toilette zurückkehrte, hatte Nicht bezahlt, für beide, und war verschwunden.

3 Abdankung

Der 29. November war ein unwirtlicher Tag, und Klaus hatte schlecht geschlafen. Er hatte vor Tagesanbruch geschwommen, um keinen Anruf zu verpassen; doch von Nicht hörte er nichts. Als er sich auf dem Präsidium meldete, erfuhr er, daß der Kühlwagen schon vor zwei Stunden losgefahren sei. Von Weiterungen war keine Rede. Dafür konnten Imogen und Judith jetzt gemeinsam besorgt sein.

Daß Klaus dabei keine Rolle spielte, entnahm er dem Stillschweigen der nächsten Tage. Von Maro erfuhr er immerhin, daß Imogen »mit zwei Freundinnen« verreist sei, um die Trauerfeier vorzubereiten; diese war für Donnerstag, den 4. Dezember angesetzt. Das Zirkular kam auch an seine Adresse. Der Text nannte kommentarlos Irings Namen, ohne Titel, mit Todesdatum 23. November 2003; als Leidtragende wurden Frau Imogen Selber und Judith Victoria Valiant Bueller, Herrnhut, genannt. Judith mußte eine der »zwei Freundinnen« sein, mit denen sich Imogen zurückgezogen hatte. Doch wer war die andere?

Da Klaus das Kutscherhaus nie verließ, erreichte ihn auch das Echo nicht, das die Nachricht von Irings Ableben gefunden hatte. Es fehlte weder an einer Todesanzeige seines Instituts noch an Nekrologen in großen Zeitungen; das entnahm Klaus dem einzigen Anruf, der in diesen Tagen zu ihm drang: von Horst A. Simon aus Berlin. Er führte das Gespräch in der Wir-Form – »Cidly« lasse grüßen. Simon war auch bei einem Trauerfall außerstande, sein Liebesglück zu verbergen, Horst A. und Cidly ließen sich natürlich nicht nehmen, von Heiligendamm, wo sie ins winterliche Strandleben vertieft waren, ans andere Ende Deutschlands zu fliegen, um Imogen eine Stütze zu sein.

Klaus redete nur mit Maro, die ihm täglich eine warme Mahlzeit brachte. Seit die Verbindung mit Balthasar abgerissen war, hatte auch der Gedanke an Frini nur den Trost zu bieten, daß die beiden einander leichter begegneten, wenn Judith aus dem Wege war. Und da die Behörden in Nieburg an der Überführung nichts auszusetzen fanden, würden sie es auch in Herrnhut und Görlitz nicht tun. Der Blechschaden am Kühlfahrzeug war von Lech und Jaroslaw gewiß so repariert, daß der Wagen danach besser aussah als neu.

Der Todesanzeige hatte ein Zettel beigelegen, der den Empfänger nach der Gedenkfeier zu einem »Imbiß« in den »Oberrheinischen Hof« einlud, unterzeichnet von Emil Isele. Von Simon hatte er gehört, daß man Iring mit einer Gedenkfeier in der Kirche kein Unrecht zu tun glaube; seine Texte würden von einem berühmten Tagesschau-Sprecher gelesen, und reden werde die Bundesministerin für Kultur.

Das Kopfweh, mit dem Klaus am 4. Dezember erwachte, ließ eine Föhnlage vermuten, die sich beim Blick durchs Fenster bestätigte. Optisch vergrößert lagen die Siedlungen der Schweizer Seite unter den schwarzen Jurawäldern. Er frühstückte und stieg aufs Rad. Auf der Schwarzwaldhöhe zeigten sich die Klippen des Hochgebirges von den Bündner bis zu den Berner Alpen zum Greifen nahe. Es war immer noch hell, als er, den Regenschutz im Korb, das Kutscherhaus verließ.

Die Kirchenuhr zeigte Viertel vor drei, als er das Rad neben der englischen Telefonkabine an die Kette legte. Der Vorplatz hatte sich mit Menschen gefüllt, die keine Trauerkleidung trugen, auch die Glocken läuteten nicht. In der Sperrzone vor der Kirchentür standen ein Übertragungswagen, ein Kleinbus mit undurchsichtigen Scheiben und zwei schwarze Dienstwagen. Klaus schloß sich Ämil und Maurus an, die sich inmitten vieler Menschen dem Eingang entgegenbewegten. In der Tür machte August die Honneurs; auf beiden Seiten waren schwarzgekleidete Hünen postiert, die den Zustrom musterten. Angesichts des vollen Schiffes strebte Klaus der Empore zu, die noch

nicht ganz besetzt war, und fand neben einer unwirsch rük-
kenden Dame einen Platz in der ersten Reihe.

Beim letzten Mal hatte er mit Blunck, dem Pfarrerssohn,
allein hier gesessen, nun drängte sich im Schiff Kopf an Kopf.
Es wirkte verdunkelt, weil das Licht der Kerzen und eines
Scheinwerfers im linken Seitengang für starke Kontraste sorgte. Um den Taufstein war eine Bühne gebaut, deren Zentrum
die Urne bildete, am Fuß eines nur aus weißen Rosen gebildeten Hügels. Die vorderste Mittelreihe war ausschließlich von
Frauen besetzt. Klaus überflog die Silhouetten und hatte diejenige Imogens an der unverkennbaren Kopfneigung gleich
herausgefunden. Zu ihrer Rechten Judiths dunkler Haar-
schopf; wer aber war die Frau zu ihrer Linken?

Es war nicht möglich, aber es war so. Manon, das Haar kurz
geschnitten, wandte sich eben zu Imogen und zeigte etwas von
ihrem Profil: die gewölbte Stirn, die aufgeworfene Nase, den
ernsten Ausdruck der Oberlippe, auch wenn sie lächelte; das
leicht schiefe Lächeln, das er schon ihrem Hinterkopf ansehen
konnte. Es waren zwölf Frauenköpfe nebeneinander, blonde,
graue, ein gesträubter, dessen Umriß rötlich schimmerte; der
äußerste links war so schwarz wie derjenige Judiths, aber zu
einem Chignon gebunden. Also war auch Frini gekommen. Er
erkannte noch die Pfarrerin am rechten Rand an ihrem flie-
ßenden Kraushaar. Neben ihr, einen halben Kopf höher, saß
eine straff aufgerichtete Brünette; das mußte die Ministerin
sein.

Noch herrschte gedämpftes Stimmengewirr; es verstummte, als der Mesner einen Stuhl auf die Bühne stellte. Ein
schwergewichtiger Jüngling mit Cello setzte sich und begann
ohne Ansage zu streichen. Bachs Cello-Suite Nr. 2. Nun
brannten nur noch Kerzen, aber Klaus erkannte eine Gruppe
des »Stillstands« in der rechten Reihe unter der Kanzel. Ämil
ganz vorn, dann Springmann mit Gattin, Simon mit einer
langärmligen Dame, Harry Pracht und Kaspar Blunck.
Klaus hatte als Kind nach dem Begräbnis seiner mütter-

lichen Großmutter einen abscheulichen Traum gehabt. Sie lag tot im Oberstock ihres Fribourger Mietshauses, während die Familie eine Etage tiefer beim Leichenmahl saß. Da gab ihm Pa den Auftrag, seine Zigarre zu holen, eine Treppe höher, im Raum neben der Toten. Es war eine Mutprobe, hinaufzuschleichen, ohne daß er die Großmutter sah oder eigentlich sie ihn; denn sie war zwar tot, doch mörderisch wachsam. Aber als er die Treppe wieder hinunterschlich, deren Stufen viel höher geworden waren, spürte er im Rücken das Grauen. ES kam hinter ihm her. Jetzt hing alles daran, ob er mit unauffälligstem Schritt die Familienrunde erreichen würde, den rettenden Lampenschein. Er stand schon unter der Tür, und sie wandten sich ihm zu: Pa, die übrige Verwandtschaft, auch Mom. Plötzlich sah er: sie grinsten *über ihn hinweg*. Und er erkannte in ihren veränderten Gesichtern den Ausdruck DESSEN, vor dem er zu ihnen geflüchtet war. Das war der Augenblick, wo er sich nur noch den Kopf umdrehen konnte. Er erwachte mit einem Schrei; allmählich kam er wieder zu sich. Er war ja zu Hause. Und er konnte ja weg.

Er hörte sich schwer atmen, als das Cello verklang. Der Künstler zog sich auf seinen Platz zurück, stand nochmals auf und bedankte sich für zaghaften Applaus. Klaus starrte auf die dunkelblaue Robe der Pfarrerin, die mit raschem Schritt auf das Podest getreten war, um, immer wieder ernst nickend, ins Mikrophon zu reden. Er verstand plötzlich kein Wort, seine Zunge wurde pelzig.

»Bittet, daß es nicht geschehe im Winter.« Klaus schloß die Augen, memorierte seinen Namen, zählte bis zehn, brachte seine Telefonnummer zusammen, das heutige Datum, dasjenige seines Geburtstags. Plötzlich schoß ihm ein Wort durch den Kopf: *männerernährende Erde*, und er stampfte mit den Füßen auf, so daß die Nachbarin die ihren erschrocken zurückzog. Ja, die Erde trug ihn noch immer, und seine Augen stellten den Kirchenraum wieder her. Er sah die Urne fest an. *Nein!* Ich sterbe nicht.

Die Pfarrerin hatte geendet und blieb neben der Bank stehen, um die Ministerin heraustreten zu lassen. Plötzlich Scheinwerferlicht; jetzt sah man, daß ihr elegantes halblanges Kleid moosgrün war. Sie bedurfte nur weniger Schritte bis auf das Podest. Erst ließ sie die Augen auf der Urne, dann auf dem Publikum liegen und begann dann mit festem Ausdruck, manchmal ein sprödes Lächeln jemandem direkt zuwendend, frei zu sprechen.

Liebe Nächste, sehr geehrte Fernere und Fernste Iring Selbers,

daß ich hier zu Ihnen rede, und an diesem Ort, wird viele überraschen, und vielleicht noch mehr, daß es auf Irings Wunsch geschieht –[8]

Sie sprach wohl eine halbe Stunde und endete mit Shakespeare: *Be free, and fare thou well.*

Sobald sie abgetreten war, erlosch der Schweinwerfer, und im Publikum hörte man Seufzen und Husten. Der dickliche junge Mann machte sich zum zweiten Mal zur Bühne auf, um sein Cello zu bearbeiten. Diesmal sagte er mit dünner Stimme das Stück an: György Kurtag, Gérard de Nerval op. 5b. Er brachte es in verschämter Hingebung über die Runden; dann machte er dem Tagesschau-Sprecher Platz, der Passagen aus »Zeichen und Wunder« vortrug.

Vor Klaus schien die sommerliche Szenerie auf, wo er Iring gelesen hatte: das Kiesland an der Bachmündung; jetzt hatte es der herbstlich geschwollene Fluß überschwemmt, in dessen Strömung er geradewegs durch kahles Ufergebüsch einsteigen mußte. Sie war eisig und reißend, aber es bereitete eine Wahnsinnslust, ihrem Zug zu widerstehen, und die schaudernde Erfahrung, daß ihm sein Leben wiedergeschenkt war, beantwortete ihm jeden Tag die Frage, wozu er es besaß. Eisvögel zeigten sich nicht mehr; aber wenn er die Augen schloß, sah er den Blitz hinter den Lidern, der aus der Erle ins Wasser schoß.

---

8 Die Rede im Wortlaut vgl. Anhang 5, S. 561-566.

Neu war dieses Froschquaken, und es hörte nicht auf. Es war die geübte Stimme des Sprechers, die in seinem Ohr kam und ging. Unter dem Tulpenbaum hatte Imogen erzählt, warum sie den Dienst in der Bibliothek quittiert hatte. Es gab eine Mädchengruppe, die, Stöpsel im Ohr, im Vorraum der Bücherei herumgehangen hatte; jede zweite Minute quakte es laut, und sie wollten sich totkichern. Das Quaken war der Rufton des Handys, das eine von ihnen in den Fingern hielt, kopiert aus der Tonspur eines Trickfilms. Sie hatte eine Freundin, die vor dem Haus stand, beauftragt, sie immer wieder anzurufen und unterbrach die Verbindung nach kurzem Hallo, um sie schnellstens wieder quaken zu lassen. »Ich hatte sie gebeten, draußen zu spielen, hier gebe es Leute, die lesen wollten – aber da es nur zwei Leser waren, hielten die Mädchen meine Bitte für nicht halb so lustig und doppelt so belanglos wie ihre Quakmaschine. Sie waren nicht böse, aber ich wurde es. Von einem Augenblick zum andern habe ich das Haus verlassen und bin nicht wiedergekommen.«

Als der Cellospieler die Stelle des Tagesschau-Sprechers einnahm, öffnete Klaus die Augen wieder. Mit der 4. Suite von Bach schien die Feier am Ende zu sein, doch nun war es Imogen, die nach vorne ging. Sie begann zu sprechen, ohne das Ende der Unruhe abzuwarten, doch so leise, daß ihr heftiges Psst! zu Hilfe kommen mußte. Sie hatte ihr Haar kürzer, doch nicht so kurz geschnitten wie Manon und trug ein graues Seidenkleid, das vom Hals in einer kapuzenartigen Falte über den Rücken sank; es war das Kleid, in dem sie Klaus zum ersten Mal gesehen hatte.

Wir danken, sagte sie, allen, denen Iring etwas gewesen ist, und allen, die hier für ihn gesprochen und Musik gemacht haben. Ich möchte mich jetzt in seinem Namen von Ihnen verabschieden. Wir Frauen begleiten ihn noch ein Stück.

Dann hob sie die Urne mit beiden Händen auf und drehte sich um.

Klaus, fragte sie, bist du da?

Er war aufgestanden. Sie suchte ihn mit den Augen.

Du hast ihn aus Herrnhut gebracht, wo er bei Judith gelebt hat. Ich gebe ihr jetzt seine Urne, und sie trägt sie für uns alle.

Sie trat von der Bühne, stand vor Judith, die sich erhoben hatte, und überreichte ihr das Gefäß; dann lud sie die erste Reihe ein zu folgen, und langsam schritt der Frauenzug durch den Mittelgang. Die Sitzenden standen auf, wenn er sie passierte. Klaus stand auch noch, als sich die Empore fast geleert hatte.

Du kommst doch mit, in den »Oberrheinischen Hof«? fragte Maurus.

Vor dem Ausgang konnten sie gerade noch den Kleinbus mit den undurchsichtigen Fenstern abfahren sehen. Wohin? hörte Klaus fragen. In die Höhle? Dort soll die Asche verstreut werden. Ist das erlaubt? Wenn die Ministerin dabei ist!

Zur Quirinushöhle? fragte Klaus.

Man soll sie für Besucher gesperrt haben. Die Damen wollen unter sich sein.

Klaus war stehengeblieben, doch Maurus ergriff ihn am Arm. *Bitte.*

Hinter der Tür des »Trompetersaals« waren Stimmen zu hören. Um den mit Drinks und Snacks gedeckten Tisch standen die Männer des »Stillstands« sowie zwei Damen, Corinna Springmann und Cidly, die Simon als Cinderella Scholz vorstellte.

Klaus nahm ein Glas Rotwein in die Hand. Springmann erhob das seine: Prost, tolldreister Ritter. Darf man Glück wünschen? Oder muß man kondolieren?

Klaus trank, ohne zu antworten; da trat Corinna an ihn heran. Sie sind also der Meisterdieb, Herr Marbach. Warum haben Sie das getan?

Aus ihrem Decolleté stieg ihm Patschuliduft ins Gesicht.

Reden Sie doch! Ich möchte Sie bewundern!

Iring sollte plastiniert werden, sagte August Kaiser. Es war Leichenraub zum Schutze des Totenfriedens.

Es ist noch nicht lange her, da hat man auch die Kremation als pietätlos betrachtet, bemerkte Simon.

Pietätlos? fragte Kaiser. Grausig ist es. Bevor die Leiche Feuer fängt, *pfeift* sie aus allen Löchern.

Müssen wir das wissen, Gust? fragte Harry Pracht.

Die Aversion gegen Iring wurde durch kein Gebot der Pietät gedämpft, auch von keiner Ministerin.

Daß sich *diese* Frau von *Iring* breitschlagen ließ, seufzte Kaspar Blunck.

Dein Vater, sekundierte Springmann, muß sich im Grab umgedreht haben. Irings Harem als Klageweiber in Bluncks Erlöserkirche,

In der Schweiz kann jeder Totenasche verwenden, wie er will, sagte Kaiser, auch zum Sanden von Gehwegen. Aber bei uns gibt es Regulationen, Grundwasserschutz zum Beispiel. Warum hast du sie in die Höhle gelassen, Ämil?

Er leidet an weichem Herzen, sagte Blunck, das wissen wir doch.

Die Behörde hätte nein sagen *müssen*. Iring schmückt sich immer noch mit falschen Federn. Jetzt ist es endgültig *sein* Krönungssaal.

Spülen, Gust. Ein feiner Tropfen, Harry. Wie läuft das Geschäft?

Maurus' Versuch, die Unterhaltung zu entgiften, blieb hoffnungslos.

Ich hoffe, er ist eines natürlichen Todes gestorben, Ämil, sagte Springmann. Warum hast du die Leiche so schnell freigegeben?

Bei Iring geht nie etwas *natürlich* zu, sagte Kaiser. – Aber der Feuerofen hat tausend Grad, da bleiben Unregelmäßigkeiten auf der Strecke.

Amalgam bleibt, sagte Maurus.

Wer braucht Amalgam, wenn er eine Goldmarie an der Hand hat.

Es reicht, Freunde, sagte Ämil.

Das finde ich auch, sagte Cidly. Wie *lieblos* Sie reden!

Ja, gnädige Frau, und dafür haben wir Gründe.

Die hätte Frau Selber erst recht, sagte die Aschblonde mutig. Und sie hat sogar dieser Judith eine Brücke gebaut. Dabei hat ihr die den Mann weggenommen.

Iring hat Judith als Kind *geschändet*, Frau Scholz, sagte Springmann.

Wie das genau war, wissen nur die Beteiligten, sagte Cidly.

Sie hat es ihm jedenfalls nicht nachgetragen, sagte Simon, um mich zurückhaltend auszudrücken.

Das kennt man aus der Psychologie, sagte Kaiser. Das arme Kind hatte nur die Wahl, aus dem Gewalttäter einen Teufel zu machen oder einen lieben Gott.

Frau Selber hat sich nicht darum gekümmert, sagte Cidly. Das finde ich *groß*.

Jedenfalls kommt sie groß raus, sagte Blunck.

Und Sie machen den Mund nicht auf, Herr Marbach, sagte Corinna. Wie war das, aufgerufen zu werden, vor den Ohren Ihrer Frau?

Ich wußte nicht einmal, daß sie mit Frau Selber bekannt ist.

Was kriegen Sie eigentlich für Ihre Dienste?

Aus Treuen tut's der Ritter, ohne Lohn, höhnte Springmann.

Wissen Sie, was *mir* in Nieburg geschenkt wurde, als man mich noch als Hure betrachtete? fragte Corinna Springmann. Nichts, *gar* nichts.

Einen Augenblick herrschte Stille.

So ist das, sagte Corinna. Und zu Ämil gewandt: Sie waren damals schon Polizist. Wenn mich dieser Mann – sie zeigte auf Springmann – nicht geheiratet hätte, hätten Sie mich abgeschoben. Wer ist nun ehrlich geworden, ich oder Sie?

Verdirb ihm den Ruhestand nicht, Schatz, sagte Springmann, er steht schon mit einem Bein darin.

Cinderella weinte. Als ihr Simon den Arm um die Schulter legte, schüttelte sie ihn ab.

Harry Pracht klatschte in die Hände. Meine Damen und Herren, sagte er, viel geliebt, viel gelitten, viel verziehen. Drüben ist gedeckt, wenn ich bitten darf. Lassen Sie uns eine *zivile* Unterhaltung bei Tisch fortsetzen – Kommen Sie, Herr Marbach.

Ich bitte um Entschuldigung, sagte Klaus, neigte den Kopf und ging hinaus.

Im Entree verbreitete ein mit Lametta behängter Weihnachtsbaum das einsame Licht elektrischer Kerzen. Es regnete, doch die Gassen waren belebt, der Abendverkauf hatte begonnen; unter der Weihnachtsdekoration drängten sich Schirme, und einige Straßen weiter war Glockengeläute zu hören.

Als junger Student hatte Klaus an der Beisetzung eines verunglückten Schulfreundes teilgenommen. Die Zeremonie fand an einem schönen Augustabend statt. Bertrands Mutter hatte gewünscht, seine Asche müsse an seinem Lieblingsplatz im Garten verstreut werden. Auf der Rückseite grenzte das Grundstück an den Reitplatz der Allmende. Durch die Hainbuchenhecke war der Galopp der Pferde nur andeutungsweise zu sehen, doch deutlich zu hören, wie der Zuruf der Reiter, sogar das Klatschen der Gerte. Dann übertönte Verdis Requiem aus der Lautsprecheranlage die Fremdgeräusche, bis auf diejenigen vorbeifahrender Autos. Die Hinterbliebenen hatten sich unter einer Eschengruppe versammelt, an der die Hängematte Bertrands hing; die brennenden Finnenkerzen konnten die immer noch taghelle Szene nicht heller machen. Die Mutter hatte mit nassen Augen fünf Nahestehende bestimmt, die mit bloßer Hand in die Urne greifen und den Inhalt gemeinschaftlich auszustreuen hatten, unter den Bäumen, wo das Gras ungemäht stehengeblieben war. Sie taten es wie linkische Sämänner, überaus bemüht, in der Gestik alles Wegwerfende zu vermeiden. Aber die auffrischende Abendbrise machte das Flugverhalten unberechenbar; die leichtesten Reste schwebten über die Hecke oder stoben den Trauergä-

sten gegen Kleider und Gesicht, während die solideren hörbar
irgendwo aufschlugen. Schließlich nahm die Mutter die Urne
in beide Hände und schüttelte sie ins Gezweig eines weiß-
blühenden Hibiskusbusches aus. Das leere Gefäß legte sie
schließlich in die vom Wind gewiegte Hängematte.

Klaus lachte so laut, daß sich Passanten nach ihm umwand-
ten. Vor der Wikinger-Gestalt von Brekers Erlöser wischte er
sich die Tränen vom Gesicht. Aus dem Innern der Kirche war
Orgelklang zu hören. Klaus trat ein, der Raum war dunkel, bis
auf das Licht auf der Empore. Der Blumenhügel, auf dem die
Urne gestanden hatte, schimmerte wie Schnee. Klaus zog eine
Rose aus der Garnitur, steckte den Stiel in den Mund und
setzte sich in der Spielecke auf ein Stühlchen. Während er
den Rosenstiel kaute, verschränkte er die Finger und ersetzte
das gewohnte Ineinandergreifen durch das ungewohnte. Dazu
kaute er die Blüte und empfand ihre Sanftmut auf der Zunge,
während der Raum unter dem Dröhnen der Orgel erzitterte.

Es regnete stärker, als er die Kirche verließ. Er wischte mit
der flachen Hand über den Sattel, als er das Rad losband, und
schüttelte den Regenschutz aus den Falten. Das gummierte
Segeltuch war fast so alt wie er selbst. Er band das Rückenteil
am Leib fest und warf das Vorderteil über den Lenker. Die
Kapuze machte ihn unkenntlich. Beim Umweg durch die Johann-Peter-Hebel-Straße sah er an Imogens Haus hoch. Die
obersten Stockwerke waren dunkel.

Im Erdgeschoß des Kutscherhauses aber war Licht, und an
seiner Wohnungstür fand er einen Zettel: Habe etwas gekocht.
Wenn Herr Klaus heimkommt, ist eingeladen, von Frau Maria
Ioannides

Als er um elf die Treppe zu seinem Dachstock hinaufstieg,
hüpften ihm die Stufen entgegen.

Er war zum ersten Mal in Maros Parterrewohnung gewesen; der größte Raum war die geweißte Küche, in der sie einen
Tisch gedeckt und mit drei Kerzen geschmückt hatte. Darin

saß er wie der einzige Gast an einer griechischen Hafenpromenade. Maro hatte Spießchen mit Hammelfleisch gebraten. Wenn sie sich zu ihm an den Tisch setzte, erwartete sie kein Gespräch. Seit Görlitz hatte niemand mehr für Klaus gekocht, und mit Balthasar war er vor lauter Reden nicht zum Essen gekommen. Maros Gesellschaft tat ihm wohl. Der ölige Wein mit Harzgeschmack, den sie ihm nachschenkte, hatte seinen Anteil daran. Er hatte sich nach Antikratos erkundigt, wo Maro geboren war, und sie brachte ein dickliches, mit Stickblumen-Attrappen gepolstertes Fotoalbum an den Tisch. Sie blätterte es eigenhändig um und strich jedesmal die von einem Spinnwebmuster durchzogene Einlage glatt.

Die Bilderchronik begann nach 1920 und wurde in den fünfziger Jahren bunt, auch wenn die Farbe inzwischen ausgebleicht war. Außer Sonnenuntergängen am Meer waren keine Landschaftsstücke dabei. Auch die Architektur kam nur beiläufig ins Bild, mit Ausnahme einer klassizistischen Villa, die, bis auf Zypressen, Lorbeer- und Orangenbäume, auch in Nieburg hätte stehen können. Sie war Schauplatz oder Hintergrund der Gesellschaft, die gruppenweise, oft wie auf einer Klassenfahrt, in paradiesischer Umgebung versammelt war. Der alte Bühler, damals noch ein junger Dandy und Maros Liebhaber, war zu klein, als daß man sein Gesicht genau hätte erkennen können. Doch Lennie sah Klaus zum ersten Mal inmitten oder eher am Rand der Sommergesellschaft. Er wirkte in seinem hellen, dabei nie legeren Kostüm hager und jungenhaft, war sogar lachend zu sehen, auch wenn das Vergnügen nur an seiner Gestikulation abzulesen war. Frau Antoinette im Kübelhut und mit abgerutschtem Kleidgürtel dominierte die Bildserien. Die auch im Urlaub korrekten Herren waren die Väter des heutigen »Stillstands«. Klaus konnte die Kinder, die sie begleiteten, sich auswachsen und die bekannten Mienen annehmen sehen. In munterer Vielfalt dokumentierten sie die Jugendform der Senioren, von denen er sich eben getrennt hatte. Iring war nicht dabei, auch Constanze nur selten. Sie mußte die Fotografin gewesen sein. Das erklärte den Ausdruck, mit dem Lennie in die Kamera lachte. Ein Bild zeigte ihn im Sprung, als wäre er mit geschlossenen Füßen und abgedrehtem Kopf hängengeblieben, mitten in der Luft.

Jahr, Monat und Tag der Aufnahmen waren in kindlicher Schrift bei jeder Serie vermerkt, und Klaus interessierte sich für das Jahr 1949. Doch da schien der Inselurlaub ausgefallen zu sein. Constanze tauchte erst zwei Jahre später wieder auf, unter Palmen und Myrthen, mit Sonnenschirm, doch ohne Kinderbegleitung und ohne Lennie.

Die Chronik endete 1984, und der Betrachter hatte das Album gerade höflich zugemacht, als es Maro nochmals aufschlug. Vor dem hinteren Einband war ein Häufchen Fotos lose eingelegt, mit anderen Formaten und Motiven. Das erste Bild war, verkleinert, Lennies Porträt, das Klaus bei Constanze gesehen hatte. Das nächste Foto zeigte schwarz-weiß die Rückenansicht eines nackten kleinen Mädchens. Es umfing mit beiden Armen einen großen Strandball, der eine Spur unschärfer war als es selbst, als habe er sich, während es ihn schon festhielt, noch bewegt. Es hatte sich über ihn geworfen und dazu die Beine gespreizt, während die Füße in den Sand eingegraben waren. Imogens Kopf war, im Verhältnis zum Körper, größer als heute. Aber die Hingabe, mit der sie sich des Balls bemächtigte, war die einer kleinen Frau.

Klaus fühlte Maros prüfenden Blick und blätterte rasch weiter. Ein Porträt ihres Sohns Dias war für einen Ausweis angefertigt worden. Es gab Bilder einer Bauern- oder Fischerfamilie, der einheimischen Verwandtschaft Maros. Jetzt klappte Klaus das Album entschiedener zu und reichte es ihr zurück. Es war Zeit zu danken. Er nahm sich vor, ihr etwas zu schenken. Eigentlich hatte er nichts, was zu Maro stimmte. Dann aber legte er Moms goldene Armbanduhr zur Seite, die sie sich selbst gekauft hatte.

In dieser Nacht kein Anruf; am nächsten Tag auch nicht. Die Tage waren stürmisch, die Nächte kühl. Klaus hatte seine

Wohnung aufgeräumt und gereinigt, bis sie wieder aussah, wie er sie im April angetreten hatte. Das beschriebene Papier füllte zwei Rucksäcke. Er trug sie an den Rhein und verbrannte Blatt um Blatt in einer Nische der lehmigen Wand. Am Mittwoch fuhr er nach Basel, um Blumen zu kaufen. Er ließ sich einen großen Strauß einpacken, 97 Blüten.

Mohn hält leider nicht lange, sagte die Verkäuferin, Sie müssen ihn kühl halten.

In der Nacht vom Donnerstag auf Freitag, den 12. Dezember, war er sogleich auf den Füßen, als das Telefon rief.

Ich bin allein, sagte ihre Stimme. Bist du bereit?

Ja, sagte Klaus.

Ich fahre jetzt zu dir. Bist du heute schon im Rhein gewesen? Ich möchte mit dir schwimmen, Klaus.

Im Dezember? Du bist es nicht gewohnt.

Du wirst dich wundern.

4 Letzte Schriften

Nieburg, 11. Dezember 2003
Sehr geehrte Frau Dr. von Montmollin,
wenn dieser Brief bei Ihnen ankommt, lebe ich nicht mehr. Hiermit erkläre ich, daß dieser Tod mein eigener Entschluß war, den ich aus freiem Willen und in vollem Bewußtsein gefaßt habe. Den letzten Schritt möchte ich selbst tun, doch bei der Vorbereitung konnte ich die Hilfe eines Freundes, Herrn Klaus Marbachs, nicht entbehren. Dazu hätte er sich ohne mein Verlangen nie bereitgefunden. Um so mehr liegt mir daran, ihn von allen Folgen zu entlasten, und ich bitte Sie, auch juristisch das Nötige vorzukehren, daß ich als die für ihren Tod Verantwortliche behandelt werde.

Ich habe meinen Letzten Willen bei Ihnen, meiner Testamentsvollstreckerin, hinterlegt, außerdem bei meinem Vermögensverwalter in Basel sowie beim Notariat in badisch Nieburg. Um die Wege der Behörden abzukürzen, geht dieser Brief gleichlautend auch an Herrn Emil Isele, Kommissar im Polizeipräsidium daselbst.

Mit bestem Dank und freundlichen Grüßen
Imogen Selber-Weiland

Nieburg, 11. Dezember 2003
Liebe Manon,
den ersten Brief habe ich an Deine Adresse, aber auch zu Händen der Behörden geschrieben.

Dieser zweite Brief ist für Dich allein.

In der Bibel steht: »Die Liebe ist langmütig und freundlich, die Liebe eifert nicht, die Liebe treibt nicht Mutwillen, sie blähet sich nicht, sie stellet sich nicht ungebärdig, sie suchet nicht das Ihre, sie läßt sich nicht erbittern, sie rechnet das Böse nicht zu, sie freuet sich nicht der Ungerechtigkeit, sie freuet sich aber der Wahrheit, sie verträgt alles, sie glaubt alles, sie hofft alles, sie duldet alles.« Eine solche Liebe hat Irings Mutter zu meinem Vater gehabt. Ich aber habe durchaus nicht alles, oft sogar nicht das Geringste, vertragen. Ich war weit davon entfernt, alles zu hoffen und zu glauben, und schon gar, alles zu dulden. Und daß ich nicht der Mensch war, zu eifern oder mich zu blähen, betrachte ich als Glück, nicht als mein Verdienst.

Liebe Manon, ich habe »das Meine gesucht« – auch wenn ich nicht wußte, was es war. Warum hielt ich an meiner Ehe fest? Weil ich es mir vorgenommen hatte, schon als Kind. Ich hatte ein Wort gegeben, das kein Spielzeug war. Aber meine Treue galt einem Menschen, der mir gezeigt hat, daß er etwas ganz anderes gebraucht hätte. Ich habe meine Grenze nicht überschritten, ich habe sie gar nicht kennengelernt. Hätte ich Iring geliebt, ich hätte nicht so erbarmungslos treu sein müssen.

Ich habe dir nie gesagt, daß ich Klaus im ersten Augenblick, als ich ihn kennenlernte – am Begräbnis meiner Mutter –, zu lieben anfing. Und wenn ich sage, er war meine letzte Liebe, so heißt das nicht viel, denn er ist auch die erste. Durch ihn weiß ich, daß ich noch nie geliebt habe; er weiß es nicht.

Die sechzigjährige Frau hat es mit einer sehr jungen Frau in der gleichen Haut zu tun. Ich kenne sie noch gut genug, um zu wissen, daß sie ihren Willen haben muß. Und ich konnte ihr nicht verbieten, mit dem Mann, in den sie vernarrt ist, zu spielen. Ich kann aber dafür sorgen, daß dieses Spiel einmal sein Ende hat. Aber auch der Kampf mit mir selbst soll ein Ende nehmen. Darum erlaube ich der Jungen, sich die paar Stunden zu stehlen, die zwischen dem Einwurf dieses Briefs am Freitag und seiner Ankunft am Montag vergehen. Sie möchte mit dem Mann, den sie liebt, anstellen, was ihr Herz begehrt. Und dabei sollen dem dummen Ding alle Erfahrungen zugute kommen, welche die alternde Frau nicht gemacht hat.

Ich möchte Klaus in meinen Armen ein Nest machen und ihn dann hinauswerfen, mit aller Kraft. Dann fliegt er, und ich fürchte nicht, daß Du ihn auffangen mußt.

Wenn es so weit ist, nehmt euch meiner Reste an. Klaus allein weiß, wo sie hingehören.

Liebe Manon, Klaus hat für den Transport Irings einen Helfer gehabt, einen gewissen Herrn Balthasar Nicht, der in einem Görlitzer Museum beschäftigt ist. Iring hat es, damals unter anderem Namen, regelmäßig besucht, und Herr Nicht hat Klaus geholfen, ihn zu finden. Und ich vergaß, ihn zur Totenfeier einzuladen. Die Adresse der Firma, die ihm den Lieferwagen vermietet hat, lautet Hebbelstraße 19, 01834 Dresden; er hat Euro 763,50 ausgelegt. Bitte halte Dich bei der Rückerstattung exakt an diesen Betrag. Alles andere würde Herrn Nicht kränken, und ich möchte nicht, daß seine Freundschaft zu Klaus leidet. Ich habe seine Adresse Peterstraße 13 in 02826 Görlitz schon einmal verwendet, um Klaus vergessene Papiere nachzusenden. Diejenigen Irings bitte ich mir ins Feuer mitzugeben, damit ich sie auf der anderen Seite dem Eigentümer zurückerstatten kann.

Bei meiner Kremation wünsche ich nur zwei Zeugen: den unvermeidlichen Beamten – und Dich, Manon, wenn Du es über Dich bringst. Eine Trauerfeier, in welcher Form immer, verbitte ich mir unbedingt.

Was ich hinterlasse, hast Du geordnet, und wenn ich auch weiß, daß mein Wunsch, Du könnest sorglos davon leben, eitel ist, sollst Du ihn von mir doch einmal gehört haben.

Nun freue ich mich wie ein Kind auf die Stunden, die mir noch bleiben. Alles bekommt sein rechtes Gewicht. Dazu hast Du viel beigetragen, und ich danke Dir für deine Nachsicht gegen eine scheinbar Erwachsene und für Deine Geduld mit einem jungen Mädchen. Was Dir zu wünschen ist, weißt Du am besten. Nimm es Dir heraus! Ich umarme Dich von ganzem Herzen. – Adieu.

(ohne Datum)

Korrektur! – Ich gebe Klaus, was ich bin, er soll auch nehmen, was ich habe, ALLES. Imogen.

5 Hohe Zeit

Hin und zurück, Klaus, zweimal hinüber, und wir sind noch da!

Ja, ich hab's dir verboten, aber nicht aus Angst. Aus Eifersucht. Der Fluß bekam dich nackt. Und wenn er dich genommen hätte... nicht ohne mich!

Mach noch kein Licht. Leg dich über mich. Mein Gott, wie schön bist du warm.

Bist du nie aus diesem Bett gefallen?

Dich brauche ich, keinen Tee.

Ich friere Klaus. Noch fester. Ja. Ja. Nein, erst mußt du mich sehen. Mach wieder Licht.

Ich blute so leicht.

Im März kam die neue Diagnose. Ich habe mich nur noch Frauen gezeigt.

Erst muß ich mich verkleiden. Dafür habe ich doch den Koffer mit. Guckst du bitte mal weg?

Ich brauchte es fast nicht ändern zu lassen, nur in der Länge. Constanze war größer.

Und das ziehst du mir jetzt aus.

Zerreiß es doch, Wüstling!

Kennst du keine schmutzigen Wörter? Sag ihr die schmutzig-
sten ins Ohr.

Siehst du, das Männlein hat dich gehört, ganz still und stumm.
Schon rennt's in den Wald, was für ein schlimmes Männlein.
Ein Holzfäller. Der wütet ja, Klaus, halt ihn fest. Sonst kommt
die Hexe aus dem Wald. Die böse Hexe. Sie käme so gern,
Klaus, aber wir erlauben nicht, daß sie kommt.

Wer bin ich? Sag meinen Namen. O weh, sie hat dich verzaubert!

Faß dich an, bitte. Aber mach die Augen zu. Ich will dich sehen.

Das bin ich, Klaus. Und das bist du. Warum so zart? Du hast
doch gesehen, wie ich schwimme.

So. Und so und so. Und ewig so.

Nie, Klaus, mit keinem Mann. Zum ersten Mal. Und jetzt auch
noch zusammen. Ganz zusammen.

Sterben geht leicht, das wußte ich noch nicht. Gleich zweimal,
und dann noch ein bißchen. O du liebs Ängeli, Rosmarin-Stän-
geli. O du liebs Herzeli, tue nid e so.

Nein, Lennie sprach. Und was sprach er denn? Der Frauen
gibt es dreierlei, und die Griechen unterschieden sie wohl.
Jungfrauen gibt es, Nymphen und Alte. Von mir kriegst du
sie alle, dafür krieg ich dich.

Nicht erschrecken. Das Blut ist nicht deins.

Es fing in der Mundhöhle an.

Ja, seit März.

Ich möchte Männerkleider, Klaus, wie Innogen. Wenn Lennie gewußt hätte, daß ich ein Druckfehler war! Innogen, die Unschuld – glaubst du, so eine hätte er auch nur angesehen? Und mich hat er gemacht!

Aber seinen Iring – den hab ich ihm ausgeführt. Klug war das nicht.

Zu groß, Klaus, alles von dir ist mir zu groß. Zitter nid eso, tue nid e so, 's Hüsli fallt hüt nid um. Dein Trainingsanzug muß gehen. Und wie er nach dir riecht!

Ich hab dich riechen können, schon beim ersten Händedruck. Aber was mich wirklich überzeugte, war deine Tasche. Am liebsten wär ich gleich reingeschlüpft.

Müde bin ich Gezuruh, hat Felicitas mit mir gebetet. Das habe ich mir immer wie ein Känguruh vorgestellt, nur feiner. Und in seiner Tasche konnte ich einschlafen wie nichts. In meiner eigenen Tasche!

Das Wandern hat mir nichts ausgemacht. Oft sechs Stunden hintereinander. Bei jedem Schritt dachte ich: es geht weg. Immer weiter weg. Manchmal hab ich's einfach vergessen. Was ist ein Blutbild gegen den Berg vor deinen Augen!

Ich habe mir Gift besorgt. Aber dich wollte ich noch erleben.

Wie mußte ich mich zwingen, dich nicht jede Nacht anzurufen. Immer nur dann, wenn ich mir sagen durfte: jetzt bist du keine arme Frau. Die hätte Klaus nicht verdient. Vor der hätte er sich vielleicht gar gefürchtet. Ich wollte dich nicht vergrämen, schönes Wild!

Aber ohne dich zu berühren, konnte ich nicht einschlafen. Den eigenen Leib nahm ich nicht dazu. Nur kein Armutszeichen! Ich versuchte, verschwenderisch zu bleiben. Wenigstens mit meiner Zeit.

Deine Waffe! Ich möchte sie anfassen, deine Waffe. Setz sie mir aufs Herz. Jetzt weißt du wo. Und wann – das weißt du auch.

Einmal möcht ich an dich denken, wenn du auch da bist. Komm. Alliwyl, alli Wyl.

Schon wieder hell? Wir sind doch erst einen Augenblick zusammen.

Jetzt brauchst du ein richtiges Bett. »Nicht immer Soldat sein. So nach dem Bad sein.« Fahren wir zu mir? Ich habe was gekocht.

Sogar ein Auto hab ich gekauft, nur für heute. Es hat zwei Sitze, aber wir brauchen nur einen. Ich sitze auf deinem Schoß und halte das Steuer. Du bedienst Bremse und Kupplung, und ich sage dir, wann.

Vergiß deine Blumen nicht. Die Waffe habe ich schon.

Meine Eifersucht lernst du nicht kennen. Dabei weiß ich erst seit gestern, was das sein könnte. Es würde furchtbar. Ich wäre Gift für dich, Klaus.

Beim Wandern dachte ich manchmal: eigentlich hätte ich ein Talent, lange zu leben. Aber mit dir alt werden, das möchte ich auf keinen Fall. Der Gedanke ist fast so schlimm, wie ohne dich zu sein.

Wenn du es nicht tun kannst, hätten wir uns nie begegnen dürfen.

Alles an dir hat wohlgetan, Klaus. Ich sterbe gesund. Versprich mir zu leben.

6 Trauerarbeiter

Am Montagabend, dem 15. Dezember 2003, meldeten die Nachrichten Frau Imogen Selber-Weilands gewaltsames Ende noch ohne Einzelheiten, die der gerichtsmedizinischen Abklärung bedurften. Der Tod der Bühler-Erbin erregte weites Aufsehen und führte zu Gerüchten, denen das Polizeipräsidium die Spitze zu brechen trachtete, durch eine Medienkonferenz, anberaumt Donnerstag, den 18. Dezember, in der Eingangshalle des Rathauses. Göhler, der neue Kommissar, teilte mit, was über den Tathergang feststand.

Die Tote war am Montagmorgen um neun Uhr von ihrer Haushälterin Maria I. entdeckt worden, als diese, wie jede Woche, zum Saubermachen in der Wohnung eintraf. Sie fand diese unverschlossen und entdeckte die Tote im vorderen, zur Straße gelegenen Zimmer, angezogen in einem Schaukelstuhl sitzend, mit einer Schußwunde in der linken Brust. Die Waffe lag auf ihrem Schoß unter Blumen versteckt; es handelte sich um eine Schweizer Armeepistole älterer Ordonnanz, Kaliber neun Millimeter, und es entsprach dem Projektil, das man im Leib der Toten gefunden hatte. Es war zweifelsfrei die Tatwaffe, die am Tatort gefunden wurde. Sie war gesichert, doch im Magazin steckte noch eine zweite Kugel.

Frau I. alarmierte den Hausmeister, und dieser um 9 Uhr 15 die Polizei, die unter Leitung des anwesenden Kommissars Isele ausrückte. Etwas später erschien er, Göhler, persönlich am Tatort, überwachte die Spurensicherung und veranlaßte die Überführung der Toten zur forensischen Untersuchung. Schmauchspuren am Kleid zeigten, daß sie mit aufgesetzter Waffe getötet worden war; die Todeszeit war zwischen Mitternacht und drei Uhr anzunehmen. Die Suche nach dem Täter nahm noch am Vormittag eine überraschende Wendung, und Göhler ersuchte den neben ihm sitzenden Isele, sie zu erläutern.

Isele hatte noch am Montagmorgen in seiner privaten Post einen Brief des Opfers vorgefunden, datiert Donnerstag, den 11. Dezember, und von diesem handschriftlich unterzeichnet. Darin tat Frau Selber ihren Willen kund, am Wochenende aus dem Leben zu scheiden, und bezeichnete zugleich den Helfer, dessen sie sich dabei zu bedienen gedachte. Es sei K. M. (40), ein Schweizer Historiker, seit April im Kutscherhaus ihrer Villa wohnhaft, um dort Studien zur Geschichte Nieburgs zu betreiben. Der Sinn dieses Briefs war ausdrücklich, M. von seiner Mitwirkung an ihrem Tod zu entlasten.

Die Polizei traf ihn um die Mittagszeit im Kutscherhaus an, und er bestätigte seine Täterschaft mit einem klaren, nicht weiter ausgeführten Ja, gab auch zu, Eigentümer der Waffe zu sein. An die Tatzeit wollte er sich nicht erinnern, doch habe er den Tatort gegen drei Uhr früh verlassen. Sein Zustand – er war durchnäßt und fieberte – legte einen Selbstmordversuch nahe, den er bestritt. Das Schwimmen im Rhein gehöre zu seinen ganzjährigen Gewohnheiten.

Hier nahm wieder Göhler das Wort. M. habe keine weiteren Erklärungen abgegeben und sein Verhältnis zu Frau Selber-Weiland als »freundschaftlich« beschrieben. Die genaue Untersuchung habe auf der Waffe nur seine eigenen Fingerabdrücke feststellen können. Inzwischen habe sich die Juristin M. M. aus Zürich bei den Behörden Nieburgs gemeldet. Sie legte ihnen denselben Brief vor, den Herr Isele erhalten hatte; er war an sie, als Testamentsvollstreckerin Frau Selbers, adressiert. Das Verhältnis Frau Selbers zu Herrn M. beschrieb sie als vertrauensvoll und korrekt. Sie habe ihn in seiner Arbeit gefördert und ihm außer einer Wohnung auch Material aus Bühlers Familienarchiv zur Verfügung gestellt.

Aufgrund dieser Informationslage habe die Polizei keinen Sinn darin gesehen, M. festzunehmen, und sich mit Hausarrest begnügt. Er halte sich den Behörden zur Verfügung, und Flucht- oder Verdunkelungsgefahr seien nicht gegeben. Über die Strafbarkeit einer Tötung auf Verlangen sei das letzte Wort nicht gesprochen. Zwischen der deutschen und der schweizerischen Rechtsprechung gebe es in dieser Hinsicht Differenzen, doch am Ende entscheide ein deutsches Gericht darüber, ob ein allfälliger Rechtsirrtum Herrn M.s weiter zu verfolgen sei.

Es versteht sich, daß die Medienkonferenz Fragen aufwarf, wobei die ungenügend beantworteten Stoff zu weiteren Vermutungen hergaben. Wenn es denn kein Mord war, sondern Selbstmord: was war über seine Gründe bekannt? Sie lagen wohl ausschließlich im persönlichen Bereich. – Hatte sich das Opfer selbst nicht dazu geäußert? Nein, aber gewiß hatte der kürzliche Tod ihres Mannes Iring eine Rolle gespielt. – Sie habe doch von diesem getrennt gelebt? Wer beide näher kannte, glaubte an ihre fortgesetzte Verbindung. – Eine unheilbare Krankheit? Die gerichtsmedizinische Untersuchung hatte dafür keinen Anhaltspunkt geliefert. – Was hatte sie außerdem ergeben? Eine eindeutige Todesursache, keine physische Auffälligkeit. – Hatte niemand im Haus den Schuß gehört? – Die Wohnung unter Frau Selbers Räumen stand leer, außerdem wurde an diesem Sonntagabend bereits im Fernsehen geschossen. Im öffentlich-rechtlichen lief »Tatort«, in einem Privatsender »Bodysnatchers III« und nach Mitternacht ein Dokumentarfilm über die Ostfront im Zweiten Weltkrieg. – Warum hatten sich auf der Tatwaffe keine Fingerabdrücke des Opfers gefunden? Das werde weiter abgeklärt. – Also sei Mord doch nicht definitiv ausgeschlossen? Wenn man die Briefe Frau Selbers lese: doch ja. – Warum man ausschließen könne, daß diese Briefe *unter Druck* geschrieben worden seien? – Das sei, bei Berücksichtigung aller Umstände, sehr unwahrscheinlich. – Was hatte es mit den Widersprüchen in der Darstellung von Frau Selbers Verhältnis zu Herrn M. auf sich? – Welchen Widersprüchen? – Ein *korrektes* Verhältnis vertrug sich doch wohl nicht mit der Rolle, die er bei ihrem Tod gespielt hatte. Kein Kommentar. – Traf es zu, daß Herr M. mit Frau Selbers Juristin, zugleich ihrer Testamentsvollstreckerin, verheiratet war? Korrekt, aber sie hatten die Scheidung vereinbart und lebten seit diesem Frühjahr getrennt. – Wie häufig hatten sie während dieser Trennungszeit Kontakt gehabt? Nach übereinstimmender Aussage beider: gar keinen. – Konnte man ausschließen, daß das Paar – oder ein Teil desselben – von Frau Selbers Tod profitierte? – Was Herrn M. betraf, konnte man dies zur Zeit ausschließen, er hatte durch ihren Tod nur zu verlieren, etwa das Wohnrecht im Kutscherhaus. – Und was war über das Verhältnis Frau Selbers zu ihrer Testamentsvollstreckerin bekannt? Vertrauensvoll, doch geschäftsmäßig, wie die Korrespondenz belege, in die Frau M. der Polizei Einsicht gewährt hatte. – Kannte man den Inhalt des Testaments? Nein, dieses werde erst im Januar eröffnet. – Gab es in Frau Selbers Verhalten Anzeichen dafür, daß sie nicht im Vollbesitz ihrer geistigen Kräfte war?

Hier meldete sich nochmals Emil Isele zu Wort. Er war sichtbar erregt. Frau Selber sei in Nieburg seit ihrer Kindheit als eigenwillige, doch integre Persönlichkeit bekannt. Für ihre geistige Gesundheit lege er die Hand ins Feuer.

Inzwischen sei die Tote zur Bestattung freigegeben, beendete Göhler die Pressekonferenz. Was weitere Fragen betraf, möge man sich an ihre Rechtsvertreterin wenden.

Diese erwies sich als unerreichbar, doch andere Quellen, auch trübe, flossen reichlich. Schon am selben Abend stand im Internet, daß sich Imogen Selber für ihren Tod das Zimmer ihres Vaters Leonhard (»Lennie«) ausgesucht habe, des früher wohlbekannten und für seine Witze geschätzten Gymnasialprofessors in Säckingen. Sie habe im selben Schaukelstuhl, in dem er gestorben war, die tödliche Wunde empfangen. Der Mann, den die Milliardärin Constanze Bühler geheiratet habe, sei vorher Mönch gewesen und auch als Intellektueller ein Arbeitersohn geblieben, der sich in der Bühlerschen Villa nie heimisch gefühlt habe, und zu seinen Ehren sei Imogen »im Alter« in die bescheidene Stadtwohnung zurückgekehrt. – Das wußte die Boulevardpresse beidseits des Rhein schon am nächsten Morgen genauer: die Erbin habe fast ihr ganzes Vermögen in einer Spekulation verloren und könne sich die Villa gar nicht mehr leisten, die nächstens verkauft werde; es sei Scham über ihre finanzielle Lage, welche die verwöhnte Frau in den Tod getrieben habe. – Ein Konkurrenzblatt betrachtete diesen als Ausdruck einer rein privaten Tragödie. Die unerwiderte Leidenschaft der alternden Frau zu dem gutaussehenden M. habe sie in den Wahnsinn getrieben, und schließlich habe sie keinen Wunsch mehr gehabt, als von seiner Hand zu sterben, wofür ihm eine Belohnung in unbekannter Höhe in Aussicht stehe. – Es erschienen, wie von allen Beteiligten, auch Fotos von Marbach, sogar eines in der Badehose, das der Leserschaft erlaubte, seine Wohlgestalt zu taxieren.

Es gab auch eine Äußerung, die ihn in Schutz nahm. Eine Mitbewohnerin des Hauses hatte M. jeden Freitag um fünf Uhr mit einem Blumenstrauß ins Haus gehen, dieses aber ebenso regelmäßig um sieben, also zu einer anständigen Tageszeit, wieder verlassen sehen. Nach ihrer Meinung habe er Frau Selber Privatunterricht in einer Fremdsprache erteilt, denn in einer solchen habe er im Treppenhaus vor sich hin gemurmelt. Die Naivität dieser Äußerung sprang ins Auge, und vielleicht war gerade das Gegenteil wahr. Konnte Frau Selber nicht eine »Belle de jour« gewesen sein? Oder hatte sie sich vielmehr vor den Nachstellungen des frustrierten M. in die Stadt geflüchtet? Aber warum hatte sie ihn nicht einfach aus dem Kutscherhaus hinausgeworfen? Womit konnte er sie erpressen?

Schon bei der Medienkonferenz hatte freilich eine ganz andere Verbindung Verdacht auf sich gezogen: die von M. mit seiner »angeblich« getrennten Ehefrau. Es war von einem »raffinierten Paar« die Rede, das auf die schwerreiche Dame zu einem wohlorganisierten Fischzug angesetzt und sie unter

Vorspiegelung seiner Scheidung mit verteilten Rollen ins Garn gelockt habe, um an ihre Millionen heranzukommen. Nun habe das Paar die Frau beiseite geräumt; entweder, weil es seinen Zweck erreicht hatte, oder aus Rache, weil ihm dies nicht gelungen war. Die Wahrheit werde man erst bei der Testamentseröffnung erfahren – *wenn* sich diese nicht als Krönung der üblen Machenschaften erweise. Vielleicht habe man erst die Spitze des Eisbergs gesehen.

Der »Stillstand« hatte sich, auf Einladung Springmanns, schon am Montag abend zu einer Notsitzung getroffen, ohne Maurus Freyer, der unentschuldigt fernblieb. Er habe versucht, sich zu vergiften, wußte Kaspar Blunck, und August Kaiser erwiderte trocken: das versucht er schon seit zwanzig Jahren. Man habe Wichtigeres zu besprechen als das trunkene Elend des Apothekers. Die Meinungshoheit über das Nachrichtenwesen werde man zwar nicht mehr erringen – vor dieser Illusion wollte Kaiser, als PR-Fachmann, gleich gewarnt haben. Aber die Meinung, die sich jeder der Stiftungsräte schon für sich gebildet habe, abzugleichen, um, wenn man gefragt werde, mit Einer Stimme zu sprechen, sei das Gebot der Stunde, denn man *werde* gefragt. In der Stadt und darüber hinaus wisse jeder, in welch hohem Maß der Stiftungsrat nicht nur dem Hause Bühler, sondern auch dem Opfer persönlich seit gemeinsamen Schulzeiten verbunden gewesen sei.

Man tagte im Atelier Kaisers, der ehemaligen Druckerei, aber der Versuch des Hausherrn, die Debatte in der Hand zu behalten, drohte schon an Ämil Iseles Empörung zu scheitern. Nicht genug damit, daß in der Stadt das Gerücht umgehe, Imogen sei das Opfer eines aus dem Ruder gelaufenen sexuellen Rituals geworden; er, Isele, werde dafür auch noch als »offiziöse Quelle« in Anspruch genommen. Es war die nackte Verleumdung einer noch im Tode empfindlichen, weil besonders schutzlosen Frau. Was Ämil entschlossen war als persönliches Geheimnis im Busen zu hüten, machte also bereits in der vulgärsten Form die Runde: die Spuren am Körper Imo-

gens, welche das gerichtsmedizinische Kürzel als »GV rep.«
umschrieb, als handle es sich um ein Apothekerrezept. Ämil
war sich sicher, daß es nur Göhler gewesen sein konnte, der
ihm, schadenfroh oder ahnungslos, den Tort dieser Indiskre-
tion angetan hatte, und sein hochroter Kopf ließ einen Schlaganfall befürchten.

Man entschied sich, nach stürmischer Beratung, Marbach
als *Nonvaleur* zu behandeln und – in Kaisers Worten – »nicht
mal zu ignorieren«. Auf Antrag Bluncks behielt man sich auch
vor, das Testament anzufechten, wenn diese Juristin mit dem
französischen Namen Imogens Vertrauen mißbraucht und für
Ziele verwendet haben sollte, die dem Sinn der Stiftung hohn-
sprachen. Deren Auflösung war ihnen zwar mündlich mitgeteilt worden, doch in juristisch gültiger Form noch nicht, und
inzwischen zeichneten sich auch einige ganz neue Perspekti-
ven ab. In diesem Punkt schworen sich die Stillständer vorsorglich die nötige Härte: »Das sind wir Constanze schuldig,
und Antoinette erst recht.«

Inzwischen war sich der Verein auch darüber einig, daß die
Phantasie, Imogen habe »ihr Geld verbrannt«, nicht wörtlich
zu nehmen sei. Das *kann* sie gar nicht, versicherte Springmann, der größte Teil ist in Wertpapieren mit langer Laufzeit
angelegt – sie wollte uns nur auf die Palme jagen. Einstweilen
leisten wir der Sache, und auch der Toten, den besten Dienst,
wenn wir uns zu ihrer Zurechnungsfähigkeit nicht äußern –
bis uns allenfalls ihr Testament dazu zwingt. Sie hatte eine
Depression, soviel soll ausgemacht sein. Irings Tod hat sie
doch viel mehr mitgenommen, als wir uns träumen ließen;
Iring war die Quelle des Übels, von Anfang an, und dabei
ist es geblieben.

Aber die Stiftungsräte waren durchaus nicht so »gefragt«,
wie sie erwartet hatten. Sie erlebten sogar den Tag, an dem sie
sich die kränkende Nichtbeachtung zurückwünschten. Denn
im »Boten vom Oberrhein« erschien eine Karikatur, welche die
sechs Ehrenmänner, an ihren Physiognomien nur zu kenntlich,

als betrogene Betrüger vorführte. In griechische Gewänder gehüllt, jammerten sie vor der verschlossenen Tür eines »Bühlers Schatzhaus« überschriebenen, mit einer nackten Frauengestalt geschmückten Bauwerks, halb Banktresor, halb Mausoleum, während ein Gangsterpaar im Look von Bonnie und Clyde, doch mit Schweizerkäppi, an der Hintertür damit beschäftigt war, Goldkisten auf einen Karren zu laden und über die gedeckte Brücke ins Land des Bankgeheimnisses abzuführen. Die Legende lautete »Die enttäuschten Freier.«

Auf eine Karikatur läßt sich nichts erwidern, man kann auch nicht gerichtlich dagegen vorgehen, ohne das Ärgernis tiefer zu hängen. Maurus tat sehr gut daran, nicht anwesend zu sein, denn die Lästerung aus dem neidischen Rheinfelden war in einem Organ der Freyer Medien AG erschienen. Wie von ungefähr hatte das Blatt zuvor auch ein als »Kinderhochzeit« betiteltes Bild vom 2. Mai 1949 ausgegraben, auf dem Akteure und Statisten der gegenwärtigen Tragödie in einer als »Zwergenkostüm« bezeichneten Jugendgestalt vor der gedeckten Brücke zu sehen waren. Nun hatten sie sich – Foto und Karikatur zusammen legten die Vorstellung nahe – als erwachsene Männer in Giftzwerge verwandelt, nachdem ihnen das nackte Schneewittchen und seine millionenschwere Mitgift entgangen war.

Übrigens hatte sich bei der polizeilichen Durchsuchung im Kutscherhaus keine Spur der Forschungsarbeiten zur NS-Zeit in Nieburg gefunden, denen sich Marbach angeblich gewidmet hatte. Wie sollte man seiner Versicherung trauen, er habe sie verbrannt, weil sich ihr Zweck erledigt habe? Was für ein Zweck? War er in der Vergangenheit Nieburgs auf Skelette gestoßen, die er an einem sicheren Ort verwahrte – zur weiteren Verwendung als Zeitbombe? Oder hatte er die Betroffenen genötigt, ihm das belastende Material abzukaufen, die es inzwischen selbst vernichtet hatten?

Natürlich wurde die Rechtsanwältin aus der Schweiz besonders scharf beobachtet. Als sie am Montagnachmittag in

Nieburg aufgetaucht war, hatte man auch sie über ihre Beziehung zu Täter und Opfer vernommen – daß es diese Beziehung überhaupt gab und welchen Umfang sie hatte, war schon befremdlich genug, um Verdacht zu erregen. Derjenige der Befangenheit bei Ausübung ihres Mandats blieb noch der freundlichste. Wie konnte sie für Täter und Opfer gleichzeitig auftreten, als juristische Ehefrau des einen, als Bevollmächtigte des andern? Sie hatte während der Untersuchung von Frau Imogens Todesumständen jeden Kontakt mit ihrem Ex- oder Noch-Ehemann unterlassen – das war nur klug. Sein Hausarrest bedeutete ja auch, daß die Polizei alle Zu- und Ausgänge der Villa kontrollierte. Marbach lebte vor den Medien abgeschirmt im Kutscherhaus, was diese nicht hinderte, um das Objekt ihres Interesses einen eigenen Belagerungsring aufzuziehen. Lauscher und Bildjäger waren selbst am schweizerischen Ufer plaziert und wußten sich Zutritt zu dem verbotenen Areal sogar auf dem Wasserweg zu verschaffen. Aber erst am Sonntag, dem 21. Dezember, sollten sie etwas zu melden haben.

Bis dahin wollte das Nachrichtenloch gestopft sein, und auf diese Weise gerieten auch Nebenrollen vorübergehend ins Rampenlicht. Maria (»Maro«) Ioannides war direkter Befragung nicht zugänglich. Immerhin hatten Skandaldetektive herausgebracht, daß sie, als Einheimische der Bühler-Insel Antikratos, einmal das sexuelle Opfer des Patriarchen gewesen und Mutter eines unehelichen Sohnes »namens Zeus« geworden war. – Am fatalen 15. Dezember hatte sie auf einem Hocker hinter der Tür das Eintreffen der Polizei erwartet, und in dieser Stellung inspirierte sie einen einfühlsamen oder literarisch ambitionierten Journalisten zu diesem Genre-Bild:

»Sie hat Kommissar Göhler in ihrem rudimentären Deutsch die verlangte Auskunft gegeben. Sie hat zugesehen, wie die geliebte Herrin aus der Wohnung getragen wurde, und ist immer noch sitzen geblieben, bis auch der letzte Beamte seiner Pflicht nachgekommen war. Erst als Göhler die Wohnung versiegeln wollte, stand sie auf und fragte, ob sie jetzt *sau-bermachen* dürfe. Der Kommissar, zuerst verblüfft, willigte nach kurzer Überlegung ein. Es war fast vier Uhr geworden, man hatte Licht machen müssen. Göhler sah mit verschränkten Armen zu, wie Maro die dürren Blattsträuße, mit denen das Wohn- und Schlafzimmer der Toten vollgestellt war, in Säcke packte und die wasserlosen Vasen der Größe nach vor dem Fenster aufreihte, als wären sie eine Glasharfe. Eine Vase hatte sie beiseite gestellt, füllte sie in der winzigen Küche mit Wasser und trug sie ins Vorderzimmer, wo man die Tote gefunden hatte. Maro las die einzige wohlbehaltene Mohnblüte auf und stellte sie ein; sie leuchtete rot. Der Raum war, nachdem Maro auch die letzten Blütenblätter aufgenommen und in den Müllsack getan hatte, ganz leer – bis auf den Schaukelstuhl. Dieser stand etwas neben der Kreidezeichnung, die seinen Standort bei Auffindung der Toten markiert hatte, und Maro schob ihn so exakt auf diese Zeichnung zurück, daß sie nicht mehr zu sehen war. Dabei hatte sie behutsam drei Blutspritzer umgangen, die auf dem Parkett immer noch zu erkennen waren. Zum Schluß verweilte sie davor, und Göhler erwartete, daß sie Putzgerät hole, um sie zu entfernen. Aber sie tat es nicht. Fertig! sagte sie. Feierabend! als wäre es am Kommissar, seine Tätigkeit abzubrechen. Sie ordnete ihr zu einem Knoten gebundenes silbergraues Haar, zog den auf dem Hokker abgelegten Mantel an, ging hinaus und wartete, bis Göhler die Wohnung ebenfalls verlassen hatte. Dann verschloß sie die Tür, auf die er sein Siegel klebte, ließ ihn vorgehen und stieg hinter ihm das Treppenhaus hinab, als begleite sie einen Gefangenen.«

7 Ende und Anfang

Übrigens hatte Kaspar Blunck zur ersten Sitzung des »Stillstands« auch bereits den Entwurf einer Todesanzeige mitgebracht. Der Verein hatte nicht nur, wie Springmann schnöde bemerkte, »Motiv und Gelegenheit«, sondern auch Vollmacht und Pflicht, die Todesanzeige der verewigten Freundin aufzusetzen, da Judith, von Blunck telefonisch benachrichtigt, erklärt hatte, sich nicht zuständig zu fühlen.

Imogen Selber-Weiland, 13. Mai 1940 – 14. Dezember 2003.
Tief bestürzt und betroffen machen wir den Tod einer Frau bekannt, deren innere Größe von jedem empfunden worden ist, der ihr nahetreten durfte, und die Nieburg auch durch ihre Familiengeschichte tief verbunden war. Sie, der nichts so fremd war wie Gewalt, mußte das Opfer eines Gewaltverbrechens werden. Wir gedenken ihrer in unauslöschlicher Verbundenheit.
Der Stiftungsrat der Constanze-Weiland-Bühler-Stiftung.
Die Trauerfeier findet am (Datum offen) *in der Erlöserkirche Nieburg statt. Statt Blumenspenden gedenke man unserer Stiftung.*
Der »Stillstand« verharrte, als Blunck seinen Entwurf mit bewegter Stimme vorgelesen hatte, in finsterem Schweigen. Wunderbar, erklärte Kaiser, aber der Text bedürfe wohl noch der Redaktion. Zuerst, was die Spende betreffe: da könne sich die Stiftung nicht gut selbst empfehlen, da sie, nach allgemeinem Vorurteil, ohnehin im Überfluß schwimme. Er schlage etwas Soziales vor, etwa den Witwen- und Waisenfonds der Aluminium AG. Aber auch sprachlich lasse der Text Wünsche offen. Das Beiwort »tief« gehöre, wenn überhaupt, zu »Betroffenheit«, nicht zu »Bestürzung«, und wiederholen dürfe es

sich schon gar nicht. Vielleicht sei man der Verewigten »nahe gewesen«, aber hoffentlich nicht »nahegetreten«. Die »Verbundenheit« trete zweimal auf, und von einer »unauslöschlichen« Verbundenheit höre er zum ersten Mal. Das Wort erinnere ihn an Napalm.

Zum »Gewaltverbrechen« stellte Harry Pracht die Frage, warum Imo zum Opfer habe werden »müssen«. Wer das überhaupt verstehe, verstehe es falsch, nämlich als Ausdruck billigender Erwartung.

Überdies, fügte Ämil hinzu, könne auch von einem »Verbrechen« nicht die Rede sein.

Hätte ich: »grobfahrlässige Selbsttötung« schreiben sollen? fragte Kaspar Blunck.

Nach gereiztem Hin und Her einigte man sich auf etwas Lapidares:

Imogen Selber-Weiland (ohne Altersangabe). *Ihre Freunde wissen, wen sie verloren haben, und trauern um sie.*

»Leidzirkulare werden nicht versandt.« – Immerhin fühlte man sich zur Disposition berechtigt, die Beerdigung finde »im engsten Kreis« statt, und ließ einstweilen offen, wer dazu gehörte. Die Trauerfeier wurde auf Mittwoch, den 14. Januar, in der Erlöserkirche anberaumt. Man wollte das Kammerensemble *Seraina*, eine Schöpfung Antoinette Bühlers, verpflichten, sah auch eine Reihe von Rednern vor, neben Springmann und Blunck Dr. Pajuk aus Berlin, der Imogens Rolle als »F. Schaumgold« würdigen wollte. Zu Irings Abschiedsfeier hatte sie ihn nicht eingeladen.

Am 21. Dezember, dem letzten Adventssonntag, entstand nochmals Bewegung in Nieburg. Man hatte die Rechtsanwältin Manon de Montmollin »endlich« auf der Anfahrt zur Villa Aia beobachtet, in einem Mercedes-Geländewagen, und als sie ausstieg, hatte das vergrößernde Kamera-Auge nicht nur den »verhärmten« Gesichtsausdruck registriert, sondern auch einen Beutel aus »ökologischer Jute«, in dem sich ein viereckiger Gegenstand abzeichnete. Damit verschwand sie, »oh-

ne sich einmal umzublicken«, im Kutscherhaus. Es konnte
sich nur um eine Bescherung ganz besonderer Art handeln.
Denn am Vortag war durchgesickert, daß die Tote, kaum von
der Gerichtsmedizin freigegeben, auf eigenen Wunsch »in aller Stille« kremiert worden sei, mit der Testamentsvollstrek-
kerin als einziger Zeugin. Wer zwei und zwei zusammenzäh-
len konnte, wußte jetzt, daß Frau de Montmollin ihrem Ehemann »die Asche seiner Geliebten« gebracht hatte, offenbar
ebenfalls auf deren Wunsch. Da durfte man sich noch einmal
sehr wundern.   ˋ

Doch der »Adventsmord« in Nieburg fiel zusammen mit
der Ausgrabung Saddam Husseins aus einem Erdloch bei Ti-
krit; dann forderte erst ein Erdbeben in Bam/Iran 35 000 Tote,
dann die Weihnachtsstimmung trotzdem ihr Recht. Tannen-
grün und feuersichere Watte dämpften den Schlag, der die
Stadt getroffen hatte, die sich gerade dieses Jahr so dekorativ
präsentierte wie ihr schweizerisches Gegenstück. Die »Lich-
terstraße« aus Kaisers Design-Ateliers, die über der Fußgängerzone schwebte, beflügelte die Weihnachtskundschaft und
trug sie gleichfalls wie schwebend von einem kerzenhellen
Geschäft zum andern. Wenn es auch, wie jedes Jahr, eine Het-
ze war: man wollte sie fröhlich finden. Menschen brauchen
nun einmal die Regelmäßigkeit der Weihnachtsüberraschung,
auch wenn sie sich erst in letzter Minute vor Ladenschluß
findet. Der gute Wille klebt unübersehbar daran und notfalls,
diskreter, die Quittung für den Umtausch. Das alte Jahr will
vor seinem Ende noch einmal von Güte strahlen. Schon steht
ja das neue vor der Tür, das man sich *wirklich* besser wünscht.

Für den »Stillstand« begann die Zukunft sogar noch vor
dem Heiligen Abend. Harry Pracht hatte einige Herren –
ohne Horst A. Simon und Ämil Isele – am 22. Dezember,
einem Montag, zum Nachtessen in den »Oberrheinischen
Hof« geladen, wo ihnen Kaspar Blunck eine Botschaft zu
eröffnen hatte. Wie froh sie war, sah man vielleicht erst auf
den zweiten Blick: Judith Victoria Valiant lud die Herren ein,

den Heiligen Abend in ihrer Herrnhuter *family* zu verbringen.

Dafür, sagte Maurus, reicht mein Christentum nicht aus.

Schön, daß du dich wieder zeigst, Maurus, sagte Ferry Springmann, aber es könnte um etwas mehr gehen.

Inzwischen war nicht nur in Nieburg, sondern auch in New York und Hongkong bekannt, daß eine gewisse *Holy Bliss Inc.*, mit Sitz in Sacramento CA, ein größeres Aktienpaket der Aluminium AG erworben hatte, und der Börsenkurs hatte mit einem Sprung nach oben reagiert. Seit Judith Victoria Valiant Gast im »Oberrheinischen Hof« gewesen war, hatte auch Harry das Licht zu sehen begonnen, von dem Kaspar Blunck – der regelmäßig mit Vicky telefonierte – schon förmlich strahlte. Jetzt übernahm er ihren Auftrag, auch die anderen Stiftungsräte zu erleuchten, und es fiel ihnen wie Schuppen von den Augen. Morgen schon sollten sie in Basel-Mulhouse mit einem *Beechcraft Jet* abgeholt und am 25. wieder zurückgeflogen werden, »rechtzeitig für Weihnachten in euren eigenen Familien«. Die Vorfreude mußte Kaspar Blunck gedankenlos gemacht haben; denn einstweilen war Ferry Springmann der einzige, der zwar keine Familie hatte, aber wenigstens eine Ehefrau, auch wenn ihrer Feststimmung nie zu trauen war.

Nimm Coco doch nach Herrnhut mit! empfahl Harry Pracht.

Das, entgegnete Blunck, werde leider nicht gehen. Vicky wünsche sich nur mit den Herren zu unterhalten.

Das klingt aber sehr nach einem *geschäftlichen* Heiligabend, entgegnete Maurus.

Logisch, sagte August, Victoria erklärt uns ihren Tarif. Wer zwei Herren dienen will oder muß, braucht gar nicht erst mitzufahren. Gnade Gott deinem Gesicht, Ferry, wenn Coco den Braten riecht.

Springmann unterließ sogar sein Blitzlächeln. Man hatte ihn noch nie so kleinlaut gesehen. – Ach, das ist alles schon besprochen, sagte er.

Du fliegst also mit, sagte Blunck. Doch bevor Springmann recht nicken konnte, fiel Maurus ein:

Auf mich rechnet nicht mehr.

Harry Pracht musterte ihn aufrichtig bekümmert. Und was wird aus deinem Geschäft, Maurus?

Ja, so fängt es an, sagte Maurus. Machtergreifung. Ohne mich. Ich verkaufe und wandere aus.

Wenn das kein Scherz war, hätte sich Widerspruch regen müssen. Aber die Tischgenossen schwiegen. Dann sagte August. Na ja, Horst ist nicht mehr dabei, Ämil auch nicht, und jetzt du. Ein natürlicher Prozeß, nehme ich an.

Trotzdem alles Gute, Maurus, sagte Harry Pracht.

Die anderen verabredeten sich für morgen, die Fahrt zum Flughafen. Sie waren nur noch vier und hatten bequem in Springmanns Mercedes Platz.

In der Nacht vor dem Heiligen Abend wurde den Agenturen ohne Begründung mitgeteilt, daß die Trauerfeier für Imogen Selber-Weiland abgesagt sei. Die Meldung erreichte die lokale Presse noch rechtzeitig für ihre Festtagsausgabe, in der man dafür die Todesanzeige Ämil Iseles lesen mußte. Sie war vom Polizeipräsidium aufgegeben, das um einen außerordentlichen Chef und einen warmherzigen Kollegen trauerte, der am vergangenen Freitagabend mitten aus seiner unermüdlichen Tätigkeit gerissen worden sei.

Diesmal gab es eine Trauerfeier, und zwar am Montag, dem 29. Dezember, in der Erlöserkirche, die trotz des ungünstigen Datums zwischen den Jahren bis zum letzten Platz gefüllt war.

Das Andenken des Toten würdigte als erster sein Kollege und Nachfolger Ernst Göhler. Dabei befleißigte er sich – aus Pietät – einer diskreten Behandlung der Todesumstände. Denn daß Emil Isele im Dienst gestorben war, konnte er nicht behaupten, aber auch nicht geradezu von sich weisen. Der

Kommissar hatte seinen Platz geräumt und Göhler die Akten
übergeben, aber entpflichtet war er noch nicht. Der verschrie-
bene Urlaub hätte erst am 1. Januar zu laufen begonnen, um
schonungsvoll und stufenlos in die vorgezogene Pensionierung zu münden.

Sein Tod war ein Grenzfall in mehr als einem Sinn. Denn
Göhler hatte Ämil bei einer Betätigung überrascht (soweit ein
Toter noch zu überraschen ist), von der er, als Vorgesetzter,
eigentlich gar nicht wissen durfte. Er hatte sich, als Anrufen
und Klingeln nichts nützten, mit zwei Kollegen von Amts
wegen Zugang zu Ämils Haus verschafft, das ungeheizt war,
aber richtig kalt erst im Dachstock, wo sie ihn schließlich
finden mußten, ohne Mantel, mit ausgebreiteten Armen und
bereiftem Bart über seiner Abhöranlage zusammengesunken,
als wolle er sie an sich ziehen. Aber sie war nicht weniger tot.
Und es mußte, wie sich zeigte, Ämils letzte Handlung gewesen sein, alle Daten zu löschen.

Ämil Isele war erfroren, in seinem Haus.

Eine solche Diagnose, von der eigenen Gerichtsmedizin
festgestellt, ist unter Kollegen peinlich, einem Korps, das seinen Namen verdient, dürfte sie nicht passieren. Wenigstens
verhungert war er nicht, auch wenn sein Magen leer war. Neben dem Toten fand man eine Flasche Wein und eine Packung
vorgeschnittenes Schwarzbrot, beides unberührt. War er beim
Lauschen gestorben? Einige Kontroll-Lampen blinkten noch
immer, wie Signale eines Schiffs in der Polarnacht.

Ämil, der Kommissar, sagte Göhler an der Trauerfeier,
Ämil, der Galerist. Und Ämil, der Freund. Er sei zeitlebens
ein Grenzgänger gewesen, auch zwischen Kunst und öffent-
lichem Dienst. Als sein bürgerlicher Hintergrund zusammengebrochen sei, habe er nur noch für seine Pflicht gelebt, und
im Kern sei es eine Pflicht gegen sich selbst gewesen. In Erfüllung dieser Pflicht sei er gestorben, und wenn man seinen Gesichtsausdruck gesehen habe, sei »erfüllt« kein leeres Wort.
Denn er habe, außer den Akten auf seinem Arbeitstisch und

den Spuren des Verbrechens, noch ein Spiel gekannt, mit dem es ihm nicht weniger ernst gewesen sei. Er habe sich, als begnadeter Bastler, in seinem Dachstock eine eigene Parallelwelt eingerichtet, die ihm, Göhler, wie ein Kunstwerk vorgekommen sei. Was er mit Antennen und Sensoren eingefangen habe, habe ihn zum Lauschenden gemacht, denn es seien keine bekannten Stimmen gewesen, sondern –

Göhler redete weiter, aber zu hören war er nicht mehr. Seine Lippen gingen auf und zu, er bewegte sich wie in einem Stummfilm vor dem Mikrophon, das seine Stimme schluckte, statt sie zu verstärken. Vor aller Augen stand er, er allein, in einem schalltoten Raum und schien nicht das geringste davon zu bemerken. Denn er setzte seine Rede ohne Befangenheit mehrere Minuten fort, doch der Ton war verloren und blieb es. Das Ereignis wirkte so natürlich, daß in der verblüfften Gemeinde niemand auf die Idee kam, es durch eine Intervention zu stören; man konnte sehen, wenn auch nicht hören, daß er sich zu enden anschickte. Mit ergriffenem Gesichtsausdruck, doch sichtlich im Gefühl wohlverrichteter Dinge verbeugte er sich und trat vom Mikrophon zurück. Erst jetzt ergriff es der herbeigeeilte Mesner, um EINS ZWEI hineinzusprechen, in einer Lautstärke, die ihn selbst erschreckte, so daß er sich auf die Lippen biß. Göhler sah ihn kopfschüttelnd an, ein wenig beleidigt, daß der subalterne Mensch seinem wohlbedachten Lob Ämils, des *Lauschenden*, keinen würdigen Nachklang gönnte.

Inzwischen aber hatte schon der nächste Redner das Podest bestiegen. Es war Maurus Freyer, und zuerst wußten nur Eingeweihte, daß sein Beitrag gar nicht vorgesehen war. Aber jetzt verkündete er es gleich selbst, und zwar vernehmlich bis zur hintersten Reihe.

Er bat um Entschuldigung, daß er die Feier störe, und sein glühender Blick verhieß nichts Gutes. Er wolle nur ein Gedicht aufsagen. Das habe er zum letzten Mal als Kind getan, an der Weihnacht der Sonntagsschule bei Pfarrer Blunck. Aber dieses Gedicht habe ihm einmal Ämil selbst vorgesprochen, auf einer Bank am Rhein, auswendig, es müsse ihm viel bedeutet haben.

Ein Stummer zieht durch die Lande, / Gott hat ihm ein Wort vertraut, / Das kann er nicht ergründen, / Nur einem darf er's verkünden, / Den er noch nie geschaut.

Ein Tauber zieht durch die Lande, / Gott selber hieß ihn gehn, / Dem hat er das Ohr verriegelt / Und jenem die Lippe versiegelt, / Bis sie einander sehn.

Dann wird der Stumme reden, / Der Taube vernimmt das Wort, / Er wird sie gleich entziffern, / Die dunkeln göttlichen Chiffren, / Dann ziehn sie gen Morgen fort.

Daß sich die beiden finden, / Ihr Menschen, betet viel. / Wenn, die jetzt einsam wandern, / Treffen einer den andern, / Ist alle Welt am Ziel.

Als er geendet hatte, neigte er sich vor Ämils Sarg und ging dann mit zum Gruß erhobener Hand, doch ohne sich einmal umzuwenden, durch den Mittelgang zur Tür hinaus.

Jetzt entstand Unruhe in der Kirche; einige wußten und sagten es weiter, daß Maurus Freyer die Apotheke bereits verkauft habe. Er wolle sich im neuen Jahr einen alten Kinderwunsch erfüllen und nach Tasmanien auswandern, den letzten Ort, wo es in seinem Schulatlas damals noch weiße Flecken gegeben hatte: *Uncharted Territory.*

Vom alten »Stillstand« fehlte auch Professor Dr. h.c. Horst Adolf Simon, aber von den Kränzen, die an Ämils Sarg lehnten, trug der größte eine Schleife mit seinem Gruß. Er war von einer Visitenkarte begleitet, auf der sein Name zum ersten Mal vollständig ausgeschrieben war. Er ließ sich entschuldigen, weil er im heute polnischen Ostpreußen unterwegs sei; dort stand ein Gutshof zum Verkauf. Seine Verlobte – auch wenn sie Cinderella hieß – mußte vermögend sein.

Als letzter sprach, von der Kanzel diesmal, Kaspar Blunck im Namen der »Stiftung zur Förderung Nieburgs«, welcher der Verewigte angehört hatte. Auch sie werde im Lauf des

kommenden Jahres ganz neu begründet. Die neue Vorsitzen-
de, Frau Judith Victoria Valiant Bueller, biete, als geliebte
Adoptivtochter von Frau Constanze Weiland-Bühler, jede
Gewähr, daß die Stiftung – jetzt zur »Erneuerung« Nieburgs
umbenannt – im Sinne der Gründerin weitergeführt werden
könne; gewiß auch im Sinne Ämils, der sein Leben lang ein
religiös Suchender gewesen sei. Ihm, Blunck, als designiertem
Geschäftsführer, bereite es eine besondere Genugtuung, die
frohe Botschaft gerade im Gotteshaus seines Vaters verkünden zu dürfen, der im Kampf um eine Wende der Zivilisation
sein Leben geopfert habe.

Kein Tod ohne Auferstehung, darum dürfe dieser Ab-
schiedstag auch ein Freudentag sein. Frau Judith Victoria sei
unserer Stadt nie eine Fremde gewesen. Hier habe sie ihre
Jugendjahre verbracht; sie sei, auch als ihr in Amerika ein
eigener, verantwortungsvoller Weg gezeigt wurde, durch re-
gelmäßige Korrespondenz mit ihren alten Freunden verbunden geblieben. Sie habe Frau Constanze würdig beerbt und
führe nun ihr Lebenswerk fort – es sei wie die Erhörung eines
Gebets. Und wie hätte man unserem Ämil gewünscht, daß er
sie noch hätte erleben dürfen.

Vor dem Taufstein der schlichte Holzsarg; ganz vorn die
heimgekehrte Judith Victoria, nicht weniger streng in ihrem
fußlangen *Haute-Couture*-Kleid, schwarz wie ihr Haar. Heute war sie die einzige Frau in der ersten Reihe, umgeben von
Männern wie Dr. Ferdinand Springmann, August Kaiser oder
Harry Pracht. Nun setzte sich auch der Kanzelredner dazu,
während die Blaskapelle der Polizei in grau-grünen, silbern
betreßten Uniformen um den Sarg Aufstellung nahm und
langsam »Ich hatt' einen Kameraden« zu intonieren begann.
Die Gemeinde erhob sich, einzelne sangen mit, viele hatten
Tränen in den Augen. Schließlich sprach Frau Pfarrer Glanzmann mit erhobenen Armen den Segen. Sechs Bläser legten
ihre Instrumente beiseite, um den Sarg aufzunehmen und mit
kleinen Schritten dem Ausgang entgegenzutragen. Die erste

Reihe, Judith in der Mitte, begleitete ihn auch als erste; die Gemeinde schickte sich an zu folgen.

Vor der Kirche wartete das Fernsehen. Und am Abend leuchtete Judiths Gesicht, groß, gefaßt und ihrer Sache sicher, in alle Sitzecken Nieburgs.

Sie sei überglücklich, wieder zu Hause zu sein. Und sie habe die Star-Architektin *Zaha Hadid* für den Plan gewonnen, einen Tempel Davids über der Höhle zu bauen, die er als Kind entdeckt und in der er nun seine letzte Ruhe gefunden habe. Mit dem Einverständnis der Behörden werde sie künftig seinen Namen tragen.[9]

---

9 Zu den weiteren Folgen für die Geschichte vgl. Anhang 6, S. 567-577.

Epilog

1 *Urlaub auf Lesvos*

Manon hatte in Nieburg/Schweiz noch etwas gegessen und war um halb zehn losgefahren; kam sie zügig voran, konnte sie den letzten Autoverlad noch erreichen. In den letzten Jahren hatte der Weihnachtszauber immer ungehemmter um sich gegriffen. Die Umrisse einer Schuhfabrik grüßten als Feenwerk, öde Giebel zogen ihren Umriß mit einer Lichtleinkette nach, kahle Alleen hatten sich in Glühwürmchenschwärme verwandelt, das Ödland um die Autobahn pulsierte wie Las Vegas. Kein Nest am Berg, das seinen Kirchturm nicht mit Bühnenlicht herausgemeißelt hätte. Vorbei die Zeit, als jede Lichtverschwendung in Leserbriefen angeprangert worden war.

Aber mit jedem Kilometer verstärkte sich Manons Gefühl, selbst Teil einer sinnlosen Szene zu sein. Lenkte sie den Wagen noch, oder klammerte sie sich ans Steuer, weil es Halt zu bieten schien gegen das rasende Verschwinden der Landschaft? Hinter Bern fuhr sie auf einen Rastplatz, stellte den Motor ab und schloß die Augen, damit die Filme hinter ihren Lidern sich totlaufen konnten.

Der Film vom Erdrutsch: sie hatte ihn mit einem Schritt neben den Weg losgetreten, surfte unverhofft dahin, ließ sich vom Kitzel der Bewegung tragen, bis sie bemerkte, daß der ganze Hang mitfuhr. Aus der Rutschpartie wurde eine Grundlawine, aus dieser ein Bergsturz. Manon versuchte obenauf zu bleiben, aber das springende Geröll traf sie wie Hämmer, und sie erkannte gerade noch: es bestand aus purem Gold, bevor sie das Bewußtsein verlor. Sie hatte einen Schatzberg aufgedeckt, und nun begrub er sie unter sich.

Der Film von der Steilwand: eingestiegen war sie aus einem

sanften Hang, dann kletterte sie immer höher, weil schon der nächste Griff das Kraut ewigen Lebens versprach. Es war zum Greifen nah und wich vor jedem Griff zurück. Sie stieg ihm nach, zitternd vor Gier und Angst um das eigene nackte Leben, schließlich nur noch um Halt bemüht, bis die Gewißheit, sich verstiegen zu haben, übermächtig wurde. Sie durfte nicht unter sich sehen, ohne zu schwindeln, wie gelähmt klebte sie am Fels, hing nur noch an den Fingerspitzen, bis ihr nichts mehr blieb, als sich fallen zu lassen, weil der Absturz ins Bodenlose nicht schauderhafter werden konnte als die Angst davor –

Sie fiel nicht weiter als dahin, wo sie schon saß, den Hochsitz aus weichem Leder. Schweißgebadet öffnete sie die Augen und lockerte den Klammergriff ans Lenkrad. Plötzlich kümmerte es sie nicht mehr, ob sie rechtzeitig ankam; übernachten konnte sie auch im Wagen. Jetzt brauchte sie nur noch von einem Ort zum andern zu fahren, der Spur zu folgen, welche die Gelassenheit vorzeichnete. Darin fand sie ihre eigene Wahrheit, und diese Wahrheit machte sie frei.

Nichts als wahr hatte sie sein wollen, als sie Klaus eine unverhoffte Liebe gestanden hatte – bald ein Jahr war es her. Ein Schritt ins ganz Offene. Manons neuenburgische Familie hatte einen Adelshintergrund, der sich schon im Urgroßvater zur Lebensart des reformierten Landpfarrers vergeistigt hatte. Der Großvater, Anhänger der sozialreligiösen Bewegung, setzte seiner Ordentlichkeit den Anspruch irdischer Gerechtigkeit zu, ohne seinen Widerspruch gegen die normale Ungerechtigkeit *leben* zu können. Es blieb beim Unfrieden mit sich selbst. Seine Frau, Tochter eines Genfer Privatbankiers, sorgte dafür, daß er seinen Moralismus auf den Schreibtisch beschränkte und die Kanzelrede. Die vier Söhne, bis auf einen, der Maler wurde, schlugen der Mutter nach. Der jüngste, Manons Vater, stieg schon mit dreißig Jahren an die Spitze eines amerikanischen Finanztrusts auf, der sein Europageschäft von Zürich aus betrieb. Manons aargauische Mutter, als Mädchen eine vielversprechende Eisläuferin, opferte die sportliche Perspektive der Karriere ihres Mannes und hielt sich durch Lebensstil schadlos. Sie führte ein großes Haus, in dem Marktführer und Finanzjongleure aus und ein gingen. Manons Brüdern, die inzwischen in Übersee lebten, war der Berufsweg damit vorgezeichnet, während in Manon die moralische Ader wieder durchschlug und sie zuerst zum Jura-Studium führte, dann vom Strafrecht zum Staats- und Völkerrecht. Darum war die Bergier-Kommission kein Nebenschauplatz ihrer Entwicklung. Klaus war der erste Mann, bei dem sie der Sorge um Selbstbestimmung enthoben schien. Er hatte sich von seinem familiären Hintergrund – sein Vater war ein neureicher Versandhändler – so weit getrennt, daß er als Einzelgänger gelten konnte, aber die Macken eines solchen zeigte er nicht. Es war, neben seiner Männlichkeit, eine gewisse Unschärfe seines Charakters, die sie anzog. Der Spielraum, den ihre Beziehung erlaubte, schien beweglich genug, um mit ihr auch selbst zu wachsen. Was sie an ihrer Ehe geschätzt hatte, war aber wohl ihr leichter Spott auf alle Vernunft gewesen, und der Witz, mit dem sie einander begegneten, verbarg, daß sie einander sehr wenig kannten und vielleicht auch jeder sich selbst nicht. Ihren *Amour fou* zu einer Frau – das hatte sie nicht vorhergesehen. Nicht weniger unerwartet kam seine schroffe Reaktion.

Aber die Leidenschaft für Christiane verlangte gelebt zu werden, aus Grundsatz und gar nicht wenig aus Trotz. Denn Manon *wollte* blind sein – auch über die absehbaren Grenzen ihrer Passion. Mit Christiane war sie ganz anders *wahr*, als ihre Erziehung erlaubte, dennoch blieb diese Grundlage auch im Widerspruch erhalten. Christiane war hinreißend anspruchsvoll – im Umgang mit Oberflächen; und Manon glaubte sich stark genug für zwei, um sie gegen den Verdacht der Oberflächlichkeit in Schutz zu nehmen. Sie verkörperte jenen Geschmack, der mit der Großmutter in die Gene der Montmollins eingewandert war, und Manon verteidigte ihn auch gegen die eigene Überzeugung.

Während sie sich ihrer wunderbaren Schwäche überließ, hatte sie den Auszug ihres Mannes lässig behandelt. Auch der telefonischen Nachfrage einer unbekannten Dame: ob Klaus ein guter Schwimmer sei? begegnete sie mit Leichtsinn. Offenbar war er an eine Mütterliche geraten, die ihn gleich unter ihre Fittiche nahm. Manons Antwort darauf sollte generös sein – und bald wurde sie, über alles Erwarten, professionell.

Denn die Unbekannte nahm sie als Juristin in Anspruch. Sie entpuppte sich als Tochter jener Constanze Weiland-Bühler, die Klaus vorgehabt hatte im Wallis zu besuchen. Gleich danach war die Maikönigin von 1949 gestorben. Offenbar setzte er sein Projekt jetzt mit ihrer Tochter fort und hatte sogar seine Zelte in der Bühlerschen Villa aufgeschlagen. Jetzt aber wandte sich die Patronin an sie – in eigener Sache, und diese gewann eine Dimension, die ihr den Atem stocken ließ.

Die Imogen Selber-Weiland, der sie im Wallis begegnete, war eine unauffällig schöne Frau, aber ihre Schönheit war an keiner Einzelheit festzumachen, es sei denn am Strahlen ihrer Augen. Es war ihre Art zu *sehen*, die etwas Strahlendes hatte. Es schien von weit her zu sein und bereit, weit zu gehen. Manon hatte es schon in Familie und Beruf mit Geld zu tun gehabt. Aber bei Imogen Bühler war es das damit verbundene *Vermögen*, was Manon verwirrte, denn dieses hatte die Eigenschaft einer immateriellen Kraft und war Teil von Imogens Ausstrahlung. Sie hatte aber auch von Anfang an etwas *Vernichtendes* gehabt.

Auffallend war beim ersten Termin: diese Frau sah mehr, als sie sagte. Dabei war sie keineswegs schweigsam. Aber auch im Reden schwieg etwas mit, das ihre Sprache wie ein Schatten begleitete. Sie hätte über Klaus reden können, denn durch ihn waren sie miteinander bekannt geworden. Doch zeigte sich, daß sie ihm noch kaum begegnet war. Erst heute wußte Manon, daß Imogen schon beim ersten Mal nicht *über* Klaus, sondern *von* Klaus geschwiegen hatte. Imogen schien ihr nichts zu verbergen, doch an ihr selbst war etwas Verborgenes und verriet sich nur im Strahlen der Augen.

Wie arglos hatte sich Manon diesem Zauber anfangs überlassen. Die Prinzessin im Hochzeitswagen von 1949 saß leibhaft vor ihr und skizzierte die Lebenslegende dazu. Sie streifte Eltern und Kindheit, die Schuljahre in Nieburg und Säckingen, die frühe Ehe mit Iring Selber, dem Kinderbräutigam; die Jahre in Amerika, die Trennung von diesem Mann, ihre Rückkehr mit einem elternlosen Mädchen, das sie erfolglos hatten adoptieren wollten – das hatte danach ihre Mutter, Constanze, wirklich getan. Zur Sprache kamen Imogens Ausbildung zur Bibliothekarin in Stuttgart, die Stelle an der Nieburger Stadtbücherei, die sie nach zwei Jahren wieder aufgegeben habe; die Hausgemeinschaft mit der Mutter, bevor sich diese ins Wallis zurückzog, nicht ohne sich zuvor von der Firma, der Lebensleistung ihres Vaters, loszukaufen.

All das mußte Manon wissen, um eine Vorstellung von ihrem Mandat zu gewinnen; doch es war eine Geschichte *al fresco*. Frau Selber-Weiland referierte ihre Lebensschritte kommentarlos und ohne Urteil, als folgten sie ohne Notwendigkeit aufeinander. Sie erzählte ihr eigenes Leben nicht als Betroffene. Und nach Manons Leben fragte sie mit keinem Wort, als zeige sich alles, was über einen Menschen wissenswert war, ohnehin von selbst.

Sie hatten getrunken, Heidäwein, vor dem Kaminfeuer, das einer der dienstbaren Dorfgeister entzündet hatte, die im Haus kamen und gingen. Nun war es so spät, daß auch der Letzte gegangen war. Sie saßen allein in dem riesigen Kellerraum mit den halb roh belassenen Mauern, über die Licht und Schatten flogen. Der Boden war mit einem durchgehenden hellen Fließ ausgelegt, das sich zugleich straff und elastisch anfühlte, wie das kurzgeschorene Haar eines lebenden Tiers. Imogen ging barfuß, sie hatte kleine, sehr anmutige Füße, wie Manon zuerst distanziert festgestellt hatte, aber nach dem dritten Glas blickte sie mit steigendem Entzücken auf diese

nackten Füße, und mit leisem Neid. Offenbar lag Frau Selber-
Weiland daran, mehr von sich preiszugeben als einen verkürz-
ten Lebenslauf. Der Keller, um den Kamin herum eine däm-
mernde Höhle, zeigte sich nach vorne als Hochparterre, ja als
Turmzimmer. Als sich die Hausherrin kurz entfernt hatte, war
Manon in die Fensternische getreten und blickte in eine maß-
lose Tiefe, einen schwarzen, von schwachen Lichtern punk-
tierten Abgrund, über dem sich, weit weg, eine nicht weniger
schwindelnde Höhe erhob, die Mondlandschaft des Hochgebirges. Manon stand schon nicht mehr auf festesten Füßen, als
sie sich plötzlich *gehalten* fühlte. Zwei Hände lagen auf ihren
Brüsten und befestigten sich darauf, leichthin und in aller
Ruhe, als müsse das jetzt so sein. Sie spürte mehr als einen
Hauch Wärme in ihrem Rücken, die zunehmende Nähe eines
Körpers, und wußte auf der Stelle: er war nackt und seine
Formen weiblich. Manon erstarrte nicht, sie vergaß nur, sich
zu bewegen, widerstand auch nicht, als die Hände sie zu ent-
kleiden begannen, Stück um Stück. Eins ums andere wurde
nicht hastig, doch kundig von ihr abgezogen, und als nichts
mehr da war, fuhren die Hände auf ihrer nackten Haut sie
immer weiter zu enthüllen fort. Sie geriet ins Zittern, auf einmal trugen sie die Beine nicht mehr; da fühlte sie sich unwiderstehlich von hinten umfaßt und in den Raum hinausgeho-
ben, einen Schritt, noch einen; beim nächsten gerieten die
Körper ins Stolpern, Manons Knie vermochten das doppelte
Gewicht nicht mehr aufzufangen, sie sank auf den Boden, wo
sie es noch ein Stück weiterschleppte, dem Feuer entgegen,
mit gestrecktem Hals, bis auch dieser unter dem Biß sanfter
Zähne nachgab. Jetzt lag Manon auf dem Bauch, hingestreckt
ganz und gar, während sich der andere Körper in sie mit Armen und Beinen einwand, gewaltlos, doch fest, wie sich die
Finger zweier Hände verflechten. So verharrten sie eine stille
Weile, in der nur ihr doppelter Atem zu hören war und das
Knistern des Feuers. Manons Körper kümmerte sich nicht um
ihr Urteil, als er mit untrüglichen Zeichen zu erkennen gab,

daß er das Gefühl vollkommener Unterwerfung genoß. Der Rest von Befremdung, der darin schwamm, machte es noch schärfer und allmählich hemmungslos –

Ja, ja, sagte Manon, auf der N 3 zwischen Bern und Spiez. Die Erinnerung an den ersten Abend mit Imogen war zugleich frisch und entrückt; sie beschämte sie nicht, aber befremdete sie unveränderlich. Manon war nicht verführt worden – der Ausdruck gehörte in Christianes Welt; es war auch nichts *Verworfenes* daran, wie sie es beim Spiel mit der Freundin begehrt und mit Vorsatz gesucht hatte. Imogen aber hatte sie *eingeweiht*, in ihren Auftrag, der nicht geheuer war; sie hatte vorgeführt, daß sie Manon ebenso zur Welt bringen wie *verderben* konnte und daß das eine vom andern nicht zu trennen war.

Du suchtest an meinem nackten Körper die Spur von Klaus. Diese Spur mußtest du aufnehmen, und du wolltest sie tilgen. Du hast, als Frau, seine Stelle eingenommen, um sie bei mir zu löschen. Ich sollte besser gar nicht sein, nicht wahr? Aber nun warst du entschlossen, dich meiner zu bemächtigen. Es wäre dir fast gelungen, liebe Tote. Es gab eine Zeit, da wünschte ich mir nichts sehnlicher als deine Nähe. Glaubst du, sonst hätte ich das Mandat angenommen?

Aber du hattest noch einen ganz anderen Auftrag für mich – und der wurde erst nach deinem Tode fällig. Ich sollte deine Zeugin werden – die einzige –, die sich vorstellen konnte, was du mit deinem Geliebten im Sinn hattest, immer noch meinem Mann. Dafür hast du etwas gezeigt – nicht deine Liebe. Aber die Kraft deiner Passion. Ich sollte erleben, was sie aus dir machen kann, und was du dir aus einem Mann – *mit* einem Mann – machst, den du liebst.

Imogen hatte sie wieder zum Kind werden lassen. Sie hatte, selbst immer noch nackt, dieses Kind gewaschen, getrocknet und danach *angezogen*, ein Kleidungsstück um das andere. Imogen hatte sie mit aller Sorgfalt gerüstet, als gelte es, eine Ritterin fest zu machen. Als Manon schließlich auf dem Stuhl

saß, fast genauso, wie sie gekommen war, hatte sie gefragt:
Muß ich jetzt gehen?

Damals hat sie Imogen nackt gesehen, einmal und nie wieder, aber der Ausdruck, mit dem sie geantwortet hatte: Nein,
wir bleiben zusammen, war in ihr letztes Gesicht zurückgekehrt, bevor sich der Sarg über ihm schloß. Es war der Ausdruck feinen Spotts über das gesprochene Wort, das zwischen
Menschen, so lange sie leben, nicht gelten kann. Nun erübrigt
der Tod, es zu sprechen, und das Schweigen, das an seine Stelle
getreten war, bekleidete das nackte Todesgesicht mit einem
undurchdringlichen Glück. Manon war die einzige, die von
diesem Gesicht Abschied nehmen, und die letzte, die es sehen
durfte, bevor es ins Feuer ging und verzehrt wurde; das hatte
Imogen so bestimmt. Dieses Gesicht sollte gelten, statt eines
letzten Worts: Wir bleiben zusammen.

Nein, sagte Manon, das tun wir nicht.

Jetzt ist sie im Wagen, den ihr Imogen geschenkt hat, wieder
unterwegs zum Haus, in dem diese Worte gesprochen wurden. Und das Haus ist leer.

Leer war auch der Kaminkeller gewesen, als Manon dahin
zurückgekehrt war, aus der anstoßenden Gäste-Suite. Es war
erst vier Uhr früh; Manons Erschöpfungsschlaf war kurz gewesen, und als sie erwachte, fröstelte sie vor Einsamkeit,
Heimweh und Begierde. Vielleicht war Imogen immer noch
nebenan? Manon schlich ins Kaminzimmer, wie ein Kind mitten in der Nacht, zum Weihnachtsbaum zurück, den es vor
lauter Kerzenglanz noch gar nicht gesehen hat. In der Feuerstelle stank die kalte Asche, und über dem riesigen Rauchfang
hing noch der wildbunte Teppich mit wirren Schlaufen und
losen Enden. Als sie eine Weile davor gesessen hatte, wurde
der Verdacht immer stärker, es könne mit dem Kunstwerk
nicht seine Richtigkeit haben. Sah man nicht seine Rückseite?
Manon machte Licht, holte die kleine Stehleiter aus dem Korridor und drehte einen Zipfel des Teppichs um: dahinter kam
ein lichtes, dichtgewirktes Hellblau zum Vorschein. Sie wurde

wie eine Ausgräberin von Entdeckerwut gepackt und ruhte nicht, bis sie das zwei auf drei Meter große Stück von der Wand gelöst hatte; freilich kamen auch zwei Dübel mit, aber als es auf dem Boden ausgebreitet war, fühlte sich Manon reich belohnt. Die Vorderseite zeigte eine aus phantastischen Blüten geballte Erdkugel in der Mitte, um die sich der Tierkreis drehte. Jedes Symbol war in diskreten Farben ausgeführt, die Fische, der Widder, der Wassermann. Manon hatte über eine Stunde gearbeitet, im Fenster tagte es bereits. An Schlaf war nicht mehr zu denken, leider noch weniger daran, den Teppich wieder zu hängen. Er mußte liegen bleiben, doch konnte es Manon kaum erwarten, Imo die Bescherung vorzuführen. Als sie Stunden später endlich herunterkam, stand sie davor und hob die Brauen. Was hast du mit diesem Lurçat gemacht? fragte sie. Er hing verkehrt, hatte Manon erwidert. Aber er *gehört* verkehrt! lachte Imo. Constanze konnte die Bilderchen nicht aushalten, der Teppich war ein Geschenk der Firma. Wie gut, daß du ihn endlich ruiniert hast! Er muß heute noch weg.

Wenn ich dir in deinem leeren Haus nicht mehr begegnen will, mußt du zu Ende erzählt sein, in aller Nüchternheit, ob du mich hörst oder nicht. Ich tu's für mich, so wahr ich dir nicht mehr folgen will. Die Rüstung, die ich mir anziehe, ist meine eigene. Wir bleiben nicht zusammen, liebste Imogen.

Als wir dein Geld verbrannten, war ich immer noch dabei. Es kostete mich Überwindung. Ich habe Geld nie genießen gelernt wie meine Großmutter, oder meine Brüder. Zurücklegen, ja. Verlieren – zur Not. Aber verbrennen, sehenden Auges? Damit hast du mir Gewalt angetan. Aber es tat auch gut, die Ablaßzettel Feuer fangen zu sehen. Mochte es verduften, in Rauch aufgehen, das Goldene Kalb der guten Schweiz. Ich betrank mich an deiner Verschwendung, das war die nächste Weihe. Jetzt gehörte ich dir für jeden Streich, den du deinem Geld noch spielen wolltest. Ich lernte deinen Willen kennen – daß es dein letzter war, ahnte ich lange nicht. Ich dachte, du brauchtest mich fürs Leben. Ich war bereit, mich dir zu verschreiben, und kündigte meine Kanzlei. Aber du wolltest mich auf Leben *und Tod*. Jetzt hast du die Augen geschlossen, meine sind mir geöffnet worden. Ich habe besser sehen gelernt, auch den Tod.

Christiane und ich waren nach Lesvos gereist, im Juni, um an der Nordküste zwei Wochen Urlaub zu machen, in der ehemaligen Sommerfrische eines Wesirs, die uns der Mann einer ihrer Kundinnen überlassen hatte. Jeden Tag fuhren wir mit dem Rad an die *Ambelia Beach* und hatten eine sandige Bucht für uns allein, bis sie eines Morgens unverhofft bevölkert war. Eine Gruppe Männer war mit Handschuhen um Objekte beschäftigt, und wir mußten näher treten, um sie als Tote zu erkennen, eine ganze Reihe, mit Tüchern zugedeckt. Giorgos, unser Nachbar, erklärte, es seien Kurden, die beim Versuch, »rüberzumachen«, untergegangen waren. Dabei lag die türkische Küste zum Greifen nah. Christiane war entsetzt und angewidert, sie drängte darauf, daß wir uns entfernten, aber ich mußte die Toten sehen. Zwei waren Kinder, und einen Säugling hielt die Mutter immer noch an sich gepreßt. Der Gedanke, wie sie, die zum Schwimmen nur einen Arm frei hatte, mit dem Kind zusammen untergegangen war, ließ mich nicht los. Ich blickte in gedunsene Gesichter, starre Augen, die sich nicht mehr schließen ließen. Ein alter Fischer hatte noch den Krieg erlebt und sprach etwas Deutsch. Wer die Toten seien, werde man kaum erfahren; die Flüchtlinge glaubten, ohne Papiere habe man bessere Chancen auf Asyl. Dabei würden *alle*, die die Küstenwache aufbringe, sofort in die Türkei zurückgeschoben. Um das Radar zu unterlaufen, versuchten sie es jetzt in kleinen Booten, die nicht seetüchtig seien, und schwimmen lerne man in Anatolien nicht. Die Männer werde die Flut auch noch anspülen: nur gut, daß die Saison noch nicht begonnen habe.

Ich war nicht imstande, wegzugehen. Die Männer hatten den Mundschutz abgestreift, um zu rauchen, bis der Wagen aus Petra ankam, ein kleiner Pick-up; sie mußten die Leichen

aufeinanderschichten. Giorgos bot an, mich nach Hause zu
fahren, aber ich hatte das Rad dabei; Christiane war schon
weg. Ich fragte, was mit den Toten geschehe. Sie würden fotografiert und dann sofort beerdigt, es gebe ein islamisches
Gräberfeld hinter dem Berg, man werde einen Imam aus My-
tillini kommen lassen. Das Waschen der Toten könne man sich
wohl sparen.

Christiane war außer Rand und Band. Sie erklärte ihren
Urlaub für beendet; sie sei geschockt von meinem morbiden
Interesse. Ich war sehr traurig, aber als sie wirklich abreiste,
kämpfte ich nicht. Das Ende hatte seine Richtigkeit.

Ich blieb noch einige Tage; als ich nach Zürich zurückkam,
wohnte ich erst bei einem Kollegen und bat Klaus schriftlich –
seine Nummer hatte ich nicht –, in der alten Wohnung übernachten zu dürfen. Oft bis nach Mitternacht arbeitete ich in
der Kanzlei, liebe Tote, und verfaßte immer neue Entwürfe
deines Willens. Du wolltest dein Vermögen in einer Stiftung
anlegen und konntest mir nicht einmal sagen, wofür. Ich sehn-
te mich nach dir und sah immer eine tote Mutter vor mir
liegen, das Kind an der Brust. Oft war ich verrückt vor Einsamkeit, bis sich deine Stimme wieder meldete, sanft und entfernt. Du warst am Wandern und wußtest keinen Tag, wo du
am Abend deinen Kopf hinlegen würdest. An deine Allergie
gegen das Handy gewöhnte ich mich, an den Gleichmut nicht,
mit dem du meiner Arbeit zuschautest: als käme es dir gar
nicht darauf an, wohin deine Millionen sich verirren. Schon
das Wort »Stiftung« belustigte dich. Wenn ich ein Kloster
stiften wolle, seiest du bereit, mich als Äbtissin zu etablieren.

Dein entfernter Gatte Iring schien entweder indiskutabel
oder über jede Diskussion erhaben zu sein. Ich wußte nur,
daß du sein Institut in Berlin finanziertest. Solange ihr juristisch verheiratet wart, blieb er dein Haupterbe. Das beschäftigte dich so wenig, als wüßtest du bereits, daß dieser Fall nie
eintreten würde. Ich fand es merkwürdig, daß mit dir darüber
nicht zu sprechen war.

Eine Woche nach Pfingsten bestelltest du mich nach Sils, um, sagtest du, das Nötige hinter uns zu bringen. Ich schlug vor, die »Ärzte ohne Grenzen« zu begünstigen, und hatte einen Entwurf zu einem Erbvertrag mitgebracht, den du hartnäckig Testament nanntest. Ich scherzte, du habest nie blendender ausgesehen. Aber du hieltest Distanz. Ich war nicht glücklich, als ich erfuhr, du hättest in Zürich eine Wohnung für mich gekauft bzw. durch deinen Verwalter besorgen lassen. Jetzt kam ich mir *ausgehalten* vor. Als ich zu verstehen gab, ich wäre zuvor doch gern gefragt worden, fiel der Name Klaus zum ersten Mal: du willst doch nicht weiter in seiner Besenkammer hausen! Und wenn dir die Adresse zum Wohnen nicht paßt: als Büro wirst du sie brauchen. Als dir mein Widerstand auffiel, ludest du mich ein, künftig doch jeden Tag bei dir vorbeizukommen, wir könnten zusammen essen und uns danach über die Stiftung weiter unterhalten. In Rheinfelden, dahin gingst du nun regelmäßig zur Behandlung. *Ich habe tagsüber eine Suite, da sind wir ungestört. Soll ich dir einen Chauffeur schicken?* Ich dankte, fahren könne ich noch selbst. *Tut es denn der alte Citroën noch, den wolltest du doch Klaus überlassen?*

Es schien wenig zu geben, worüber du nicht im Bilde warst. Statt eines Chauffeurs stand eines Tages ein Geländewagen vor meiner Tür. Seine Verächterin hatte ihn mir geschenkt, und dein Verwalter hatte mir sogar die Registrierung abgenommen. Ich durfte mich nur noch ans Steuer setzen und losfahren, um pünktlich um zwölf Uhr im Kurhaus mit dir zu speisen. Ich öffnete dir beim Kaffee so manches Fenster zum Elend der Welt, das ich nach einer halben Stunde wieder schließen mußte, ohne jede Gewißheit, ob dir die Aussicht gemundet habe. Glaubtest du überhaupt daran, daß Menschen noch zu helfen sei? Jedenfalls begleitetest du mich pünktlich um drei Uhr zu meinem Auto, das dein Staunen erregte: hattest du schon vergessen, daß du es mir selbst geschenkt hattest?

Liebe schöne Imogen, und bei alledem gab ich mir auch noch alle Mühe, dich zu schonen. Du hast mir ja nie verraten, wozu du zur Kur warst. Mir, der ahnungslosen Vertrauten, kam in deiner Agenda die Nebenrolle eines *passablen* Zeitvertreibs zu. Was hättest du mir geantwortet, wenn ich dich gefragt hätte, was dir fehle? Ach, nichts Ernstes. Nur Klaus, dein Ehemann?

Manon hatte, mit Hilfe ihres Selbstgesprächs, auch die kurvenreiche, schon schneebedeckte Strecke nach Kandersteg fast unbemerkt hinter sich gebracht. Es zeigte sich, daß etwas, was man nebenbei tut, darum nicht schlechter getan sein muß. Manon hatte einmal einen alkoholisierten Automobilisten verteidigt, der in einer Testserie *beweisen* konnte, daß er mit einem überhöhten Anteil Alkohol im Blut konzentrierter fuhr als nüchtern.

Manon steuerte über die Rampe auf die Ladefläche, kurz bevor sie sich in Bewegung setzte und schlenkernd und scheppernd mit ihrer Last stehender Wagen den Eingang in den Berg suchte. Als die durchsichtige Dunkelheit der Landschaft durch die dumpfe der Tunnelwand abgelöst wurde, schloß Manon die Augen. Sie fürchtete das leere Haus in Visperterminen nicht mehr. Sie würde eine Skiausrüstung mieten, am Lift diese oder jene Bekanntschaft machen und vielleicht nach Einbruch der Dämmerung bei einem Glas Wein ausklingen lassen. Für die Vormittage aber hatte sie ein Geschäft. Sie sah ein kleines Gesicht vor sich, das eine ganz andere Anwältin brauchte als die verwöhnte Tote.

2 Süße Anarchie

Liebe Imogen, meine Antwort auf deinen endgültig letzten Brief steht noch aus. Hast du dir nie vorgestellt, ich könnte die Annahme verweigern? Schon im Juli hat es mir nicht ganz genügt, nur deinen Willen zu vollstrecken. Willen? Was wußtest du von Antikratos! Mußtest du denn etwas davon wissen? Dafür hattest du ja mich. Antikratos war einmal, sagtest du, Bühlers Ferienkolonie, mit geistigem Anspruch. Die gebildeten Gäste starben aus, da umgab sich Constanze mit jungen lustigen. Und als sie aus Gesundheitsgründen abdanken mußte, erklärte sie die Insel für herrschaftsfrei, überließ sie den Herrensöhnchen und lieferte den goldenen Boden dazu.

Und nun: Mord und Totschlag auf der Insel ewigen Friedens! Und was tut euer Statthalter, Aaron Fein, das Nesthäkchen des Vermögensverwalters? Ach Gott – was kann er tun? Er ist ja selbst bis über die Ohren verwickelt, wie die Katze in einen Wollknäuel, mit dem sie grade noch so munter gespielt hat. Da mußte schon eine Juristin her, die Mord und Totschlag wenigstens unterscheiden und mit griechischen Behörden darüber streiten konnte. Nachdem die sich einfach nicht sagen ließen, daß sie auf Antikratos – seit 1920 in Bühlers Privatbesitz – nichts verloren hätten. Mord und Totschlag sind nun einmal Offizialdelikte, da erfrecht sich der Staat mitzureden. Nein, das hätte nicht passieren dürfen – im Hause Fein herrschte blankes Entsetzen. Man wußte, ich hatte griechische Klienten, ich rede die Sprache einigermaßen, da war ich die Frau in der Not. Ich sollte nach deinen Rechten sehen, und womöglich nach *dem* Rechten – da wurde die Sache politisch, und sie hat dich wenig interessiert, liebe Tote.

Nur: sie wird dich überleben. Aber worauf ich mich eingelassen hatte, habe ich mir im Juli so wenig träumen lassen wie
du.

1993, als Albanien als geordneter Staat zu existieren aufhörte,
hatten die einheimischen Fischer von Antikratos (die meisten
heißen Ioannides) etwa zwanzig Flüchtlinge aus der Gegend
um Vlorë gastlich aufgenommen, junge Männer, deren Familien sich im sogenannten Pyramidenspiel ruiniert hatten. Das
war damals eine vom Staat selbst angezettelte Wette gegen alle
Gesetze der ganz neuen Marktwirtschaft. Den Armen wurde
ein zehnfacher Gewinn versprochen, dafür verpfändeten sie
Haus und Hof und verloren am Ende das letzte Hemd. Nach
fünfhundert Jahren osmanischer, fünfzig Jahren kommunisti-
scher und fünf Jahren kapitalistischer Herrschaft waren sie
reif für die Auswanderung in den goldenen Westen, wo der
Trick mit dem wundersamen Gewinn ja doch funktionieren
mußte. Sie hatten nach Otranto übersetzen wollen, aber auf
der Flucht vor der italienischen Küstenwache strandeten sie
auf Antikratos, immerhin einem Stück EU-Raum, und fielen
dort, nachdem die Fischer sie mit dem Nötigsten versorgt
hatten, in die Hände seltsamer Wohltäter, voran des Happe-
ning-Künstlers Aaron Fein: des Böckleins, das deine Mutter
zum Gärtner der Insel bestellt hatte.

Damit war es ihm nicht allzu ernst. Er hielt hof mit seiner
libertären Kamarilla teils athenischer, teils Berliner Prove-
nienz und machte die Insel so unsicher wie möglich. Die Einheimischen blieben unter sich, sie waren als Volk für die
»Schwarze Katze« nicht zu gebrauchen. So war diese dankbar
für den Zugang der Albaner, die sich alles bieten ließen: auch
die »erste befreite Insel Europas«. Sie wurden den Behörden
als griechischstämmige Angestellte eingeschwärzt. Aber da
die gelernten Anarchisten in der Villa gern unter sich blieben,
organisierten sie für die ungelernten eher bescheidene Unter-
künfte. In Albanien waren Zustände ausgebrochen, in denen

man ein Flugzeug stehlen und mit dem Traktor nach Hause
schleppen konnte. Für ein paar Dollars war auch eine Reihe
Fertigbaracken *made in China* zu haben, die in einem Arbeitslager Enver Hodschas Dienst getan hatten. Auf der Insel wurden sie als Kulissen freien Lebens wieder aufgebaut. Für die
albanischen Habenichtse war Antikratos immer noch ein
Schlaraffenland, in dem einem die Leckerbissen ins Maul
wuchsen. Man nahm es auch sonst gerne voll: das Eigentum
der Kapitalisten war Diebstahl, jetzt stahl man es ihnen zurück. Hier war das von Marx verkündete Ende der Geschichte
schon eingetreten: morgens durfte man jagen, nachmittags
fischen, abends Viehzucht treiben, nach dem Essen kritisieren,
soviel man Lust hatte. Es schmälerte die Lust nicht, wenn man
diese Tätigkeiten nicht einmal auszuüben brauchte – vom Kritisieren immer abgesehen. Bühlers Tische blieben gedeckt,
und den Abwasch besorgte das Mittelmeer. Auch als Männer
kamen die Neuen auf ihre Kosten. Die Stadtindianerinnen
geizten nicht mit ihrer Gunst, und da sie ein knappes Gut
waren, durfte man sie nicht, wie zu Zeiten des Patriarchats,
Huren nennen. Sie waren Prinzessinnen und ließen sich bedienen.

So gelang den Armutsflüchtlingen ein Riesensprung in die
Wohlstandsgesellschaft. Sie bezogen auch den Radikalismus
kostenlos. Man respektierte immerhin die Autorität des großen Geldes, zu dem Aaron Fein die Wünschelrute besaß. Den
historischen Höhepunkt der »Schwarzen Katze« markierte
ein Besuch Melina Mercouris, die, bevor sie sich zu Tode
rauchte, gerade wieder Kulturministerin geworden war. Es
ist also doch möglich! äußerte sie öffentlich über das Paradies
freien Lebens. Danach schien die Insel vor behördlicher An-
fechtung sicher.

Die Wende zum Schlimmen brachte 2001 der neue Krieg
um Rest-Jugoslawien. Die Lotos-Esser wurden verpflichtet,
Flüchtlinge aus dem Kosovo aufzunehmen, drei Großfamilien
und einige Kriegswaisen. Anders als die ersten Albaner, die

schon bei ihrer Ankunft den Glauben an Gott und die Welt
hinter sich gelassen hatten, waren die Neuen humorlose Na-
tionalisten und strenge Muslime. Sie verlangten eine Moschee
für ihr Freitagsgebet, fasteten im Ramadan und hielten ihre
Frauen und Mädchen unter Verschluß. Sie forderten sogar
bezahlte Arbeit, um ihre zurückgebliebene Verwandtschaft
zu ernähren.

Mit dieser Konfliktlage war die »Schwarze Katze« endgültig überfordert. Die Anarchie drohte jetzt im Ernst, und sie
forderte ein Menschenopfer: am 9. Juli fand man den Neffen
eines athenischen Reeders erstochen im Gebüsch. Der Vorfall
wurde in allen Medien aufgekocht. Die Polizei griff zu, die
Insel wurde von allen nicht eingesessenen Bewohnern geräumt, einem jungen Kosovaren der Prozeß gemacht und alle
Albaner in ihre Heimatländer abgeschoben, die inzwischen als
sicher galten. Zurück blieben nur Waisenkinder, deren sich
Fischer angenommen hatten. Aaron Fein erlaubte man, gegen
Kaution, die Rückkehr auf die Insel mit der Auflage, daß er sie
einstweilen nicht verließ.

So standen die Dinge, als ich am 21. Juli in Korfu landete.
Aaron nahm mich, in freier Auslegung seines Hausarrests, am
Flugplatz in Empfang und geleitete mich zum Bootshafen, wo
seine Yacht »Bakunin« vor Anker lag, besetzt mit zwei finster
blickenden Griechen, die er als seine Bewacher vorstellte.
Aaron ist ein verspäteter Jüngling mit traurigem Gesicht
und langem Haar, das er zum Pferdeschwanz verknotet hat.
Er versteht klug zu plaudern; ein *phantaisiste*, – deutsch gesagt: ein Windhund. Daß er Zugwind nicht scheut, führte er
mir im offenen Steuerhaus vor. Am Heck seines schwimmen-
den Salons flattert die schwarze Fahne mit dem großen A.

Angesichts der Inselwelt, die an uns vorüberzog, bewies er
seine mythologische Ader. Korfu sei die Insel der Phaiaken;
von hier habe der göttliche Dulder Odysseus Ithaka im Schlaf
erreichen dürfen. Unsere Richtung sei leider die entgegengesetzte: diejenige, welche die jüdische Kolonie 1944 auf dem

Weg nach Auschwitz genommen habe. Nicht zum ersten Mal
verstimmte mich die Anzüglichkeit dieses Schönwetterkapi-
täns. Als ich Lesvos erwähnte, zog er die Brauen hoch: aha, die
Insel der Sappho! Die rasenden Weiber! Sie hätten Orpheus in
Stücke gerissen, danach sei sein Haupt allein nach Lesvos getrieben worden, immer noch singend: er habe sich den Mund
nicht verbieten lassen! Als ich ihn nach dem Schicksal seiner
Albaner fragte, antwortete er: ach Gott! *Wenn* mit denen ein
Staat zu machen ist, sieht er aus wie der von Enver Hodscha.
Aber *kein* Staat – das schaffen sie nie. Die Insel sei *verbrannt*,
aber es gebe ein Leben nach Antikratos. Was ihn selbst betraf:
er stellte sich einen Job bei den Vereinten Nationen vor, *Coun-
selling,* interkulturelle Projekte, da wisse er jetzt Bescheid.
Aber erst werde es ja wohl Betriebswissenschaft sein müssen;
Kapitalismus bleibe die einzige Form von Anarchie, die funk-
tioniere. Die Leutchen wollten ja gar kein Menschenrecht,
auch zu *leben* verstünden sie nicht. Lieber wünschten sie sich
einen Glauben, für den sie sterben können. Er wisse nicht mal,
ob mich auf der Insel ein ordentliches Zimmer erwarte, aber ich
könne auf seinem Boot schlafen. Keine Sorge, er belästige mich
nicht. Oh, vielen Dank, sagte ich, Sie hätten auch keine Chance.
Er warf mir einen tragischen Blick zu und das Kinn nach vorn.
Da kommt sie, die Bescherung. Das *war* Antikratos.

Vor uns zeigte sich im Abendsonnenlicht ein Inselgebirge
wie ein Schiff mit Schlagseite. Nackt, mit ockerfarbenen Klippen, tauchte es auf der Windseite fast senkrecht aus dem Meer
und fiel mit sachtem Gefälle graugrün nach Osten ab. Allmählich zeigte sich diese Seite in voller Breite, entfaltete die Kla-
viatur ihrer Terrassen, die mit Olivenreihen bepflanzt waren,
mit Fruchtfeldern und Weingärten. In eine Senke gebettet lag
der Park, über dem, vor einer rötlichen Felswand, die weiße
Villa schimmerte. Ihr Baumbestand zog sich bis zur Küsten-
kante nieder; ein Streifen gelben Sands schwang in weitem
Bogen zur Landestelle der Fischerboote hinüber. Dahinter
war, im leichten Dunst, das Dorf zu erkennen, eine Ansamm-

lung bescheidener Häuser inmitten von Gemüsegärten. Die Bucht, in die wir einliefen, war von einer Hafenmauer befestigt, und in ihrem Schutz schaukelte eine kleine weiße Flotte. Ich benötigte Aarons Hilfe nicht, um an Land zu steigen, aber meinen Koffer durfte er tragen.

Du bist lange nicht auf Antikratos gewesen. Die Insel ist ein Paradies, aber das Gefühl der Leere begleitete mich bei jedem Schritt. Niemand, der uns empfing, niemand begegnete uns auf dem Weg zur Villa. Später wurde mir klar: es war Aaron, vor dem die Insel zurückwich, sie behandelte ihn als Unperson. Er hatte sein Boot, sonst nichts; der Hausmeister ignorierte ihn, als er mich begrüßte. Frau und Tochter zeigten mir mein Zimmer, aus dem man auf eine halbrunde Terrasse tritt, über die ganze Insel blickt und auf den wüstenhaften Umriß des nahen Festlands: sein Fuß verschwimmt im Dunst. Ich hatte einen Saal mit Doppelbett, es gab ein Marmorbad mit vergoldeten Installationen und eine Klingel, die ich nur zu drücken brauchte, um Tag und Nacht bedient zu werden. Das Personal behandelte mich mit Ehrfurcht; als ob Antoinettes Zeit mit mir zurückgekehrt wäre.

In der Villa, auf der ganzen Insel war jede Spur der Bewohner getilgt, die sie unsicher gemacht hatten. Als ich mit Aaron vom Hafen zur Villa hinaufging, stach mir, inmitten des Parks, ein großer schwarzer Fleck ins Auge. Hier hatten die Einheimischen alles fremde Hexenwerk verbrannt. Nur das Lager stand noch, im Schutz der Platanenreihen, fünf Baracken links, fünf rechts. An meinem Gymnasium seinerzeit fand ein Teil des Unterrichts in Baracken mit dröhnenden Holzböden statt, sie gaben den Schulstunden etwas von Provisorium und leichtem Unernst. Aber auf Antikratos waren sie, bis auf die Pritschen, leer und rochen nach Gefangenschaft und Strafe. Sie hätten sie auch gern angezündet, sagte Aaron, aber dann wäre die ganze Insel abgebrannt. In einem Sommer wie *diesem*! Wir saßen beim Nachtessen, ohne mich hätte er kein Gedeck erhalten, kein Stück Brot, und bedient wurde er auch nicht. Ohne Polizeischutz hätte ich längst ein Messer im Leib. Säuberung, gnädige Frau. Meines Lebens sicher bin ich nicht einmal auf dem Schiff.

Am nächsten Morgen telefonierte ich mit dem Justizministerium in Athen und der Polizeidirektion der Präfektur. Herr Fein war frei, die Insel morgen zu verlassen.

Das könnte denen so passen, sagte er. Auf der Flucht erschossen!

Aaron, Sie sind ein Narr. Haben Sie Geld?

Gesperrt. Seit Constanze tot ist, geht nichts mehr.

Ich überreichte ihm eine Kreditkarte, teilte ihm mit, daß er morgen nach Korfu fahre, um das Boot zu verkaufen, und dann unverzüglich nach Hause fliege. Das sei bereits mit seinem Papa besprochen, also keine Empfehlung, sondern eine Order. Er musterte mich mit offenem Mund, fragte, wie ich dann von der Insel wegkäme; das könne er mir überlassen. Die übrigen Boote ließe ich konfiszieren.

Staunend sah er jedem ungeheuren Wort nach, das dem Gehege meiner Zähne entfloh. Aber ich hatte sie ihm gezeigt, und am nächsten Morgen schiffte er sich ein, unter meinen Augen, und ließ sogar, statt der schwarzen Fahne, ein tränenloses Taschentuch hinüberflattern. Er hatte Geschichte gemacht, wußte aber, wann sie zu Ende war, und stürzte weich. Ärgeres als eine standesgemäße Verlängerung der Kindheit drohte ihm nicht.

Als ich zurückkam, durfte ich dir die siebte Fassung deines Testaments vorlegen. Du hast sie eigenhändig abgeschrieben, dreimal, wie ein Kind seine Strafaufgabe. Diesmal sollte er bindend sein, dein Letzter Wille – bis es dir gefiel, ihn in den letzten Stunden deines Lebens noch einmal umzustürzen, mit fliegender Hand, eine Generalbegünstigung, die dir erst jetzt durch den Kopf geschossen war. Aber alles deutet darauf, daß dein Kopf damit nichts mehr zu tun hatte. Ich würde es auf keine Prüfung deiner Zurechnungsfähigkeit ankommen lassen. Dachtest du, daß du mit *dieser* Juristin *alles* machen kannst? Kam dir nie in den Sinn, daß sie den Willen, den sie dir aufgesetzt hatte, ernster meinen könnte als du? Wolltest *du* ihn einer Probe aussetzen, bei der du – im Triumph deiner letzten Stunden – in Kauf nahmst, daß er eine Juristin, die außerdem die Ehefrau des Begünstigten ist, überforderte? Oder hast du dir, keineswegs heimlich, *gewünscht*, daß er mich um den Verstand bringe?

Ein wenig erfülle ich jetzt deinen Wunsch. Ich tue, was eine Juristin nicht tut: ich unterschlage. Ich ignoriere deine allerletztwillige Begünstigung zugunsten deiner letztwilligen, die gottähnliche zugunsten der menschlichen. Ich binde dich, Entfesselte, an deine Strafaufgabe, deine dreifache Unterschrift. Magst du sie in welcher Verlegenheit immer geleistet haben, ich nehme sie ernster als die verschwenderische Mitgift für deinen Geliebten, meinen Mann. Nicht aus Eifersucht, liebe Tote, ich kann es beschwören: aus keinerlei Form von Eifersucht. Ich weiß nur eine bessere Empfängerin für deine Bühlersche Erbschaft. Wenn jemand begünstigt werden soll, dann Megi. Für sie setzte ich den Willen, den du korrekt unterschrieben hast, in Kraft. Für sie kassiere ich dein *Billet d'amour*. Ich ziehe sie ein, die Flagge deiner süßen Anarchie. Jemand muß nachsitzen für siebzig Jahre Bühler in Antikratos, liebe Tote, und du hast dir frei genommen, unwiderruflich. Also besorge ich das an deiner Stelle, aber nicht zugunsten eines ewigen Studenten. Du hast Klaus deine Urne gegeben, und ich ziehe das große Los daraus. *The winner is:* Megi! Sie kann sich keine Insel kaufen, sie hat sich Antikratos nicht ausgesucht. Darum ist deine Stiftung für sie.

Megi?

Eine der albanischen Waisen. Die Anarchisten hatten weder Zeit noch Lust, sich um sie zu kümmern, denn sie war stumm. Eine Fischerfamilie hat sie hie und da gefüttert wie eine streunende Katze. Von ihren Eltern weiß man nur, daß sie tot sind; es scheint, ihr ganzes Dorf existiert nicht mehr. Sie versteckt sich immer noch; ihr Alter wurde mir als neun Jahre angegeben. Aber sie ist so alt wie die Geschichte und wird an jedem Punkt der Erde jede Minute neu geboren. Und doch hat sie mir gezeigt, daß es sie nur *einmal* gibt.

Es war am dritten Tag meines Aufenthalts; ich kam in der Mittagshitze vom Fischerdorf zurück, wo ich mich über Antikratos so kundig gemacht hatte wie möglich; ich will an der Brandstelle vorbei in den Schatten der Villa zurück. Da höre ich es leise singen.

Es ist ganz still auf deiner Insel, schöne Tote, und es ist überlaut. Die Meerbrise vergeht schon beim ersten Schritt auf festes Land; es erstarrt in Brutofenhitze. Dann lärmen nur noch die Zikaden. Ein Gellen des Wahnsinns liegt in der reglosen Luft, sogar die Düfte – Thymian und Wermut – scheinen zu schreien. Die Leere, die ausgebrochen ist, hat einen hohlen Ton, als würde der Atem der Welt zurückgezogen ohne Ende; auch die Olivenblätter rühren sich nicht mehr. Und in dieser tobenden Stille mußt du dir eine kleine Menschenstimme vorstellen, die singt. Ein kleines Mädchen in bunten Lumpen – sie müssen einmal ein albanisches Sonntagskleid gewesen sein – hockt am Rand der Feuerstelle. Sie hat aus der Asche Stücklein unverbrannten Holzes und Reste von Segeltuch gesammelt. Daraus baut sie ein kleines Dorf, ein Trümmerhäufchen, dessen einzige Schönheit die selbstvergessene Sorgfalt ist, die das Kind jeder Einzelheit zuwendet. Ich will mich nicht vorbeischleichen, sie soll mich kommen hören. Sie hat kurz aufgeblickt, aber läuft nicht weg. Sie läßt ihr Dorf nicht im Stich. Sie hört nicht einmal mit Singen auf. Und als ich neben ihr kauere, beginnt sie zu reden. Sie spricht albanisch, ich verstehe kein Wort. Aber ein Selbstgespräch ist es nicht. Sie redet *mit mir*. Ich gebe Laute von mir, die ermunternd klingen sollen, aber meine Sorge, damit ihre Stummheit wieder zu wecken, ist grundlos. Sie fährt zu reden fort, wie mit einem vertrauten Bekannten. Daß ich sie leider nicht verstehe, irritiert sie viel weniger als mich. Ich bin der erste Mensch, dem sie sich verständlich machen will, und ich verstehe sie nicht. Etwas ja doch: ihren Namen. Sie gebraucht ihn nicht kindlich statt der Ich-Form. Als ich auf meine Brust deute und »Manon« sage, spricht sie es nach, mit korrektem Nasal, zeigt auf sich selbst und wiederholt: Megi. Aber sie spricht nur beiläufig mit mir, wie zu einem Menschen, von dem sie sich nicht stören läßt. Sie spielt ja nicht nur, sie baut.

Das erschütterte mich, Imogen, wie noch keine Liebeserklärung. Was immer dem Kind die Sprache verschlagen hat: in diesem Augenblick war das Trauma oder was immer außer Kraft gesetzt. Vielleicht hatte es mit meiner fremdartigen Erscheinung zu tun; daß es einfach mit mir zu tun haben könnte, wagte ich noch nicht zu fassen. Daß ich das Kind, auch ohne Worte, angesprochen hatte; daß ich ihm etwas sagte, weil es mich mochte, darum antwortete es mir, der ersten Person auf dieser Insel. Wenn ich mich nicht täuschte, besprach es, warum dieses Stück Holz, jenes Fetzchen Gummileinwand hier anzubringen war und nicht dort. Vielleicht erzählte es mir auch die Geschichte seines verbrannten Dorfes, aber ohne Zeichen der Trauer oder Todesangst. Es verwendete seine Fingerspitzen und jetzt auch seine Zunge darauf, eingestürzte Wände wieder aufzurichten und gegen Wind und Wetter zu schützen. – Vielleicht hatte aber auch das, was es machte, mit dem, was es erfahren hatte, nicht das geringste zu tun und wurde ebendarum mit so viel Liebe getan. Wenn Megi des Redens müde geworden war, begann sie wieder zu singen, hörte aber zu bauen nicht auf.

Und in diesem Augenblick, liebe Tote, hatte ich meinen Entschluß gefaßt. Ich will es bauen, das Dorf für Kriegswaisen, das wir besprochen und in deinem *gültigen* Testament besiegelt haben. Ich will dafür sorgen, daß sie es selbst bauen können. Du sollst sie singen hören, und ich hoffe, an dem Ort, wo du bist, versteht man sogar, was aus ihnen singt, unüberhörbar auch im Lärmen der Zikaden.

Was die Inselleute als Wunder betrachteten – oder, da sie

fromm sind, als wundersame Heilung –, ging noch weiter. In meiner Gegenwart sagte Megi hie und da auch ein Wort zu den andern, die sie natürlich ebensowenig verstanden; war ich nicht dabei, so blieb sie stumm. Später habe ich gelernt, daß ihr Fall der Wissenschaft als »selektives« (oder »elektives«) Sprechen bekannt ist. Damals hatte ich nichts Dringenderes zu tun, als aus dem Internet – inzwischen war in fast jeder Fischerhütte ein Zugang eingerichtet – so viel Albanisch herunterzuladen, daß ich hie und da eins von Megis Worten verstand und sie eins von mir.

Wo lebt sie eigentlich? fragte ich die Fischer; natürlich wußten sie es genau. In der Baracke. Die Frage, ob sie das Lager *darum* hatten stehen lassen, beantworteten sie mit Kopfschütteln; das kann hier auch Zustimmung bedeuten. Aber was Generosität ist oder Diskretion, wußten sie ohnehin nicht; sie praktizieren sie nur. Später hat mir Megi ihren Aufenthalt selbst gezeigt. Sie hatte sich auf einer einzigen Pritsche eingerichtet, doch mit aller Sorgfalt; sie besaß nicht viel mehr, als sie am Leib trug, aber die paar Kleidungsstücke hatten ihre Ordnung, und sie hatte nicht nur Seife und Zahnbürste dabei, sondern einen Karton Waschpulver, und in einer Konservenbüchse hatte sie eine rote Kamelie eingestellt.

Die alte Eleni bringt acht Kindern Lesen, Schreiben und Zählen bei. Megi kann dem sogenannten Unterricht, wie man ihr ansieht, auch auf griechisch folgen. Nur mitreden mag sie noch nicht. Für den Aufenthalt auf der Insel hatte ich mir eine *Deadline* gesetzt: reisen durfte ich erst, wenn ich Megi einmal mit einem *andern* Menschen reden sah wie mit mir. Nach drei Wochen war es soweit. Erst antwortete sie alten Frauen, allmählich auch fast allen andern. Nur gegen Menschen, die sie zum Reden aufforderten, blieb sie stumm.

Du hast meine Abwesenheit nicht ungebührlich entbehrt. Du reistest nach Berlin, und danach hast du deinen Auszug vorbereitet, den kleinen nach Nieburg zuerst. Als wir uns an der Johann-Peter-Hebel-Straße wiedersahen, hatte ich das

Projekt »Enfants du Paradis« schon weitergesponnen, grenzüberschreitend. Plötzlich hatten wir auch keineswegs *zuviel*
Geld und hätten das verbrannte besser zu verwenden gewußt.
Soweit du hinhörtest, kanntest du meine Sorgen; originell
brauchte das Kinderdorf nicht zu sein. Was ich nicht wollte:
aus Antikratos ein europäisches Alibi machen, schon gar kein
sozial getarntes Stück Grenzbefestigung gegen die sogenannte
dritte Welt. Es geht nicht darum, Wüstenscheichs und Busch-
diktatoren dafür zu bezahlen, daß sie uns die Lagerhaltung der
Ärmsten abnehmen. Wir können von ihrem *anderen* Reich-
tum profitieren, wie ich von der Stummheit Megis.

Zu spät fällt mir auf, daß du mit mir nie über Judith gesprochen hast – die kleine Judith. Auch sie war eine Waise, die
Hinterlassenschaft eines Vaters, der sich zu Tode getrunken
hat. War sie so anders als Megi? Ihr habt sie zu kaufen versucht
– das ist euch teuer zu stehen gekommen. Die Quellen der
Armut liegen nicht da, wo die Wohltätigkeit sie sucht. Seit
Megi mich lesen gelehrt hat, verehrte Tote, weiß ich, daß ich
deine Millionen am besten auf meine eigene Alphabetisierung
verwende.

3 Nach Tagesbefehl

In diesem Wetter, diesem Braus, nie hätt' ich gelassen die Kinder hinaus. Der Alt der Wagnersängerin kannte keine Schonung für die scheue Sprache, die sie in den Mund nahm. Plötzlich zirpten die ersten Takte der Marseillaise hinein. Manons Handy. Sie verstand den Anrufer lange nicht.

Ich sorgte, sie stürben morgen, Das ist nun nicht zu besorgen, sagte die Stimme. Müssen Kindertotenlieder so laut sein?

Ich versuche sie leiser zu stellen. Ich kenne die Anlage noch nicht.

Sitzt du in Constanzes Arbeitszimmer?

An ihrem Schreibtisch. Einen Augenblick, Klaus.

Das monumentale Möbel war ein Erbstück Christoph Bühlers. Es dauerte lange, bis Manon an Constanzes futuristisch gestaltetem Klanglaboratorium den Knopf »Power« fand. *Von keinem Sturm erschrecket, von Gottes Hand be –*

Steht Judiths Bild noch da? Das indianische Mädchen?

Ja. Merkwürdig, daß ich gerade an sie gedacht habe.

Und du arbeitest bis zur letzten Stunde des Jahres?

Am 20. Januar eröffne ich das Testament.

Alles für die Tochter. *Winner takes all.*

Glaubst du, Judith sei ein *Winner*?

Sie hat ihren Gott, eine sichere Anlage. Und jetzt hat sie auch Nieburg.

Sie ist endgültig abgefunden, Klaus, und mehr sage ich nicht.

Ich wollte dir nur ein gutes neues Jahr wünschen.

Es ist erst sechs Uhr.

Ich gehe früh schlafen.

Woher rufst du an? Aus dem Kutscherhaus?

Nein.

Bist du in Zürich? Hast du sie – hast du die Urne dabei?

Wir wären am Samstag verabredet. Ich habe die Einzelheiten gemailt.

Kannst du es mir auch direkt sagen?

Du müßtest dir das Wochenende frei nehmen. Unterkunft habe ich organisiert.

Ich komme morgen zurück. Aber Klaus – bist du sicher, daß wir zusammen fahren sollten?

So war es ausgemacht.

Ich frage trotzdem.

Ich finde nicht, daß wir etwas ändern sollen.

Sie nahm das kleine Gerät vom Ohr und starrte es an.

Möchtest du dich bitten lassen? hörte sie seine Stimme in ihrer Hand, leise, doch gut vernehmlich und hart. Gut, dann bitte ich dich.

Sie nahm das Handy wieder zum Ohr. Ich hole dich in der Wohnung ab. Um vier Uhr?

Früher. Der Ofenpaß wird im Winter um sechs geschlossen.

Ich komme mit dem Auto. Es wird sie hoffentlich nicht stören.

»Das ist nun nicht zu besorgen.« – Wir reden vom 5. Januar nicht wahr? Samstag, dem 5. Januar.

Ich käme dann um zwei. Ich wünsche dir auch ein gutes neues Jahr. Hörst du mich?

Er hatte die Verbindung unterbrochen. Wie kam es, daß er die Nummer in Visperterminen kannte? Er mußte sie aufbewahrt haben, seit der Zeit, als er Constanze besucht hatte. Damals hatten sie sich getrennt. Vor bald einem Jahr; was für einem Jahr.

Manon verwendete die Sylvesternacht dazu, ihre Papiere aufzuräumen, und rief die Zengaffinens an, die im Haus nach dem Rechten sahen, sie möchten es am Neujahrstag wieder einwintern. Dabei hatten sie es schon teilweise in Beschlag genommen, als wüßten sie, daß sie es erben würden. Im Feinin-

ger-Korridor lag Plastikspielzeug herum. Die Villa Aia hatte
Imogen dem Staat Baden-Württemberg übereignet, mit der
Auflage, darin Projekte in der Art »Grimmhausens« weiter-
zuführen, wofür ein Fonds zur Mitfinanzierung errichtet wor-
den war. Auch das lebenslängliche Wohnrecht für Maro und
Dias im Kutscher- und Pförtnerhaus war mit einem so
beträchtlichen Legat ausgestattet, daß die alte Frau und ihr
Sohn davon Luxuskabinen für eine lebenslange Kreuzfahrt
buchen oder sich in Antikratos ein Haus bauen konnten.
Die Finanzierung der Berliner *Academy for Signs and Sense
(ASS)* hatte Manon sofort nach Irings Verschwinden sistiert.
Imogen hatte den Fortbestand von seinem Willen abhängig
gemacht. Diese Klausel war jetzt gegenstandslos.

Für die Testamentsvollstreckung hatte sich Manon ein Honorar bewilligt, das ihren vorigen Einkünften in der Kanzlei
entsprach; außerdem behielt sie Wohnung und Wagen. Als
künftige Bevollmächtigte der Stiftung »Enfants du Paradis«
verfügte sie zwar so gut wie allein über die Verwendung der
Haupterbschaft. Aber da diese, gemessen an ihrem Zweck,
immer nur ein Tropfen auf dem heißen Stein blieb, war Manon
entschlossen, die Verwaltungskosten niedrig zu halten. Es war
die Einsetzung des Stiftungsrates, die sie zwischen Weihnachten und Neujahr beschäftigt hatte; er sollte aus unabhängigen
Frauen und Männern bestehen, die Gewähr boten, sich bestimmte Grundsätze niemals abkaufen zu lassen. Die Liste
war noch kurz.

Imogen selbst hatte in ihren letzten Wochen noch einen
Sportwagen gekauft – über 10 000 Euro waren im Kauf von
Vasen aufgegangen. Ihre Immobilien am Oberrhein hatte sie
den jeweiligen Kommunen für die Einrichtung von Ausländ-
erwohnungen gestiftet. Klaus hatte sie nicht bedacht, nicht
einmal mit einem Dauerwohnrecht im Kutscherhaus – bis
ihr am Ende eingefallen war, das ganze ausgefeilte Vertrags-
werk zu seinen Gunsten umzustürzen. Und den Vollzug hatte
sie *en passant* – gerade der Person auf die Seele gebunden,

deren Liebesmühe sie damit erledigt hatte. Nun nahm sich Manon das Recht heraus, selektiv (oder elektiv) zu reagieren. Imogens Zettel war drei Tage nach ihrem Tod angekommen und nicht einmal datiert. Sie brauchte nur nichts davon zu sagen, dann blieb das *gültige* Testament in Kraft. Sie konnte ihn auch gleich vernichten.

Statt dessen steckte sie ihn in die Tasche an ihrem Gürtel, die sie nie abgelegt hatte, weder zum Skifahren noch zum Tanzen.

Der Autotransport durch den Lötschberg fuhr auch in der Neujahrsnacht. Als sie von Gampel Richtung Hohtenn steuerte, verabschiedete sie sich von der Weite des Tals, in dem nah und fern schon Feuerwerk aufstieg. Mitten im Tunnel zeigte die Uhr Mitternacht an. Im Wagen vor ihr hatte ein Paar das Innenlicht angedreht und prostete sich mit Champagnergläsern zu. Auch im nächtlichen Kandersteg war Feuerzauber los, Knallkörper begleiteten die Fahrt durch die Dörfer. Erst auf der Autobahn herrschte die Leere der Neujahrsnacht. Manon kam zügig voran, blieb aber angespannt; auf die Nüchternheit der überholten Fahrer war kein Verlaß.

Noch mehr Vorsicht war geboten, als sie in den ausgelassen hupenden Verkehr des nachthellen Zürich eintauchte. Es war zwei Uhr früh, als sie die Wohnungstür öffnete; sie trat auf die Terrasse und sah die Buketts und Kaskaden vom Üetliberg bis zu den beiden Seeufern flackern und verglühen. Allmählich beruhigte sich das Singen der langen Fahrt in Kopf und Gliedern. Sie öffnete eine Piccoloflasche, hob das Glas gegen niemanden und stellte es neben dem Rechner ab, um ihre Post abzurufen. Das Attachment des Absenders *km@km.bluewin.ch* hatte ihr Folgendes mitzuteilen:

Reise 3.-5. Januar 2004
Samstag 3. Januar
   14:00 Abfahrt Zürich (MM, KM)
   18:00 Ankunft Hotel Il Fuorn, Nationalpark
           Nachtessen und Übernachtung (MM, KM)

Sonntag, 4. Januar

  08:00 Abfahrt Il Fuorn (MM, KM)

  08:30 Ankunft in Lü, Tee (MM, KM)

  09:00 KM zur Verrichtung

          MM: Weiterfahrt nach Müstair, Vorschlag: Besichti-
          gung des Benediktinerinnenklosters St. Johann

  18:00 Nachtessen Hotel Chalavaina, Müstair, Übernach-
          tung (MM, KM)

Montag, 5. Januar

  09:00 Rückfahrt Müstair – Zürich

Die Sprache eines militärischen Tagesbefehls, mit zwei Nullen
hinter dem Doppelpunkt, und am Sonntag, während der Mann
am »Verrichten« war, gab es ein Damenprogramm. Früher war
sie die Organisierte gewesen, der Unberechenbare er. Seine
Veranstaltung einer verkehrten Welt hatte etwas Maskenhaf-
tes. Sie sollte sein Gesicht nicht erkennen und dahinter nicht
den Schwindel, der ihn einst vom Dienst freigestellt hatte.

Es war eine Minute vor 14:00, als sie bei der alten Wohnung
vorfuhr. Klaus stand schon in der Tür bereit, zum Wandern
gerüstet. Am großen Rucksack, den er auf den Hintersitz hob,
war Schanzwerkzeug angeschnallt, zuoberst Anorak und
Schneeschuhe. Zu diesen war er schon im vorletzten Winter
ihrer Ehe übergegangen, angeblich, weil ihn die Gesellschaft
der Skifahrer und Snowboarder anödete, in Wirklichkeit –
glaubte sie –, weil er es nicht vertrug, daß Manon soviel besser
fuhr. Für Langlauf fand er sich noch nicht alt genug. Er wollte
sich von den »Zuhältern der weißen Gipfel« ein für allemal
losgesagt haben. Nun ging er in seinem feldgrauen Räuberzivil
– Bergstiefel und Gamaschen! – mit bewundernder Ironie um
ihren »Kraftklotz auf Rädern« herum, von denen eines offen
ans Heck montiert war. Er küßte sie eher flüchtig auf die
Wangen; sie fand sein Gesicht blaß und verletzlich. Sie wußte,
daß »Freizeitlook« zu den Wörtern gehörte, die sie zu unter-

drücken hatte. Dennoch schien er die Fahrt im *Offroader*, der zu seinem *Outfit* paßte, zu genießen.

Im übrigen brauchte sie kaum zu reden. Er war es, der den Löwenanteil der Konversation bestritt, und zwar mit Reflexionen, die für sie, obwohl er sie sehr ernst zu meinen schien, etwas angestrengt Müßiges hatten; er hatte im Kutscherhaus zu lange allein gelebt. Es war »das Prinzip Schöpfung«, über das er sich Gedanken machte, und sie hatten etwas von einem grimmigen Monolog, den er auch während der Passage durch den Vereina-Tunnel, als er sehr laut reden mußte, nicht unterbrach. Die Schatten, welche das Gestänge der fahrenden Plattform an die Tunnelwände warf, glichen bald laufenden Hunden, bald trabenden Pferden. Klaus aber, die Hände im Schoß, handelte von einem Widerspruch der Natur, der nicht aufhören konnte, ihn zu beschäftigen.

Auf den ersten Blick, nicht wahr, gab es keine größere Wegwerfproduktion als diejenige des Lebendigen. Eigentlich waren alle Geschöpfe nur dafür da, ungesäumt wieder zu verschwinden, kaum hatten sie die Bühne des Sichtbaren betreten. Eigentlich waren sie alle, den Menschen eingeschlossen, Eintagsfliegen, die kein Geschäft hatten, als sich fortzupflanzen und danach den Platz, den sie sich herausgenommen hatten, gleich wieder zu räumen. Das egoistische Gen behandle seinen Phänotyp nur als lästiges Provisorium, das, kaum habe es seinen Dienst, eine Botschaft weiterzugeben, getan, schon wieder kassiert werde. Aber was sei und wem nütze eigentlich eine solche Information, wenn über den, bei dem sie ankomme, gleich wieder Irrtum! geschrieen werde, damit der evolutionäre Prozeß über seine Leiche durchstarten könne zum nächsten, ebenfalls sogleich als Irrtum erkannten Versuch? Und so weiter und immer weiter – wozu? Das sei ja, wie wenn bei einer Stafette der Stab die Hauptsache wäre, während die Läufer selbst, die leibhaften Akteure, gar nichts zu bedeuten hätten. Im Sport interessiere man sich wenigstens einen Tag lang für den Gewinner und für die Nation, deren Fahne er durchs Stadion tragen dürfe, und so lange dürften sich auch die Sportler einbilden, jemand zu sein. Aber beim Evolutionsgalopp sei absolut niemand jemals jemand. Man begreife nicht einmal die Gene, denn wann kämen sie dazu, ihren Wettbewerbsvorteil zu genießen, wenn er nur darin bestehe, galoppierend ad acta gelegt zu werden?

Aber die Zwangsvorstellung von Evolution sei ja auch reiner Unfug! Der Natur müsse es um etwas ganz anderes gehen. Es wäre ein *Understatement*, jedes Atom, jedes Molekül der verwendeten, keineswegs verschwendeten Materie *sinnreich* zu nennen. Jede Einzelheit des Lebens sei in jedem Augenblick *atemberaubend* sinnreich, und zwar auf jeder Stufe der Erscheinung, als habe das Prinzip Schöpfung unaufhörlich und unausgesetzt für nichts Geringeres als die Ewigkeit gewirtschaftet und ein Optimum innerer wie äußerer Vollkommenheit angestrebt. Die Organisation des dürren Blatts im Rinnstein sei so vollkommen wie diejenige der Nacktschnekke, des Bären oder des Dinosauriers. Und zwar sei es in jedem *Teil* nicht weniger vollkommen als im Ganzen. Für dieses Verhältnis habe die Sprache keine Worte und der Rechner keine Zahlen. Auch die kleinste Einheit davon sei nicht reduzierbar, es sei denn auf eine von gleicher, das heißt: unvergleichbarer Komplexität. Von jeder Nadel am Baum würde ein reiner Geist aus dem Universum annehmen, die Welt sei nur ihretwegen erschaffen worden. Wie sonst wäre der unsägliche Aufwand zu begründen, der auch im Unscheinbarsten stecke! Und dazu sei *jedes* gebildete Geschöpf, dank seiner Bildung, auch noch *einmalig* und absolut originell. Jede Zelle auf Erden sei das Muster eines *gelungenen* Versuchs – von ihrem Zusammenspiel mit anderen noch gar nicht zu reden!

Und nun, so Klaus: wie könne man diese zwei Modelle zusammendenken, die rasend wegwerfende Natur und diejenige, die mit größter Liebe auch beim kleinsten ihrer Schritte verweile? Überhaupt nicht. Die Evolutionslehre sei selbst der Irrtum, dessen Entwicklungsfähigkeit sie behaupte. Aber viel-

leicht liege es auch an der Schwäche unseres Kopfes, daß wir
Widersprüche wahrnähmen, wo keine wären. Es sei der
Wahnwitz unserer Eigenbewegung, der uns diejenige der Natur als rasend darstelle. In Wirklichkeit sei die ganze Natur
nur für jedes einzelne ihrer Geschöpfe geschaffen. Und in
jedem erreiche sie ihr Ziel, denn sie habe gar kein anderes,
als in jeder Einzelheit wieder ein Ganzes zu sein. *Nichts* auf
der Welt sei zur Weiterverwendung bestimmt, *jedes* nur zum
Dasein. Daß es in der Form, die wir sähen, nicht dauere, betrachteten unsere blöden Augen als Überholung. Aber nichts,
gar nichts sei jemals überholt; alles strebe nur der nächsten
Form seiner Richtigkeit zu, und jede sei wieder für sich vollkommen. Ein Mensch, der Staub und Asche werde, sei zwar
nicht mehr der Mensch, den wir gekannt zu haben meinten.
Aber jetzt sei er, *als* Staub und Asche, genial, jedes Molekül sei
so phantastisch wie Einsteins Gehirn. Es sei *objektiv* vollkommen, auch wenn wir eine Rose schöner fänden als Asche. Das
Vorurteil in unserem Kopf unterstelle der Materie unter-
schiedlichen Rang, das aber sei eine »Glückspost«-Perspekti-
ve. Wir seien Börsianer, die mit steigenden Kurven die Vorstellung von Gewinn verbänden und mit fallenden diejenige
von Verlust –

Aber in Wirklichkeit, Manon, gibt es in der Welt keine
Stelle, die nicht vollkommen wäre. Dafür sorgt die Materie
kraft ihres Erfindungsreichtums in eigener Sache. Und es
braucht nichts weiter, als daß wir sie auch zu unserer Sache
machen, und all unsere Sorge hat ein Ende: wir fallen nicht aus
der Welt. Solange überhaupt etwas ist, und nicht vielmehr
nichts, kann dieses Etwas gar nicht anders als vollkommen
sein. Und alles, was wir zu denken wagen müssen, ist: es gibt
nie ein Ende der Vollkommenheit, und es gibt sie in einer
unendlichen Fülle der Gestalt!

Manon fühlte sich totgeredet, doch war sie auch nicht ganz
unglücklich, ihren Passagier so besessen zu sehen. War die
Urne in seinem Rucksack ein Gegenstand der Vollkommen-

heit, so hatte sie aufgehört, einer der Revolte zu sein oder der
Selbstanklage. Von einer solchen hatte sie freilich an Klaus
auch früher nichts bemerkt.

Hinter Zernez war die Fahrbahn schneebedeckt und beanspruchte ihre ganze Geistesgegenwart. Aber auch wenn man,
etwa beim Kreuzen mit einem Postbus, nur noch einen Fußbreit vom Abgrund entfernt war, ließen sich die Räder so genau
führen, daß die sprunghafte Veränderung der gemeinsamen
Materie in eine neue, tödliche Vollkommenheit nur drohte, ohne einzutreten. Und am Ende parkte der Wagen eine gute halbe
Stunde vor der vorgemerkten Zeit inmitten ähnlicher Fahrzeu-
ge vor dem Berghotel, das mit seinen Zeilen erleuchteter Fenster in der eingetretenen Dämmerung überaus gastlich wirkte.

Im Innern war das Haus ganz in Arvenholz verkleidet, auch
ihre zwei Zimmer, von denen jedes mit einem ländlich-sittli-
chen Doppelbett ausgestattet war. Nachdem sie sich frisch
gemacht hatten, trafen sie in der rustikalen Stube wieder zusammen. Sie schienen die einzigen Gäste. Sie bestellten Forelle
blau, die als ganzer Fisch serviert wurde. Klaus tranchierte
auch für Manon, aber jetzt sah sie, wie seine Hände zitterten.

Du hast mich nie gefragt, wie ich gelebt habe, sagte Manon.

Ich glaubte mich zu erinnern, daß dir solche Fragen nie
willkommen waren.

In Visperterminen hättest du nicht viel verderben können.

Das Haus kann zur Zeit nicht wohnlich sein. Und dann
noch die Kindertotenlieder! Also, wie hast du gelebt?

Ich bin jeden Tag Ski gefahren, Weihnachten war ich in
einer Disko. Da habe ich einen Skilehrer aufgegabelt. Er war
nett, aber zu jung, er meinte, das Alleinsein täte mir nicht gut
und lud mich in seine Familie ein. Er ist das älteste von sieben
Kindern, und seine Mutter sagte mir: er brauche endlich eine
anständige Frau.

Und die warst du nicht?

Sie lachte kurz. – Wenn ich ein Kind haben möchte, würde
es Zeit.

Als er schwieg, fuhr sie fort: Ich sagte ihnen, wo ich wohne und daß ich Anwältin sei. Da wurden sie scheu und sahen in mir nur noch Frau Constanzes Millionen. Hast du sie eigentlich gemocht, die Frau mit dem weißen Sonnenschirm?

Immer suchte sie etwas, was mit Geld nicht zu kaufen ist.

Judith hat sie geliebt.

Gefördert. Was sich von ihr nicht lieben ließ, hat sie gefördert, und was sich fördern ließ, hat sie geliebt.

Ich hätte dich gerne gefördert, Klaus.

Das hast du doch. Als du sagtest: Klaus, ich habe mich verliebt, da erfuhr ich endlich, was Liebe heißt. Sie kennt nichts mehr.

Als die Bedienung sich als Tirolerin zu erkennen gab, war nochmals von Liebe die Rede. Hanna verdiente Geld in der Schweiz, bis sie ihrem Freund nach Australien folgen konnte, einem Libanesen, der sich in Scheidung befand; seine Frau sei eine Schwarze aus Martinique.

Die Gäste bestellten Veltliner.

Was würdest du tun, wenn du sehr viel Geld hättest? fragte Manon.

Ich würde Hanna gleich den Flug nach Australien bezahlen, damit sie früh genug feststellen kann, daß sich ihr Freund doch nicht scheiden läßt.

Im Ernst, sagte sie. Klaus, Imogen hat dich zu ihrem Alleinerben gemacht.

Er lächelte. Du hast sie doch lange genug beraten. Ist das alles, was du fertiggebracht hast?

Sie hat ein Testament gemacht, ja, und in ihrem allerletzten Brief hat sie es umgestoßen.

Dann richten wir es ganz schnell wieder auf. Prost, Manon. Ein Schluck gegen den Schreck. Du bist ja ganz weiß.

Ich wollte es dir verschweigen. Aber als du sagtest: die Liebe kennt nichts mehr – da mußte es heraus.

Wieviel sind es denn? Eine Million? Zehn?

Zweihundert, sagte sie, und die Insel auch.

Die Insel auch. Eine ganze Insel in Griechenland? Wem passiert das schon! Unter hunderten kaum einem!

Manon sah ihn an. Dann begann sie mit leisen Worten und kurzem Atem von ihrem Besuch auf Antikratos zu erzählen. Ihr Bericht war fast so lang wie Klaus' Schöpfungsgeschichte, und Hanna brachte den zweiten halben Liter Veltliner, den Klaus allein trinken mußte. Denn Manon rührte ihr Glas nicht an.

Als sie verstummt war, sagte er: Ein Lager. Ein KZ im Mittelmeer soll ich kriegen, für arme Kinder. Da geh ich doch lieber baden!

Er hatte angefangen zu lachen und konnte nicht aufhören, als sie ihn fassungslos anstarrte. Sie stand auf und sagte: Ich fahre nach Hause.

Sie war schon an der Tür; da holte er sie ein und wollte sie halten, aber sie riß sich los, und sie begannen zu ringen. Es war ein Kampf ohne Gnade. Endlich konnte er ihre Hände, die ihm in die Augen gefahren waren, herunterreißen und ihre Arme an den Leib fesseln. Er hob sie auf; da beugte sie ihr Gesicht über das seine und biß ihn in die Backe. Sie lockerte den Biß nicht, als er sie zum Tisch zurückschleppte. Hanna trat ein und schrie beim Anblick des in seine Raserei vertieften Paars laut auf. Manon ließ Klaus fahren; Blut lief von ihren Lippen über sein Gesicht, in dem die Zähne eine offene Wunde hinterlassen hatten. Beide zitterten vor Wut und Entsetzen. Hanna drückte Klaus auf den Stuhl und beugte sich über ihn. Das muß man nähen!

Die Backe ist noch dran, sagte Klaus. Das nennt man einen Schmiß. Dafür hat mein Vater lange studiert.

Streiten Sie immer so?

Das war kein Streit. Meine Frau kämpft um ihr Leben. Sie will mir eine Insel in Griechenland schenken, und ich brauche sie nicht. Sie sind meine Zeugin, Hanna: ich will keine Insel in Griechenland!

Aber wenn man so viel Streß hat, tut ein Urlaub schon mal

gut. – Gestern war noch ein Arzt da, der hätte Sie gleich nähen können.

Gestern, immer gestern, sagte Klaus. So ein Pech.

Manon preßte ein sauberes Taschentuch in sein Gesicht, bis Hanna wiederkam, mit warmem Wasser, Alkohol, Watte, Notpflaster und Schere. Manon nahm ihr alles aus der Hand und begann Klaus zu versorgen. Hanna sagte: Antibiotika habe ich leider nicht.

Meine Frau ist nicht toll, sagte er, sie hat einen sauberen Biß.

Dann kann ich Sie jetzt allein lassen, sagte Hanna halb fragend und immer noch tief erschüttert. Wenn Sie etwas brauchen – aber erst sollten Sie sich wirklich ausruhen.

Wir trinken noch aus, sagte Klaus. Das Tischtuch hat gelitten.

Kleinigkeit, sagte Hanna.

Als sie wieder allein saßen, war Manon aschfahl, und die Tränen liefen ihr über die Wangen. Entschuldige, sagte sie.

Ich will kein Erbe, du hast es gehört. Haben wir das Geschäftliche damit erledigt?

Es war ihr letztes Wort, daß du alles bekommst. ALLES, in Großbuchstaben. Sie muß den Brief in der letzten Nacht geschrieben haben.

Ich habe ihn eingeworfen, sagte er. Aber nicht gelesen.

Hier ist er, sagte sie und reichte ihm ein gefaltetes Papier. Er nahm es zwischen die flachen Hände, wie zum Gebet. Dann hielt er es ungeöffnet in die Flamme der Kerze auf dem Tisch. Seine Finger ließen nicht los, bevor es zum Aschenblatt verkohlt war, bis auf die Ecke, an der er es gehalten hatte; im Aschenbecher verzehrte das letzte blaue Flämmchen auch sie. Die Tränen liefen über Manons Gesicht.

Du warst dabei, bis zuletzt, sagte er.

Sie nickte; er hob das Glas. Sie stießen an, mit der Spur eines Klangs, der lange in der Luft hängenblieb,

Sie hat dich geliebt, sagte Manon, seit ihr euch beim Begräbnis ihrer Mutter getroffen habt. Sie hat dich vom ersten Augenblick an geliebt.

Ja, sagte er. Ich durfte sie töten.

Du – *durftest*? fragte Manon. Ihre Augen waren fassungslos. Sie hat es sich von dir... gewünscht.

Sie hat es mir erlaubt, erwiderte er streng.

Erlaubt? Sie schüttelte den Kopf, ohne es zu bemerken. Du hast gewußt, daß sie krank ist.

Das wollte sie mich glauben lassen, sagte er.

Aber so war es, Klaus. Ich habe ihre Rechnungen bezahlt.

Er lächelte, und die verpflasterte Schwellung machte seinen Gesichtsausdruck abscheulich.

Dann mußt du schweigen, sagte er. Und wenn du das Kurhaus meinst: niemand sollte erfahren, was sie sich ihre Hochzeit kosten läßt.

Ich fürchtete... du würdest dir das Leben nehmen.

Warum? fragte er fast unhörbar. So war es nicht abgemacht. Ich habe es von Herzen getan, von ganzem Herzen. Sie ist auf der Höhe gestorben.

Er schlug sich die Hände vors Gesicht. Manon stand auf, ging um den Tisch herum und versuchte sie sanft zu lösen. Er gab sie lange nicht her. Aber endlich hielt sie seine Hände zwischen den ihren und betrachtete ihn mit unendlichem Mitleid.

Morgen ist nichts mehr zu sehen, krächzte er.

Wir sollten uns ausruhen, Klaus, Hanna hat recht.

4 Die Kartenleserin

08:00: Sie fuhren auf die Minute genau los, nachdem Hanna sie beim Frühstück besorgt gemustert und noch einmal einen Urlaub auf der Insel empfohlen hatte. Sie wünschten gute Reise nach Australien und fuhren noch im Dämmerlicht der Paßhöhe entgegen. Klaus' Schädel pochte. In aller Frühe hatte er den Gesichtsverband aus seiner Reiseapotheke erneuert. Die rechte Backe war blaurot und so hoch geschwollen, daß sie das Auge verschloß. Manon war nachts um elf Uhr, als es in Klaus' Zimmer still geworden war, noch einmal nach unten geschlichen und hatte versucht, dem Wirt das Neueste über Wetter- und Lawinenverhältnisse zu entlocken. Er saß noch in seinem Büro vor dem PC beim Minenspiel und verbarg seinen Ärger über die Störung nicht, zumal ihm Manon nicht einmal die Route nennen konnte, nach deren Risiko sie sich erkundigte. Das bizarre Verhalten des Paars war ihm gewiß zugetragen worden. Außerdem ging vor Manons Augen sein Minenfeld hoch. Er warnte unwirsch vor Nordhängen und davor, über 2000 Metern unmarkiertes Gebiet zu betreten. Der Neuschnee habe sich noch nicht gesetzt.

Was sie schon der Zeitung entnommen hatte, waren schwache Winde aus Südwest und örtliche Aufhellungen; aber als man aufbrach, war der Himmel verhangen und die Temperatur zehn Grad unter dem Gefrierpunkt. Bis zur Ofenpaßhöhe heizte sich der Wagen auf, und als sie durch Haarnadelkurven in die Tiefe steuerten, grüßte die gedrungene Kuppe des Ortlers über den winterlichen Hängen des Münstertals. Einen Augenblick hatten sie auf einer Terrasse linker Hand die Häusergruppe um das weiße Kirchlein von Lü gesehen, doch die Abzweigung war erst ein Stück tiefer angezeigt. Manon fuhr wortlos, um ein stilles Grauen nicht laut werden zu lassen. Davon ging es nicht weg.

08:30 Lü – mit der Ankunft im hochgelegenen Straßendorf war auch der nächste Punkt des Tagesbefehls abgehakt. Einen Tee gönnte ihnen Klaus noch, bevor sie sich trennten, jeder für sein Programm. Als sie den geräumten Parkplatz der einzigen Pension erreicht hatten, war Manon entschlossen, Klaus nicht ziehen zu lassen, ohne daß er seine Route preisgäbe, und noch lieber: gar nicht. Und wenn ich dich dafür noch ins Bein beißen muß! Aber die Scheu band ihre Zunge. Die Witze von einst hatten ihr Recht verloren. Klaus sah zu erschreckend aus, wenn er lächelte. Die *Pensiun* lag dicht an der Straße und kam Manon, als sie die Treppe zum Seiteneingang erstiegen hatten, wie ein Privathaus vor. Die Gaststube war mit trocknender Wäsche verhängt, aber die Wirtin, eine Person unbestimmten Alters, trennte sich sofort vom Bügelbrett und führte sie durch einen Filzvorhang in den hinteren Teil des Sälchens. Ihre Munterkeit ging in Bestürzung über; was der Wollschal von Klaus' Gesicht sehen ließ, genügte ihr zur Überzeugung, daß er sich *pflegen* müsse. Sie verfügte über Gastzimmer und wollte sie gleich vorführen. Nein, er müsse aufbrechen. Wohin denn? Nach *Tamangur*? Und das nenne er einen Spaziergang? Im Sommer vielleicht, und bei guter Verfassung – in der seinen sei es nicht zu vertreten! Der Weg sei auch nur bis zur Paßhöhe markiert –

Jede Minute, die sie die Wirtin mit ihrer Besorgnis aufhielt, ging der halben Stunde bis zum Abschied ab. Wenigstens hatte er sich das Ziel seiner Reise entlocken lassen und sogar die Frage beantwortet, ob er ausreichend mit Lebensmitteln versorgt sei. Auf diejenige nach seiner Ausrüstung – Funk- oder LVS-Gerät? aber doch ein Handy? – verlangte er harsch den bestellten Tee. Reden schien ihm physisch Qual zu bereiten. Als die Wirtin aus dem Raum war, sah ihn Manon an, bleich vor Kummer und Ernst. Klaus, geh nicht, jetzt nicht, nicht heute. Er blickte mit dem unbeschädigten Auge gebieterisch zurück, aber der Ausdruck eines entstellten Gesichts ist leicht zu mißdeuten. Heute abend sehen wir uns beim rechten Wirt, du wirst Freude an ihm haben. Er führt ein Haus direkt aus dem Mittelalter. Und das Kloster allein ist eine Reise wert.

Die Wirtin brachte den Tee, Klaus sah auf die Uhr. Die Wirtin wollte wissen, warum die sportliche junge Frau nicht mitgehe? Zu zweit bewege man sich sicherer, und wenn sie keine Schneeschuhe dabeihabe: die könne man mieten. Die Wirtin fahre sie nach Sta. Maria, in einer Stunde sei man wieder hier, für den Weg nach *Tamangur* immer noch früh genug, und nach der Wanderung schmecke der heiße Schinken ihrer Küche doppelt gut, oder auch Spaghetti *alla mamma.*

Eine Minute vor 09:30 stellte Klaus seinen Tee nur halb geleert ab und nahm seinen Sack auf. Manon erklärte, sie sei gleich zurück, lief hinter ihm die Treppe hinunter, sah zu, wie er Schneeschuhe an die Stiefel schnallte und den Sack am Rükken festzog. Bevor er nach den Stöcken griff, warf sie sich an seine Brust und schlang die Arme um ihn. Er verharrte unbeweglich, nickte, sie spürte eine Bewegung der Ungeduld, er murmelte etwas. Sie ließ die Arme sinken. Er faßte die Stöcke und begann auf der festen Schneedecke der Dorfstraße auszuschreiten, aufwärts, unaufhaltsam. Sie sah ihm zu, bis er hinter dem nächsten Haus verschwunden war, dann eilte sie nach, bis zum Gemeindehaus am Dorfausgang. Von hier zog sich ein gebahnter Weg über das offene Feld dem Gebirge entgegen. Wohl zehn Minuten folgte sie ihm noch mit den Augen, prüfte die Sicherheit seines Tritts, während seine Gestalt kleiner wurde. Aus der Ferne war ihm keine Behinderung anzusehen. Sie flüsterte seinen Namen, bis ihn das Stück Wald, das er Schritt für Schritt erreichte, verschluckt hatte, und zitterte am ganzen Leib.

Als sie sich wieder vor ihren Tee gesetzt hatte, war die Wirtin in der Küche; Manon rief sie herein, mußte sich ihre Familiengeschichte erzählen lassen, die Nöte einer kleinen Gemeinde, die keine hundert Einwohner mehr zählte. Lü hei-

ße Licht, aber einem Ort, wo nichts los sei, helfe die schönste
Lage nichts. Ein Schulbus besorge den Transport der wenigen
Kinder ins Tal, und wenn sie ausgebildet seien, flögen sie aus
und kehrten nicht wieder. Auch mit der Rückkehr ihrer eigenen Töchter rechne die Wirtin nicht mehr. Die seien in der
Hotellerie tätig, warum sollten sie sich mit einer kleinen Pension plagen? Die Einheimischen würden weniger, wer sei da
noch bereit, ein Amt auf sich zu nehmen? Man könne nur auf
den großen Investor hoffen. Von einer Mineralquelle rede man
schon lange oder einer Reha-Klinik.

Dabei war es *God Tamangur,* über den Manon alles wissen
wollte, den höchsten Arvenwald Europas, dem magische Eigenschaften nachgesagt würden. Das sieht Klaus gar nicht ähnlich, dachte sie einen Augenblick erleichtert, aber vielleicht *ihr,*
und nur darauf kommt es an. – Wann Manon denn mit der
Rückkehr ihres Mannes rechne? – Er komme gar nicht nach
Lü zurück, man treffe sich am Abend in Müstair. – Wie will Ihr
Mann denn von *Tamangur* nach *Müstair* kommen? fragte die
Wirtin entsetzt, dafür müßte er doch über alle Berge?

Nun hielt es Manon nicht länger, sie zahlte und verabschiedete sich hastig und übertrieben höflich. Sie fuhr ins Tal zurück, und gleich weiter nach Müstair. Im ersten Geschäft, das
wie eine Papeterie aussah, besorgte sie sich die Wanderkarte
»Ofenpaß«, breitete sie auf einem Fenstertisch aus und vertiefte sich in die Zeichnung der Landschaft, hielt den Punkt
fest, wo sie Klaus hatte verschwinden sehen, und wanderte
ihm mit den Augen voraus bis zur Stelle, wo gedrängte Hö-
henkurven einen Felsriegel anzeigten, den der Wanderweg
umging, um den *Pass da Costainas* zu ersteigen. Danach führte
der rote Faden durch ein weites Hochtal die linke Bachseite
entlang fast geradeaus und stieg dann auf der rechten eher
sanft zum *God Tamangur,* dessen Anschrift im Baumgrün
gerade noch zu entziffern war. In der Tat, ein Spaziergang,
jedenfalls bei guter Sicht, aber wie unversehens konnte diese
im Gebirge umschlagen, und von einem roten Faden, dem

man nur zu folgen brauchte, konnte im tiefen Schnee keine Rede sein. Ihr Instinkt sagte ihr, daß er auf *diesen* Weg kein Handy mitgenommen hatte, und die Chance, daß er bei einem Beinbruch auf ungebahnter Strecke auch nur einem einzigen Menschen begegnete, war gleich Null. Seine Konstitution war gut, doch Manon hatte ihn beschädigt, er konnte stärker behindert sein, als er zugab. Würde er es durchstehen? *Wollte* er es durchstehen? Aber ihr schien, dann hätte er sich *anders* verabschieden müssen. Oder gerade nicht?

Alles kam jetzt auf den Rückweg an, auf dem er, wie versprochen und sogar ausgedruckt, 18:00 in Müstair zum Nachtessen sein wollte. Dann war es schon dunkel. Hatte er sich nicht überraschend viel Zeit gegeben? Aber wenn er die Landesgrenze überschritten, *wenn* er den naheliegenden Abstieg durch das *Val d'Avigna* gewählt hatte, sah das letzte Stück des roten Fadens, das eine fahrbare Straße entlang direkt nach Müstair führte, gefahrlos aus, vorausgesetzt, Klaus war noch bei Kräften. Jedenfalls war auf diesem schon wieder besiedelten Talboden Hilfe zu erwarten, *wenn nötig*. Minutiös tastete sie das gezeichnete Gelände ab, als führten aus ihm geheime Verbindungen in das wirkliche; als vermöchten es ihre Augen für seine Füße zu befestigen. Der kritische Punkt war, hinter *Tamangur*, die Umgehung des *Mot Falain* zum *Val Plazér* und der Aufstieg zur Paßhöhe *Cruschetta*, die schon gezeichnet wüst genug aussah. Nur diese Passage mußte er glücklich hinter sich haben, um die Strecke direkt nach Müstair zu erreichen, und bitte noch am hellichten Tag! Andernfalls... kam er nicht durch, war die *Cruschetta* – »das kleine Kreuz«? – der Ort, wo man ihn suchen mußte – doch *durfte* man ihn suchen?

Haben Sie auch eine Karte Maßstab 1:25 000? fragte sie den Verkäufer.

Die Landeskarte der Schweiz hatte er nicht, aber er wußte eine bessere Adresse dafür. Wollen Sie skiwandern? Würde ich ohne Führer nicht empfehlen.

Ich möchte nur wissen, wie schwierig diese Route *wirklich* ist. Sie zeigte auf die Karte.

Der Verkäufer war nicht bergkundig, vertrug die Höhe nicht mehr. Wo logieren Sie? In der *Chalavaina*? Dann fragen Sie den Wirt, der weiß alles über die Gegend.

Sie kaufte die Wanderkarte trotzdem, fuhr weiter zum Hauptplatz, wo die gesuchte Herberge lag, dem Kloster schräg gegenüber, in dessen Hof sie einfuhr, da sonst kein Parkplatz in Sicht war. Als sie den Wagen vor einer Scheune anhielt, stand da bereits ein Mann mit auffallendem Schnauzbart und musterte sie über seine Pfeife. Ohne seinen Gruß zu erwidern, verschloß sie den Wagen und lief mit dem Koffer in der Hand zum Hotel hinüber. Auf der mit Rundsteinen gepflasterten Rampe, die zum Eingang des Hotels hinaufführte, wäre sie fast gestürzt. Sie rief, als sie sich ins Innere gerettet hatte, so laut, als brauche sie Hilfe, und fuhr zusammen, als ein älterer, noch kräftiger Mann aus einem dunklen Winkel trat und sie prüfend betrachtete. Außer Atem stellte sie sich vor.

Gehören Sie zu Herrn Klaus Marbach?

Ja. Ja, ich gehöre zu ihm.

Er nahm ihr den Koffer aus der Hand und ging über eine Treppe in die hallengroße schwarze Küche voraus. Über den Kaminherd, in dem ein Feuer loderte, blickte man in das offene Gebälk des Dachstuhls. Es schien ihr, sie sei in eine entfernte Vergangenheit eingetreten. Sie folgte dem Wirt über labyrinthische Treppen in die Höhe auf eine kanzelartige Plattform, von der eine vereinzelte Tür in eine geräumige Dachkammer führte. Darin standen altertümliche Möbel und nebeneinander zwei hoch aufgeschüttete Betten. Eine Fenstertür trennte den Raum von der Terrasse, die in das flach abfallende Kupferdach eingelassen war. Auf den Streifen des Holzrostes schimmerte Frost.

Dieses Zimmer hat Ihr Mann gewünscht.

Er weiß, was schön ist.

Der Wirt betrachtete sie mit verhaltenem Lächeln.

Er kommt etwas später nach – kann ich noch das andere Zimmer sehen?

Sie können alle Zimmer sehen, aber bestellt hat er nur dieses eine.

Gut, sagte sie, mit plötzlich kurzem Atem.

Wenn Sie eingerichtet sind, kommen Sie doch in die Gaststube, zu einem Willkommenstrunk.

Hatte sie »gut« gesagt? Ja. Ja. Sie legte ab, ging in die Badezimmernische, blickte in den Spiegel, legte sich die eiskalten Hände vors Gesicht. Dann suchte sie den Abstieg über Treppen und Böden, die, wie auch die Wände, roh wirkten, das hieß: taktvoll restauriert. Der Wirt saß schon am Tisch und nahm die Huldigung für sein Haus ruhig entgegen, die er von Gästen gewohnt sein mußte. Der Rotwein, den er kredenzte, war vom eigenen Weinberg im italienischen Tirol.

Die Fundamente, auf die wir beim Umbau gestoßen sind, sind noch älter als die des Klosters. In diesem Haus hat Benedikt Fontana – sagt Ihnen der Name etwas? – vor der Schlacht an der Calven Kriegsrat gehalten. Das war 1499, dann ist er gefallen, es wurde ein Sieg der Bündner, doch anfangs sah es nicht danach aus. Die Truppen des Kaisers waren überlegen und hatten eine befestigte Stellung – sie liegt jetzt auf der andern Seite der Grenze. Die wollte erst umgangen sein, über die Berge.

Können Sie mir den Weg zeigen?

Wenn ich eine Karte hätte.

Sie zog das Blatt aus der Tasche und breitete es auf dem Tisch aus.

Über den Schleinigerberg, aber der ist nicht mehr drauf.

Nicht über die *Cruschetta*?

Da wären sie den Österreichern noch nicht in den Rücken gekommen.

Aber wäre es gefährlich gewesen?

Am 22. Mai wohl nicht mehr. Sind Sie an Militärgeschichte interessiert?

Mein Mann geht heute über die *Cruschetta*.

Allein?

Ja, allein. Mit Schneeschuhen.

Er kniff die Augen zu, blickte aus dem Fenster und sagte: wenn er Erfahrung hat und nicht leichtsinnig ist...

Um sechs Uhr sind wir zum Nachtessen verabredet, in Ihrem Haus.

Sind Sie zum ersten Mal in Müstair? Dann müssen Sie das Kloster ansehen. Es ist noch nicht vier Uhr. Sie haben noch gute zwei Stunden Zeit.

Die Schlacht an der Calven... war das nicht der Anfang des Schwabenkriegs?

Ja, der Trennung der Eidgenossen vom Reich. Die Bündner waren schon damals in der Mitte. Hier gehörte man zum Bischof von Chur, aber der war selbst ein Schwabe, und eigentlich kämpften die Bündner für sich selbst. Danach ist das Engadin reformiert geworden, auch das Münstertal, bis auf Müstair, das blieb ein Klosterdorf. Weltkulturerbe der UNESCO, aber das wissen Sie schon.

Ich sehe es mir an, sagte sie und leerte das Glas.

Wenn ich an den Herrgott eine Frage habe, zünde ich drüben eine Kerze an. Ich bin nicht fromm, aber bei Heiden muß er sich mehr Mühe geben. Grüßen Sie auch den Johannes von mir. Für starke Frauen hatte der ein Auge.

5 Katharina, Hypatia

Manon hatte den Kirchenraum betreten, und gerade als sie sich gefragt hatte, warum er dunkel sein müsse, ging das Licht an. Die Gruppe, die hinter ihr hereingekommen war, hatte gewußt, wo es einen Knopf zu drücken gab. Aus ihren Kommentaren sprach Sachkenntnis, und Manon hob unwillkürlich den Blick, um zu überprüfen, ob sie die Eindrücke der Herrschaften teilen konnte.

Die Kirche des Klosters, schon von außen burgförmig, wirkte auch im Innern gedrungen. Der wortführende Herr nannte sie ein ausgemaltes Schatzkästlein, dessen Technik von frühmittelalterlicher Goldschmiedekunst inspiriert sei. Die Bildkästen seien ursprünglich nach einer bestimmten heilsgeschichtlichen Ordnung über alle vier Wände verteilt gewesen. Sie war durch den späteren Einzug gotischer Spitzgewölbe gestört und teilweise verdeckt worden, aber man mußte sie kennen, um ihre Subtilität zu würdigen, auch ihre Spezialität. Die Bilder seien keineswegs eine Bibel für die Armen, sie repräsentierten einen scholastischen Diskurs, den die gelehrten Benediktiner zu lesen verstanden. Sein Studium sei aber auch für die Restauratoren unentbehrlich, denn mit seiner Hilfe wußten sie, was an Stellen gestanden haben müsse, wo es leider nichts mehr zu restaurieren gab.

Manons Blick blieb an den drei Apsiden haften, von denen sie eine Altarstufe trennte. Sie waren mit wohlkomponierten Figurengruppen überaus farbig ausgemalt und verrieten eine höfische Eleganz, die sie im 8. Jahrhundert noch nicht hätten haben dürfen: die flotte Steinigung des heiligen Stephanus, eine beschwingt wirkende Kreuzigung kopfüber, des heiligen Petrus, eine dekorative Tafel, an welcher der Kopf des Johan-

nes einer sichtlich ausgelassenen Tischgesellschaft serviert
wurde. Das hatte den Unterhaltungswert eines Comics, in
den sich Manon gern versenkt hätte, wenn Kopf und Seele
nicht so weit weg gewesen wären.

Die kleine Kunstexpedition hatte längst nicht ausgeredet,
als ihr das Licht wieder ausging. Aber da ihr Sprecher entschied, für heute habe man genug gesehen, verkniffen sich
die Herrschaften den Knopfdruck, als sie den Raum verließen.
Manon war dankbar für die Dämmerung, bis sie der Gedanken bestürzte, daß es auch im Gebirge dunkel geworden war.
Sie stand auf, um zwei Kerzen anzuzünden, hielt die neuen
Dochte gegen bereits brennende und sah mit abergläubischer
Sorge zu, wie sich die Flämmchen entwickelten. Dann steckte
sie einen Hundert-Euro-Schein in den Opferschlitz. War Gott
bestechlich? Sie opferte in jedem Fall zuwenig und zuviel –
zuwenig für ein Menschenleben, zuviel für ein reines Gewissen.

Dann drückte sie den Knopf, als ob sie damit auch der
Helligkeit draußen nachhelfen könnte. Es war halb fünf. Sie
beschloß, sitzen zu bleiben. Ihre Augen suchten Halt am Bild
einer jungen Frau mit Schwert und Heiligenschein. Manon
war ruhiger geworden, als sie wieder Schritte hörte. Als sie
sich umsah, erkannte sie den Eingetretenen am Schnauzbart;
es war der Wächter im Klosterhof. Sie wandte sich wieder dem
Bild zu. Die Schritte kamen nicht näher. Vielleicht sah sie aus,
als bete sie, und dieser Gedanke gab ihr ein, es wirklich zu tun.
Sie versuchte es ohne Worte; da drängten sich die kindlichsten
hervor. Lieber Gott, mach, daß ihm nichts passiert.

Darf ich Sie etwas fragen?

Bitte.

Heißen Sie Katharina?

Nein. Warum?

Weil Sie das Bild der Katharina zu beschäftigen scheint.

Sie erinnert mich an eine Dame, die ich kannte.

Dann muß sie sehr schön gewesen sein.

Warum »gewesen«?

Sie sprachen in der Vergangenheitsform.

Sie war mir gerade sehr gegenwärtig.

Entschuldigen Sie. Ich störe nicht länger.

Er verneigte sich etwas und wandte sich zum Gehen. Als er schon die Tür erreicht hatte, rief Manon laut: Herr –!

Er blieb stehen.

Warum haben Sie mich angesprochen?

Da es ihn offensichtlich genierte, ebenso laut zu antworten, trat er in seinem altmodischen Wintermantel wieder näher. Um die Wahrheit zu sagen, Sie haben mich auch an jemanden erinnert. An Angelina Planta.

Die Dame ist mir unbekannt. Ich bin keine Hiesige.

Das habe ich mir gedacht, mit Ihrem Kennzeichen. Aber Angelina Planta ist inzwischen auch keine Hiesige mehr. Sie war im 15. Jahrhundert Äbtissin dieses Klosters; sie hat die Gotik in diese Kirche eingebaut und sie umgeschrieben ins Weibliche, wenn ich mich so ausdrücken darf. Vermutlich hat sie das Bild in Auftrag gegeben. Ich denke mir, daß es ihr gleicht. Bei karolingischen Fresken würde ich diese Ähnlichkeit nicht suchen, die kannten nichts Höheres, als der Heiligen Schrift zu gleichen. Typisch für ein Männerkloster.

Mit einer Äbtissin?

Da gehörte es längst den Frauen. Aber auch denen leistete der Johannes gute Dienste. Schon Herodias und ihre Tochter waren scharf auf ihn – seinen Kopf jedenfalls. Sie sehen es in der Mittelapsis. Selbst für das 12. Jahrhundert zeigen die Damen recht viel Bein. Aber Sie haben sich die spätgotische Katharina ausgesucht. Ich habe auch eine Schwäche für sie.

Sind Sie Kunsthistoriker?

Im Gegenteil.

Er lächelte durchaus nicht. – Sehen Sie, da störe ich immer weiter und profitiere davon, daß Sie es sich gefallen lassen. Aber wenn Sie später Lust auf einen Kaffee haben: Ich sitze gleich gegenüber, in der Gaststube des *Tschierv*.

Diesmal ging er unwiderruflich. Manon stellte fest, daß ihr die Störung willkommen gewesen war. Sie blickte wieder zu Katharina auf, als die Beleuchtung neuerdings erlosch, und wartete, bis sich die Augen soweit gewöhnt hatten, daß die helle Frauengestalt in der Halbfinsternis wieder auftauchte. Die Anmut ihrer Stellung mit dem leicht nach links geneigten Kopf war noch deutlicher. Aus dem Obergewand, das von fallenden Schultern sank, traten feingezeichnete Unterarme und langfingrige Hände hervor, die sich nicht die Mühe machten, das lange Schwert festzuhalten. Die gesenkten Lider hatten eine Botschaft für die Betrachterin, die sie zu lesen suchte: hochsinnige Demut, selbstbewußte Versenkung, eine Spur Selbstgefälligkeit. Es war der Ausdruck Imogens. Als Manon ihn zum ersten Mal gesehen hatte, war sie erschrocken über die Ähnlichkeit, aber jetzt stieg ihr eine reine Fremde daraus entgegen. Sie wagte nicht mehr, dieses Bild um etwas zu bitten.

Plötzlich beschlich sie Heimweh nach der tiefen, dabei belegten Stimme, die sie über Katharina hatte sprechen hören. Sie stand auf, verneigte sich vor ihr und suchte den Ausgang. Im Freien war es noch hell, dabei lichtlos. Die Kontur des mit schwarzen Waldsträhnen besetzten Hochgebirges erschien in Glas gemalt, den Formen fehlten Relief und Körperlichkeit. Schnee verdunkelt sich nicht ganz, doch kann sein fahles Eigenlicht so undurchsichtig werden, daß man sich darin verliert.

Der Wirt ihres Hotels schüttelte auf ihre Frage nur den Kopf. Dennoch lief sie in ihr Dachzimmer, atemlos, ohne Licht zu machen. Ihre Sachen lagen darin, allein, unberührt. Als sie die Treppe wieder hinunterlief, verbarg sie sich nicht mehr, daß sie floh. Und wie dankbar sie war, daß sie einen Menschen wußte, zu dem sie floh.

Er saß in der Gaststube des »Hirschen« und stand auf, als er sie zu sitzen einlud. Ob die Pfeife störe? Sie rauchte im Aschenbecher; er steckte sie nicht gleich in den Mund zurück. Er war ein Mann von vielleicht sechzig Jahren, mit hagerem

Gesicht und wachen grauen Augen. Der borstige Schnauzbart, der den feinen Schnitt seiner Lippen verbarg, war heller
als das immer noch dichte Haar. Doch was Manon zuerst
bemerkte, waren seine Hände. Sie hielten den Kopf der Pfeife
oder spielten mit dem Besteck, wenn er sprach, doch wenn er
zuhörte, lagen sie wie sprungbereit auf dem Tisch, ohne Unruhe zu verbreiten, vielleicht weil seine Stimme, die sorgsam
artikulierte, nicht aus der Ruhe zu bringen war. Daran gab es
etwas Lehrhaftes. Es störte nicht, da er sich jeder Schulmei-
sterei enthielt. Er hatte gefragt, ob sie Katharina heiße; jetzt
vermieden sie, sich mit ihren Namen vorzustellen.

Wer war Katharina? fragte sie.

Eine Heilige, eine Hochheilige sogar, eine der vierzehn
Nothelferinnen. Aber sie fing als Hexe an und wurde schauderhaft zu Tode gebracht, im Alexandria des 4. Jahrhunderts,
von einem christlichen Mob.

Einem christlichen –?

Sie war die erste Philosophin am Ort, die ihre männlichen
Kollegen an die Wand disputierte. Sie lehrte an der Akademie
Mathematik und schrieb Kommentare zu den Werken des
Ptolemäus. Als Naturwissenschaftlerin zog sie das Experi-
ment der Spekulation vor und soll das Astrolabium erfunden
haben.

Warum wurde sie zu Tode gebracht?

Darum. Wenn so eine keine Hexe ist! Auch hielt sie es mit
dem römischen Statthalter, einem geistvollen Mann, gegen den
Bischof. Das reichte den guten Christen. Sie schlachteten Hypatia, nicht ohne sie nackt ausgezogen zu haben.

Hypatia? Ich dachte: Katharina.

Dazu wurde sie, denn wie konnte sich die Kirche eine solche Frau entgehen lassen! Erst mordet man sie, dann tauft man
sie um und spricht sie heilig. Hypatia ist historisch, eine Blüte
der klassischen Antike, als Katharina wurde sie legendenhaft.
Man verkehrte einfach die Vorzeichen. Jetzt waren es die Heiden, die sie umgebracht hatten. Es soll der böse Kaiser Ma-

xentius persönlich gewesen sein, der sie zur Frau begehrte, und als sie sich weigerte, riß er ihr die Brüste aus und ließ sie köpfen. Und siehe, aus dem abgeschlagenen Haupt floß kein Blut, sondern Milch. Da war ihre Karriere als Katharina gemacht. Aber eine Intellektuelle läßt sich nicht umbringen, und die Kunst bringt ihre wahre Schönheit ans Licht. Ich denke, die Äbtissin Angelina war wieder eine Hypatia. Sie hat das fromme Bilderbuch umzuschreiben versucht, mit seinem großen Karl und seinem wüsten Johannes. Sie hat ein gotisches Gewölbe eingezogen, damals das Modernste – es ist lange her. Aber mit dem Bild der Katharina ist ihr etwas gelungen. Weiter als Piero della Francesca, schon ganz nahe bei Dürer. Hypatia *lebt*! Darf ich Sie zu einem Grappa einladen?

Schon mit dem ersten Schluck schoß ihr ein Wärmestoß durch Leib und Seele.

Sie sind Deutscher – sind Sie wegen Katharina hergekommen?

Ich habe etwas gutzumachen. Es ist erst meine dritte Reise in die Schweiz. Die letzte ist so verunglückt, ich brauchte eine bessere, war sogar reif für eine Pilgerfahrt.

Wenn Sie kein Christ sind, wozu pilgern Sie?

Ich prüfe mich, ob ich mich nochmals verheiraten soll. Katharina hat sich noch nicht geäußert. Was meinen Sie?

Wenn *Sie* nicht wissen, ob Sie heiraten sollen, würde ich raten: eher nicht.

Das würden Sie jedem sagen, nicht wahr? Ich auch. Aber es gibt Lagen, wo einem mit jedermanns Weisheit nicht gedient ist. Von der Ehe weiß man ja vorher nichts Genaues, nur eins ganz sicher: die Frau ist stärker.

Sie scheinen Ihre Erfahrungen gemacht zu haben.

O ja. Es ist unfair, wenn die Starke von beiden stirbt. Ich bin ein Ja-und-Nein-Typ und suche am liebsten nach dem ausgeschlossenen Dritten. Aber jetzt *will* ich mir ja doch schlüssig werden. Am Tag, an dem mein Reisegeld aufgebraucht ist, heißt es: ja *oder* nein.

Darf ich nach der Höhe Ihres Budgets fragen?

Siebenhundertdreiundsechzig Euro und fünfzig Cent. Warum staunen Sie?

Nicht viel, für einen Urlaub.

Darum ist es ja auch eine Pilgerfahrt. Zum Glück ist Fliegen billig geworden. Ganz früh reservieren konnte ich leider nicht, und die Flüge, die Sie buchen, haben Sie dann fest. Leider genügte mir eine Woche als Bedenkzeit nicht, und jetzt ist der Rückflug verfallen. Und die Schweiz ist teuer – sogar die Jugendherbergen! Aber wenn eine leer ist, sieht sie mein Herz an, nicht meine Jahre. Hier bin ich bei den Nonnen untergekommen, die gönnen sich auch mal einen Wüstling, wenn er zahlt. Nicht zu knapp. Dieses Kloster kostet mich drei Tage Bedenkzeit.

Und da laden Sie mich zum Grappa ein!

Noblesse oblige – Ihre, versteht sich.

Ich will nicht indiskret sein, aber leben Sie immer so sparsam?

Dann müßte ich längst die Pfeife ausgehen lassen. Das denn doch nicht! Ich rede nur von dem Geld, das ich für *diese* Reise brauchen darf.

Würden Sie bitte die Zahl wiederholen?

Er tat es, verwundert, aber ohne zu stocken.

Das ist exakt der Betrag, den ich jemandem überwiesen habe, sagte Manon, für die Miete eines Kühlwagens zwecks Überführung eines Toten von Dresden nach badisch Nieburg.

Nicht von Dresden, mit Verlaub. Von Görlitz. Oder Herrnhut.

Sie heißen Balthasar Nicht.

Dann müssen Sie Frau Imogen Selber sein.

Sie ist tot. Ich habe den Betrag in ihrem Auftrag überwiesen.

Sie ist tot, wiederholte er tonlos. Wie ist das möglich? Und wer sind denn Sie?

Ich vollstrecke ihr Testament, und ich bin die Frau des Mannes, der sie erschossen hat.

Wer hat *wen* erschossen?

Klaus Marbach Imogen Selber, auf ihren Wunsch. Er ist heute mit ihrer Asche unterwegs, um sie an dem Ort zu zerstreuen, den sie sich gewünscht hat und den er allein kennt. Er hat sie geliebt, und ich glaube, er kommt nicht zurück.

Sie zitterte am ganzen Leib. Inzwischen waren Gäste ins Lokal getreten, eine Gruppe romanisch sprechender Männer im blauen Arbeitskleid. Sie verstummten, als der hochdeutsch sprechende Herr um den Tisch herumging und einen Stuhl neben die Frau rückte, mit der er sich eben noch unterhalten hatte, um sie an sich zu ziehen und fest im Arm zu halten. Er legte ihren Kopf an seine Schulter und bedeckte ihr Gesicht mit einer Hand. Sie saßen mit dem Rücken zu den Gästen. Trotzdem war zu sehen, daß die Frau weinte.

Sie haben Klaus begleitet, sagte er in ihr Haar. Sie nickte, nickte immer noch, als er fortfuhr. Aber daß Sie ihn auch das letzte Stück begleiteten, wollte er nicht.

Jetzt schüttelte sie den Kopf, nickte erst wieder, heftig wie ein Kind, bei seinem nächsten Satz: Er hat versprochen wiederzukommen.

Um achtzehn Uhr nullnull, hauchte sie. Nicht mußte um Wiederholung bitten.

Wo?

In der *Chasa Chalavaina,* gleich nebenan. Er hat das Zimmer selbst bestellt.

Jetzt ist es siebzehn Uhr dreiundzwanzig. Geben wir ihm noch eine Chance.

Es ist dunkel. Wir müssen ihn suchen.

Es ist dunkel, und wir müssen ihn *nicht* suchen.

Meinst du?

Versprich mir, nicht zu *warten*, keine Sekunde. Warten macht dick.

Der Kopf an seiner Schulter regte sich, die Erschütterung

wurde größer, nein, sie schluchzte nicht mehr, es war ein tief
aus dem Bauch aufsteigendes Gelächter, das sie erschütterte.
Nun hob sie ihr in Tränen gebadetes Gesicht.

Er reichte ihr ein Taschentuch; sie betrachtete es schnup-
fend.

Ganz sauber für einen Landstreicher, sagte sie.

Sonst habe ich gar nichts Sauberes mehr. Die Fingernägel –
hoffnungslos. Nur das Taschentuch, allzeit bereit.

Immer noch in seinem Arm, zeichnete sie mit den Fingerspitzen Figuren in den Wein, der bei Nichts heftigem Gang
um den Tisch verschüttet worden war.

Es gibt eine Bibelstelle, da zeichnet Jesus Zeichen in den
Sand. Was gäbe ich darum, diese Zeichen zu sehen. Iring wäre
der Mann gewesen, sie zu lesen.

Iring? fragte sie? Imogens Mann?

Ja. Und der Vater des Kindes, das Frini erwartet.

Wer ist Frini?

Die Frau, die ich mir zu heiraten überlege.

Dann habe ich sie gesehen, bei der Gedenkfeier für Iring.

So kommt eins zum andern, sagte Nicht, nur etwas plötzlich.

Liebst du sie denn?

Gute Frage. Sobald man ja oder nein sagt, stimmt die Antwort nicht mehr. Aber in der Mitte liegt sie noch weniger. Vor
zwanzig Jahren hatte ich das Gefühl, Ja oder Nein schuldig zu
sein – und gar nicht nötig zu haben. Da lebte Anna noch,
meine Frau. Habe ich sie geliebt? Ja und nein. Sie war mir
unentbehrlich; wir teilten das meiste miteinander. Aber *liebte*
ich sie? Diese Frage ersparte sie mir – und *darum* war sie mir
die Nächste. Und doch, als sie schon fast nicht mehr da war;
als sie mir aus dem Lehnstuhl zusah, wenn ich so tat, als arbeite ich – da habe ich sie liebgehabt, über alle Worte. Denn
ich wußte nicht nur, ich *sah*, daß ich sie verlor. Ja, ich liebte
Anna, wie ich noch keinen Menschen geliebt habe, aber was
will das heißen? Ich lebte auch mit keinem andern zusammen.
Ich liebte sie ohne Vergleich.

Aber das ist doch Liebe.

Es *ist* etwas, und immer mehr, als ein Mensch verdient. Aber... etwas peinlich war es mir auch immer. Das liegt an mir. Ich weiß nicht, ob ich... zumutbar bin. Und darunter... sollte man es doch nicht tun.

Es ist achtzehn Uhr nullnull, sagte Manon zitternd.

Ein Mann muß pünktlich sein, sagte Nicht. Eine Dame nicht.

Wahnsinn! fuhr sie auf. Wir schwatzen – und wie kann er *da* sein? Er ist umgekommen, verloren –

Nichts ist ausgeschlossen. Also gib ihm Zeit.

Ich kann nicht. Bleibst du sitzen? Finde ich dich?

Ich weiß nicht, ob ich sitzen bleibe. Aber du findest mich.

Es hatte zu schneien begonnen. Sie lief über den Platz und bemerkte es nicht, lief in ihr Hotel, alle Treppen hinauf, vor ihre Tür, in ihr Zimmer.

Das Zimmer war leer.

Plötzlich sah sie einen Mann draußen stehen, auf der Terrasse, mit dem Rücken zur Fenstertür. Er trug ein graues Bergwanderkostüm mit Wadenbinden, das einer altmodischen Uniform glich. Er stand im Schneegestöber, sein Haar war mit Schnee besetzt, auch seine Brauen, als er sich langsam nach ihr umdrehte und sie ernsthaft ansah. War es Klaus?

Affe! schrie sie, was machst du da draußen!

Sie riß die Terrassentür auf, während ihr die Flocken entgegenstoben. Auf der Terrasse war kein Mensch.

Manon stürzte an die Brüstung, blickte links und rechts über das Kupferdach, auf dem sich der Schnee schon zu setzen anfing. Sie beugte sich vor, blickte auf die Straße, über den Hauptplatz: kein Mensch, keine Spur von Klaus.

Sie schrie auf, stürzte die Treppen hinab, am Wirt vorbei, in den Keller, zur Tür hinaus, blickte sich um, in den Abgrund hinauf, aus dem ihr Myriaden Flocken entgegentrieben. Sie taumelte, der Fassade des *Tschierv* entgegen, der seine helle

Klippe aus dem stillen Getümmel erhob, lief die Treppe hinauf und endlich in die Gaststube, wo ihr Nicht über die Pfeife entgegenblickte. Er war da! er ist tot! schrie sie, warf sich zu Boden und schlug beide Arme um ihren Kopf.

Die Serviertochter versuchte die sofort Schreiende aufzurichten, die mit den Armen um sich schlug, bis Nicht sie fest genug gefaßt hatte und auf die Füße hob, die nicht stehen wollten. Schließlich saß sie wieder auf der Bank, verstummt, den Kopf weggedreht und in den Winkel gepreßt. Nicht rückte an ihre Seite, nahm ihre Hand, die sie ihm gleichgültig überließ, und bat die Serviertochter mit einer Kopfbewegung, sie allein zu lassen.

Manon setzte sich sofort aufrecht hin, behielt aber die Augen geschlossen, während sie redete, hastig, aber verständlich. Er war gekommen, pünktlich um sechs, er war dagewesen, um adieu zu sagen. Er war es gewesen, todsicher – Plötzlich straffte sie sich und sagte: Aber sein Gesicht war *ganz!* – Er hatte die Wunde nicht mehr!

Nicht forschte diesen Sätzen nicht nach. Er fragte Manon nach der Route, die Klaus genommen hatte. *God Tamangur.* Sie wußte nicht, ob er umgekehrt war, nachdem er die Asche verstreut hatte, oder weitergegangen, und in welcher Richtung. Nur daß er um 18:00 zurück sein wollte. – Wann war er aufgebrochen, von wo? Wie ausgerüstet? Von Schneeschuhen hatte Nicht noch nie gehört, aber es war nicht der Augenblick, es sich erklären zu lassen.

Er kann noch kommen.

Ich habe ihn *gesehen.* Er kommt nicht mehr.

Ich habe mich erkundigt, wer sich mit diesen Bergen auskennt. Dein Wirt, wurde mir gesagt. Gehen wir zu ihm.

Wenn jemand die beiden durch das Schneegestöber über die *Plaz grond* hätte stolpern sehen, er hätte sie für ein Liebespaar halten müssen. Aber eigentlich *trug* der ältere Mann die jüngere Frau zur *Chasa Chalavaina* hinüber, und sie fanden den

Wirt in seiner mittelalterlichen Küche. Nicht setzte Manon
auf den Holzstufen ab, auf denen einst Reitknechte und
Dienstboten die Wärme des Feuers gesucht hatten, stellte sich
als Bekannter Frau de Montmollins vor und machte den Wirt
mit der Sachlage bekannt. Er verschwieg die »Verrichtung«
nicht, in welcher Klaus unterwegs gewesen war, und das Geheimnis, das er daraus gemacht hatte, auch gegen seine Frau.
Der Bericht war notwendigerweise lückenhaft, aber Manon
rührte sich nicht. Und so sprach Nicht für beide weiter, auch
als die Schwester des Wirts dazugekommen war.

Die Wirtsleute fragten, wann sich der Vermißte zuletzt am
Handy gemeldet habe. Er hatte gar keins dabei? Das sei ungeschickt, meinte der Wirt, aber mit Vorhaltungen hielt er sich
nicht auf. *God Tamangur*, sagte die Schwester. Von Lü.
Schneeschuhe. Damit kommt man in weniger als drei Stunden
hin, bei guter Kondition. Auch der Wirt meinte, auf dieser
Strecke könne man nicht fehlgehen, sah auch keine Lawinen-
gefahr. Bis zum frühen Nachmittag müsse die Sicht gut gewesen sein, und durch den Wald seien Schneeschuhe das Richtige. Nähme man an, er sei mit der »Verrichtung« in einer
Stunde zu Ende gewesen, Verpflegung eingeschlossen; nähme
man an, die Sicht sei schlechter geworden, ziehe man auch
Müdigkeit in Betracht, so habe ein Wanderer zwei vernünftige
Möglichkeiten. Er konnte auf dem Weg zurückkehren, auf
dem er gekommen war. Dann müßte er um vier wieder in
Lü gewesen sein und hätte es mit dem Postauto – je nach
Fahrplan – bis sechs Uhr nach Müstair schaffen müssen.

Da er aber noch nicht angekommen sei, werde er wohl eher
nach S-charl abgestiegen sein. Das sei auch bei schlechtem
Wetter risikolos, umständlich werde erst die Rückfahrt. In
S-charl sei nur *ein* Gasthaus den ganzen Winter offen und
das werde mit Pferdekutschen bedient. Die führen – *wenn*
sie führen – eine gute Stunde bis nach Schuol im Unterenga-
din, und von da könne die Fahrt via Zernez und mit dem
Postauto über den Ofenpaß zwei weitere Stunden dauern –

oder unmöglich werden, wenn einer den letzten Kurs verpassen sollte. Wenn man die Wirtsleute fragte, habe er diese Route
gewählt und sei auf ihr hängengeblieben, befinde sich aber
jedenfalls in Sicherheit. Natürlich hätte er unterwegs Gelegenheit gehabt, sich zu melden, aber das habe er vielleicht aus
Gründen, die erst nachträglich plausibel würden, für unnötig
gehalten. Der Wirt schlage vor, daß man sich in S-charl direkt
erkundige. Er könne die Nummer heraussuchen.

Als von einer Schlittenfahrt durch den Winterwald die Rede
war, läutete Nicht etwas wie Zuversicht in die Ohren, doch an
Manons Versteinerung änderte sich nichts. Immerhin begann
sie wieder zu sprechen.

Und wenn Klaus nach dem *God Tamangur* eine *unver-
nünftige* Variante gewählt hatte, um direkt nach Müstair zu
gehen? Durch italienisches Gebiet? Über die *Cruschetta*? Der
Wirt lächelte; offenbar habe sie sich von der Schlacht an der
Calven beeindrucken lassen. Nein, das könne er sich nicht
vorstellen. Um das *Val Plazér* und den Aufstieg zum Paß
gefahrlos zu erreichen, hätte er ja doch zuerst halb nach
S-charl absteigen müssen. Und wenn er endlich die *Cruschetta*
hinter sich hätte, würde der Weg das *Val d'Avigna* hinunter
auf Schneeschuhen nervtötend lang. Da hätte er unter gar
keinen Umständen schon um sechs Uhr in Müstair sein können.

Woher wir denn wüßten, daß Klaus *gefahrlos* habe wandern
wollen?

Davon könne man immerhin ausgehen, bei einem erfahre-
nen Bergwanderer.

Manon stand auf. – Wohin? – Ihm entgegen.

Nicht hielt sie eisern fest. Er bat sie, unter vier Augen mit
ihm weiterzureden.

Ja, komm ins Zimmer und sieh selbst, sagte sie brüsk und
lief voraus, Treppe um Treppe. Als er keuchend in die Dachkammer trat, hatte sie die Terrassentür aufgerissen und stand
draußen im Schnee.

Nicht setzte sich auf die Stabelle neben der Tür und bot an, die Nummer in S-charl zu versuchen.

Willst du auch noch *hören*, daß er nicht da war? Ich suche ihn!

Er vertrat ihr die Tür und hielt sie zum dritten Mal fest. Nach kurzem Ringen warf sie sich auf das Bett und starrte zur Dek-ke. – Wenn Klaus gesucht werden müsse, dann bei Tageslicht, entschied Nicht bestimmt, und nicht ohne kundige Führer. Aber warum sie nicht den letzten Postkurs aus dem Engadin abwarten wolle? Dann sei für einen Alarm immer noch Zeit – und auch dann noch Raum für die Möglichkeit, daß er in einem Unterstand im Gebirge den Tagesanbruch abwartete –

Du bist ein Lügner, und ich bin eine Mörderin, sagte sie mit harter Stimme, du weißt, daß er nicht wiederkommen *wollte*. – Dann, erwiderte Nicht im gleichen Ton, will er auch nicht, daß wir versuchen, ihn zu hindern. Aber *du* gehst verloren, wenn du dich auf eine wilde Suche machst. Und das erlaube ich nicht.

Er ließ es still werden im dunklen Raum. Nach längerer Zeit glaubte er ruhige Atemzüge zu hören. Er entledigte sich der Schuhe und legte sich auf den schmalen freien Platz neben der gekrümmten Manon.

Wenn du mich nehmen willst, mußt du mehr ausziehen als die Schuhe, sagte sie, von ihm abgewendet, mit klarer Stimme. Er blieb bereit, sie festzuhalten, wenn sie aufspringen sollte; aber sie rührte sich nicht mehr. Hie und da war die gedämpfte Vorbeifahrt eines Wagens zu vernehmen. Sonst war die Stille so tief, daß man glauben konnte, hinter der Schwärze des Fensters die Flocken fallen zu *hören*. Sein Herz pochte immer langsamer und im Lauf der Stunden so zögernd, daß es immer wieder innehielt und stolperte, bevor es seinen Gang schleppend fortsetzte. Er war sich nicht sicher, diese Nacht zu über-leben. Aber er blieb, wo er war.

Im Hause ließ sich Unruhe vernehmen, bis nach Mitter-nacht; die Wirtsleute waren auf ihre Weise besorgt. Er aber bewachte den Atem der Frau, die sowenig schlief wie er. Er hörte Stundenschlag von der nahen Kirche, auch er hatte sich bei den Klosterfrauen nicht abgemeldet. Aber suchen würden sie ihn nicht.

Dann mußte er doch eingenickt sein, denn er erwachte an einem Geräusch. Manon hatte die Terrassentür geöffnet, stand in Strümpfen, sonst immer noch angezogen, draußen im Schnee und starrte in den Himmel.

Komm bitte herein.

Es ist schon fünf.

Schneit es noch?

Nur wenig. Und gleich wird es Tag.

Es ist noch dunkel. Laß uns den Leuten noch eine Stunde schenken.

Klaus war gestern schon tot.

Er stand auf und zog sie ins Zimmer zurück. Hustend fiel sie gegen seine Brust. Er ließ sich mit ihr auf das Bett nieder, lehnte sich an die hölzerne Rückwand und behielt sie im Arm, ihren Kopf an seiner Schulter, wie gestern in der Gaststube.

Wir sterben alle, nicht wahr?

Ja, wir sterben alle, aber nicht gleich.

Du hast Klaus kennengelernt.

Ich weiß nur: er ist unberührbar.

Ja, sagte sie und hob den Kopf, als lausche sie. Sein Gesicht war wieder *ganz*, sagte sie. Ich habe ihn gebissen, weißt du. Daran ist er nicht gestorben.

Nein, daran kann er nicht gestorben sein.

Sie blickte ihm in die Augen; er sah einen Schimmer in den dunklen Höhlen.

Er war wieder ganz. Er war schön.

Er zog sie an sich und fing sie zu wiegen an, wiegte immer fort, während ihre Atemzüge länger wurden. Jetzt schlief sie wirklich, und er fuhr sie zu wiegen fort. Ja, sagte er unhörbar, du bist schön. Und es wird gut.

6 Der Vermißte

Am nächsten Morgen hatte sich Klaus nicht gemeldet, und an den Orten, wo nach ihm gefragt wurde – S-charl, den Bahnhöfen von Zuoz und Zernez –, war niemand aufgefallen, auf den seine Beschreibung gepaßt hätte. Um neun Uhr machten sich zwei Suchtrupps der alpinen Rettung auf den Weg. Der eine war von Müstair mit zwei Geländewagen – der vordere hatte einen Schneepflug vorgespannt – ins italienische *Val d'Avigna* aufgebrochen, um am Ende der fahrbaren Straße die letzte Strecke zum *Cruschetta*-Paß zu Fuß fortzusetzen. Der Neuschnee lag noch nicht so tief, daß er eine Spur vom Vortag ganz bedeckt hätte. Aber eine solche zeigte sich auch dem Hubschrauber nicht, der vor Mittag aufgestiegen war und das Massiv *Piz Stanlex – Lorenziberg – Piz Murtera* umflog.

Unterdessen hatte die zweite, von Lü aufsteigende Patrouille auf dem Weg zum *Pass da Costainas* Marbachs Fährte schon gefunden und mühelos bis in den Wald *Tamangur* weiterverfolgt, wo sie bei der Ruine einer großen freistehenden Arve auf seine Schneeschuhe gestoßen war. Sie fanden sich neben den Laufstöcken, dem Schanzwerkzeug sowie dem Rucksack, der unberührt aussah, an einer freien Stelle inmitten eines Gewirrs abgebrochener, oft armdicker Äste, die sich aus der Schneedecke erhoben. Das Gerät war ordentlich ausgelegt, wie vor einer Herberge, doch an ihrer Stelle erhob sich nur die nackte Baumsäule, die keineswegs hohl war, wovon sich die Retter in der nächsten halben Stunde mehr als einmal überzeugten. Denn so gewiß sie am Ziel ihrer Suche angelangt waren, so gewiß war ihnen ebendort der Gesuchte selbst abhanden gekommen.

Sie glaubten es lange nicht und dachten nicht einmal daran, die so gehäuft aufgetretenen Spuren wenigstens fotografisch zu sichern. Der Patrouillenführer, Chasper Caflisch aus Fuldera, war Polizist gewesen, bevor er zum Grenzwachtkorps gewechselt hatte, und es gab in der Umgebung des schweizerischen Nationalparks keinen Winkel, der ihm bei der Kontrolle des Schmuggelverkehrs nicht vertraut gewesen wäre wie die eigene Tasche, auch wenn die neue Montur seines Dienstes davon wohl ein Dutzend besaß. Er war nicht nur mit dem Hochgebirge auf Du und Du, sondern mit jedermann, erfreute sich im Vereinsleben großer Beliebtheit und las auch hie und da ein Buch. Nur mit den Frauen war es ihm bisher nicht gelungen. Dafür hatte er Zeit für freiwillige Rettungseinsätze ohne Waffe. Zu diesem war er mit seinen Freunden Tumasch und Jachem auf Tourenskis aufgebrochen und hatte sich auch mit Schneeschuhen, Funk- und Lawinensuchgerät sowie allem für Erste Hilfe Nötigen ausgerüstet. Für eine allfällige Rettung stand ein Hubschrauber der REGA in Sta. Maria auf Pikett.

Es war zehn Uhr, als sie das Ziel erreicht hatten und sich ihrer Skier entledigten; gleich mußten sie den Vermißten finden. Der solitäre Arvenstrunk hatte an seiner Rückseite noch drei grüne Triebe von Baumhöhe, und wo ein Ast den Schneefall zurückgehalten hatte, stießen sie auf den Anfang einer Aschenspur, die gleich im Neuschnee verschwand. Sie wußten, worum es sich handelte, und ließen die Stelle unberührt. Im Schutz der benachbarten Legföhre entdeckten sie einen kleinen Hügel, zu dem die beinharte Erde aufgeworfen worden war. Die Steinplatte, die ihn sicherte, loszueisen und hinaufzuheben mußte sehr viel Kraft gekostet haben. Hier hatte der Vermißte verrichtet, wofür er gekommen war. Aber wo war er geblieben?

Da er, trotz gründlicher Suche, im Umkreis der Baumruine weder lebend noch tot zu finden war, mußte er doch weitergegangen sein. Aber *wohin?* und ohne seine – *warum?* – zurückgelassenen Schneeschuhe: *wie*? Daß er auf elektronisches Gerät verzichtet hatte, weil es sich bei einem »Spaziergang« erübrige, hatten die Retter kopfschüttelnd zur Kenntnis genommen; ihre Gewissenhaftigkeit beeinträchtigte es nicht. Zunächst informierten sie die Funkleitstelle über ihren Fund. Die Suche im *Val d'Avigna* konnte eingestellt werden, denn auch wenn unklar war, *wie weit* der Vermißte noch gegangen war: *so weit* auf keinen Fall.

Doch nun begann erst der Ärger der immer weniger glücklichen Finder. In jeder Richtung, in der sie ins Gelände vorstießen, war die Schneedecke, auch die zwischen den Stämmen noch dünne, unberührt. Am Ende blieb nur der Schluß, daß er noch *hier* sein mußte. Aber hatte er sich in Luft aufgelöst oder in die Erde verkrochen?

Widerwillig öffneten sie die Stelle nun doch, die wie ein Grab aussah, und stießen nach schweißtreibendem Graben in einem halben Meter Tiefe auf ein aus Steinen geschichtetes Gelaß, in dem sich die Urne befand. Nach einigen stummen Blicken hin und her ordnete Chasper an, sie zu öffnen. Sie zogen sie behutsam heraus, hoben ohne Mühe den Deckel und entnahmen ihr ein kleines, in schwarzes Wachstuch gebundenes Heft. Tumasch, der die Handschuhe ausgezogen hatte, schlug es auf. Auf der ersten Seite war, unter der unterstrichenen Jahreszahl 1923, mit schwarzer Tinte und in altertümlicher Schönschrift der Name des Inhabers Christoph Bühler vermerkt; »bitte gegen Finderlohn an die Adresse Winkelwiese 23, Zürich 1«, dazu eine vierstellige Telefonnummer. Die nächsten Seiten, die Tumasch aufblätterte, waren mit Zahlen gespickt, der verbindende Text bestand nur aus zierlichen, dabei schwungvollen Krakeln. Stenographie! entschied Jachem; eine Kurzschrift der Vergangenheit, die keiner der noch nicht Vierzigjährigen gelernt hatte. Die Nässe hatte dem Heft zugesetzt, denn je näher man in die Nähe der verrosteten Heftklammern kam, desto großflächiger war die Tintenschrift bis zur Unlesbarkeit verwaschen. Die rote Farbe des Schnitts war ins Papier ausgetreten und gab ihm ein blutig gerändertes Aussehen; erst im hinteren Teil waren die Textgruppen wieder intakt. Für diese Antiquität gab es keinen Finderlohn mehr, und irgendeinen sachdienlichen Hinweis hatte sie ebensowenig zu bieten. Was sie in dieser Urne zu suchen hatte, mußte von Spezialisten geklärt werden, und Chasper Caflisch fühlte sich berechtigt, das Büchlein einzustecken. Was den Rettern auffiel, war die Reinlichkeit des Tongefäßes. Es sah gerade so aus, als wäre es noch gar nie – nun ja: *genutzt* worden.

In die kleine Grube, deren vorigen Zustand sie sorgsam wiederherstellten, konnte derjenige, der sie gegraben hatte, nicht selbst geschlüpft sein. Nun legten die Männer ihrerseits jede nur mögliche Stelle frei, an der ein Mensch sich hätte verkriechen und erfrieren können – ergebnislos. Blieb nur noch die Möglichkeit – Tumasch sprach sie aus –, daß der Vermißte auf einen Baum gestiegen war, um sich aufzuhängen. Peinlich berührt, darum nicht weniger peinlich genau, begannen die Männer nun eine Arve nach der andern unter die Lupe beziehungsweise ins Fernglas zu nehmen, im zunehmenden Bewußtsein des Absurden ihrer Bemühung. Denn zu keinem Baum, den sie erforschten, führte eine andere Spur als ihre eigene. Um keine nassen Füße zu bekommen, hatten sie jetzt selbst Schneeschuhe angeschnallt. Die Umgebung der auffällig gemaserten Arvensäule war schon dermaßen umgepflügt, daß sie einem Schlachtfeld zu gleichen begann. Aber die Decke der Wipfel, die sich in den stellenweise klaren Himmel erhoben, war nicht gerissen und verharrte in der grünen Stille ihrer Unberührbarkeit.

Die Besonnenheit der Männer hatte schon manche Probe bestanden. Sie waren gewohnt, ihren fünf Sinnen zu trauen, und hatten auch einen sechsten entwickelt, der im Notfall den lebensrettenden Unterschied ausmachen kann. Diesmal aber stand ihr Bergverstand still, auch wenn sie sich immer noch mit aller Vor- und Umsicht bewegten. Sie umschritten den Arvenstrunk in immer weiteren Kreisen, gegen Steigung oder

Gefälle. Sie hätten auf die Spur des Verirrten stoßen *müssen,* wenn er sich in *irgendeiner* Richtung entfernt hätte. Aber er war in *keiner* gegangen; und ohne Schneeschuhe hätte er ja in *jeder* auch so tief einsinken müssen, daß es eines Schneebretts, einer Lawine bedurft hätte, eine solche Spur verschwinden zu lassen. Auch der schnatternde Hubschrauber, der angefordert worden war, um ihren Kreisgang mit größerem Radius und bester Übersicht in der Luft zu wiederholen, hatte trotz intensivem Funkverkehr über den Vermißten nicht das geringste zu melden.

Schließlich war Chasper und den Seinen sogar das Kopfschütteln vergangen. Sie fühlten sich genarrt und konnten nicht einmal sagen, von wem. Das faktisch Unmögliche würde ihnen als Unfähigkeit ausgelegt werden, damit durften sie sich nicht zeigen, am wenigsten in den Medien. Man mußte sich auf eine Lesart der unverrichteten Dinge verständigen, mit der auch die auf Nachricht wartende Ehefrau bis morgen leben konnte. Etwa: heute war die Suche durch unvorhersehbare Umstände, einen ungewöhnlichen Anfall von Neuschnee im Wald *Tamangur,* vereitelt worden. Notfalls würde man sie auch noch übermorgen fortsetzen, obwohl auf einen günstigen Ausgang dann immer weniger zu hoffen war.

Eine Rettung, die ihr Ziel nicht erreicht hat, ist noch keine Nachricht, und ein Toter, der sich zu spät findet, ist schon fast keine mehr. So ergab sich, daß sie nur die lokale Presse ihrem Publikum in zwei Zeilen zur Kenntnis brachte, auch diese kam später nicht mehr darauf zurück. Chasper Caflisch aber blieb es nicht erspart, sie den unmittelbar Betroffenen schon am Montagabend persönlich zu überbringen. Er hatte sich in der *Chasa Chalavaina* angemeldet, wurde vom Wirt in die Gaststube gebeten und war erleichtert, die Ehefrau des Vermißten gefaßt, fast heiter anzutreffen.

Sie befand sich in Gesellschaft eines älteren Herrn, der als Balthasar Nicht aus Görlitz vorgestellt wurde; er hatte ihr, wie der Wirt bemerkte, über die schwersten Stunden der Ungewißheit weggeholfen. Zu Chaspers Ehre sei hinzugefügt, daß er ihr die Wahrheit sagte und fast nichts als die Wahrheit. Die ganze konnte es nicht sein, denn über diese verfügte er selbst nicht und war dankbar überrascht, daß er ebendamit zur Entlastung der mutmaßlichen Witwe beizutragen schien.

Man wird wohl die Schneeschmelze abwarten müssen, sagte er, er kann sich ja nicht in Luft aufgelöst haben.

Aber er kann durch die Luft entführt worden sein, erwiderte Nicht.

Das hätte man gehört, meinte der Wirt. Ein Heli macht Lärm. Der fliegt nicht an einem Sonntagmorgen unbemerkt ins Münstertal und wieder hinaus.

Es gibt Geheimdienste, sagte Nicht, die geräuschlose Flugkörper verwenden. Ich kenne einen, der gezähmte Adler einsetzt, für Entführungen der besonderen Art.

Ich weiß, daß Tiere für manche Tricks eingesetzt werden, sagte der Wirt. Bären zum Beispiel. Zum Aufbinden. Aber das ist kaum der Moment für Witze.

Vielleicht sähe Klaus das anders, sagte Nicht.

Haben Sie ihn denn gekannt?

Ziemlich gut, sagte Nicht, aber nicht hinreichend. Seine Augen füllten sich mit Tränen. – Er hatte eine Schwäche für den *Äther*. Was immer ihn geholt hat: es muß aus dem Äther gekommen sein. Dazu fallen mir nur Adler ein. »Noch sieht ein Wickelband sie wehn / In der kristallnen Luft« – das hab ich meine Schüler lernen lassen, von Gottfried Keller. *Im Wallis liegt ein stiller Ort / Geheißen Aroleid. / Es webt ein Gram im Namen fort / Seit lang entschwundner Zeit.* Ich habe im Telefonbuch nachgesehen. Es gibt Arolla, »Aroleid« gibt es nicht. Aber beim Wickelband hätte ich das auch gedacht. Ein Wickelband, das darf doch nicht wahr sein, das gibt es nicht. Aber »in der kristallnen Luft« – da gibt es das.

Am Samstag hatten wir Hochnebellage, sagte der Wirt, bevor es zu schneien anfing.

Und? fragte Nicht mit schwankender Stimme. Nur Tauben

bleiben bei Nebel sitzen. – Adler fliegen *immer*. Und den Äther – bringen sie mit.

Als man mir als Kind die Mandeln wegschnitt, sagte der Wirt, haben sie mir eine Äthermaske aufgesetzt, um mich zu betäuben. Es war grauenhaft.

Da sehen Sie, wofür Äther gut ist, sagte Nicht. Für *alles*. Aber wenn Klaus doch nicht in den Äther entführt wurde, gibt es noch eine andere Lösung. Wissen Sie, warum im *God Tamangur* keine Spur weiterführt?

Er wartete, bis seine Stimme wieder fest wurde.

Weil er exakt denselben Weg, auf dem er gekommen war, zurückgegangen ist, in derselben Spur, Tritt für Tritt. Feinarbeit. Was das für Zeit kostet!

Aber die Schneeschuhe waren noch oben, sagte Caflisch. Bei der Arve.

Sehen Sie! sagte Nicht, und auch noch ohne Schneeschuhe.

Diesmal war es Manon, die um einen Tisch herumging und Nicht in die Arme schloß.

So einen guten Freund hat er im Leben nie gehabt, sagte sie.

Du warst aber nahe dran.

Jetzt vielleicht, erst jetzt.

Jetzt, sagte Nicht, das ist doch auch was. Da war er immer hinterher.

Wenn ich Sie beide sehe, sagte der Wirt, muß ich sagen: ihm ist es gutgegangen.

Morgen geht die Suche weiter, sagte Caflisch, mit allen Mitteln. Diesmal nehmen wir die Hunde mit. Können Sie mir getragene Wäsche Ihres Mannes überlassen... irgend etwas, was er noch kürzlich am Leib gehabt hat? Damit die Hunde seine Witterung besser aufnehmen können.

Nein, das kann ich nicht, sagte Manon, wir haben nicht mehr zusammengelebt.

Das macht auch nichts, sagt Caflisch, in seinem Rucksack gibt es ja auch noch dies und das. Hoffentlich ist etwas Gebrauchtes dabei, das wäre ideal. Wir geben nicht auf, Frau Doktor.

Eine Weile herrschte Stille am Tisch, man konnte dem Retter ansehen, daß sein Kopf vielerlei Daten zu verarbeiten hatte, auch neue und widersprüchliche.

Da wäre noch etwas, sagte er schließlich. Wir fanden es in der Urne, die wir geöffnet haben, notgedrungen. Sonst haben wir das Grab so hinterlassen, wie wir es vorgefunden haben. Die Urne war geleert. Aber er hat wieder etwas hineingetan.

Eine Nachricht? fragte Nicht.

Das weiß man ja nicht. Ein Notizbuch. Ich habe es sofort per Kurier nach Zürich geschickt, zum wissenschaftlichen Erkennungsdienst der Stadtpolizei. Er ist – weltbekannt.

Ein Notizbuch? fragte Manon. Von Klaus?

Seine Fingerabdrücke sollen drauf sein, sagte Caflisch, jede Menge. Sie sind ja einschlägig bekannt, seit er – entschuldigen Sie – die Dame erschossen hat, die sich in der Urne befand. Aber das Notizbuch war nicht seins. Es ist uralt, älter als Ihr Gatte. Es wurde 1923 angelegt, und der Besitzer war ein gewisser Bühler, Christoph, wohnhaft gewesen in Zürich. Dort hat man seine Identität zweifelsfrei festgestellt.

Das war der Großvater meiner verstorbenen Mandantin, sagte Manon.

Jawohl, sagte Chasper, mir ist bekannt, daß Sie auch die Testamentsvollstreckerin der Dame sind.

Das Notizbuch gehört ins Archiv der Familie, sagte Manon. Es wird Ihnen ausgehändigt, sobald es ausgewertet ist.

Ausgewertet – wofür? fragte Manon schroff.

Umsonst wird es Ihr Gatte nicht in der Urne hinterlegt haben. Möglicherweise enthält es einen Hinweis auf seinen Verbleib. Es ist in Stenographie und stark beschädigt. Aber der wissenschaftliche Dienst der Stadtpolizei –

Herr Caflisch, sagte Manon. Ich danke Ihnen für Ihre Bemühungen, auch die vergeblichen. Aber ein Notizbuch aus dem Jahr 1923 enthält nichts, was die Polizei im Jahr 2004 verwenden kann. Es ist Privateigentum der Familie Bühler, und ich verlange es binnen drei Tagen zurück. Sonst muß ich klagen.

Caflisch sah sie erschrocken an. Diese starke Frau. Er hatte sie noch nie *klagen* sehen.

Das tat sie auch nicht, als er gegangen war; inzwischen hatten Touristen die Gaststube betreten, und der Wirt bot Manon und Nicht seine Küche im Oberstock an, wenn sie allein sein wollten, und Nicht ein Zimmer im Haus, als seinem Gast. Nicht nahm dankend an; er hoffe, die Klosterfrauen ließen ihn ziehen. Da zeigte sich, daß die Schwester des Wirts bereits mit der Äbtissin gesprochen hatte. Diese wußte über den Unfall Bescheid und ließ fragen, ob sie behilflich sein könne, etwa mit einem Gespräch. Man sei im Kloster etwas unruhig gewesen, als man Nicht vermißt hatte; jetzt wisse man doch, warum, und lade ihn ein, zu bleiben, so lange er wolle, und sich wegen der Rechnung keine Sorgen zu machen.

Das berichtete die Schwester des Wirts, als sie dem Paar Stühle ans Herdfeuer gerückt sowie eine Karaffe Hauswein und einen Teller Brot und Trockenfleisch hingestellt hatte; danach zog sie sich zurück.

Was für ein gastfreies Land, sagte Nicht, es muß nur ein Notfall eintreten. Auch Angelina von Planta lebt. Der Himmel weiß, in welchem Bett sie mich letzte Nacht vermutet hat. Jetzt kann sie reinen Herzens für uns beten.

Am 8. Mai hätten wir unseren Scheidungstermin gehabt, sagte Manon.

»Bis daß der Tod uns scheidet.« Wäre es nicht merkwürdig, wenn der Tod eure Scheidung verhindert hätte?

Ich habe sie nicht gewollt.

Aber er wollte sie nicht erleben, wie es scheint.

Sie lächelte traurig. Er ist in ein ganz anderes Leben getreten. Er ist nicht erst gestern ausgestiegen. Schon im letzten Frühling. Mit dem Besuch bei Constanze fing es an.

Ich habe euch nie zusammen kennengelernt, sagte Nicht, aber ihn, glaube ich, ganz gut, für den Anfang. Aber was ein guter Anfang ist, hört nicht auf.

Er glaubte nicht an ein Leben nach dem Tod, sagte sie.

Nein. Denn er glaubte nicht an den Tod. Ertragen muß man ihn, respektieren auch, wohl oder übel. Aber an ihn *glauben* muß man nicht.

Auf unserer letzten Autofahrt hat er nur vom Leben gesprochen. Stundenlang, aber ich mußte fahren, und die Strecke war schwierig. Ich habe ihm gar nicht richtig zugehört.

Damit kannst du immer noch anfangen. Wann sollte der Scheidungstermin sein? Am 8. Mai? Da war doch auch mal das Kriegsende.

Drei Tage vor seinem Geburtstag, sagte sie. Da sollte er frei sein.

Er hat sich die Art seiner Freiheit nicht vorschreiben lassen. Aber was einmal geboren ist, hört mit Geborenwerden nicht so leicht auf.

Davon hat er gesprochen, im Auto, sagte sie. Genau davon. Aber das Wort »Wiedergeburt« hat er nicht gebraucht.

Das war wohl auch nicht nötig. Worte liebte er, aber ein Wortmensch war er nicht.

Er war Soldat, und ich habe darüber gelächelt. Aber ich habe es gesehen. Es ist das letzte, was ich von ihm gesehen habe, als er allein diesen Bergen entgegenstieg. – Sophokles, sagte er, wollte nicht wegen seiner Tragödien erinnert sein, sondern als Soldat im Perserkrieg.

Dann hat es mit dem Kriegsende ja doch seine Richtigkeit, sagte Nicht.

Aber der Krieg war damals nicht zu Ende, sagte sie. Er geht immer noch weiter.

Wenn es kein Ende gibt, sind die Anfänge doppelt wichtig. Sie müssen länger halten.

Manon betrachtete das Feuer. Dann sagte sie: Macht Warten immer noch dick, Balthasar?

Da muß ich dich mal ansehen. Nein. Jetzt darfst du was essen.

Erst trinken wir, sagte sie und nahm das Glas in die Hand. Auf Klaus. Und auf Imogen.

Auf dich und auf mich, sagte er.

Die Gläser, die sie hoben, berührten sich nicht. Aber vor dem ersten Schluck sahen sie einander fest in die Augen.

7 *Gut gelöscht*

Am nächsten Vormittag meldete sich die Wirtin von Lü telefonisch bei Manon. Es lag ihr daran, ihre Teilnahme auszudrücken; für Beileid war es bei weitem zu früh. Die Hubschrauber seien den ganzen Morgen unterwegs, und eine Rettungsequipe mit Lawinenhunden sei schon bei Tagesanbruch bei ihr vorbeigekommen, eine andere, wie sie höre, von S-charl aufgebrochen. Man würde jeden Stein am Berg umdrehen. Die Wirtin ließ ihre eigene Warnung, die leider nicht beherzigt worden war, taktvoll unerwähnt. Sie beschränkte sich auf den ganz besonderen Eindruck, den Manons Gatte bei ihr hinterlassen habe – wahrlich nein: es war kein Nekrolog, hätte sie sonst ihre Hilfe angeboten? Die Frage: Hilfe wozu, mußte sie offenlassen; die Versicherung, sie würde nicht benötigt, durfte ja nicht von ihr selbst kommen. Manon bedankte sich.

Der Anruf Chasper Caflischs am Abend war kürzer und begann mit der Versicherung, man werde nicht aufgeben; sie sagte schon alles. Immerhin: er hatte sich gemeldet, auch wenn in diesem Fall keine Nachricht auch keine gute sein konnte. Manon machte keinen Versuch, die Retter nach *God Tamangur* zu begleiten. Das mochte Caflisch befremden oder erleichtern; er ließ es schweigend gelten. Was ist eine Fundstelle ohne Fund? Die Verlegenheit darüber war auch ohne fremde Zeugen belastend genug. Jedenfalls konnte Caflisch eins jetzt mit absoluter Sicherheit sagen: *weitergegangen* könne der Vermißte nicht sein.

Dafür konnte er die Rückkehr des Notizhefts in Aussicht stellen: in drei Tagen werde er es ihr persönlich überbringen.

So lange war Balthasar Nicht Gast des Wirts, und Manon

erbot sich, ihn danach nach Görlitz zurückzufahren. Unter diesen Umständen brauchte er sein Pilgerbudget nicht zu überziehen. Er freute sich darauf, ihr seine Stadt zu zeigen, namentlich das Heilige Grab. Außerdem war er noch drei Tage mit ihr zusammen und bei der Hand, falls die guten Geister sie wieder verlassen sollten. Und er hatte noch etwas Frist gewonnen für seine private Entscheidung.

Sie unternahmen gegen Wind und Wetter kurze Fahrten in den »Süden«, wie Nicht das benachbarte Vintschgau nannte, an die sich lange Spaziergänge anschlossen, zu einem Land- oder Burggasthof, dessen Tiroler Atmosphäre ihm schon exotisch genug vorkam. Die 763-Euro-Frage (50 Cent nicht zu vergessen) trieb ihn um. Vielleicht war ihre Unentschiedenheit der wahre Grund für sein Glück angesichts der »Spielverlängerung«, aber sie blieb auch die Quelle seines Selbstzweifels. Ohne dich hätte ich mich dumm gesoffen, sagte er, als er sein Gläschen Obstler erhob, mit dem sie sich nach ihrem Fußmarsch durch den plötzlichen Temperatursturz aufwärmten. Er litt, wie er sagte, heftig am »Manche-freilich«-Syndrom, und als Ex-DDR-Bürger könne man daran sterben, weil man vierzig Jahre damit gelebt habe, ohne es zu wissen. »Manche freilich müssen drunten sterben«, lautet die Fortsetzung des Gedichts, und es sei noch lange nicht das Ende, das, wie dasjenige der DDR, auch nicht schrecklich sein werde, sondern *schäbig* – »und das ist das Schlimmste, heilige Tochter der Justitia«. Als Schweizerin könne sie sich sogar Selbstgerechtigkeit leisten, während ein DDR-Bürger sein Konto schon mit ein wenig Stolz überziehe.

Immerhin war Nicht redlich genug, zu sehen, daß der Grund seines Elends kein politischer war. Eher altersbedingt, wie er hinzufügte. Ich will kein Wohltäter sein. Aber woher weiß ich, daß sich eine Frau bei mir auch noch wohl fühlt, wenn ich ein Egoist bin? Dankbarkeit wäre das Zweitschlimmste, was mir widerfahren könnte, und stell dir vor, es müßte mich auch noch über das Schlimmste trösten: das absehbare Unglück einer jungen Frau mit einem Mann, der nicht nur zu alt geworden ist für die Liebe, sondern nicht mal beschwören kann, daß er je gewußt hat, was das ist.

Was immer es war: du hast mich damit gerettet, sagte sie. Du warst ein Engel.

Siehst du, und Engel brauchen keine Liebe. Sie genügen sich selbst.

Davon habe ich nichts bemerkt. Für mich hattest du immer noch etwas übrig.

Mehr als genug, willst du sagen. Und weißt hoffentlich, wie recht du hast.

Für mich reichte es, sagte sie, und ich glaube, es reicht auch noch für ein Kind. Ich weiß es, denn ich war eins. Und wie hast du über mich gewacht.

Danke, sagte Nicht. Aber weißt du: ein richtiger Mann zeigt sich erst, wenn eine Frau ihn beißt. Und diese Probe steht noch aus.

Was hast du gedacht, als ich so dummes Zeug redete?

Wann hättest du das je getan?

Als du dich neben mich ins Bett legtest. Warst du entsetzt?

Und wie. Und dann hätt' ich's ganz gern versucht.

Dann kannst du auch heiraten, Balthasar.

Weil ich fähig wäre, das Unmöglichste zu tun?

Und weil du es dann doch nicht tust.

Und du?

Ich hätte mitgemacht und dich danach umgebracht.

Sie sahen einander in die Augen.

Du bist noch dabei, Balthasar. Nicht alle müssen »drunten sterben«.

Gelobt seist du, Katharina. Aber etwas möchte ich jetzt doch von dir wissen. Warum hast du Frini eingeladen, zu Irings Trauerfeier?

Ich? fragte sie. Das habe ich nicht. Ich wußte gar nichts von ihr.

Als ich von Nieburg zurückgefahren bin, war sie nicht

mehr in Herrnhut. Dabei bin ich auch *deswegen* zurückgefahren. Ich dachte: Iring tot, Frini allein, du mußt sie auffangen. Pustekuchen. Da standen schon ganz andere Arme bereit.

Balthasar, ich verstehe nur Bahnhof.

Klaus natürlich, der schöne Klaus. Wer soll sie sonst gerufen haben?

Du meinst, *er* habe Frini zu Irings Begräbnis eingeladen?

Aus übermenschlichem Takt, wie es seine Art ist. Und mit
derselben Seelengröße hat er es mir verschwiegen.

Du siehst Gespenster, Balthasar. Klaus war selbst am meisten überrascht, wer in dieser Kirche alles zusammenkam –
ich, zum Beispiel. Er wußte gar nicht, daß ich für Imogen
arbeite; wir hatten uns fast ein Jahr nicht gesehen. Er war nicht
einmal selbst eingeladen. Imogen hat ihn für etwas anderes
aufgespart. Niemand hat Frini eingeladen – Judith hat sie in
ihr Flugzeug gepackt und mitgebracht.

Ich weiß, nicht alle Indianer sind wie Indianer-Joe, sagte
Nicht, es gibt auch solche wie Winnetou. Aber ich will nicht
korrekt sein, wo kämen wir Pfeifenraucher da hin. Vicky hat
Format, aber ein abscheuliches, wie Constanzes gelbe
Schreibblöcke. Sie frißt Seelen und will das Erdreich besitzen,
ohne sanftmütig zu sein. Sie hat auch Frini verdorben, als wäre
es an Iring noch nicht genug gewesen. Wie soll ich ihr nun
diesen blutrünstigen Christum ersetzen? Manchmal möchte
ich nichts als weg.

Mit ihr oder ohne sie?

Sie erwartet ein Kind. Erwarte ich es auch? Ich bin nie Vater
gewesen, Manon, wie soll ich zum Ziehvater geschaffen sein?
Fast so wenig wie zur Josefsehe.

Glaubst du nicht, daß es Irings Kind ist?

Wie soll man das glauben? Und wenn man es glaubte: wird
es besser davon? Möchtest du Irings Samen in deiner Familie?

Ich habe keine Familie.

Er nahm die Pfeife aus dem Mund. – Reden wir nicht weiter,
sagte er.

Sie atmete tief ein. Doch, sagte sie. Bitte reden wir weiter. Meine Antwort war *unanständig*.

Das durfte sie sein, sagte er. Ich war ein verdammter Egoist.

Ich auch, Balthasar. Wollen wir das nicht als Fortschritt betrachten? Wir wollen ihn nicht verspielen, durch Wehleidigkeit.

Danke, Katharina, sagte er. Aus dir spricht Hypatia. Als sie totgeschlagen wurde, hat sie auch Blut fließen lassen und keine Milch.

Du glaubst, Frini hat dich belogen, bei der Geschichte mit Iring.

Nein. Dafür hat sie ihn zu rücksichtslos geliebt. Damit hat sie das fromme Krankenhaus verrückt gemacht, aber ich traue einer Frau mehr als der Schulmedizin. Sie hat Wunder gewirkt, das will ich glauben. So weit bin ich schon, Manon, so tief ist meine Vernunft zu sinken bereit. Ich habe *erlebt*, daß sie Wunder wirken kann.

Das ist doch etwas, Balthasar.

Ja, das ist schon was. Aber ich habe auch erlebt, wie leicht sie sich selbst betrügt, und das auch noch mit mir.

Ich glaube, jetzt verstehe ich dich nicht.

Wir haben ein Verhältnis, Manon.

Sie lächelte. – Das habe ich mir fast gedacht.

Aber du hast dir nicht vorgestellt, wie, wann und wo.

Muß ich mir das vorstellen?

Das mußt du, wenn du mitreden willst. Seit September, jeden Morgen, am Heiligen Grab. Ich habe sie nicht nur getröstet, Manon, ich habe sie gebraucht, im umfassenden Sinn des Wortes. Kannst du dir das vorstellen?

Da ich mir nicht vorstellen kann, daß du Gewalt gebraucht hast: ja.

Dafür ist der Ort zu unbequem. Im Ernst. Natürlich habe ich Gewalt gebraucht. Es war stärker als ich. So ist das, Manon.

Jeden Morgen, sagst du. Sie ist also wiedergekommen. Mußte sie das denn?

Wie hätte ich sie zwingen können.

Dann habt ihr euch gegenseitig gebraucht.

Wahrhaftig, ja. Aber du bist Juristin. Ich habe ihre Notlage ausgenützt. Aus eigener Not? Ohne Not, mit der habe ich es schließlich drei Jahre ausgehalten. Aus Mutwillen, Katharina, aus böser Lust.

Das ist dir lange nicht mehr passiert.

Noch nie, Hypatia, und eigentlich durfte es das nicht. Hätte sie es sich nur gefallen lassen – es wäre einmal passiert, vielleicht, und nie wieder. Aber es gefiel ihr, und das ist sehr milde ausgedrückt. Alles in der Verzweiflung, vielleicht. Ich aber – ich hatte nichts anderes mehr im Sinn. Das bringt mich auf Gedanken, und wenn ich ehrlich reden soll: ich hatte sie schon damals.

Was für Gedanken?

Männergedanken, Katharina, damit darf ich dir nicht kommen.

Dann versuch's doch mit Hypatia.

Ich weiß, was Frini in *Splatter* getan hat, für ein wenig Butter aufs Brot. Ich möchte mir nicht gern vorstellen, *wie* sie's getan hat, aber jetzt kann ich mir's vorstellen. Ich mag spät berufen sein, aber von gestern bin ich nicht. Frini ist nicht der Typ für den bloßen *Schein* von Sinnlichkeit. Dafür ist sie zu generös, gibt immer noch was dazu. Ich *weiß*, verehrte Hypatia, was Iring an ihr gefunden hat, und seine Bräute können froh sein, daß sie's nicht wissen, auch wenn sie das Schlimmste befürchten. Es ist immer noch nicht gut genug. Ich *glaube*, daß sie auch einen Halbtoten wecken konnte. Das Kind ist von Iring.

Wußte Judith etwas von dieser Schwangerschaft?

Wenn sie es gewußt hätte, Hypatia, wäre der schlimmstmögliche Fall eingetreten.

Sie hätte sich an Frini gerächt.

Viel schlimmer. Sie hätte sich das Kind angeeignet. Frini hätte es auf Judiths Schoß gebären müssen, wie Rahels Magd in der Bibel. Sie hätte Judiths Kind zur Welt gebracht, und wahrlich, ich sage dir: die hätte es nie mehr hergegeben. Judith ist eine große Regisseurin der Heilsgeschichte. Und es wäre ihr auch gelungen. Nein, sie hat es nicht gewußt. Daß ein gelähmter Mann ein Kind zeugen kann, glaubte sie sowenig wie jedermann, auch wenn sie ihn zum Abgott erhob. Frini behielt ihr Geheimnis für sich. Sie hat es auch mir verschweigen wollen. Ihre Schwangerschaft diente ihr nur dazu, eine weitere zu verhüten.

Das hat dich gekränkt.

Ja. Nein. Ich habe nicht verhütet, das ist wahr. Aber warum hätte mich das stören sollen? Da ich nur an mich dachte, nicht an Vaterschaft, fürchtete ich sie auch nicht. Ich war blind, Hypatia, und wollte es sein. Aber so blind war ich nicht, an ihrem Körper keine Veränderung zu bemerken. Ich bin ihr als erster dahintergekommen, und wenn ich sagen würde: das veränderte alles, müßte ich lügen. Ich wußte nur besser, was ich mir nie ganz verborgen hatte: daß die Andachten des Leibes am Heiligen Grab befristet waren. Das machte sie nicht weniger wünschenswert, im Gegenteil.

Aber du hast die Frau dazu geringgeschätzt.

Warum tat sie es mit mir? Wenn ihr Iring so heilig war und das Kind so unschätzbar – warum ließ sie sich trösten, vom ersten besten? Warum sollte ich glauben, der beste erste zu sein? Ich war doch kein Narr. Aber ich war ein Bock und hoffte es noch ein wenig zu bleiben. *Sie* mußte ja wissen, was sie tat.

Du hast sie für eine Hure gehalten.

Manon, sagte er, ich bin mein Leben lang bei keiner Hure gewesen.

Dann wurde es ja wohl Zeit.

Rede ich mit Katharina? fragte er. Ich bitte um Hypatia.

Was soll sie sagen? Daß sie dich versteht? Hypatia ist keine Hure, weißt du.

Wenn sie mir gesagt hätte, daß ich ein Unglück verhindert habe, bekäme ich wenigstens Gelegenheit, zu widersprechen.

Was für ein Unglück?

Daß Frini der Sekte mit Haut und Haar verfiel. Daß nicht nur Iring dem Christentum Judiths ausgeliefert wurde, sondern auch die Mutter seines Kindes, und das Kind selbst.

Das hast du mit Sex am Heiligen Grab verhindert. Herzlichen Glückwunsch.

Nein, das hätte ich nicht verhindern können. Dafür bedurfte es einer höheren Macht.

Einer höheren Macht?

Klaus, sagte Nicht.

Manon sah ihn entgeistert an. – Was hat Klaus damit zu tun?

Er brauchte ihr nur ein einziges Mal zu erscheinen, und alles war anders.

Nicht berichtete mit dürren Worten, wie Klaus und er, auf der Suche nach Iring, jeden Tag, in der Morgen- und in der Abenddämmerung, am Heiligen Grab eingekehrt waren, um zu warten, und wie ihre Erwartung, durch den Auftritt Frinis, erfüllt worden war.

Die Wahrheit ist, schloß Nicht, Klaus hat *Frinis* Erwartung erfüllt. Er brauchte nicht zu sagen: *Ich bin's*. Er war's. Er hat sie *gezeichnet*.

Manon erschrak, als er sich ans Herz griff, aber es war nur die Brusttasche, aus der er ein mit Plastikfolie geschütztes gelbes Blättchen herauszog. Er faltete es auseinander und legte es auf den Tisch. Es zeigte ein mit knappem Strich hingeworfenes doppeltes Frauenbild, links eine Grazie in Jeans und mit Kopftuch, daneben dieselbe Figur, in derselben fast tänzerischen Bewegung, als Akt.

Das ist Frini, sagte er, gezeichnet von Klaus, linkshändig, statt des Heiligen Grabs, wohin er sich diskret zurückgezogen hatte. Er hat den Augenblick festgehalten, in dem sie mir verriet, wo Iring sich versteckt. Damit hat sie auch Judith verraten. Glaubst du, sie hätte es getan ohne Klaus' Gegenwart? Von da an hatte Indianer-Joe keine Macht mehr über sie. Sie war auf unserer Seite, sie hat uns die Türen geöffnet. Sieh dir das an: er sieht sie zum ersten Mal und streift ihr mit ein paar Strichen das Sündenkleid ab. Er hat sie nackt gemacht, davon ahnte sie nichts, aber danach war sie es auch für mich. Ich hatte ihr Bild in der Tasche, und da hat es nicht geruht, bis das Vorbild bereit war, dem Bild zu gleichen. Damit hat er sie ganz neu geschaffen, und die erste Tür, die sie geöffnet hat, war für mich. Ich war nicht der erste beste, aber der nächstbeste. Ein Stellvertreter, aber nicht der Irings. Sie hatte einen Gott gesehen. Ich profitierte von seinem Abglanz.

Und ich dachte, ihr wäret Freunde, sagte Manon.

Ach ja, sagte Nicht. Warum glaubst du, daß ich in die Schweiz zurückgekommen bin? Ich wollte ihn stellen. Abrechnen. Ihm so nahetreten wie möglich. Wenigstens mal richtig nahe sein. Dann würde er von selbst einlaufen, wie ein Stück Wäsche, das zu heiß gekocht wurde. Daraus wurde nichts.

In ihrem Gesicht stand das Entsetzen, aber sie hatte zu kichern begonnen, strich sich übers Haar und behielt eine Strähne in den Fingern, an der sie nicht aufhören konnte zu zupfen.

Entschuldige – aber Tabis als Gott... da lachen doch die Hühner.

Die Hühner, ja. sagte er. Das gehört dazu. Wie sollen ihn die Nächsten erkennen, er erkennt sich ja selber nicht. Wenn er es tut, fällt er tot um.

Wie soll ein Gott tot umfallen?

Das kommt noch erschwerend hinzu, sagte Nicht. Er hob das gelbe Blatt auf, faltete es sorgsam wieder zusammen, schob es in die Hülle und steckte es in die Brusttasche zurück.

Ich habe ihn liebgehabt, Manon, wie noch keinen Menschen. Das habe ich jetzt davon. Er ist keiner mehr. Es gibt verschiedene Sorten von Brüdern. Castor und Pollux, nur einer ist unsterblich, und wenn es sich zeigt, ist es zu spät. Und dann ist es mit der Brüderschaft vorbei.

Balthasar, sagte Manon, du mogelst. Frinis Schwangerschaft ist kein mythologischer Befund. Er läßt sich von gewöhnlichen Augen feststellen, das ist nur eine Frage der Zeit. Sie erwartet ein Kind. Was wird aus ihm? Was wird aus ihr?

Du bist nicht nur dem Weltkulturerbe zu Gefallen bei St. Johann gewesen. Ich auch nicht. Ich weiß sogar, was das Gegenteil eines Kunsthistorikers ist. Ein Mensch in Not. Die muß ihn ja nicht gleich beten lehren. Aber er hat eine Frage. Und dann kommt es darauf an, wem er sie stellt, der Hypatia oder der heiligen Katharina.

Und was antworten sie? fragte Manon.

Hypatia meinte: auch das Christentum hat mit einem Ehebruch angefangen. Und statt dem großen Zeus mit Eifersucht zu kommen: sei ihm dankbar, daß er dich Amphitryon spielen läßt und dir die Frau gönnt, die beide lieben.

Klaus hat Frini nie geliebt, sagte Manon.

Gezeichnet hat er sie, und getroffen – das reicht. Und was sagt mir die heilige Katharina? Das Kind hat schon drei Väter, einen geistigen, einen moralischen und einen unmoralischen. Wofür braucht es noch einen biologischen?

Es braucht Liebe, sagte Manon.

Spricht Angelina Planta, und als Äbtissin hat sie das letzte Wort.

Ich bin nicht zur Äbtissin geschaffen, Balthasar, ich hätte auch gern ein Kind.

Er war verstummt. Seine Hände lagen auf dem Tisch, und sie legte die ihren darauf. Sie waren immer noch kalt.

Hättest du *mich* gefragt: ein Vater ist so gut wie jeder andere, wenn er nur so warm ist wie deine Hände. Dann ist er gut.

Das ist es, sagte er. Das ist es ja. Bin ich gut? Wenigstens gut genug? Ich weiß nur: die Frist für mein Gelübde läuft aus. Ist es nicht ein wenig verboten, eine Totschlägerin zu heiraten, Juristin?

Nicht, wenn du weißt, warum sie es getan hat.

Aus Liebe. Das macht es nicht besser. Wenn sie mich ernsthaft lieben sollte, riskiere ich allerhand.

Welche Sprache redest du mit ihr?

Polnisch. Das können wir beide gleich schlecht.

Wenn du Griechisch lerntest?

Ein Ziel aufs innigste zu wünschen. Aber ich bin unbegabt, und es fehlt auch die Umgebung dazu.

Die hätte ich zu bieten. Ich suche Mitarbeiter für Antikratos. Das ist eine Insel aus Imogens Erbschaft, die ich zu verwalten habe. Ich möchte sie für Kinder einrichten.

Sie erklärte ihm in großen Zügen, worum es sich handelte.

Megi braucht Spielgefährten, schloß sie, für eine etwas andere Welt. Ich suche Menschen, die einen Unterschied machen können.

Wann? fragte er.

Wenn ihr könnt – so bald ihr wollt.

Der zweite lange Spaziergang führte sie über weit offenes Feld, auf dem, nach der Beschreibung des Wirts, die Schlacht stattgefunden hatte. Für Manon und Balthasar war es ein Kampf gegen den Wind, der ihnen steif, doch nicht mehr eisig entgegenschlug und Regentropfen ins Gesicht peitschte. Ein Warmwettereinbruch hatte den gestern noch gefrorenen Boden trügerisch gemacht. Ihre Stiefel traten Siegel in den saftenden Schnee und hinterließen eine Spur von schmutzigem Matsch. Das undurchsichtige Grau über den Höhen stand zum Schneiden dick, der Wetterbericht meldete die Gefahr von Naßschneelawinen. Die meteorologische Unruhe kündigte die Sturmtiefs »Franzi«, »Gerda« und »Hanne« an, die im Januar 2004 den Kontinent überziehen und riesige Lasten atlantischer Nässe abwerfen sollten. In der Höhe fielen sie als Schnee.

Manon und Balthasar waren wieder an ihren Ausgangspunkt zurückgekehrt, den Burggasthof, vor dem ihr Geländewagen geparkt war; unterwegs hatten sie kaum gesprochen. Jetzt saßen sie auf geschnitzten Holzstühlen mit ausgeschnittenen Herzen in der Rücklehne unter rotweiß gewür-

felten Gardinen. Eine Gaststube in Südtirol hatte die unerbitt-
liche Gemütlichkeit jeder anderen. Italienisch, dafür pausen-
los, sprach nur der Fernseher, in dem ein Fußballspiel lief.

Ich habe mir deine Zukunft überlegt, sagte Nicht. Du wirst
die erste Präsidentin der Europäischen Union.

Die Schweiz ist nicht einmal dabei.

Das gibt sich. Zuerst wirst du ja Ehrenbürgerin Griechen-
lands. Dann gründest du in der Schweiz eine Partei, die gegen
nationale Verdumpfung auftritt und auf Anhieb 19 Prozent
der Stimmen holt.

Wie soll sie heißen?

Z. Die Z-Partei, nach dem Film von Costa Gavras. Z für
»zei«. Er LEBT. Du kommst nicht in den Bundesrat, das weiß
eine »Koalition der Unwilligen« zu verhindern. Aber die
UNO stellt dich an die Spitze der neugegründeten *Planetarian
Agency for Moving People*, abgekürzt PAMP.

Zur Steuerung sozialen Flugsands, den die Globalisierung
erzeugt?

Zu seiner Befestigung in einer kosmopolitischen Zivilgesellschaft. Antikratos ist das Modell dafür, ein interkulturelles
Laboratorium. Natürlich heißt deine Stiftung nicht *Enfants
du Paradis*, sondern *Antikratos*. Sie wird dein Problem im
Nu lösen, daß du zu viel Geld hast, auch wenn du noch einen
Friedensnobelpreis verjubeln mußt. Den kriegst du aber erst
2020. Vorher mußt du die »Mutter Teresa von Antikratos«
geworden sein. Zu diesem Behufe wird Megis Schicksal ver-
filmt. Das stumme Kind kommt groß heraus, etwas zwischen
Goethes Mignon und Fellinis Gelsomina. Danach, wie gesagt,
wirst du die erste Präsidentin der EU. Wie hast du die Schweiz
geködert? Mit dem Angebot, sie zum »Park naziunal« zu erklären und Rätoromanisch zur Lingua franca Europas. Kata-
lanen und Rumänen werden sich freudig darin wiedererkennen. Natürlich hast du auch die EU umgetauft. Richtig muß sie
heißen: »Föderation des europäischen Erdteils.«

Damit man gleich merkt, ich gehe eigentlich aufs Ganze.

Gut, daß ich inzwischen deinen Namen weiß. Wozu bist du eine de Montmollin aus Neuchâtel! Klingt nach französischem Uradel. Dabei wart ihr doch ein preußisches Fürstentum, und *gleichzeitig* ein eidgenössischer Kanton. Soll euch mal einer nachmachen.

Mein Großvater war Pfarrer in den Bergen, da ist Neuchâtel nicht so fein.

Dafür politisch. *La montagne!* Die Heimat Marats, des *Ami du Peuple!* Die Zuflucht Bakunins, die Wiege Le Corbusiers! Und eine Frau bist du auch noch. Herz, was begehrst du mehr?

Ich begehre schon etwas mehr, Balthasar, aber ich glaube, ich bleibe allein.

Er sagte, leise geworden: Du hast die Devise der Z-Partei noch nicht gehört: Scheitern ist selbstverständlich, aber *immer* muß es nicht sein.

Ich habe dir zugehört, Balthasar. Du möchtest nicht nach Antikratos.

Er sah sie an. – Ich habe nur ein wenig Angst, Manon. Ja oder nein – das war nie meine Stärke. Aber bis morgen gibst du mir noch Zeit.

Am 9. Januar erschien Chasper Caflisch pünktlich um fünf Uhr in der Gaststube der *Chalavaina*, mit Anzug und Krawatte. Offensichtlich hatte ihm der wissenschaftliche Dienst der Zürcher Stadtpolizei die Augen geöffnet über das Gewicht der Person, mit der er es in Manon zu tun hatte. Das Notizheft, durch Kurier zurückgebracht, lag auf dem Tisch.

Es sah aus, als hätte es über Jahrzehnte vergessen in einem undichten Dachstock geschlummert. Die mürbe Leinenbindung des Deckels schimmerte wie ein Teerflicken. Das Vorsatzblatt zeigte den Namen Christoph Bühlers. Er hatte auf die schattierte Rundschrift viel Sorgfalt verwendet. Das gewellte Papier, das Ausufern des roten Schnitts verrieten die Feuchtigkeit, der das Heft ausgesetzt gewesen war. Auf den folgenden Seiten verschmierten auch die Zahlengruppen und stenographischen Kürzel. Offenbar hatte sich der Führer des Journals anfangs nur Gedanken zum Gang seiner Geschäfte gemacht. Das formlose Notat machte den Eindruck einer Milchmädchenrechnung, aber die Spezialisten in Zürich hatten festgestellt, daß hier mit Millionen jongliert worden war, ohne Rücksicht auf Landesgrenzen. Die Handschrift eines globalen Unternehmers. Daß er schon auf der Titelseite des *Journal intime* mit Verlust rechnete, hatte etwas Rührendes. Hoffentlich wußte der ehrliche Finder nicht, daß er Anspruch auf ein hohes Schweigegeld hatte.

Nach zwanzig Seiten änderte sich der Charakter des Heftchens dramatisch. Zahl und Schrift verschwanden – die gewellten Seiten glichen Aquarellstudien von Gewölk in allen Schattierungen von Tintenblau. Jemand mußte große Mühe darauf verwendet haben, den ursprünglichen Text zu verwischen und unlesbar zu machen.

Mensch! rief Balthasar, das könnte von Gersdorf sein!

Wer ist Gersdorf? fragte Manon und blickte ihn über die Brille an. Als er sie beim Lesen betrachtet hatte, hatte er geneckt: Jetzt siehst du aus wie Pippi Langstrumpf als Blaustrumpf.

Den führe ich dir in Görlitz vor, sagte er. Die Bilder seiner Schweizer Reise sind sehenswert. Auch wenn seine Wolken nicht überzeugen. Für seinen Geschmack bewegten sie sich zuviel, als Gegenstand der Wissenschaft waren sie unseriös. Landschaften konnte er perfekt, aber am Himmel war Goethe stärker.

War Christoph Bühler unter die Freilichtmaler gegangen? Nein! erklärte Chasper Caflisch. Da hatte einer nachträglich daran gefingert. Er zeigte auf einen einzelnen Abdruck, den der Bearbeiter, gestochen klar wie in einem Verbrecheralbum, mit Absicht hinterlassen haben mußte, um sein Werk zu signieren.

Der Abdruck ist identisch mit demjenigen von Herrn Klaus Marbach, sagte er. Er hat fast zwanzig Seiten absichtlich gelöscht und dafür seinen eigenen Speichel verwendet. Wir kriegen auch noch seine DNA.

Da ist aber noch etwas stehengeblieben, sagte Nicht und beugte sich über das Blatt. Dann las er laut: »H. ist überzeugt«.

Können Sie das noch lesen? fragte Caflisch.

Stolze-Schrey lernten wir sogar in der DDR. Tonbandgeräte waren unerschwinglich – die hatte nur die Stasi. Im Büro herrschten frühindustrielle Verhältnisse.

Warum hat er das Heft in die Urne getan? fragte Manon.

Das wird wohl ein Rätsel bleiben, sagte Caflisch. Es sind jedenfalls Notizen von 1923. Für 2004 geben sie naturgemäß nichts her.

Naturgemäß, sagte Nicht. Aber Klaus muß das Heft wichtig gewesen sein. Von wem kann er es gehabt haben? Wenn von Imogen: warum hat sie es aufbewahrt?

Sie war nie eine Sammlerin, sagte Manon, schon gar nicht von Geschäftspapieren. Ihre Abneigung gegen Zahlen war unüberwindlich.

Und doch hat er ihr gerade dieses Heft ins Grab gelegt, und zwar ohne Zeugen. Er konnte nicht damit rechnen, daß jemand die Urne nochmals öffnen würde.

Sie war auch leer, sagte Caflisch, ich möchte sagen: so leer wie möglich. Sie sah ladenfrisch aus.

Ladenfrisch, sagte Nicht, gerade noch beherrscht. Und was immer er mit dem Heft angestellt hat – er hat es nur noch für Imogen getan. Eine Flaschenpost an niemanden, aber für die Ewigkeit. *Wann* hat er die Passage gelöscht? Was sagt Ihr wissenschaftlicher Dienst dazu?

Erst vor wenigen Tagen, sagte Caflisch. Die Operation ist ganz frisch.

Sie könnte also in *Tamangur* seine... letzte Handlung gewesen sein? fragte Manon mit leiser Stimme.

Das kann man nicht ausschließen, sagte Caflisch.

Und jetzt wissen wir nicht, was sie zu bedeuten hat.

Der Wirt kam aus dem Hintergrund. Trinken Sie noch etwas? fragte er.

Wenn Sie sich dazu setzen wollen, sagte Manon. Wir ver-
handeln keine Geheimnisse.

Es schneit wieder, sagte der Wirt.

Er brauchte es nicht auszusprechen: mit jeder Stunde wurde
auch die Schneedecke im *God Tamangur* höher und tiefer.

H. ist überzeugt, wiederholte Nicht. *Wer* ist H., und *wovon*
mag er im Jahr 1923 überzeugt gewesen sein? Liebe Manon,
das muß sich doch herausfinden lassen. Im ersten Teil des
Büchleins stehen exakte Daten, wir befinden uns im Juni
und Juli des Jahres 1923. Mit welchem H. hat Bühler danach
verkehrt – und offenbar, wenn wir die gelöschten Seiten ansehen, in größerem Umfang?

Eine Punktfahndung, meinen Sie, sagte Caflisch.

Sie sagen es. Eine historische Punktfahndung. Wenn dieser
H. offenbar Überzeugungen hatte – was verdiente festgehalten zu werden? Und was verdiente, oder lohnte, ihre Tilgung
in Klaus Marbachs Augen? Was war skandalös daran, allenfalls? Manon, du hast doch an eurem Historiker-Bericht mit-
geschrieben. Es kostet dich nur einen Gang ins Archiv der
ALUAG. H. wird ja nicht gleich Hitler heißen. Der hatte
1923 anderes zu tun, wenn auch nichts Besseres. Es war das
Jahr seines Putsches.

Ich will es nicht wissen, sagte Manon, es war zwischen
Klaus und Imogen. Ich verbrenne das Büchlein, heute abend
noch im Kamin der *Chalavaina.*

Caflisch sah die strenge Juristin zweifelnd an. Durfte sie
das? Ein Objekt, dem der wissenschaftliche Dienst der Zürcher Stadtpolizei eine gründliche Untersuchung gewidmet
hatte, *verbrennen?*

Nicht hatte weitergeblättert.

Der hintere Teil ist intakt. *Rosalinde Trümpy, Erika Eiden-
benz. Cornelia Ruckstuhl. Hildegard Winteler. Maria Schlag-
inhauf. Rahel Guggenheimer.* Eine Adreßliste, oft auch Tele-
fonnummern.

Es müssen Bekanntschaften von Herrn Bühler gewesen

sein, sagte Caflisch, alles Damen, aus der Schweiz und aus dem nahen Ausland. Nicht alle waren *Damen.* – Von einzelnen hat man in Zürich noch die Identität festgestellt: eine Tänzerin, eine Coiffeuse, eine Bademeisterin, mehrere Büroangestellte... auch aus Bühlers eigenem Betrieb. Bei einer Grabbildhauerin hatten wir Glück, über sie existierte eine Akte. Sie war mehrfach vorbestraft, wegen Hehlerei, Begünstigung, Gotteslästerung –

Nicht hatte den Kopf auf den Tisch gelegt und die Arme darüber. Es schüttelte ihn, aus seinem Körper drangen beunruhigende Laute.

Als er endlich den Kopf hob, sagte er mit schwankender Stimme: Doch noch ein Skandal, Christoph, Christoph! Wenn *so was* nicht ins Grab genommen gehört!

Es ist lange her, sagte Caflisch. Die Damen sind längst verstorben.

Naturgemäß, sagte Nicht. Und im nächsten Augenblick explodierte er ganz und gar. Diesmal legte er dem Ausbruch keine Zügel an, es wäre verlorene Mühe gewesen, Das Lachen barst ihm aus Leib und Seele, es rüttelte ihn wie ein Sturm und warf ihm den Kopf in den Nacken. Es dauerte, bis aus dem Brüllen ein Wimmern geworden war.

Vorbestraft wegen Hehlerei und Begünstigung! Die gotteslästerliche Grabbildhauerin! Was hatten Sie für ein Glück!

Chasper Caflisch sah ihn mit tiefem Befremden an, auch der Wirt schüttelte unmerklich den Kopf. Manon, die beinahe mitgelacht hätte, hielt sich gerade noch zurück; die Anstrengung trieb ihr Tränen in die Augen. Doch als eine unendliche Traurigkeit nachkam, mußten sie fließen.

Aber sie sah nicht vor sich nieder und auch nicht weg. Sie sah Nicht in die Augen und fühlte dabei ihr Gesicht so nackt werden wie seines. Und das Lächeln, das sich darin öffnete, gehörte beiden und keinem, es war das Lächeln von Antikratos.

Anhang

Zeugnisse von und über Iring Selber
(»Dimitrij Kuhlmann« bzw. »DAVID«)

Anhang 1
zu S. 223

»Erinnerung an F. Goldschaum«
Iring Selbers Typoskript
(undatiert)

Wir waren nicht mit den Nachbarn weggegangen, Dies ist unser
Haus, sagte die Mutter, und es steht in Gottes Hut, auch die
Feinde sind seine Kinder. Unser Haus lag auf der Ostseite des
Flusses, den die Russen im Norden und Süden bereits überschritten hatten. Der Geschützlärm grollte weit entfernt. Wir lagen in
einem Flecken Stille, den der Feind nur noch einzunehmen
brauchte, und wir durften ihn jetzt, sagte die Mutter, ruhig erwarten. Wir waren zu dritt, meine Mutter, ihre zwölfjährige Schwester Rahel und ich. Die Frauen hatten die Tracht der Herrnhuter
Schwestern angelegt, und nach dem Mittagessen hielt meine Mutter einen kleinen Gottesdienst am Tisch. Sie gedachte im Gebet
meines Vaters, der irgendwo in Schlesien kämpfte. Wir waren seit
Wochen ohne Nachricht von ihm. Ich weiß nicht, warum meine
Mutter ihre zwölfjährige Schwester dann doch auf dem Dachboden versteckte. Es gab dort einen Verschlag, den mein Vater
bei seinem letzten kurzen Urlaub geräumt hatte, um Stöße von
Papier im Garten zu verbrennen. Meine Mutter vertraute auf
Gott, aber weil die Russen jeden Augenblick da sein konnten,
muß ihr in den Sinn gekommen sein, daß man Ihn auch nicht
versuchen dürfe. Doch die Russen liebten Kinder, und einer Mutter mit Kind würden sie nichts tun. Und als wir sie durch den
Garten kommen sahen – es war drei Uhr nachmittags –, kroch
Rahel in den Verschlag, den man für einen Teil der Kaminverklei-
dung halten konnte.

Sie bewegten sich in einer Schützenlinie, Maschinenpistolen im
Anschlag, auf unser Haus zu, aus dessen Obergeschoß ein weißes
Laken hing. In der offenen Tür standen wir, ich in kurzen Hosen.
Mutter hatte die Arme erhoben. Der erste Russe schob uns mit
vorgehaltenem Gewehr in den Salon, wo wir uns getrennt auf die

Polsterstühle setzen mußten. Er bewachte uns, während die andern die Treppe stürmten und Raum für Raum durchsuchten. Türen wurden eingetreten, Schubladen herausgezerrt und auf den Boden geleert, Schränke aufgerissen; dann entfernten sich die Stiefelschritte nach oben, und wir hörten sie zum Dachboden trampeln. Es dauerte bange Minuten, bis sie, mit lautem Wortwechsel, die Treppe wieder herunterpolterten, offensichtlich hatten sie Rahel nicht gefunden. Nun kam der Keller an die Reihe. Schließlich erschienen sie wieder bei uns, rissen Tür um Tür auf, und zwei von ihnen stachen mit dem aufgesetzten Bajonett in die Wände. Meine Mutter saß unbeweglich in ihrer Schwesterntracht mit Kopftuch und hielt die Hände gefaltet.

Die Soldaten warfen sich in die Sessel, federten auf und ab, lachten, riefen meiner Mutter etwas zu, was nicht böse klang. Sie neigte den Kopf, um zugleich Unverständnis und Demut anzuzeigen. Jetzt stand einer auf, öffnete die Kredenz und prüfte die Flaschen, Likör, Cognac, Wodka. Mit einer Kopfbewegung befahl er einen zweiten her, der ein Tablett mit Gläsern auf den Mosaiktisch stellte. Dann begann er Glas um Glas randvoll zu gießen. Das erste bot er meiner Mutter an. Sie hatte noch nie Alkohol getrunken und verzichtete lächelnd, aber lud die Soldaten mit einer Handbewegung ein, sich keinen Zwang anzutun. Das war überflüssig, die Gruppe leerte schon Glas um Glas, dazu stießen sie auf alles mögliche an, auch auf Stalin, und forderten meine Mutter dringlicher auf, Bescheid zu tun. Allmählich wurden die geröteten Gesichter zornig, einer der Soldaten zerdrückte das geleerte Glas mit bloßer Hand. Als sie zu bluten begann, trat er mit dem Stiefel das Glas der Kredenz ein, stellte sich dicht vor meine Mutter und rief den andern etwas zu. Sie verrückten den Eßtisch, schoben die Stühle weg und zerrten den blauen Seidenteppich in die Mitte. Dann hob einer den Sessel auf, auf dem die Mutter saß, und die andern zerrten sie heraus. Sie wehrte sich erst höflich, dann heftig. Als ich aufstehen wollte, packte mich ein Soldat, schleppte mich in die Ecke und preßte mich an sich, daß ich kein Glied rühren konnte. Plötzlich war es still. Über die Schulter des Soldaten sah ich, wie die Soldaten meine Mutter auf dem Teppich an Armen und Beinen festhielten, während einer ihren Rock bis zu den Schultern hoch – und ein anderer die lange Wollhose herunterzog. Meine Mutter lag mit nacktem Unterleib wie eine Gekreuzigte. Und als der erste sich über sie hermachte, begann sie laut zu beten, das Vaterunser. Der Soldat, der mich hielt, versuchte mein Gesicht an seiner Schulter zu verstecken, aber ich hatte noch gesehen, wie sie den Kopf schüttelte, immer wieder, und zu lächeln versuchte. Da hielt sie einer der Soldaten am Haar fest, und sie verstummte. Dafür begann mein Wächter zu reden, mir etwas einzuflüstern mit dicker Stimme, aber ich roch nur Alkohol darin.

Ich kann nicht sagen, wie kurz oder wie lange die Kreuzigung meiner Mutter dauerte. Der Mann, der mich gefesselt hielt, kam nicht mehr dran. Auf einmal ließ er mich los. Sogar derjenige, der zwischen den Beinen meiner Mutter lag, hielt inne. In der Tür stand Rahel, ganz nackt, eine Erscheinung hellen Wahnsinns, und begann zu singen: Befiehl du deine Wege und was dein Herze kränkt. Sie sang mit zitternder Stimme eine Strophe nach der andern. Einer der Männer hielt die schwarze Decke des Flügels in den Händen, legte sie über ihre Schultern und zog sie vor ihrer Brust zusammen. Meine Mutter lag bewegungslos auf dem Boden. Einer faßte den Rock, der bis zu ihren Schultern hochgezerrt war, behutsam an, bedeckte sie damit und versuchte ihn glattzustreichen. Der Mensch, der mich festgehalten hatte, begann zu schluchzen und grub seine Fäuste in die Augen.

Einer schrie laut, es war derjenige, der zu befehlen hatte. Die Männer ordneten ihre Kleider, nahmen die Waffen, sammelten sich zur Gruppe, und derjenige, der zu befehlen hatte, hielt eine grollend klingende Rede, ohne dabei jemanden anzusehen. Auch meine Mutter nicht, als er ihr den Arm bot. Sie zog sich daran hoch und wollte wieder fallen, aber er hielt sie fest, und schließlich stand sie gebeugt und so allein, wie ich noch nie einen Menschen gesehen hatte. Dann kam sie zu mir, nahm meine Hand, führte mich zu Rahel und schloß uns in die Arme.

Derjenige, der zu befehlen hatte, schrie ein Kommando. – Die Soldaten gingen an uns vorbei, jeder verbeugte sich andeutungsweise, dann verließen sie das Haus, betreten flüsternd, wie Leute, die noch einmal davongekommen sind.

Anhang 2
zu S. 235

Cymbeline
Aus einem Schulheft Iring Selbers während seiner Gymnasialzeit,
vermutlich März 1957

A *Diktat Prof. Leonhard Weiland*

Es war einmal ...
im sagenhaften Altertum Britanniens ein König namens Cymbeline. Von seiner ersten Frau hat er drei Kinder. Die zwei erst-
geborenen Söhne wurden ihm von einem Fürsten, dem er unrecht
getan hatte, schon aus der Wiege entführt und sind seit zwanzig
Jahren verschollen. Es bleibt ihm die Tochter, Imogen. Nach dem
Tod seiner Frau nimmt er eine zweite, die einen Sohn namens
Cloten (ausgesprochen wie »rotten«) in die Ehe bringt und diesem die Thronfolge sichern möchte. Dafür soll er sich mit Imogen
verbinden, aber sie hat schon Postumus Leonatus geheiratet, einen bürgerlichen Mann. Nun muß dieser verbannt werden, um
der dynastischen Intrige nicht im Wege zu stehen. Nach gegen-
seitigem Treueschwur trennt er sich von Imogen und geht nach
Rom, dem Britannien tributpflichtig ist. Hier hat er Freunde aus
seiner Soldatenzeit. Mit einem von ihnen läßt er sich auf eine
Wette ein: Iachimo erhält Erlaubnis zum Versuch, Imogen zu
verführen. Gewinnt er, sollen ihm auch der diamantene Ehering
und das Vermögen des Gatten gehören. Verliert er, muß er sich für
einen Zweikampf rüsten auf Leben und Tod.
Aber auch mit einem Empfehlungsschreiben ihres Gatten blitzt
Iachimo bei Imogen so gründlich ab, daß ihm nur übrigbleibt,
seinen Versuch als Probe auf ihre Treue zu deklarieren. Ihre Ver-
zeihung benützt er dazu, sie um sichere Aufbewahrung eines Ka-
stens zu bitten, der angeblich ein Geschenk an den römischen
Kaiser enthält. Sie läßt das Möbel arglos in ihr Schlafzimmer
schaffen. Als sie schläft, steigt Iachimo heraus, entwendet ihr

das Armband, das Treuepfand ihres Gatten, und merkt sich ein Kennzeichen auf ihrer entblößten Brust sowie die Einrichtung des Schlafzimmers. Mit diesen Indizien überzeugt er, nach Italien zurückgekehrt, Postumus von der Untreue seiner Frau, und dieser schließt sich einem römischen Heer an, das nach Britannien zieht, um den Tribut mit Gewalt einzufordern. Imogen, die am Hof nicht mehr leben kann, will, auf die briefliche Einladung ihres Gatten, zum Landehafen eilen, um in seinen Armen Schutz zu finden. Aber seinem Diener Pisanio, der sie durch die Wildnis begleiten soll, hat der Rachsüchtige bereits einen ganz andern Auftrag gegeben: er soll Imogen töten. Statt dessen klärt Pisanio sie über ihre Lebensgefahr auf und stattet sie mit Männerkleidern aus. Zugleich erhält sie ein Medikament, das sie in der Not stärken soll. Es ist aber ein Gift, das ihr die böse Stiefmutter gemischt hat, nur hat es ihr Leibarzt, ebenfalls kein williges Werkzeug, in eine Droge verwandelt, die bloß einen todähnlichen Schlaf bewirkt.

Aber bevor die verkleidete Imogen nach der vermeintlichen Stärkung greift, begegnet sie hilfreichen Waldbewohnern. Es sind die ihr unbekannten Brüder, die, von ihrem ritterlichen Entführer erzogen, zwar nichts von ihrer Herkunft wissen, aber in der wilden Natur zu untadeligen Jünglingen herangewachsen sind. Die verkleidete Schwester gewinnt ihr Herz, und sie sind untröstlich, als sie dem vermeintlichen Jüngling, der an seinem Medikament scheinbar verstorben ist, eine Totenfeier ausrichten müssen. Einer von ihnen hat im Wald einen beleidigend auftretenden Ritter umgebracht: Cloten, der nach der flüchtigen Imogen fahndet und geschworen hat, ihr in den Kleidern des Postumus Gewalt zu tun. Da ihm sein Besieger den Kopf vom Rumpf getrennt hat, muß Imogen, als sie aus dem Todesschlaf erwacht, die Leiche für die ihres wahren Gatten halten und die Waldgefährten für seine Mörder. Nun weiß sie sich keinen Rat mehr, als in der Mitte des Feindes Schutz zu suchen und dem römischen Feldherrn – immer noch im Männerkleid – ihre Pagendienste anzubieten.

Inzwischen findet Postumus das blutige Kleid Imogens und ist sich sicher, daß ihm sein Diener Pisanio den verlangten Morddienst geleistet hat. Jetzt packt ihn tiefe Reue. In seiner Verzweiflung wechselt er die Seite, schließt sich als einfacher Kriegsknecht dem britischen Heer an und schlägt den Ehrenräuber Iachimo, ohne ihn zu töten. Dank seiner Todesverachtung und dem Heldenmut der beiden bisher verborgenen Königssöhne und ihres Erziehers gelingt es den Briten, die Schlacht zu ihren Gunsten zu wenden. Der untröstliche Postumus sieht die einzige Chance, den gesuchten Tod zu finden, in einem erneuten scheinbaren Seitenwechsel. Er läßt sich als Römer gefangennehmen, um als Verräter gehängt werden. Doch im Kerkertraum erscheint ihm Jupiter samt den toten Eltern und Brüdern. Der Gott erklärt ihn zum Ehrenmann und stattet ihn mit einem Orakel aus, das in Form eines Bilderrätsels die Auflösung des Knotens zu einem guten Ende verspricht.

Und so kommt es auch: der König überwindet nicht nur die Römer, sondern sich selbst und willigt aus freien Stücken in den Tribut ein. Er bekommt zwei verlorene Söhne zurück, denen er die Herrschaft vererben kann, während Imogen, in ihrer Unschuld rehabilitiert, frei wird für ihre Verbindung mit dem geläuterten Postumus. Niemand außer rettungslosen Bösewichten (wie die Stiefmutter und ihr Cloten) zahlt die Rechnung des Stücks, die niemals aufgehen könnte, wären nicht zwei Größen daran beteiligt, die, obwohl sauer erworben, nur geschenkt sein können: die Gnade der Kunst und die Treue Imogens.

B *Iring Selbers Antwort*

Sehr geehrter Herr Professor,

I respectfully disagree. Ihr Urteil ist bestochen durch Ihre Liebe zu Imogen. Ich finde »Cymbeline« ein todtrauriges Stück. Nachdem der verzweifelte Shakespeare jeden seiner Charaktere zwei- oder dreimal umgedreht hat, läßt er gut sein, was abscheulich bleibt, furchtbar in jeder Einzelheit, die Sie lieber nicht zu genau betrachten.

Imogen täuscht sich nicht weniger als alle andern. Sie will treu sein und weiß nicht mal wem. Als die Leiche Clotens vor ihr liegt, hält sie ihn für ihren Mann. Sind es nur die Kleider, die sie irreführen? Dann hören Sie dies: *I know the shape of's leg: this is his hand, / His foot Mercurial, his Martial thigh, / The brawn of Hercules«* – fehlt nur »*his Jovial face*«. – Natürlich fehlt das Gesicht, wenn der Kopf fehlt. Aber von einer liebenden Gattin dürfte man doch erwarten, daß sie den Leib des Geliebten kennt. Sie sieht ihn lieber nicht zu genau an, sie ersetzt ihn durch Mythologie. Und als nächstes verliert sie *ihr* Gesicht. Wenn sie nicht weiter weiß – muß sie gleich zum Feind überlaufen?

Der irre Kostümwechsel des Stücks bedeutet doch nur, daß die Figuren *immer* verkleidet sind – auch nackt. Was ist der Widerstand noch wert, den Imogen dem italienischen Playboy geleistet hat? Was ist ein Körper, wenn man an seine Stelle ein Phantom wie »Treue« setzt? Die Figuren schwanken alle, denn sie bestehen nur aus Sprache und kennen keine Wirklichkeit als die rhetorische.

Einer kann mir leid tun: Postumus. Was stellt er nicht an, um zuverlässig auf der Verliererseite zu landen! Ohne Eltern hat er nicht mal Kind sein dürfen. Wie soll einer da der Liebe nicht wie ein Idiot begegnen? *O Imogen! / My queen, my life, my wife! O Imogen / Imogen, Imogen!* Und dann weiß er sich nichts Besseres, als seine Imogen zusammenzuschlagen, als sie leibhaftig vor ihm steht. Er erkennt sie so wenig, wie sie ihn erkannt hat, und bricht in die goldenen Worte aus: »Ist hier ein Schauspiel? Du vorwitzger Page / Da liegt deine Rolle.« Da kann Pisanio nur noch jammern: »Erst jetzt erschlugst du Imogen; helft, helft!« Wem, bitte, soll noch zu helfen sein, wenn alles Schwindel ist: *How come these staggers on me?* Der arme Waisenknabe hat's nötig, daß sein Mütterchen aus dem Grab steigt und Jupiter anfleht: *Since, Jupiter, our son is good / Take off his miseries.* Doch wem sagt sie das? *His celestial breath / Was sulphorous to smell.* Das riecht nach Höllenbraten – sollen wir ihn für himmlisch halten, wenn er sich als Buch verkleidet? *A book? O rare one! / Be not, as is our fangled world, a garment / Nobler than that it covers.* Wahrlich, ein frommer Wunsch. Gibt es ein lesenswertes Buch, das selbst keine Verkleidung wäre? »Könnt ich Magie von meinem Pfad entfernen« – Prospero tut das, erzählten Sie uns bei der Lektüre des »Sturm«. Bevor er seinen Thron wieder besteigt, versenkt er seine Bücher ins tiefste Meer. Weil Bücher und Macht, Geist und Machenschaft sich nicht vertragen? O nein, sagten Sie: weil er sich das einzige Kleid anzieht, in dem er, wenn er betrügt, kein Betrüger mehr genannt werden darf. Heißt das, dem Zauber abschwören? Oder ist die Macht nur der stärkere Zauber – und der faulere?

Lieber Herr Professor, Sie wissen, wovon Sie reden. Und jetzt kommen Sie uns mit heiliger Unschuld. Die sollen wir Ihnen aus der Hand fressen, *car tel est votre plaisir.* Leider haben Sie mich lesen gelehrt.

Sie lieben Imogen, sie legen ihr das Beste zu Füßen, was Sie haben: Sie opfern ihr sogar Ihren bösen Witz. Zuviel der Ehre: Shakespeare hatte verdammt viel bösen Witz nötig, um sie für ihr Glück zu retten, ein zynisches Glück, ein Hohn auf das Glück. Sie sagen: das ist sie eben, die Kunst. Sie macht ihr Glück mit jedem Stoff. Mit dem ganzen Elend des Menschen macht sie es. Ist es Ihr Ernst, daß man als Schüler lernen muß, ihr dazu zu gratulieren?

Ihr Iring S.

Anhang 3
zu S. 322

»Die Frauen, spricht der Herr«
Textfragment Selbers (alias Dimtrij Kuhlmann)
aus seiner Zeit in Görlitz, Sommer 2003,
nach der Erinnerung notiert von Balthasar Nicht

Die Frauen, spricht der Herr; lieben magst du sie ja alle, auch wenn sie nicht alle liebenswürdig sind, aber jede ist es ja doch. Du kannst mit jeder. Treu sein kannst du nur einer, und das ist die Eine, die es nicht darauf anlegt. Wehe, sie begegnet dir zu früh. Dann dürftest du nicht mehr leben; dann gerät dir das übrige Leben zum Irrtum. Danach kannst du jeden Weg gehen, einen so gut wie den andern. Es gibt keinen, auf dem du den Irrtum wieder gutmachen könntest. Du kannst dich nur immer weiter verraten. Wo du hinlangst, stiftest du Unglück und kannst nur noch hoffen, ein Unglück sei groß genug. Denn nur das größte ist erträglich. Du stirbst daran, daran allein erkennst du, ob es groß genug war. Keine Stunde zuvor. Und dann ist es zu spät. Gott sei Dank.

Es gibt nur eine einzige Frau, spricht der Herr, und von der redest du nicht. Es gibt keine andere Möglichkeit, sie nicht zu verraten. Und sie allein darfst du nicht verraten, auch nicht in der Stunde deines Todes. Behalt sie für dich. Wie anders soll deine Liebe dich überleben?

Die Welt ist ein Bild, spricht der Herr, und es wird immer mehr von falschen Bildern zugemauert. Du kannst zweierlei tun: vor der Mauer zurücktreten, oder sie zerstören. Nur ist beides nicht möglich, denn je weiter du zurücktrittst, desto sicherer bricht der Boden unter deinen Füßen. Zerstören aber kannst du die Mauer nur in dir selbst, und dabei geht dein Leben mit. Beides also, zurücktreten wie zerstören, läuft auf dein Ende hinaus. Aber wenn du dir die Bilder recht angesehen hast, fürchtest du den Tod nicht mehr. Wo du nicht mehr bist, ist die Welt mit einem Schlag kein

Bild mehr, wenn auch nur für einen Augenblick. Es kommt also darauf an, diesen Augenblick schon im voraus festzuhalten, und zwar mit aller Kraft.

Anhang 4
zu S. 360

Briefe Balthasar Nichts an Klaus Marbach über Iring Selber,
Herbst 2003

A *Görlitz, 24. September 03*

Die Lücke, die du hinterlassen hast, stopfe ich, wie angedroht, mit
Papier. Elektronisch geht bei dir ja nichts, und so kehre auch ich
zu meiner Hermes Baby zurück, der Mitgift meiner Schweizer
Reise. Ihren typographischen Fingerabdruck gab es in der DDR
nicht oft, das erleichterte auch das Werk der Zensur. Ob sie, wie
Heine meinte, meinen Stil verfeinert hat, bleibe dahingestellt.
Heute ist es Sicherheit, was unsere Zensoren beschäftigt, Stil-
Feinheit würden sie gar nicht bemerken. Wo Unsicherheit zum
Allgemeinzustand geworden ist: wer kann sich da seiner Identität
noch sicher sein, wenn er keinen Freund hat, der sie ihm manch-
mal bestätigt?

Ich treffe mich immer noch jeden Morgen am Heiligen Grab
mit Frini, wenn sie von Zgorzelec nach Herrnhut fährt, wo sie als
»Übersetzerin« tätig ist. Unser Verhältnis ist inzwischen so, daß
sie glaubt, vor mir keine Geheimnisse nötig zu haben. Sie hat kein
leichtes Leben; dabei erzählt sie mir nur das Gröbste davon. Als
sie ihren Mann verloren hatte – er ist im Ruhrgebiet abgestürzt
und war tatsächlich ein polnischer Dachdecker! –, war sie dankbar, in *Splatter* die Böden der Offiziersmesse reinigen zu dürfen,
natürlich auf höchster Geheimhaltungsstufe. Das passende Design des Irakkriegs mußte noch gefunden werden. Es war schon
damals nicht viel wert, wenn man Frinis Arbeitslohn als Schweigegeld betrachtet. Als Zubrot half sie einigen Chefs auf den
Sprung, schlechten Gewissens, obwohl sie es mit Wächtern Christi zu tun hatte. Aber auch eine fromme junge Frau gönnt sich
gern einmal ein neues Kleid.

Mit Iring mußte es dann wahre Liebe sein. Als er in *Splatter* einer Person begegnete, mit der er griechisch reden konnte, vergaß er das militärische Disneyland und wurde zum großen Pan. Frini war nicht nur liebebedürftig, sie wollte geschätzt sein, und diesen Respekt vor sich selbst verstand ihr der Hexer beizubringen. Für ihn lag sie am Weg. Für sie aber *war* er der Weg – und die Wahrheit und das Leben gleich dazu. Sie ist von Haus aus eine gläubige Natur, und wenn sie liebt, glaubt sie fürchterlich.

Aus Frinis Bericht kann ich erkennen, wie sich das Netz um Iring zusammenzog. Am Ende hatte Judith nichts zu tun, als im Versteck zu warten, bis sie das Liebesnest ausnehmen konnte. Sie war durch Schaden klüger geworden. Denn einmal muß sie schon aus dem Busch gekommen sein, um Iring zu stellen. Aber er riß aus und suchte Schutz – zuerst bei seiner Ehefrau, und als sie nicht zu erreichen war, bei Frini. »Die Fliege, die nicht geklappt sein will, setzt sich am besten auf die Fliegenklappe selbst«. Diesen Satz, den mir Dimitrij angesichts der Lichtenbergschen Figuren als Gipfel der Klugheit vorstellte, habe ich gleich als physikalischen Irrtum betrachtet. Er floh ausgerechnet nach *Splatter*, um sich unter Frinis Rock zu bergen, als wüßte er nicht, daß sein Lamm zu Judiths Herde gehörte. Wollte er es nicht wissen? Oder *suchte* er die Gefahr? Als er mit Sack und Pack zum zweiten Mal in *Splatter* auftauchte, ließ er Frini in Zgorzelec eine konspirative Wohnung anmieten, wo sie sich ungestört zu treffen glaubten. Dabei war die Fliegenklappe längst aufgezogen. Judith hütete sich, Irings neueste Liebe zu vergrämen. Im Gegenteil, sie fütterte das scheue Wild mit einer Mission. Wer, wenn nicht Frini, konnte den Geliebten zu Gott führen? Aber er durfte keineswegs ahnen, wer dahintersteckte. Das sollte zwischen Judith und Frini bleiben, *privileged knowledge*.

Und doch muß Iring Unrat gewittert haben. Am 29. August kehrte er nicht in die Wohnung zurück. Zuvor hatte er Frini des Verrats bezichtigt, nachdem sie ihren Bekehrungswunsch offengelegt hatte und damit auch die Rolle der verehrten Judith, die nur sein Bestes wolle. Die arme Seele ahnte nichts vom Abgrund, über dem ihre Liebeslaube errichtet war. Plötzlich tat er sich auf, und Iring verschwand. Es sollte seine letzte Flucht bleiben. Sie reichte nur noch bis zum Städtischen Friedhof und von da ins Johanniter-Krankenhaus. Da machte ihn Judith dingfest, und von da an besaß er nur noch die Identität, die sie ihm verlieh.

Jetzt mußte die arme Frini die Doppelrolle *sehen*, die sie nichts-

ahnend gespielt hatte. Nicht weniger betrogen als Iring, hatte sie
der Schlange als Köder gedient und war jetzt auch noch *um* Iring
betrogen. Aber noch gibt es auf der Siegerseite einen Schwach-
punkt. Frini ist für die Pflege des Gefangenen nicht zu entbehren.

Natürlich ist Judith auch über Frinis Kontakt mit mir im Bilde.
Sie hätte es in der Hand, ihn zu unterbinden. Ich habe eine Ahnung, warum sie es nicht tut. Aber davon im nächsten Brief –
soviel für heute von deinem Gratis-Geheimdienst aus G.

B   *Görlitz, den 1. Oktober 03*

Wie sich Iring zwischen Berlin und *Splatter*, Görlitz und Zgorzelec ohne Papiere frei bewegen konnte? Wenn die CIA hinter seiner
»Akademie« steckt, muß sie ihn mit falschen Papieren oder einem
Diplomatenpaß ausgestattet haben. Auch den muß er am Ende
losgeworden sein. Sonst hätte ihn das Krankenhaus gleich identi-
fiziert. Aber die Existenz von *Splatter* untersteht der Geheimhaltung, und da muß auch die Identität der damit verbundenen Personen verdunkelt werden. Das sind so die Geheimnisse einer Su-
permacht. Ihre Taktik mag ausgeklügelt sein, doch ihre Quellen
bleiben primitiv. *He may be a son-of-a-bitch, but he is* our *son-of-
a-bitch*. Solche Merksätze bleiben unvergessen – bis zum nächsten
Mal.

Was auch der Dümmste sehen kann: Judith hat selbst als verlorene Tochter im amerikanischen Südwesten nie Gold zu waschen brauchen. Auch als das arme Kind kein Dach über dem
Kopf mehr hatte, Frau Constanze Bühlers Kreditkarte hatte sie
immer noch. Ich denke mir, daß sie auch für die Sekte nicht nur
wegen ihres Charismas interessant gewesen ist. »Interessant«,
einst ein Schlüsselbegriff der Romantik. Heute das Hauptwort
der Anlageberater.

Daß mein Wohlgefallen an Frini nicht interesselos sei, hast du
mit der dir eigenen Kühnheit schon festgestellt. Aber da sie es
mit Gott hat, kann ich nicht mithalten. Es war Er selbst, der ihr
gezeigt hat, wo der verschollene Iring zu finden war – durch
Magdalena, die Sünderin, der sie ihr Leid zuerst geklagt hat, nicht
etwa der Polizei. In Polen glaubt kein Mensch an die Heiligkeit
der Hermandad. Aber als Frini vor dem Salbhäuschen kniete, *sah*
sie Iring auf seinem Lazarusbett liegen. Dazu erschien ihr ein

Johanniterkreuz am Himmel und zeigte ihr den Weg – sie
brauchte nur noch den B-Bus zu nehmen.

Frini zog ins Krankenhaus um und schlug ihr Lager zu Irings
Füßen auf. Man ließ sie gewähren, aus Christentum und Sparsamkeit. Iring, namen- und mittellos, war in einem Zustand, dem mit
Heilgymnastik und Logopädie nicht mehr beizukommen war.
Aber Frini, Maria und Magdalena in einer Person, hat keine Stelle
an seinem Körper unbehandelt gelassen – auch nicht solche, welche die Sittsamkeit anzurühren verbietet. Sie hat ihm die Odyssee
vorgelesen, einen Gesang nach dem andern, und er hat geweint.
Das war kein vegetativer Reflex mehr. Es war das Lebenszeichen
seines Geistes. Und Frini lockte das nächste hervor. Auf einmal
begann sein linkes Auge zu zwinkern. Das Auge wollte Lippe
werden. Es mußte nur jemand dasein, der las. Frini hat eine Ta-
belle gezeichnet, das griechische Alphabet aufgeteilt in fünf Zeilen. Die geht sie mit dem Finger durch. Einmal zwinkern bedeutet: nein, in dieser Zeile steht nicht, was ich *anfangen* möchte zu
sagen. Zweimal zwinkern: ja, hier weiterfragen. Iring erfaßte die
Spielregel sofort. Das Wortende markierte er mit Augenschließen.
So kamen im Lauf einer Lesestunde Wörter zusammen, erst vier,
allmählich vielleicht zehn.

Frini verstand sie nicht. Aber sie hat sie notiert und aufbewahrt.
Gestern hat sie mir ein Blatt gezeigt. Hier die letzte Textgruppe:

EGGURTSIMROCLEHCATEIPALLEVONAL
REPIHGAVREGNAIPIDIEIMIHCCOILIDEVES

Ich habe den Text bei sprachmächtigen Freunden herumge-
zeigt. Unter denen, die meine Briefe einst von Staats wegen mit-
gelesen haben, kenne ich einen, der noch jeden Code geknackt
haben will. Doch an diesem ist er gescheitert.

Und du?

Wie hat Judith Frinis Krankendienst aufgenommen? Sie hätte
sie dazu *befohlen*, wenn Frini der Nachhilfe bedurft hätte. Judith
hat Iring jeden Tag im Auge gehabt. Es muß nicht immer das Auge
Frinis gewesen sein. Vermutlich ist er auf keinem Spaziergang
nach Görlitz unbeschattet geblieben. Auch Niklas gehörte zur
Gemeinde. Aber als die Beute eingeholt war: wer, außer Frini,
hätte sie frisch halten können? Wenn sie ausgedient hatte, war
es immer noch Zeit, ihr die Rechnung aufzumachen.

Judith brauchte im Krankenhaus nicht selbst aufzutreten. Es
genügte, mit der Direktion im Bunde zu sein und, wenn es soweit

war, den Austritt zu regeln, auch die Spesen. Die Amerikanerin bot Gewähr für einen Pflegeplatz erster Klasse. Und die Johanniter waren froh, ihr Kostenrisiko los zu sein.

Das Gartenhaus. Erinnerst du dich an die Heiterkeit des Gottesackers? Das alte Herrnhut hatte eine ganz eigene Art, das Schauderhafte mit dem Artigen zu verbinden. Dazu gehören die Gartenhäuser der Brüder. Selbstverständlich konnten sie an keinen Garten ohne Gethsemane denken, den Tiefpunkt des Herrenleidens. Was aber hinderte sie, die Verbindung umzukehren und bei »Gethsemane« an »Garten« zu denken, in dem sie sich ihres Herrn freuen durften? Judiths neues Herrnhut hat das Gartenhaus zur Hölle gemacht. Iring bekommt jeden falschen Ton der Anbetung mit und muß dazu stillhalten – auf eine solche Folter kann nur die christliche Liebe kommen.

Frini berichtet, daß Iring immer noch Augenbotschaften sendet – an sie allein, und sie kann sie nur nachbuchstabieren, nicht verstehen. Das wird Judith nicht genieren, *hineinzulesen*, was sie sich wünscht. Frini redet von einem »Buch David«, das er diktieren wird. Man darf auf das Schlimmste gefaßt sein. Und wenn Frini die Fälschung nicht beglaubigt, wird sie als innerer Feind behandelt, und gegen den hat *Splatter* seine Mittel. Irings letzte Liebe empfiehlt sie nicht für schonende Behandlung. Judith ist eine Seelenmörderin, Klaus. Sie macht mir angst.

C *Görlitz, den 5. Oktober 03*

Offenbar muß man Schweizer und Linkshänder sein, um den Schlüsseldienst der alten DDR zu beschämen. Du hast nur drei Blicke nötig, um Irings Augenzwinkern zu lesen. Mit dem ersten siehst du, daß es sich um Spiegelschrift handelt. Der zweite sagt dir, daß man den Text von hinten lesen muß, und beim dritten kommt deine Sprachenvielfalt zum Zug. Den Rest besorgt die Suchmaschine. Du fragst sie: *Se vedi li occhi miei di pianger vaghi?* und sie antwortet: *Dante.* Die Frage ist jetzt nur noch: was wollte uns Iring mit Dante sagen? Eine Bitte um Gottes Strafe für diejenigen, die seine Gebote verletzen – soviel versteht man noch. Aber ist es noch Iring, der spricht, oder schon Judith?

Wenn es Iring ist, zeigt er jedenfalls: sein Geist ist intakt. Er hat seinen Dante behalten, er kann ihn vor- und rückwärts hersagen:

dafür genügt ein Kopfschaden nicht. Er ist noch mächtig genug für einen Text, den keiner kennt – und den, wenn er entschlüsselt ist, nur eine Handvoll verstehen kann. Aber er sagt: es *gibt* diesen Text. Und dieser Text bin ich. Er *ist* Ich, unzerstörbar. Was hat ein wirklich stolzer Mensch der Welt Dringenderes zu bestellen, und wenn es sein letztes Wort wäre?

Sie haben ihn ordentlich herausgemästet. Er kann sich sehen lassen. Aber er »spricht« nicht mehr. Und es ist eingetreten, was ich befürchtet habe: Judith hat sich seiner Sprache bemächtigt. Jetzt spricht *sie* für ihn.

Die Oberstube des Gartenhauses ist zum Ort der Offenbarung geworden, und zur Schreibstube. Hier sitzen sie selbdritt ganze Tage: der gelähmte Gott und die Jüngerin, die sein Gelenk in den Fingern hält, um zu fühlen, was sein Herz ihr sagt. Und wenn sie es verkündet, sitzt da eine Dritte am Tisch, die es notieren muß. Sie leidet. Aber wie widerspricht man dem Puls des Geliebten? Wenn man froh ist, daß er überhaupt noch schlägt? Ihr Deutsch ist bescheiden, Judiths Ergriffenheit echt – und heilig ihr Zorn, wenn Frini dem Diktat nicht folgen kann. Hat sie ihn denn früher verstanden? Sie hat ihn nur geliebt.

Sie weint, wenn sie mir diese Szene zu schildern versucht. Jetzt bin ich's, der sie in die Arme nimmt, stellvertretend – und kann den Riß ihrer Seele sowenig heilen wie Maria Magdalena. Aber jeden Morgen kehrt sie an die Stelle zurück, wo ihr einmal ein Engel erschienen ist, dankbar, wenigstens einen Menschen zu finden.

Dante spricht von seinen Tränen, und Iring weint. Warum weint ein Mensch?

Als Anna starb, habe ich nicht weinen können. Der Hammer verschlug mir jedes Gefühl. Seither sind die Augen trocken geblieben. Und ich getraue mich zu vermuten, was weinen könne, sei nie das reine Gefühl, sondern das *beleidigte*. Die Trauer hat keine Tränen, aber die Kränkung hat sie. Und die Wut.

Frini, die Griechin, muß den deutschen Text ins reine schreiben. Sie hat, was streng verboten ist, eine Abschrift des Anfangs angefertigt und mir zugesteckt. Ich lege sie bei. Laß keinen Menschen dran, aber sag mir, was du siehst.

Die Berufung

1 Einer Schale, der niemals der Wein fehlen möge, gleicht dein Schoß, süßes Mädchen!

2 Ich habe doch mein Kleid schon ausgezogen und müßte es deinetwegen wieder anziehn. Auch meine Füße habe ich gewaschen, ich würde sie ja wieder schmutzig machen?

3 Meine Liebe gilt nur einer, sie ist ihrer Mutter Liebling, denn sie ist die einzige Tochter.

4 Du hast mich verführt, Herr, und ich habe mich verführen lassen; du hast mich gepackt und mir Gewalt angetan.

5 Wenn ihr nicht wach seid, werde ich euch wie ein Dieb überraschen; ihr werdet nicht wissen, in welcher Stunde ich komme.

6 Ich kann nicht mit andern Leuten zusammensitzen und mit ihnen lachen! Denn du hast deine Hand auf mich gelegt und mich einsam gemacht.

7 Behaupte nur nicht, ich hätte dir eine schwere Last aufgeladen! Im Gegenteil, du hast mir eine Last aufgeladen mit deinen Sünden und hast mich geplagt mit deinen verbrecherischen Taten. Laß uns miteinander vor Gericht gehen! Klage mich an, trage deine Sache vor und beweise, daß du im Recht bist!

8 Ich zerfließe wie ausgeschüttetes Wasser, meine Kehle ist ausgedörrt, meine Zunge klebt mir am Gaumen.

9 Vor Schmerz wirst du schreien wie eine Frau, die in den Wehen liegt! Und wenn du fragst: warum trifft mich dieses Unglück? dann laß dir sagen: deine vielen Vergehen sind der Grund dafür, daß man dir jetzt dein Kleid hochhebt und dich vergewaltigt!
Ja ich selber hebe dir das Kleid hoch, hoch hinauf bis über dein Gesicht! Sollen doch alle deine Nacktheit sehen!

10 Verflucht sei der Tag, an dem ich geboren wurde, ausgelöscht der Tag, an dem meine Mutter mich zur Welt brachte. Am Morgen sei er voll Klagen, am Mittag voll Kriegslärm, weil er mich nicht sterben ließ im Mutterleib. Meine Mutter wäre mir dann zum Grab geworden, sie wäre für immer schwanger geblieben.

11 Wer für die Pest bestimmt ist, den hole die Pest! Wer zum Tod durch das Schwert bestimmt ist, der laufe ins Schwert! Wer zum Hungertod bestimmt ist, der soll verhungern! Ich war es müde, Erbarmen mit dir zu haben.

12 *Alles steht gut, sagen sie, alles ist in Ordnung. Aber nichts steht gut, nichts ist in Ordnung. Wie feiste geile Hengste seid ihr geworden, jeder wiehert nach der Frau des anderen.*

13 *Wenn du nicht mehr solchen Unsinn redest, sondern deine Worte abwägst, darfst du mein Mund sein.*

14 *Wenn ich mir sage: ich will nicht mehr an ihn denken und nicht mehr in seinem Auftrag reden, dann brennt dein Wort in meinem Innern wie ein Feuer. Ich nehme meine ganze Kraft zusammen, es zurückzuhalten – ich kann es nicht. Du bist mein König, deine Zärtlichkeit gibt mir Freude und Glück.*

15 *Bring Schande über alle, die mir nachstellen, aber nicht über mich! Ihnen soll der Schrecken in die Glieder fahren, aber nicht mir!*

16 *Wir wollen Glauben und Liebe als Panzer anlegen und die Hoffnung auf Rettung als Helm. Gott der Herr steht auf meiner Seite. Darum mache ich mein Gesicht hart wie einen Kieselstein und halte alles aus.*

17 *Ich war für dieses Volk immer zu finden, aber niemand hat mich gesucht.*

18 *Macht nur Jahr für Jahr so weiter, laßt den Kreis eurer Feste immer wieder ablaufen! Ich werde euch so zusetzen, daß ihr nur noch wimmert und jammert. Dann liegt ihr erniedrigt am Boden, eure Stimme klingt dumpf, als käme sie tief unten aus der Erde; wie eine Geisterstimme aus dem Totenreich werdet ihr aus dem Staub heraus wispern.*

19 *Prächtig und schön siehst du aus, meine Freundin, stolz wie die Stute an Pharaos Wagen. Deine Augen sind wie Tauben, sie flattern hinter deinem Schleier. Wie die Herde schwarzer Ziegen talwärts von dem Berge zieht, fließt das Haar auf deine Schultern.*

20 *Von den Menschen lasse ich so wenig übrig, daß sie seltener werden als Gold! Menschenleichen werden wie Dünger auf der Erde liegen!*

21 *Gebt acht: ich werde wie ein Dieb kommen! Wer wach bleibt und seine Kleider anbehält, darf sich freuen. Er wird nicht nackt gehen und sich vor den andern schämen müssen, wenn sie ihn sehen.*

22 *»Viele haben sich entsetzt von ihm abgewandt, so entstellt war er. Er hatte keine Ähnlichkeit mehr mit einem Menschen. Er war weder schön noch stattlich, wir fanden nichts Anziehendes*

an ihm. Alle verachteten und mieden ihn, denn er war von Schmerzen und Krankheit gezeichnet.«

23 Auf die Palme will ich steigen, ihre süßen Früchte pflücken.

24 Dann zittert der Himmel, die Erde bebt und löst sich von ihren Fundamenten. Wer auf der Flucht entdeckt wird, wird niedergestochen, wen man aufgreift, den erschlägt man mit dem Schwert. Sie müssen mit ansehn, wie man ihre Kinder zerschmettert, ihre Häuser plündert und ihre Frauen vergewaltigt.

25 Wir lieben uns, schreckt uns nicht auf!

26 Ich habe eine blutige Arbeit verrichtet, und niemand hat mir dabei geholfen. Ich habe in meinem Zorn die Völker zerstampft wie Trauben in der Kelter, ihr Blut ist auf mein Gewand gespritzt.

27 Hör nicht auf die andern, sondern sieh zu, daß sie auf dich hören!

28 Wie lange wollt ihr noch zögern? Was sträubt ihr euch? Der Herr schafft etwas völlig Neues auf der Erde: die Frau wird den Mann umgeben.

29 Ihr selbst wißt, daß der Herr so unvorhergesehen kommt wie ein Dieb in der Nacht. Wenn die Menschen sagen werden: »Alles ist ruhig und sicher«, wird plötzlich der Untergang über sie hereinbrechen wie die Wehen über eine schwangere Frau. Keiner wird entrinnen.

30 Die Frau wird den Mann umgeben.

Gegen diese Sprache, du siehst es, sträubt sich das Maschinchen. Es hält ewig, versicherte mir der Verkäufer an der Limmat, aber das Farbband tut's nicht mehr lange. Wie soll an Ersatz zu denken sein, wenn es auch Hermes nicht mehr gibt? Ich habe den Namen damals als symbolisch betrachtet, das war so DDR-Bürger-Art. Wenn unsere Dichter Unerlaubtes kommunizieren wollten, wählten sie die Sprache des klassischen Altertums. Und Hermes, dachte ich, müsse für die Schweiz ganz der Rechte sein. Er ist der Gott der Händler, aber er kann auch fünf gerade sein lassen, und die Flügel an seinem Helm haben für mich immer etwas vom Fuchsohr gehabt. Aber dann tragen sie ihn auch wieder mühelos vom Leben zum Tod – und zurück. So einen Begleiter wünscht man sich, lieber Klaus, und auf einer Hermes Baby haben meine Finger tanzen gelernt. Aber jetzt hacke ich nur noch, muß durch Druck wettmachen, was mir an Farbe fehlt. Da kann ich auch gleich wieder den elektronischen Hammer nehmen. Ich brauche ein neues Farbband. Weißt du kein Antiquitätengeschäft für Hermes-Bedarf?

D *Görlitz, den 30. Oktober 03*

Ich danke dir für das Farbband, schwarz und rot. Nur alternativ zu gebrauchen, auf so alter Hardware; zu der gehöre ich auch. Sozialismus *oder* Christentum, ich bin kein Typ für eine Große Koalition. Aber da Bekenntnisse, ich weiß schon, immer eine halbe Sache sind, hebe ich die rote Spur für die nächste Wende auf. Und du kriegst es schwarz auf weiß, deutlich und jetzt auch dringlich.

In der Tat, man kann das »Buch David« als Dialog lesen. Die ungeraden Ziffern spricht der Mann, die geraden die Frau. Und so gelesen, wird die Geschichte schauderhaft. Dieser David hat nicht nur, wie in der Bibel, die Frau seines Nachbarn begehrt und ihn, um sie zu besitzen, ins *friendly fire* geschickt. Er hat, wenn Sprache wahrsagen kann, Leib und Seele eines Kindes verschlungen. Und – wenn ich den Text recht lese – ihr Gefühl so verdreht, daß sie sich daran selbst die Schuld geben soll. Aber er hatte nicht mit ihrer enormen plastischen Energie gerechnet. Als sie sein Mund geworden war, hatte sie die Kraft, ihn auszuspeien – als theologische Mißgeburt, ein Monstrum zwischen Tier und Gott. Und seit er zum Invaliden geworden ist, staffiert sie ihn zur Puppe ihres Sendungsbewußtseins aus, das irgendeinmal den Platz eines Traumas eingenommen haben muß. Noch mehr: sie nimmt ihn zurück: »die Frau wird den Mann umgeben«. Wir haben gesehen, was das heißt. Kann man einen Rachefeldzug raffinierter anlegen – und besser kaschieren, zuerst vor sich selbst?

Mich macht der Text zum Voyeur armer Seelen; du liest ihn als Philologe. »Ein Pastiche bekannter und erfundener Bibelstellen«, »aber die Übersetzung ist dürftig – ganz sicher nicht Luther«. Nach meinen Informationen ist Judiths Bibelfestigkeit eher eingeschränkt. Ihre Ansprachen seien etwas zwischen Pep und Pop. Sie kultiviert eine körperbetonte Religion. Daß sie rigide ist, scheint kein Widerspruch mehr zu sein. Die Jungen, die in die Sekten strömen, hätten's gern geil, aber sie dürsten nach Disziplin.

Von Judiths Sendschreiben aus der Zeit, als sie noch nicht Victoria war, meldest du: »Es sind nicht die Briefe einer *Leserin*.« Da das »Buch David« jedenfalls elaborat ist, könnte man auf den Gedanken kommen, Iring habe ja doch seinen Teil daran. So ein Szenario kann man nicht stehlen, auch nicht aus der Bibel. Sollte Judith am Puls Irings über sich hinausgewachsen sein?

Ich habe »Zeichen und Wunder« nicht gelesen. Der Dimitrij, den ich in Görlitz kennengelernt habe, war kein reißender Wolf. Ich würde ihn eher einen geborenen Ausreißer nennen. Er hat (höre ich) den Leib mystifiziert, aber er ist damit selbst nicht üppig gesegnet, und das wenige wächst ihm schnell über den klugen Kopf. Er ist nicht einmal einem gewöhnlichen Weibergedanken gewachsen, und ein außergewöhnlicher degradiert ihn mühelos. Dann bleibt ihm nur die Flucht, und wie er gebaut ist, die Flucht in ein Buch.

Und sogar dabei hat ihn seine Judith jetzt eingeholt.

Ich stelle mir einen jung verheirateten Professor Pygmalion in Amerika vor, der es nicht lassen kann, an einem Indianermädchen herumzubilden. Vielleicht war seine Hand gar nicht so frevelhaft, wie es der Ehefrau vorgekommen ist. Jedenfalls bringt sie das Kind vor dem Mann in Sicherheit oder was sie dafür hält. Aber als das Kind zur jungen Frau heranreift, ist es diese selbst, die begierig nach seiner bildenden Hand, oder wonach immer, zu ihrem Pygmalion zurückstrebt. Jetzt ist sie es, die ihn anbetet, und sie scheint genau gewußt zu haben, daß er dieser Umkehrung nicht lange gewachsen ist. Er beginnt sein Werk zu fürchten, versucht davor auszureißen, und seither ist er auf der Flucht. Auf dieser Flucht kann er nur erschossen werden, aber einstweilen läßt sich die Verfolgerin an seiner Lähmung genügen. Das Objekt der Passion ist zu ihrer Herrin geworden, sie führt den Verführer vor – und kann der ganzen Welt auch gleich zeigen, was er aus ihr *gemacht* hat. So grausam waren, wenn ich mich recht erinnere, die alten Götter mit Pygmalion nicht. Dafür muß schon eine wahre *Feindesliebe* her. Frini, die nur eine schlichte Liebe zu bieten hatte, kann dem Theater kaum noch zusehen. Sie ist soweit, sich nichts mehr zu wünschen als ein Ende, und wäre es mit Schrecken.

Es könnte schon näher gekommen sein, als wir denken.

Gestern bin ich nämlich auf dem Untermarkt einem alten Bekannten begegnet. Seit der Wende hat er Karriere gemacht, zuerst als Anatom, dann als Leichenbildner. Sein Material ist Kunststoff, einst Plaste genannt, dessen Härte Gewebeproben konserviert. Er kann aber auch einen kompletten Leichnam, wenn ihm alles leicht Verderbliche entzogen wird, für eine kleine Ewigkeit ausrüsten. Und zwar in Stellungen, die zwar der Schwerkraft spotten, nach Überzeugung des Künstlers aber nicht der Pietät. Er soll den Anfall von Körperspendern inzwischen kaum noch bewältigen können. Auf chinesisches Totengut, das womöglich auf dem Wege der Hinrichtung geerntet wurde, ist er nicht mehr angewiesen. Den Respekt seiner ärztlichen Fachgenossen kann ein Mann, der den schwarzen Borsalino zum Markenzeichen gemacht hat, um so leichter entbehren, als er inzwischen als sozialer Investor ausgewiesen ist. Er hat die blutarme Randstadt Guben mit seinen anatomischen Ateliers ins Brot gesetzt. Und da sie in einer alten Hutfabrik angesiedelt sind, sieht er im Zusammentreffen der Hüte eine Fügung des Schicksals.

Wir kennen uns noch aus dem DDR-Knast, und siehe, er achtete es nicht für Raub, sich zu einem, der nichts weiter als Nicht heißt, einen Augenblick an den Tisch zu setzen. Die Frage: wohin des Wegs? schickte sich naturgemäß nur für einen von uns. Meine Wege interessierten ihn nicht, aber er befand sich, wie er nach feinem Drucksen gestand, auf der Reise nach Herrnhut. – Wohl gar in frommer Mission? – Gewissermaßen. Neuerdings beschäftige ihn die Ikonoplastik des Heiligen, und in dieser Richtung gebe es Neuland zu betreten. – Und dazu bietet das strenge Herrnhut Hand? – Wenn man die richtige Hand zu fassen bekommt, sehr wohl. Man habe dort immer eine auch auf das Leibhafte gerichtete Seelenkultur geübt. – Meine Ahnung sagt mir, der Mann habe im Hu-hu-hu von Judiths *Factory* seine Blutgruppe gewittert. Am nächsten Tag berichtete Frini, daß der schwarze Hut wirklich aufgetaucht sei. Nach einem Lokaltermin im Gartenhaus habe er sich mit der *Chief Guardian* zu einem Gespräch zurückgezogen. Wenn alle Schläuche reißen, die Iring an Judiths Allerheiligstes binden, könnte ihm das Glück zugedacht sein, als gehäutetes Bild seiner selbst den Thron zu besetzen, den sie ihm inmitten ihres Volkes errichtet hat.

»Tut um Gottes willen etwas Tapferes.« Ich fürchte, wir müssen es bald tun, mein Engel.

Anhang 5
zu S. 406

*Rede der Staatsministerin anläßlich der Trauerfeier für Iring Selber
in der Erlöserkirche Nieburg, 4. Dezember 2003*
(es galt das gesprochene Wort)

Daß ich hier zu Ihnen rede, und an diesem Ort, wird viele überraschen, und vielleicht noch mehr, daß es auf Irings Wunsch geschieht. Wir hatten uns diesen Februar, wie fast jeden Donnerstag,
beim Italiener am Gendarmenmarkt getroffen, aber diesmal wirkte er nervös und gehetzt. Ich muß eine Weile verschwinden, sagte
er, die Heimat ruft. Bitte frag nicht weiter. Die Bestürzung muß
mir ins Gesicht geschrieben gewesen sein, denn er fuhr fort: Sorge
dich nicht. Lebe! Er hatte mir ein kleines versiegeltes Paket mitgebracht. Das ist ein *Stick*, bewahr ihn gut auf. Darin ist mein
letztes Buch gespeichert. Aber es darf erst zwanzig Jahre nach
meinem Tod erscheinen. Bei dir ist es sicherer als bei mir. Man
ist hinter mir her.
   Ich lachte ihn ein wenig aus, denn da er mich in mancher Beziehung ins Vertrauen gezogen hatte, verstand ich, daß man »hinter ihm her« sein konnte, ohne wissen zu müssen, wer. Und natürlich rechnete ich nicht im geringsten damit, daß der besprochene
Fall so bald eintreten werde. Ich nahm seinen Schatz entgegen und
hinterlegte ihn an einem sicheren Ort.
   Ich hatte schon in den siebziger Jahren als Studentin »Zeichen
und Wunder« für mich entdeckt. Allerdings hatte ich es nicht als
Orakel gelesen, sondern als ver-rückten Atlas einer neuen und
zugleich nur zu vertrauten Welt. Woher weiß der das von mir?
habe ich auf mancher Seite gedacht. Dabei stand mir vieles davon
erst noch bevor. Das Buch eröffnete mir Quellen meiner Person,
die weiter her waren als das liebe Ich. Und als junge Studentin
glaubte ich: wenn es mir gelänge, die Winke, die mich aus seinem
Buch ansprangen, zu verknüpfen, so hätte ich eine Grammatik der
Befreiung entdeckt. In »Zeichen und Wunder« sah ich das poeti-

sche Potential des Zeitalters gesammelt. Es zeigte mir ein viel-
schichtiges Universum, auf das die neue Physik erst mathematisch
gekommen war, ohne es für unsere fünf Sinne darstellen zu können. Allerdings verzweifelte ich bald daran, Irings analogen
Kunstverstand für meine akademische Arbeit zu nützen, was damals noch mein Ehrgeiz gewesen war. Doch meine Lebensarbeit
begleitete er als Orgelpunkt, wie ein verborgener Raum, der meinen Erfahrungen erst die zum Klingen nötige Resonanz gab.

Als ich promoviert hatte und am Ende zu meiner gegenwärtigen
Position kam, bin ich Iring Selber an einem Empfang auch in Person begegnet. Ich wußte nicht, daß er Direktor eines Instituts geworden war, das ein Mäzen ganz auf seine Wünsche zugeschnitten
hatte. Doch machte er mir nicht den Eindruck, daß sie sich erfüllt
hatten. Er entsprach nicht dem Bild, das ich mir von ihm gemacht
hatte. In dieser Zeit war er ja auch verstummt, für die öffentliche
Wahrnehmung verschwunden. Er wirkte auf mich wie einer der
verunglückten oder nie flügge gewordenen Künstler oder ver-
wahrlosten Weltverbesserer, die Berlin schon immer angezogen
hat und die der Welt die Nichterfüllung des Versprechens ver-
übeln, das sie sogar in ihren eigenen Augen nicht mehr sind. Bei
mir selbst nannte ich ihn: den Wüstenfuchs.

Mit seinem Haar aus Pfeffer und Salz, das sein Gesicht fast
zugewachsen hatte, sah er nicht wie sechzig, sondern eigentlich
überhaupt nicht aus. Nur seine Augen geisterten intensiv, und sein
Leib mochte dürr sein, gebrechlich war er nicht; Iring konnte
wunderbar tanzen. In der Gnomengestalt verbarg sich ein Faun.
Dabei schien er keine Not zu leiden. Niemals ließ er sich von mir
einladen und tat sich bei der Erfüllung seiner Gelüste keinerlei
Zwang an. Wenn er auch nur eine Spur von Korken witterte,
machte es ihm nichts aus, den teuersten Burgunder zu refüsieren.
Er war armselig und verwöhnt zugleich, und aus seinen Erzäh-
lungen schloß ich, daß Frauen seine Gesellschaft keinesfalls aus
Mitleid suchten.

Unsere Beziehung war eine andere: sie bestand auf dem Reich-
tum der Beziehungs*fähigkeit*, zu der er mich inspirierte, auf einer
ganz anderen Ebene als früher die Studentin. Ich hatte nicht nur
ihn gelesen, sondern auch er mich. Und wenn ich in Versuchung
gewesen wäre, mich geschmeichelt zu fühlen, wußte er mich rich-
tigzustellen. Er las ein Buch von dreihundert Seiten in drei Minuten – so geschehen, als ich mich von ihm so lange wegen eines

Anrufs entschuldigen mußte. Danach bewies er mir auch noch, daß er mich besser verstanden hatte als ich mich selbst. Ich nahm ihm nicht übel, wenn er mich seine »wohltemperierte Leserin« nannte – durchaus kein Kompliment! –, während ich mich nicht genierte, seinen Rat für meine Amtsführung zu suchen und zu gebrauchen. Solange ich mir Mühe gebe, es bunt zu treiben, spiele er mit Vergnügen graue Eminenz. Als Ministerin verstand ich zum ersten Mal, warum ich Komparatistik studiert hatte, denn er brachte mich auf Gedankenverbindungen, die mir nicht nur für die Politik nützlich waren. Darin war er genial. Denn er verfügte über ein Repertoire von Zeichen, das die kleine Welt, in der wir scheinbar Handelnden uns bewegen, als Wirklichkeit aus dritter Hand erkennen ließ. Ich begann noch kaum, das Problem zu sehen; Iring sah schon durch.

Es war mir immer bewußt, wie grausam ich ihn unterforderte. Mit seiner Kraft, die Wirklichkeit aufzulösen, hätte man nicht *eine* Welt regieren können, sondern zwei – und die andere hätte nach dem entgegengesetzten Prinzip funktioniert. Oder noch besser: nach gar keinem. Aber wozu brauchte man eine Welt zu regieren? Ist, was man zu regieren glaubt, noch eine Welt, oder wird es zum Witz? Wie oft haben wir Tränen gelacht – sie haben uns den Nachtisch ersetzt, was meinem *Weight-watching* zugute kam. Was ihn betraf, brauchte er eigentlich nicht noch magerer zu werden. Sein Verstand war schneller als das Licht, besonders dasjenige der Aufklärung. Aber es war nicht analytisch, es war symbolisch, darum für unbewaffnete Augen bald zu dunkel, bald zu hell. Als ich in Irings Dunkel besser zu sehen glaubte, gab ich ihm einen Namen: Orpheus. Er nannte mich eine große Naive.

Zärtlichkeit hat es zwischen uns nie gegeben; seine Zartheit war mir gerade anspruchsvoll genug. Dieses Frühjahr stellte ich mit Sorge fest, wie leicht er seine Fassung verlor. Es mußte etwas Schwerwiegendes geschehen sein. Und als er sagte: »die Heimat ruft«, merkte ich auf, leider nicht genug. Heimat war kein Wort aus seinem Sprachgebrauch, auch wenn er liebevoll von Selb sprach, der kleinen Stadt an der tschechischen Grenze, die er nie betreten hat. Aber sie hatte ihm den Namen gegeben. 1865 sei sie vollständig abgebrannt und habe sich durch Porzellanindustrie wieder aufbauen können. »Ich bin Porzellan«, sagte er, »hart und zerbrechlich; ich mußte es wieder erfinden, bis ich erfuhr: man kann nur erfinden, was längst auf der Hand liegt. Seither sind meine Wege mit Porzellanscherben gepflastert.« Aber sie schnitten ihm in die Füße, und er verlor nicht nur Blut, er verlor *Gestalt*.

Er liebte Grenzgebiete, besonders wenn sie an Böhmen stießen, denn Böhmen, pflegte er zu sagen, liegt am Meer. Heimat ist das, was man dazu machen muß, um zu überleben. Aber dafür müsse man Hussit sein, oder Mährischer Bruder. Irings Mutter hat jeden Tag nach den Losungen gelebt, die sie aus der Bibel stach. Ihr Herrnhut war eine von Irings Schulen. Eine andere war der Selbstmord seines Vaters in Görlitz, eine dritte Schule die Gewalt, die seiner Mutter durch russische Soldaten angetan wurde. Und dann der Tod seiner älteren Schwester in den Wirren des Nachkriegs. Aber Liebe ist keine Schule, sagte er, sie ist, wenn du aus der Schule läufst. Ich wünsche mir, daß einmal alle Lieben zusammenkommen und mich sehen. Ich hatte immer nur eine. Daß ich mich nach ihr umgedreht habe, war mein größter Fehler.

Wovon redest du? fragte ich.

Von meinem Ende, sagte er, dann mußt *du* reden.

Liebe Freundinnen und Freunde Irings: ich habe diese Worte nicht so ernst genommen, wie er sie gemeint hat. Aber nun bin ich hier und rede, in der Erlöserkirche von Nieburg, wo er konfirmiert worden ist.

Warum willst du sterben? fragte ich ihn, erschrocken und bekümmert, denn wenn ich ihn ansah, verstand ich keinen Spaß mehr. – Ich will nicht sterben, sagte er, ich möchte nur tot sein. Und dahin ist Sterben der bisher einzige uns bekannte Weg. Oder glaubst du, ich finde noch einen andern?

Warum willst du tot sein? fragte ich.

Damit sie lebt, sagte er.

Hier stehe ich, in der Kirche von Nieburg, und sage es weiter. Ich wußte damals nicht, daß es ein Vermächtnis war.

Noch etwas, sagte er. Wenn ich nicht wiederkomme, frag mir nichts nach. Wenn du etwas zu wissen glaubst, sei still, bis ich hinüber bin. Aber dann rede.

Was sollte ich da noch zu reden haben?

Erklär meine Liebe.

Das kann ich nicht.

Ich kann es nicht, sagte er. Aber ich wünsche es mir, und *ein* Mal könntest du mir etwas zuliebe tun.

Die Härte dieses Satzes verschloß mir den Mund. Sie machte es mir leichter zu schweigen, als Iring vermißt wurde. Ich habe den

Dingen ihren Lauf gelassen und bin in meinen Grenzen geblieben. Aber jetzt bin ich da, um sie ein kleines Stück zu überschreiten. Ich erfülle Irings Auftrag. Ich sage, was ich weiß. Das ist nicht viel, und doch zuviel für die Gebote der Diskretion.

Ist dies ein Trauerfall?

Ich weiß, denn ich habe es gesehen, daß die Liebe stärker war als sein Verstand. Aber die Geliebte war noch stärker als seine Liebe. Da war eine Differenz, die ihn arm aussehen ließ. Er hat sich im Abstand zu seiner Liebe gewunden wie ein gefangenes Tier. Er hat versucht, sich immer neue Geschichten daraus zu drehen. Aber immer sind sie durchsichtig geblieben auf die eine, deren Text er nicht selbst verfaßt hatte. Soviel er uns erzählen mochte – und er war, als Verführer, findig –, die eine Geschichte, die Geschichte seiner Liebe, erzählte *ihn*. Er entrann ihr nicht.

Ich weiß nicht, warum er sich das Entrinnen schuldig glaubte. Ich bin kein Mann. Vielleicht fürchtete er, im Schatten dieser Liebe nie zu eigenem Leben zu erwachen. Dabei gab es nichts, dessen er gründlicher spottete als des eigenen Lebens. Er betrachtete es als eine Maske, die einer mit seiner Person verwechselt, weil er nicht den Mut hat, sie fallen zu lassen. Er ließ fallen, was er konnte, aber es half ihm nichts. Er blieb in der Liebe, die über ihn verhängt war. An ihr lag es nicht. Sie ließ ihn gehen, so weit er konnte. Hat er darin eine Kriegslist gesehen? Die hätte er zu widerlegen gewußt. Aber es war keine. Diese fremde Liebe wollte nichts für sich. Sie enthielt sich sogar der Versuchung, für ihn etwas zu wollen.

Das stimmt nicht ganz. Im vergangenen März entdeckte Iring, daß es nicht der amerikanische Verehrer F. Schaumgold war, der sein Berliner Institut finanzierte. Schaumgold war eine Maske, die seine Frau vorgenommen hatte, um ihn freizustellen. Diese Förderung hat ihn erschüttert; er schüttelte sie ab. Nur: was war er ohne sie? Ein Niemand, und so nannte er sich, als er die Deckung in Berlin verließ, untertauchte und in Polen Schutz suchte vor der Unentrinnbarkeit einer Liebe, die größer war als er. Sie ließ ihn die Welt verändern, so weit seine Kraft reichte – sie, die Liebe veränderte er damit nicht.

In Görlitz traf ihn der Schlag – das Härteste, was Orpheus begegnen kann. Die Hände wurden ihm gebunden, er hatte keinen Mund mehr. Nun war es die Tochter aus Amerika, die seine Vormundschaft übernahm. Die fromme Sprache seiner Mutter holte ihn wieder ein. Doch vogelfrei war er nicht mehr, und die leibliche Gefangenschaft schien lückenlos. Aber die Liebe hat ihn befreit, diesmal in Todes Gestalt. Sie hat ihre Abwesenheit aufgehoben. Iring kehrt in die Heimat zurück.

Wir haben, bei unseren Donnerstagsessen, von Shakespeare gesprochen, und die Männerrolle, die er sich immer wieder anprobierte, war Prospero. Er sagte sich gern die Worte vor, mit denen Prospero seinen dienstbaren Geist Ariel ziehen läßt: *Then to the elements be free, and fare thou well.* Er sprach es mit eingezogenem Atem, den er sehr stimmhaft, sogar wohltönend machen konnte. Nur war es eine ganz andere Stimme. Eigentlich ist es meine richtige, sagte er, der Mensch sollte reden lernen, wenn er *einatmet,* dann schöpft er aus dem Hauch des Herrn. – Dann bist du doch ein dienstbarer Geist, sagte ich. Du bist Ariel. – Der will ich nicht sein, sagte er, der kann ja nicht mal vögeln. Und nach einer kurzen Pause: *Aber er ist ein Vogel.* – Ein Engel? fragte ich. – Ein Vogel! wiederholte er streng.

Jetzt ist er ausgeflogen – aus der Liebe, aus Liebe. Lassen Sie uns hoffen, er sei flügge geworden. Ich möchte glauben: er fliegt. *Be free, and fare thou well.*«

Anhang 6
zu S. 444

August Kaiser an Barbelo

Berlin, 11. Oktober 2007

Sehr geehrte Frau Dr. Kretzschmar,
ich schreibe Ihnen im Auftrag unserer *Chief Guardian* Victoria
Valiant Bueller, die Ihr Interview im »Sonntagskurier« mit Interesse gelesen hat. Demnach hätten Sie vor, im Herbst 2008, zum 5.
Todestag des LEBENDIGEN, ein Buch herauszubringen, das uns
»den wahren Iring Selber« schenkt. Sie haben Ihre Stelle aufgegeben, um Ihre Kraft ungeteilt der »Rehabilitation eines mißbrauch-
ten Genies« zu widmen. Solche Absichten ehren Sie. Und wenn
Ihnen Frau Valiant von dieser Publikation trotzdem abraten muß,
so gewiß nicht aus Furcht vor der »Offenlegung ihrer Manipula-
tionen und Mystifikationen«, sondern weil sie Ihnen eine öffentliche Blamage ersparen möchte, womöglich eine private Bloßstel-
lung.

Mit dieser Warnung könnte ich schon schließen, wenn die
Chief Guardian nicht nachdenklich hinzugefügt hätte: »Barbelo
möchte uns nahetreten. Vielleicht steht sie uns schon näher, als sie
weiß.«

Erlauben Sie mir, diesen Verdacht zu erhärten – und ihm mit
Vertrauen zu begegnen. Sie haben uns vor vier Jahren mit Ihrem
Auftritt bei Irings »Trauerfeier« sehr imponiert – und mit diesen
Anführungszeichen öffne ich bereits eine bisher gut bewachte
Tür. Denn: unsere *Chief Guardian* unterzog sich jenem Ritual
nur aus Respekt gegen Irings früheren Lebenskreis. Als DAVID
war er, seit er das Gefängnis seines Körpers verlassen hatte, wieder
der LEBENDIGE und keineswegs nur geistig oder bildlich gegenwärtig – mehr darf ich noch nicht sagen. Nur so viel: in der Asche
war er nicht. Sie haben sich damals instinktsicher dem »schlechten
Theater« in der Höhle verweigert, und die *Chief Guardian* bemerkte: »Sie hat mehr verstanden als die anderen.«

Sie haben Iring geliebt; Sie wollen für ihn kämpfen. Aber Iring ist eine Maske, die DAVID endgültig abgelegt und in der Tat dem Feuer überantwortet hat. Darum ist es eine zurückgelegte Stufe, bei der Sie verweilen. »Mit bisher ganz unbekanntem Material« möchten Sie ihn »dem Zwielicht entreißen, in das er nach seinem Tod gezogen wurde«. »Aus allen Ecken und Enden der gemeinsamen Wohnung, auch aus dem Papierkorb« haben Sie »jedes Schnitzelchen gerettet, das die Spur seines Geistes bewahrt und den Umfang seines Denkens wenigstens ahnen läßt.« Liebe Frau Doktor: auf Ihre Ahnungen sind wir nicht mehr angewiesen. Die Staatsministerin a. D. (wir haben sie damals in der Erlöserkirche gehört) hat in unserer »finsteren Sekte« immerhin so viel Licht gesehen, daß Sie uns das Vermächtnis Irings zu treuen Händen übergeben hat. Unser Archiv verfügt über den vollständigen Text seiner letzten Jahre, eingeschlossen seine Mail-Korrespondenz. Allerdings hat er eine Publikation »erst zwanzig Jahre nach meinem Verschwinden« erlaubt – vor jenem Zeitpunkt also, für den er in »Rückbau und Leere« den Tod des Lebens auf der Erde vorausgesagt hat, mit der Begründung: »*Davor* können Sermone wie dieser das Ende nur beschleunigen. *Danach* erübrigen sie sich ja wohl.«

Das klingt ganz nach dem alten Iring. Erst als DAVID hat er der geliebten Tochter einen Ausweg diktiert und Vollmacht gegeben, eine kleine Schar zu sammeln und auf den Weg mitzunehmen, den Er vorausgegangen ist. Die alte Welt ist nur eine Umkleidekabine. Wir probieren uns neue Kleider an, aber solange wir uns fragen müssen, welches paßt, ist keines das richtige. Die übliche Kundschaft kauft am Ende etwas, was jemand anders passend findet, was etwas hermacht und nicht zu sehr kneift. Es gibt ja immer noch die Änderungsschneiderei, und Leben heißt weiterwursteln, nicht wahr? So lehrt es auch eine Partei von Lebenswissenschaftlern, die für Tatsachen wenigstens *blind* sein will. Die *verblendete* Partei meint sie auch noch richtig zu sehen.

Ja, wir Guardians sind »Kreationisten« und gönnen allen andern das Vergnügen daran von Herzen, denn sie wissen nicht einmal, *worüber* sie lachen. Sie sind für Gottes Witze nur das typische Samstagabendpublikum. Am Sabbat (auch wenn es nach dem Kalender derselbe Tag ist) läuft ein ganz anderes Programm. Da treten Sie aus der Umkleidekabine in eine neue Welt – was bedeutet: Sie haben sich das richtige Kleid angezogen. Wir *Guar-*

dians sagen lieber: die neue Haut hat Sie gefunden, und bei uns passen Mann und Frau sogar in *eine* Haut. Leute aber, bei denen zwischen Kleid und Person nie ein Unterschied zu bemerken war, verwehen als leere Bälge im Sturm des Jüngsten Tags.

Für die *Guardians* verjüngen sich die Tage immer weiter. Wir häuten uns von einer Welt in die nächste und genießen Gottes Witze, denn sein bester sind wir selbst, und so tanzen wir selig von einer Pointe zur andern. Es kommt aber auch vor, daß ein Mensch, dessen Verwandlung schon fortgeschritten ist, zurückbleibt, um die Tür für Nachkommende offen zu halten – solche, die dazu erwählt sind. Was bei Buddhisten Bodhisattva heißt, ist für uns die *Chief Guardian*. Doch führt sie uns erst einmal dahin, wohin wir *nicht* wollen, denn *ihre* Umkleidekabine ist das Grab.

Iring hat sich gegen seine Berufung gesperrt, er hat ihr jahrelang zu entkommen versucht. Aber was spricht glaubwürdiger für einen Propheten als sein Widerstand? Zum Präsidenten wird man gewählt, zum König gesalbt; zum Propheten aber wird man *geschlagen*. Die Erleuchtung hat Iring *getroffen*, sie ging ihm durch Mark und Bein und hinterließ ihn gelähmt, fesselte sogar seine Zunge. Aber die babylonische Gefangenschaft seines Leibes mußte für ihn ohne Ausflucht und Hintertür geworden sein, damit der Herr ihm zeigen konnte: deine Mauern sind nicht Meine Mauern. Erhebe deine Augen und sieh: um dich ist reines Licht, und der ganze Himmel steht dir offen!

Und wie ein Fotograf, der bei größter Helligkeit die kleinste Blende wählt, genügte dem Auge ein Spalt, um zu sehen, und ein Wimpernzucken, um die Geliebte mitsehen zu lassen. Denn die Liebe war es, die den Kelch nicht hatte an ihm vorübergehen lassen. Und er mußte ihn bis zur Neige geleert haben, um auf dem grundlosen Grund ihr Gesicht zu sehen. In reiner Liebe war zusammengeflossen, was an Mann und Frau menschlich war, und reinigte sich vom Allzumenschlichen. Das Leben verklärte sich im Tod, der Tod lichtete sich im Leben. Der Scheidende vermählte sich mit der Bleibenden. Iring wurde in Victoria vollkommene Gegenwart, Victoria erhob sich in Iring zur reinen Prophetie.

Was soll ein Prophet? Er soll Menschen warnen, *und* er soll sie gegen die Warnung verstocken. Er sieht, daß Gottes Nähe das Ende aller Dinge bedeutet; dieses Ende schreit er heraus, aus ganzer Tiefe seiner Seele. Doch *gehört werden will er nicht.* Lesen Sie

Jesaja 6, 9-11 oder Matthäus 13: da macht der Herr kein Hehl aus der Begünstigung der Seinen. *Denn der da hat, dem wird noch gegeben, daß er die Fülle habe; wer aber nicht hat, dem wird auch das genommen, was er hat.* Gott ist kein Sozialdemokrat, er ist ein Spieler, der den größten Einsatz liebt, den Tod. Denn nur um diesen Preis ist uns das Leben gegeben, und eines, das sich um ihn betrügen will, ist nicht lebenswert.

»Lebensunwertes Leben« – wie hat die abscheuliche Phrase den Verfasser von »Rückbau und Leere« umgetrieben! Wie erinnerte sie ihn an die fatale Erbschaft seines Vaters, des SS-Mannes! Doch getreu der Maxime »Geht einmal euren Phrasen nach bis zu dem Punkt, wo sie verkörpert werden« mußte er so weit gehen, bis ihn das lebensunwerte Leben eingeholt hatte – und im Johanniter-Krankenhaus war es wahrlich keine Phrase mehr, denn es verkörperte sich in ihm selbst. Und gerade da wurde ihm gezeigt: sein Notfall war ein Glücksfall. Er durfte seinen Tod *erleben.* Und er sah: das lebensunwerte Leben war nicht bei den Lebenden und den Toten. Es war bei den Unlebendigen, den Untoten, die ein Leben auf sicher haben wollen, und einen Tod, wenn er denn sein muß, wenigstens ohne Bewußtsein. Sie behandeln sich selbst – bei allem Aufwand an Pflege und Kosmetik – wie Abfall, denn sie betreiben zeitlebens nichts ernsthafter als ihre Entsorgung. Die Feierlichkeit, mit der sie ihren letzten Akt umgeben, täuscht ein empfindliches Auge nicht, und Verlegenheit und Scham sind die ehrlichsten Gefühle, die solche »Abdankungen« begleiten. Die alte Welt hat auch Iring vor vier Jahren abgefeiert, als wäre er noch der Ihre. Dagegen haben Sie revoltiert.

Warum also unterschieben Sie uns »Stimmungsmache für den Weltuntergang«? Warum »verfolgen wir die Menschheit mit Vernichtungsphantasien«, wenn wir daran festhalten, der Zivilisation könne nichts Besseres passieren als der Tod? Ohne diese Aussicht verdient sie nicht einmal ihren Namen, denn nur Courage ist zivil, und das Herz der Zivilcourage ist die Todesbereitschaft. Nichts Lebendiges wollen wir vernichten, denn das *könnten* wir gar nicht: was Leben ist, wird niemals zu nichts. Was aber schon nichtig genug ist, *brauchen* wir nicht vernichten. Es verschwindet von selbst, nämlich in die Statistik, oder es erledigt sich »demographisch«. Wahr ist: wir kümmern uns nur um Menschen, die sterben *können.* Nur sie bilden das Leben unserer und jeder Gemeinschaft. Sind wir schuld, daß es immer weniger werden? »Viele sind berufen, wenige sind erwählt«. Nein, die Erwählten warten den Tag nicht ab, an dem die Vulgärdarwinisten das, was sie selbst verkünden, in uns nicht wiedererkennen: die *gesegnete* Abweichung, den wahren Keim aller Evolution. Bevor sie die Mutation der *Guardians* ausmerzen können, gehen wir freiwillig, verlassen gemeinschaftlich einen geschändeten Planeten, der als Himmelskörper ausgedient hat, und beziehen unsern eigenen.

Aber noch ist es nicht so weit. Noch genießen wir den Schutz einer religiösen Gemeinschaft, auch wenn er bei einer »Sekte« immer dünner wird. Warum schützt eine Gesellschaft den Glauben? Weil sie sich ihre Fitneß im Grunde selbst nicht glaubt – diese ist eine Schutzbehauptung, für die sie des Segens bedarf. Darum schützt sie diejenigen, die käuflich genug sind, ihn zu spenden. Im Schleier der Religion gestattet sich die Fitneß-Gesellschaft den verbotenen Kult ihrer Invalidität. Was wäre das Christentum anderes als die Anbetung des Invaliden – korrekt übersetzt: dessen, *was nicht gilt?* Beim Gekreuzigten springt die Invalidität ins Auge, sie soll darin wehtun und es zu Tränen treiben – wenn auch nur Tränen des Selbstmitleids. Doch kann keine Gesellschaft den Kult ihrer Schwachheit entbehren, nur wahrhaben darf sie ihn nicht.

Gewiß: auch in der »Wissensgesellschaft« gibt es viele, die zwar nicht wissen wollen, daß sie krank sind, aber doch dunkel fühlen, wieviel ihnen fehlt. Viele, zu viele versprechen sich Heilung von den *Guardians*, manche suchen gar ihr Heil bei uns. Aber wahres Leben ist nicht komfortabel. Das Beste, was wir dieser Kundschaft versprechen können, bleibt der Tod, und umsonst ist er keineswegs. Schon unsere Maske schreckt sie ab. Wir nehmen nur die Besten, machen uns rar, und das scheint uns zu bekommen. In der Leere der Gesellschaft öffnet sich für den, der sie zu nutzen weiß, eine Marktlücke nach der andern. Gerade weil wir ein Familienbetrieb sind, floriert die Bühler-Tochter wie noch nie, und selbst wenn sie sich für die Börse stückeln ließe: niemand, am wenigsten ein Ölscheich, könnte die Anteile kaufen. Denn von unseren Teilhabern verlangen wir zuviel, bevor wir ihnen etwas geben können. »Wenige sind erwählt.« Es ist ein Witz des HErrn, daß die evangelische Wahrheit bei uns mit einem Prinzip der neoliberalen BWS-Lehre zusammenfällt. Und der strenge Geruch, der von den *Guardians* ausgeht, erledigt Heuschrecken und Parasiten auf der Stelle; gute, doch schwache Seelen vertreibt er zuverlässig. Gott findet die Seinen auch so! Man soll Ihn versuchen, glaube ich und könnte auch CREDO dazu sagen. Ein guter Spieler verlangt keine Schonung. Wenn Allmacht und Allwissen alles wären, hätte Er Seinen Sohn nicht zu schicken brauchen – immer und immer wieder.

An Iring hat Er Seinen guten Schlag gezeigt. An Victoria beweist er Seinen starken Humor. Wissen Sie, warum sie mich »Ezechiel« getauft hat? Weil das der Prophet war, der bei seiner Berufung *Schrift* fressen mußte – dann wurde sie honigsüß in seinem Mund. Es war Iring, welcher dem Indianermädchen einmal Lesen und Schreiben beigebracht hat, und noch etwas mehr. Davon blieb ein Stachel zurück, den sie mich manchmal fühlen läßt. Sie ist eine geniale Menschenleserin – aber in ihrem Mund verrutschen Schriftsteller und Schauspieler leicht zu »Schriftspielern« und »Schaustellern«. »Kindermund tut alle Wahrheit kund!« Iring hat mich, als er mir »Zeichen und Wunder« widmete, zum »klugen August« ernannt – Victoria, das Akrobatenkind Gottes, macht jetzt einen dummen Ezechiel daraus. *What's in a name?* Aber mit seinem eigenen verstand Iring selbst keinen Spaß. Sein Vater hatte ihn auf einen Recken des Nibelungenlieds getauft, der zweimal abgeschmettert und dann ruhmlos abgetan wurde. Victoria hatte gute Gründe, ihn zum DAVID zu erhöhen – es mögen auch anzügliche darunter gewesen sein. Schließlich war der biblische David ein Ehebrecher. Aber Judith bleibt Victoria. Wenn Sie, Verehrte, wiedergeboren würden: welchen Namen Sie wohl gewärtigen müßten? »Barbelo« könnte nicht mehr ganz passend sein – und »Judith« wäre schon besetzt.

Aber ich kehre zum nötigen Ernst zurück, und damit auch zu meinem Auftrag. Ich habe Ihnen nämlich eine Frage der *Chief Guardian* weiterzugeben: »Wenn sie schon ein Buch über Iring machen muß, warum nicht bei uns?« Victoria spielt schon länger mit dem Gedanken, das frühere Leben des LEBENDIGEN in geeigneter Form zu dokumentieren. Wer könnte dafür berufener sein als Sie?

Dem Interview entnehme ich, daß Sie schon einen Vertrag unterschrieben haben. Wenn Sie zu wechseln bereit sind, verstünde sich, daß wir nicht nur für alle Kosten des Ausstiegs aufkämen. Ich kann Ihnen Bedingungen zusagen, die kein Verlag zu bieten hat, denn Sie bestimmen sie selbst. Aber wir können und wollen Sie nicht »kaufen«. Nicht einmal von Ihrem kritischen Verhältnis zu den *Guardians* brauchten Sie etwas zurückzunehmen, Sie dürften es sogar auf Iring selbst ausdehnen. Wir muten Ihnen keinerlei Schönfärberei zu – es ist hierorts nicht verborgen geblieben, wieviel Sie gelitten haben, um ihn, und auch von ihm. Zum Vergleich mit der *Chief Guardian*, als sie noch Judith war, werden Sie ja nicht herausfordern wollen. Über diesen Passionsweg soll und wird es kein Buch geben. Dafür steht Victorias Werk. Sonst aber kennen wir kein Tabu – und hoffen, daß Sie auch keines respektieren würden. Berichten Sie frisch und frank und frei, wie Sie mit Iring gelebt haben, und in allen Einzelheiten – hat er doch selbst (in »Rückbau und Leere«), »das Einzelne immer größer als das Ganze« genannt.

Ich arbeite zur Zeit selbst an einem Buch für ein externes Publikum. Es handelt von bestimmten Regeln der Gemeinschaft, die sie rigoros handhabt. Sie sind ihr *branding* und vielleicht ihr Erfolgsgeheimnis. Da ich bei ihrer Aufstellung federführend gewesen bin, darf ich mir – ohne Eigenlob – daran einige Verdienste gutschreiben.

Zum Beispiel: wir haben unser Vermögen niemals »steuerlich optimiert« und sind in keine sogenannte Oase geflüchtet. Wir investieren es *als bezahlte Steuern* in die Gastgeberstaaten und -gemeinden unserer Zentren. Damit brauchen wir nicht nur ihre Politiker nicht mehr zu kaufen, wir beeindrucken auch die Bevölkerung und unterscheiden uns in jeder Hinsicht vorteilhaft von der »Philosophie« konventioneller Unternehmen. Indem wir außer Konkurrenz laufen, sind wir eine Klasse für sich und lassen die andern überholt aussehen. Unser Schatz im Himmel trägt Frucht auch auf der Erde, und je härter diese wird, um so ergiebiger.

Oder: der innere Kreis der *Guardians*, rührt kein Geld an. Was die 144 – zur Hälfte Männer und Frauen, die *Chief Guardian* nicht gerechnet (denn sie zählt für das Ganze) – sich wünschen oder nötig haben, bekommen sie frei. Sie leisten nur eine Unterschrift, und sie betrifft, verglichen mit den üblichen Manager-Sätzen, lächerliche Beträge. Die Erwählten brauchen jedes Jahr *weniger*. Aber das Lachen darüber vergeht auch den Dümmsten, wenn sie die Rendite betrachten. Denn auf unserem kleinen Verzicht beruht nicht nur unser Kredit nach außen, sondern auch unsere Autorität nach innen.

Im äußeren Kreis der *Guardians* – 12 x 12 000, und dabei soll es bleiben – bezieht jeder Gehilfe, vom Arzt bis zur Putzfrau, gleichen Lohn, etwa in der Höhe eines leitenden Angestellten. Die Höhe ihrer Qualifikation zeigt sich an derjenigen des Betrags, den sie – im Wettbewerb – in die Gemeinschaftskasse zurückfließen lassen. Auch Meditation, Gespräch oder Muße behandeln wir als Arbeit, denn wir wissen, daß die aufgewendete Energie vielleicht zu wägen, doch niemals zu verrechnen ist. Dafür kennen wir Pensionierung sowenig wie »bezahlten Urlaub« und müssen auch nicht »krankgeschrieben« werden, denn auch Krankheit heißt Produktivität. Indem wir unsere Ökonomie vom üblichen »Arbeitsmarkt« abkoppeln (wir betrachten Arbeit nicht als Ware), setzen wir neue Maßstäbe im Gebrauch von Lebenszeit und können sogar McKinsey beweisen, daß wir sie gewinnbringend anwenden. Einige Unternehmen haben versucht, dies oder das von uns zu kopieren und sind dabei schnell an ihre Grenzen gestoßen. Die Maximen unseres Handelns sind nicht verallgemeinerbar, so lange sich die Menschen, die sie tragen sollen, nicht verändert haben. Man muß *Guardian* werden, um so gut wie ein *Guardian* zu sein.

Auf diese Weise ist der Gemeinschaft bis heute das Kunststück gelungen, als exklusiv zu gelten und sich zugleich einer gewissen Akzeptanz zu erfreuen. Die Regierungen bieten uns immer neue Standorte an, der Markt belohnt uns dafür, daß wir seine angeblichen Sachzwänge ignorieren. Für seine Begriffe leisten wir uns damit einen beneidenswerten Luxus; der einfache Bürger aber sieht vor allem, daß wir diesen verschmähen. Natürlich wecken wir damit auch sein Mißtrauen. Wenn wir schon das Ende der Welt kommen sehen: warum leben wir nicht auf Teufel komm raus? Über welche Ressourcen verfügen wir, da wir uns am Kampf um die vorhandenen, immer knapper werdenden nicht beteiligen? Warum konsumieren wir so wenig? Und wenn es uns ernst ist mit unserer Apokalypse: warum *versuchen* wir nicht einmal, Leute zu belehren, zu bekehren? Können wir tatsächlich mehr als Brot essen, da uns Brotpreise nicht kümmern?

Sie kennen wohl die Geschichte von Mark Twains Tom Sawyer, der auf den Gedanken kommt, Tante Pollys Strafaufgabe – das Streichen eines Zauns – als Privileg auszugeben, das er nicht leicht mit jemandem teilen würde. Mit dem Erfolg, daß Schulkollegen, die gekommen waren, ihn zu verspotten, bleiben, um zu streichen, und Tom noch dafür bezahlen, daß er sich dabei aufs Zusehen beschränkt. So oder so ähnlich habe ich einst als Billiger

Jakob des Marktes Nachfrage generiert – und bin erst als Ezechiel dahintergekommen, daß ich den Zaun *wirklich* am liebsten selbst streiche. Das ist ein offenbar so abwegiger Gedanke, daß der Normalverbraucher »Freizeit« nötig hat, um ihn zu fassen. Die *Guardians* haben *nur noch* Freizeit – sie haben bei einer Indianerin gelernt, daß man, am Vorabend des Weltendes, einen Apfelbaum durchaus nicht, wie Luther, *trotzdem* pflanzen soll. Denn im Pflanzen selbst stecken Anfang und Ende.

Dabei müßten wir unaufhörlich auf der Hut sein, denn der Eigensinn, mit dem wir den Witz Gottes nachstellen, ist durchaus lebensgefährlich. Unsere Aura, konnten wir kürzlich lesen, »sei nicht zu bezahlen«. Das war womöglich als Kompliment gemeint – natürlich war es eigentlich eine Drohung. Was nicht zu bezahlen ist, muß man abschaffen. Jede Gesellschaft neigt dazu, sich einer Systemwidrigkeit mit Gewalt zu entledigen, von der sie sich nicht loskaufen kann. So können wir von Glück reden, wenn man uns für Heuchler hält, welche ihre apokalyptische Propaganda durch Geschäftssinn selbst desavouieren. Wer so viel investiert, rechnet ja wohl mit einem Morgen und Übermorgen. Die Verstockten fassen es nicht, daß die Quelle unseres Tuns jederzeit, überall und unter allen Umständen in der vollen Gegenwart entspringt. Diese Gegenwart ist es, die wir in der *Chief Guardian* verehren.

Was aber unser Verhältnis zur Schöpfung betrifft, so müssen wir nicht einmal glauben, um zu *sehen*. Auch die »Wissensgesellschaft« hat die Bilanz ihrer Selbstzerstörung längst schwarz auf weiß. Nur genügt es nicht, sie auf Umweltpapier zu drucken; man müßte danach handeln, und dann bliebe kein Stein auf dem andern. Ein solcher Bruch mit der Gewohnheit aber ist der einzige Weltuntergang, den sich die Herrschaften vorstellen können, und wenn sie sich nur *nachhaltig* von ihm abwenden, halten sie ihn für ausreichend abgewendet. Dieser erdrückenden Mehrheit müssen wir uns entziehen, *bevor* sie sich ihr Prädikat an uns verdienen kann. Wir wissen uns zu retten; das Geheimnis dabei ist, daß man schon gerettet sein muß, um es zu kennen und ihm gelassen ins Auge zu blicken.

Ja, »viele sind berufen, wenige sind erwählt« – aber gerade unter den Erwählten finden sich viele, die man für unberufen gehalten hätte. Ich zähle mich auch dazu. Ich wäre gewiß der letzte gewesen, der in Iring einen DAVID erkannt hätte. Darum wäre es hochtrabend zu sagen, ich hätte ihn verleugnet wie Petrus und verfolgt wie Paulus. Immerhin habe ich »Zeichen und Wunder« mit Interesse gelesen, aber auch mit der Empfindlichkeit des Entlarvten, der Scham des Ertappten. Verdiente ich meine Brötchen doch selbst mit der Fabrikation jenes Schaumstoffs, den Iring als »Wachstum der Wüste« beschreibt. Ich habe ihn gelesen; die meisten Mitschüler haben sich mit Geringschätzung begnügt. Unser Jahrgang war in höchstem Grade *nicht* dazu berufen, sich an Irings *opus magnum* zu beteiligen – der siegreichen Liebe Victorias.

Und doch hat sie Wunder gewirkt. Aus dem Altherrenkreis »zur Förderung Nieburgs« ist die Organisation einer realen Erneuerung geworden, und der Oberbürgermeister der Stadt, mein alter Freund Kaspar Blunck, vereinigt darin gewissermaßen die weltliche Obrigkeit mit der geistlichen. Ein eher trostloser Fleck der Erde leuchtet als »Stadt Davids« aus einem Verbund europäischer Zentren hervor, denen der bankrotte Hotelier Harry Pracht als Administrator vorsteht. Die Kette unserer Unternehmen überspannt heute fünf Kontinente, und ihr Management – in den Worten der »Financial Times« eine *Singular Success Story* – liegt in der Hand Dr. Ferdinand Springmanns, der zu den grimmigsten Verächtern Irings gehörte. Zum Glauben gebracht hat er es noch immer nicht, aber seinem Unglauben hat eine starke Frau nachzuhelfen gewußt, diesmal seine eigene – die wir, als wir noch das Hohe Lied des Geschlechts sangen, einstimmig als »schwarz *und* schön« gefeiert haben.

Ist die Vorstellung ganz unangemessen, daß sich auch eine, die »*rot* und schön« ist, zu unserem Kreis wohl schicken würde?

Ich habe Irings Titel *Director at Large* geerbt und bin zur Zeit in Berlin, wo ich den Aufbau unseres *Chapters* betreibe, auch hier mit dem Ziel, nicht viele, sondern die Erwählten zu berufen. Ich reorganisiere die *Academy of Signs and Sense*, glaube aber nicht, daß ich Irings alte Stellvertretung übernehmen kann, einen gewissen Dr. Pajuk und eine ungewisse Frau Margarethe Klawitter. Ihre einzige Qualifikation, den LEBENDIGEN nicht erkannt zu haben, ist doch ein bißchen wenig, und diese streiten sie auch noch ab. Ich glaube, Sie sind dem trefflichen Paar schon begegnet.

Aber nicht *deswegen* möchte ich Sie sprechen. Ich habe Ihre Studie über Velazquez mit Gewinn gelesen; auch ich bin ein Freund von Bildern, die ihre Botschaft in der Höhe der Kunst zu verstecken wissen. So lese ich auch Ihre negative Fixierung auf die *Guardians* wie ein Vexierbild: darin steckt Ihre Berufung. Wo starke Gefühle walten – Haß oder das Gegenteil –, ist nichts verloren. An einer braven Akademikerin hätte Iring nichts gefunden, und Victoria dächte nicht daran, etwas zu suchen.

Ich möchte mir ein Exemplar Ihrer *Meniñas* signieren lassen. Darf ich nächstens an der Bleibtreustraße vorbeisehen? Oder besuchen Sie mich in der Villa Herz, Am Großen Wannsee?

Guardians forever!

Ihr August Ezechiel Kaiser

Inhaltsverzeichnis